de Gruyter Lehrbuch

Europäisches Vertragsrecht

von

Karl Riesenhuber

2., neu bearbeitete Auflage

De Gruyter Recht · Berlin

Dr. *Karl Riesenhuber*, Professor an der Europa-Universität Viadrina Frankfurt (Oder)

⊚ Gedruckt auf säurefreiem Papier,
das die US-ANSI-Norm über Haltbarkeit erfüllt.

IISBN-13: 978-3-89949-330-6
ISBN-10: 3-89949-330-3

Bibliografische Information Der Deutschen Bibliothek

Die Deutsche Bibliothek verzeichnet diese Publikation in der Deutschen Nationalbibliografie; detaillierte bibliografische Daten sind im Internet über <http://dnb.ddb.de> abrufbar.

Printed in Germany

Datenkonvertierung/Satz: WERKSATZ Schmidt & Schulz GmbH, 06773 Gräfenhainichen
Druck und Bindearbeiten: Druckhaus »Thomas Müntzer« GmbH, Bad Langensalza
Umschlaggestaltung: Hansbernd Lindemann, 10785 Berlin

Vorwort zur 2. Auflage

Die freundliche Aufnahme des Lehrbuches ermöglicht nach verhältnismäßig kurzer Zeit eine neue Auflage, die Entwicklung des Europäischen Vertragsrechts in Gesetzgebung und Rechtsprechung und die zunehmende dogmatische Vertiefung durch die Wissenschaft machen die Neuauflage erforderlich. Die Grundkonzeption des Buches, die auch in der Kritik ganz überwiegend Zustimmung gefunden hat, habe ich beibehalten. Zweck der Darstellung ist es, das positive Europäische Vertragsrecht der Gemeinschaft systematisch darzustellen und seine Prinzipien und Wertungsgrundlagen hervorzuheben. Die Vielzahl der Einzelnormen wird im Gesamtsystem verortet, Einzelfragen können vor dem Hintergrund des Systems vertieft erörtert werden. Nach wie vor versuche ich zudem, das Gemeinschaftsrecht auch vor dem Hintergrund der mitgliedstaatlichen Rechte darzustellen, auf denen es aufbaut. Als Kondensat rechtsvergleichender Forschung kann dabei durchgehend auch auf die *Principles of European Contract Law* Bezug genommen werden. Ungeachtet dessen bleibt das Buch eine Darstellung des Gemeinschaftsrechts und ist es nicht primär eine rechtsvergleichende Untersuchung (näher §§ 1, 2).

In der Sache hat zuerst die Entwicklung der Gesetzgebung die Neuauflage erforderlich gemacht. Zwei Gegenstände verdienen besondere Hervorhebung. Zum einen ist mit der Gleichbehandlungsrichtlinie Geschlecht ein Diskriminierungsverbot zentraler Bestandteil des Europäischen Vertragsrechts geworden. Rechtspolitisch mag man das kritisieren, dogmatisch muß man das auf der Ebene der Regeln (§ 16), aber auch in seiner prinzipiellen Bedeutung (§ 31) zur Kenntnis nehmen. Zum zweiten ist die Richtlinie über unlautere Geschäftspraktiken zu nennen. Sie gibt zwar vor, kein Vertragsrecht zu setzen, kann auf dieses indes kaum ohne Rückwirkungen bleiben, vor allem weil sie nun mit den Mitteln des Lauterkeitsrechts die allgemeine vorvertragliche Informationspflicht installiert, die man im Vertragsrecht bislang (mit Recht) ablehnt(e). Noch im Fluß ist die Reform der Verbraucherkreditrichtlinie. Hier zeichnet sich ab, daß der Gesetzgeber den Schutz des Verbrauchers wesentlich verstärken und erweitern will. Dabei kann man allerdings den Eindruck gewinnen, er folge hier bei der Kumulation von Schutzmechanismen dem Motto „Viel hilft viel“.

Meinen Mitarbeitern danke ich für ihr Unterstützung bei der Materialsammlung und für kritische Diskussion von zahlreichen Einzelfragen. Herr *Dr. Alexander v. Vogel* hat das Manuskript kritisch gelesen und mir gedankenreiche Anregungen gegeben. Mit Herrn Referendar *Ronny Domröse* habe ich zahlreiche Einzelheiten besprochen. Frau *Aleksandra Mojkowska*, mag. iur., M.A., LL.M., Herrn cand. iur. *Alexander Jüchser* und Herrn stud. iur. *Mariusz Motyka* danke ich für die Hilfe bei der Fahnenkorrektur.

Frankfurt (Oder), im Mai 2006 *Karl Riesenhuber*

Vorwort zur 1. Auflage

Das Europäische Privatrecht wird immer wichtiger. Das gilt, wie spätestens seit der AGB-Richtlinie von 1993 und der Kaufgewährleistungsrichtlinie von 1999 deutlich geworden ist, auch für den Bereich des Vertragsrechts. Diese Entwicklung muß sich auch in der Rechtsausbildung niederschlagen. Nicht von ungefähr gehört daher heute das Europäische Privatrecht zum Ausbildungs- und Prüfungsstoff und werden jetzt erste Lehrstühle für Europäisches Privatrecht eingerichtet. Kenntnis des Europäischen Vertragsrechts ist schon für das Verständnis des nationalen Vertragsrechts der Mitgliedstaaten unentbehrlich. Es muß darüber hinaus aber auch die Grundlage für weitergehende Überlegungen zur Angleichung oder Vereinheitlichung des Vertragsrechts in Europa sein. Egal in welcher Form ein solches vereinheitlichtes Recht geplant wird, in jedem Fall wird es von dem vorliegenden Bestand des angeglichenen Rechts auszugehen haben. Anders als in den Bereichen des Europäischen Arbeitsrechts und des Europäischen Gesellschaftsrechts fehlt es aber für das Europäische Vertragsrecht bislang an Ausbildungsliteratur, die den Bestand der Rechtsangleichung in einer Gesamtschau erörtert und seine inneren Zusammenhänge und Wertungsgrundlagen offenlegt. Diese Lücke soll das vorliegende Buch schließen.

Das Buch ist aus meiner Schrift zu „System und Prinzipien des Europäischen Vertragsrechts“ (De Gruyter Recht 2003) hervorgegangen. Es handelt sich um eine Studienausgabe der Abschnitte zum materiellen Recht. Für die Zwecke dieses Lehrbuchs habe ich den Stoff teilweise neu gegliedert und, soweit das geboten erschien, auch Anpassungen des Textes vorgenommen. Die Nachweise habe ich auf ein Mindestmaß beschränkt; das erschien auch deswegen vertretbar, weil der interessierte Leser für (noch) weiterführende Literaturangaben auf die Monographie zurückgreifen kann. Einige wichtige Abschnitte aus dem Grundwerk konnten aus Platzgründen nicht in die Studienausgabe übernommen werden. Zu nennen sind insbesondere die Ausführungen zur Methodenlehre (dort §§ 2 und 4) und zum Harmonisierungskonzept (dort § 10), auf die eine Darstellung des Europäischen Vertragsrechts immer wieder Bezug nehmen muß. Insofern muß ich den Leser ebenfalls auf die Monographie verweisen.

Das Lehrbuch hätte ohne die tatkräftige Unterstützung einer Reihe von Mitarbeitern nicht entstehen können. Dafür danke ich meinen studentischen Hilfskräften Frau stud. iur. Julia Hiller und Frau stud. iur. Aleksandra Mojkowska ebenso wie Frau stud. iur. Rowena Knoeppel, Herrn Referendar Ronny Domröse und besonders Herrn stud. iur. Alexander Juechser.

Das Europäische Vertragsrecht ist, soweit ich sehe, bislang nicht Gegenstand einer eigenen Vorlesung. Die Nützlichkeit des vorliegenden Buches für den Lehrbetrieb muß sich erst noch erweisen. Anregungen und Kritik aus dem Kreise der Nutzer sind für mich daher besonders wichtig.

Berlin/Frankfurt (Oder), im August 2003 *Karl Riesenhuber*

Inhaltsverzeichnis

Abschnitt 3. Vertragsschluß und Vertragsbindung

Abschnitt 4. Diskriminierungsverbote

Abschnitt 5. Vertragsinhalt

Abschnitt 6. Vertrag und Dritte

Abschnitt 7. Inhaltskontrolle

Abschnitt 8. Leistungsstörungen

3. Teil: System und Prinzipien

Verzeichnis der abgekürzt zitierten Literatur*

1. Monographien und Lehrbücher

Atiyah Law of Contract	*Atiyah, Patrick Selim,* An Introduction to the Law of Contract, 5. Auflage Oxford 1995
v. Bar Gemeineuropäisches Deliktsrecht	*Bar, Christian von,* Gemeineuropäisches Deliktsrecht, Erster Band, Die Kernbereiche des Deliktsrechts, seine Angleichung in Europa und seine Einbettung in die Gesamtrechtsordnung, München 1996
v. Bar IPR I und II	*Bar, Christian von,* Internationales Privatrecht – Erster Band: Allgemeine Lehren, München 1987, Zweiter Band: Besonderer Teil, München 1991
Beatson Law of Contract	*Beatson, Jack,* Anson's Law of Contract, 28. Auflage Oxford 2002
Bydlinski Methodenlehre	*Bydlinski, Franz,* Juristische Methodenlehre und Rechtsbegriff, 2. Auflage Wien, New York 1991
Bydlinski System	*Bydlinski, Franz,* System und Prinzipien des Privatrechts, Wien/New York 1996
Canaris Iustitia distributiva	*Canaris, Claus-Wilhelm,* Die Bedeutung der iustitia distributiva im deutschen Vertragsrecht, München 1997
Drexl Wirtschaftliche Selbstbestimmung	*Drexl, Josef,* Die wirtschaftliche Selbstbestimmung des Verbrauchers – Eine Studie zum Privat- und Wirtschaftsrecht unter Berücksichtigung gemeinschaftsrechtlicher Bezüge, Tübingen 1998
Ferid/Sonnenberger Französisches Zivilrecht	*Ferid, Murad/Sonnenberger, Hans Jürgen,* Das Französische Zivilrecht, Band 1/1, Erster Teil: Allgemeine Lehren des Französischen Zivilrechts: Einführung und Allgemeiner Teil des Zivilrechts, 2. Auflage Heidelberg 1994
Flume Rechtsgeschäft	*Flume, Werner,* Allgemeiner Teil des Bürgerlichen Rechts, Band II, Das Rechtsgeschäft, 4. Auflage Berlin/Heidelberg/New York/London/Paris/Tokyo/Hong Kong/Barcelona/ Budapest 1992
Franzen Privatrechtsangleichung	*Franzen, Martin,* Privatrechtsangleichung durch die Europäische Gemeinschaft, Berlin/New York 1999
Grundmann Schuldvertragsrecht	*Grundmann, Stefan,* Europäisches Schuldvertragsrecht – Das europäische Recht der Unternehmensgeschäfte, Berlin/New York 1999
Heiderhoff Gemeinschaftsprivatrecht	*Heiderhoff, Bettina,* Gemeinschaftsprivatrecht, München 2005

* Beachte zudem die Literaturhinweise am Anfang der einzelnen Paragraphen und die dort ggf. genannten Abkürzungen.

Kilian Europäisches Wirtschaftsrecht	*Kilian, Wolfgang,* Europäisches Wirtschaftsrecht – EG-Wirtschaftsrecht und Bezüge zum deutschen Recht, München 1996
Klauer Europäisierung	*Klauer, Irene,* Die Europäisierung des Privatrechts – Der EuGH als Zivilrichter, Baden-Baden 1997
Kötz Europäisches Vertragsrecht	*Kötz, Hein,* Europäisches Vertragsrecht I – Abschluß, Gültigkeit und Inhalt des Vertrages – Die Beteiligung Dritter, Tübingen 1996
Kramer Methodenlehre	*Kramer, Ernst A.,* Juristische Methodenlehre, 2. Auflage Bern 2005
Lando/Beale European Principles	*Lando, Ole/Beale, Hugh* (Hrsg.), The Principles of European Contract Law– Prepared by the Commission on European Contract Law, The Hague/London/Boston – Parts I and II 2000, Part III 2003
Langenbucher-*Bearbeiter*	*Langenbucher, Katja* (Hrsg.), Europarechtliche Bezüge des Privatrechts, Baden-Baden 2005
Larenz Schuldrecht I	*Larenz, Karl,* Schuldrecht I, Allgemeiner Teil, 14. Auflage München 1987
Larenz Richtiges Recht	*Larenz, Karl,* Richtiges Recht – Grundzüge einer Rechtsethik, München 1979
Larenz/Canaris Schuldrecht II/2	*Larenz, Karl/Canaris, Claus-Wilhelm,* Lehrbuch des Schuldrechts II/2, 13. Auflage München 1994
Larenz/Canaris Methodenlehre	*Larenz, Karl/Canaris, Claus-Wilhelm,* Methodenlehre der Rechtswissenschaft (Studienausgabe), 3. Auflage 1995
Larenz/Wolf Allgemeiner Teil	*Larenz, Karl/Wolf, Manfred,* Allgemeiner Teil des Bürgerlichen Rechts, 9. Auflage München 2004
Medicus Allgemeiner Teil	*Medicus, Dieter,* Allgemeiner Teil des BGB, 8. Auflage Heidelberg 2002
Medicus Schuldrecht I und II	*Medicus, Dieter,* Schuldrecht I – Allgemeiner Teil, 16. Auflage München 2005, Schuldrecht II – Besonderer Teil, 12. Auflage München 2004
Müller-Graff Gemeinschaftsprivatrecht	*Müller-Graff, Peter-Christian,* Privatrecht und Europäisches Gemeinschaftsrecht – Gemeinschaftsprivatrecht, 2. Auflage, Baden-Baden 1991
Neuner Privatrecht und Sozialstaat	*Neuner, Jörg,* Privatrecht und Sozialstaat, München 1999
Oppermann Europarecht	*Oppermann, Thomas,* Europarecht, 3. Auflage München 2005
Pechstein/König Entscheidungen des EuGH	*Pechstein, Matthias* (Hrsg.), Entscheidungen des EuGH – Studienauswahl, 3. Auflage Tübingen 2005
Reich/Micklitz Verbraucherrecht	*Reich, Norbert/Micklitz, Hans-W.,* Europäisches Verbraucherrecht, 4. Auflage Baden-Baden 2003
Riesenhuber System und Prinzipien	*Riesenhuber, Karl,* System und Prinzipien des Europäischen Vertragsrechts, Berlin/New York 2003
Steindorff EG-Vertrag und Privatrecht	*Steindorff, Ernst,* EG-Vertrag und Privatrecht, Baden-Baden 1996

Streinz Europarecht	*Streinz, Rudolf,* Europarecht, 6. Auflage Heidelberg 2003
Treitel Law of Contract	*Treitel, Guenter,* The Law of Contract, 10. Auflage London 1999
Weatherill EU Consumer Law	*Weatherill, Stephen,* EU Consumer Law and Policy, 2. Auflage Cheltenham/Northampton 2005
Weatherill/Beaumont EU Law	*Weatherill, Stephen/Beaumont, Paul,* EU Law – The essential guide to the legal workings of the European Community, 3. Auflage London 1999
Zimmermann Law of Obligations	*Zimmermann, Reinhard,* The Law of Obligations – Roman Foundations of the Civilian Tradition, Cape Town/Wetton/Johannesburg 1990
Zweigert/Kötz Rechtsvergleichung	*Zweigert, Konrad/Kötz, Hein,* Einführung in die Rechtsvergleichung, 3. Auflage Tübingen 1996

2. Kommentare und Sammelbände

Beiträge zu den folgenden Kommentaren und Sammelbänden werden unter Verwendung der Kurzbezeichnung zitiert (z.B. *Müller-Graff,* in: Party Autonomy, S. 140)

Academic Green Paper	*Grundmann, Stefan/Stuyck, Jules* (Hrsg.), An Academic Green Paper on European Contract Law, Den Hag/London/New York 2002
Auf dem Wege zu einem Europäischen Zivilgesetzbuch	*Martiny, Dieter/Witzleb, Normann* (Hrsg.), Auf dem Wege zu einem Europäischen Zivilgesetzbuch, Berlin/Heidelberg/New York 1999
Calliess/Ruffert-*Bearbeiter*	*Calliess, Christian/Ruffert, Matthias* (Hrsg.), Kommentar des Vertrages über die Europäische Union und des Vertrages zur Gründung der Europäischen Gemeinschaft – EUV/EGV –, 3. Auflage München 2005
Dauses-*Bearbeiter*	*Dauses, Manfred A.* (Hrsg.), Handbuch des EU-Wirtschaftsrechts, München, Stand März 2002
Europäische Grundrechte und Grundfreiheiten	*Ehlers, Dirk* (Hrsg.), Europäische Grundrechte und Grundfreiheiten, 2. Auflage Berlin/New York 2005
Europäisches Kaufgewährleistungsrecht	*Grundmann, Stefan/Medicus, Dieter/Rolland, Walter* (Hrsg.), Europäisches Kaufgewährleistungsrecht – Reform und Internationalisierung des deutschen Schuldrechts, Köln/Berlin/Bonn/München 2000
Gebauer/Wiedmann-*Bearbeiter*	*Gebauer, Martin/Wiedmann, Thomas,* Zivilrecht unter europäischem Einfluß – Die richtlinienkonforme Auslegung des BGB und anderer Gesetze – Erläuterung der wichtigsten EG-Verordnungen, Stuttgart/München/Hannover/Berlin/Weimar/Dresden 2005
Gemeinsames Privatrecht	*Müller-Graff, Peter-Christian* (Hrsg.), Gemeinsames Privatrecht in der Europäischen Gemeinschaft, 2. Auflage Baden-Baden 1999

Geiger	*Geiger, Rudolf,* EUV/EGV, Vertrag über die Europäische Union und Vertrag zur Gründung der Europäischen Gemeinschaft – Kommentar, 4. Auflage München 2004
Grabitz/Hilf-*Bearbeiter*	*Grabitz, Eberhard/Hilf, Meinhard* (Hrsg.), Das Recht der Europäischen Union, 29. Ergänzungslieferung Stand Dezember 2005
Grabitz/Hilf II-*Bearbeiter*	*Grabitz, Eberhard/Hilf, Meinhard* (Hrsg.), Das Recht der Europäischen Union II – Sekundärrecht, 29. Ergänzungslieferung Stand Dezember 2005
Grundmann/Bianca-*Bearbeiter*	*Grundmann, Stefan/Bianca, Massimo C.,* EU-Kaufrechts-Richtlinie – Kommentar, Köln 2002
Immenga/Mestmäcker-*Bearbeiter*	*Immenga, Ulrich/Mestmäcker, Ernst-Joachim* (Hrsg.), EG-Wettbewerbsrecht, Kommentar, Bände 1 und 2 München 1997
Jauernig-*Bearbeiter*	*Jauernig, Othmar,* Kommentar zum BGB, 10. München 2003
Koller/Roth/Morck	*Koller, Ingo/Roth, Wulf-Henning/Morck, Winfried,* Handelsgesetzbuch Kommentar, 5. Auflage München 2005
MünchKomm-*Bearbeiter*	Münchener Kommentar zum BGB, 4. Auflage München seit 2000
MünchKommHGB-*Bearbeiter*	Münchener Kommentar zum Handelsgesetzbuch, Band 7 – Viertes Buch. Handelsgeschäfte – §§ 407–457 Transportrecht, München 1997 (zitiert: Münch KommHGB-Bearbeiter)
Palandt-*Bearbeiter*	Palandt, Bürgerliches Gesetzbuch, 65. Auflage München 2006
Party Autonomy	*Grundmann, Stefan/Kerber, Wolfgang/Weatherill, Stephen* (Hrsg.), Party Autonomy and the Role of Information in the Internal Market, Berlin/New York 2001
Rechtsgeschichte und Privatrechtsdogmatik	*Zimmermann, Reinhard* (Hrsg.), Rechtsgeschichte und Privatrechtsdogmatik, Heidelberg 1999
Rechtsangleichung und nationale Privatrechte	*Schulte-Nölke, Hans/Schulze, Reiner* (Hrsg.), Europäische Rechtsangleichung und nationale Privatrechte, Baden-Baden 1999
Soergel-*Bearbeiter*	Soergel, Kommentar zum BGB, 12. Auflage seit 1987/13. Auflage seit 1999_
Schlechtriem-*Bearbeiter*	*Schlechtriem, Peter* (Hrsg.), Kommentar zum Einheitlichen UN-Kaufrecht – Das Übereinkommen der Vereinten Nationen über Verträge über den internationalen Warenkauf – CISG –, 4. Auflage München 2004
Schwarze-*Bearbeiter*	*Schwarze, Jürgen,* (Hrsg.), EU-Kommentar, Baden-Baden 2000

Staudinger-*Bearbeiter*	Staudinger, Kommentar zum BGB [seit 13. Bearbeitung keine Auflage mehr; die Einzelbände werden unter Angabe des Erscheinungsjahrs zitiert]
Systembildung	*Grundmann, Stefan* (Hrsg.), Systembildung und Systemlücken in Kerngebieten des Europäischen Privatrechts – Gesellschafts-, Arbeits- und Schuldvertragsrecht, Tübingen 2000
The common law of Europe and the future of legal education	*de Witte, Bruno/Forder, Caroline* (Hrsg.), The common law of Europe and the future of legal education, Deventer 1992
Unidroit Principles	*Unidroit* – International Institute for the Unification of Private Law (Hrsg.), Principles of International Commercial Contracts, Rom 1994 (zitiert unter Angabe des Artikels und der Kommentierung)
Vertragsrechtsvereinheitlichung	*Basedow, Jürgen* (Hrsg.), Europäische Vertragsrechtsvereinheitlichung und deutsches Recht, Tübingen 2000

Abkürzungsverzeichnis

Ein Verzeichnis der abgekürzt zitierten Literatur findet sich voranstehend, S. IX–XIII. Die Abkürzungen für Rechtsakte und Regelungsvorschläge der Gemeinschaft sind S. XIX–XXIX, gesondert in tabellarischer Form dargestellt.

a.A.	anderer Ansicht
AcP	Archiv für die civilistische Praxis (Jahrgang [Jahr] Seite)
A.C.	Appeal Cases
a.E.	am Ende
a.F.	alte Fassung
AG	Aktiengesellschaft
a.M.	anderer Meinung
aaO	am angegebenen Ort
abl.	ablehnend
AbzG	Abzahlungsgesetz
AE-EuVGB	Entwurf eines Europäischen Vertragsgesetzbuchs der Akademie Europäischer Privatrechtswissenschaftler („Akademieentwurf")
AGB	Allgemeine Geschäftsbedingungen
AGBG	Gesetz zur Regelung der Allgemeinen Geschäftsbedingungen
Am.J.Comp.L.	The American Journal of Comparative Law (Jahrgang [Jahr] Seite)
AöR	Archiv für öffentliches Recht (Jahrgang [Jahr] Seite)
ArbuR	Arbeit und Recht – Zeitschrift für Arbeitsrechtspraxis (Jahr, Seite)
AStV	Ausschuß der Ständigen Vertreter (s. Art. 207 Abs. 1 EG), s.a. CoRePer
BAG	Bundesarbeitsgericht
B.U.L.Rev.	Boston University Law Review
BE	Begründungserwägung; die Gründe, mit denen gem. Art. 253 EGV Verordnungen, Richtlinien und Entscheidungen zu versehen sind
BGB	Bürgerliches Gesetzbuch
BKR	Bank- und Kapitalmarktrecht (Jahr, Seite)
BLRev	Business Law Review (Jahr, Seite)
bzgl.	bezüglich
Cambr.L.J.	Cambridge Law Journal (Jahrgang [Jahr] Seite)
ch.	chapter
CISG	Convention on the International Sale of Goods
CMLR	Common Market Law Review (Jahr, Seite)
CMR	Convention relative au contrat de transport international de marchandises par route
Code civil	Französischer Code civil von 1804
Col.J.Eur.L.	Columbia Journal of European Law (Jahrgang [Jahr] Seite)
CoRePer	Comité des Représentants Permanents, s.a. AstV
CR	Computer und Recht (Jahr, Seite)
Curr.Leg.Prob.	Current Legal Problems (Jahrgang [Jahr] Seite)
d.h.	das heißt
DZWiR	Deutsche Zeitschrift für Wirtschafts- und Insolvenzrecht (Jahr, Seite)

E.L.Rev.	European Law Review (Jahrgang [Jahr] Seite)
ebd.	ebenda
EEA	Einheitliche Europäische Akte
EG	1. Europäische Gemeinschaft; 2. Nach Bezeichnung eines Artikels: EG-Vertrag, Vertrag zur Gründung der Europäischen Gemeinschaft, Konsolidierte Fassung mit den Änderungen durch den Vertrag von Amsterdam vom 2. 10. 1997
EGV	EG-Vertrag, Vertrag zur Gründung der Europäischen Gemeinschaft in der Fassung des Vertrags über die Europäische Union vom 7. 2. 1992 (Maastrichter Fassung)
EMRK	Europäische Menschenrechtskonvention
ERCL	European Review of Contract Law
ERPL	European Review of Private Law – Revue européenne de droit privé – Europäische Zeitschrift für Privatrecht (Jahr und Seite)
EU	1. Europäische Union; 2. Nach Bezeichnung eines Artikels: EU-Vertrag, Vertrag über die Europäische Union, Konsolidierte Fassung mit den Änderungen durch den Vertrag von Amsterdam vom 2. 10. 1997
EuLF (UK)	The European Legal Forum – englische Ausgabe (Jahr, Seite)
EuLF	The European Legal Forum – deutsche Ausgabe (Jahr, Seite)
EUV	EU-Vertrag, Vertrag über die Europäische Union vom 7. 2. 1992 (Maastricht-Vertrag)
EuZW	Europäische Zeitschrift für Wirtschaftsrecht (Jahr, Seite)
EWiR	Entscheidungen zum Wirtschaftsrecht (Jahr, Seite)
EWS	Europäisches Wirtschafts- und Steuerrecht (Jahr, Seite)
GA	Generalanwalt
GPR	Gemeinschaftsprivatrecht (Jahr, Seite)
GRUR Int.	Gewerblicher Rechtsschutz und Urheberrecht Internationaler Teil (Jahr, Seite)
GRUR	Gewerblicher Rechtsschutz und Urheberrecht (Jahr, Seite)
Harv.Int.L.J.	Harvard International Law Journal (Jahrgang [Jahr] Seite)
HWiG	Gesetz über den Widerruf von Haustürgeschäften und ähnlichen Geschäften
i.e.	im einzelnen
i.E.	im Ergebnis
i.O.	im Original
ICLQ	International and Comparative Law Quaterly (Jahrgang [Jahr] Seite)
idF	in der Fassung
idR	in der Regel
ieS	im engeren Sinne
iHv	in Höhe von
ILJ	The Industrial Law Journal (Jahr, Seite)
Int.Enc.Comp.L.	International Encyclopedia of Comparative Law
IPR	Internationales Privatrecht
IPRspr.	Die deutsche Rechtsprechung auf dem Gebiete des Internationalen Privatrechts (Entscheidungssammlung; Jahr, lfd. Nr.)
i.S.	in Sachen, im Sinne
iSd	im Sinne des/der
iSv	im Sinne von

Ius Commune	Ius Commune – Zeitschrift für Europäische Rechtsgeschichte, Veröffentlichungen des Max-Planck-Instituts für Europäische Rechtsgeschichte, Frankfurt a.M. (Band [Jahr] Seite)
iVm	in Verbindung mit
iwS	im weiteren Sinne
J.Contract L.	Journal of Contract Law (Jahrgang [Jahr] Seite)
J.Crim.L.	The Journal of Criminal Law (Jahrgang [Jahr, Seite)
JbJZ	Jahrbuch Junger Zivilrechtswissenschaftler (Tagungsjahr, Seite)
JBL	The Journal of Business Law (Jahr, Seite)
JBl.	Juristische Blätter (Jahr, Seite)
JIBL	Journal of International Business Law (Jahrgang [Jahr] Seite)
JR	Juristische Rundschau (Jahr, Seite)
JRP	Journal für Rechtspolitik (Jahr, Seite)
JURA	Juristische Ausbildung (Jahr, Seite)
JuS	Juristische Schulung (Jahr, Seite)
JZ	Juristenzeitung (Jahr, Seite)
krit.	kritisch
l.Sp.	linke Spalte (s.a. r.Sp.)
Leg.Stud.	Legal Studies, The Journal of the Society of Public Teachers of Law (Jahrgang [Jahr] Seite)
LQR	Law Quaterly Review (Jahrgang [Jahr], Seite)
LS	Leitsatz
m.N.	mit Nachweisen
maW	mit anderen Worten
Mich.L.R.	Michigan Law Review
MJ	Maastricht Journal of European and Comparative Law (Jahrgang [Jahr] Seite)
MLR	Modern Law Review (Jahrgang [Jahr] Seite)
mwN	mit weiteren Nachweisen
NBW	Nieuw Burgerlijk Wetboek
NJW	Neue Juristische Wochenschrift (Jahr, Seite)
Northw.J.In.L.Bus.	Northwestern Journal of International Law and Business
NZA	Neue Zeitschrift für Arbeitsrecht (Jahr, Seite)
ORDO	Jahrbuch für die Ordnung von Wirtschaft und Gesellschaft (Jahr, Seite)
Oxf.J.Leg.Stud.	Oxford Journal of Legal Studies (Jahrgang [Jahr] Seite)
Oxf.Rev.Econ.Pol.	Oxford Review of Economic Policy (Jahrgang [Jahr] Seite)
Pa.L.Rev.	University of Pennsylvania Law Review (Jahrgang [Jahr] Seite)
PECL	Principles of European Contract Law
PICC	Unidroit Principles of International Commercial Contracts
pr.ALR	Allgemeines Landrecht für die Preußischen Staaten von 1794
Proc.Brit.Acad.	Proceedings of the British Academy (Jahrgang [Jahr], Seite)
ProdHG	Gesetz über die Haftung für fehlerhafte Produkte
r.Sp.	rechte Spalte (s.a. l.Sp.)
RabelsZ	Rabels Zeitschrift für ausländisches und internationales Privatrecht (Jahrgang [Jahr] Seite)
Rev.trim.dr.civ.	Revue trimestrielle de droit civil (Jahrgang [Jahr] Seite)
RIW	Recht der Internationalen Wirtschaft – Betriebs-Berater International (Jahr, Seite)

Rn.	Randnummer; im Zusammenhang mit Entscheidungen des EuGH regelmäßig (außer bei älteren Entscheidungen) zur Verweisung auf die Absätze der Entscheidungsgründe verwandt (s.a. Tz.)
Rs.	Rechtssache (Aktenzeichen des EuGH)
S./s.	Siehe/siehe
s.a.	siehe auch
sc.	scilicet (nämlich)
s.o.	siehe oben
SchlA	Schlußanträge
Stud.Gen.	Studium Generale (Jahr, Seite)
TranspR	Transportrecht (Jahr, Seite)
Tz.	Textziffer; im Zusammenhang mit Entscheidungen des EuGH regelmäßig zur Verweisung auf Ausführungen in den Schlußanträgen des Generalanwaltes verwandt (s.a. Rn.)
u.a.	unter anderem
uam	und andere(s) mehr
usf.	und so fort
u.U.	unter Umständen
v.a.	vor allem
verb.Rs.	verbundene Rechtssachen (s.a. Rs.)
VerbrKrG	Verbraucherkreditgesetz
vgl.	vergleiche
VuR	Verbraucher und Recht (Jahr, Seite)
WiB	Wirtschaftsrechtliche Beratung (Jahr, Seite)
WM	Wertpapier-Mitteilungen (Jahr, Seite)
WRP	Wettbewerb in Recht und Praxis (Jahr, Seite)
WuW	Wirtschaft und Wettbewerb (Jahr, Seite)
z.B.	zum Beispiel
ZBB	Zeitschrift für Bankrecht und Bankwirtschaft (Jahr, Seite)
ZEuP	Zeitschrift für europäisches Privatrecht (Jahr, Seite)
ZfA	Zeitschrift für Arbeitsrecht (Jahr, Seite)
ZHR	Zeitschrift für das gesamte Handelsrecht und Wirtschaftsrecht (Jahrgang [Jahr] Seite
ZaöRV	Zeitschrift für ausländisches öffentliches Recht und Völkerrecht (Jahrgang [Jahr] Seite)
ZfRV	Zeitschrift für Rechtsvergleichung (Jahr, Seite)
ZGR	Zeitschrift für Unternehmens- und Gesellschaftsrecht (Jahr, Seite)
ZIP	Zeitschrift für Wirtschaftsrecht (Jahr, Seite)
ZRP	Zeitschrift für Rechtspolitik (Jahr, Seite)
z.T.	zum Teil
zust.	zustimmend
zutr.	zutreffend
ZVglRWiss	Zeitschrift für vergleichende Rechtswissenschaft (Jahrgang [Jahr] Seite)

Abkürzungen der wichtigsten Rechtsakte und Vorschläge für Rechtsakte

Die Rechtsakte werden in alphanumerischer Ordnung der Abkürzungen (soweit verwendet) aufgeführt. Vorschläge zu verabschiedeten Rechtsakten sind im Anschluß an den Rechtsakt zu finden. Ist ein Rechtsakt noch nicht verabschiedet, sind vorliegende Vorschläge unter V eingefügt.

Abkürzung	Kurzbezeichnung	Amtlicher Titel	Fundstelle
1. LVersRL[1]	1. Versicherungsrichtlinie (Leben)	Erste Richtlinie 79/267/EWG des Rates vom 5. 3. 1979 zur Koordinierung der Rechts- und Verwaltungsvorschriften über die Aufnahme und Ausübung der Direktversicherung (Lebensversicherung)	ABl. 1979 L 63/1
2. LVersRL	2. Versicherungsrichtlinie (Leben)	Zweite Richtlinie 90/619/EWG des Rates vom 8. 11. 1990 zur Koordinierung der Rechts- und Verwaltungsvorschriften für die Direktversicherung (Lebensversicherung) und zur Erleichterung der tatsächlichen Ausübung des freien Dienstleistungsverkehrs sowie zur Änderung der Richtlinie 79/267/EWG	ABl. 1990 L 330/50
3. LVersRL	3. Versicherungsrichtlinie (Leben)	Richtlinie 92/96/EWG des Rates vom 10. 11. 1992 zur Koordinierung der Rechts- und Verwaltungsvorschriften für die Direktversicherung (Lebensversicherung) sowie zur Änderung der Richtlinien 79/267/EWG und 90/619/EWG (Dritte Richtlinie Lebensversicherung)	ABl. 1992 L 360/1
1. SVersRL	1. Versicherungsrichtlinie (Schaden)	Erste Richtlinie 73/239/EWG des Rates vom 24. 7. 1973 zur Koordinierung der Rechts- und Verwaltungsvorschriften betreffend die Aufnahme und Ausübung der Tätigkeit der Direktversicherung (mit Ausnahme der Lebensversicherung)	ABl. 1973 L 228/3
2. SVersRL	2. Versicherungsrichtlinie (Schaden)	(2) Zweite Richtlinie 88/357/EWG des Rates vom 22.6.1988 zur Koordinierung der Rechts- und Verwaltungsvorschriften	ABl. 1988 L 172/1

1 Die 1.–3. LVersRL wurden aufgehoben und sind aufgegangen in der LVersRL; s. dort.

Abkürzung	Kurz-bezeichnung	Amtlicher Titel	Fundstelle
		für die Direktversicherung (mit Ausnahme der Lebensversicherung) und zur Erleichterung der tatsächlichen Ausübung des freien Dienstleistungsverkehrs sowie zur Änderung der Richtlinie 73/239/EWG	
3. SVersRL	3. Versicherungsrichtlinie (Schaden)	Richtlinie 92/49/EWG des Rates vom 18.6.1992 zur Koordinierung der Rechts- und Verwaltungsvorschriften für die Direktversicherung (mit Ausnahme der Lebensversicherung) sowie zur Änderung der Richtlinien 73/239/EWG und 88/357/EWG (Dritte Richtlinie Schadenversicherung)	ABl. 1992 L 228/1
AGBRL	AGB-Richtlinie, Klauselrichtlinie	Richtlinie 93/13/EWG des Rates vom 5. April 1993 über mißbräuchliche Klauseln in Verbraucherverträgen	ABl. 1993 L 95/29
V1-AGBRL	1. Vorschlag AGB-Richtlinie	Vorschlag für eine Richtlinie des Rates über mißbräuchliche Klauseln in Verbraucherverträgen	ABl. 1990 C 243/2 KOM(90) 322 endg.
V2-AGBRL	2. Vorschlag AGB-Richtlinie	Geänderter Vorschlag für eine Richtlinie des Rates über mißbräuchliche Klauseln in Verbraucherverträgen	ABl. 1992 C 73/7 KOM(92) 66 endg.
BÜRL	Betriebsübergangsrichtlinie	Richtlinie 2001/23/EG des Rates vom 12. März 2001 zur Angleichung der Rechtsvorschriften der Mitgliedstaaten über die Wahrung von Ansprüchen der Arbeitnehmer beim Übergang von Unternehmen, Betrieben oder Unternehmens- oder Betriebsteilen	ABl. 2001 L 82/16
EComRL	E-Commerce Richtlinie oder Richtlinie über den elektronischen Geschäftsverkehr	Richtlinie 2000/31/EG des Europäischen Parlaments und des Rates vom 8. Juni 2000 über bestimmte rechtliche Aspekte der Dienste der Informationsgesellschaft, insbesondere des elektronischen Geschäftsverkehrs im Binnenmarkt („Richtlinie über den elektronischen Geschäftsverkehr“)	ABl. 2000 L 178/1

Abkürzung	Kurz-bezeichnung	Amtlicher Titel	Fundstelle
EEA	Einheitliche Europäische Akte	Einheitliche Europäische Akte	ABl. 1987 L 169/1
EuGVÜ	Europäisches Gerichtsstands- und Vollstreckungsübereinkommen	Übereinkommen von Brüssel von 1968 über die gerichtliche Zuständigkeit und die Vollstreckung gerichtlicher Entscheidungen in Zivil- und Handelssachen	ABl. 1972 L 299/32 (konsolidierte Fassung)
EuGVO	Europäische Gerichtsstands- und Vollstreckungsverordnung	Verordnung (EG) 44/2001 des Rates vom 22. 12. 2000 über die gerichtliche Zuständigkeit und die Anerkennung und Vollstreckung von Entscheidungen in Zivil- und Handelssachen	ABl. 2001 L 12/1
EuroÜwVO	Euro-Überweisungsverordnung	Verordnung (EG) Nr. 2560/2001 des Europäischen Parlaments und des Rates v. 19. 12. 2001 über grenzüberschreitende Zahlungen in Euro	ABl. 2002 L 344/13
EVÜ	Europäisches Vertragsrechtübereinkommen	Übereinkommen von Rom über das auf Schuldverhältnisse anzuwendende Recht vom 18. 6. 1980	ABl. 1980 L 266/1, konsolidierte Fassung ABl. 1998 C 27/34
1. Protokoll zum EVÜ		89/128/EWG: Erstes Protokoll betreffend die Auslegung des am 19. Juni 1980 in Rom zur Unterzeichnung aufgelegten Übereinkommens über das auf vertragliche Schuldverhältnisse anzuwendende Recht durch den Gerichtshof der Europäischen Gemeinschaften	ABl. 1989 L 48/1, konsolidierte Fassung ABl. 1998 C 27/47
2. Protokoll zum EVÜ		89/129/EWG: Zweites Protokoll zur Übertragung bestimmter Zuständigkeiten für die Auslegung des am 19. Juni 1980 in Rom zur Unterzeichnung aufgelegten Übereinkommens über das auf vertragliche Schuldverhältnisse anzuwendende Recht auf den Gerichtshof der Europäischen Gemeinschaften	ABl.EG 1989 L 48/17, konsolidierte Fassung ABl. 1998 C 27/52
FARL	Fernabsatzrichtlinie	Richtlinie 97/7/EG des Europäischen Parlaments und des Rates vom 20. Mai 1997 über den Verbraucherschutz bei Vertragsabschlüssen im Fernabsatz	ABl. 1997 L 144/19

Abkürzung	**Kurz-bezeichnung**	**Amtlicher Titel**	**Fundstelle**
V1-FARL	1.Vorschlag Fernabsatz-richtlinie	Vorschlag für eine Richtlinie des Rates über den Verbraucherschutz bei Vertrags-abschlüssen im Fernabsatz	ABl. 1992 C 156/14 KOM(92) 11 endg.
V2-FARL	2. Vorschlag Fernabsatz-richtlinie	Geänderter Vorschlag für eine Richtlinie des Rates über den Verbraucherschutz bei Vertragsabschlüssen im Fernabsatz	ABl. 1993 C 308/18 KOM(93) 396 endg.
GS-FARL	Gemeinsamer Standpunkt Fernabsatz-richtlinie	Gemeinsamer Standpunkt (EG) Nr. 19/95 vom Rat festgelegt am 29. Juni 1995 im Hinblick auf den Erlaß der Richtlinie 95/…/EG des Europäischen Parlaments und des Rates vom … über den Ver-braucherschutz bei Vertragsabschlüssen im Fernabsatz	ABl. 1995 C 288/1
FFRL	Finanz-fernabsatz-richtlinie	Richtlinie 2002/65/EG des Europäischen Parlaments und des Rates vom 23. 9. 2002 über den Fernabsatz von Finanzdienst-leistungen an Verbraucher und zur Änderung der Richtlinie 90/619/EWG des Rates und der Richtlinien 97/7/EG und 98/27/EG	ABl. 2002 L 271/16
V1-FFRL	1. Vorschlag Finanz-fernabsatz-richtlinie	Vorschlag für eine Richtlinie des Euro-päischen Parlaments und des Rates über den Fernabsatz von Finanzdienst-leistungen an Verbraucher und zur Änderung der Richtlinie 90/619/EWG des Rates und der Richtlinien 97/7/EG und 98/27/EG	KOM(98) 468 endg.
V2-FFRL	2. Vorschlag Finanz-fernabsatz-richtlinie	Geänderter Vorschlag für eine Richtlinie des Europäischen Parlaments und des Rates über den Fernabsatz von Finanz-dienstleistungen an Verbraucher und zur Änderung der Richtlinien 97/7/EG und 98/27/EG	KOM(99) 385 endg.
FinMRL	Finanz-markt-richtlinie	Richtlinie 2004/39/EG des Europäischen Parlaments und des Rates vom 21. April 2004 über Märkte für Finanzinstrumente, zur Änderung der Richtlinien 85/611/EWG und 93/6/EWG des Rates und der Richt-	ABl. 2004 L 145/1

Abkürzung	Kurz- bezeichnung	Amtlicher Titel	Fundstelle
		linie 2000/12/EG des Europäischen Parlaments und des Rates und zur Aufhebung der Richtlinie 93/22/EWG des Rates	
FlugAnnVO	Flug- Annulierungs- Verordnung	Verordnung über eine gemeinsame Regelung für Ausgleichs- und Unterstützungsleistungen für Fluggäste im Fall der Nichtbeförderung und bei Annullierung und großer Verspätung von Flügen	ABl. 2004 L 46/1
GbAbRL	Gleich- behandlungs- richtlinie Arbeits- bedingungen	Richtlinie 76/207/EWG des Rates vom 9. 2. 1976 zur Verwirklichung des Grundsatzes der Gleichbehandlung von Männern und Frauen hinsichtlich des Zugangs zur Beschäftigung, zur Berufsbildung und zum beruflichen Aufstieg sowie in bezug auf die Arbeitsbedingungen geändert durch Richtlinie 2002/73/EG des Europäischen Parlaments und des Rates vom 23. September 2002 zur Änderung der Richtlinie 76/207/EWG des Rates zur Verwirklichung des Grundsatzes der Gleichbehandlung von Männern und Frauen hinsichtlich des Zugangs zur Beschäftigung, zur Berufsbildung und zum beruflichen Aufstieg sowie in Bezug auf die Arbeitsbedingungen	ABl. 1976 L 39/40 ABl. 2002 L 269/15
GbEgRL	Gleichbehand- lungsrichtlinie Entgelt	Richtlinie des Rates vom 10. 2. 1975 zur Angleichung der Rechtsvorschriften der Mitgliedstaaten über die Anwendung des Grundsatzes des gleichen Entgelts für Männer und Frauen (75/117/EWG)	ABl. 1975 L 45/19
GbEthnRRL	Rassen- diskrimini- nierungs- richtlinie	Richtlinie 2000/43/EG des Rates vom 29. Juni 2000 zur Anwendung des Gleichbehandlungsgrundsatzes ohne Unterschied der Rasse oder der ethnischen Herkunft	ABl. 2000 L 180/22
GbGesRL	Gleichbehand- lungsrichtlinie Geschlecht	Richtlinie 2004/113/EG des Rates vom 13. 12. 2004 zur Verwirklichung des Grundsatzes der Gleichbehandlung von Männern und Frauen beim Zugang zu und bei der Versorgung mit Gütern und Dienstleistungen	ABl. 2004 L 373/37

Abkürzung	Kurz-bezeichnung	Amtlicher Titel	Fundstelle
GbRRL	Gleichbehand-lungsrahmen-richtlinie	Richtlinie 2000/78/EG des Rates vom 27.11.2000 zur Festlegung eines allgemeinen Rahmens für die Verwirklichung der Gleichbehandlung in Beschäftigung und Beruf	ABl. 2000 L 303/16
GRCh	Grundrechts-charta	Charta der Grundrechte der Europäischen Union	ABl. 2000 C 364/1
HWiRL	Haustür-geschäfte-widerrufs-richtlinie	Richtlinie 85/577/EWG des Rates vom 20. Dezember 1985 betreffend den Verbraucherschutz im Falle von außerhalb von Geschäftsräumen geschlossenen Verträgen	ABl. 1985 L 372/31
HVertrRL	Handels-vertreter-richtlinie	Richtlinie 86/653/EWG des Rates vom 18. Dezember 1986 zur Koordinierung der Rechtsvorschriften der Mitgliedstaaten betreffend die selbständigen Handelsvertreter	ABl. 1986 L 382/17
InsARL	Insolvenz-ausfall-richtlinie	Richtlinie 80/987/EWG des Rates vom 20. 10. 1980 zur Angleichung der Rechtsvorschriften der Mitgliedstaaten über den Schutz der Arbeitnehmer bei Zahlungsunfähigkeit des Arbeitgebers	ABl. 1980 L 283/23
InvFRL	Investment-fondsrichtlinie	Richtlinie 85/611/EWG des Rates vom 20. 12. 1985 zur Koordinierung der Rechts- und Verwaltungsvorschriften betreffend bestimmte Organismen für gemeinsame Anlagen in Wertpapieren (OGAW)	ABl. 1985 L 375/3
KapRL	Kapital-richtlinie	Zweite Richtlinie 77/91/EWG des Rates v. 13.12.1976 zur Koordinierung der Schutzbestimmungen, die in den Mitgliedstaaten den Gesellschaften im Sinne des Artikels 58 Absatz 2 des Vertrages im Interesse der Gesellschafter sowie Dritter für die Gründung der Aktiengesellschaft sowie für die Erhaltung und Änderung ihres Kapitals vorgeschrieben sind, um diese Bestimmungen gleichwertig zu gestalten	ABl. 1977 L 26/1
KGRL	Kaufgewähr-richtlinie	Richtlinie 1999/44/EG des Europäischen Parlaments und des Rates vom 25.5.1999	ABl. 1999 L 171/12

Abkürzung	Kurz-bezeichnung	Amtlicher Titel	Fundstelle
		zu bestimmten Aspekten des Verbrauchsgüterkaufs und der Garantien für Verbrauchsgüter	
V-KGRL	Vorschlag Kaufgewährrichtlinie	Vorschlag für eine Richtlinie des Europäischen Parlaments und des Rates über den Verbrauchsgüterkauf und -garantien	KOM(95) 520 endg. = ZIP 1996, 1845
GS-KGRL	Gemeinsamer Standpunkt Kaufgewährrichtlinie	Vorschlag für eine Richtlinie des Europäischen Parlaments und des Rates über den Verbrauchsgüterkauf und -garantien in der Fassung der politischen Einigung über den Gemeinsamen Standpunkt von Kommission und Ministerrat vom 23.4.1998	ZIP 1998, 889
KosmetikRL	Kosmetikrichtlinie	Richtlinie 76/768/EWG des Rates vom 27.7.1976 zur Angleichung der Rechtsvorschriften der Mitgliedstaaten über kosmetische Mittel	ABl. 1976 L 262/159
LbmKRL	Lebensmittelkennzeichnungsrichtlinie	Richtlinie 2000/13/EG des Europäischen Parlaments und des Rates vom 20. März 2000 zur Angleichung der Rechtsvorschriften der Mitgliedstaaten über die Etikettierung und Aufmachung von Lebensmitteln sowie die Werbung hierfür	ABl. 2000 L 109/29
LVersRL	Lebensversicherungsrichtlinie	Richtlinie 2002/83/EG des Europäischen Parlaments und des Rates v. 5.11.2002 über Lebensversicherungen	ABl. 2002 L 345/1
MERL	Massenentlassungsrichtlinie	Richtlinie 98/59/EG des Rates vom 10. Juli 1998 zur Angleichung der Rechtsvorschriften der Mitgliedstaaten über Massenentlassungen	ABl. 1998 L 225/16
MarkenVO	Gemeinschaftsmarkenverordnung	Verordnung (EG) Nr. 40/94 des Rates vom 20. Dezember 1993 über die Gemeinschaftsmarke	ABl. 1994 L 11/1
NwRL	Nachweisrichtlinie	Richtlinie 91/533/EWG des Rates vom 14. Oktober 1991 über die Pflicht des Arbeitgebers zur Unterrichtung des Arbeitnehmers über die für seinen Arbeitsvertrag oder sein Arbeitsverhältnis geltenden Bedingungen	ABl. 1991 L 288/32

Abkürzung	Kurzbezeichnung	Amtlicher Titel	Fundstelle
PHRL	Produkthaftungsrichtlinie	Richtlinie 85/374/EWG des Rates vom 25. Juli 1985 zur Angleichung der Rechts- und Verwaltungsvorschriften der Mitgliedstaaten über die Haftung für fehlerhafte Produkte	ABl. 1985 L 210/29
PRRL	Pauschalreiserichtlinie	Richtlinie 90/314/EWG des Rates vom 13. Juni 1990 über Pauschalreisen	ABl. 1990 L 158/59
SE-Statut	SE-Statut	Verordnung 2157/2001 des Rates vom 8. 10. 2001 über das Statut der Europäischen Aktiengesellschaft (SE)	ABl. 2001 L 294/1
PublRL	Publizitätsrichtlinie	Erste Richtlinie 68/151/EWG des Rates v. 5. 3. 1968 zur Koordinierung der Schutzbestimmungen, die in den Mitgliedstaaten den Gesellschaften im Sinne des Artikels 58 Absatz 2 des Vertrags im Interesse der Gesellschafter sowie Dritter vorgeschrieben sind, um diese Bestimmungen gleichwertig zu gestalten	ABl. 1968 L 65/8
SignRL	Signaturrichtlinie	Richtlinie 1999/93/EG des Europäischen Parlaments und des Rates vom 13. Dezember 1999 über gemeinschaftliche Rahmenbedingungen für elektronische Signaturen	ABl. 2000 L 13/12
TSRL	Timesharingrichtlinie	Richtlinie 94/47/EG des Europäischen Parlaments und des Rates vom 26. Oktober 1994 zum Schutz der Erwerber im Hinblick auf bestimmte Aspekte von Verträgen über den Erwerb von Teilzeitnutzungsrechten an Immobilien	ABl. 1994 L 280/83
	Tabakwerberichtlinie	Richtlinie 98/43/EG des Europäischen Parlaments und des Rates vom 6. 7. 1998 zur Angleichung der Rechts- und Verwaltungsvorschriften der Mitgliedstaaten über Werbung und Sponsoring zu Gunsten von Tabakerzeugnissen	ABl. 1998 L 213/9
UGPRL	Richtlinie über unlautere Geschäftspraktiken	Richtlinie 2005/29/EG des Europäischen Parlaments und des Rates v. 11. 5. 2005 unlautere Geschäftspraktiken im binnenmarktinternen Geschäftsverkehr zwischen Unternehmen und Verbrauchern und zur Änderung der Richtlinie 84/450/EWG des	ABl. 2005 L 149/22

Abkürzung	Kurz-bezeichnung	Amtlicher Titel	Fundstelle
		Rates, der Richtlinien 97/7/EG, 98/27/EG und 2002/65/EG des Europäischen Parlaments und des Rates sowie der Verordnung (EG) Nr. 2006/2004 des Europäischen Parlaments und des Rates	
ÜwRL	Überweisungs-richtlinie	Richtlinie 97/5/EG des Europäischen Parlaments und des Rates v. 27. 1. 1997 über grenzüberschreitende Überweisungen	ABl. 1997 L 43/25
V-DHRL	Vorschlag einer Dienst-leistungshaf-tungsrichtlinie	Vorschlag für eine Richtlinie des Rates über die Haftung bei Dienstleistungen	ABl. 1991 C 12/8 KOM(90) 482 endg.
VerbrKrRL	Verbraucher-kreditrichtlinie	Richtlinie 87/102/EWG des Rates vom 22. 12. 1986 zur Angleichung der Rechts- und Verwaltungsvorschriften der Mitgliedstaaten über den Verbraucherkredit	ABl. 1987 L 42/48
V-Verbr-KrÄRL	Vorschlag Verbraucher-kredit-Änderungs-richtlinie	Vorschlag für eine Richtlinie des Europäischen Parlaments und des Rates zur Harmonisierung der Rechts- und Verwaltungsvorschriften der Mitgliedstaaten über den Verbraucherkredit	ABl. 2002 C 331 E/200 KOM(2002) 443 endg.
V2-Verbr-KrÄRL	Geänderter Vorschlag Verbraucher kredit-Änderungs-richtlinie	Geänderter Vorschlag für eine Richtlinie des Europäischen Parlaments und des Rates über Verbraucherkreditverträger und zur Änderung der Richtlinie 93/13/EWG des Rates vom 7. 10. 2005	KOM(2005) 483 endg.
V-StruktRL	Vorschlag für eine Struktur-richtlinie	Dritter geänderter Vorschlag einer fünften Richtlinie v. 20. 11. 1991	ABl. 1991 C 321/9
VerfV	Verfassungs-vertrag	Vertrag über eine Verfassung für Europa	ABl. 2004 C 310/1
VergBRL	Vergabe-richtlinie Bauaufträge	Richtlinie 93/37/EWG zur Koordinierung der Verfahren zur Vergabe öffentlicher Bauaufträge	ABl. 1993 L 199/54
VergDRL	Vergaberichtlinie Dienst-leistungen	Richtlinie 92/50/EWG zur Koordinierung der Verfahren zur Vergabe öffentlicher Dienstleistungsaufträge	ABl. 1992 L 209/1

Abkürzung	Kurz-bezeichnung	Amtlicher Titel	Fundstelle
VergLRL	Vergabe-richtlinie Lieferaufträge	Richtlinie 93/36/EWG über die Koordinierung der Verfahren zur Vergabe öffentlicher Lieferaufträge	ABl. 1993 L 199/1
VergSRL	Vergabe-richtlinie Sektoren	Richtlinie 93/38/EWG zur Koordinierung der Auftragsvergabe durch Auftraggeber im Bereich der Wasser-, Energie- und Verkehrsversorgung sowie im Telekommunikationssektor	ABl. 1993 L 199/84
VersVermE	Versicherungs-vermittler-Empfehlung	Empfehlung 92/48/EWG der Kommission vom 18.12.1991 über Versicherungsvermittler	ABl. 1991 L 19/32
VersVermRL	Versicherungs-vermittler-richtlinie	Richtlinie 2002/92/EG des Europäischen Parlaments und des Rates v. 9. 12. 2002 über Versicherungsvermittlung	ABl. 2003 L 9/3
V-Vers-VermRL	Vorschlag Versicherungs-vermittler-richtlinie	Vorschlag für eine Richtlinie des Europäischen Parlaments und des Rates über Versicherungsvermittlung	KOM(2000) 511 endg.
V1-VersVRL	Vorschlag für eine Versicherungs-vertrags-richtlinie	Vorschlag für eine Richtlinie des Rates zur Koordinierung der Rechts- und Verwaltungsvorschriften über Versicherungsverträge	ABl. 1979 C
V2-VersVRL	Änderung des Vorschlags einer Versicherungsvertragsrichtlinie	Änderung des Vorschlags für eine Richtlinie des Rates zur Koordinierung der Rechts- und Verwaltungsvorschriften über Versicherungsverträge	ABl. 1980 C 355/30 KOM(80) 854 endg.
WerbRL	Werbungs-richtlinie	Richtlinie 84/450/EWG des Rates vom 10. September 1984 zur Angleichung der Rechts- und Verwaltungsvorschriften der Mitgliedstaaten über irreführende Werbung	ABl. 1984 L 250/17
WpDRL[2]	Wertpapier-dienstleistungs-richtlinie	Richtlinie 93/22/EWG des Rates vom 10. Mai 1993 über Wertpapierdienstleistungen	ABl. 1993 L 141/27

2 Die WpdRL wurde aufgehoben und ersetzt durch die FinMRL; s. dort.

Abkürzung	Kurz-bezeichnung	Amtlicher Titel	Fundstelle
ZVerzRL	Zahlungs-verzugs-richtlinie	Richtlinie 2000/35/EG des Europäischen Parlaments und des Rates vom 29. 6. 2000 zur Bekämpfung des Zahlungsverzugs im Geschäftsverkehr	ABl. 2000 L 200/35
V-ZVerzRL	Vorschlag Zahlungs-verzugs-richtlinie	Vorschlag für eine Richtlinie zur Bekämpfung des Zahlungsverzugs im Handelsverkehr	ABl. 1998 C 168/13 = ZIP 1998, 1614
ZsVerbrVO	Verordnung über die Zusammenarbeit im Verbraucher schutz	Verordnung (EG) Nr. 2006/2004 des Europäischen Parlaments und des Rates vom 27. Oktober 2004 über die Zusammenarbeit zwischen den für die Durchsetzung der Verbraucherschutzgesetze zuständigen nationalen Behörden	ABl. 2004 L 364/1
ZVerzEmpf	Zahlungs-verzug-Empfehlung	Empfehlung der Kommission vom 12. 5. 1995 über die Zahlungsfristen im Handelsverkehr	ABl. L 127/19

§ 1
Einführung

I. Europäisches Vertragsrecht in der Rechtsausbildung und seine Darstellung in diesem Buch

Europäisches Vertragsrecht – das Vertragsrecht der Europäischen Union –[1] bestimmt in zunehmendem Maße das nationale Vertragsrecht mit. Ihm kommt in der Rechtspraxis eine immer größere Bedeutung zu. Das muß sich auch in der Rechtsausbildung niederschlagen. Allerdings ist der Zugang zum Europäischen Vertragsrecht dadurch erschwert, daß seine Regelungen über eine Vielzahl von Rechtsakten (zumeist Richtlinien) verstreut sind. Diese einzelnen Rechtsakte betreffen aber nicht Sachfragen des Vertragsrechts, so wie wir sie aus den nationalen Rechten der Mitgliedstaaten kennen. Sie sind vielmehr üblicherweise nach Lebensausschnitten geordnet. So gibt es keinen Rechtsakt über den Vertragsabschluß, aber Regelungen über den „Verbraucherschutz im Falle von außerhalb von Geschäftsräumen geschlossenen Verträgen" oder über den Fernabsatz. Es gibt keinen Rechtsakt über Leistungsstörungen, doch enthalten (vor allem) die Pauschalreiserichtlinie, die Kaufgewährrichtlinie, die Zahlungsverzugsrichtlinie und die Überweisungsrichtlinie auch Regelungen des Leistungsstörungsrechts. 1

Aufgrund dieser Form der Regelung, die sich an Lebensausschnitten und nicht an Sachfragen orientiert, wird nicht nur der Einstieg in das Europäische Vertragsrecht erschwert. Zudem drohen auch Wertungszusammenhänge verlorenzugehen. Auch wenn es um verschiedene Absatzformen oder Vertragstypen geht, sollte man erwarten, daß die Regelungen über die vorvertragliche Information oder ein Widerrufsrecht denselben Prinzipien folgen. Das Leistungsstörungsrecht mag zwar vertragstypbezogen differenziert ausgestaltet sein, sollte aber auf einheitlichen Grundsätzen beruhen. Aus diesem Grunde wird das Vertragsrecht in diesem Lehrbuch nicht nach Rechtsakten geordnet dargestellt, sondern nach Sachfragen geordnet. So werden im **2. Teil** des Buchs im Anschluß an 2

- allgemeine und übergreifende Fragen (Abschnitt 1)
- die Vertragsanbahnung (Abschnitt 2),
- der Vertragsschluß (Abschnitt 3),
- Diskriminierungsverbote (Abschnitt 4),
- der Vertragsinhalt (Abschnitt 5),
- Fragen der Einbeziehung Dritter in den Vertrag (Abschnitt 6),
- die Inhaltskontrolle (Abschnitt 7) und
- die Leistungsstörungen (Abschnitt 8)

erörtert. Um die Wertungszusammenhänge hervorzuheben werden in diesem Teil des Buchs regelmäßig zunächst die Einzelregeln dargestellt und anschließend einige Grundgedanken aufgezeigt. Erörtert wird zudem, ob sich auf der Grundlage dieser Vorüberlegungen Lücken im bestehenden Recht ergeben. Um das System des Regelungsganzen und die ihm zugrundeliegenden Regelungsprinzipien geht es im abschließenden **3. Teil**.

Vor dieser Untersuchung einzelner Sachfragen steht – im **1. Teil** – eine Darstellung von einigen Grundfragen, die für das Verständnis von Bedeutung sind. 3

- So ist am Anfang zu bestimmen, was hier als Europäisches Vertragsrecht bezeichnet wird (Abschnitt 1).

---

1 Zur Begriffsbestimmung näher unten, Rn. 30f.

- Anschließend sind einige primärrechtliche Grunddaten zu untersuchen, nämlich das Verhältnis von Grundfreiheiten und Privatrecht, die vertragsrechtsrelevanten Prinzipien des Primärrechts und die Kompetenzen der Gemeinschaft zur Angleichung des Vertragsrechts (Abschnitt 2).
- Und schließlich ist ein Blick zu werfen auf das Internationale Vertragsrecht der Gemeinschaft, wie es in Form des Europäischen Vertragsrechtsübereinkommens vorliegt (Abschnitt 3).

II. Übersicht über die wichtigsten Rechtsakte auf dem Gebiet des Vertragsrechts

4 Vor der systematischen Erörterung des Europäischen Vertragsrechts ist es hilfreich, die wichtigsten Rechtsakte zunächst schon in einer Übersicht vorzustellen.[2]

1. Diskriminierungsverbote

4a Für das gesamte Privatrecht – und damit auch für das gesamte Vertragsrecht – von Bedeutung sind die Diskriminierungsverbote. Sie waren anfänglich vor allem für den Bereich des Arbeitslebens statuiert, erfassen mittlerweile aber zentral auch den „Zugang zu und die Versorgung mit Gütern und Dienstleistungen". Da der Zugang zu und die Versorgung mit Gütern und Dienstleistungen in einer Marktwirtschaft primär durch Vertrag erfolgt, handelt es sich um Diskriminierungsverbote im Europäischen Vertragsrecht.

- Die *Gleichbehandlungsrichtlinie Ethnie (GbEthnieRL)* verbietet Diskriminierungen aufgrund von Rasse oder ethnischer Herkunft.
- Die *Gleichbehandlungsrichtlinie Geschlecht (GbGesRL)* verbietet Diskriminierungen aufgrund des Geschlechts.

Erfaßt sind in beiden Fällen jeweils unmittelbare und mittelbare Diskriminierungen sowie die der Diskriminierung gleichgestellte Anstiftung und Belästigung.

2. Regelungen für besondere Absatzformen

5 Besondere Formen des Absatzes betreffen die Regelungen über den „Haustürvertrieb" und den Fernabsatz.

- Die *Haustürgeschäfte(widerrufs)richtlinie (HtWRL)* begründet vor allem ein Widerrufsrecht für Verbraucherverträge, die an der Haustür, am Arbeitsplatz oder auf Verkaufsfahrten geschlossen wurden.
- Die *Fernabsatzrichtlinie (FARL)* verpflichtet den „Lieferer" im Fernabsatz, den Verbraucher eingehend zu informieren und begründet ein Widerrufsrecht für den Verbraucher.
- Für den speziellen Bereich der Finanzdienstleistungsverträge wird sie ergänzt durch die *Finanzfernabsatzrichtlinie (FFRL)*.

3. Elektronischer Geschäftsverkehr

6 Zwei Rechtsakte betreffen den Bereich des elektronischen Geschäftsverkehrs, die E-Commerce-Richtlinie (EComRL) und die Signaturrichtlinie (SignRL).

---

2 Eine tabellarische Aufstellung der Rechtsakte – Abkürzung, Kurzbezeichnung, amtliche Bezeichnung und Fundstelle – ist oben, S. XIX–XXIX, abgedruckt.

- Die *E-Commerce-Richtlinie* enthält – soweit für das Vertragsrecht von Interesse – vor allem Informationsvorschriften sowie Vorschriften über den „Abschluß von Verträgen auf elektronischem Weg".
- Die *Signaturrichtlinie* soll die Verwendung elektronischer Signaturen erleichtern und zu ihrer rechtlichen Anerkennung beitragen.

4. Inhaltskontrolle

Die Inhaltskontrolle von nicht-ausgehandelten Klauseln in Verbraucherverträgen regelt 7 die *AGB-Richtlinie (AGBRL)*; da die Richtlinie nicht nur eine AGB-Kontrolle installiert, sondern auch eine Kontrolle sonstiger nicht-ausgehandelter Vertragsklauseln, wird sie auch Klauselrichtlinie genannt. Vereinzelt finden sich auch in anderen Rechtsakten Vorschriften über die Inhaltskontrolle (unten, § 23).

5. Regelungen für bestimmte Vertragstypen

Das Richtlinienrecht enthält darüber hinaus Regelungen für bestimmte Vertragstypen. An 8 erster Stelle ist die *Kaufgewährrichtlinie (KGRL)* zu nennen, die auch als Verbrauchsgüterkaufrichtlinie bezeichnet wird. Sie enthält eine eingehende Regelung des Gewährleistungsrechts bei Kaufverträgen zwischen Unternehmern und Verbrauchern (allerdings ohne Schadensersatz).

Der für den Binnenmarkt wichtige Bereich der „*Tourismus-Verträge*" ist Gegenstand 9 von zwei Richtlinien und einer Verordnung.

- Die *Pauschalreiserichtlinie (PRRL)* begründet vorvertragliche und vertragliche Informationspflichten des Veranstalters und/oder Vermittlers von Pauschalreisen und enthält eine eingehende Regelung des Leistungsstörungsrechts. Außerdem verpflichtet sie die Mitgliedstaaten, einen Schutz der Reisenden für den Fall der Insolvenz des Vertragspartners (Veranstalter/Vermittler) einzurichten. Pauschalreisen iSd Richtlinie liegt vor, wenn mindestens zwei Reisedienstleistungen (Beförderung, Unterbringung, touristische Dienstleistung) im voraus[3] verbunden werden und zu einem Gesamtpreis „verkauft" werden.[4]
- In engem, auch vom Gesetzgeber hervorgehobenen Zusammenhang mit der Pauschalreiserichtlinie steht die *Flugannullierungsverordnung (FlugAnnVO)*. Für die Fälle der Nichtbeförderung, der Flugannullierung oder der Verspätung gewährt sie dem Fluggast Ausgleichs-, Erstattungs- und Betreuungsansprüche.
- Die *Timesharingrichtlinie (TSRL)* sieht ebenfalls Informationspflichten vor. Sie enthält außerdem ein Widerrufsrecht des Erwerbers.

---

3 Spätestens bei Vertragsschluß, EuGH v. 30.4.2002 – Rs. C-400/00 *Club Tour* Slg. 2002, I-4051 Rn. 17–20.

4 I.e. Art. 2 Nr. 1 PRRL. Daß die Reise vom Reisebüro auf Wunsch und nach den Vorgaben des Verbrauchers zusammengestellt wurde, ist unerheblich; EuGH v. 30.4.2002 – Rs. C-400/00 *Club Tour* Slg. 2002, I-4051 Rn. 11–16; entgeltlich ist auch die als „Werbegeschenk" gewährte Reise, EuGH v. 15.6.1999 – Rs. C-140/97 *Rechberger* Slg. 1999, I-3499 Rn. 27–33. Schüleraustausch ist keine Pauschalreise, EuGH v. 11.2.1999 – Rs. C-237/99 *AFS* Slg. 1999, I-219.

5 Eingehend (besonders zum Aufsichtsrecht) *Schnyder* Europäisches Banken- und Versicherungsrecht (2005). Übersicht zum Bankvertragsrecht Gebauer/Wiedmann-*Schinkels* Kap. 14; *Reich/Micklitz* Verbraucherrecht, § 21.

10 Verschiedene Rechtsakte betreffen Verträge, die wir den *Bankgeschäften* zurechnen würden.[5]

- Hier ist zuerst die *Verbraucherkreditrichtlinie (VerbrKrRL)* zu nennen. Sie enthält vor allem eine Regelung über Werbung, vorvertragliche und vertragliche Informationspflichten und das Recht zur vorzeitigen Rückzahlung des Kredits. Die Richtlinie wird derzeit überarbeitet, die Änderungen sind rechtspolitisch umstritten.[6]
- Die *Überweisungsrichtlinie (ÜwRL)* regelt einzelne Fragen des Überweisungsrechts für grenzüberschreitenden Überweisung in Euro oder in der Währung eines Mitgliedstaats bis zu einem Gegenwert von 50.000 €. Neben Informationspflichten des Instituts enthält sie eine eingehende Regelung der Leistungsstörungen. Sie wird jetzt ergänzt durch die *Euro-Überweisungsverordnung (EuroÜwVO)* die eine Gebührenregelung und Informationspflichten statuiert.
- Die *Finanzmarktrichtlinie (FinMRL*; nach der englischen Bezeichnung – Markets in Financial Instruments Directive – auch MiFiD genannt) hat die frühere Wertpapierdienstleistungsrichtlinie (WpDRL) aufgehoben und ersetzt.[7] Sie regelt Bedingungen für die Zulassung und Tätigkeit von juristischen Personen, die gewerbsmäßig mehrere Wertpapierdienstleistungen für Dritte erbringen und/oder Anlagetätigkeiten ausüben (Wertpapierfirmen). Neben den überwiegend aufsichtsrechtlichen Vorschriften enthält, die Richtlinie sogenannte Wohlverhaltenspflichten, die sich als vorvertragliche und vertragliche Aufklärungs- und Beratungspflichten verstehen lassen.

11 *Versicherungsverträge* regeln zwei Richtlinien (bzw. Gruppen von Richtlinien).

- Für den Bereich der Schadensversicherung sind das die *1.–3. Schadensversicherungsrichtlinie (1.–3. SVersRL)*,
- für den Bereich der Lebensversicherung ist es die *Lebensversicherungsrichtlinie (LVersRL)*, zu der die 1.–3. Lebensversicherungsrichtlinien jetzt zusammengefaßt sind. Während die Schadensversicherungsrichtlinien nur wenige vertragsrechtliche Regelungen enthalten, begründet die Lebensversicherungsrichtlinie weiterreichende Informationspflichten sowie ein Widerrufsrecht des Versicherungsnehmers.
- In Zusammenhang mit den Versicherungsrichtlinien ist zudem die *Versicherungsvermittlerrichtlinie (VersVermRL)* zu nennen. Sie begründet vor allem eine Registerpflicht für Versicherungsvermittler sowie vorvertragliche Informationspflichten.

12 Nur den Geschäftsverkehr betrifft die *Zahlungsverzugsrichtlinie (ZVerzRL)*. Sie enthält vor allem eine dispositive Fälligkeitsbestimmung sowie Regelungen über den Zahlungsverzug als besondere Form der Leistungsstörungen. Schließlich ist die *Handelsvertreterrichtlinie (HVertrRL)* zu nennen. Neben einer eingehenden Regelung der Nebenpflichten enthält sie insbesondere Vorschriften über die Vertragsbeendigung und den Ausgleichsanspruch des Handelsvertreters im Fall der Vertragsbeendigung.

6. Recht gegen unlauteres Geschäftsverhalten

12a Mit dem Vertragsrecht steht das Lauterkeitsrecht (oder Wettbewerbsrecht)[8] in engem Zusammenhang.

---

6 Zur Reform *Weatherill* EU Consumer Law, S. 89f.; *Franck* ZBB 2003, 334–342; *Hoffmann* BKR 2004, 308–315; *Riesenhuber* ZBB 2003, 325–334.

7 Übersicht bei *Schnyder* Europäisches Banken- und Versicherungsrecht, Rn. 364–377.

8 Im Gemeinschaftsrecht wird, englischer Terminologie folgend, mit dem Wettbewerbsrecht (*competition law*) oft das Kartellrecht der Art. 81–86 EG bezeichnet, während in Deutschland das Recht gegen den unlauteren Wettbewerb, wie es sich v.a. im UWG findet, als Wettbewerbsrecht bezeichnet wird.

- Das liegt schon bei den Vorschriften der *Werbungsrichtlinie* nahe, die das Verbot der irreführenden und die grundsätzliche Zulässigkeit der vergleichenden Werbung enthält. Auch wenn es bei der Werbung noch nicht um Vertragsanbahnung geht, ist doch der Zusammenhang mit vorvertraglichen Pflichten nicht zu verkennen.
- Die Kommission hat in jüngerer Zeit eine weitergehende Regulierung der Absatzförderung unternommen. Die vorgeschlagene *Verkaufsförderungsverordnung* ist allerdings über das Vorschlagsstadium nicht hinausgekommen. Verabschiedet wurde 2005 aber die *Richtlinie über unlautere Geschäftspraktiken (UGPRL)*. Darin wird zwar ausdrücklich normiert, die Richtlinie lasse das Vertragsrecht unberührt. Indes ergeben sich daraus insbesondere Informationspflichten und ein Verbot unzulässiger Beeinflussung, mithin Gegenstände, die jedenfalls im Rahmen einer systematischen Umsetzung nicht ohne Auswirkung auf das Vertragsrecht bleiben können.

7. Primärrecht

So wie die Verfassung im nationalen Recht kann auch das Europäische Primärrecht für das Vertragsrecht von Bedeutung sein.[9] 13

Die Bezeichnung der Verträge ist seit der Amsterdamer Revision von 1997, die zu einer neuen Numerierung geführt hat, etwas unübersichtlich. Hier werden, den Vorschlägen des EuGH[10] folgend, der EG-Vertrag in der Neufassung als **EG** und der EU-Vertrag in der Neufassung als **EU** bezeichnet. Soweit (ausnahmsweise) auf die frühere Fassung der Verträge mit der älteren Numerierung Bezug genommen ist, wird der EG-Vertrag als **EGV**, der EU-Vertrag als **EUV** zitiert.

Im Primärrecht sind teils schon privatrechtliche Regelungen enthalten, so insbesondere mit dem Kartellverbot (Art. 81 EG), den Verhaltensmaßstäben für marktbeherrschende Unternehmen (Art. 82 EG) und dem Verbot der Entgeltdiskriminierung (Art. 141 EG). Aus dem Primärrecht lassen sich zudem privatrechtsrelevante Prinzipien und insbesondere auch Grundrechte (vgl. Art. 6 EU) ableiten. Die – bislang freilich unverbindliche – *Grundrechtscharta (GRCh)* kann dafür Anhaltspunkte geben und wird so auch vom Gemeinschaftsgesetzgeber, Gerichten und Generalanwälten herangezogen. Es zeichnet sich ab, daß auch auf der Ebene des Gemeinschaftsrechts das Verhältnis von Grundrechten und Privatrecht zu klären sein wird.

Nachdem die Ratifizierung des geplanten *Verfassungsvertrags*[11] vorerst ins Stocken 13a
geraten ist, sind seine vertragsrechtlichen Wirkungen derzeit noch nicht zu erörtern. Man kann indes erwarten, daß sie die anerkannten Einwirkungen des Primärrechts fortsetzen und vertiefen werden.

III. Hinweise zur Gestaltung von Rechtsakten und Urteilen

Europäisches Vertragsrecht hat nicht nur Bezüge zum Vertragsrecht, sondern auch zum 14
Europarecht. Zudem ist es ein neues Rechtsgebiet, der Überblick über die vorhandenen Hilfsmittel mag daher nicht leicht zu gewinnen sein. Aus diesen Gründen ist vielleicht nützlich, der Darstellung jetzt einige „technische" Hinweise voranzustellen.

---

9 Näher unten, § 2 und § 3.

10 http://curia.eu.int/de/content/juris/index.htm.

11 Dazu einführend *Streinz/Ohler/Herrmann* Die neue Verfassung für Europa (2005).

1. Die Gestaltung der Rechtsakte

15 Die Rechtsquellen des Europäischen Vertragsrechts werden nachfolgend (Rn. 32–50) näher erörtert. Schon an dieser Stelle ist auf einige Besonderheiten ihrer äußeren Gestaltung hinzuweisen, die von praktischer Bedeutung sind.[12]

16 Sekundärrechtsakte der EG sind gem. Art. 253 EG zu begründen. Dieser Begründungspflicht kommen die rechtsetzenden Organe dadurch nach, daß sie den Rechtsakten sogenannte **Begründungserwägungen** (auch sog. Erwägungsgründe) voranstellen. Diese Begründungserwägungen werden hier auch abgekürzt mit **„BE"** bezeichnet. In jüngeren Rechtsakten sind die Begründungserwägungen üblicherweise durchnumeriert. Aber auch die Begründungserwägungen älterer Rechtsakte, die nicht schon vom Gesetzgeber[13] so numeriert sind (z.B. Haustürgeschäfterichtlinie, Handelsvertreterrichtlinie), werden nach einer Numerierung ihrer Absätze zitiert.

17 Die Begründungserwägungen enthalten in vielen Fällen – vor allem bei älteren Richtlinien – nicht mehr als eine Übersicht über die Regelung, die manchmal nur umschrieben wird. Nicht selten indes findet man darin auch weiterführende Hinweise. Teilweise sind hier die Regeln erläutert oder auch Grundprinzipien formuliert. Vor allem wenn, wie vor allem früher nicht selten, Gesetzgebungsmaterialien fehlen oder nur dürftig sind, stellen die Begründungserwägungen wertvolle Hilfsmittel für die subjektiv-teleologische Auslegung dar.[14]

18 Die **äußere Ordnung** der Rechtsakte selbst entspricht im wesentlichen dem, was wir von nationalen Gesetzen her kennen. Vor allem die umfassenderen Regelungen, wie beispielsweise die neu kodifizierte Lebensversicherungsrichtlinie oder die E-Commerce Richtlinie, sind zuerst in Titel, Kapitel und/oder Abschnitte eingeteilt.

19 Die Artikel selbst sind regelmäßig weiter untergliedert, und zwar zuerst in Absätze. Als weitere Untergliederung wählt der Europäische Gesetzgeber nicht selten noch Unterabsätze (Abkürzung: UAbs.), die in der deutschen Gesetzgebung unüblich sind. Hinzu kommt gelegentlich eine Aufzählung nach Buchstaben, z.B. bei der Prospektpflicht des Art. 3 Abs. 2 PRRL; man zitiert die einzelnen Gegenstände als „Buchstabe" oder litera (lit.). Unschön und weniger benutzerfreundlich ist die Spiegelstrichaufzählung, z.B. in Art. 2 Timesharingrichtlinie. Man kann sich für die genaue Zitierung der einzelnen Regelungen behelfen, indem man die Spiegelstriche (gedanklich) numeriert und entsprechend zitiert (Abkürzung: Sps.), z.B. also für die Definition des Verkäufers: Art. 2 Sps. 3 TSRL. Ungewohnt ist für den am deutschen Recht geschulten Juristen nicht zuletzt die Numerierung nach „kleinen römischen Ziffern", die der Europäische Gesetzgeber[15] gelegentlich verwendet, also i, ii, iii, iv, v, vi usf. Hier muß man die Regelung als „Nr. iv" zitieren.

---

12 Vgl. die Interinstitutionelle Vereinbarung v. 22.12.1998, ABl. 1999 C 73/1.

13 Die Bezeichnung der Gesamtheit der an der Rechtsetzung beteiligten Organe der Gemeinschaft als Gesetzgeber ist nicht unumstritten. Sie wird hier aus Gründen der Einfachheit verwandt. Zur Terminologie noch die Hinweise unten, Rn. 37 mit Fn. 22 und 24.

14 Zur Auslegung des Europäischen Vertragsrechts *Grundmann/Riesenhuber* JuS 2001, 529–536; s.a. die Literaturhinweise unten, nach Rn. 28. Zur Berücksichtigung von Gesetzgebungsmaterialien z.B. EuGH v. 30.4.1998 – Rs. C-215/97 *Bellone* Slg. 1998, I-2191 (und dazu unten, Rn. 349f.).

15 Auch in der ausländischen Literatur ist das teilweise üblich. Insbesondere erfolgt auch die Paginierung der Einleitungsseiten der von *Lando* und *Beale* herausgegebenen Textausgabe der Prinicples of European Contract Law anhand von „kleinen römischen Ziffern".

In neueren Rechtsakten finden sich regelmäßig amtliche, d.h. vom Gesetzgeber selbst vergebene Überschriften für Titel, Abschnitte, Kapitel und Artikel. Anders als Überschriften, die etwa ein Verlag oder ein Herausgeber einer Textsammlung angebracht hat, können diese amtlichen Überschriften im Einzelfall auch für die Auslegung fruchtbar gemacht werden. Sie können vor allem für die systematische Auslegung – mit Rücksicht auf die Stellung einer Regelung innerhalb eines Rechtsakts – von Nutzen sein. 20

Schließlich mögen einige Hinweise zum **Aufbau von Gemeinschaftsrechtsakten** nützlich sein. Am Anfang steht die Präambel, die Aufschluß über die gewählte Kompetenzgrundlage und das Gesetzgebungsverfahren gibt. Anschließend werden die Begründungserwägungen (s. Rn. 16) angeführt. Im verfügenden Teil findet sich üblicherweise ein Einleitungsabschnitt (auch wenn das nicht formal ausgewiesen ist). Darin ist häufig in einem Artikel 1 der Zweck der Regelung – oder doch immerhin ihr wesentlicher Inhalt – kurz umrissen. Anschließend folgen meist Definitionsnormen. Sie werden, da sie am Anfang stehen, gelegentlich übersehen, sind aber für die Auslegung der Sachnormen unentbehrlich. Mit den Definitionsnormen wird teilweise zugleich der (persönliche und sachliche) Anwendungsbereich abgegrenzt. Ergänzend kommen in den Anfangsnormen mitunter Sonderregeln über den Anwendungsbereich (v.a. Ausnahmen vom Anwendungsbereich) hinzu. In einem (gedanklichen) zweiten Hauptteil folgen die materiellen Regelungen. Über diesen Abschnitt läßt sich naturgemäß wenig Allgemeines sagen, seine Ausgestaltung und Ordnung hängt von dem einzelnen Regelungsgegenstand ab. Weitgehend einheitlich sind wieder die Schlußbestimmungen gestaltet. Hier finden sich zum einen Bestimmungen über die Umsetzungspflichten und -fristen, ggf. auch über Sanktionen, das Inkrafttreten, ggf. die Aufhebung oder Änderung früherer Rechtsakte und, bei Richtlinien, ein Hinweis auf den Adressaten. Gelegentlich sind den Rechtsakten noch Anhänge beigefügt. Sie dienen dazu, die Bestimmungen im normativen Teil des Rechtsakts zu konkretisieren. Beispielsweise enthält der Anhang zur AGB-Richtlinie eine als Hinweis dienende und nicht erschöpfende Liste der Klauseln, die für missbräuchlich erklärt werden können (Art. 3 Abs. 3 AGBRL; näher dazu Rn. 640–643). Und die UGP-Richtlinie enthält in Anhang I eine sog. Schwarze Liste, aus der sich ergibt, wann irreführende Geschäftspraktiken (Art. 6 UGPRL) und aggressive Geschäftspraktiken (Art. 8 UGPRL) unter allen Umständen als unlauter gelten (Rn. 277a–277e). 21

Das Europäische Vertragsrecht enthält – wie bereits aus der obigen Übersicht deutlich wird (Rn. 4–13) – zumeist Regelungen zum Schutz einer bestimmten Gruppe von Personen, besonders von Verbrauchern und von Arbeitnehmern. Eine Regelung, die in fast jedem Rechtsakt auf dem Gebiet des Vertragsrechts begegnet, ist die sogenannte **Mindeststandardklausel**. Sie besagt, daß die Mitgliedstaaten in ihrem nationalen Recht auch strengere Schutzregeln zugunsten der geschützten Gruppe (Verbraucher, Arbeitnehmer) vorsehen können. 22

Wie diese Mindeststandardklauseln im einzelnen auszulegen sind, ist umstritten. Sicher erlauben sie den Mitgliedstaaten, für nationalen Sachverhalte strengere Regeln einzuführen oder beizubehalten. Unklar ist aber, ob strengere Schutzregeln auch für den grenzüberschreitenden Rechtsverkehr vorgesehen werden können. Diese Problematik kann hier nur angedeutet werden.[16] Sie ergibt sich daraus, daß (auch vertragsrechtliche) Schutzvorschriften eine Beschränkung des grenzüberschreitenden Verkehrs darstellen und daher mit 23

16 Eingehend *Grundmann* Schuldvertragsrecht, 1. Teil Rn. 105–120; *Riesenhuber* System und Prinzipien, § 8 (S. 146–170), jeweils mwN.

den Grundfreiheiten unvereinbar sein können.[17] Daher sind solche Beschränkungen nur soweit zulässig, wie sie zur Erreichung des Schutzzwecks erforderlich sind. Wenn aber nun schon die Gemeinschaft Schutzvorschriften vorsieht und dabei zudem regelmäßig von einem „hohen (Verbraucher-) Schutzniveau“ ausgeht (vgl. insbes. Art. 95 Abs. 3 EG), so bleibt wenig Raum für strengere Schutzvorschriften.

2. Die Gestaltung der Urteile des Gerichtshofs und ihre Zitierweise

24 Nach Art. 220 Abs. 1 EG sichern der **Gerichtshof (EuGH)** und das **Gericht erster Instanz (EuG)** im Rahmen ihrer jeweiligen Zuständigkeiten die Wahrung des Rechts bei der Auslegung und Anwendung dieses Vertrags (i.e. Art. 220–245 EG). Ungeachtet der erweiterten Befugnisse des EuG spielen bislang vor allem die Entscheidungen des EuGH für das Europäische Privatrecht eine Rolle. Das Gericht erster Instanz ist vor allem im Bereich des Kartellrechts zuständig, das im weiteren Sinne auch als Vertragsrecht verstanden werden kann (s. Rn. 33, 37).

25 Der **Aufbau von Entscheidungen** des EuGH ist weitgehend einheitlich. Zunächst sind sie – wie auch Entscheidungen nationaler Gerichte – unterteilt in einen Sachverhaltsteil und einen Begründungsteil. Im Sachverhaltsabschnitt weist der Gerichtshof zuerst auf den Verfahrensgang hin. Anschließend stellt er den zugrundeliegenden Sachverhalt des Rechtsstreits dar. Dabei gibt er regelmäßig die rechtlichen Regelungen üblicherweise wörtlich wieder. Der Aufbau des Begründungsteils ist vom Verfahrensgegenstand bestimmt. In jüngeren Entscheidungen erleichtert der Gerichtshof die Übersicht durch Zwischenüberschriften. Am Schluß steht – wiederum aus dem nationalen Recht bekannt – eine Kostenentscheidung. Die Begründung fällt vor allem bei älteren Entscheidungen oft knapp aus und mutet mitunter etwas begrifflich an; diese Praxis war wohl vom französischen Urteilsstil beeinflußt. In jüngerer Zeit begründet der Gerichtshof seine Entscheidungen indes eingehender.

26 Die Entscheidungen des EuGH werden in der **amtlichen Sammlung** veröffentlicht (Abkürzung: **Slg.**; manche verwenden, der deutschen Tradition entsprechend, auch die Abkürzung EuGHE). Man sollte sie auch nach der Fundstelle in der amtlichen Sammlung zitieren; das ist regelmäßig möglich (ausnahmsweise anders nur bei *noch* nicht in der amtlichen Sammlung veröffentlichten Urteilen). Dabei sollte man so verfahren, wie es auch der EuGH selbst tut. Zu einem Zitat gehört demnach das Datum der Entscheidung, das Aktenzeichen (Rechtssache, Abkürzung: Rs.), die Angabe der Parteien (oder zumindest einer der Parteien), die Fundstelle in der amtlichen Sammlung und ggf. die Randnummer (Rn.), unter der die relevante Aussage zu finden ist. Zusätzlich kann sich empfehlen, auch ein Stichwort anzugeben, das erleichtert, die Entscheidung zu identifizieren. Man zitiert also z.B.

EuGH v. 16. 5. 1989 – Rs. 382/87 *Buet* Slg. 1989, 1235 Rn. 12

EuGH v. 20. 2. 1979 – Rs. 120/78 *Rewe ./. Bundesmonopolverwaltung* Slg 1979, 649 Rn. 8 (Cassis de Dijon)

Diese Zitierweise hat sachliche Gründe. Beiträge zum Europäischen Recht können überall in Europa (und auch darüber hinaus) von Interesse sein. Man entzieht sie aber praktisch der Überprüfbarkeit im Ausland, wenn man als Fundstelle für eine EuGH-Entscheidung eine nationale Zeitschrift angibt und eine Identifizierung auch nicht anhand von Datum und Aktenzeichen zuläßt. Jedenfalls das Aktenzeichen der Entscheidung, das eine

17 Näher unten, Rn. 80–96.

eindeutige Identifizierung ermöglicht, gehört daher zum unverzichtbaren Bestandteil eines Zitats. Was die Angabe der relevanten Passage eines Urteils angeht, so sollte man, dem Beispiel des EuGH folgend, auf die Randnummer der Entscheidung Bezug nehmen. Bei neueren Entscheidungen ist das durchgehend möglich. Nur bei älteren Entscheidungen muß man sich damit behelfen, daß man zusätzlich zur Anfangsseite der Entscheidung die Seite mit der relevanten Entscheidungspassage angibt.

Der Gerichtshof wird von **Generalanwälten (GA)** unterstützt (Art. 222 Abs. 1 S. 1 EG). 27
Sie stellen begründete **Schlußanträge (SchlA)** (Art. 222 Abs. 2), in denen sie den Fall eingehend würdigen und einen Entscheidungsvorschlag machen. Der Gerichtshof ist nicht gebunden, den Schlußanträgen des Generalanwalts zu folgen, er tut dies aber oft. Die Entscheidung wird demnach zwar vom Gerichtshof getragen und nicht von dem Generalanwalt. Gleichwohl können die Schlußanträge des Generalanwalts und ihre Begründung für das Verständnis der Entscheidung des Gerichtshofs von Bedeutung sein. Zumal bei Zweifelsfragen empfiehlt sich daher, die Ausführungen des Generalanwalts dazu durchzusehen, vor deren Hintergrund die Entscheidung des Gerichtshofs oft besser verständlich ist.

Die Ausführungen der Generalanwälte sind zusammen mit der jeweiligen Entschei- 28
dung des Gerichtshofs in der amtlichen Entscheidungssammlung mitabgedruckt. In jüngerer Zeit sind die Absätze der Schlußanträge fortlaufend nach Textziffern (Tz.) numeriert, so daß man sie unter Angabe der Entscheidung und der Textziffer zitieren kann. Z.B.

GA *Lenz* in: EuGH v. 2. 2. 1989 – Rs. 186/87 *Cowan* Slg. 1989, 195 SchlA Tz. 13.

IV. Hinweise zur Europäischen Methodenlehre

Literatur:

Basedow, Jürgen, Anforderungen an eine europäische Zivilrechtsdogmatik, in: Reinhard Zimmermann (Hrsg.), Rechtsgeschichte und Privatrechtsdogmatik, Heidelberg 2000, S. 79–100 (zitiert: Basedow in: Rechtsgeschichte und Privatrechtsdogmatik)

Canaris, Claus-Wilhelm, Die Bedeutung allgemeiner Auslegungs- und Rechtsfortbildungskriterien im Wechselrecht – Zugleich eine Besprechung der Urteile des BGH vom 26. 5. 1986 II ZR 260/85 und vom 27. 10. 1986 II ZR 103/86 –, JZ 1987, 543–553

Canaris, Claus-Wilhelm, Die richtlinienkonforme Auslegung und Rechtsfortbildung im System der juristischen Methodenlehre, in: Helmut Koziol/Peter Rummel (Hrsg.), Im Dienste der Gerechtigkeit – Festschrift für Franz Bydlinski, Wien/New York 2002, S. 47–103

Grundmann, Stefan, EG-Richtlinie und nationales Privatrecht – Umsetzung und Bedeutung der umgesetzten Richtlinie im nationalen Privatrecht, JZ 1996, 274–287

Grundmann, Stefan, Richtlinienkonforme Auslegung im Bereich des Privatrechts – insbesondere: der Kanon der nationalen Auslegungsmethoden als Grenze?, ZEuP 1996, 399–424

Grundmann, Stefan/Riesenhuber, Karl, Die Auslegung des Europäischen Privat- und Schuldvertragsrechts, JuS 2001, 529–536

Lutter, Marcus, Die Auslegung des angeglichenen Rechts, JZ 1992, 593–607

Neuner, Jörg, Die Vorwirkung von Gesetzen im Privatrecht, in: Johannes Hager/Felix Christoph Hey/Ingo Koller/Katja Langenbucher/Jörg Neuner/Jens Petersen/Reinhard Singer (Hrsg.), Kontinuität und Wandel der Rechtsordnung – Beiträge für Claus-Wilhelm Canaris zum 65. Geburtstag, München 2002, S. 83–112

Riesenhuber, Karl (Hrsg.), Europäische Methodenlehre – Grundfragen einer Methodenlehre des Europäischen Privatrechts, Berlin 2006

Riesenhuber, Karl/Domröse, Ronny, Richtlinienkonforme Rechtsfindung und nationale Methodenlehre, RIW 2005, 47–54

Vogenauer, Stefan, Gemeineuropäische Methodenlehre – Plädoyer und Programm, ZEuP 2005, 234–263

28a Das Europäische (Privat-) Recht wirft eigene Fragen der Methoden auf. Auf sie kann an dieser Stelle nur hingewiesen werden.[18] Besonderheiten bestehen auf allen Ebenen des Europäischen Rechts, dem Primärrecht, dem Sekundärrecht, aber auch dem mitgliedstaatlichen Recht, das vom Gemeinschaftsrecht beeinflußt bzw. bestimmt ist. So folgt die Auslegung des Primärrechts teils besonderen Regeln, die sich zudem für Unions- und Gemeinschaftsrecht unterscheiden können. Sekundäres Gemeinschaftsrecht und mitgliedstaatliches Recht können primärrechtskonform auszulegen sein. Auch bei der Auslegung, der Konkretisierung von Generalklauseln und der Rechtsfortbildung im Sekundärrecht sind Besonderheiten zu beachten. Im mitgliedstaatlichen Recht spielt besonders das Gebot der richtlinienkonformen Rechtsfindung eine Rolle.

28b An dieser Stelle können nur knappe Hinweise zu der – für das Europäische Vertragsrecht besonders wichtigen – Auslegung gegeben werden. Vorfrage der Auslegung ist öfter, ob ein vom Gesetzgeber verwendeter Begriff gemeinschaftsautonom auszulegen ist; dafür spricht eine Vermutung. Die Kriterien der Auslegung sind grundsätzlich dieselben wie aus dem nationalen Recht bekannt. Bei der grammatischen Auslegung ist dem Umstand Rechnung zu tragen, daß das Gemeinschaftsrecht in allen Amtssprachen verbindlich ist. Gelegentlich klärt der Blick auf andere Sprachfassungen einer Regelung Zweifel. Nicht selten wird der Sprachvergleich indes Auslegungszweifel erst aufwerfen. Sie sind mit Hilfe anderer Kriterien zu lösen. Über die Entstehung eines Rechtsakts und die mit ihm verfolgten Zwecke geben die dem verfügenden Teil vorangestellten Begründungserwägungen (oben, Rn. 16) gewissen Aufschluß.

V. Literaturhinweise[19]

1. Zum Europäischen Privatrecht

a) Lehrbücher, Monographien und Sammelwerke – allgemein

Franzen, Martin, Privatrechtsangleichung durch die Europäische Gemeinschaft, Berlin/New York 1999 (zitiert: Franzen Privatrechtsangleichung)

Gebauer, Martin/Wiedmann, Thomas, Zivilrecht unter europäischem Einfluß – Die richtlinienkonforme Auslegung des BGB und anderer Gesetze – Erläuterung der wichtigsten EG-Verordnungen, Stuttgart/München/Hannover/Berlin/Weimar/Dresden 2005

Grundmann, Stefan, Europäisches Schuldvertragsrecht – Das europäische Recht der Unternehmensgeschäfte, Berlin/New York 1999 (zitiert: Grundmann Schuldvertragsrecht)

Grundmann, Stefan/Kerber, Wolfgang/Weatherill, Stephen (Hrsg.), Party Autonomy and the Role of Information in the Internal Market, Berlin/New York 2001 (zitiert Referent in: Party Autonomy)

Grundmann, Stefan/Medicus, Dieter/Rolland, Walter (Hrsg.), Europäisches Kaufgewährleistungsrecht – Reform und Internationalisierung des deutschen Schuldrechts, Köln/Berlin/Bonn/München 2000 (zitiert: Referent in: Europäisches Kaufgewährleistungsrecht)

Grundmann, Stefan/Styck, Jules, An Academic Green Paper on European Contract Law, Den Haag/London/New York 2002 (zitiert: Referent in: Academic Green Paper)

18 Eingehend und umfassend die Beiträge in *Riesenhuber (Hrsg.)*, Europäische Methodenlehre. Zu den Rechtsquellen des Europäischen Privatrechts noch unten, § 2.

19 Beachte auch das Verzeichnis der abgekürzt zitierten Literatur, oben, S. IX–XIII. Weitere Literaturnachweise bei *Grundmann* Schuldvertragsrecht, S. XXXVI–LXI und bei den Kommentierungen der einzelnen Rechtsakte.

Heiderhoff, Bettina, Gemeinschaftsprivatrecht, München 2005 (dazu *meine* Besprechung in GPR 2005, 121–122)
Kilian, Wolfgang, Europäisches Wirtschaftsrecht, 2. Auflage München 2003
Langenbucher, Katja (Hrsg.), Europarechtliche Bezüge des Privatrechts, Baden-Baden 2005
Nagel, Bernhard, Wirtschaftsrecht der Europäischen Union – Eine Einführung, 4. Auflage Baden-Baden 2003
Reich, Norbert/Micklitz, Hans-W. Europäisches Verbraucherrecht, 4. Auflage Baden-Baden 2003
Riesenhuber, Karl, System und Prinzipien des Europäischen Vertragsrechts, Berlin/New York 2003 (zitiert: Riesenhuber System und Prinzipien)
Schulze, Reiner/Ajani, Gianmaria (Hrsg.), Gemeinsame Prinzipien des Europäischen Privatrechts – Studien eines Forschungsnetzwerks, Baden-Baden 2003 (dazu *meine* Besprechung in GPR 2003-04, 128–129)
Steindorff, Ernst, EG-Vertrag und Privatrecht, Baden-Baden 1996
Weatherill, Stephen, EU Consumer Law and Policy, 2. Auflage Cheltenham/Northampton 2005

b) Textsammlungen[20]

Basedow, Jürgen (Hrsg.), Europäisches Privatrecht – Quellen, Band 2, Den Haag/London/Boston 2000 (mehrsprachig)
Schulze, Reiner/Zimmermann, Reinhard, Basistexte zum Europäischen Privatrecht – Textsammlung, 3. Auflage Baden-Baden 2005
Magnus, Ulrich, Europäisches Schuldrecht – Verordnungen und Richtlinien, München 2002 (mehrsprachig)
Magnus, Ulrich, Europäisches Zivilverfahrensrecht – Verordnungen, Richtlinien und Empfehlungen, München 2002 (mehrsprachig)
Neumann, Daniela, Europäisches Arbeitsrecht – Richtlinien, Verordnungen, Übereinkommen, München 2003 (mehrsprachig)
Winkel, Klaus (Hrsg.), Europäisches Wirtschaftsrecht, 20. Auflage München 2005 (Loseblatt)

Die Rechtsakte der Gemeinschaft sind abrufbar unter http://europa.eu.int/eur-lex/lex/de/repert/index.htm.
Kommissionsvorschläge finden sich unter http://www.europa.eu.int/eur-lex/de/com/index.html.

c) Entscheidungssammlungen für Studenten und Casebooks

Franck, Jens-Uwe/Möslein, Florian, Fälle zum Europäischen Privat- und Wirtschaftsrecht, München 2005
Pechstein, Matthias (Hrsg.), Entscheidungen des EuGH – Studienauswahl, 3. Auflage Tübingen 2005 (zitiert: Pechstein Entscheidungen des EuGH)
Schulze, Reiner/Engel, Arno/Jones, Jackie, Casebook Europäisches Privatrecht, Baden-Baden 2000
Schulze, Reiner/Schulte-Nölke, Hans, Casebook Europäisches Verbraucherrecht, Baden-Baden 1999

Die Entscheidungen des EuGH seit 1989 sind abrufbar unter http://curia.eu.int/de/content/juris/index.htm.

20 Sämtliche Texte sind abgedruckt bei *Grundmann* Europäisches Schuldvertragsrecht, Berlin/New York 1999.

2. Zur Rechtsvergleichung und zum „gemeineuropäischen" Vertragsrecht sowie zum Vertragsrecht in anderen Mitgliedstaaten

a) Lehrbücher Monographien, Sammelwerke und Beiträge

Basedow, Jürgen (Hrsg.), Europäische Vertragsrechtsvereinheitlichung und deutsches Recht, Tübingen 2000

Bellomo, Manlio, Europäische Rechtseinheit – Grundlagen und System des Ius Commune, München 2005

Coing, Helmut, Europäisches Privatrecht (zwei Bände), München 1985, 1989

Kötz, Hein, Alternativen zur legislatorischen Rechtsvereinheitlichung – Einführende Bemerkungen zum gleichnamigen Symposion Hamburg 1991, RabelsZ 56 (1992), 215–218

Kötz, Hein, Gemeineuropäisches Zivilrecht, in: Herbert Bernstein/Ulrich Drobnig/Hein Kötz (Hrsg.), Festschrift für Konrad Zweigert, Tübingen 1981, S. 481–500

Kötz, Hein, Europäisches Vertragsrecht I – Abschluß, Gültigkeit und Inhalt des Vertrages – Die Beteiligung Dritter, Tübingen 1996

Kötz, Hein, Rechtsvereinheitlichung – Nutzen, Kosten, Methoden, Ziele, RabelsZ 50 (1986), 1–17

Kötz,Hein, Rechtsvergleichung und gemeineuropäisches Privatrecht, in: Peter-Christian Müller-Graff (Hrsg.), Gemeinsames Privatrecht in der Europäischen Gemeinschaft, 2. Auflage Baden-Baden 1999, S. 149–162

Rainieri, Filippo, Europäisches Obligationenrecht – Lehr- und Textbuch, 2. Auflage Wien/New York 2003

Schlosser, Hans, Grundzüge der Neueren Privatrechtsgeschichte, 10. Auflage Heidelberg 2005

Wieacker, Franz, Privatrechtsgeschichte der Neuzeit, 2. Auflage, Göttingen 1967 (2. unveränderter Nachdruck 1996)

Zimmermann, Reinhard, Der europäische Charakter des englischen Rechts – Historische Verbindungen zwischen civil law und common law, ZEuP 1993, 4–51

Zimmermann, Reinhard, Die „Principles of European Contract Law", Teile I und II, ZEuP 2000, 391–393

Zimmermann, Reinhard, Die Principles of European Contract Law als Ausdruck und Gegenstand europäischer Wissenschaft, Jura 2005, 289–297 und 441–447

Zimmermann, Reinhard, Konturen eines Europäischen Vertragsrechts, JZ 1995, 477–491

Zimmermann, Reinhard, Savignys Vermächtnis oder: Das heutige römische Recht – Rechtsgeschichte, Rechtsvergleichung und die Begründung einer Europäischen Rechtswissenschaft, Tübingen 1998

Zimmermann, Reinhard, The Law of Obligations – Roman Foundations of the Civilian Tradition, Cape Town/Wetton/Johannesburg 1990 (Studienausgabe Oxford 1996)

Zweigert, Konrad/Kötz, Hein, Einführung in die Rechtsvergleichung, 3. Auflage Tübingen 1996

b) Textsammlungen

Bar, Christian von/Zimmermann, Reinhard (Hrsg.), Grundregeln des Europäischen Vertragsrechts, Teile I und II, München 2002 (englischer Originaltext, s. Lando/Beale)

Bar, Christian von/Zimmermann, Reinhard (Hrsg.), Grundregeln des Europäischen Vertragsrechts, Teile III, München 2005

Lando, Ole/Beale, Hugh (Hrsg.), Principles of European Contract Law, Parts I and II – Prepared by The Commission on European Contract Law, The Hague/London/Boston 2000 (deutsche Übersetzung, s. von Bar/Zimmermann)

Lando, Ole/Clive, Eric/Zimmermann, Reinhard (Hrsg.), Principles of European Contract Law, Part III, The Hague/London/Boston 2003

3. Zeitschriften zum Europäischen (Privat-)Recht

a) Zeitschriften mit Schwerpunkt Europäisches Privatrecht

CMLR	Common Market Law Review
ERCL	European Review of Contract Law
ERPL	European Review of Private Law
GPR	Gemeinschaftsprivatrecht
ZEuP	Zeitschrift für Europäisches Privatrecht

b) Zeitschriften zum Europäischen Recht

Col.J.Eur.L.	Columbia Journal of European Law
CMLR	Common Market Law Review
EBLR	European Business Law Review
E.L.Rev.	European Law Review
EuLF	The European Legal Forum
EuR	Europarecht
EuZW	Zeitschrift für Europäisches Wirtschaftsrecht
EWS	Europäisches Wirtschafts- und Steuerrecht
MJ	Maastricht Journal of European and Comparative Law
RabelsZ	Rabels Zeitschrift für ausländisches und internationales Privatrecht
RIW	Recht der Internationalen Wirtschaft – Betriebs-Berater International
SZIER	Schweizerische Zeitschrift für internationales und europäisches Recht
ZEuS	Zeitschrift für Europarechtliche Studien
ZfRV	Zeitschrift für Rechtsvergleichung
ZVglRWiss	Zeitschrift für vergleichende Rechtswissenschaft

1. Teil: Grundlagen

Abschnitt 1
Europäisches Vertragsrecht

§ 2
Europäisches Vertragsrecht – Begriffsbestimmung

Literatur:
Basedow, Jürgen, Grundlagen des europäischen Privatrechts, JuS 2004, 89–96
Grundmann, Stefan, Europäisches Schuldvertragsrecht, Berlin/New York 1999, 1. Teil Rn. 1–9
Grundmann, Stefan, Europäisches Schuldvertragsrecht: Standort, Gestalt und Bezüge, JuS 2001, 946–951
Kilian, Wolfgang, Europäisches Wirtschaftsrecht – EG-Wirtschaftsrecht und Bezüge zum deutschen Recht, 2. Auflage München 2003
Klauer, Irene, Die Europäisierung des Privatrechts – Der EuGH als Zivilrichter, Baden-Baden 1997 (zitiert: Klauer Europäisierung)
Möllers, Thomas M. J., Europäische Richtlinien zum Bürgerlichen Recht, JZ 2002, 121–134
Müller-Graff, Peter-Christian, Privatrecht und Europäisches Gemeinschaftsrecht – Gemeinschaftsprivatrecht, 2. Auflage Baden-Baden 1991 (zitiert: Gemeinschaftsprivatrecht)
Müller-Graff, Peter-Christian (Hrsg.), Gemeinsames Privatrecht in der Europäischen Gemeinschaft, 2. Auflage Baden-Baden 1999
Zerres, Thomas, Stand des europäischen Verbrauchervertragsrechts – Entwicklungslinien bis zur Verbrauchsgüterkaufrichtlinie, JA 2002, 166–170
Zuleeg, Manfred, Öffentliches Recht und Privatrecht im Europarecht, ZEuP 2001, 533–547

Europäisches Privatrecht und Europäisches Vertragsrecht sind schillernde Begriffe. Nachfolgend ist zunächst näher zu erörtern, was hier darunter verstanden wird. Was ist Europäisches Privatrecht, was sind die Rechtsquellen des Europäischen Privatrechts (I)? Ergänzend ist kurz auf die Abgrenzung vom öffentlichen Recht einzugehen, die aus dem nationalen Recht bekannt ist, im Europäischen Recht aber eigene Schwierigkeiten aufwirft (II). Das Europäische Privatrecht wird hier durch seinen institutionellen Bezug auf die Europäische Gemeinschaft definiert; abschließend ist darzulegen, in welchem Verhältnis dazu das sogenannte gemeineuropäische Privatrecht steht (III). **29**

I. Europäisches Privatrecht als Privatrecht der Europäischen Union

1. Begriffsbestimmung

Als „Europäisches Privatrecht“ werden hier – im Grundsatz –[1] das im Europäischen Primärrecht (den Verfassungsdokumenten),[2] insbesondere dem EG-Vertrag enthaltene und auf seiner Grundlage gesetzte Privatrecht verstanden.[3] **30**

---

1 Eine Ausnahme bildet nur das Europäische Vertragsrechtsübereinkommen; dazu unten, Rn. 45.
2 Zur Bezeichnung des EG-Vertrags als Verfassung nur EuGH v. 14.12.1991 – Gutachten 1/91 *EWR-Abkommen* Slg. 1991, I-6079 Rn. 21; EuGH v. 23.3.1993 – Rs. C-314/91 *Weber ./. Parlament*

31 Der so bestimmte Begriff des Europäischen Privatrechts überschneidet sich teilweise mit dem von *Müller-Graff* bereits 1987 geprägten Begriff des *Gemeinschaftsprivatrechts.*[4] *Müller-Graff* versteht darunter „die kraft Gemeinschaftsrechts gemeinschaftsweit inhaltsidentisch verbindlichen Privatrechtssätze (nicht notwendig mit ausgereiften Anspruchsgrundlagen)".[5] Dabei geht es ihm um das Verhältnis von Privatrecht und Gemeinschaftsrecht, um „die Frage nach dem Zusammenwirken und Verbindenden beider Rechtsgebiete, das sich vielleicht vorsichtig ... als Gemeinschaftsprivatrecht benennen ließe".[6] Neben dem terminologischen Unterschied[7] besteht demnach auch ein sachlicher Unterschied. Denn wir verstehen das Europäische Privatrecht als privatrechtliche Regeln der Gemeinschaft und nicht als Beziehung zwischen diesen und den nationalen Vorschriften. Diese Beschränkung auf die Gemeinschaftsebene des Privatrechts soll freilich nicht bedeuten, daß Gesetzgebung, Rechtsprechung und Wissenschaft nicht gehalten wären, die gesamte Privatrechtsordnung mit all ihren gemeinschaftlichen und mitgliedstaatlichen Bezügen als geordnetes Ganzes zu begreifen.

2. Rechtsquellen des Europäischen Privatrechts

32 Rechtsquellen sind nach der herkömmlichen Lehre Gesetz und Gewohnheitsrecht.[8] Das Gewohnheitsrecht spielt im Europäischen Privatrecht bislang nur eine geringe Rolle.[9] Zu denken ist vor allem an die privatrechtsrelevanten Allgemeinen Rechtsgrundsätze (sogleich Rn. 35f.). Es kommen aber verschiedene „gesetzliche" Rechtsquellen in Betracht. Sie sind hier nur in einer Übersicht sowie in einigen für die weitere Darstellung nützlichen Ausschnitten zu erörtern.

a) Primärrecht

aa) Privatrechtliche Regeln und Prinzipien im EG-Vertrag

33 Privatrecht enthält zunächst schon das sogenannte Primärrecht, das sich zusammensetzt aus den Gründungsverträgen (EG, EU, EAG). Im EG-Vertrag selbst stellen vor allem die Wettbewerbsregeln der Art. 81–86 EG[10] und das Diskriminierungsverbot des Art. 141 EG[11] Regelungen dar, die dem Privatrecht zugerechnet werden können. Daß der EG-Vertrag als Verfassung der Gemeinschaft bereits Privatrechtsnormen enthält, ist dabei keineswegs nur ein Zufall mit der Folge, daß das Privatrecht nur als „formales" Verfassungs-

---

Slg. 1993, I-1093 Rn. 8; EuGH v. 28.3.1996 – Gutachten 2/94 *EMRK* Slg. 1996, I-1759 Rn. 35; EuGH v. 23.4.1986 – Rs. 294/83 *Les Verts* Slg. 1986, 1339 Rn. 23; BVerfGE 22, 293, 296; *Pernice* JZ 2000, 866, 869–871; *Streinz/Ohler/Herrmann* Die neue Verfassung für Europa (2005), S. 5f.

3 In der Sache ähnlich *Grundmann* Schuldvertragsrecht, 1. Teil Rn. 8f. Weitergehend *Kilian* in: Systembildung, S. 428; *ders.* Europäisches Wirtschaftsrecht, S. 11.

4 *Müller-Graff* Privatrecht und Europäisches Gemeinschaftsrecht – Gemeinschaftsprivatrecht (1991).

5 *Müller-Graff* Gemeinschaftsprivatrecht, S. 27; zust. *Klauer* Europäisierung, S. 21.

6 *Müller-Graff* Gemeinschaftsprivatrecht, S. 24.

7 Dazu *Grundmann* Schuldvertragsrecht, 1. Teil Rn. 8f.

8 *Canaris* Europäische Vertragsrechtsvereinheitlichung, S. 8–13; *Larenz/Canaris* Methodenlehre, S. 252–261.

9 Zum Gewohnheitsrecht der EG nur *Oppermann* Europarecht, Rn. 480.

10 Dazu nur *Lettl* Kartellrecht (2005).

11 Zur Drittwirkung von Art. 141 EG unten, Rn. 97–128.

recht anzusehen wäre.[12] Vielmehr zeigt sich darin ein Wesenszug der Gemeinschaft, die schon anfänglich nicht nur als Rechts-, sondern vor allem auch als Wirtschaftsgemeinschaft konzipiert war, und es nach wie vor ist.[13] In diesen Vorschriften kommt daher die zentrale Bedeutung zum Ausdruck, die das Privatrecht im Gemeinschaftsrecht hat.

Über die genannten Privatrechtssätze hinaus lassen sich dem EG-Vertrag bereits einzelne Prinzipien des Privatrechts entnehmen. So umfaßt die Tätigkeit der Gemeinschaft „ein System, das den Wettbewerb innerhalb der Gemeinschaft vor Verfälschungen schützt"; Art. 3 Abs. 1 lit. g) EG. Die von der Gemeinschaft einzuführende Wirtschaftspolitik ist (u.a.) „dem Grundsatz einer offenen Marktwirtschaft verpflichtet", Art. 4 Abs. 1 EG.[14] **34**

bb) Zu den primärrechtlichen Allgemeinen Rechtsgrundsätzen

Literatur:

Calliess, Gralf-Peter, Die Zukunft der Privatautonomie – Zur neueren Entwicklung eines gemeineuropäischen Rechtsprinzips, in: Brigitta Jud/Thomas Bachner/Raimond Bollenberger/Verena Halbwachs/Susanne Kallss/Franz-Stefan Meissel/Helmut Ofner/Christian Rabl (Hrsg.), Jahrbuch junger Zivilrechtswissenschaftler 2000 – Prinzipien des Privatrechts und Rechtsvereinheitlichung, Stuttgart/München/Hannover/Berlin/Weimar/Dresden 2001, S. 85–110

Ehlers, Dirk (Hrsg.), Europäische Grundrechte und Grundfreiheiten, 2. Auflage Berlin/New York 2005

Grundmann, Stefan, General Principles of Private Law and Ius Commune Modernum as Applicable Law?, in: Theodor Baums/Klaus J. Hopt/Norbert Horn (Hrsg.), Corporations, Capital Markets and Business in the Law – Liber Amicorum Richard M. Buxbaum, London/The Hague/Boston 2000, S. 213–234 (zitiert FS Buxbaum)

Lecheler, Helmut, Der Europäische Gerichtshof und die allgemeinen Rechtsgrundsätze, Berlin 1971

Rengeling, Hans-Werner, Grundrechtsschutz in der Europäischen Gemeinschaft – Bestandsaufnahme und Analyse der Rechtsprechung des Europäischen Gerichtshofs zum Schutz der Grundrechte als allgemeine Rechtsgrundsätze, München 1993

Rittner, Fritz, Die wirtschaftsrechtliche Ordnung der EG und das Privatrecht, JZ 1990, 838–846

Schulze, Reiner, Allgemeine Rechtsgrundsätze und europäisches Privatrecht, ZEuP 1993, 442–474

Schütz, Hans-Joachim/Bruha, Thomas/König, Doris, Casebook Europarecht, München 2004, §§ 2–4

Tridimas, Takis, The General Principles of EC Law, Oxford 1999

Usher, John A., General Principles of EC Law, London/New York 1998

Usher, John A., Principles Derived from Private Law and the European Court of Justice, ERPL 1997, 109–136

Zu dem für das Privatrecht relevanten Primärrecht gehören auch verschiedene Allgemeine Rechtsgrundsätze.[15] Auf „allgemeine Rechtsgrundsätze, die den Rechtsordnungen der Mitgliedstaaten gemeinsam sind", verweisen Art. 288 Abs. 2 EG und Art. 188 Abs. 2 EAG für die außervertragliche Amtshaftung der Gemeinschaften. In ähnlicher Weise bestimmt Art. 6 Abs. 2 EU, daß die Union die Grundrechte achtet, wie sie sich aus der EMRK und „aus den gemeinsamen Verfassungsüberlieferungen der Mitgliedstaaten als allgemeine Grundsätze des Gemeinschaftsrechts ergeben". Auf der Grundlage der Gemeinschaftsver- **35**

12 A.A. für das Kartellverbot *Fernandez Esteban* MJ 2 (1995), 129, 132.

13 S. aber jetzt die Grundrechtscharta der Gemeinschaft (ABl. 2000 C 364/1); dazu nur Christian *Calliess* in: Europäische Grundrechte und Grundfreiheiten, § 19 (S. 447–466).

14 Näher unten, § 4.

15 *Grundmann* FS Buxbaum, S. 213–234.

träge und mit Rücksicht auf die Rechtslage der Mitgliedstaaten[16] hat der EuGH darüber hinaus auch in anderen Bereichen Allgemeine Rechtsgrundsätze herausgebildet.[17] So hat er insbesondere einzelne Grundrechte (z.B. Eigentumsgarantie; Berufs- und Gewerbefreiheit; Koalitionsfreiheit) sowie rechtsstaatliche und verwaltungsrechtliche Prinzipien (z.B. Verhältnismäßigkeit; Rechtssicherheit und Schutz berechtigter Erwartungen; Grundsatz der Ermessensbindung; Rechtsmißbrauchsverbot; Rückwirkungsverbot) als Allgemeine Rechtsgrundsätze begründet.[18] Vereinzelt erwähnt der EuGH auch den Grundsatz der Vertragsfreiheit, er setzt ihn indes als (wohl: gemeinschaftsrechtlich) anerkannt voraus und begründet ihn nicht als Allgemeinen Rechtsgrundsatz.[19]

36 Auf der Grundlage der „Rechtswahrungsaufgabe" des EuGH (Art. 220 EG) können die Allgemeinen Rechtsgrundsätze des Primärrechts Eingriffsverbote und Schutzgebote für die Gesetzgebung auf dem Gebiet des Privatrechts begründen[20] und bei der Auslegung des Europäischen Privatrechts zu berücksichtigen sein (primärrechtskonforme Auslegung).[21] Ein Beispiel ist die Entscheidung im Fall *Katsikas,* in der der EuGH ein Widerspruchsrecht des Arbeitnehmers gegen den Übergang des Arbeitsverhältnisses auf den Betriebserwerber wesentlich auf das – von ihm in dieser Entscheidung freilich nicht näher begründete – Grundrecht der Berufsfreiheit gestützt hat.[22]

b) Sekundärrecht

37 Sekundärrechtliche Rechtsquellen („europäische Gesetze")[23] sind vor allem Verordnung und Richtlinie. „Die Verordnung hat allgemeine Geltung. Sie ist in allen ihren Teilen verbindlich und gilt unmittelbar in jedem Mitgliedstaat." (Art. 249 Abs. 2 EG).[24] Im Privatrecht bedient sich der Europäische Gesetzgeber[25] indes seltener der Verordnung;[26] Beispiele

---

16 Die Allgemeinen Rechtsgrundsätze werden zumeist im Wege der „wertenden Rechtsvergleichung" begründet; s. z.B. EuGH v. 12.7.1957 – verb.Rs. 7/56 und 3–7/57 *Algera* Slg. 1957, 85, 118f.; GA *Lagrange* EuGH v. 12.7.1962 – Rs. 14/61 *Hoogovens ./. Hohe Behörde* Slg. 1962, 511, 570f.; GA *Roemer* EuGH v. 2.12.1971 – Rs. 5/71 *Schöppenstedt* Slg. 1971, 975, 990f. (zu Art. 215 EWGV [288 EG]); *Grundmann* Schuldvertragsrecht, Rn. 184–186.

17 Eingehend die Beiträge in *Ehlers, Tridimas* und *Usher,* sämtlich wie LitVerz.; *Ehlers* in: Europäische Grundrechte und Grundfreiheiten, § 13 (S. 319–338).

18 Studienauswahl der wichtigsten Entscheidung bei *Pechstein* Entscheidungen des EuGH, Rn. 22–41.

19 EuGH v. 16.1.1979 – Rs. 151/78 *Sukkerfabriken Nykoebing* Slg. 1979, 1 Rn. 20; auch EuG v. 18.9. 1992 – Rs. T-24/90 *Automec ./. Kommission* Slg. 1992, II-2223 Rn. 51; dazu noch unten, Rn. 131–133.

20 Näher unten, Rn. 70f.

21 Vgl. *Grundmann* FS Buxbaum, S. 228f.

22 EuGH v. 16.12.1992 – verb.Rs. C-132, 138 und 139/91 *Katsikas* Slg. 1992, I-6577 Rn. 30–32; kritisch *Birk* EuZW 1993, 156, 159.

23 So die Bezeichnung von *Oppermann* Europarecht, Rn. 511; s.a. EuGH v. 29.11.1956 – Rs. 8/55 *Fédération Charbonnière ./. Hohe Behörde* Slg. 1955/56, 197, 227 („fast Gesetzgebungsakte").

24 EuGH v. 10.10.1973 – Rs. 34/73 *Variola* Slg. 1973, 981 Rn. 8. *Pechstein* Entscheidungen des EuGH, Rn. 42–44.

25 Dem EuGH folgend wird hier ungeachtet der Besonderheiten der Rechtsetzung in der EG schlicht vom „Europäischen Gesetzgeber" gesprochen; s. nur EuGH v. 5.10.2000 – Rs. C-376/98 *Deutschland ./. Parlament und Rat* Slg. 2000, I-8419 Rn. 107 (Tabakwerbung).

26 Übersicht bei *Basedow* FS Siehr, S. 17–31.

sind das SE-Statut, die EWIV-VO, die Verordnung über die Gemeinschaftsmarke, die Verordnung über das Gemeinschaftsgeschmacksmuster und die Euro-Überweisungsverordnung.[27] Der praktisch wohl wichtigste Anwendungsfall der Verordnungsform sind die Gruppenfreistellungen vom Kartellverbot, die für die freigestellten (Kartell-) Verträge meist ins einzelne gehende Regelungen über die zulässigen und erforderlichen Abreden enthalten.[28]

Ganz überwiegend sind die Vorschriften mit privatrechtlichen Inhalten in Richtlinien enthalten, die, an die Mitgliedstaaten gerichtet, nur das zu erreichende Ziel (Ergebnis)[29] verbindlich vorgeben und „den innerstaatlichen Stellen die Wahl der Form und der Mittel" überlassen (Art. 249 Abs. 3 EG). Das Merkmal der bloßen „Zielverbindlichkeit" wird freilich in der Praxis der Gemeinschaftsrechtsetzung großzügig gehandhabt. Auch ins einzelne gehende Regelungsvorgaben, die praktisch sogar eine „Verweisungsumsetzung" erlauben („Es gilt die Richtlinienregelung als nationales Gesetz."),[30] werden heute nahezu allgemein als zulässig angesehen.[31] **38**

Während Verordnungen mit privatrechtlichem Inhalt aufgrund ihrer unmittelbaren Wirkung ohne weiteres als Privatrecht anzusehen sind,[32] ist das für Richtlinien aus drei Gründen problematisch.[33] *Erstens* sind Richtlinien nicht an Private, sondern an die Mitgliedstaaten gerichtet. Die in den Richtlinien enthaltenen Regeln entfalten grundsätzlich auch dann keine unmittelbare Wirkung zwischen Privaten, wenn sie verspätet umgesetzt werden.[34] Allein im Falle unzureichender Umsetzung kommt im Wege der richtlinienkonformen Auslegung eine Art unmittelbarer Wirkung zwischen Privaten in Betracht.[35] *Zweitens* sind Richtlinien als Rechtsetzungsaufträge der Gemeinschaft an die Mitgliedstaaten **39**

27 Auch für die Europäische Privatgesellschaft wird die Verordnungsform vorgeschlagen *Bouchourechliev/Hommelhoff* Vorschläge für eine Europäische Privatgesellschaft (1999), S. 57–62, 65–68.

28 Zu den Gruppenfreistellungsverordnungen (GVO) als Vertragsrecht nur *Armbrüster* RabelsZ 60 (1996), 72, 85; *Grundmann* Schuldvertragsrecht, § 8 Rn. 13–26; *Lurger* Vertragliche Solidarität (1998), S. 96–99. Zur Wirkungsweise der GVO EuGH v. 18.12.1986 – Rs. 10/86 *VAG France* Slg. 1986, 4071 Rn. 12–14.

29 *Ipsen* FS Ophüls, S. 67–84.

30 S. z.B. für die Überweisungsrichtlinie das Panorama der Umsetzungswege bei *Schmidt-Räntsch* in: Norbert Horn/Herbert Schimansky (Hrsg.), Bankrecht 1998 (1998), S. 141–144. Kritisch zur „Verweisungsumsetzung" *Beatson* ZEuP 1998, 957, 960f.

31 S. nur *Oppermann* Europarecht, Rn. 551.

32 Soergel-*Hartmann* Art. 2 EGBGB Rn. 8; Staudinger (1998)-*Merten* Art. 2 EGBGB Rn. 74.

33 EuGH-Rechtsprechung zu den Richtlinienwirkungen bei *Pechstein* Entscheidungen des EuGH, Rn. 45–60.

34 EuGH v. 7.3.1996 – Rs. C-192/94 *El Corte Inglés* Slg. 1996, I-1281; EuGH v. 14.7.1994 – Rs. C-91/92 *Faccini Dori* Slg. 1994, I-3325; EuGH 26.2.1986 – Rs. 152/84 *Marshall*, Slg. 1986, 723 Rn. 46–48; *Pechstein* Entscheidungen des EuGH, Rn. 55–59; *Grundmann* Schuldvertragsrecht, 1. Teil Rn. 150.

35 EuGH v. 26.9.2000 – Rs. C-443/98 *Unilever ./. Central Food* Slg. 2000, I-7535; EuGH v. 26.9.1996 – Rs. C-168/95 *Arcaro* Slg. 1997, I-4705 Rn. 41f.; EuGH v. 12.12.1996 – verb.Rs. C-74 und 129/95 *Strafverfahren gegen X* Slg. 1996, I-6609 Rn. 24f.; EuGH v. 14.7.1994 – Rs. C-91/92 *Faccini Dori* Slg. 1994, I-3325 Rn. 26; EuGH v. 16.12.1993 – Rs. C-334/92 *Miret* Slg. 1993, I-6911 Rn. 20; EuGH v. 13.11.1990 – Rs. C-106/89 *Marleasing* Slg. 1990, I-4135 Rn. 8; EuGH 26.2.1986 – Rs. 152/84 *Marshall*, Slg. 1986, 723 Rn. 46f.; EuGH 20.5.1976 – Rs. 111/75 *Mazzalai*, Slg. 1976, 657, 711 sowie GA *Reischl* ebd. S. 670; *Pechstein* Entscheidungen des EuGH, Rn. 57; *Grundmann* Schuldvertragsrecht, 1. Teil Rn. 153–163.

der Form nach dem öffentlichen Recht zuzuordnen. Und *drittens* geben Richtlinien – dem Modell nach – nur ein Ziel vor, und überlassen die Wahl von Form und Mittel für dessen Erreichung den Mitgliedstaaten; die in den Richtlinien enthaltenen Regeln sind daher nicht notwendig schon vollständig determiniert.

40 Aus diesen Gründen erscheint es als exakter, nicht die Richtlinien selbst als Teil des Europäischen Privatrechts (Gemeinschaftsprivatrechts) anzusehen, sondern „die kraft Gemeinschaftsrechts inhaltsidentisch verbindlichen Privatrechtssätze" der nationalen Umsetzungsvorschriften.[36] Zwei Einwände sprechen indes dagegen. Erstens ist dieser Umweg nicht nur mühevoll, sondern vor allem unnötig. Denn die nationalen Umsetzungsregelungen sind von Rechts wegen nur insoweit identisch, wie sie von der Richtlinie bestimmt sind, also hinsichtlich der Ziele, nicht aber hinsichtlich „Form und Mittel" zur Erreichung dieser Ziele. (Von Rechts wegen: Nur) Der „inhaltsidentisch verbindliche" *Kern* der nationalen Rechte entspricht daher der Richtlinienregelung. Zweitens sind die nationalen Gesetze jedenfalls dann nicht inhaltsidentisch, wenn ein Mitgliedstaat die Richtlinienregelung bewußt unvollständig umsetzt, z.B. weil er sie für teilweise primärrechtswidrig hält. Denn in diesem Fall kommt – nach freilich umstrittener Auffassung – eine Korrektur des nationalen Rechts im Wege der richtlinienkonformen Auslegung nicht in Betracht[37] mit der Folge, daß ungeachtet der Richtlinienvorgaben im Bereich des Umsetzungsdefizits keine inhaltsidentischen Regelungen vorliegen. Setzen die Richtlinien auch nur „mittelbar" Privatrecht, so sprechen daher doch die besseren Gründe dafür, die Richtlinien selbst und nicht die Umsetzungsgesetze als das Europäische Privatrecht anzusehen. Allerdings bleiben die Richtlinien der *Form* nach öffentliches Recht. Da die Richtlinie indes eine Art kooperativer Rechtsetzung von Gemeinschaft und Mitgliedstaaten ist, deren eigentliches Rechtsetzungsziel in der Umsetzungsregelung liegt, kann man mit Rücksicht auf den *Inhalt* der jeweiligen Rechtsetzungsbefehle durchaus sinnvoll von Richtlinien auf dem Gebiet des Privatrechts sprechen.

c) Europäisches Konventionsprivatrecht

41 Zum Europäischen Privatrecht ist darüber hinaus auch das Konventionsprivatrecht des EuGVÜ und des EVÜ zu rechnen.

aa) Gerichtsstands- und Vollstreckungsverordnung: Die EuGVO und das EuGVÜ

Literatur:

Heß, Burkhard, Die „Europäisierung" des internationalen Zivilprozesses durch den Amsterdamer Vertrag – Chancen und Gefahren, NJW 2000, 23–32

Jenard, Paul, Bericht über das Übereinkommen von Brüssel von 1968 über die gerichtliche Zuständigkeit und die Vollstreckung gerichtlicher Entscheidungen in Zivil- und Handelssachen, ABl. 1979 C 59/1151

Koch, Harald, Einführung in das europäische Zivilprozeßrecht, JuS 2003, 105–111

Kropholler, Jan, Europäisches Zivilprozeßrecht, Kommentar zur EuGVO und Lugano-Übereinkommen, 6. Auflage Heidelberg 2002

Micklitz, Hans-W./Rott, Peter, Vergemeinschaftung des EuGVÜ in der Verordnung (EG) Nr. 44/2001, EuZW 2001, 325–334

36 Mit der zitierten Formulierung wollte *Müller-Graff* Gemeinschaftsprivatrecht, S. 27 wohl gerade die Richtlinien umsetzenden nationalen Gesetze bezeichnen.

37 S. nur *Grundmann* Schuldvertragsrecht, 1. Teil Rn. 160–163 mwN.

Micklitz, Hans-W./Rott, Peter, Die Vergemeinschaftung des EuGVÜ in der Verordnung (EG) Nr. 44/2001, EuZW 2002, 15–24

Schlosser, Peter, Europäisches Zivilprozeßrecht – EuGVVO, EuEheVO, AVAG, EuZVO, EuBVO, 2. Auflage München 2002

Das EuGVÜ ist jetzt durch die EuGVO abgelöst, die am 1.3.2002 als in den Mitgliedstaaten unmittelbar geltendes Recht in Kraft getreten ist.[38] Diese Verordnung ist schon der Form nach unzweifelhaft Gemeinschaftsrecht. Weil für die vorliegende Darstellung auch frühere Entscheidungen des EuGH zum EuGVÜ berücksichtigt werden, ist es ungeachtet dieser Entwicklung von Bedeutung, noch auf das EuGVÜ und sein Verhältnis zum Gemeinschaftsrecht einzugehen. Auch dieses Übereinkommen ist zum Gemeinschaftsrecht zu rechnen. 42

Das EuGVÜ ist ein völkerrechtliches Übereinkommen, das von Vertretern der (ursprünglichen sechs) Mitgliedstaaten auf Aufforderung der Kommission hin[39] in Erfüllung des Rechtsetzungsauftrags des Art. 293 Sps. 4 EG erarbeitet wurde.[40] Die Mitgliedstaaten, handelnd als die „Hohen Vertragsparteien des Vertrages zur Gründung der Europäischen Wirtschaftsgemeinschaft“, haben es am 27.9.1968 unterzeichnet. Die später hinzugekommenen Mitgliedstaaten mußten dem Übereinkommen beitreten.[41] Bereits aufgrund seiner Entstehungsgeschichte gehört daher das EuGVÜ zum Europäischen Recht, da es in Umsetzung des Rechtsetzungsauftrags in Art. 293 Sps. 4 EG – und daher auf der Grundlage des EG-Vertrags (oben, Rn. 30) – entstanden ist. Inhaltlich ist diese Zuordnung deshalb begründet, weil das EuGVÜ seiner Zwecksetzung nach als Teil der Gemeinschaftsrechtsordnung gedacht und daher auch so auszulegen ist.[42] 43

Enthält das EuGVÜ auch ganz überwiegend prozessuale Regelungen, so ist sein Inhalt doch auch für das Privatrecht nicht ohne Bedeutung. Insbesondere die Regelung des Art. 17 EuGVÜ (jetzt Art. 23 EuGVO) über Gerichtsstandsvereinbarungen und die dazu ergangene Rechtsprechung werden nachfolgend wiederholt zu berücksichtigen sein. *Soweit* das EuGVÜ privatrechtliche Regelungen enthält oder solche, die mit privatrechtlichen Regeln wertungsmäßig zusammengehören, kann man es dem Europäischen Privatrecht zuordnen. 44

bb) Das Europäische Vertragsrechtsübereinkommen

Literatur:

Giuliano, Mario/Lagarde, Paul, Bericht über das Übereinkommen über das auf vertragliche Schuldverhältnisse anzuwendende Recht, ABl. 1980 C 282/1-47

Plender, Richard, The European Contracts Convention – The Rome Convention on the Choice of Law Applicable to Contractual Obligations, 2. Auflage London 2001

Vergleiche weiterhin die Hinweise bei § 6 vor Rn. 163.

---

38 Übersicht zur EuGVO bei *Micklitz/Rott* EuZW 2001, 325–334.

39 Vgl. *Jenard* ABl. 1979 C 59/1, 3.

40 Präambel EuGVÜ.

41 Vgl. Art. 63 EuGVÜ.

42 EuGH v. 6.10.1976 – Rs. 12/76 *Tessili ./. Dunlop* Slg. 1976, 1473 Rn. 9; EuGH v. 10.2.1994 – Rs. C-389/92 *Mund & Fester ./. Hatrex* Slg. 1994, I-1717 Rn. 11f.; s.a. EuGH v. 17.11.1998 – Rs. C-391/95 *Van Uden Maritime ./. Deco Line* Slg. 1998, I-7091 Rn. 45.

45 Zum Europäischen Privatrecht ist – in Ausnahme zu der obigen Grundsatzdefinition (oben Rn. 30f.) – auch das Europäische Vertragsrechtsübereinkommen (EVÜ) zu rechnen.[43] Eine Ausnahme von dieser Definition stellt das EVÜ deswegen dar, weil es trotz seiner engen Verbindungen zur Gemeinschaft – sowohl in der Ausarbeitung der Konvention als auch in seinem Inhalt – nicht auf der Grundlage von Art. 293 EG, sondern als selbständiges völkerrechtliches Übereinkommen zustandegekommen ist.[44] Derzeit bereitet die Kommission eine Überarbeitung des Übereinkommens und seine „Umwandlung in ein Gemeinschaftsinstrument" vor, die sog. *Rom I-Verordnung*,[45] die jetzt im Entwurf vorliegt.[46]

46 Das EVÜ geht zurück auf eine Initiative der Benelux-Staaten. Belgien, die Niederlande und Luxemburg hatten es unternommen, das internationale Privatrecht ihrer Länder zu vereinheitlichen, und informierten 1967 die Kommission von diesem Vorhaben, verbunden mit der Aufforderung, an dieser Vereinheitlichung mitzuwirken. Die Kommission befürwortete das Vorhaben und übernahm gleichsam die organisatorische Leitung für die weiteren Arbeiten, überließ indes die sachliche Arbeit vor allem einer von ihr angeregten Gruppe von Regierungssachverständigen.[47] Die Regierungssachverständigen erstellten 1979 einen Entwurf des Übereinkommens,[48] auf dessen Grundlage eine vom Rat eingesetzte Ad hoc-Gruppe „Internationales Privatrecht" die endgültige Fassung des Übereinkommens ausarbeitete. Das Übereinkommen wurde auf der Tagung des Rates der Europäischen Gemeinschaft am 19. 6. 1980 in Rom von den „Hohen Vertragsparteien des Vertrages zur Gründung der Europäischen Wirtschaftsgemeinschaft" verabschiedet „in dem Bestreben, die innerhalb der Gemeinschaft … bereits begonnene Rechtsvereinheitlichung auf dem Gebiet des internationalen Vertragsrechts fortzusetzen".[49] Am selben Tag unterzeichneten die Vertreter Belgiens, Deutschlands, Frankreichs, Irlands, Italiens, Luxemburgs und der Niederlande das EVÜ.[50] Alle alten Mitgliedstaaten waren der Konvention beigetreten.[51]

47 Ungeachtet seiner formalen Selbständigkeit ist das Übereinkommen aber nicht nur „genetisch", sondern auch inhaltlich auf das Engste mit der Europäischen Gemeinschaft verknüpft. So ist in Art. 28 EVÜ nur der Beitritt von Mitgliedstaaten der EG zu dem Übereinkommen vorgesehen. Nach der Gemeinsamen Erklärung vom 19. 6. 1980 sind die seinerzeitigen Mitgliedstaaten der Ansicht, daß es im Hinblick auf die Bedeutung des EVÜ für die Vereinheitlichung des Internationalen Vertragsrechts in der Gemeinschaft geboten ist, daß neu hinzutretende Mitgliedstaaten auch dem EVÜ beitreten.[52] Entsprechend dem Ziel einer einheitlichen Entwicklung des Internationalen Vertragsrechts

---

43 *Grundmann* Schuldvertragsrecht, 1. Teil Rn. 19; *Junker* RabelsZ 55 (1991), 674, 682f.

44 Zur Entstehungsgeschichte *Giuliano/Lagarde* ABl. 1980 C 282/1, 4–8.

45 Grünbuch über die Umwandlung des Übereinkommens von Rom aus dem Jahr 1980 über das auf vertragliche Schuldverhältnisse anzuwendende Recht in ein Gemeinschaftsinstrument sowie über seine Aktualisierung, KOM(2002) 654 endg. Dazu *Martiny* ZEuP 2003, 590–618; *MPI* RabelsZ 68 (2004), 1–118.

46 Vorschlag für eine Verordnung des Europäischen Parlaments und des Rates über das auf vertragliche Schuldverhältnis anzuwendende Recht (Rom I) vom 15.12.2005, KOM(2005) 650 endg.

47 Näher *Giuliano/Lagarde* ABl. 1980 C 282/1, 5–8.

48 Dazu die Stellungnahme der Kommission v. 17.3.1980, ABl. 1980 C 94/11.

49 ABl. 1980 L 266/1; konsolidierte Fassung ABl. 1998 C 27/34–53.

50 *Giuliano/Lagarde* ABl. 1980 C 282/1, 7f.

51 Vgl. MünchKomm-*Martiny* Vor Art. 27 EGBGB Rn. 10; *Martiny* ZEuP 2001, 308.

52 Ziff. III Gemeinsame Erklärung vom 19.6.1980, ABl. 1980 L 266/14 = ABl. 1998 C 27/45.

(Art. 18 EVÜ) haben die Zeichnerstaaten dem EuGH in zwei – freilich erst 2004 in Kraft getretenen – Protokollen zum EVÜ die Zuständigkeit zur Entscheidung über Auslegungszweifel gegeben.[53]

Für die Zuordnung zum Europäischen Privatrecht und die Abstimmung mit diesem entscheidend sind zwei weitere Erwägungen. Erstens begründet Art. 20 EVÜ einen Anwendungsvorrang für bestehende und künftige kollisionsrechtliche Regelungen in Rechtsakten der Gemeinschaft.[54] Und umgekehrt haben die Mitgliedstaaten in einer Gemeinsamen Erklärung den Wunsch ausgedrückt, „daß sich die Organe der Europäischen Gemeinschaften in Ausübung der ihnen aufgrund der Verträge zur Gründung der Europäischen Gemeinschaften gegebenen Zuständigkeiten bemühen, gegebenenfalls Kollisionsnormen anzunehmen, die soweit wie möglich mit denen des Übereinkommens in Einklang stehen".[55] Die Regelung läßt damit erkennen, daß das Übereinkommen als Bestandteil des Gemeinschaftsrechts gedacht war, und bestimmt selbst seine Abstimmung mit diesem. Zweitens folgt auch aus dem Zweck des Übereinkommens, wie er aus der Präambel ersichtlich ist, daß das EVÜ als Teil der Europäischen Rechtsvereinheitlichung anzusehen und auszulegen ist. Zutreffend wird daher angenommen, daß das EVÜ als Teil der Gemeinschaftsrechtsordnung ebenso wie das EuGVÜ mit Rücksicht auf die Prinzipien und Ziele des EG-Vertrags auszulegen ist.[56] Auch der EuGH[57] und verschiedene Generalanwälte[58] verstehen das EVÜ als Teil des Europäischen Privatrechts und beziehen sich etwa im Zusammenhang mit der Auslegung des EuGVÜ auf dieses Übereinkommen. Und schließlich geht auch der Europäische Gesetzgeber bei seinen vertragsrechtlichen Regelungen stets vom EVÜ aus.[59] 48

cc) Ausgrenzung sonstigen Konventionsprivatrechts

Die Gründe, EuGVÜ und EVÜ zum Europäischen Privatrecht zu rechnen, erhellen umgekehrt, warum anderes Konventionsprivatrecht[60] hier nicht dem Europäischen Privatrecht zugeordnet wird.[61] Für das UN-Kaufrecht (*Convention on Contracts for the International Sale of Goods,* CISG) ist dies schon deshalb nicht gerechtfertigt, weil es nicht einmal in allen Mitgliedstaaten gilt – vom Vereinigten Königreich ist es nach wie vor nicht ratifiziert –[62] und darüber hinaus auch sonst keinen spezifischen Gemeinschaftsbezug hat. 49

---

53 Erstes Protokoll 89/128/EWG, ABl. 1988 L 48/1 = ABl. 1998 C 27/47; Zweites Protokoll 89/129/EWG, ABl. 1989 L 48/17 = ABl. 1998 C 27/52.

54 *Plender* European Contracts Convention, Rn. 1.06f.

55 Ziff I Gemeinsame Erklärung vom 19.6.1980, ABl. 1980 L 266/14 = ABl. 1998 C 27/45.

56 *Plender* European Contracts Convention, Rn. 1.04.

57 EuGH v. 26.5.1982 – Rs. 133/81 *Ivenel ./. Schwab* Slg. 1982, 1891 Rn. 13–15; EuGH v. 15.2.1989 – Rs. 32/88 *Six Constructions ./. Humbert* Slg. 1989, 341 Rn. 12.

58 GA *Capotorti* EuGH v. 13.11.1979 – Rs. 25/79 *Sanicentral ./. Collin* Slg. 1979, 3423, 3434; GA *Slynn* EuGH v. 24.6.1981 – Rs. 150/80 *Elefanten Schuh ./. Jacqmain* Slg. 1981, 1671, 1698; GA *Mancini* EuGH v. 22.3.1983 – Rs. 34/82 *Peters ./. ZNAV* Slg. 1983, 987, 1011; GA *Slynn* EuGH v. 26.11.1985 – Rs. 318/81 *Kommission ./. CODEMI* Slg. 1985, 3693, 3697f.

59 Vgl. *Schwartz* ZEuP 1994, 559, 562.

60 Übersicht bei *Müller-Graff* in: Gemeinsames Privatrecht, S. 24–26.

61 Anders *Kommission* Mitteilung zum Europäischen Privatrecht, KOM(2001) 398 endg. Rn. 18–20 und Anhang II (die allerdings das Konventionsprivatrecht nicht zum *acquis communautaire* rechnet).

62 Zur Diskussion im Vereinigten Königreich etwa *Hobhouse* LQR 106 (1990) 530–535; Überblick über die Unterzeichnerstaaten des CISG sowie Hinweise zu den gängigsten Arbeitsmitteln (insbesondere im Internet) bei *Piltz* NJW 2003, 2056f.

Der Gemeinschaftsgesetzgeber ist deshalb allerdings nicht gehindert, das UN-Kaufrecht bei seiner Rechtsetzung als weithin anerkannte Regelung zu berücksichtigen, und er hat das bei Erlaß der Kaufgewährrichtlinie ausdrücklich auch getan.[63] Eine Bindung an die Systemforderungen von Einheit und Ordnung besteht indes nicht oder doch höchstens in geringerem Maße.

50 Das Übereinkommen über den Beförderungsvertrag im internationalen Straßengüterverkehr (*Convention relative au contrat de transport international de marchandises par route*, CMR) ist demgegenüber immerhin in allen Mitgliedstaaten – aber auch in anderen Staaten – anwendbares Recht.[64] Manche rechnen es daher zum Gemeinschaftsprivatrecht.[65] Daß insoweit eine gemeinschaftliche Auslegungskompetenz fehlt, teilt das CMR allerdings mit dem EVÜ. Anders als jenes ist das CMR aber nicht einmal genetisch mit der Gemeinschaft verbunden,[66] sein Bezug zur Gemeinschaft ist allein über die Mitgliedstaaten gegeben und insofern nur koinzidentiell (zufällig). Weder verstehen die Mitgliedstaaten des CMR dieses als Bestandteil der Gemeinschaftsrechtsordnung noch ist darin seine Abstimmung mit dem Gemeinschafts(privat)recht geregelt. Vor allem fehlt sowohl auf seiten der Gemeinschaft als auch auf seiten der Konventionsstaaten selbst in Form eines *soft law* Mechanismus oder auch nur der Wille, das CMR mit dem Gemeinschaftsrecht abzustimmen.

II. Zur Abgrenzung von Privatrecht und öffentlichem Recht im Europäischen Recht

51 Wie ist nun das Europäische *Privatrecht* vom Europäischen *öffentlichen Recht* zu unterscheiden? In den Mitgliedstaaten wird die Grenze verschieden gezogen,[67] so daß man sich dafür nicht auf eine gemeineuropäische Tradition berufen kann.[68] Der EG-Vertrag setzt die Unterscheidung von öffentlichem Recht und Privatrecht voraus, wenn er in Art. 238 EG auf „öffentlich-rechtliche und privatrechtliche Verträge" Bezug nimmt. Die Vorschrift bezieht sich indes auf die mitgliedstaatliche Einteilung des Rechts, dem die Verträge unterliegen, und die Einbeziehung beider Arten von Verträgen soll die Anwendung der Vorschrift gerade von der Unterscheidung zwischen Privatrecht und öffentlichem Recht unabhängig machen.[69] In Art. 65 EG ist von (justitieller Zusammenarbeit in) Zivilsachen die Rede, die Vorschrift gibt aber keinen Anhaltspunkt für die Abgrenzung von „öffentlich-rechtlichen Sachen" und auch die Literatur setzt die Unterscheidung regelmäßig schlicht voraus. Auch im Sekundärrecht findet man keinen Anhaltspunkt für die Unter-

---

63 Näher unten, Rn. 729. Zur Bedeutung des UN-Kaufrechts für die Internationale Privatrechtsvereinheitlichung s.a. *Zimmermann* RabelsZ 68 (2004), 427–429.

64 Vgl. *Koller* Transportrecht (4. Aufl. 2000), Art. 1 CMR Rn. 6.

65 *Basedow* Leg.Stud. 18 (1998), 121, 129; *Leible* EWS 2001, 471, 473.

66 Vgl. MünchKommHGB-*Basedow* Einl. CMR Rn. 13f.; *Koller* Transportrecht (4. Aufl. 2000), vor Art. 1 CMR Rn. 1.

67 *Hallstein* RabelsZ 28 (1964), 211, 213f.; *Kropholler* Internationales Einheitsrecht (1975), S. 5f.; I. *Tilmann* Die Klauselrichtlinie 93/13/EWG auf der Schnittstelle zwischen Privatrecht und öffentlichem Recht (2003), S. 41–67; *Weir* Int.Enc.Comp.L. Band II Kap. 2 (1974) Tz. 115–134 (S. 94–103); *Ferid/Sonnenberger* Französisches Zivilrecht 1/1, Rn. 1 A 1–19.

68 Die Unterscheidung geht freilich auf das römische Recht zurück, ist aber erst in der Neuzeit als systematische Einteilung ausgebildet worden; *Kaser* Römisches Privatrecht (16. Aufl. 1992), § 3 II (S. 27f.).

69 Grabitz/Hilf-*Karpenstein* Art. 238 Rn. 16.

scheidung. Verordnungen sagen über die Abgrenzung nichts. Richtlinien enthalten zwar teils eindeutig dem einen oder anderen Bereich zuzuordnende Rechtsetzungsbefehle, doch läßt sich ihnen eine Grenzziehung gerade deswegen nicht entnehmen, weil sie den Mitgliedstaaten die Wahl von Form und Mittel der Umsetzung zumal in den Grenzbereichen freistellen und also etwa eine verwaltungsrechtliche wie eine privatrechtliche Umsetzung zulassen. Spricht man gleichwohl von einem Europäischen Privatrecht, so muß man Abgrenzungskriterien bestimmen.

Nach der im deutschen Recht vorherrschenden modifizierten Subjektstheorie gehören die Regelungen dem öffentlichen Recht an, die einseitig Hoheitsträger – als solche – berechtigen und/oder verpflichten.[70] Dieser Maßstab, den auch der EuGH in seiner Rechtsprechung zum Recht des öffentlichen Dienstes[71] und zum EuGVÜ[72] herangezogen hat, erlaubt auch im Europäischen Recht zumeist eine befriedigende Abgrenzung,[73] freilich für Richtlinien nur unter der obigen (Rn. 38–40) Qualifizierung, daß nicht auf deren Form als Umsetzungsbefehl an die Mitgliedstaaten, sondern auf deren Inhalt als Regelung von Verhältnissen zwischen Privaten abzustellen ist. **52**

Problematisch ist diese Zuordnung allerdings, wenn, wie im Bereich des Richtlinienrechts nicht selten, die Europäische Regelung nicht vorgibt, wer Berechtigter oder Verpflichteter ist, und so den Mitgliedstaaten die Freiheit läßt, ihrer Rechtstradition folgend eine öffentlich-rechtlich oder eine privatrechtliche Umsetzung zu wählen. Beispielhaft zeigt sich das an den Wohlverhaltensregeln der Wertpapierdienstleistungsrichtlinie (WpDRL)[74] und an den Arbeitssicherheitsbestimmungen. Ob die Mitgliedstaaten die Wohlverhaltensregeln oder die Arbeitssicherheitsvorschriften (auch) zu vertraglichen Pflichten machen oder (ausschließlich) zu öffentlich-rechtlichen, von einer Aufsichtsbehörde zu überwachenden Pflichten, ist von der Richtlinie nicht spezifisch vorgegeben.[75] In solchen Fällen kann man die modifizierte Subjektstheorie um andere Kriterien ergänzen. Dafür kann man insbesondere an die Interessentheorie denken, die im Gemeinschaftsrecht auch zur Bestimmung des Staatsbegriffs im Vergaberecht herangezogen wird.[76] Dem öffentlichen Recht zuzuordnen sind danach die Rechtsnormen, die vornehmlich dem Allgemeininteresse dienen. Doch begegnet man dann den bekannten Schwierigkeiten, das Allgemeininteresse vom Individualinteresse abzugrenzen.[77] **53**

Für die Zwecke der vorliegenden Darstellung wird eine pragmatischere Lösung gewählt und eine Regelung immer schon dann dem Privatrecht zugeordnet, wenn eine privatrechtliche Umsetzung zumindest in Betracht kommt.[78] Dann fordert der Gedanke der Einheit der Rechtsordnung auch, die Regelung im Rahmen der Erörterung des inneren **54**

---

70 *Larenz/Wolf* Allgemeiner Teil, § 1 Rn. 1 und 18–32; *Wolff/Bachof/Stober* Verwaltungsrecht I (11. Aufl. 1999), § 22 Rn. 25–27.

71 EuGH v. 16.12.1969 – Rs. 44/59 *Fiddelaar* Slg. 1960, 1115, 1133f.

72 EuGH v. 14.10.1976 – Rs. 29/76 *LTU ./. Eurocontrol* Slg. 1976, 1541 Rn. 4.

73 So auch *Klauer* Europäisierung, S. 17 Fn. 1.

74 *Grundmann* Schuldvertragsrecht, 4.20 Rn. 16–27.

75 Zur Konkretisierung von Richtlinienregeln durch das Gebot der effektiven Umsetzung noch unten, § 8 (im Hinblick auf die Rechtsfolgen der Pflichtverletzung).

76 S. nur Dauses-*Seidel* H.IV Rn. 6–9. Andeutungsweise für die Interessentheorie *Basedow* JuS 2004, 89.

77 *Wolff/Bachof/Stober* Verwaltungsrecht I (11. Aufl. 1999), § 22 Rn. 19.

78 S.a. I. *Tilmann* Die Klauselrichtlinie 93/13/EWG auf der Schnittstelle zwischen Privatrecht und öffentlichem Recht (2003), S. 166–181.

Systems des Privatrechts zu berücksichtigen. In den angesprochenen Beispielsfällen der Wohlverhaltenspflichten und der Arbeitssicherheitsvorschriften kommt eine Umsetzung als vertragsrechtliche (Nebenleistungs-) Pflichten in Betracht, sie sind daher dem Privatrecht zuzurechnen.[79]

III. Exkurs: Zum sog. gemeineuropäischen Privatrecht

Literatur:

Bar, Christian von, Gemeineuropäisches Deliktsrecht, Erster Band, Die Kernbereiche des Deliktsrechts, seine Angleichung in Europa und seine Einbettung in die Gesamtrechtsordnung, München 1996

Bellomo, Manlio, Europäische Rechtseinheit – Grundlagen und System des Ius Commune, München 2005

Calliess, Gralf-Peter, Die Zukunft der Privatautonomie – Zur neueren Entwicklung eines gemeineuropäischen Rechtsprinzips, in: Brigitta Jud/Thomas Bachner/Raimond Bollenberger/Verena Halbwachs/Susanne Kallss/Franz-Stefan Meissel/Helmut Ofner/Christian Rabl (Hrsg.), Jahrbuch junger Zivilrechtswissenschaftler 2000 – Prinzipien des Privatrechts und Rechtsvereinheitlichung, Stuttgart/München/Hannover/Berlin/Weimar/Dresden 2001, S. 85–110

Canaris, Claus-Wilhelm, Die Stellung der „UNIDROIT Principles" und der „Principles of European Contract Law" im System der Rechtsquellen, in: Jürgen Basedow (Hrsg.), Europäische Vertragsrechtsvereinheitlichung und deutsches Recht, Tübingen 2000, S. 5–31 (zitiert: Canaris in: Vertragsrechtsvereinheitlichung)

Knütel, Rolf, Ius commune und Römisches Recht vor den Gerichten der Europäischen Union, JuS 1996, 768–778

Kötz, Hein, Europäisches Vertragsrecht I, Tübingen 1996

Kötz, Hein, Gemeineuropäisches Zivilrecht, in: Herbert Bernstein/Ulrich Drobnig/Hein Kötz (Hrsg.), Festschrift für Konrad Zweigert, Tübingen 1981, S. 481–500

Kötz, Hein, Rechtsvergleichung und gemeineuropäisches Privatrecht, in: Peter-Christian Müller-Graff (Hrsg.), Gemeinsames Privatrecht in der Europäischen Gemeinschaft, 2. Auflage Baden-Baden 1999, S. 149–162

Lando, Ole, The European Principles in an Integrated World, ERCL 1 (2005), 3–18

Lando, Ole/Beale, Hugh (Hrsg.), Principles of Europan Contract Law – Prepared by The Commission on European Contract Law, The Hague/London/Boston Parts I and II 2000, Part III 2003; deutsche Übersetzung: *Bar, Christian von/Zimmermann, Reinhard* (Hrsg.), Grundregeln des Europäischen Vertragsrechts, Teile I und II, München 2002, Teil III 2005; der Text der Grundregeln (ohne Kommentierung) ist abgedruckt in ZEuP 2000, 675–701 und abrufbar unter http://www.cbs.dk/departments/law/staff/ol/commission_on_ecl/

Lando, Ole/Clive, Eric/Zimmermann, Reinhard (Hrsg.), Principles of European Contract Law, Part III, The Hague/London/Boston 2003; Text abgedruckt in ZEuP 2003, 895–906

Manthe, Ulrich, Geschichte des römischen Rechts, München 2000

Schlosser, Hans, Grundzüge der Neueren Privatrechtsgeschichte, 10. Auflage Heidelberg 2005

Schulze, Reiner, European Private Law and Exisiting EC Law, ERPL 2005, 3–19

Stein, Peter, Roman Law in European History, Cambridge 1999

Wurmnest, Wolfgang, Common Core, Grundregeln, Kodifikationsentwürfe, Acquis-Grundsätze – Ansätze internationaler Wissenschaftlergruppen zur Privatrechtsvereinheitlichung in Europa, ZEuP 2003, 714–744

Zimmermann, Reinhard, The Law of Obligations – Roman Foundations of the Civilian Tradition, Cape Town/Wetton/Johannesburg 1990

Zimmermann, Reinhard, Die „Principles of European Contract Law", Teile I und II, ZEuP 2000, 391–393

---

79 Ebenso *Grundmann* Schuldvertragsrecht, 1. Teil Rn. 18–23.

Zimmermann, Reinhard, Die „Principles of European Contract Law", Teil III, ZEuP 2003, 707–713
Zimmermann, Reinhard, Die Principles of European Contract Law als Ausdruck und Gegenstand europäischer Wissenschaft, JURA 2005, 289–297 und 441–447
S. weiterhin die Hinweise oben, S. 12.

1. Zum Begriff des gemeineuropäischen Privatrechts

Ist damit der Gegenstand der Darstellung auf das „positive" Europäische Privatrecht beschränkt, so kann man doch das daneben als „wissenschaftliches Recht" entstehende gemeineuropäische Privatrecht nicht außer Betracht lassen. Als gemeineuropäisches Privatrecht[80] wird – mit Unterschieden im einzelnen – die Summe der Regeln verstanden, die den europäischen Staaten[81] aus rechtshistorischer Perspektive[82] und/oder der Sicht der Rechtsvergleichung[83] gemein sind. Daß einzelne Rechtssätze den Mitgliedstaaten gemein seien, läßt sich freilich – zumal in der mittlerweile stark erweiterten Gemeinschaft,[84] die nicht weniger als vier Rechtskreise[85] umfaßt – nur in einer allgemeinen Form und meist nicht ohne Hinzunahme „wertender" Erwägungen („wertende Rechtsvergleichung")[86] sagen. 55

Rechtsatzförmig gefaßt liegen Vorschläge für ein gemeineuropäisches Recht jetzt für Teile des Vertragsrechts in Form der *Principles of European Contract Law* der *Lando* Kommission (European Principles, PECL)[87] sowie in Form des Vorentwurfs für ein Europäisches Vertragsgesetzbuch der Akademie Europäischer Privatrechtswissenschaftler (Akademieentwurf, AE-EuVGB)[88] vor.[89] Eine den European Principles verwandte Sammlung hat *Unidroit* für internationale Handelsverträge vorgelegt, die *Principles of International Commercial Contracts* (Unidroit Principles, PICC).[90] Die Unidroit Principles beruhen freilich 56

80 Diesen Begriff wählen z.B. *v. Bar* Gemeineuropäisches Deliktsrecht; *Gebauer* Europäisierung des Privatrechts, S. 62f.; *Kötz* FS Zweigert, S. 490–492 *et passim;* s.a. *Häberle* EuGRZ 1991, 261–274 (gemeineuropäisches Verfassungsrecht); BVerfGE 75, 223, 243f.

81 Welche Staaten unter diesen Begriff fallen, wird freilich nicht einheitlich beurteilt. *v. Bar* Gemeineuropäisches Deliktsrecht, VIIf., zählt dazu die Staaten der EU. Einen Bezug zur EU betont auch *Kötz* Europäisches Vertragsrecht, S. Vf., der aber im Text etwa auch das schweizerische und das jugoslawische Recht berücksichtigt.

82 *Coing* RabelsZ 32 (1968) 1; *Zimmermann* Law of Obligations; *Zimmermann* JZ 1990, 825–848; *ders.* JZ 1992, 8–20.

83 *Kötz* Europäisches Vertragsrecht I (1996).

84 Die EWG als „Sechsergemeinschaft" mit den Mitgliedstaaten Belgien, Deutschland, Frankreich, Italien, Luxemburg und Niederlande konnte noch weitergehend davon ausgehen, daß eine Privatrechtsvereinheitlichung wegen der gemeinsamen römischrechtlichen Tradition weitgehend entbehrlich sei; vgl. *Kilian* in: Systembildung, S. 429f.

85 *Zweigert/Kötz* Rechtsvergleichung, § 5 (S. 62–73); s.a. *Kötz* ZEuP 1998, 493–505; sechs Rechtskreise unterscheidet *Remien* JbJZ 1991, 11, 12f.

86 Dazu *Zweigert/Kötz* Rechtsvergleichung, § 3 VII (S. 46f.); *Zweigert* RabelsZ 28 (1964), 601, 610f. (für Allgemeine Rechtsgrundsätze); zum Problem der Wertung Ansätze bei *Zweigert* FS Schmitthoff, S. 403–420.

87 *Lando/Beale* und *v. Bar/Zimmermann* wie LitVerz.

88 *Gandolfi* (Hrsg.) Code Européen des Contrats – Avant-projet – Livre premier (2001). Dazu *Gandolfi* ZEuP 2002, 1–4; *Sonnenberger* RIW 2001, 409–416; *Sturm* JZ 2001, 1097–1102.

89 Überblick über weitere Projekte bei *Zimmermann* ZEuP 2000, 391–393.

90 UNIDROIT (Hrsg.) Principles of International Commercial Contracts (1994). Zu Übereinstimmungen und Unterschieden zwischen PECL und PICC etwa *Hartkamp* ERPL 1994, 341–357.

auf über die Grenzen Europas hinausgehenden rechtsvergleichenden Untersuchungen und verfolgen auch keine spezifisch „Europäischen" Zwecke.[91] Während die *European Principles* grundsätzlich (soweit nicht anderes bestimmt ist) für alle Arten von Verträgen gelten sollen,[92] behandeln die *Unidroit Principles* lediglich Verträge im internationalen Geschäftsverkehr.[93]

57 Beide Sammlungen stellen eine Art *Restatement* dar, wie sie in den Vereinigten Staaten das *American Law Institute* herausgibt.[94] Von den Restatements unterscheiden sich die Sammlungen indes insofern *grundlegend,* als sie sich nicht darauf beschränken wollen – oder nach dem gegenwärtigen Stand überhaupt *könnten* –, ein bestehendes Gemeinrecht nur wiederzugeben:[95] Da bereits die europäischen Vertragsrechte höchst disparat sind, kommt eine rechtssatzförmige Zusammenfassung gemeinsamer Grundregeln nur in Betracht, wenn man aus dem Lösungsreservoir der nationalen Privatrechte nach wertenden Kriterien auswählt.[96] Hier liegt daher auch eine wesentliche Schwäche der *European Principles* (wie der *Unidroit Principles*). Die Verfasser, die zwangsläufig eine wertende Auswahl treffen mußten, waren dafür zwar durchaus fachlich, nicht aber demokratisch legitimiert. Zumal bei der *Commission on European Contract Law* stellt sich schon die Frage, nach welchen Kriterien deren Mitarbeiter ausgewählt – und ausgewechselt – wurden.[97]

58 Der Hauptunterschied zwischen dem Europäischen Privatrecht und dem „gemeineuropäischen" Privatrecht liegt darin, daß letzteres nicht „gilt",[98] – im Gegensatz zu dem früheren *ius commune* nicht einmal subsidiär.[99] Das gemeineuropäische Privatrecht ist so wenig Rechtsquelle wie die Rechtsvergleichung[100], auf der es beruht. Das heißt indes nicht, daß das gemeineuropäische Privatrecht für das Europäische Privatrecht ohne Bedeutung wäre.[101] Zumal in Form der *European Principles* kann das gemeineuropäische Privatrecht der Gesetzgebung als Referenzmodell und als Anhaltspunkt für den Bestand des gemeineuropäischen Rechts und für mögliche Vereinheitlichungslösungen dienen. Für den Rechtsanwender kann das gemeineuropäische Privatrecht ein *Hilfsmittel* bei der Auslegung darstellen. Und schließlich können die PECL auch für wissenschaftliche Zwecke als Referenzmodell herangezogen werden.

---

91 Zu den PECL und PICC sowie zu ihrem Verhältnis zum deutschen Recht, s. die Beiträge in *Basedow* (Hrsg.) Europäische Vertragsrechtsvereinheitlichung (2000); *Zimmermann* JZ 1995, 477–491; *Lando* in: The Common Law of Europe and the Future of Legal Education, S. 223–237.

92 Zweifelnd an der Eignung „als wirklich allgemeines – also für alle Vertragstypen – geltendes – Vertragsrecht" *Medicus* in: Vertragsrechtsvereinheitlichung, S. 191f., da die Regeln (über die Vertragsstörung) nach deutscher Vorstellung eher für den Handelskauf paßten.

93 Allerdings fallen die Regeln von PECL und PICC oft gleich oder ähnlich aus; *Zimmermann* JURA 2005, 289, 292.

94 Dazu *Zweigert/Kötz* Rechtsvergleichung, § 17 III (S. 246f.); *Schmid* JZ 2001, 674, 680f.

95 *Lando/Beale* European Principles, S. xxf.

96 *Michaels* RabelsZ 62 (1998), 580, 588.

97 Zur Besetzung der Kommission *Lando/Beale* European Principles, S. xi–xiii.

98 *Canaris* in: Vertragsrechtsvereinheitlichung, S. 5–31; *Kötz* Europäisches Vertragsrecht, S. VI. Zur umstrittenen kollisionsrechtlichen Wählbarkeit der PECL unter dem EVÜ näher unten, Rn. 166.

99 Zur kollisionsrechtlichen Wählbarkeit näher unten, Rn. 166.

100 Zur Bedeutung der Rechtsvergleichung für die Rechtsfindung nur *Bydlinski* Methodenlehre, S.385–387, 461–463; *Grundmann/Riesenhuber* JuS 2001, 529, 533f.

101 Zu den Funktionen der *Principles* eingehend und besonders klar *Michaels* RabelsZ 62 (1998), 580–626.

2. Funktionen von Rechtsvergleichung und gemeineuropäischem Privatrecht für das Europäische Privatrecht

a) Hilfsmittel für die Europäische Privatrechtsgesetzgebung

Für die Europäische Gesetzgebung sind rechtsvergleichende Vorarbeiten ebenso unverzichtbar wie für die nationale.[102] Zunächst ergibt sich nur aus einer zutreffenden rechtsvergleichenden Bestandsaufnahme, ob eine bestimmte Sachfrage – nicht zuletzt im Hinblick auf den Subsidiaritätsgrundsatz – überhaupt der Europäischen Regelung bedarf. Die von den Mitgliedstaaten – ggf. auch von Drittstaaten – gewählten Regelungen muß die Gemeinschaft berücksichtigen, wenn sie auf der Grundlage der Art. 95, 153 EG auf dem Gebiete des Verbraucherschutzes tätig wird; denn nach diesen Vorschriften wird ein „hohes Verbraucherschutzniveau“ angestrebt,[103] und was das ist, kann sich nur durch Vergleichung der bestehenden nationalen Regelungen zeigen. Und auch die Vorschrift gegenseitiger Anerkennung divergierender mitgliedstaatlicher Regelungen als gleichwertig – wie sie früher Art. 100b EGV vorsah und wie sie auch jetzt noch im Rahmen der Rechtsangleichung möglich ist (i.e. Rn. 157–162) – setzt eine vorherige rechtsvergleichende Bestandsaufnahme voraus, die die Bewertung als gleichwertig ermöglicht.[104] 59

Zweitens kann die Rechtsvergleichung dem Gesetzgeber mögliche Vorbildregelungen herausstellen. Dafür bieten sich neben den nationalen Rechten jetzt vor allem die European Principles (EP)[105] und der Akademieentwurf an – eingeschränkt auch die Unidroit Principles (UP) und die Regeln der Internationalen Einheitsrechte, vor allem des Wiener UN-Kaufrechts. Denn diese „Einheitsregelungen“ sind regelmäßig bereits von nationalen Besonderheiten „befreit“ und können daher in höherem Maße die Akzeptanz der Mitgliedstaaten gewährleisten. Sie enthalten im übrigen regelmäßig „moderne“ Regelungen und können deshalb besonders anregend sein. In der Tat hat sich die Kommission etwa zur Begründung der Regelung der kaufvertraglichen Vertragsmäßigkeit in Art. 2 Abs. 1 V-KGRL auf die Regelungen des *Nieuw Burgerlijk Wetboek* und des CISG bezogen.[106] Sofern Regelungen nationalen Rechts, des internationalen Einheitsrechts oder der „Restatements“ als Vorbild für eine Europäische Regelung herangezogen werden, ist freilich stets zu prüfen, ob diese Regelungen auch für die Zwecke der Rechtsangleichung geeignet sind. Zu Recht hat etwa auch *Unidroit* die Regelungen des CISG nicht unbesehen übernommen: „Naturally, to the extent that the UNIDROIT Principles address issues covered by CISG, they follow the solutions found in that Convention, *with such adaptations as were considered appropriate to reflect the particular nature and scope of the Principles.*“[107] Erst recht ist für das Europäische Privatrecht stets genau zu prüfen, ob die Regelungen nationaler Rechtsordnungen, des CISG oder des gemeineuropäischen Privatrechts für die besonderen Zwecke der Rechtsangleichung passen. 60

Drittens können die PECL, der Akademieentwurf und – eingeschränkt – auch die PICC dem Europäischen Gesetzgeber als „Referenzmodell“ dienen, soweit sie vollständige 61

---

102 Dazu vornehmlich empirisch *Drobnig/Dopffel* RabelsZ 46 (1982), 253–307.

103 Zur Reichweite dieser Bindung EuGH v. 13.5.1997 – Rs. C-233/94 *Deutschland ./. Parlament und Rat* Slg. 1997, I-2405 Rn. 48. Art. 95 Abs. 3 EG betrifft freilich die Vorschläge der Kommission, Art. 153 Abs. 1 EG hingegen den „Beitrag“ der Gemeinschaft.

104 *Jayme* Ein IPR für Europa (1991), S. 19.

105 *Lando* RabelsZ 56 (1992), 261, 265.

106 Begründung zu Art. 2 V-KGRL, KOM(95) 520 endg., ABl. 1996 C 307/8.

107 *Unidroit* PICC, S. viii (Hervorhebung nur hier).

Regelungssysteme enthalten.[108] – Tatsächlich hat die Kommission diesen Gedanken jetzt aufgegriffen und eine Arbeitsgruppe damit beauftragt, auf der Grundlage der PECL einen „Gemeinsamen Referenzrahmen" (Common Frame of Reference, CFR) für das Europäische Vertragsrecht zu erstellen.[109] Ein solches Referenzmodell ermöglicht dem Europäischen Gesetzgeber, die von ihm erwogene Regelung eines Sachproblems, die zumeist nur eine Reihe von Einzelfragen betrifft (Sicherung einer informierten Vertragsentscheidung, Widerrufsrecht, Formerfordernis, Kaufgewährleistung, Verzug etc.), in einem „Regelungsganzen" zu verorten. Folgt der Gesetzgeber dieser Methode, so bietet schon das eine gewisse Gewähr für eine in sich stimmige, systematische Ausbildung des Europäischen Vertragsrechts. Soweit sich der Europäische Gesetzgeber auf die PECL und die PICC stützt, muß er indes stets beachten, daß diese Regelwerke nicht einfach mit den Rechten der Mitgliedstaaten gleichgesetzt werden können und erkennbar jeglicher demokratischen Legitimation mangeln. Das ist vor allem deshalb von Bedeutung, weil ein gemeineuropäisches Privatrecht nur im Wege der *wertenden* Rechtsvergleichung gefunden werden kann (Rn. 57); solche Wertungen zu treffen, ist aber grundsätzlich Sache des Gesetzgebers. Zudem darf man nicht verkennen, daß das gemeineuropäische Recht in einer Einheitlichkeit erscheint, die die mitgliedstaatlichen Privatrechtsordnungen tatsächlich nicht aufweisen. Aus Rücksicht auf die Besonderheiten der unterschiedlichen nationalen Rechtssysteme (Gemeinschaftstreue)[110] muß der Europäische Gesetzgeber daher stets zumindest neben der künstlichen oder virtuellen Einheit der Referenzmodelle des gemeineuropäischen Rechts auch die Vielfalt der tatsächlich bestehenden nationalen Regelungen berücksichtigen. Läßt der Europäische Gesetzgeber diese Vielfalt der nationalen Rechtsordnungen außer Betracht, so läuft er Gefahr, eine Regelung zu erlassen, die sich mit den individuellen nationalen Rechtssystemen nicht verträgt und es kommt zu den von den Mitgliedstaaten immer wieder gerügten Systembrüchen im nationalen Recht.

b) Hilfsmittel für die Auslegung des Europäischen Privatrechts (Rechtserkenntnisquelle)

62 Als Auslegungshilfe kann das gemeineuropäische Recht ohne weiteres dienen, wenn das Europäische Privatrecht auf ihm beruht. So könnten etwa die PECL als Auslegungshilfe herangezogen werden, wenn der Europäische Gesetzgeber ihre Regelungen oder Terminologie zum Vorbild genommen oder übernommen oder seine Regelungen auf ihrer Grundlage erstellt hat. Bislang ist das freilich, soweit ersichtlich, noch nicht praktisch.

63 Im übrigen kann das gemeineuropäische Recht in derselben Weise wie die Rechtsvergleichung[111] ein Hilfsmittel der Auslegung des europäischen Privatrechts darstellen.[112] Ihr kommt vor allem eine Inspirations- und Kontrollfunktion zu: Sie kann dem Rechtsanwender im Rahmen der Wortlautinterpretation die möglichen Auslegungsvarianten vor Augen führen und kann von ihm herangezogen werden, um sein Auslegungsergebnis abschlie-

108 Grundlegend *Kötz* FS Zweigert, S. 481–500.

109 Dazu nur *Staudenmayer* EuZW 2005, 103–106; *ders.* ZEuP 2003, 828–846; *Zypries* ZEuP 2004, 225–233.

110 *Oppermann* Europarecht, Rn. 486.

111 Zur umstrittenen Bedeutung der Rechtsvergleichung für die Auslegung des nationalen Rechts *Canaris* JZ 1987, 543, 549–551; *Michaels* RabelsZ 62 (1998), 580, 605–609; *Schwartze*, in: Riesenhuber (Hrsg.), Europäische Methodenlehre, § 2. Unklar *Zimmermann* JURA 2005, 441, 445 („Inspirationsquelle" und „Bestandteil der systematischen Auslegung").

112 *Grundmann/Riesenhuber* JuS 2001, 529, 533f.

ßend einer Plausibilitätskontrolle zu unterziehen. Im Rahmen der teleologischen Auslegung kann außerdem der Angleichungszweck berücksichtigt werden, der freilich als „formaler" Zweck dem inhaltlichen Angleichungsstandard nachgeordnet ist.[113] Hier wie allgemein bei der Berücksichtigung der Rechtsvergleichung im Rahmen der Auslegung ist aber zu beachten, daß der Europäische Gesetzgeber – ebenso wie jeder nationale Gesetzgeber – im Zweifel „autonomes" Recht schaffen wollte.[114] Auch soweit sich der Europäische Gesetzgeber auf die Vorbilder nationalen oder gemeineuropäischen Rechts (EP) stützt, kann im Zweifel nicht angenommen werden, daß er diese Vorbilder damit schlichtweg übernehmen wollte (dynamische oder statische Verweisung).[115] Zweitens muß man bei einer vergleichenden Erwägung anderer Rechtsordnungen stets berücksichtigen, daß Einzelvorschriften nie isoliert stehen, sondern stets Teil eines Regelungsganzen sind. Diese Systembindung von Einzelnormen kann aber selbst bei identischen Wortlauten ganz unterschiedliche Auslegungsergebnisse rechtfertigen,[116] zumal dann, wenn den verschiedenen Systemen unterschiedliche Wertungen zugrunde liegen.[117] Der sich aus dem Europäischen Privatrecht ergebenden Systembindung muß daher stets uneingeschränkt Vorrang vor Erwägungen einer „rechtsvergleichenden Auslegung" zukommen.[118]

c) Referenzmodell für die Wissenschaft

Liegt ein Zweck der *European Principles* darin, dem Gesetzgeber eine Modellrechtsordnung zur Verfügung zu stellen (soeben Rn. 59–61), so können sie auch für die Darstellung und Erörterung des (schon vor ihrer Veröffentlichung) bestehenden Europäischen Privatrechts als Rahmen und Maßstab herangezogen werden.[119] Umgekehrt kommt den *European Principles* als Hilfsmittel für Gesetzgebung und Auslegung ein größeres Gewicht zu, soweit sich nachweisen läßt, daß es auf denselben Grundsätzen beruht, wie das Europäische Privatrecht.[120] Daher hat es eine ganz praktische Bedeutung, wenn die *European Principles* – punktuell auch der Akademieentwurf, die *Unidroit Principles* und das CISG – in der vorliegenden Darstellung als Referenzmodell für die Erörterung des Europäischen Privatrechts herangezogen werden. 64

---

113 *Grundmann/Riesenhuber* JuS 2001, 529, 531.

114 *Basedow* in: Rechtsgeschichte und Privatrechtsdogmatik, S. 85; *Grundmann/Riesenhuber* JuS 2001, 529.

115 *Grundmann/Riesenhuber* JuS 2001, 529, 530; s.a. EuGH v. 14.12.1991 – Gutachten 1/91 *EWR-Abkommen* Slg. 1991, I-6079 Rn. 14f. (auch Rn. 24–26 zu den einer Verweisung inhärenten Schwierigkeiten).

116 S. z.B. EuGH v. 14.12.1991 – Gutachten 1/91 *EWR-Abkommen* Slg. 1991, I-6079 Rn. 13–22 und 50f.; EuGH v. 9.2.1982 – Rs. 270/80 *Polydor* Slg. 1982, 329 Rn. 8, 14–20; EuGH v. 26.10.1982 – Rs. 104/81 – *Kupferberg* Slg. 1982, 3641 Rn. 30; EuGH v. 1.7.1993 – Rs. C-312/91 *Metalsa* Slg. 1993, I-3751 Rn. 9–12; EuGH v. 12.12.1995 – Rs. C-469/93 *Chiquita* Slg. 1995, 4533 Rn. 52; ferner EuGH v. 6.10.1976 – Rs. 12/76 *Tessili ./. Dunlop* Slg. 1976, 1473 Rn. 9 a.E.

117 Deswegen kritisch zum Nutzen der *Principles* für die Auslegung des Europäischen Vertragsrechts *Michaels* RabelsZ 62 (1998), 580, 607.

118 A.M. *Flessner* JZ 2002, 14–21, der die Systembindung völlig aufgeben möchte und im Ergebnis zu einer weithin freischwebenden Abwägung von rechtsvergleichend ermittelten Prinzipien kommt; das ist nichts anderes als eine neue Variante der Topik.

119 *Hondius* in: Rechtsangleichung und nationale Privatrechte, S. 393.

120 Vgl. *Basedow* Leg.Stud. 18 (1998), 121, 139f.

Abschnitt 2
Primärrechtliche Grunddaten

§ 3
Grundfreiheiten und Privatrecht

Literatur:

Behrens, Peter, Die Konvergenz der wirtschaftlichen Freiheiten im europäischen Gemeinschaftsrecht, EuR 1992, 145–162

Canaris, Claus-Wilhelm, Drittwirkung der gemeinschaftsrechtlichen Grundfreiheiten, in: Hartmut Bauer/Detlef Czybulka/Wolfgang Kahl/Andreas Voßkuhle, Umwelt, Wirtschaft und Recht – Wissenschaftliches Symposium aus Anlaß des 65. Geburtstages von Reiner Schmidt, Tübingen 2002, S. 29–67 (zitiert: Canaris FS Reiner Schmidt)

Ehlers, Dirk (Hrsg.), Europäische Grundrechte und Grundfreiheiten, 2. Auflage Berlin/New York 2005

Franzen, Martin, Privatrechtsangleichung durch die Europäische Gemeinschaft, §§ 4–6 (S. 118–243)

Grundmann, Stefan, Europäisches Schuldvertragsrecht, Berlin/New York 1999, 1. Teil Rn. 53–104

Heß, Burkhard, Die Konstitutionalisierung des europäischen Privat- und Prozeßrechts, JZ 2005, 540–552

Körber, Torsten, Grundfreiheiten und Privatrecht, Tübingen 2004, 2. Teil (S. 55–376)

Müller-Graff, Peter-Christian, Basic Freedoms – Extending Party Autonomy across Borders, in: Stefan Grundmann/Wolfgang Kerber/Stephen Weatherill (Hrsg.), Party Autonomy and the Role of Information in the Internal Market, Berlin/New York 2001, S. 133–150

Roth, Wulf-Henning, Freier Warenverkehr nach „Keck", in: Ulrich Hübner/Werner F. Ebke, (Hrsg.) Festschrift für Bernhard Großfeld zum 65. Geburtstag, Heidelberg 1999, S. 929–957

Suerbaum, Joachim, Die Schutzpflichtdimension der Gemeinschaftsgrundrechte, EuR 2003, 390–416

Usher, John A., Disclosure Rules (Information) as a Primary Tool in the Doctrine on Measures Heaving an Equivalent Effect, in: Stefan Grundmann/Wolfgang Kerber/Stephen Weatherill (Hrsg.), Party Autonomy and the Role of Information in the Internal Market, Berlin/New York 2001, S. 151–161

Wiedmann, Thomas, in: Martin Gebauer/Thomas Wiedmann (Hrsg.), Zivilrecht unter europäischem Einfluß, Kapitel 2

Entscheidungssammlungen/Casebooks:

Pechstein, Matthias (Hrsg.), Entscheidungen des EuGH – Studienauswahl, 3. Aufl. Tübingen 2005

Schulze, Reiner/Engel, Arno/Jones, Jackie, Casebook Europäisches Privatrecht, Baden-Baden 2000

Schulze, Reiner/Schulte-Nölke, Hans (Hrsg.), Casebook Europäisches Verbraucherrecht, Baden-Baden 1999, Fälle 3, 7, 8, 9

65 Die Grundfreiheiten haben auch für das Vertragsrecht Bedeutung. Nachfolgend sind die Grundfreiheiten zunächst in einer Einführung kurz zu skizzieren (I). Anschließend ist zu erörtern, inwieweit das Vertragsrecht eine Beschränkung der Grundfreiheiten darstellen kann (II). Die Frage, welche Wirkung die Grundfreiheiten im Verhältnis zwischen Privaten entfalten (III), ist auch für das materielle Vertragsrecht von Bedeutung.

65a Derzeit noch nicht zu erörtern sind der Europäische Verfassungsvertrag einerseits und die Grundrechtscharta andererseits und ihre (möglichen) Auswirkungen auf das Privatrecht (s. schon Rn. 13a). Die Ratifizierung des Verfassungsvertrags ist nach den ablehnenden Referenden in Frankreich und den Niederlanden ins Stocken geraten, ob er in Kraft treten wird, ist ungewiß. Auch die Grundrechtscharta ist derzeit nicht rechtlich verbindlich, sondern entfaltet nur mittelbare Wirkungen im Gemeinschaftsrecht.[1] Allerdings ist

---

1 Streinz-*Streinz* Vorbem. GR-Charta Rn. 4–11.

zu erwarten, daß der Verfassungsvertrag insbesondere mit seinem Grundrechtsteil auch auf das Privatrecht weitgehende Auswirkungen haben kann.[2]

I. Einführung[3]

1. Die Grundfreiheiten als Bestandteil des Binnenmarktes

„Der Binnenmarkt umfaßt einen Raum ohne Binnengrenzen, in dem der freie Verkehr von Waren, Personen, Dienstleistungen und Kapital gemäß den Bestimmungen dieses Vertrags gewährleistet ist" (Art. 14 Abs. 2 EG). Die Grundfreiheiten sind spezielle Freiheitsgewährleistungen für den Binnenmarkt. Sie sichern nicht die Handlungsfreiheit oder Handelsfreiheit allgemein, sondern die Freiheit im grenzüberschreitenden Verkehr.[4] 66

Der EG-Vertrag sieht nicht eine allgemeine Grundfreiheit vor, sondern unterscheidet die vier in Art. 14 Abs. 2 EG genannten Freiheiten sowie die Zahlungsverkehrsfreiheit. Für das allgemeine Vertragsrecht (ohne Arbeits- und Gesellschaftsrecht) haben vor allem die Produktfreiheiten – freier Waren- und Dienstleistungsverkehr – und die Kapitalverkehrsfreiheit Bedeutung. Grenzüberschreitende Warenkäufe einschließlich der Werklieferungsverträge fallen in den Schutzbereich des freien Warenverkehrs (Art. 28–31 EG).[5] Die weit gefaßte Dienstleistungsfreiheit (Art. 49–55 EG)[6] umfaßt als Auffangtatbestand alle anderen Formen i.d.R. entgeltlicher Tätigkeit (Art. 50 EG) und damit alle anderen Vertragstypen, bei denen eine (selbständige) Leistung gegen Vergütung erbracht wird.[7] Der Zahlungsverkehr ist, soweit es um die Gegenleistung geht, schon durch die betreffende Produktfreiheit erfaßt.[8] Darüber hinaus ist der Zahlungsverkehr aber auch eigens durch Art. 56 Abs. 2 EG geschützt. Bankgeschäfte (Finanzdienstleistungen) werden weithin von der Dienstleistungsfreiheit geschützt, die damit verbundenen Transaktionen oder sonstige Übertragungen von Sach- und Geldkapital können zudem aber auch den Schutz der Kapitalverkehrsfreiheit beanspruchen.[9] 67

Abgesehen von den unterschiedlichen sachlichen Schutzbereichen unterscheiden sich die Grundfreiheiten auch sonst in ihren Tatbeständen und den im Vertrag vorgesehenen 68

2 *Heß* JZ 2005, 540–552, der eine „nachhaltige, grundrechtliche Überformung" des europäischen Privat- und Verfahrensrechts voraussagt. Allgemein zum Verfassungsvertrag *Streinz/Ohler/Herrmann* Die neue Verfassung für Europa (2005).

3 Zu den Allgemeinen Lehren der Grundfreiheiten *Ehlers* in: Europäische Grundrechte und Grundfreiheiten, § 7 (S. 147–186). Die wichtigsten Entscheidungen des EuGH finden sich systematisch geordnet bei *Pechstein* Entscheidungen des EuGH, Rn. 133–238; s.a. *Schulze/Engel/Jones* Casebook Europäisches Privatrecht, bes. Fälle 5–12.

4 *Classen* EuR 2004, 415–438.

5 EuGH v. 16.5.1989 – Rs. 382/87 *Buet* Slg. 1989, 1235 (Art. 28 EG); EuGH v. 24.1.1991 – Rs. C-339/89 *Alsthom Atlantique* Slg. 1991, I-107 (Art. 29 EG).

6 EuGH v. 24.10.1978 – Rs. 15/78 *Koestler* Slg. 1978, 1971; EuGH v. 10.5.1995 – Rs. C-384/93 *Alpine Investments* Slg. 1995, I-1141 Rn. 15 (Art. 49 EG).

7 EuGH v. 31.1.1984 – verb.Rs. 286/82 und 26/83 *Luisi und Carbone* Slg. 1984, 377 Rn. 9f.; GA *Lenz* in: EuGH v. 2.2.1989 – Rs. 186/87 *Cowan* Slg. 1989, 195 SchlA Tz. 13.

8 EuGH v. 23.11.1978 – Rs. 7/78 *Thompson* Slg. 1978, 2247 Rn. 22f.; EuGH v. 11.11.1981 – Rs. 203/80 *Casati* Slg. 1981, 2595 Rn. 20, sowie GA *Capotorti* ebd., SchlA Tz. 7; EuGH v. 31.1.1984 – verb.Rs. 286/82 und 26/83 *Luisi und Carbone* Slg. 1984, 377 Rn. 16, 21–26.

9 Zur Definition und Abgrenzung der Kapitalverkehrsfreiheit EuGH v. 31.1.1984 – verb.Rs. 286/82 und 26/83 *Luisi und Carbone* Slg. 1984, 377 Rn. 21.

Ausnahmen (Vorbehaltsbereichen). Der EuGH hat sie denn auch in seiner Rechtsprechung lange Zeit weitgehend isoliert betrachtet und unterschiedlich ausgebildet. Doch zeichnet sich zumal bei den Produktfreiheiten Warenverkehr und Dienstleistung in jüngerer Zeit eine strukturelle Konvergenz ab.[10] Für die Zwecke des nachfolgenden Überblicks werden daher die Produktfreiheiten zusammen behandelt. Die Zahlungsverkehrsfreiheit betrifft, soweit für das Vertragsrecht relevant, nur die „Gegenleistung" und hat insofern eine „dienende" Funktion; ihre Reichweite entspricht daher jener der jeweils „herrschenden" Produktfreiheit.

2. Adressat der Grundfreiheiten

69 Adressat der Grundfreiheiten sind – vorbehaltlich der unten (Rn. 97–128) zu erörternden Drittwirkungsproblematik - die Mitgliedstaaten[11] und die Gemeinschaft selbst[12]. Allerdings findet sich im EG-Vertrag keine dem Art. 1 Abs. 3 GG entsprechende Vorschrift, wonach die Grundrechte alle staatliche Gewalt als unmittelbar geltendes Recht binden, und deshalb könnte zweifelhaft sein, welche mitgliedstaatlichen Organe an die Grundfreiheiten gebunden sind. Doch nimmt der EuGH in ständiger Rechtsprechung an, daß die Grundfreiheiten alle mitgliedstaatliche öffentliche Gewalt binden, Gesetzgebung, Verwaltung und Justiz.[13] Das folgt nicht zuletzt aus der teleologischen Erwägung, daß es auf die Handlungsform des Staates nicht ankommen kann. Aus demselben Grund geht der EuGH auch sonst von einem funktionalen Staatsbegriff aus, da andernfalls ein Mitgliedstaat die Bindung an die Grundfreiheiten dadurch vermeiden könnte, daß er hoheitliche Aufgaben einem privatrechtlichen Träger überträgt.[14]

3. Grundfreiheiten als Eingriffsverbote und Schutzgebote

70 Die Grundfreiheiten haben zuerst die Funktion von Eingriffsverboten, die Mitgliedstaaten dürfen sie nicht „positiv" verletzen. Schon der Wortlaut verschiedener Grundfreiheiten weist indes darauf hin, daß sich die Grundfreiheiten nicht auf Eingriffsverbote beschränken, sondern die Mitgliedstaaten sie auch zu „gewährleisten" haben. Dementsprechend hat der EuGH den Grundfreiheiten iVm mit der allgemeinen Integrationspflicht des Art. 10 EG auch eine Schutzpflicht der Mitgliedstaaten entnommen: Die Mitgliedstaaten dürfen tatsächlichen Grundfreiheitenbeschränkungen nicht tatenlos zusehen, sondern haben die Pflicht, alle erforderlichen Maßnahmen zu ergreifen, um die effektive Ausübung der Grundfreiheiten zu schützen.[15]

---

10 EuGH v. 10.5.1995 – Rs. C-384/93 *Alpine Investments* Slg. 1995, I-1141 Rn. 35–38 und EuGH v. 15.12.1995 – Rs. C-415/93 *Bosman* Slg. 1995, I-4921 Rn. 103; EuGH v. 30.11.1995 – Rs. C-55/95 *Gebhard* Slg. 1995, 4165 Rn. 37; EuGH v. 25.7.1991 – Rs. C-76/89 *Saeger ./. Dennemeyer* Slg. 1991, I-4221 Rn. 12, 15.

11 Vgl. nur für Art. 28 Grabitz/Hilf-*Leible* Art. 28 Rn. 44.

12 Art. 249 EG: Organe handeln „nach Maßgabe dieses Vertrags"; EuGH v. 25.6.1997 – Rs. C-114/96 *Kieffer* Slg. 1997, I-3629 Rn. 27; st.Rspr.

13 EuGH v. 8.4.1976 – Rs. 43/75 *Defrenne II* Slg. 1976, 455 Rn. 35–37; EuGH v. 22.6.1989 – Rs. 103/88 *Costanzo* Slg. 1839 Rn. 28–33.

14 EuGH v. 24.11.1982 – Rs. 249/81 *Kommission ./. Irland* Slg. 1982, 4005 (Buy Irish).

15 EuGH v. 9.12.1997 – Rs. C-265/95 *Kommission ./. Frankreich* Slg. 1997, I-6959 Rn. 30–32, 42; EuGH v. 16.3.2003 – Rs. C-112/00 *Schmidberger* Slg. 2003, I-5659 Rn. 56–63; ansatzweise auch

Der Gerichtshof hat die Schutzpflicht zuerst für den Fall entwickelt, daß die Ausübung der Grundfreiheiten aufgrund von Störungen durch Private – Boykottaufrufe gegen Agrarimporte, tätliche Angriffe gegen Lastwagen, die ausländisches Obst einfuhren u. dgl. – bedroht war. Die vorwerfbare Unterlassung lag hier im Bereich der Verwaltung (Einschreiten der Polizei) und der Justiz (Strafverfolgung), die Schutzpflicht kann aber auch den Gesetzgeber treffen. Das ist der Fall, wenn ein Regelungsmangel – z.B. die fehlende Anerkennung von Sicherungsinstrumenten – die Grundfreiheiten beeinträchtigt. Allerdings haben die Mitgliedstaaten aufgrund der beschränkten Kompetenzen der Gemeinschaft bei der Erfüllung dieser Schutzpflicht ein Ermessen:[16] Sie sind verpflichtet, den von den Grundfreiheiten gebotenen Mindestschutz *im Ergebnis* herbeizuführen, in der Wahl der Mittel aber weitgehend frei. Daher kann der EuGH lediglich die Verletzung der Schutzpflicht feststellen, normalerweise aber nicht bestimmen, welche einzelnen Schutzmaßnahmen der Mitgliedstaat zu treffen hat. Welche staatliche Gewalt (Gesetzgebung, Verwaltung, Justiz) mit welchen einzelnen Mitteln tätig wird, hat der schutzverpflichtete Staat zu entscheiden. Soweit das zum Schutz der Grundfreiheiten erforderlich ist, kann der Gerichtshof indes nähere Vorgaben machen. Der Mitgliedstaat hat dann „die Maßnahmen zu ergreifen, die sich aus dem Urteil des Gerichtshofes ergeben", und die Kommission überwacht deren Durchsetzung (Art. 228 EG).[17] 71

4. Ausnahmen: Vorbehaltsbereiche

Waren die Grundfreiheiten ursprünglich nur Ziele, so stellen sie seit Ablauf der Übergangszeit[18] unmittelbar geltende Rechte der einzelnen Bürger der Mitgliedstaaten dar.[19] Die außerordentliche Reichweite der Grundfreiheiten als einklagbare Individualrechte und ihr dadurch gegebener potentiell disruptiver Einfluß auf die mitgliedstaatlichen Rechtsordnungen wird durch Ausnahmen begrenzt, die der EG-Vertrag vorsieht (Art. 30, 39 Abs. 3, 46, 55, 58 EG) und die Rechtsprechung entwickelt hat. Diese Ausnahmen behalten den Mitgliedstaaten die Regelungsbefugnis in primär nicht-wirtschaftlichen Bereichen vor, die wichtige Allgemeininteressen betreffen; sie werden hier als *Vorbehaltsbereiche* bezeichnet.[20] Mit der Anerkennung von Vorbehaltsbereichen stellt der EG-Vertrag aber keine Kompetenzgrenzen der Gemeinschaft auf,[21] sondern definiert die Herstellung des Binnenmarktes als Integrationsaufgabe, die zu ihrer Erfüllung der Rechtsangleichung bedarf. Die Vorbehaltsbereiche werden in dem Maße zurückgeschnitten, in dem die 72

---

schon EuGH v. 20.5.1976 – Rs. 104/75 *De Peijper* Slg. 1976, 613 Rn. 24/25–29; dazu *Classen* EuR 2004, 415, 427–432. S.a. Verordnung 2679/98 des Rates vom 7. Dezember 1998 über das Funktionieren des Binnenmarktes im Zusammenhang mit dem freien Warenverkehr zwischen den Mitgliedstaaten ABl. 1998 L 337/8, bei der es gerade um den Schutz der Grundfreiheiten vor *privaten* Behinderungen geht (Art. 1 Abs. 2: Personen, *private individuals, personnes privées*); *Oppermann* Europarecht, § 19 Rn. 36f.

16 EuGH v. 9.12.1997 – Rs. C-265/95 *Kommission ./. Frankreich* Slg. 1997, I-6959 Rn. 33f.; *Suerbaum* EuR 2003, 390, 413f.

17 Vgl. EuGH v. 9.12.1997 – Rs. C-265/95 *Kommission ./. Frankreich* Slg. 1997, I-6959 Rn. 37–65.

18 Art. 7 iVm Art. 247 Abs. 2 EG und der Gemeinsamen Bekanntmachung vom 27.12.1957 (BGBl. 1958 II, S. 1): 1.1.1970.

19 Grundlegend EuGH v. 5.2.1963 – Rs. 26/62 *van Gend & Loos* Slg. 1963, 1, 24–27.

20 EuGH v. 6.7.1995 – Rs. C-470/93 *Mars* Slg. 1995, I-1923 Rn. 15 (Vorbehaltsbereiche als Rechtfertigungstatbestand).

21 EuGH v. 12.7.1979 – Rs. 153/78 *Kommission ./. Deutschland* Slg. 1979, 2555 Rn. 5.

Rechtsangleichung voranschreitet, und sind so darauf angelegt, sich schrittweise zu erledigen.[22] Freilich decken sich die Vorbehaltsbereiche nicht mit den Angleichungskompetenzen der Gemeinschaft. Solange also, wie z.B. im Bereich des Gesundheitsschutzes (Art. 152 Abs. 4 lit. c EG), eine Gemeinschaftskompetenz zur Rechtsangleichung fehlt, bleibt es mangels autonomer Angleichung durch die Mitgliedstaaten bei national divergierenden und die Grundfreiheiten ggf. auch beschränkenden Regelungen.

73 Beschränkungen der Grundfreiheiten können nach Maßgabe der anwendbaren geschriebenen – eng auszulegenden –[23] Vorbehaltsbereiche gerechtfertigt sein. Zur Rechtfertigung von Maßnahmen gleicher Wirkung können sich die Mitgliedstaaten zudem auf die von der Rechtsprechung entwickelten ungeschriebenen Vorbehaltsbereiche berufen.[24] Bei einer Kollision von Grundfreiheiten mit Grundrechten führt der EuGH eine Konkordanzprüfung vor und bringt die widerstreitenden Interessen mittels Abswägung in Ausgleich.[25] In jedem Fall müssen Beschränkungen oder beschränkend wirkende Maßnahmen dem Verhältnismäßigkeitsgrundsatz genügen.[26] Auch in den Vorbehaltsbereichen dürfen Eingriffe nicht übermäßig weit gehen (Übermaßverbot), der geschuldete Schutz der Grundfreiheiten darf ein Untermaß nicht unterschreiten (Untermaßverbot).[27]

5. Das Verbot von Beschränkungen und Maßnahmen gleicher Wirkung insbesondere

74 Praktisch wichtiger als das Verbot „direkter" Grundfreiheitenbeschränkungen[28] ist das Verbot „indirekter Beschränkungen" in Form von Maßnahmen gleicher Wirkung. Ausdrücklich verboten sind nur Maßnahmen gleicher Wirkung wie mengenmäßige Einfuhrbeschränkungen (Art. 28 EG), das Verbot von Maßnahmen gleicher Wirkung gilt aber – der Sache nach – auch für die übrigen Grundfreiheiten.[29] Eine beschränkungsgleiche Wirkung hat nach der *Dassonville* Definition „[j]ede Maßnahme, die geeignet ist, den innergemeinschaftlichen Handel unmittelbar oder mittelbar, tatsächlich oder potentiell zu behindern",[30] und zwar – nach *Cassis de Dijon* – auch dann, wenn sie inländische und ausländische Angebote gleichermaßen betrifft, letztere aber faktisch schwerer belastet.[31] Die Frage,

---

22 EuGH v. 5.10.1977 – Rs. 5/77 *Tedeschi ./. Denkavit* Slg. 1977, 1555 Rn. 34f.; EuGH v. 13.5.1997 – Rs. C-233/84 *Deutschland ./. Parlament und Rat* Slg. 1997, I-2405 Rn. 16.

23 EuGH v. 17.6.1981 – Rs. 113/80 *Kommission ./. Irland* Slg. 1981, 1625 Rn. 7f.; EuGH v. 25.1.1977 – Rs. 46/76 *Bauhuis* Slg. 1977, 5 Rn. 12.

24 Siehe noch näher sogleich, Rn. 74–79.

25 EuGH v. 12.6.2003 – Rs. C-112/00 *Schmidberger* Slg. 2003, I-5659 Rn. 70–81.

26 Den Verhältnismäßigkeitsgrundsatz leitet der EuGH als ungeschriebenes Tatbestandsmerkmal aus Art. 30 S. 2 EG ab; für das Eingriffsverbot EuGH v. 20.5.1976 – Rs. 104/75 *De Peijper* Slg. 1976, 613 Rn. 16–18; EuGH v. 12.6.1986 – Rs. 50/85 *Schoh* Slg. 1986, 1855 Rn. 13; EuGH v. 11.6. 1987 – Rs. 406/85 *Gofette* Slg 1987, 2525 Rn. 10; für das Schutzgebot EuGH v. 9.12.1997 – Rs. C-265/95 *Kommission ./. Frankreich* Slg. 1997, I-6959 Rn. 32.

27 *Canaris* FS Reiner Schmidt, S. 52–55; s.a. *ders.* Grundrechte und Privatrecht (1999), S. 39; BVerfGE 88, 203, 254.

28 EuGH v. 10.12.1968 – Rs. 7/68 *Kommission ./. Italien* Slg. 1968, 633, 644.

29 EuGH v. 25.7.1991 – Rs. C-76/89 *Saeger ./. Dennemeyer* Slg. 1991, I-4221 Rn. 12, 15; EuGH v. 31.3.1993 – Rs. C-19/92 *Kraus* Slg. 1993, 1663 Rn. 32; EuGH v. 24.3.1994 – Rs. C-275/92 *Schindler* Slg. 1994, I-1039 Rn. 58 sowie Rn. 12–14 (Lotterie); EuGH v. 9.8.1994 – Rs. C-43/93 *Vander Elst ./. OMI* Slg. 1994, I-3803 Rn. 14–17; EuGH v. 10.5.1995 – Rs. C-384/93 *Alpine Investments* Slg. 1995, I-1141 Rn. 35–38; EuGH v. 30.11.1995 – Rs. C-55/95 *Gebhard* Slg. 1995, 4165 Rn. 37.

30 EuGH v. 11.7.1974 – Rs. 8/74 *Procureur du Roi ./. Dassonville* Slg. 1974, 837 Rn. 5.

31 Vgl. EuGH v. 20.2.1972 – Rs. 120/78 *Rewe ./. Bundesmonopolverwaltung* Slg. 1979, 649 Rn. 14.

ob solche „Maßnahmen“ zu einer „spürbaren Beeinträchtigung des innergemeinschaftlichen Handels“ führen, hat der EuGH weithin für irrelevant gehalten.[32]

Diese außerordentlich weite Fassung des Tatbestands der Maßnahmen gleicher Wirkung, die dazu geführt hatte, daß einzelne in reinen Inlandfällen die Grundfreiheiten zur Aushebelung nationaler Regelungen instrumentalisiert haben,[33] hat der EuGH in der *Keck*-Entscheidung für den Bereich der Warenverkehrsfreiheit eingeschränkt.[34] Danach bleibt die *Dassonville/Cassis*-Formel grundsätzlich anwendbar, soweit es um Produktvorschriften über Bezeichnung, Form, Abmessung, Gewicht, Zusammensetzung, Aufmachung, Etikettierung oder Verpackung einer Ware geht. Hingegen ist „die Anwendung nationaler Bestimmungen, die bestimmte Verkaufsmodalitäten beschränken oder verbieten, auf Erzeugnisse aus anderen Mitgliedstaaten nicht geeignet, den Handel zwischen den Mitgliedstaaten im Sinn des Urteils Dassonville zu behindern, sofern diese Bestimmungen für alle Wirtschaftsteilnehmer gelten, die ihre Tätigkeit im Inland ausüben, und sofern sie den Absatz der inländischen Erzeugnisse und der Erzeugnisse aus anderen Mitgliedstaaten rechtlich wie tatsächlich in der gleichen Weise berühren.“[35] 75

Der Grundgedanke der Unterscheidung ist zumal vor dem Hintergrund der der Entscheidung vorangegangenen Kontrollhypertrophie hinreichend klar, wenngleich das Gericht ihn nicht ausdrücklich offenlegt. Nationale Vorschriften, die das Produkt selbst betreffen, unterliegen der normalen Grundfreiheitenkontrolle, weil sie dadurch, daß sie „Doppelstandards“ *(dual standards)* setzen, ausländischen Anbietern zum einen den Marktzugang erheblich erschweren können und ihnen zum anderen die Vorteile von Großserien (sog. *economies of scale*) nehmen. Produktvorschriften sind daher grundsätzlich dazu geeignet, nicht nur die allgemeine Handelsfreiheit einzuschränken, sondern spezifisch Hindernisse für den innergemeinschaftlichen Verkehr aufzubauen. Bei „bestimmten Verkaufsmodalitäten“, beispielsweise nationalen Beschränkungen der Verkaufszeiten oder -orte oder der Werbung, ist das grundsätzlich anders. Zwar sind sie als Beschränkungen der allgemeinen Handelsfreiheit grundsätzlich geeignet, auch den innergemeinschaftlichen Handel zu beschränken. Indes beschränken sie, sofern sie nicht diskriminierend ausgestaltet sind, nicht spezifisch den innergemeinschaftlichen Handel. Die Grundfreiheiten beanspruchen hier nach ihrem Sinn und Zweck keine Geltung. *Keck* ist daher eine teleologische Auslegung der Grundfreiheiten: entsprechend ihrem Zweck verbieten die Grundfreiheiten nicht jede Beschränkung der allgemeinen Handelsfreiheit, sondern nur Beschränkungen der spezifischen Freiheiten des innergemeinschaftlichen zwischenstaatlichen Handels.[36] 76

Allerdings ist die Einteilung des Rechts in Produkt- und Vertriebsmodalitäten problematisch[37] und führt der formelhafte Ausschluß von Vertriebsmodalitäten nicht in allen 77

---

32 EuGH v. 13.3.1984 – Rs. 16/83 *Prantl* Slg. 1984, 1299 Rn. 20 (Bocksbeutel); EuGH v. 28.2.1991 – Rs. C-312/89 *Conforama* Slg. 1991, I-997 Rn. 8 (Sonntagsverkaufsverbot); EuGH v. 28.2.1991 – Rs. C-332/89 *Marchandise* Slg. 1991, I-1027 Rn. 9 (Sonntagsverkaufsverbot). Anders aber EuGH v. 7.3.1990 – Rs. C-69/88 *Krantz* Slg. 1990, I-583 Rn. 11 und EuGH v. 13.10.1993 – Rs. C-93/92 *CMC-Motorradcenter* Slg. 1993, I-5009 Rn. 12. A.M. *Langner* RabelsZ 65 (2001) 222, 234–237.

33 *Roth* FS Großfeld, S. 941–944.

34 EuGH v. 24.11.1993 – verb.Rs. C-267 und 268/91 *Keck und Mithouard* Slg. 1993, I-6097.

35 EuGH v. 24.11.1993 – verb.Rs. C-267 und 268/91 *Keck und Mithouard* Slg. 1993, I-6097 Rn. 16.

36 So schon EuGH v. 24.11.1993 – verb.Rs. C-267 und 268/91 *Keck und Mithouard* Slg. 1993, I-6097 Rn. 14; EuGH v. 2.6.1994 – verb.Rs. C-401 und 402/92 *Tankstation t'Heukske* Slg. 1994, I-2199 Rn. 14.

37 Für das Privatrecht kritisch *Klauer* Europäisierung, S. 81–83; *Langner* RabelsZ 65 (2001), 222, 232–234.

Fällen zu einer wertungsmäßig überzeugenden Abgrenzung.[38] Der Gerichtshof hat indes schon in *Keck* angedeutet, daß er die Formel nicht starr, sondern nach den zugrundeliegenden Wertungsgesichtspunkten verstanden wissen will; nur *bestimmte* Vertriebsmodalitäten sind dem Zugriff der Grundfreiheiten entzogen. Daß eine Regelung nur den Vertrieb betrifft, nicht das Produkt, ist daher nur ein *widerlegbares Indiz* dafür, daß sie der Grundfreiheitenkontrolle nicht unterliege. Die so indizierte Entscheidung bedarf noch der wertungsmäßigen Absicherung. Zu Recht hat der EuGH auch in *Keck*-Folgeentscheidungen nicht gezögert, auch Vertriebsmodalitäten am Maßstab der Grundfreiheiten zu messen, wenn sie den grenzüberschreitenden Verkehr zu beeinträchtigen drohten.[39] Nicht nur in Fällen von Werbungsregeln (Vertriebsmodalitäten i.S. der *Keck*-Dichotomie) die eine Rückwirkung auf die Produktmodalitäten haben,[40] sondern generell können daher Vertriebsregeln der Grundfreiheitenkontrolle unterliegen, wenn sie diskriminierend wirken oder spezifisch den grenzüberschreitenden Verkehr, insbesondere den freien Marktzugang beschränken.[41] Solche Marktzugangsbeschränkungen können insbesondere auch darin liegen, daß die nationale Regelung dem Anbieter die Ausnutzung von Großserien oder die Entwicklung und Nutzung eines europaweit einheitlichen Vermarktungskonzepts („Euro-Marketing") erschweren.[42]

78 Auch Maßnahmen gleicher Wirkung sind nicht ausnahmslos verboten. Zunächst können sich die Mitgliedstaaten auch für solche Maßnahmen – ebenso wie für Beschränkungen i.e.S. – auf die Rechtfertigungstatbestände der Vorbehaltsklauseln und gegenläufige Grundrechte berufen (oben, Rn. 72f.).[43] Darüber hinaus hat der EuGH bereits in seiner *Dassonville* Entscheidung den Grund gelegt für einen speziellen, weiteren Rechtfertigungstatbestand für Maßnahmen gleicher Wirkungen, den er in seiner *Cassis* Entscheidung konkretisiert hat. „In Ermangelung einer gemeinschaftlichen Regelung … ist es Sache der Mitgliedstaaten, alle … betreffenden Vorschriften für ihr Hoheitsgebiet zu erlassen. Hemmnisse für den Binnenhandel der Gemeinschaft, die sich aus den Unterschieden der nationalen Regelungen über die Vermarktung dieser Erzeugnisse ergeben, müssen hingenommen werden, soweit diese Bestimmungen notwendig sind, um zwingenden Erfordernissen gerecht zu werden, insbesondere den Erfordernissen einer wirksamen steuerlichen

---

38 S. z.B. EuGH v. 6.7.1995 – Rs. C-470/93 *Mars* Slg. 1995, I-1923 Rn. 13; EuGH v. 26.6.1997 – Rs. C-368/95 *Familiapress ./. Heinrich Bauer Verlag* Slg. 1997, I-3689, Rn. 11f.

39 EuGH v. 15.12.1993 – Rs. C-292/92 *Hünermund ./. Landesapothekerkammer* Slg. 1993, I-6787 Rn. 21, 23; EuGH v. 10.5.1995 – Rs. C-384/94 *Alpine Investment* Slg. 1995, I-1141 Rn. 37f. Unbefriedigend schematische Zuordnung aber EuGH v. 29.6.1995 – Rs. C-391/92 *Kommission ./. Griechenland* Slg. 1995, I-1621 Rn. 15 (Säuglingsmilchabgabe in Apotheken); anders zu Recht GA *Lenz* ebd., SchlA Tz. 19.

40 EuGH v. 2.2.1994 – Rs. C-315/92 *Clinique* Slg. 1994, I-317; EuGH v. 6.7.1995 – Rs. C-470/93 *Mars* Slg. 1995, I-1923 Rn. 13; EuGH v. 13.1.2000 – Rs. C-254/98 *TK Heimdienst* Slg. 2000, I-151 Rn. 23–31; EuGH v. 8.3.2001 – Rs. C-405/98 *Gourmet International Products* Slg. 2001, I-1795 Rn. 18–21.

41 S. z.B. EuGH v. 10.5.1995 – Rs. C-384/93 *Alpine Investments* Slg. 1995, I-1141 Rn. 37; EuGH v. 15.12.1995 – Rs. C-415/93 *Bosman* Slg. 1995, I-4921 Rn. 103; EuGH v. 13.1.2000 – Rs. C-254/98 *TK Heimdienst* Slg. 2000, I-151 Rn. 23–31; EuGH v. 11.12.2003 – Rs. C-322/01 *Deutscher Apothekerverband* Slg. 2003, I-14887 Rn. 68–75 (Doc Morris).

42 Grabitz/Hilf-*Leible* Art. 28 Rn. 28.

43 *Oppermann* Europarecht, § 19 Rn. 29.

Kontrolle des Schutzes der öffentlichen Gesundheit, der Lauterkeit des Handelsverkehrs und des Verbraucherschutzes."[44]

Ebenso wie bei den Rechtfertigungstatbeständen des EG-Vertrags (Art. 30, 39 Abs. 3, 46, 55, 58) geht es auch bei dem Rechtfertigungstatbestand für Maßnahmen gleicher Wirkung um die Erhaltung eines Vorbehaltsbereichs zugunsten der Mitgliedstaaten, in dem diese selbst über die Gründe des Allgemeinwohls befinden können. Sowohl nach den geschriebenen als auch nach den von der Rechtsprechung für Maßnahmen gleicher Wirkung entwickelten Vorbehaltsbereichen darf aber die Berufung auf das Allgemeininteresse nicht zu „willkürlichen Diskriminierungen" oder „verschleierten Beschränkungen" (vgl. Art. 30 EG) führen. Und auch beschränkungsgleiche mitgliedstaatliche Maßnahmen müssen in einem angemessenen Verhältnis (Eignung und Erforderlichkeit) zur Erreichung eines nach dem Vertrag zulässigen Zwecks stehen.[45] 79

II. Privatrecht als Beschränkung der Grundfreiheiten oder Maßnahme gleicher Wirkung

Literatur:

Körber, Torsten, Grundfreiheiten und Privatrecht, Tübingen 2004, 3. Teil (S. 377–630)

Langner, Olaf, Das Kaufrecht auf dem Prüfstand der Warenverkehrsfreiheit des EG-Vertrages, RabelsZ 65 (2001), 222–244

Mülbert, Peter O., Privatrecht, die EG-Grundfreiheiten und der Binnenmarkt – Zwingendes Privatrecht als Grundfreiheitenbeschränkung im EG-Binnenmarkt, ZHR 159 (1995), 2–33

Remien, Oliver, Zwingendes Vertragsrecht und Grundfreiheiten des EG-Vertrags, Tübingen 2003

Tassikas, Apostolos Dispositives Recht und Rechtswahlfreiheit als Ausnahmebereiche der EG-Grundfreiheiten – Ein Beitrag zur Privatautonomie, Vertragsgestaltung und Rechtsfindung im Vertragsverkehr des Binnenmarktes, Tübingen 2004

1. Grundsatz

Die Grundfreiheiten binden Mitgliedstaaten (mit allen ihren Organen) nicht nur, soweit sie sich öffentlich-rechtlicher Mittel bedienen, sondern grundsätzlich auch dann, wenn sie eine privatrechtliche Gestaltung wählen. Ihrer Kontrolle unterliegt daher sowohl die Privatrechtsgesetzgebung als auch die Auslegung und Fortbildung[46] des Privatrechts durch die Gerichte.[47] Das wird meist unter Hinweis auf die handgreifliche Erwägung begründet, daß in einem Mitgliedstaat öffentlich-rechtlich geregelt sein kann, was in einem anderen Mitgliedstaat in privatrechtliche Form gegossen ist. Dem kann man hinzufügen, daß bereits zweifelhaft ist, ob alle Mitgliedstaaten die Dichotomie von Privatrecht und öffentlichem Recht kennen. Entscheidend ist auch hier die teleologische Erwägung der Äquivalenz öffentlich-rechtlicher und privatrechtlicher Belastungen: ein Verbot von Haustürgeschäften kann beschränkend wirken, gleichviel ob es strafbewehrt[48] oder nur (etwa durch Unwirksamkeit des verpönten Vertrags) zivilrechtlich sanktioniert ist. 80

---

44 EuGH v. 20.2.1979 – Rs. 120/78 *Rewe ./. Bundesmonopolverwaltung* Slg. 1979, 649 Rn. 8.

45 Soeben, Rn. 73 mit Fn. 23.

46 Z.B. EuGH v. 24.1.1991 – Rs. C-339/89 *Alsthom Atlantique* Slg. 1991, I-107; EuGH v. 13.10.1993 – Rs. C-93/92 *CMC-Motorradcenter* Slg. 1993, I-5009.

47 Aus der Rechtsprechung nur EuGH v. 13.10.1993 – Rs. C-93/92 *CMC-Motorradcenter* Slg. 1993, I-5009.

48 So im Fall EuGH v. 16.5.1989 – Rs. 382/87 *Buet* Slg. 1989, 1235.

81 Selbstverständlich hat der EuGH daher auch zivilrechtliche Vorschriften auf ihre Vereinbarkeit mit den Grundfreiheiten hin überprüft und teilweise auch als Maßnahmen gleicher Wirkung erkannt.[49] Das französische Verbot des Haustürvertriebs von Unterrichtsmaterial – das zwar im konkreten Fall strafbewehrt war, aber ebensogut hätte zivilrechtlich sanktioniert sein können (§ 134 BGB) – sah der Gerichtshof im Fall *Buet* als eine von Art. 28 EG grundsätzlich verbotene Maßnahme gleicher Wirkung an, die er aber aus Gründen des Verbraucherschutzes für gerechtfertigt hielt.[50] In der Entscheidung *Oosthoek* erkannte der EuGH das niederländische Zugabeverbot deswegen als Maßnahme gleicher Wirkung, weil nicht auszuschließen sei, daß die davon betroffenen Unternehmen durch die Regelung vor die Alternative gestellt würden, entweder für verschiedene Mitgliedstaaten verschiedene Vermarktungspläne zu entwickeln oder eine für effektiv gehaltene Vermarktungsform aufzugeben (Behinderung des Euro-Marketing). Er sah das Zugabeverbot aber als aus Gründen des Verbraucherschutzes und der Lauterkeit des Geschäftsverkehrs gerechtfertigt an.[51] In *CMC Motorradcenter* erörterte das Gericht, ob eine vorvertragliche Pflicht zur Information über die faktische Behinderung von Parallelimporten durch Vertragshändler mit der Warenverkehrsfreiheit vereinbar ist. Das hielt es grundsätzlich für möglich, nur war im konkreten Fall die Wirkung zu unsicher und mittelbar, als daß sie als Beschränkung hätte angesehen werden können.[52]

2. Vertragsrecht als Maßnahme mit beschränkungsgleicher Wirkung

a) Keine pauschale Zuordnung zu Produkt- oder Vertriebsmodalitäten

82 Auch das Vertragsrecht kann daher der Grundfreiheitenkontrolle unterliegen. Infolge der *Keck*-Entscheidung stellt sich aber die Frage, ob und inwieweit das Vertragsrecht als nicht-diskriminierende Vertriebsmodalität anzusehen und daher von der Grundfreiheitenkontrolle ausgeschlossen ist.

83 *Steindorff* hat die Auffassung vertreten, das Vertragsrecht sei als Produktmodalität zu verstehen, soweit es (wie ganz überwiegend) das Leistungsprogramm der Parteien mitbestimmt. Soweit das Vertragsrecht Vertragspflichten – Haupt- oder Nebenpflichten, Primär- oder Sekundärpflichten – auferlegt, bestimme es das Produkt mit.[53] Diese Auffassung ist mit beachtlichen Erwägungen für das Kaufgewährleistungsrecht konkretisiert worden. Das Kaufgewährleistungsrecht sei deswegen als Produktmodalität anzusehen,

49 EuGH v. 24.10.1978 – Rs. 15/78 *Koestler* Slg. 1978, 1971 Rn. 3–5 (Spieleinwand bei Differenzgeschäften, §§ 764, 762 BGB a.F.; Art. 49f. EG nur als Diskriminierungsverbot geprüft); EuGH v. 13.10.1993 – Rs. C-93/92 *CMC Motorradcenter* Slg. 1993, I-5009 Rn. 8–12 (vorvertragliche Aufklärungspflicht bei Grauimporten); EuGH v. 24.1.1991 – Rs. C-339/89 *Alsthom Atlantique* Slg. 1991, I-107 (Sachmängelhaftung nach französischem Code civil); EuGH v. 30.5.1989 – Rs. 33/88 *Allué I* Slg. 1989, 1591; EuGH v. 2.8.1993 – verb.Rs. C-259, 331 und 332/91 *Allué II* Slg. 1993, I-4309; EuGH v. 20.10.1993 – Rs. C-272/92 *Spotti ./. Bayern* Slg. 1993, I-5185 (je Befristung von Arbeitsverträgen).

50 Vgl. den Fall EuGH v. 16.5.1989 – Rs. 382/87 *Buet* Slg. 1989, 1235.

51 EuGH v. 15.12.1982 – Rs. 286/81 *Oosthoek* Slg. 1982, 4575 Rn. 15; EuGH v. 16.5.1989 – Rs. 382/87 *Buet* Slg. 1989, 1235 Rn. 7; EuGH v. 7.3.1990 – Rs. C-362/88 *GB-INNO* Slg. 1990, I-667 Rn. 7; EuGH v. 30.4.1991 – Rs. 239/90 *Boscher* Slg. 1991, I-2023 Rn. 14; EuGH v. 18.3.1993 – Rs. C-126/91 *Yves Rocher* Slg. 1993, I-2361 Rn. 10.

52 EuGH v. 13.10.1993 – Rs. C-93/92 *CMC Motorradcenter* Slg. 1993, I-5009 Rn. 8–12.

53 *Steindorff* EG-Vertrag und Privatrecht, S. 99, 107.

weil die Gewährleistung mit der Warenqualität eng verbunden sei und weil die Gewährleistung letztlich einer Versicherung – als einem Rechts*produkt* – gleichstehe.[54] Die Meinung *Steindorffs,* die gerade wegen ihrer Formalität einleuchtet, überzeugt indes nicht, da sie auf einem anderen Produktbegriff beruht, als ihn der EuGH verwendet. In *Keck* ging es dem EuGH offensichtlich um die Ware (den körperlichen Gegenstand) als Produkt.[55] Produktvorschriften sind daher nach der Aufzählung des Gerichts solche über Bezeichnung, Form, Abmessung, Gewicht, Zusammensetzung, Aufmachung, Etikettierung oder Verpackung. Davon sind sonstige Determinanten des Angebots zu unterscheiden. Gerade weil das Angebot von einer Vielzahl von Faktoren mitbestimmt wird, hat der EuGH mit den Produktmodalitäten eine Grenze gezogen, und diese Grenzziehung ist, wie wir gesehen haben,[56] auch teleologisch begründet. Daher kann man auch das Gewährleistungsrecht nicht als Produktvorschrift ansehen.[57] Allerdings ist nicht zu leugnen, daß das Gewährleistungsrecht die Produktgestaltung mitbestimmt, doch ist dieser Einfluß zu indirekt und ungewiß (kommt der Gewährleistungsanspruch beim Hersteller an und wie reagiert er darauf?), um beispielsweise einer technischen Sicherheitsvorschrift über die Produktgestaltung wertungsmäßig gleichgestellt zu werden. Anderes läßt sich auch nicht damit begründen, daß man die Gewährleistung als Versicherung ansieht. Denn diese isolierte Betrachtung der Gewährleistung führt zu einer künstlichen Aufspaltung eines einheitlichen Gegenstandes: Es geht um einen Warenkauf und die Frage, ob *dessen Ausgestaltung* die Grundfreiheiten beeinträchtigt. Produktvorschriften sind daher von sonstigen Determinanten des Angebots zu unterscheiden. Daher kann man das Vertragsrecht, auch soweit es das Pflichtenprogramm der Parteien bestimmt, nicht schon pauschal den Produktmodalitäten zuschlagen.

Indes ist das Vertragsrecht auch nicht samt und sonders den Vertriebsmodalitäten **84**
zuzuordnen.[58] Vertragsrecht kann durchaus als Produktvorschrift wirken, und zwar für Rechtsprodukte[59] wie z.B. die Versicherung. Daß die *Keck*-Dichotomie auch auf Rechtsprodukte, also Dienstleistungen Anwendung findet, hat der EuGH in der Entscheidung *Alpine Investments* bestätigt, in der er das Verbot des *cold calling*[60] für Bankdienstleistungen als Vertriebsmodalität angesehen und nur wegen ihrer faktisch benachteiligenden Wirkung gleichwohl am Maßstab von Art. 49 EG gemessen hat.[61] Eine Bestimmung über den Inhalt von Rechtsprodukten – z.B. eine zwingende Bestimmung des Versicherungsvertragsrechts – ist dann als Produktmodalität anzusehen, die der vollen Grundfreiheitenkontrolle unterliegen kann.

54 *Langner* RabelsZ 65 (2001) 222, 232 und – zur Versicherungsäquivalenz – Fn. 35.

55 EuGH v. 24.11.1993 – verb.Rs. C-267 und 268/91, *Keck und Mithouard* Slg. 1993, I-6097 Rn. 15; zum Produktbegriff näher Grabitz/Hilf-*Leible* Art. 28 Rn. 28.

56 Oben, Rn. 75–77.

57 Zu weiteren Erwägungen, die sich gegen die Grundfreiheitenkontrolle des Gewährleistungsrechts ergeben, soweit es *dispositiv* ist, nachfolgend Rn. 87–91.

58 So aber – wenn auch teils kritisch zur Anwendung der *Keck*-Dichotomie auf das Privatrecht – *Klauer* Europäisierung, S. 83; *Remien* JZ 1994, 349, 353; eingehend und differenzierend *ders.* Zwingendes Vertragsrecht und Grundfreiheiten des EG-Vertrags, S. 193–199 und *passim.*

59 Zum Begriff *Dreher* Versicherung als Rechtsprodukt (1991), S. 2f.

60 Als *cold calling* bezeichnet man die telefonische Kontaktaufnahme mit potentiellen Kunden, die dazu nicht im vorhinein schriftlich ihr Einverständnis erklärt haben; EuGH v. 10.5.1995 – Rs. C-384/94 *Alpine Investment* Slg. 1995, I-1141 Rn. 2.

61 EuGH v. 10.5.1995 – Rs. C-384/94 *Alpine Investment* Slg. 1995, I-1141 Rn. 36–38.

85 Die Entscheidung im Fall *Alpine Investment* zeigt zugleich, daß das Vertragsrecht der Grundfreiheitenkontrolle auch dann unterliegen *kann,* wenn es als Vertriebsmodalität anzusehen ist. Weitere Beispiele sind die – freilich vor *Keck* entschiedenen – Fälle *Buet* und *Oosthoek.* In *Buet* ging es um das französische Verbot des Haustürverkaufs von Unterrichtsmaterial, also um eine Vertriebsmodalität. Mit dem Haustürvertrieb erzielte die Firma des Beklagten, die in England und Belgien erstellte Unterrichtsmaterialien vertrieb, 90% ihrer Umsätze. Das französische Vertriebsverbot wirkte daher für diesen Anbieter wie eine Zugangsschranke (Einschränkung des Euro-Marketing) und wäre auch nach *Keck* noch auf seine Verhältnismäßigkeit hin zu überprüfen.[62] Aus entsprechenden Erwägungen ist auch das Zugabeverbot von *Oosthoek*[63] nicht von vornherein der Grundfreiheitenkontrolle zu entziehen. Zwar handelt es sich dabei um eine Vertriebsmodalität.[64] Die Zumutung, eine erfolgreiche Marketingstrategie aufzugeben oder disparate Vertriebsmethoden zu wählen, bedeutet faktisch eine Marktzugangsbeschränkung[65] und widerspricht einem Kernanliegen des Binnenmarktes, nämlich Vorteil aus dem größeren Markt zu ziehen (Einschränkung des Großserienvorteils).[66]

86 Das Vertragsrecht läßt sich daher nicht schon pauschal als Produktmodalität der Grundfreiheitenkontrolle unterwerfen oder ihr als Vertriebsmodalität entziehen.[67] Indes ist zu erörtern, ob das Vertragsrecht nicht doch zumindest teilweise der Grundfreiheitenkontrolle entzogen ist, nämlich soweit seine Vorschriften oder das anwendbare Recht der Disposition der Parteien unterliegen.

b) Keine Kontrolle des dispositiven Vertragsrechts

87 Ob das dispositive Vertragsrecht der Grundfreiheitenkontrolle unterliegt, ist umstritten. Eine Behinderung kann es für den grenzüberschreitenden Verkehr darstellen, wenn die dispositiven Vorschriften verschiedener Mitgliedstaaten unterschiedlich sind. Zu denken ist daran, daß die Kosten für Messen und Wägen des Kaufgegenstands, die nach § 448 Abs. 1 Fall 1 BGB vom Verkäufer zu tragen sind, nach dem dispositiven Vertragsrecht des Mitgliedstaats M vom Käufer zu tragen seien. Den Gewährleistungsausschluß wegen Mangelkenntnis nach § 442 Abs. 1 S. 1 BGB sehe das Kaufrecht von M (außerhalb des Verbrauchsgüterkaufs; vgl. Rn. 739–743) nicht vor. Die Vergütung, die nach § 614 S. 1 BGB nach Leistung der Dienste fällig ist, sei nach dem dispositiven Recht des Mitgliedstaats M vor Dienstleistung zu erbringen. Allgemeiner wird man als beispielhaft all die Fälle heranziehen können, in denen die Auslegung von Verträgen in unterschiedlichen Mitgliedstaaten zu unterschiedlichen Ergebnissen führt, denn auch hier kann man ja durch vertragliche Abrede von dem Standard abweichen. Sind solche dispositiven Vertragsrechtsnormen Beschränkungen der Grundfreiheiten? Um herauszufinden, ob dispositives Vertragsrecht *als solches* der Grundfreiheitenkontrolle entzogen ist, müssen wir diese Frage unabhängig von der *Keck*-Dichotomie erörtern.[68]

---

62 *Roth* FS Großfeld, S. 951f.

63 A.M. *Franzen* Privatrechtsangleichung, S. 158–161.

64 *Roth* FS Großfeld, S. 949f.; a.M. *White* CMLR 1989, 235, 252f.

65 *Leible* WRP 1997, 517, 521; a.M. *Franzen* Privatrechtsangleichung, S. 160 mwN.

66 *Weatherill/Beaumont* EU Law, S. 616f.

67 Ebenso Langebucher-*Herresthal,* § 2 Rn. 50–52.

68 Die gewählten Beispiele dürften freilich durchweg bloße Vertriebsmodalitäten darstellen; in der Tat ist es schwierig, Beispiele für dispositives Vertragsrecht zu finden, das als Produktmodalität zu qualifizieren wäre.

Manche nehmen an, das dispositive Vertragsrecht müsse der Grundfreiheitenkontrolle ebenso unterliegen wie es der Grundrechtskontrolle im deutschen Recht unterliegt.[69] In der Tat ist ja eine dispositive Norm, wenn sie mangels Parteiabrede zum Zuge kommt,[70] eine heteronome Bestimmung der Vertragsrechte und daher ein Eingriff in die Vertragsfreiheit als Grundrecht.[71] Indes trägt die Analogie zur Grundrechtsdogmatik nicht, denn die Grundfreiheiten sind keine allgemeinen Freiheitsgewährleistungen, deren Tatbestand jede heteronom begründete Pflicht verböte. Sie greifen nur dann ein, wenn spezifisch der grenzüberschreitende Verkehr beschränkt wird. Ungeachtet sonst bestehender *strukturel-ler* Parallelen der Dogmatik der Grundrechte und der Grundfreiheiten trägt gerade hier, wo es um die Abgrenzung des Schutzbereichs geht, die Analogie nicht. 88

Deswegen ist zu untersuchen, inwieweit dispositive Vorschriften Hindernisse für den grenzüberschreitenden Verkehr begründen. Notwendige Voraussetzung für die Annahme, eine dispositive Norm beschränke die Grundfreiheiten, ist, daß sie, als zwingende Norm gedacht, ihrem Inhalt nach eine beschränkend wirkende Produktregelung darstellen würde. Ist das nicht der Fall, so kann die Vorschrift auch in dispositiver Ausgestaltung, die den Parteien mehr Freiraum läßt, nicht beschränkend wirken. Umstritten ist, ob diese Voraussetzung auch schon hinreichend ist für die Verhältnismäßigkeitskontrolle nach den Grundfreiheiten. Tatsächlich soll nach einer Meinung die Dispositionsmöglichkeit völlig irrelevant sein, da es „dem Gesetzgeber nicht erlaubt sein (sollte), Verträge durch dispositives Vertragsrecht zu ergänzen, welches möglicherweise gemeinschaftsrechtlichen Anforderungen widerspricht".[72] Indes ist diese Begründung zirkulär, da ja gerade die Frage ist, ob dispositives Recht als solches die Grundfreiheiten beschränkt. Deswegen muß man die Beschränkung weiter präzisieren. Sie kann nicht schon in dem Regelungsgehalt allein liegen, sondern nur in der Dispositionslast.[73] Diese liegt für den verpflichteten Teil darin, eine andere Regelung treffen zu müssen (Abänderungslast). Sie kann zudem darin liegen, daß der Verpflichtete aufgrund der dispositiven Regelung eine nachteilige Verhandlungsposition hat (Verhandlungslast);[74] das ist freilich nur dann der Fall, wenn die dispositive Norm nicht nur das bestimmt, was man auch dem Schweigen der Parteien im Wege der Vertragsauslegung entnehmen würde.[75] Ganz allgemein kann eine Behinderung darin liegen, daß sich beide Teile darüber informieren müssen, was gilt, wenn sie keine ausdrückliche Regelung getroffen haben (Informationslast). Keine Behinderung kann man allerdings darin sehen, daß die dispositive Regelung zum Zuge kommt, weil sich der Verpflichtete mit seinem Änderungswunsch nicht durchsetzen konnte,[76] denn dann entspricht die Regelung der *Vereinbarung* der Parteien. 89

---

69 *v. Wilmowsky* JZ 1996, 590, 596; auch *Langner* RabelsZ 65 (2001), 222, 227 mit Fn. 15.

70 Nicht *mangels,* sondern *gemäß* der Parteiabrede kommt die dispositive Norm allerdings dann zum Zuge, wenn die Parteien das vereinbart haben, sei es, weil sie die Regelung angemessen finden oder auch weil sich ein Teil mit seinem Änderungswunsch nicht durchsetzen konnte. Deshalb kann – entgegen *Langner* RabelsZ 65 (2001) 222, 227 – die Grundfreiheitenkontrolle für diesen Fall nicht einmal mit der Fremdbestimmung begründet werden.

71 Dazu etwa *Canaris* AcP 184 (1984), 201, 213–215; *Hesselink* ERCL 1 (2005), 44–86; *Medicus* AcP 192 (1992), 35, 47; *Neuner* Privatrecht und Sozialstaat, S. 227f.

72 *Langner* RabelsZ 65 (2001), 222, 227.

73 Darin sehen eine Beschränkung der Grundfreiheiten *Langner* RabelsZ 65 (2001), 222, 227f.; *Steindorff* EG-Vertrag und Privatrecht, S. 79.

74 *Basedow* FS Mestmäcker, S. 354f.

75 Vgl. die Auslegungsregel des Art. 5:101 Abs. 3 EP.

76 Zutr. *Grundmann* ZHR 163 (1999), 635, 657; a.A. *Langner* RabelsZ 65 (2001), 222, 226.

90 Sind nun diese Belastungen der Parteien nach den Grundfreiheiten zu beanstanden? Die Informationslast zunächst begründet keine beachtliche Beschränkung der Grundfreiheiten. Daß die mitgliedstaatlichen Rechtssysteme divergieren, ist eine Grundannahme des Vertragsgebers gewesen, und er hat in dieser Divergenz *an sich* kein Hindernis für den grenzüberschreitenden Verkehr gesehen.[77] Die Informationslast gehört daher zu den vorausgesetzten und hinzunehmenden Hindernissen des grenzüberschreitenden Verkehrs.[78] Dasselbe muß aber folglich auch für die Abänderungslast und die Verhandlungslast gelten, die sich aus unterschiedlichen nationalen Rechten ergeben. Auch diese Erschwernisse des grenzüberschreitenden Verkehrs hat der Vertragsgeber als hinzunehmend vorausgesetzt. Die *Verantwortung* zur Gestaltung (Dispositionslast), ist ein notwendiges Korrelat der Freiheit des grenzüberschreitenden Verkehrs und keine beanstandenswerte Grundfreiheitenbeschränkung.

91 Auch wertungsmäßig entsprechen die Hindernisse, die sich aus (unterschiedlichen) dispositiven Vorschriften ergeben, nicht den Produktmodalitäten oder solchen Vertriebsmodalitäten, die diesen wegen ihrer diskriminierenden oder zugangsbeschränkenden Wirkung gleichgestellt sind. Das gilt auch, soweit man dispositive Normen als Produktmodalitäten für Rechtsprodukte ansieht. Denn sie zwingen den Anbieter nicht, unterschiedliche Produkte anzubieten. Weil dispositive Normen abdingbar sind, begründen sie keine Vervielfachung der Produktstandards *(dual standards)*. Eine in einem Mitgliedstaat erforderliche Disposition mag nach dem Recht eines anderen Mitgliedstaats unnötig und daher nur deklaratorisch sein, schadet dort aber nicht. Wenn aber ein anderes Land die Disposition verbietet, dann resultiert die Beschränkung nicht aus der dispositiven Norm des einen Landes. Das dispositive Vertragsrecht unterliegt daher – schon unabhängig von seiner Einordnung in die *Keck*-Dichotomie – der Grundfreiheitenkontrolle nicht.[79]

c) Keine Kontrolle des international dispositiven Vertragsrechts

92 Einen Schritt weitergehend könnte auch das international dispositive Vertragsrecht wegen der Dispositionsmöglichkeit der Grundfreiheitenkontrolle entzogen sein. Das hat in der Tat der EuGH in seiner Entscheidung *Alsthom Atlantique* angedeutet. In dem zugrunde liegenden Fall hatte Sulzer von Alsthom Dieselmotoren gekauft, die defekt waren. Die Käuferin nahm nun die Verkäuferin auf Ersatz der aufgewandten Reparaturkosten in Anspruch. Nach dem anwendbaren französischen Kaufrecht war der Anspruch begründet und die Verkäuferin konnte sich auch nicht auf einen Haftungsausschluß berufen. Die Verkäuferin sah in der strengen französischen Verkäuferhaftung eine Ausfuhrbeschränkung iSv Art. 29 EG.[80]

93 Auf der Grundlage seiner etablierten Rechtsprechung, nach der Ausfuhrbeschränkungen einer weniger strengen Kontrolle unterliegen als Einfuhrbeschränkungen,[81] stellte der

---

77 EuGH v. 28.6.1978 – Rs. 1/78 *Kenny ./. Insurance Officer* Slg. 1978, 1489 Rn. 18; EuGH v. 27.9.1988 – Rs. 313/86 *Lenoir ./. Caisse d'allocations familiales des Alpes-Maritimes* Slg 1988, 5391 Rn. 15; EuGH v. 1.2.1996 – Rs. C-177/94 *Perfili* Slg. 1996, I-161 Rn. 17.

78 Ebenso *Remien* ZfRV 1995, 116, 129.

79 Ebenso *Basedow* FS Mestmäcker, S. 354; *Grundmann* JZ 1996, 274, 278f.; Langenbucher-*Herresthal,* § 2 Rn. 62–66; *Roth* ZEuP 1994, 5, 28; *Remien* ZfRV 1995, 116, 129f.

80 Zu dem – komplizierteren – Hintergrund des Falls GA *van Gerven* in: EuGH v. 24.1.1991 – Rs. C-339/89 *Alsthom Atlantique* Slg. 1991, I-107, I-114f.

81 Grundlegend EuGH v. 8.11.1979 – Rs. 15/79 *Groenveld* Slg. 1979, 3409. Dazu nur Schwarze-*Becker* Art. 34 EG Rn. 9f.

EuGH keinen Verstoß gegen Art. 29 EG fest, da die strenge Verkäuferhaftung unterschiedslos für alle dem französischen Recht unterliegenden Verträge gilt und daher keine Maßnahme darstelle, die eine spezifische Beschränkung der Ausfuhrströme bezwecke oder bewirke. Ergänzend („im übrigen") stützt das Gericht seine Entscheidung auf die Erwägung, daß die Parteien eines internationalen Kaufvertrags das anwendbare Recht wählen und somit die französische Verkäuferhaftung vermeiden können.[82]

Die zweite Begründung deutete darauf hin, daß das Gericht das international dispositive Vertragsrecht *als solches* nicht als Beschränkung der Grundfreiheiten ansehen könnte. Allerdings hat der EuGH die Abwählbarkeit französischen Rechts nur als ein zusätzliches Argument für seine Entscheidung herangezogen. Indes hielt der Gerichtshof die Abwahlmöglichkeit doch für so gewichtig, daß er sie angeführt hat, *obwohl* Generalanwalt *van Gerven* sie erwogen, jedoch als unerheblich bezeichnet hatte.[83] Und gegen die Autorität der Entscheidung für die Freistellung des international dispositiven Rechts läßt sich auch nicht einwenden, daß sie sich nur auf die Kontrolle von Ausfuhrbeschränkungen auf ihre Diskriminierungsfreiheit beziehe. Wenn sogar diskriminierend wirkende Vorschriften im Falle ihrer kollisionsrechtlichen Abwählbarkeit vor den Grundfreiheiten Bestand haben, dann muß das erst recht für subtilere Formen der Beschränkungen gelten.[84] 94

Die Kontrollfreiheit international dispositiver Normen ist aber auch sachlich begründet. Die Möglichkeit der Rechtswahl gibt den Parteien einerseits größeren Dispositionsspielraum als die Abbedingung einer einzelnen Norm, andererseits geringeren. Die Rechtswahl ermöglicht den Parteien, auch zwingende Vorschriften, wie die strengere französische Verkäuferhaftung, zu vermeiden. Andererseits können sie nur eine Rechtsordnung als Ganzes wählen. Diese Einschränkung wiegt freilich nicht so schwer, wenn man bedenkt, daß die Parteien erstens immerhin für abspaltbare Teile unterschiedliche Wahlen treffen[85] und zweitens die Dispositionsmöglichkeiten der gewählten Rechtsordnung nutzen können. 95

Die Erwägungen, die für und wider die Ausnahme von der Grundfreiheitenkontrolle ins Feld geführt werden, sind im wesentlichen dieselben, die wir schon in Hinblick auf das dispositive Vertragsrecht erörtert haben (oben, Rn. 89–91). Die Dispositionslast wiegt hier zwar schwerer, weil es um die Auswahl zwischen ganzen Rechtsordnungen geht.[86] Doch gehört sie zu den als selbstverständlich vorausgesetzten Lasten des grenzüberschreitenden Verkehrs.[87] Entscheidend ist, daß die Parteien die Dispositionsmöglichkeit haben.[88] Daß die Disposition von der Zustimmung des anderen Teils abhängt, ist kein tauglicher Einwand, sondern ein Wesenselement des Vertrags. Daß die Dispositionsmöglichkeit auch wahrgenommen werden muß, ist wiederum ein notwendiges Korrelat der Freiheit. Es 96

---

82 EuGH v. 24.1.1991 – Rs. C-339/89 *Alsthom Atlantique* Slg. 1991, I-107 Rn. 14f. Kritisch *Klauer* Europäisierung, S. 85–88.

83 GA *van Gerven* in: EuGH v. 24.1.1991 – Rs. C-339/89 *Alsthom Atlantique* Slg. 1991, I-107, I-118 SchlA Tz. 8 mit Fn. 15.

84 So mit Recht *Grundmann* ZHR 163 (1999), 635, 657 Fn. 68.

85 Dazu unten, Rn. 166.

86 Langenbucher-*Herresthal*, § 2 Rn. 69; *Langner* RabelsZ 65 (2001), 222, 229f.; *v. Wilmowsky* JZ 1996, 590, 595.

87 A.M. *Langner* RabelsZ 65 (2001), 222, 229f.; Langebucher-*Herresthal*, § 2 Rn. 70.

88 *Remien* ZfRV 1995, 129, 131; *ders.*, Zwingendes Vertragsrecht und Grundfreiheiten des EG-Vertrags, S. 186–189; *Armbrüster* RabelsZ 60 (1996), 72, 75f.; *Grundmann* Schuldvertragsrecht, 1.Teil Rn. 68.

überzeugt auch wertungsmäßig, international dispositive Normen von der Grundfreiheitenkontrolle auszunehmen. Denn weil die Rechtswahl für den grenzüberschreitenden Verkehr eine zusätzliche Wahlmöglichkeit eröffnet, kann man in den auf diese Weise vermeidbaren Normen keine spezifische Behinderung des grenzüberschreitenden Verkehrs sehen. Entscheidend ist auch hier die wertungsmäßige Bestätigung, daß zwingende Vertragsvorschriften, die Produktmodalitäten betreffen, soweit sie international dispositiv sind, nicht zu einer Doppelregelung führen.[89] Der innere Grund für die Grundfreiheitenkontrolle fehlt daher. Auch das international dispositive Vertragsrecht ist daher von der Grundfreiheitenkontrolle auszunehmen.[90]

III. Die über mitgliedstaatliche Schutzpflichten vermittelte Drittwirkung der Grundfreiheiten auf das Verhalten Privater

Literatur:

Burgi, Martin, Mitgliedstaatliche Garantenpflichten statt unmittelbare Drittwirkung der Grundfreiheiten, EWS 1999, 327–332

Canaris, Claus-Wilhelm, Drittwirkung der gemeinschaftsrechtlichen Grundfreiheiten, in: Hartmut Bauer/Detlef Czybulka/Wolfgang Kahl/Andreas Voßkuhle, Umwelt, Wirtschaft und Recht – Wissenschaftliches Symposium aus Anlaß des 65. Geburtstages von Reiner Schmidt, Tübingen 2002, S. 29–67 (zitiert: Canaris FS Reiner Schmidt)

Canaris, Claus-Wilhelm, Grundrechte und Privatrecht – eine Zwischenbilanz –, Berlin/New York 1999 (zitiert: Canaris Grundrechte und Privatrecht)

Ehlers, Dirk, in: ders. (Hrsg.), Europäische Grundrechte und Grundfreiheiten, § 7 Rn. 42–44

Forsthoff, Ulrich, Drittwirkung der Grundfreiheiten: Das EuGH-Urteil Angonese, EWS 2000, 389–397

Ganten, Ted Oliver, Die Drittwirkung der Grundfreiheiten – Die EG-Grundfreiheiten als Grenze der Handlungs- und Vertragsfreiheit im Verhältnis zwischen Privaten, Berlin 2000

Jaensch, Michael, Die unmittelbare Drittwirkung der Grundfreiheiten – Untersuchung der Verpflichtung von Privatpersonen durch Art. 30, 48, 52, 49, 73b EGV, Baden-Baden 1997

Kluth, Winfried, Die Bindung privater Wirtschaftsteilnehmer an die Grundfreiheiten des EG-Vertrages – Eine Analyse am Beispiel des Bosman-Urteils des EuGH, AöR 122 (1997), 557–582

Körber, Torsten, Grundfreiheiten und Privatrecht, Tübingen 2004, 4. Teil (S. 631–819)

Parpart, Heike, Die unmittelbare Bindung Privater an die Personenverkehrsfreiheiten im europäischen Gemeinschaftsrecht – Eine Darstellung der Arbeitnehmerfreizügigkeit, Niederlassungs- und Dienstleistungsfreiheit, München 2003

Remmert, Barbara, Grundfreiheiten und Privatrechtsordnung, JURA 2003, 13–19

Roth, Wulf-Henning, Drittwirkung der Grundfreiheiten?, in: Ole Due/Marcus Lutter/Jürgen Schwarze (Hrsg.), Festschrift für Ulrich Everling, Band II, Baden-Baden 1995, S. 1231–1247

Schindler, Dierk, Die Kollision von Grundfreiheiten und Gemeinschaftsgrundrechten – Entwurf eines Kollisionsmodells unter Zusammenführung der Schutzpflichten- und der Drittwirkungslehre, Berlin 2001

Steindorff, Ernst, Drittwirkung der Grundfreiheiten im europäischen Gemeinschaftsrecht, in: Peter Badura/Rupert Scholz (Hrsg.), Wege und Verfahren des Verfassungslebens, Festschrift für Peter Lerche zum 65. Geburtstag, München 1993, S. 575–590

Streinz, Rudolf/Leible, Stefan, Die unmittelbare Drittwirkung der Grundfreiheiten – Überlegungen aus Anlass von EuGH, EuZW 2000, 468 – Angonese, EuZW 2000, 459–467

---

89 *Franzen* Privatrechtsangleichung, S. 146f.

90 Eingehend *Grundmann* ZHR 163 (1999), 531, 656–659; *ders.* ERPL 2000, 508, 513–516. A.M. Langenbucher-*Herresthal,* § 2 Rn. 68f.; *Mülbert* ZHR 159 (1995), 2, 10; *Steindorff* EG-Vertrag und Privatrecht, S. 78f.

1. Private als Adressaten der Grundfreiheiten?

Ist demnach die Bindung der Mitgliedstaaten – auch als Privatrechtsgesetzgeber und Zivilgerichte – an die Grundfreiheiten zu bejahen,[91] so stellt sich weiterhin die Frage, welche Wirkung die Grundfreiheiten für Privatpersonen haben. Das Verhältnis von verfassungsrechtlichen Grundrechten und (nationalem) Privatrecht ist eine nicht nur dem deutschen Juristen vertraute, sondern geradezu „internationale" Frage,[92] und so nimmt es nicht wunder, daß sie sich in ganz entsprechender Weise auch im Europäischen Recht stellt. In ähnlicher Weise wie im nationalen Recht werden auch für das Gemeinschaftsrecht zwei Lösungen erörtert. Nach einer Auffassung stellen die Grundfreiheiten zugleich auch Privatrechtssätze dar, die nicht nur Mitgliedstaaten und Gemeinschaft, sondern auch Privatleute binden („unmittelbare Drittwirkung").[93] Auch der EuGH hat – in einer allerdings uneinheitlichen Rechtsprechung – für verschiedene Fälle eine unmittelbare Drittwirkung angenommen, zunächst vor allem wenn es um mächtige (Sport-) Verbände ging (dazu näher unten, Rn. 120–127).[94] Nach einer anderen Auffassung betreffen die Grundfreiheiten Private nur mittelbar.[95] Daß die Grundfreiheiten für Private völlig irrelevant wären, wird, soweit ersichtlich, nicht vertreten. 97

Die Lehre von der unmittelbaren Drittwirkung versteht die Grundfreiheiten nicht nur als an die Mitgliedstaaten gerichtete Verbote, sondern auch als Verbote für Privatpersonen. Im deutschen Recht würden die Grundfreiheiten also etwa als Verbotsgesetze i.S.v. §134 BGB oder Schutzgesetze i.S.v. § 823 Abs. 2 BGB anzusehen sein. Privatrechtsakte – Verträge, einseitige Rechtsgeschäfte oder auch kollektive Rechtsakte wie Vereinsbeschlüsse –, die Grundfreiheiten ohne Rechtfertigung beeinträchtigen, wären demnach unwirksam. Der Geschützte könnte, wenn auch die übrigen Tatbestandsvoraussetzungen vorliegen, einen aus der Verletzung der Grundfreiheiten resultierenden Schaden ersetzt verlangen. 98

Nach der Lehre von der mittelbaren Drittwirkung binden die Grundfreiheiten hingegen nur die Mitgliedstaaten (und die Gemeinschaft), nicht aber unmittelbar Private. Das heißt indes nicht, daß die Grundfreiheiten für das Verhalten Privater ohne Bedeutung wären. Zum einen wirken die Grundfreiheiten schon als an die Mitgliedstaaten gerichtete Eingriffsverbote auch im Privatrechtsverkehr, soweit danach Privatrechtsätze – z.B. ein Verbot unlauteren Wettbewerbs oder ein gesetzliches Verbot – im grenzüberschreitenden Verkehr unwirksam sind, weil sie die Grundfreiheiten ohne Rechtfertigung beeinträchti- 99

91 Soeben, Rn. 80f.

92 *Canaris* Grundrechte und Privatrecht, S. 10f.

93 Etwa *Ganten* Unmittelbare Drittwirkung (2000); auch *Schindler* Kollision von Grundfreiheiten und Gemeinschaftsgrundrechten (2000).

94 EuGH v. 13.4.2000 – Rs. C-176/96 *Lehtonen* Slg. 2000, I-2681 Rn. 35; EuGH v. 11.4.2000 – verb.Rs. C-51/96 und C-191/97 *Deliège* Slg. 2000, I-2549 Rn. 47; EuGH v. 15.12.1995 – Rs. C-415/93 *Bosman* Slg. 1995, I-4921 Rn. 83; EuGH v. 14.7.1976 – Rs. 13/76 *Donà* Slg. 1976, 1333 Rn. 17; EuGH v. 12.12. 1974 – Rs. 36/74 *Walrave* Slg. 1974, 1405 Rn. 17; EuGH v. 6.6.2000 – Rs. C-281/98 *Angonese* Slg. 2000, I-4139 Rn. 32. Übersicht bei *Körber* Grundfreiheiten und Privatrecht, S. 663–713.

95 Etwa *Burgi* EWS 1999, 327–332; *Canaris* FS Reiner Schmidt, S. 29–67; *Kluth* AöR 122 (1997), 557–582; *Körber* Grundfreiheiten und Privatrecht, S. 721–797; *Streinz/Leible* EuZW 2000, 459–467; wohl auch Langenbucher-*Langenbucher*, § 1 Rn. 32–44, und Langenbucher-*Herresthal*, § 2 Rn. 77–81.

gen. Auch wenn sich ein Privater auf die beschränkend wirkende Norm stützt, ist es doch die Norm – und damit ein staatliches Verhalten –, die die Grundfreiheit beeinträchtigt. Zum anderen wirken die Grundfreiheiten mittelbar im Privatrecht, soweit sie die Mitgliedstaaten zu Schutzmaßnahmen zur Gewährleistung der Grundfreiheiten verpflichten. Auch hier sind allerdings die Mitgliedstaaten die Adressaten der Grundfreiheiten. Als solche können sie dann etwa gehalten sein, ein beschränkend wirkendes Verhalten Privater (auch) mit den Mitteln des Zivilrechts zu unterbinden. Das kann auch im Wege der Auslegung oder Fortbildung des Zivilrechts oder der Konkretisierung zivilrechtlicher Generalklauseln im Lichte der Grundfreiheiten geschehen. Beispielsweise kann so ein privates Verhalten (z.B. Boykottaufruf) im Lichte der Grundfreiheiten als unlauter i.S.v. § 1 UWG anzusehen sein.

2. Keine unmittelbare Drittwirkung

100 Gegen die unmittelbare Drittwirkung der Grundfreiheiten sprechen sowohl der Wortlaut als auch systematische Erwägungen.[96] Zwar verbieten die Grundfreiheiten teilweise nur „Maßnahmen" oder Beschränkungen (Art. 28, 43, 49, 56 EG) oder gewährleisten eine Freiheit (Art. 39 EG) ohne einen Verbotsadressaten zu benennen. Doch ergibt sich aus dem Regelungszusammenhang, daß Beschränkungen *durch die Mitgliedstaaten* gemeint sind. Schon tatbestandlich wendet sich Art. 28 EG in erster Linie gegen staatliche Hindernisse wie Kontingente.[97] Und auch die Vorbehaltsbereiche des Art. 30 S. 1 EG sind auf Mitgliedstaaten als Adressaten zugeschnitten, denn Beschränkungen zum Schutze „öffentlicher Sittlichkeit, Ordnung und Sicherheit" können praktisch nur mitgliedstaatliche „Maßnahmen" sein, während privates Handeln typischerweise wirtschaftliche Zwecke betrifft, die von den Vorbehaltsbereichen gerade nicht erfaßt werden.[98] Auch in Art. 31 EG sind die Mitgliedstaaten ausdrücklich angesprochen. Ein Anzeichen, daß Private nicht Verbotsadressaten sind, ergibt sich ferner aus Art. 86 Abs. 2 EG, da dort die Gleichstellung von Unternehmen mit Mitgliedstaaten ausdrücklich bestimmt ist, der Vertragsgeber die Problematik also gesehen hat und sie auch regelungstechnisch zu bewältigen wußte.[99] Systematisch spricht das Kartell- und Wettbewerbsrecht der Art. 81–85 EG gegen die Annahme einer unmittelbaren Drittwirkung, da das Kartellrecht zumindest für die wichtigsten Fälle der Beeinträchtigung der Grundfreiheiten durch Private eine Sonderregelung enthält, diese aber Beeinträchtigungen nur unter engeren Voraussetzungen verbietet.[100] Eine unmittelbare Drittwirkung wäre damit unvereinbar, soweit dadurch dieses differenzierte Regelungssystem nivelliert würde.[101]

101 Entscheidend sprechen endlich teleologische Erwägungen gegen die Anwendbarkeit der Grundfreiheiten auf das Verhalten Privater. Die Grundfreiheiten sind spezielle Gewährleistungen der Privatautonomie. Sie dienen dazu, die Privatautonomie über die inner-

---

96 Statt vieler *Jaensch* Unmittelbare Drittwirkung, S. 81–93; *Kluth* AöR 122 (1997), 557, 572–578. A.M. *Ganten* Drittwirkung der Grundfreiheiten, S. 56–119.

97 Calliess/Ruffert-*Epiney* Art. 28 EG Rn. 46.

98 *Canaris* FS Reiner Schmidt, S. 43–45; *Roth* FS Everling, S. 1241f.; a.M. *Steindorff* FS Lerche, S. 584f.

99 *Streinz/Leible* EuZW 2000, 459, 464. A.M. *Steindorff* EG-Vertrag und Privatrecht, S. 291–295.

100 Vgl. EuGH v. 27.9.1988 – Rs. 65/86 *Bayer ./. Süllhöfer* Slg. 1988, 5249 Rn. 11–13; EuGH v. 1.10. 1987 – Rs. 311/85 *Vlaamse Reisbureaus* Slg. 1987, 3801 Rn. 30 sowie 9–11.

101 *Kluth* AöR 122 (1997), 557, 572f.

gemeinschaftlichen Grenzen hinaus zu erstrecken.[102] Die Gemeinschaft hat sich damit für eine Integration „von unten" entschieden, bei der sie sich vor allem das privatautonome Handeln der einzelnen zunutze macht.[103] Genau das Gegenteil, nämlich eine Einschränkung der Privatautonomie, würde es aber bedeuten, wenn man die Grundfreiheiten (in ihrer Abwehrfunktion) als Verbotsgesetze i.S.v. §134 BGB oder Schutzgesetze i.S.v. Art. 823 Abs. 2 BGB[104] ansehen wollte.[105] Denn die Freiheit, ohne jede Begründung eine Auswahlentscheidung zu treffen, die die Grundfreiheiten den Mitgliedstaaten zu Recht nehmen, ist Kern der Privatautonomie. Eine unmittelbare Anwendbarkeit der Grundfreiheiten müßte daher, wollte man nicht schwerwiegende Eingriffe in die Privatautonomie hinnehmen, dazu führen, daß in jedem Einzelfall die Privatautonomie gegen die Grundfreiheiten anderer Privater abzuwägen wäre. So wie die unmittelbare Drittwirkung der Grundrechte auf nationaler Ebene zu einer Konstitutionalisierung des Privatrechts führen würde,[106] würde die unmittelbare Drittwirkung der Grundfreiheiten im Europäischen Recht zu einer solchen Konstitutionalisierung führen.[107]

3. Vermittlung der Wirkung von Grundfreiheiten über Schutzpflichten

a) Grundlagen

Hier wie im nationalen Recht bedeutet die Ablehnung der unmittelbaren Wirkung freilich nicht, daß die Grundfreiheiten (Grundrechte) keinerlei Wirkung für das Privatrecht hätten. Das Gegenteil folgt daraus, daß die Gemeinschaftsorgane sowie die Mitgliedstaaten unmittelbar an die Grundfreiheiten gebunden sind. Denn die Bindung der Mitgliedstaaten bedeutet, wie wir gesehen haben, nicht nur ein Eingriffsverbot, sondern auch ein Schutzgebot (oben, Rn. 70f.). Und diese Schutzpflicht kann sich selbstverständlich nicht nur auf das Verwaltungs- oder Strafrecht auswirken,[108] sondern auch auf die Gestaltung des Privatrechts (oben, Rn. 80f.). Adressat der Schutzpflicht ist im übrigen nicht nur der mitgliedstaatliche Gesetzgeber, sondern auch die nationale Verwaltung und Rechtsprechung, so daß sich die Schutzpflichten auch auf die Auslegung und Fortbildung des nationalen Privatrechts auswirken können (oben, Rn. 69, 80).[109] Ganz konkret können die Zivilgerichte in Erfüllung dieser Schutzpflicht gebunden sein, das nationale Zivilrecht im Lichte der Grundfreiheiten auszulegen, zu konkretisieren (Generalklauseln wie § 138 BGB und § 1 UWG) oder auch fortzubilden. 102

Auf diese Weise ist, vermittelt über die Schutzpflichten der Mitgliedstaaten, eine „mittelbare Drittwirkung" der Grundfreiheiten im Privatrecht begründet. Die Mitgliedstaaten sind dazu verpflichtet, (auch) das Privatrecht so zu gestalten, daß die effektive Verwirklichung der Grundfreiheiten gewährleistet ist. Allerdings ist diese Wirkung auf das Privat- 103

102 S. die Nachweise unten, Rn. 131–133.
103 Eingehend *Kluth* AöR 122 (1997), 557, 578–581.
104 *Ganten* Drittwirkung der Grundfreiheiten, S. 199–210; *Steindorff* FS Lerche, S. 589f.
105 *Kluth* AöR 122 (1997), 561, 569–571; *Baquero Cruz* E.L.Rev. 24 (1999), 603, 617.
106 Dazu *Canaris* Grundrechte und Privatrecht, S. 34f.
107 Siehe z.B. *Ganten* Drittwirkung der Grundfreiheiten, S. 174–194.
108 Darum ging es im Fall EuGH v. 9.12.1997 – Rs. C-265/95 *Kommission ./. Frankreich* Slg. 1997, I-6959, wo Frankreich keine hinreichenden Maßnahmen zum Schutz von Agrarimporten vor gewalttätigen Ausschreitungen u. dgl. getroffen hatte.
109 *Canaris* FS Reiner Schmidt, S. 51f.; *Müller-Graff* in: Party Autonomy, S. 140. Anders offenbar *Streinz/Leible* EuZW 2000, 459, 466.

recht ungleich schwächer als eine unmittelbare Drittwirkung. Während jene ohne weiteres dazu führen würde, die Grundfreiheiten als Verbotsgesetze für Verträge oder Schutzgesetze im Jedermannsverkehr anzusehen, bedeutet die mittelbare Wirkung nur, daß die Mitgliedstaaten den ein Mindestmaß nicht unterschreitenden Schutz zu gewährleisten haben (Untermaßverbot).[110] Außerdem kommt den Mitgliedstaaten bei der Erfüllung der Schutzgebote ein Ermessen zu,[111] sich dazu der Mittel des Privat- oder des öffentlichen Rechts zu bedienen oder den Schutz auf der Ebene des materiellen Rechts oder des Prozeßrechts (Zwangsvollstreckung, Insolvenz) anzusiedeln. Im Hinblick auf das „Rechtsformermessen" (Auswahl zwischen Privat- und öffentlichem Recht) muß man freilich einschränkend bemerken, daß die weitgehend privatrechtliche Gestaltung der Wirtschaftsordnungen der Gemeinschaft und der Mitgliedstaaten in vielen Fällen zu einer Ermessensreduzierung führen kann, weil und insoweit wegen dieser privatrechtlichen Verfassung ein effektiver Schutz nur mit privatrechtlichen Mitteln zu erreichen ist.

104 Die Rechtsprechung hat sich freilich zur Dogmatik der Drittwirkung nicht klar geäußert. Doch finden sich in verschiedenen Urteilen Anhaltspunkte für ein Verständnis als einer über die Schutzpflichten vermittelten mittelbaren Wirkung. Das gilt zunächst für die Anerkennung der Schutzpflicht im allgemeinen.[112] Der EuGH hat aber auch schon in den Leitentscheidungen zur Privatrechtswirkung von Grundfreiheiten erkennbar auf die Schutzfunktion hingewiesen, deren Adressat die Mitgliedstaaten sind. So hat er beispielsweise in Urteilen zu berufsregelnden (Sport-) Vereinsvorschriften *(Walrave, Donà)* zwar zunächst davon gesprochen, daß die Grundfreiheiten auf solche „kollektiven Regelungen der Berufsausübung" anwendbar seien, schließlich aber darauf hingewiesen, sie seien *vom nationalen Gericht zu berücksichtigen.*[113] Im Lichte einer zwischen Eingriffsverbot und Schutzgebot differenzierenden Dogmatik der Grundfreiheiten gewinnt auch die wiederkehrende Berufung des Gerichts auf das Effektivitätsgebot neue Bedeutung, daß Private die von der Gemeinschaft und den Mitgliedstaaten hergestellten Grundfreiheiten nicht gefährden dürften:[114] Aufgabe der Gemeinschaft und der Mitgliedstaaten ist es, vor dieser Gefahr zu schützen.

b) Exkurs 1: Das Verbot der Entgeltdiskriminierung, Art. 141 EG

105 Einer nur mittelbaren Wirkung der Grundfreiheiten könnte indes die Rechtsprechung des EuGH zum Verbot der Entgeltdiskriminierung des Art. 141 EG entgegenstehen, denn nach ganz herrschender Deutung hat das Gericht diese Bestimmung im *Defrenne II*-Urteil für auch unter Privaten unmittelbar anwendbar erklärt.[115] Handelt es sich bei diesem Diskriminierungsverbot auch nicht um einen Grundfreiheit, so haben sich doch in der obigen

---

110 Siehe bereits oben, Rn. 73 mit Fn. 27.

111 Siehe bereits oben, Rn. 71 mit Fn. 16.

112 EuGH v. 9.12.1997 – Rs. C-265/95 *Kommission ./. Frankreich* Slg. 1997, I-6959 Rn. 31; s.o. Rn.70f.

113 EuGH v. 12.12.1974 – Rs. 36/74 *Walrave* Slg. 1974, 1405 Rn. 25; EuGH v. 14.7.1976 – Rs. 13/76 *Donà* Slg. 1976, 1333 Rn. 18.

114 EuGH v. 6.6.2000 – Rs. C-281/98 *Angonese* Slg. 2000, I-4139 Rn. 32; EuGH v. 11.4.2000 – verb.Rs. C-51/96 und C-191/97 *Deliège* Slg. 2000, I-2549 Rn. 47; EuGH v. 15.12.1995 – Rs. C-415/93 *Bosman* Slg. 1995, I-4921 Rn. 83.

115 *Geiger* Art. 141 EGV Rn. 3; Schwarze-*Rebhahn* Art. 141 Rn. 8; *Neuner* FS Georgiades (2005), S. 1235.

Begründung keine Erwägungen ergeben, die eine unterschiedliche rechtliche Beurteilung rechtfertigen könnten. Die vorstehende Begründung müßte daher, sollte sie überzeugen, auch die Wirkung des Art. 141 EG auf das Privatrecht erklären (oder als unrichtig ausweisen) können. Das ist in der Tat unschwer möglich.

Zunächst ist es hilfreich, die Begründung des EuGH in *Defrenne II* noch einmal zu lesen. Dort begründet der EuGH nämlich keineswegs ohne weiteres eine unmittelbare Drittwirkung. Allerdings führt er zunächst aus, daß Art. 141 EG jedenfalls in Fällen direkter Diskriminierung Individualrechte begründen könne, die von den Gerichten zu schützen sind. Dabei geht es dem Gerichtshof aber darum zu begründen, daß die Vorschrift hinreichend bestimmt ist, um ohne weitere Umsetzungsrechtsakte anwendbar zu sein.[116] Der EuGH sagt denn auch nicht, daß die Geschützten Rechte gegen Arbeitgeber hätten, sondern nur Rechte, die von den Gerichten zu schützen sind. Im anschließenden Abschnitt untersucht der EuGH, ob sich aus dem Wortlaut des Art. 141 EG Gründe ergeben, die gegen diese Auslegung sprechen.[117] Hier erörtert er zunächst den Adressaten der Vorschrift und stellt fest, daß mit den „Mitgliedstaaten" nicht nur die nationalen Gesetzgeber gemeint sind, sondern alle „staatlichen Funktionen", die sinnvoll zur Umsetzung des Gebots gleichen Entgelts beitragen können.[118] Der Bezug auf die Mitgliedstaaten könne daher ein Eingreifen der Gerichte in direkter Anwendung von Art. 141 EG nicht ausschließen. Das Gericht folgert zwar aus dem „zwingenden Charakter" der Vorschrift, daß diese sich auch auf Verträge zwischen einzelnen auswirken könne. Doch kommt es dann zu dem Schluß, daß einzelne sich vor den nationalen Gerichten auf den Grundsatz gleichen Entgelts berufen können und daß diese Gerichte eine Pflicht haben, den Schutz dieses Rechts sicherzustellen.[119] Finden sich in dem Urteil demnach auch Äußerungen, die eine „unmittelbare Drittwirkung" des Art. 141 EG im Privatrecht andeuten, so enthält das Urteil doch mindestens ebenso viele Hinweise auf die unmittelbare Bindung nur der Mitgliedstaaten, einschließlich der nationalen Gerichte, und die diesen obliegende Schutzpflicht. In der Tat legt ja schon der Wortlaut von Art. 141 EG (Art.119 EGV) diese mittelbare Drittwirkung nahe, da sich die Vorschrift ganz unzweideutig an die Mitgliedstaaten wendet und die Verpflichtung, den Grundsatz der Entgeltgleichheit zu *gewährleisten,* bereits auf eine Schutzpflicht hinweist. **106**

Wie verträgt sich nun die Entscheidung mit der Lehre von der mittelbaren Drittwirkung? Auch nach der hier vertretenen Auffassung ist im Fall des Verbots der Geschlechtsdiskriminierung in Bezug auf das Arbeitsentgelt *im Ergebnis* der unmittelbaren Anwendung der Vorschrift, gleichsam als nationale Privatrechtsnorm, zuzustimmen. Anders als nach der Lehre von der unmittelbaren Drittwirkung ist dieses Ergebnis aber wiederum aus der Schutzpflicht zu begründen, die selbstverständlich auch im Fall des Diskriminierungsverbots des Art. 141 EG eingreift. Haben die mitgliedstaatlichen Gesetzgeber Art. 141 EG nicht rechtzeitig in nationales Recht umgesetzt, so ist es zweifellos auch Aufgabe der nationalen Gerichte, im Rahmen ihrer Kompetenzen für eine Umsetzung zu sorgen. Bei dieser Umsetzung von Art. 141 EG verbleibt aber in der Tat kein Spielraum, der den Mitgliedstaaten andere Möglichkeiten als die Umsetzung als Privatrechtssatz ließe. Dafür muß man zunächst beachten, daß der EuGH erstens Art. 141 EG stets als fundamentalen **107**

116 EuGH v. 8.4.1976 – Rs. 43/75 *Defrenne II* Slg. 1976, 455 Rn. 16–26.
117 AaO Rn. 27–40.
118 AaO Rn. 35f.
119 AaO Rn. 40.

Grundsatz des Gemeinschaftsrechts angesehen hat. Dieser Grundsatz ist zweitens auch in Tatbestand und Rechtsfolgen hinreichend bestimmt, um unmittelbar angewandt zu werden.[120] Insbesondere ist die sonst bei Gleichheitssätzen erforderliche Abwägung mit dem gegenläufigen Prinzip der Privatautonomie im Fall von Art. 141 EG bereits abstrakt auf der Ebene des Vertrags getroffen: Entgeltgleichheit geht vor. Und drittens hat der EuGH entschieden, daß die Vorschrift den einzelnen Arbeitnehmer berechtigt. Diese Erwägungen allein ließen freilich auch noch eine andere Umsetzung zu, z.B. im Wege der Staatshaftung oder einer strafrechtlichen Sanktionierung zu. Für die Reduzierung des Umsetzungsspielraums auf die Anerkennung eines Privatrechtssatzes der Entgeltgleichheit sind zwei weitere Erwägungen entscheidend. Zum einen hängt in einer privatrechtlich verfaßten Wirtschaft die effektive Durchsetzung des Grundsatzes der Entgeltgleichheit ganz entscheidend vom Verhalten privater Arbeitgeber ab.[121] Zum zweiten folgt aus der mit der privatrechtlichen Verfassung einhergehenden dezentralen Organisation des Arbeitsmarktes, daß nur individuelle Klagerechte der Arbeitnehmer eine effektive Sanktion darstellen. Deshalb können die nationalen Gerichte ihrer Schutzpflicht zugunsten der Arbeitnehmer nur dadurch genügen, daß sie einen Individualanspruch des verletzten Arbeitnehmers gegen den verletzenden Arbeitgeber anerkennen.

108 Die Lehre von der mittelbaren Drittwirkung ist daher durchaus geeignet, die im Ergebnis unmittelbare *Wirkung* des Verbots der Entgeltdiskriminierung im Privatrecht zu erklären. Allerdings erscheint die Begründung dieses Ergebnisses auf den ersten Blick etwas verschlungen, da vom Ausgangspunkt der nur mittelbaren Drittwirkung über die Schutzpflicht unter Berufung auf Besonderheiten des Verbots eine unmittelbare Drittwirkung begründet wird. Bei näherer Betrachtung ist das indes durchaus keine *unnötige* Verkomplizierung, sondern eine dogmatisch saubere Begründung, die – von der oben ausgewiesenen Leistungsfähigkeit der Lehre von der mittelbaren Drittwirkung im Bereich der Grundfreiheiten abgesehen – zudem den Vorteil hat, die Sachgründe, die ausnahmsweise eine unmittelbare Drittwirkung rechtfertigen, direkt anzusprechen.

c) Exkurs 2: Das allgemeine Diskriminierungsverbot des Art. 12 EG

109 Kommt man so *im Ergebnis* zu einer unmittelbaren Drittwirkung des Diskriminierungsverbots des Art. 141 EG, so stellt sich die Frage, ob dasselbe Ergebnis nicht auch für das allgemeine Verbot der Nationalitätendiskriminierung nach Art. 12 EG zu bejahen ist.[122] Wäre aber das der Fall, so könnte für die Grundfreiheiten, die Diskriminierungsverbote mit umfassen, nichts anderes gelten. Damit wäre aber die Lehre von der über die Schutzpflichten vermittelten Privatrechtswirkung insgesamt in Frage gestellt, denn wenn sie (auch nur im Ergebnis) praktisch immer zu einer Drittwirkung führt, so mag die Begründung *doch* als unnötig kompliziert erscheinen.

110 In der Tat spricht der grundlegende Charakter des allgemeinen Diskriminierungsverbots für seine unmittelbare Anwendung im Privatrechtsverhältnis. Diskriminierung als eine sachlich nicht gerechtfertigte oder nach einem verpönten Kriterium vorgenommene Differenzierung kann als ein besonders niedriger Beweggrund erscheinen, der zudem die

---

120 AaO Rn. 16–26.

121 Dazu grundlegend *Canaris* Iustitia distributiva, S. 85–91.

122 Dafür etwa Langenbucher-*Herresthal,* § 2 Rn. 76; *Neuner* JZ 2003, 57, 60; *Roth* FS BGH (2000), S. 867. A.M. Schwarze-*Holoubek* Art. 12 EGV Rn. 27. Zurückhaltend auch Calliess/Ruffert-*Epiney* Art. 12 EGV Rn. 23; Streinz-*Streinz,* Art. 12 EGV Rn. 39.

Würde des Opfers und sein Selbstwertgefühl empfindlich treffen kann. Ein Ausländer dem aufgrund seiner Nationalität ein Miet-, Arbeits- oder Bankvertrag verweigert oder erschwert wird (z.B. durch das Erfordernis zusätzlicher Sicherheiten) empfindet das als besondere Ungerechtigkeit und findet sich leicht hilflos. Vor allem in einer positiven Ablehnung bestimmter Nationalitäten („Ich vermiete nicht an Engländer.“) liegt eine Verletzung des Achtungsanspruchs, der unabhängig von der Nationalität besteht.

Indes steht dem Diskriminierungsverbot als Verbot einer sachlich nicht gerechtfertigten Auswahl das ebenso fundamentale Prinzip der Privatautonomie gegenüber, das die grundsätzliche Freiheit einer sachlich nicht zu rechtfertigenden Auswahl einschließt. Der Fundamentalcharakter der Privatautonomie kommt im EG-Vertrag dadurch zum Ausdruck, daß sich die Gemeinschaft dort zum Prinzip der offenen Marktwirtschaft und des Wettbewerbs bekennt und mit Hilfe der Grundfreiheiten die Privatautonomie über die nationalen Grenzen hinaus auf das Gemeinschaftsgebiet erstreckt und eine Integration durch den Markt bezweckt.[123] Die Ausübung der Grundfreiheiten bedeutet aber gerade auch die Freiheit zur Auswahl nach nationalen Präferenzen: „Ich bevorzuge französischen Wein, deutsches Brot, griechisches Olivenöl, italienischen Essig und englisches Fleisch.“ **111**

Anders als im Fall des Verbots der Entgeltdiskriminierung bei Arbeitnehmern (Art. 141 EG) herrscht hier auf der Ebene des Primärrechts ein Spannungsverhältnis, das nicht schon abstrakt zugunsten des einen oder des anderen Prinzips aufgelöst ist[124] und das auch nicht ohne Hinzunahme weiterer Prinzipien (v.a. Menschenwürde, Achtungsanspruch) aufgelöst werden kann. Das allgemeine Diskriminierungsverbot würde als (neben den Grundfreiheiten) unmittelbar anwendbarer Privatrechtssatz in zahllosen Fällen des täglichen Lebens (Kauf von griechischem Olivenöl) zu einer Konstitutionalisierung des Privatrechts führen. Die so entstehenden Grundfreiheitenkollisionen könnten nur entweder mit einem Nachrang des Diskriminierungsverbots aufgelöst werden oder müßten – was bei einer so massenhaften Erscheinung höchst unbefriedigend wäre – an den praktischen Erfordernissen des zivilprozessualen Beweisrechts scheitern.[125] Die auch im Hinblick auf Art. 12 EG anzuerkennende Schutzpflicht bedeutet daher nicht, daß das Diskriminierungsverbot von den Mitgliedstaaten oder der Gemeinschaft als Privatrechtssatz anerkannt werden müßte. Erst wenn auf der ersten Ebene der Schutzpflichtbegründung ein Vorrang des Diskriminierungsverbots dargelegt werden kann, ist weiter zu untersuchen, ob die Mitgliedstaaten auch eine Schutzgewährung durch Zivilrecht trifft (Ermessensreduzierung). Nur wenn das der Fall ist, begründet das allgemeine Diskriminierungsverbot (einschließlich möglicher Rechtfertigungsgründe) einen Privatrechtssatz. **112**

d) Folgerungen

Der Unterschied zwischen einer unmittelbaren Anwendung der Grundfreiheiten als Eingriffsverbote für Private und ihrer mittelbaren Anwendung als Schutzgebote für Gemeinschaft und Mitgliedstaaten hat im Gemeinschaftsrecht ganz ähnliche Konsequenzen wie im nationalen Recht. Dabei ist zunächst von Bedeutung, daß im Rahmen der Schutzfunktion nicht das *Handeln* der Privaten (oder von Gemeinschaft oder Mitgliedstaaten) zu prüfen ist, sondern das *Unterlassen* von Gemeinschaft und Mitgliedstaaten. Das potentiell „unendliche“ Unterlassen begründet aber nicht schon ohne weiteres eine Verletzung von **113**

123 Näher unten, Rn. 131–133.

124 A.M. *Forsthoff* EWS 2000, 389, 392f.

125 So im Ansatz auch Schwarze-*Becker* Art. 12 EGV Rn. 27.

Grundfreiheiten, sondern nur dann, wenn eine Handlungspflicht besteht. Eine Handlungspflicht besteht aber nur, *soweit* das Einschreiten des Staates *zum Schutz der Grundfreiheiten erforderlich* ist, so daß eine Vielzahl von irgendwie grundfreiheitenrelevanten Verhaltensweisen Privater von vornherein kein Auslöser für staatliche Schutzmaßnahmen darstellen können.[126] Erfaßt die Lehre von der „unmittelbaren Drittwirkung" grundsätzlich jede vertragliche Diskriminierung bis hin zum Vereinsbeschluß, nur lokales Bier einzukaufen, so macht die Lehre von der über die Schutzpflichten vermittelten Wirkung der Grundfreiheiten in diesen Fällen deutlich, daß hier noch gar kein privates Verhalten von gemeinschaftsrechtlicher Bedeutung vorliegt; die Prüfung endet bei der Vorfrage.

114 Ordnet man die Wirkung der Grundfreiheiten als über die Schutzpflichten vermittelt ein, so folgt daraus weiterhin, daß es hier nicht um eine Übermaßkontrolle gehen kann, die ja nur für den Fall eines Eingriffs eine Rolle spielen könnte. Das Verhältnismäßigkeitsprinzip ist für den Bereich der Schutzpflichtverletzung als Untermaßverbot zu konkretisieren, wonach zu untersuchen ist, ob der von den mitgliedstaatlichen Organen (beispielsweise dem Gericht) geleistete Schutz hinter dem von den Grundfreiheiten erforderlichen Maß zurückbleibt. Beide Elemente – die Begrenzung rechtlich relevanter Unterlassung auf Fälle der „Garantenpflichten" und die Begründung einer Aufgriffsschwelle durch das Untermaßverbot – führen zu einer gegenüber der unmittelbaren Wirkung der Grundfreiheiten als Eingriffsverbote geringeren Reichweite der Grundfreiheiten für das Verhalten Privater. Das ist freilich keineswegs zu beanstanden, sondern zu begrüßen, da diese Kriterien nur zu einer sachlich begründeten Begrenzung führen, den Schutz der Privatautonomie gewährleisten und im übrigen dadurch, daß sie die Sachfragen ganz unmittelbar ansprechen, nicht nur wünschenswert offen sind, sondern auch mit der nötigen Flexibilität gehandhabt werden können.

115 „Garantenpflicht" und Untermaßverbot führen schließlich auch deutlich vor Augen, wo der berechtigte Kern der eher instinktiven Sorge des EuGH vor „kollektiven Regelungen"[127] und der Kommentatoren vor den „intermediären Gewalten" liegt. Eine kollektive Regelung oder kollektives Verhalten ist freilich nicht schon an sich geeignet, die Schutzpflicht der Mitgliedstaaten auszulösen.[128] Anders als einzelvertragliche Regeln, die regelmäßig nur zwischen zwei Personen gelten, haben kollektivrechtliche Regeln – die auf korporativer (Vereinssatzung) oder kollektivrechtlicher Grundlage (Tarif) beruhen – potentiell sehr weitreichende Wirkung. Zumal wenn sie nicht nur die Ausübung von Beruf oder Gewerbe (einer „entgeltlichen Tätigkeit") für ein bestimmtes Gebiet betreffen, sondern den Zugang dazu, können sie die Grundfreiheiten effektiv beschränken.[129] Erkennt man dieses Kernproblem, so ist klar, daß nicht kollektive Regelungen an sich problematisch sind, sondern nur solche, die eine gewisse soziale oder wirtschaftliche Bedeutung haben, insbesondere von Monopolverbänden stammen – ein Gesichtspunkt, den der Bundesgerichtshof in seiner Rechtsprechung zur Kontrolle von Vereinssatzungen in ständiger

---

126 Zur Konkretisierung der Schutzpflichten Ansätze bei *Canaris* JuS 1989, 161, 163.

127 EuGH v. 13.4.2000 – Rs. C-176/96 *Lehtonen* Slg. 2000, I-2681 Rn. 35; EuGH v. 11.4.2000 – verb.Rs. C-51/96 und C-191/97 *Deliège* Slg. 2000, I-2549 Rn. 47; EuGH v. 15.12.1995 – Rs. C-415/93 *Bosman* Slg. 1995, I-4921 Rn. 83; EuGH v. 14.7.1976 – Rs. 13/76 *Donà* Slg. 1976, 1333 Rn. 17; EuGH v. 12.12. 1974 – Rs. 36/74 *Walrave* Slg. 1974, 1405 Rn. 17.

128 Zutr. *Burgi* EWS 1999, 327, 331.

129 In diese Richtung auch *Roth* FS Everling, S. 1246f.; *Baquero Cruz* E.L.Rev. 24 (1999) 603, 617–619. Zum Hintergrund des *Bosman* Urteils GA *Lenz* in: EuGH v. 20.9.1995 – Rs. C-415/93 *Bosman* Slg. 1995, I-4930 SchlA Tz. 47.

Rechtsprechung heranzieht und der, wie Art. 81f. EG ausweisen, in gewisser Form auch bereits primärrechtlich begründet ist.

e) Beispielsfälle

Zur Verdeutlichung der Unterscheidung zwischen mittelbarer und unmittelbarer Drittwirkung ist es hilfreich, Beispiele zu erörtern. Sie erweisen die konzeptionellen und praktischen Schwierigkeiten einer Lehre von der unmittelbaren Drittwirkung. **116**

Zu denken ist – in Anlehnung an die Fälle des Boykotts ausländischer Agrarprodukte durch französische Bauern –[130] an einen (gegenüber dem Originalfall harmloseren) Aufruf eines privaten Umweltschutzvereins gegen den Import, Vertrieb und Konsum spanischer Erdbeeren, weil diese nicht artgerecht und ökologisch angebaut würden und allgemein der Grundsatz befolgt werden solle „Global denken, regional einkaufen". Dieser Aufruf sei weithin befolgt worden und habe für einen auf Export nach Deutschland spezialisierten spanischen Bauern zu nachweisbaren Einbußen geführt. Sieht man die Grundfreiheiten mit der Lehre von der unmittelbaren Drittwirkung als unmittelbar anwendbare Privatrechtssätze an, so wäre in dem Boykottaufruf (wohl) eine Schutzgesetzverletzung (Art. 28 EG als Schutzgesetz) zu sehen. Die Haftung des Umweltschutzvereins wäre nur dann zu verneinen, wenn dieser sich auf die Rechtfertigungsgründe des Art. 30 EG oder zwingende Gründe des Allgemeinwohls berufen könnte. Jedenfalls ohne eine Verbiegung dieser Rechtfertigungstatbestände kommt man hier nicht aus, und inwieweit die – von der Gemeinschaft als Demokratie und als freiheitliche Privatrechts- und Wirtschaftsordnung vorausgesetzte – Meinungsfreiheit eine Rechtfertigung darstellt,[131] wäre jedenfalls (von den Vertretern der unmittelbaren Grundfreiheitenwirkung) näher zu begründen.[132] Für die Lehre von der über mitgliedstaatliche Schutzpflichten vermittelten Drittwirkung im Privatrecht stellt sich der Fall ganz anders dar. Denn hier ist auf der ersten Stufe zu untersuchen, ob der Mitgliedstaat (Deutschland) seine Schutzpflicht verletzt, soweit er gegen einen solchen Boykottaufruf keinen (privat- oder öffentlich-) rechtlichen Schutz zur Verfügung stellt. Nach der Schutzpflichtdogmatik des EuGH ist dann zu fragen, ob die Bundesrepublik durch die Versagung eines Schadensersatzanspruchs versäumt hat, die Maßnahmen zu treffen, die zur Verhinderung oder Beseitigung von tatsächlichen Hindernissen des freien Warenverkehrs erforderlich sind.[133] Das aber ist ohne weiteres zu verneinen, da ein einzelner (gewaltfreier) Boykottaufruf auch dann, wenn ihm die angesprochenen Verkehrskreise folgen, in einer Marktwirtschaft kein beanstandenswertes Hindernis für den freien Warenverkehr ist, weil der Markt eben auch bedeutet, daß sich Produkte gegen eine vielleicht irrationale Abwehrhaltung durchsetzen müssen, und weil ein privater Boykottaufruf einen zulässigen Beitrag zur Meinungsbildung darstellt. Es stellt sich nicht einmal **117**

130 EuGH v. 9.12.1997 – Rs. C-265/95 *Kommission ./. Frankreich* Slg. 1997, I-6959. S.a. *Classen* EuR 2004, 415, 430f.

131 Vgl. jetzt EuGH v. 12.6.2003 – Rs. 112/00 *Schmidberger* Slg 2003, I-4649 Rn. 70–82. S.a. EuGH v. 26.6.1997 – Rs. C-368/95 *Familiapress ./. Heinrich Bauer Verlag* Slg. 1997, I-3689.

132 Ähnlich die Kritik von *Baquero Cruz* E.L.Rev. 24 (1999), 603, 611f. Ansätze für die Heranziehung der gemeinschaftsrechtlichen Grund*rechte* als immanente Schranken der Grund*freiheiten* bei *Ganten* Drittwirkung der Grundfreiheiten, S. 174–194; *Schindler* Kollision von Grundfreiheiten und Gemeinschaftsgrundrechten, S. 159–207; *Röthel* EuR 2001, 908, 914–920; *Vieweg/Röthel* ZHR 166 (2002), 6, 24–28, sowie 28–33.

133 EuGH v. 9.12.1997 – Rs. C-265/95 *Kommission ./. Frankreich* Slg. 1997, I-6959 Rn. 31f.

die nachgeordnete Frage, ob die Bundesrepublik bei der Wahl der Mittel den ihr zustehenden Ermessensspielraum überschritten hat.

118 Ein weiterer Beispielsfall läßt sich in Anlehnung an die Entscheidung *Gravier*[134] dahin bilden, daß eine Privatschule für die Dienstleistungen an ausländische Schüler eine höhere Vergütung verlangt.[135] Nach der Lehre von der unmittelbaren Drittwirkung ist dieser Fall nicht anders zu beurteilen als *Gravier*, in dem der EuGH eine staatliche Studiengebühr, die für ausländische Studenten höher war als für inländische, als mit Art. 12 EG unvereinbar angesehen hat. Nach hier vertretener Auffassung ist zunächst festzustellen, daß das Verhalten der Privatschule, gedacht als solches eines Mitgliedstaats, das Diskriminierungsverbot des Art. 12 EG verletzt. Daher ist zweitens zu prüfen, ob den Mitgliedstaat eine Schutzpflicht zugunsten von EG-Ausländern trifft. Schon auf dieser Stufe aber endet die Prüfung, denn eine Schutzpflicht des Staates ist hier abzulehnen. Für ihre Annahme spricht zwar der diskriminierende Charakter der Regelung. Doch ist mit der Ungleichbehandlung keine Herabsetzung einer Nationalität verbunden und haben die Interessenten (davon wollen wir hier ausgehen) zahlreiche Ausweichmöglichkeiten auf andere Schulen.

119 In beiden Fällen kann die Erfüllung der Schutzpflicht in einem Vertragsverletzungsverfahren oder auch in einem Vorlageverfahren überprüft werden. Für die hier erörterte Wirkung der Grundfreiheiten im Privatrecht stellt sich die Vorlagefrage, wenn der nachteilige Betroffene einzelne – der spanische Bauer oder der ausländische Schüler – zivilrechtlich gegen den „Störer" vorgeht, also etwa im Wege einer Schadensersatzklage oder eines Anspruchs auf Abschluß eines Schulvertrags. Gibt es einen entsprechenden Anspruch nicht schon ohne EG-rechtliche Bindung aus dem entsprechenden nationalen Recht (was freilich stets möglich ist), so lautet die Vorlagefrage, ob der Mitgliedstaat seine Pflichten zum Schutz der Grundfreiheiten verletzt, wenn er dem Kläger – unter Beachtung etwaiger sonstiger Schutzmechanismen des nationalen Rechts – keinen Individualanspruch (auf Schadensersatz/Vertragsabschluß) zugibt. Bejaht man das, so können die Grundfreiheiten entsprechend den methodischen Vorgaben des nationalen Rechts auf unterschiedliche Weise zur Geltung gebracht werden. In den Beispielsfällen dürfte vor allem an eine Konkretisierung des Sittenwidrigkeitstatbestands in § 826 BGB mit Rücksicht auf die Grundfreiheiten zu denken sein.

4. Keine Schutzlücken

120 Gegen die Lehre von der über die mitgliedstaatlichen Schutzpflichten begründeten Drittwirkung könnte aber eingewandt werden, daß sie zu Schutzlücken führe. Demgegenüber würde der Hinweis, daß die Lehre der Konzeption der Grundfreiheiten als an den Staat gerichtete Ver- und Gebote entspricht, dann nicht verfangen, wenn die Schutzlücke dem Sinn und Zweck der Grundfreiheiten zuwiderliefe. Eine Durchsicht der einschlägigen Entscheidungen des EuGH läßt indes Schutzlücken nicht erkennen.[136]

121 Das gilt zunächst für die Fälle der Berufszugangs- oder -ausübungsregeln durch regelmäßig auf nationaler und europäischer Ebene organisierte, faktisch monopolistische

134 EuGH v. 13.2.1985 – Rs. 293/83 *Gravier* Slg. 1985, 593.

135 Zum Schulunterricht als Dienstleistung EuGH v. 27.9.1988 – Rs. 263/86 *Humbel* Slg. 1988, 5365 Rn. 14–19.

136 Nachfolgend im Text können nur einige als wichtig anzusehende Fälle erörtert werden, eine vollständige Sichtung des Fallmaterials kommt hier nicht in Betracht. S. noch *Körber* Grundfreiheiten und Privatrecht, S. 798–819.

Sportverbände. Die Monopolstellung solcher Verbände führt dazu, daß einzelne Sportler für ihre Berufsausübung auf diese Verbände angewiesen sind, die nationalen Abgrenzungen dazu, daß die Verbandsregeln einen ganz unmittelbaren Bezug zu den Grundfreiheiten haben.[137] Daher sind hier besonders weitreichende Schutzpflichten der Mitgliedstaaten begründet, die im äußersten Fall freilich dazu führen, daß die Grundfreiheiten *im Ergebnis* ebenso wirken, als wären sie unmittelbar als Privatrechtssätze anwendbar. Aus diesem Grunde war die bis ins Detail gehende Prüfung des EuGH – die den Verbänden freilich für bestimmte Bereiche einen Beurteilungsspielraum beließ – im Ergebnis durchaus richtig.

Erstaunlich und in der Begründung abzulehnen ist indes die Entscheidung des EuGH **122**
im Fall *Haug-Adrion*. In diesem Fall hielt der Kläger, der als deutscher Gemeinschaftsangestellter in Brüssel lebte, eine Bestimmung in den Allgemeinen Versicherungsbedingungen der Frankfurter Versicherung für gemeinschaftsrechtswidrig, nach der Versicherungsnehmer für Autos mit Zollkennzeichen den sonst gewährten Schadensfreiheitsrabatt nicht erhalten, da diese Bestimmung EG-Ausländer mittelbar diskriminiere.[138] Der EuGH hatte die Frage zu beantworten, ob das Diskriminierungsverbot des Art. 12 EG und die Dienstleistungsfreiheit einer Vertragsvereinbarung, wie der genannten, entgegenstehe.[139] Daß die AVB staatlich genehmigt waren,[140] spielte keine Rolle. Geht man von dieser Grundlage aus, so ist die Entscheidung zu kritisieren, da das Gericht im folgenden in eine inhaltliche Prüfung einsteigt, ob die fragliche Bestimmung der AVB EG-Ausländer mittelbar diskriminiere. Daß der EuGH dies im Ergebnis verneint, darf nicht darüber hinwegtäuschen, daß die Begründung bedeutet, daß letztlich jede Vertragsvereinbarung – der Vereinsbeschluß, lokales Bier zu kaufen – demnach der Prüfung unterläge und der Rechtfertigung bedürfte, und zwar selbst dann, wenn derjenige, der sich auf die Grundfreiheiten beruft, zahlreiche Ausweichmöglichkeiten hat, z.B. anderswo Versicherungsschutz zu suchen oder Bier zu verkaufen. In solchen Fällen besteht aber von vornherein keine Gefahr für die Grundfreiheiten, die vom Mitgliedstaat zu schützen wären. Nur begründet umgekehrt die „unmittelbare Drittwirkung" eine Gefahr für die Privatautonomie. Eine Schutzpflicht der Mitgliedstaaten kam daher richtigerweise von vornherein nicht in Betracht. Denn angesichts der dem Kläger offenstehenden Ausweichmöglichkeiten – konkurrierende Versicherungen, Bahntransport des Autos nach Belgien – war das Verhalten der Versicherung gar nicht geeignet, den grenzüberschreitenden Verkehr in einer Weise zu behindern, die eine Schutzpflicht hätte auslösen können. Die Frankfurter Versicherung hat, wie GA *Lenz* zu Recht bemerkt hat, Herrn Haug-Adrion ein Angebot gemacht, daß er annehmen oder ablehnen konnte.[141]

---

137 EuGH v. 15.12.1995 – Rs. C-415/93 *Bosman* Slg. 1995, I-4921 Rn. 3–5; GA *Trabucchi* in: EuGH v. 14.7.1976 – Rs. 13/76 *Donà* Slg. 1976, 1333, 1343; GA Warner, in: EuGH v. 12.12.1974 – Rs. 36/74 *Walrave* Slg. 1974, 1405, 1423f. (Organisation der Weltmeisterschaften).

138 Der Ausschluß des Schadensfreiheitsrabatts war nicht gesetzlich vorgeschrieben und beruhte, soweit aus den Ausführungen von GA *Lenz* erkennbar, auch nicht auf einer allgemeinen Übung der Versicherer; GA *Lenz* in: EuGH v. 13.12.1984 – Rs. 251/83 *Haug-Adrion* Slg. 1984, 4277, 4293.

139 EuGH v. 13.12.1984 – Rs. 251/83 *Haug-Adrion* Slg. 1984, 4277 Rn. 12 (Auslegung der Vorlagefrage).

140 EuGH v. 13.12.1984 – Rs. 251/83 *Haug-Adrion* Slg. 1984, 4277 Rn. 6; diese Qualifizierung fehlt in der zweiten Fassung der Vorlagefrage, aaO Rn. 7.

141 GA *Lenz* in: EuGH v. 13.12.1984 – Rs. 251/83 *Haug-Adrion* Slg. 1984, 4277, 4293f. sub B 6.

123 Anders könnte nach hier vertretener Auffassung zu entscheiden sein, wenn das nationale Recht den Schadensfreiheitsrabatt in der umstrittenen Situation ausschlösse. Denn dann könnte es sich um einen staatlichen *Eingriff* in die Grundfreiheiten handeln. Doch war das gerade nicht der Fall, da das nationale Recht die Rabattgewährung auch für diese Fälle zuließ.[142] Und anders könnte auch zu entscheiden sein, wenn es sich um einheitliche Bedingungen (zumindest im wesentlichen) aller nationalen Versicherer handeln würden; denn dann könnte aufgrund der Monopolwirkung eine Schutzpflicht des Mitgliedstaats – des Gesetzgebers, der Genehmigungsbehörde und der Gerichte – begründet sein.

124 Von vornherein nicht um einen Fall der (unmittelbaren) Drittwirkung ging es in der Entscheidung *Dansk Supermarked ./. Imerco.* Der dänische Kläger (Imerco) hatte mit einem englischen Hersteller einen Vertrag über die Lieferung von Porzellan-Services vereinbart, die er seinen Kunden anläßlich des Firmenjubiläums anbieten wollte. Der englische Lieferant durfte nach dem Vertrag Ware zweiter Wahl selbst in England vertreiben, sie aber unter keinen Umständen nach Dänemark exportieren. Der Beklagten (Dansk Supermarked) war es gleichwohl gelungen, eine Anzahl der Services von englischen Händlern zu erwerben, und sie verkaufte diese in Dänemark billiger als Imerco. Die erstinstanzlichen Gerichte hatten die von Imerco beantragte Unterlassungsverfügung auf der Grundlage des dänischen Wettbewerbsrechts erlassen. Der EuGH hält einen solchen Unterlassungsanspruch für mit der Warenverkehrsfreiheit unvereinbar. Der Entscheidung ist zuzustimmen. Doch ging es dabei nicht um eine (unmittelbare) Drittwirkung, sondern kamen die Grundfreiheiten als Eingriffsverbote für den Staat zur Anwendung, dessen Wettbewerbsrecht eine Maßnahme gleicher Wirkung darstellen konnte.[143]

125 Allerdings hat der EuGH hier in einer mißverständlichen, in späteren Entscheidungen nicht wiederholten Formulierung gesagt, die Vereinbarungen zwischen Privaten dürften „in keinem Fall von den zwingenden Bestimmungen des Vertrages über den freien Warenverkehr abweichen".[144] Daraus folge, „daß eine Vereinbarung, mit der die Einfuhr einer Ware in einen Mitgliedstaat verboten wird, die in einem anderen Mitgliedstaat rechtmäßig in den Verkehr gebracht worden ist, nicht geltend gemacht oder berücksichtigt werden kann, um den Absatz dieser Ware als eine unzulässige oder unlautere Handelspraxis zu qualifizieren".[145] Indes dürfte der unglückliche erste Satz richtig dahin zu verstehen sein, daß – selbstverständlich – Vereinbarungen Privater die Grundfreiheiten nicht derogieren oder deren Anwendungsbereich nicht ändern können. Das machen schon die Einschränkungen deutlich, die aus dem zweiten, die Folgerungen betreffenden Satz ersichtlich sind, ergibt sich aber auch aus folgenden Überlegungen. Würden die Grundfreiheiten privatrechtliche Verbotsgesetze darstellen, so müßte der erste Satz folglich bedeuten, daß die Vereinbarung zwischen den Parteien nichtig ist (vorbehaltlich vielleicht einer Rechtfertigung aus dem gemeinschaftsrechtlichen Allgemeinen Rechtsgrundsatz der Privatautono-

---

142 Unter diesem Gesichtspunkt erörtert die Frage GA *Lenz* in: EuGH v. 13.12.1984 – Rs. 251/83 *Haug-Adrion* Slg. 1984, 4277, 4292–4294 sub A 4 und B.

143 Wie hier *Jaensch* Unmittelbare Drittwirkung, S. 58–60; *Roth* FS Steindorff, S. 1235f. A.M. *Steindorff* EG-Vertrag und Privatrecht, S. 282.

144 EuGH v. 22.1.1981 – Rs. 58/80 *Dansk Supermarked ./. Imerco* Slg. 1980, 181 Rn. 18; ähnlich EuGH v. 23.3.1982 – Rs. 102/81 *Nordsee ./. Reederei Mond* Slg. 1982, 1095 Rn. 14.

145 EuGH v. 22.1.1981 – Rs. 58/80 *Dansk Supermarked ./. Imerco* Slg. 1980, 181 Rn. 18.

mie).[146] Das ist aber offenbar nicht gemeint, und daher wäre nicht ausgeschlossen, daß Imerco den Hersteller wegen Vertragsverletzung in Anspruch nimmt (vorausgesetzt die – ggf. auch subjektiven – Voraussetzungen des anwendbaren Rechts sind nachweisbar). Eine Schutzpflicht scheidet hier von vornherein aus, so daß das Primärrecht einer solchen Klage nicht entgegenstehen würde. Weitergehend noch könnte (wenn das nationale Recht das vorsähe) ein Unterlassungsanspruch gegen Dansk Supermarked in dem – vom EuGH nicht beurteilten – Fall gegeben sein, daß Dansk Supermarked den Hersteller in unlauterer Weise zum Vertragsbruch verleitet hat. Auch in diesem Fall kämen die Grundfreiheiten freilich schlicht als gegen die Mitgliedstaaten gerichtete Eingriffsverbote (Maßnahme gleicher Wirkung gem. Art. 28 EG) zum Zuge. Eine Verletzung wäre aber im Ergebnis zu verneinen, entweder, weil nach *Keck* nur eine Vertriebsmodalität betroffen ist, oder jedenfalls deswegen, weil der wettbewerbsrechtliche Unterlassungsanspruch vom Vorbehaltsbereich des Lauterkeitsrechts gedeckt ist.

Ganz unbefriedigend ist schließlich die Begründung der Entscheidung *Angonese*.[147] In **126**
diesem Fall hatte ein privater Arbeitgeber in der Provinz Bozen den Besitz einer bestimmten, dort von Arbeitgebern allgemein verlangten Zweisprachigkeitsbescheinigung zur Teilnahmevoraussetzung für Bewerbungsverfahren gemacht und den Kläger mangels Vorlage einer solche Bescheinigung vom Bewerbungsverfahren ausgeschlossen. Die fragliche Bescheinigung wird von einer Behörde nach einer Prüfung erteilt. Die Teilnahme an dieser Prüfung ist für Ortsfremde, die nicht in der Provinz Bozen leben, organisatorisch schwierig. Ortsansässige hingegen erwerben die Bescheinigung üblicherweise schon vorsorglich. Der EuGH stützt seine Entscheidung auf die unmittelbare Drittwirkung von Art. 39 EG, die er mit den bekannten Argumenten – Wortlaut, effektive Durchsetzung, Irrelevanz der privat- oder öffentlichrechtlichen Form (s.o. Rn. 98) – begründet. Die einzige Beschränkung der unmittelbaren Wirkung findet sich in dem Hinweis auf „kollektiv regelnde Tarifverträge".

In diesem Fall ist indes zunächst Zurückhaltung geboten, da im Grundsatz nicht einzu- **127**
sehen ist, warum sich ein privater Arbeitgeber *nicht* auf eine bestimmte Bescheinigung als Voraussetzung für die Bewerbung kaprizieren soll, egal ob diese nun mit der Tätigkeit zu tun hat oder nicht. Grundsätzlich ist das so wenig zu beanstanden wie das Kriterium roter Haare für die Auswahl von Lastwagenfahrerinnen. Indes weisen verschiedene Besonderheiten des Sachverhalts darauf hin, daß in dem vorliegenden Fall tatsächlich eine Schutzpflicht des Mitgliedstaates gegeben sein könnte. Diese sind allerdings, entgegen der Andeutung des Gerichts, nicht schon darin zu sehen, daß die Bewerbungserfordernisse auf einem Tarifvertrag beruhten. Allerdings ist eine in einem Tarifvertrag enthaltene Regelung aufgrund ihrer breiten, möglicherweise branchenweiten Wirkung viel eher als eine Vereinbarung zwischen zwei Einzelpersonen dazu geeignet, eine mitgliedstaatliche Schutzpflicht zu begründen. Im vorliegenden Fall überließ indes der Tarif den Betrieben, die Einstellungskriterien festzulegen, und schrieb die Zweisprachigkeitsbescheinigung nicht vor. Eine Schutzpflicht könnte aber aus folgenden Umständen begründet sein: Der Sachverhaltsdarstellung des Gerichts zufolge ist es „bei den in der Provinz Bozen wohnenden Bür-

---

146 Zur kartellrechtlichen Beurteilung, vgl. die Stellungnahme der Kommission, referiert in: EuGH v. 22.1.1981 – Rs. 58/80 *Dansk Supermarked ./. Imerco* Slg. 1980, 181, 188f.

147 EuGH v. 6.6.2000 – Rs. C-281/98 *Angonese* Slg. 2000, I-4139. Kritisch auch *Streinz/Leible* EuZW 2000, 459–467; *Lane/Shuibhne* CMLR 2000, 1237, 1243–1247; zustimmend aber *Lengauer* ZfRV 2001, 57, 64.

gern … üblich, sich die Bescheinigung für jeden denkbaren Fall im Hinblick auf die Arbeitsuche zu beschaffen. Der Erwerb dieser Bescheinigung wird als ein praktisch zwangsläufiger Schritt in einer normalen Ausbildung angesehen".[148] Das deutet darauf hin, daß Arbeitgeber den bestimmten, von einer Behörde ausgestellten Zweisprachigkeitsnachweis in der Provinz Bozen ganz allgemein zur Bewerbungsvoraussetzung machen. Diese allgemeine Praxis bedeutet aber in der Sache, daß allen Ortsfremden der Zugang zu allen Berufen, die Sprachkompetenzen erfordern, außerordentlich erschwert ist. Dieser empirische, auf allgemeiner Übung beruhende Befund, rechtfertigt die Annahme einer Schutzpflicht. In der Tat kommt es einem positiven Handeln ja geradezu gleich, wenn der Staat einer solchen diskriminierend wirkenden allgemeinen Übung tatenlos zusieht. Welche Schutzmaßnahmen der Mitgliedstaat zu treffen hat, liegt freilich auch hier in seinem pflichtgemäßen Ermessen.

128 Endlich ist der Vollständigkeit halber zu erwähnen, daß die Lehre von der mittelbaren Drittwirkung den kartellrechtlichen Schutz der Grundfreiheiten, den der EG-Vertrag vorsieht, natürlich weder in Frage stellt noch überflüssig macht. Entsprechend der ursprünglichen Konzeption des Vertragsgebers ist im Gegenteil auf die grundlegende Bedeutung hinzuweisen, die dem Kartellrechtsschutz in der – nun schon wiederholt zur Erklärung des Schutzmodells herangezogenen – privatrechtlich verfaßten Wirtschaftsordnung zukommt. Bereits an dieser Stelle erweist sich das Zusammenspiel von Privatautonomie (Grundfreiheiten), Kartellrecht und staatlichem Schutz als für das System des Europäischen Vertragsrechts grundlegendes Modell.

IV. Grundfreiheiten und Rechtsangleichung

129 Grundfreiheiten wirken auf das Privatrecht als „negative Standards". Sie geben einen Rahmen vor, an den sich das Gemeinschaftsrecht und das mitgliedstaatliche Recht halten müssen. Auch die Grundfreiheiten bewirken so in gewissem Sinne eine Rechtsangleichung. Diese „negative" Rechtsangleichung durch die Rechtsprechung mit Hilfe der Grundfreiheiten ist indes auf fünf Weisen beschränkt. *Erstens* wirkt diese „negative" Rechtsangleichung ihrem Zweck und der Funktion der Rechtsprechung wegen nur kassatorisch, d.h. sie kann nur unverhältnismäßige Beschränkungen beseitigen. Sie ist unzureichend, soweit eine andere als die Angleichung durch Deregulierung notwendig oder rechtspolitisch erwünscht ist. Zu unbefriedigenden Ergebnissen kann die negative Rechtsangleichung auch dann führen, wenn ein Regelungsmangel beschränkend wirkt, da die Entscheidung des EuGH dessen Behebung nicht im einzelnen vorschreiben kann, sondern dem Mitgliedstaat ein Ermessensspielraum bei der Ausfüllung seiner Schutzpflicht verbleibt (Rn. 71). *Zweitens* kann die Grundfreiheitenkontrolle naturgemäß auch nur dazu dienen, die Grundfreiheiten durchzusetzen, nicht aber dazu, andere Ziele, die mit dem Vertragsrecht verfolgt werden können, zu erreichen. *Drittens* läßt die Grundfreiheitenkontrolle das dispositive und das international dispositive Recht unberührt (Rn. 87–96). *Viertens* hält ihr das international zwingende Vertragsrecht dann stand, wenn es zur Erreichung legitimer Ziele erforderlich ist (Rn. 73). Endlich ist, *fünftens,* auch eine unmittelbare Drittwirkung der Grundfreiheiten im Privatrecht abzulehnen; nur soweit Schutzpflichten das zwingend erfordern, können die Grundfreiheiten als Privatrechtssätze verstanden werden (Rn. 97–128).

---

148 EuGH v. 6.6.2000 – Rs. C-281/98 *Angonese* Slg. 2000, I-4139 Rn. 6.

§ 4
Vertragsrechtsrelevante Prinzipien des Primärrechts

Literatur:

Dreher, Meinrad, Der Rang des Wettbewerbs im europäischen Gemeinschaftsrecht, WuW 1998, 656–666

Körber, Torsten, Grundfreiheiten und Privatrecht, Tübingen 2004, 1. Teil (S. 7–53)

Müller-Graff, Peter-Christian, Basic Freedoms – Extending Party Autonomy across Borders, in: Stefan Grundmann/Wolfgang Kerber/Stephen Weatherill (Hrsg.), Party Autonomy and the Role of Information in the Internal Market, Berlin/New York 2001, S. 133–150

Neuner, Jörg, Privatrecht und Sozialstaat, München 1999

Neuner, Jörg, Protection Against Discrimination in European Contract Law, ERCL 2 (2006) 35–50

Neuner, Jörg, Vertragsfreiheit und Gleichbehandlungsgrundsatz, in: Stefan Leible/Monika Schlachter (Hrsg.), Diskriminierungsschutz durch Privatrecht, München 2006, S. 73–91

Schwarze, Jürgen, Das wirtschaftsverfassungsrechtliche Konzept des Verfassungsentwurfs des Europäischen Konvents – zugleich eine Untersuchung der Grundprobleme des Europäischen Wirtschaftsrechts, EuZW 2004, 135–140

Auch an dieser Stelle ist auf die geplante EU-Verfassung lediglich hinzuweisen (s. Rn. 13a, 129a
65a). Nach derzeitigem Stand wird der Verfassungsvertrag die Regelungen des EG-Vertrags über die Wirtschaftsverfassung im wesentlichen übernehmen. Allerdings werden Privatautonomie und Vertragsfreiheit im Grundrechtskatalog deutlicher hervorgehoben und auf der anderen Seite auch das soziale Element der Marktwirtschaft stärker betont.[1] Insgesamt dürfte es auch unter der EU-Verfassung bei den nachfolgend skizzierten vertragsrechtsrelevanten Prinzipien bleiben.

I. Marktverfassung und Sozialverfassung

Zweck der Europäischen Gemeinschaft ebenso wie Mittel zur Erreichung anderer Ge- 130
meinschaftsziele ist die Errichtung eines Gemeinsamen Marktes, Art. 2 EG.[2] Dieser Gemeinsame Markt ist, soweit dies für das Vertragsrecht relevant ist, durch zwei grundlegende Elemente geprägt, die offene Marktwirtschaft mit freiem, unverfälschten Wettbewerb (Art. 3 Abs. 1 lit. g), 4 Abs. 1, 98, 105 Abs. 1 EG) und die Gewährleistung der Grundfreiheiten (Art. 14 Abs. 2 EG), also insbesondere der Warenverkehrsfreiheit, der Dienstleistungsfreiheit und der Freiheit des Zahlungsverkehrs. Die Integration durch den EG-Vertrag beruht damit auf Marktwirtschaft, Wettbewerb und Freiheiten der Marktteilnehmer.[3] Gleichzeitig ist der EG-Vertrag aber auch dem Sozialschutz verpflichtet.[4] Schon die Errichtung des Gemeinsamen Marktes ist nicht nur Selbstzweck, sondern zugleich Mittel zur Förderung auch sozialer Ziele.[5] Die Förderung sozialer Ziele ist zudem der Europäischen Rechtsetzung besonders aufgegeben.[6] Marktverfassung und Sozialverfassung

---

1 *Oppermann* Europarecht, § 13 Rn. 40–46, § 19 Rn. 42f.; *Schwarze* EuZW 2004, 135–140.

2 Zum Begriff des Marktes iSd EG-Vertrags *Schmidt-Leithoff* FS Rittner, S. 604–607.

3 *Grundmann* JZ 2000, 1133, 1136f.; *Kluth* AöR 122 (1997), 573, 578–581.

4 *Neuner* Privatrecht und Sozialstaat, S. 195–201.

5 Art. 2 EG. EuGH v. 14.12.1991 – Gutachten 1/91 *EG-EFTA Abkommen* Slg. 1991, I-6079 Rn. 16–18.

6 Insbesondere Art. 95 Abs. 3, 136, 149, 153 EG. *Neuner* Privatrecht und Sozialstaat, S. 198f.

sind daher die grundlegenden primärrechtlichen Vorgaben für das Europäische Privatrecht.[7]

II. Privatautonomie und Vertragsfreiheit

131 Entsprechend der Marktverfassung und dem Prinzip unverfälschten Wettbewerbs beruht das Europäische Privatrecht schon von Primärrechts wegen auf den Prinzipien der Privatautonomie sowie der Vertragsfreiheit und Vertragsbindung.[8] Privatautonomie, Marktwirtschaft und Wettbewerb bedingen sich gegenseitig.[9] Privatautonomie setzt das Bestehen eines Marktes voraus und führt zum Wettbewerb; der Schutz des Wettbewerbs vor Verfälschungen sichert den Bestand des Marktes und damit der Wahlfreiheit der Interessenten.[10] Das Prinzip „der Selbstgestaltung der Rechtsverhältnisse durch den einzelnen nach seinem Willen"[11] ist der gemeinsame Kern der Grundfreiheiten, die die Möglichkeit privatautonomen Handelns über die nationalen Grenzen der Mitgliedstaaten hinweg erstrecken.[12] Die Privatautonomie wird deshalb auch als die „wahre Grundfreiheit" bezeichnet.[13]

132 Die fundamentalen Prinzipien der Privatautonomie und der Vertragsfreiheit sind im deutschen Recht auch grundrechtlich geschützt. Einen entsprechenden Grundrechtsschutz kennt das geschriebene Gemeinschaftsrecht – von der obigen induktiven Herleitung abgesehen – hingegen nicht, und auch der EuGH hat solche Grundrechte in seiner Rechtsprechung bislang, soweit ersichtlich, nicht anerkannt.[14] Indes darf man daraus nicht folgern, daß der Grundsatz der Vertragsfreiheit auf Gemeinschaftsebene weniger fundamental wäre als auf der Ebene des nationalen Rechts. Anlaß, einen grundrechtlich verbürgten Grundsatz der Vertragsfreiheit auf Gemeinschaftsebene zu entwickeln, bestand für den EuGH aus zwei Gründen nicht. Zum einen hat der EuGH bereits früh angenommen, daß die gemeinschaftsrechtlichen Grundrechte hinter jenen der Mitgliedstaaten nicht zurückbleiben.[15] Das bestätigt jetzt Art. 6 Abs. 2 EU, insoweit die Union danach die Grundrechte

---

7 Vgl. *Steindorff* EG-Vertrag und Privatrecht, S. 42–45.

8 *Calliess* JbJZ 2000, 85, 106–110; *Canaris* FS Lerche, S. 889f.; *Rittner* JZ 1990, 838, 840, 841; *Schöbener/Stork* ZEuS 2004, 43, 55–58; *Schulze* GPR 2005, 56, 57; EuGH v. 16.6.1998 – Rs. C-162/96 *Racke* Slg. 1998, I-3655 Rn. 49; EuGH v. 5.10.1999 – Rs. C-240/97 *Spanien ./. Kommission,* Slg. 1999, I-6571 Rn. 99.

9 *Canaris* FS Lerche, S. 890; *Larenz/Wolf* Allgemeiner Teil, § 34 Rn. 22; *Rittner* JZ 1990, 838, 839, 841; *Steindorff* EG-Vertrag und Privatrecht, S. 42; *Zöllner* Die Privatrechtsgesellschaft im Gesetzes- und Richterstaat (1996), S. 23f.

10 *Mestmäcker* JZ 1964, 441, 443; *Canaris* Iustitia distributiva, S. 48; *ders.* AcP 200 (2000), 273, 292–295.

11 So die Definition der Privatautonomie von *Flume* Rechtsgeschäft, § 1, 1 (S. 1).

12 *Müller-Graff* Gemeinschaftsprivatrecht, S. 17; *ders.* in: Party Autonomy, S. 133–150; *Grundmann* JZ 2000, 1133, 1134f.; *Grundmann/Kerber/Weatherill* in: Party Autonomy, S. 16.

13 *Mülbert* ZHR 159 (1995), 2, 8.

14 S.o., Rn. 35f. Schon aufgrund der induktiven Begründung vom primärrechtlichen Grundrechtscharakter der Vertragsfreiheit ausgehend *Canaris* FS Lerche, S. 890; *ders.* AcP 200 (2000) 273, 363f.; *Coester-Waltjen* in: Party Autonomy, S. 42; *Lorenz* Der Schutz vor dem unerwünschten Vertrag (1997), S. 21f. S. ferner Streinz-*Streinz,* Erläuterungen zu Art. 15–17 GR-Charta.

15 EuGH v. 14.5.1974 – Rs. 4/73 *Nold ./. Kommission* Slg. 1974, 491 Rn. 13f.; EuGH v. 13.12.1979 – Rs. 44/79 *Hauer ./. Rheinland-Pfalz* Slg. 1979, 3727 Rn. 13–16; EuGH v. 11.7.1989 – Rs. 265/87 *Schräder ./. HZA Gronau* Slg. 1989, 2237 Rn. 14.

achtet, wie sie in der EMRK gewährleistet sind und wie sie sich aus den gemeinsamen Verfassungsüberlieferungen der Mitgliedstaaten als allgemeine Grundsätze des Gemeinschaftsrechts ergeben.[16] Zum anderen aber ist der allgemeine Grundsatz, soweit er auf Gemeinschaftsebene von Bedeutung ist, durch die Grundfreiheiten als spezielle Ausprägungen positiv festgeschrieben, so daß es einer Klärung nicht erst bedurfte.[17] Ganz selbstverständlich setzen daher EuGH und EuG den Grundsatz der Vertragsfreiheit in ihrer Rechtsprechung voraus.[18] Insgesamt dürfte die Einschätzung zutreffen, daß das Gesamtbild der Gewährleistung der Privatautonomie durch das Gemeinschaftsrecht der entsprechenden Gewährleistung des Grundgesetzes entspricht.[19]

Umgekehrt könnte auch die Anerkennung eines Grundrechts der Privatautonomie und 133
der Vertragsfreiheit keine Freiheit von Bindungen bedeuten, die aus Gründen des Gemeinwohls und insbesondere vom Sozialstaatsprinzip her geboten sind. Vielmehr kann die Vertragsfreiheit nach ähnlichen Grundsätzen eingeschränkt werden, wie sie der EuGH für Eigentumsgarantie und Gewerbefreiheit entwickelt hat. Für diese Grundrechte hat das Gericht stets betont, daß es sich nicht um unbeschränkte Gewährleistungen handele, sondern Einschränkungen aus Gründen des Allgemeinwohls nach dem Grundsatz der Verhältnismäßigkeit hinzunehmen seien.[20] Dasselbe muß auch für die Vertragsfreiheit gelten, die hier wie im nationalen Recht einer Sozialbindung unterliegt.[21]

III. Selbstverantwortung

Der primärrechtlichen Rechtsprechung des EuGH sind auch Grundaussagen über das 134
Prinzip der Selbstverantwortung als notwendigem Korrelat von Privatautonomie und Selbstbestimmung zu entnehmen. Sie ergeben sich aus der nach den Grundfreiheiten zulässigen Reichweite des Verbraucherschutzes durch das nationale (Wettbewerbs-) Recht, die im Ausgleich mit dem Binnenmarktziel des Vertrags zu ermitteln ist.[22]

Mit der Verwirklichung des Binnenmarktes eröffnet sich für die Unternehmen ein er- 135
weiterter Absatzmarkt und umgekehrt für die Verbraucher eine erweiterte Angebotspalette.[23] Nach dem Herkunftslandprinzip, das der EuGH aus den Grundfreiheiten entwickelt hat, versteht sich, daß das auf diese Weise erweiterte Waren- und Dienstleistungs-

16 Zu den Allgemeinen Rechtsgrundsätzen bereits oben, Rn. 35f.

17 *Müller-Graff* in: Party Autonomy, S. 133–150; *Schmidt-Leithoff* FS Rittner, S. 606. S.a. oben, Rn. 35f.

18 EuGH v. 5.10.1999 – Rs. C-240/97 *Kommission ./. Spanien,* Slg. 1999, I-6571 Rn. 99; EuGH v. 30.4.1998 – Rs. C-215/97 *Bellone ./. Yokohama,* Slg. 1998, I-2191 Rn. 14 („Grundsatz der Formfreiheit" als Unterprinzip der Vertragsfreiheit); EuG 18.9.1992 – Rs T-24/90 *Automec ./. Kommission* Slg. 1992, II-2223 Rn. 51. S.a. EuGH v. 10.7.1991 – verb. Rs. C-90 und 91/90 *Neu u.a.,* Slg. 1991, I-3617 Rn. 13.

19 *Lorenz* Der Schutz vor dem unerwünschten Vertrag (1997), S. 22; *Calliess* JbJZ 2000, 85, 107 („stärker geschützt").

20 EuGH v. 15.4.1997 – Rs. C-22/94 *Irish Farmers* Slg. 1997, I-1809 Rn. 27; EuGH v. 11.7.1989 – Rs. 265/87 *Schräder ./. HZA Gronau* Slg. 1989, 2237 Rn. 15; EuGH v. 13.12.1979 – Rs. 44/79 *Hauer ./. Land Rheinland-Pfalz* Slg. 1979, 3727 Rn. 17f., 32.

21 Vgl. *Coester-Waltjen* in: Party Autonomy, S. 42f.; *Canaris* Iustitia distributiva, S. 119f., 127.

22 Vgl. EuGH v. 16.1.1992 – Rs. C-373/90 *Ermittlungsverfahren gegen X* Slg. 1992, I-131 („Nissan") Rn. 12 sowie GA *Tesauro* ebd. SchlA Tz. 5.

23 Zum Einfluß des Binnenmarktes auf die Entwicklung der Verbrauchergewohnheiten EuGH v. 12.3.1998 – Rs. 178/84 *Kommission ./. Deutschland* Slg. 1987, 1227 Rn. 32 („Reinheitsgebot").

angebot nicht uniform den bekannten nationalen Standards entspricht. Das Herkunftslandprinzip impliziert daher die Verantwortung (auch) des Verbrauchers, mit einem erweiterten Angebot divergierender Produktstandards umzugehen.[24] Entspricht diese Veränderung des Angebots auch dem Primärrecht, so anerkennt dieses doch, daß sich daraus Schutzbedürfnisse für Verbraucher ergeben können. Das ist Ausdruck der Sozialverfassung der Gemeinschaft. Den Ausgleich zwischen Integrationsziel (Marktverfassung) und Schutzgeboten (Sozialverfassung) hat der EuGH mit Hilfe des Verhältnismäßigkeitsprinzips verwirklicht, bei dessen Anwendung er den gebotenen Verbraucherschutz auch mit Rücksicht auf die Integrationsziele bestimmt hat. In der Tat lassen sich Vor- und Nachteile, Chancen und Risiken des Binnenmarktes auch für den Verbraucher nicht isoliert betrachten. Die Chancen des Binnenmarktes bringen daher für den Verbraucher auch eine gesteigerte Verantwortung mit sich, sich über Angebote sorgfältig zu informieren.[25] Das gilt, wie hervorzuheben ist, nicht nur für den „aktiven Verbraucher", der sich aus dem vertrauten heimischen Umfeld entfernt und eigeninitiativ von den Möglichkeiten des Binnenmarktes Gebrauch macht, sondern auch für den „passiven Verbraucher", der infolge des Binnenmarktes mit einem sich verändernden heimischen Umfeld konfrontiert ist.[26]

136 Grundsätzlich stellt nach der Rechtsprechung des EuGH die Information ein Mittel zum Schutz von Verbrauchern dar, das gegenüber einem Verbot der Ware oder Dienstleistung oder der Vorschrift von Produktstandards unter dem Gesichtspunkt der Verhältnismäßigkeit vorzugswürdig ist.[27] So wird dem Verbraucher grundsätzlich die Entscheidung über konkurrierende Produkte überlassen. Der Verbraucher erhält die Möglichkeit, selbst zu bestimmen, welchen Produktstandard er wählt.[28] Verbunden damit ist – selbstverständlich – auch die Last, sich zu informieren, auszuwählen und selbst die Verantwortung für die eigene Entscheidung zu tragen. Da die Bereitstellung von Information stets nur die *Möglichkeit* des Informationserfolgs eröffnet, es aber dem Begünstigten überläßt, selbst zu entscheiden, ob er von dieser Möglichkeit Gebrauch macht, ist der Vorrang der Information Ausdruck für das Prinzip der Selbstverantwortung, das als Korrelat mit dem Prinzip der Selbstbestimmung einhergeht.

IV. Vertragsgerechtigkeit

137 Wie sich aus Art. 2 EG ergibt, versteht auch der EG-Vertrag Markt, Wettbewerb und Vertrag nicht allein als Ziele, sondern auch als Mittel zur Verwirklichung von gemeinschaft-

---

24 *Leisner* EuZW 1991, 498, 499–502; *Müller-Graff* Gemeinschaftsprivatrecht, S. 19 („Aufmerksamkeitsobliegenheit des Verbrauchers").

25 Vgl. EuGH v. 13.1.2000 – Rs. C-220/98 *Estée Lauder* Slg. 2000, I-117 Rn. 27; EuGH v. 16.7.1998 – Rs. C-210/96 *Gut Springenheide und Tusky* Slg. 1998, I-4657 Rn. 31. S.a. EuGH v. 7.3.1990 – Rs. C-362/88, *GB-INNO* Slg. 1990, I-683 Rn. 13–19.

26 Grundlegend EuGH v. 20.2.1979 – Rs. 120/78 *Rewe ./. Monopolverwaltung* Slg. 1979, 649 Rn. 13 („Cassis de Dijon"); EuGH v. 10.11.1982 – Rs. 261/81 *Rau* Slg. 1982, 3961 Rn. 17 („würfelförmige Margarine"); EuGH v. 9.12.1981 – Rs. 193/80 *Kommission ./. Italien* Slg. 1981, 3019 Rn. 27 („Weinessig"); *Leisner* EuZW 1991, 498, 499–502.

27 *Fleischer* ZEuP 2000, 783; *Grundmann* Schuldvertragsrecht, 1. Teil Rn. 63; *Usher* in: Party Autonomy, S. 157f.

28 Vgl. EuGH v. 9.12.1981 – Rs. 193/80 *Kommission ./. Italien* Slg. 1981, 3019 Rn. 27 („Weinessig"); EuGH v. 12.3.1998 – Rs. 178/84 *Kommission ./. Deutschland* Slg. 1987, 1227 Rn. 35f. („Reinheitsgebot"); EuGH v. 7.3.1990 – Rs. C-362/88 *GB-INNO* Slg. 1990, I-667 Rn. 17f.

lichen Zielen (Rn. 130) und auch Gerechtigkeitsgeboten.[29] Ansatzweise kann man daher dem Primärrecht das Gebot der Vertragsgerechtigkeit als Unterprinzip der Vertragsfreiheit entnehmen, wobei freilich der Bezug zu Markt und Wettbewerb auf eine prozedural ausgestaltete Fassung der Vertragsgerechtigkeit hinweist. Schon das System des unverfälschten Wettbewerbs hat auch einen Bezug zur Vertragsgerechtigkeit, da es die Erhaltung von Markt und Wettbewerb und damit von Wahlmöglichkeiten der Interessenten sicherstellt.[30]

Ein weiterer Aspekt der Vertragsgerechtigkeit kommt in dem soeben erörterten primär- 138
rechtlichen Informationsmodell zum Ausdruck. Ist für den Schutz des Verbrauchers grundsätzlich die Information ausreichend, so kann seine informierte Entscheidung grundsätzlich auch die Vertragsbindung rechtfertigen. Das Informationsmodell beruht damit auf dem Grundgedanken, daß der tragende Grund der Vertragsbindung die freie Willensentschließung ist, ergänzt diesen jedoch zugleich um eine „materiale" Komponente, wonach die Freiheit der Willensentschließung ausreichende Information voraussetzt, – freilich auf dieser Ebene noch ohne Ausdifferenzierung der Regelungen und Ausgleich der potentiell gegenläufigen Interessen der Vertragspartner an Information und Geheimhaltung. Besteht aufgrund der Abschlußumstände die Gefahr, daß die Vertragsentscheidung des Verbrauchers nicht fehlerfrei zustande gekommen ist, so rechtfertigt das primärrechtlich eine Einschränkung der Vertragsbindung, die nach dem Verhältnismäßigkeitsgrundsatz und mit Rücksicht auf die zu verlangende Selbstverantwortung des Betroffenen in der Regel allerdings nur in Form eines Rechts zur Lösung vom Vertrag in Betracht kommt, nicht aber in Form der Nichtigkeit.[31]

§5
Die Kompetenz der Gemeinschaft zur Angleichung des Vertragsrechts

Literatur:

Baldus, Christian, Codification of Private Law in the European Community: Legal Basis, Subsidiarity and Other Questions, in: Gavin Barrett/Ludovic Bernardeau (Hrsg.), Towards a European Civil Code, Trier 2002, 89–108

Deckert, Martina R./Lilienthal, Nicolas O., Die Rechtsetzungskompetenzen der EG im Privatrecht, EWS 1999, 121–133

Franzen, Martin, Privatrechtsangleichung durch die Europäische Gemeinschaft, Berlin/New York 1999, § 3 (S. 70–117)

Grundmann, Stefan, Europäisches Schuldvertragsrecht, Berlin/New York 1999, 1. Teil Rn. 125–138

Herr, Gunther, Grenzen der Rechtsangleichung nach Art. 95 EG, EuZW 2005, 171–173

Leible, Stefan/Staudinger, Ansgar, Art. 65 im System der EG-Kompetenzen, EuLF 2001, 225–235

29 *Rittner* JZ 1990, 838, 840f., 842; *Dreher* JZ 1999, 105, 106. Zu Vertragsrechtsordnung und Gerechtigkeitspostulaten *Canaris* Iustitia distributiva, S. 44–77 *et passim*.

30 *Canaris* Iustitia distributiva, S. 48.

31 EuGH v. 16.5.1989 – Rs. 382/87 *Buet* Slg. 1989, 1235 Rn. 12.

Pechstein, Matthias, Europäisches Zivilgesetzbuch und Rechtsetzungsbefugnisse der EG, in: Dieter Martiny/Norman Witzleb (Hrsg.), Auf dem Wege zu einem Europäischen Zivilgesetzbuch, Berlin/Heidelberg/New York 1999, S. 19–32

Wiedmann, Thomas/Gebauer, Martin, in: Gebauer/Wiedmann, Zivilrecht unter europäischem Einfluß, Kapitel 1 Rn. 13–76

139 Die Grenzen für die Angleichungsmöglichkeiten der Gemeinschaft ergeben sich aus der Rechtsetzungskompetenz. Die Kompetenzen der Gemeinschaft, die für eine Angleichung des Vertragsrechts in Betracht kommen, sind hier im Überblick vorzustellen. Dabei sind zunächst einige Grundlagen aufzuzeigen (I), bevor die Vorschrift des Art. 95 EG als für das Vertragsrecht wichtigste Kompetenznorm näher untersucht wird (II). Zusammen mit den Einzelfragen ist dabei stets auch die für die Kompetenzgrenzen essentielle Frage zu erörtern, inwieweit die Ausfüllung der Zuständigkeitstatbestände der Gerichtskontrolle unterliegt. Abschließend ist das Spektrum der Angleichungsformen aufzuzeigen, das neben dem Standardfall der Harmonisierung auch die Vereinheitlichung und die gegenseitige Anerkennung divergierender nationaler Rechte als gleichwertig umfassen kann (III).

I. Grundlagen

1. Das Prinzip der Einzelzuständigkeiten

140 Die Kompetenzen der Gemeinschaft sind durch die ihr nach „Maßgabe der Verträge" zugewiesenen Aufgaben begrenzt (vgl. Art. 3, 5, 7, 202, 211, 249 EG). Es handelt sich nicht um umfassende Kompetenzen, sondern um begrenzte, enumerativ aufgezählte Einzelzuständigkeiten.[1] Begrenzt ist die Gemeinschaftsgesetzgebung zudem durch das Subsidiaritätsprinzip und den Verhältnismäßigkeitsgrundsatz.

141 Von den zur Verfügung stehenden Rechtsgrundlagen muß der Gesetzgeber die richtige nach objektiven, gerichtlich überprüfbaren Kriterien mit Blick auf Ziel und Inhalt des Rechtsakts auswählen.[2] Die Auswahl der Rechtsgrundlage und die Wahrung der Kompetenzgrenzen unterliegen demnach voller gerichtlicher Kontrolle. Indessen erfordern die Tatbestände der Kompetenznormen durchgehend eine wirtschaftspolitische Bewertung durch die Rechtsetzungsorgane der Gemeinschaft, die einer rechtlichen Nachprüfung nur eingeschränkt zugänglich ist. Dem Gemeinschaftsgesetzgeber kommt insoweit eine gerichtlich nur beschränkt überprüfbare Einschätzungsprärogative zu.[3]

---

1 EuGH v. 5.10.2000 – Rs. C-376/98 *Deutschland ./. Parlament und Rat* Slg. 2000, I-8419 Rn. 83 (Tabakwerberichtlinie); *Oppermann* Europarecht, § 6 Rn. 62f.; *Streinz* Europarecht, Rn. 436f.; BVerfGE 89, 155, 192–199 und 209–212 (Maastricht).

2 EuGH v. 13.5.1997 – Rs. C-233/94 *Deutschland ./. Parlament und Rat* Slg. 1997, I-2405 Rn. 12 (Einlagensicherungssysteme); EuGH v. 3.12.1996 – Rs. C-268/94 *Portugal ./. Rat* Slg. 1996, I-6177 Rn. 22; EuGH v. 12.11.1996 – Rs. C-84/94 *Vereinigtes Königreich ./. Rat*, Slg. 1996 I-5755, Rn. 25 sowie GA *Léger* ebd. SchlA Tz. 165–167; EuGH v. 17.3.1993 – Rs. C-155/91 *Kommission ./. Rat* Slg. 1993, I-939 Rn. 7 (Abfallrichtlinie 91/156); EuGH v. 11.6.1991 – Rs. C-300/89 *Kommission ./. Rat* Slg. 1991, I-2867 Rn. 10 (Titandioxid).

3 *Franzen* Privatrechtsangleichung, S. 76–78 (zu Art. 94 EG), S. 86f. (zu Art. 44 Abs. 2 lit. g EG), S. 94, 97 (zu Art. 95 EG); *Barents* CMLR 1993, 85, 106–108 (zu Art. 95 EG und der Definition des Binnenmarktes).

2. Überblick über Einzelermächtigungen zur Angleichung (auch) privatrechtlicher Regeln

Eine Zuständigkeit zur Angleichung des Privatrechts kann sich aus Art. 44 Abs. 2 lit. g), 94, 95, 153 Abs. 4 und 308 EG ergeben.[4] Keine Kompetenzvorschrift, sondern eine „Auftragsnorm" enthält Art. 293 EG.[5] Diese Vorschrift betrifft den Bereich des Vertragsrechts darüber hinaus nur am Rande. Art. 65 EG über die „justitielle Zusammenarbeit in Zivilsachen" betrifft nur die Abstimmung der disparaten Zivilrechte durch Kollisions- und Verfahrensrecht, nicht auch die Harmonisierung des materiellen Zivilrechts. Von den privatrechtsrelevanten Kompetenzgrundlagen kommt Art. 44 Abs. 2 lit. g) EG als Sondervorschrift für den Bereich des Gesellschaftsrechts für das Vertragsrecht i.e.S. nicht in Betracht. Zu erörtern sind daher die Zuständigkeiten, die sich aus Art. 94, 95, 153 Abs. 4 und 308 EG ergeben. **142**

- *Art. 94 EG* ermächtigt den Rat dazu, im Anhörungsverfahren (auf Vorschlag der Kommission und nach Anhörung des Europäischen Parlaments) einstimmig Richtlinien für die Angleichung der Rechtsvorschriften zu erlassen, die sich auf die Errichtung oder das Funktionieren des Gemeinsamen Marktes „auswirken". **143**
- Ohne Beschränkung auf bestimmte Rechtsformen, aber im Wege des Mitentscheidungsverfahrens (Art. 251 EG) erläßt der Rat nach *Art. 95 EG* „Maßnahmen" zur Angleichung der Rechtsvorschriften, die die Errichtung und das Funktionieren des Binnenmarktes „zum Gegenstand haben".
- Beschränkt auf den Zweck des Verbraucherschutzes enthält *Art. 153* Abs. 4 i.V.m. Abs. 3 lit. b) EG die Ermächtigung, im Mitentscheidungsverfahren (Art. 251 EG) „Maßnahmen zur Unterstützung, Ergänzung und Überwachung der Politik der Mitgliedstaaten" zu leisten („Beitragskompetenz");[6] ein Binnenmarktbezug der Maßnahme ist nach dieser Kompetenznorm nicht erforderlich.[7]
- Eine *„Abrundungsklausel"* zu diesen Kompetenznormen enthält Art. 308 EG für den Fall, daß ein Tätigwerden der Gemeinschaft „erforderlich (erscheint), um im Rahmen des Gemeinsamen Marktes eines ihrer Ziele zu verwirklichen", sofern die erforderlichen Befugnisse den Einzelermächtigungen nicht entnommen werden können.[8]

3. Subsidiarität und Verhältnismäßigkeit

In den Bereichen, die – wie ganz überwiegend das Vertragsrecht – nicht in ihre ausschließliche Zuständigkeit fallen, wird die Gemeinschaft nach dem Subsidiaritätsprinzip nur tätig, sofern und soweit die Ziele der in Betracht gezogenen Maßnahmen auf Ebene der Mitgliedstaaten nicht ausreichend erreicht werden können und daher wegen ihres Um- **144**

---

4 Zu den Rechtsgrundlagen für die Privatrechtsangleichung *Franzen* Privatrechtsangleichung, S. 70–117; *Deckert/Lilienthal* EWS 1999, 121, 123–133; einführender Überblick bei *Basedow* JuS 2004, 98, 92f.

5 EuGH v. 12.5.1998 – Rs. C-336/96 *Gilly* Slg. 1998, 2793 Rn. 15f.; EuGH v. 11.7.1985 – Rs. 137/84 *Mutsch* Slg. 1985, 2681 Rn. 11; EuGH v. 6.10.1976 – Rs. 12/76 *Tessili ./. Dunlop* Slg. 1976, 1473 Rn. 9; EuGH v. 10.2.1994 – Rs. C-398/92 *Hatrex* Slg. 1994, I-474 Rn. 11; Schwarze-*Hatje* Art. 293 EG Rn. 1.

6 EuGH v. 7.3.1996 – Rs. C-192/94 *El Corte Inglés* Slg. 1996, I-1281 Rn. 19.

7 Schwarze-*Berg* Art.153 EGV Rn. 17.

8 Zu Art. 308 EG nur *Oppermann* Europarecht, Rn. § 6 Rn. 76–70; prominentes Beispiel ist die EWIV-Verordnung.

fangs oder ihrer Wirkung besser auf Gemeinschaftsebene zu verwirklichen sind, Art. 5 Abs. 2 EG. Rechtsangleichungsakte müssen außerdem nach dem Verhältnismäßigkeitsprinzip zur Erreichung der Vertragsziele geeignet sein und dürfen über das zu ihrer Erreichung Erforderliche nicht hinausgehen, Art. 5 Abs. 2 EG.[9] Bei der Bestimmung der besseren Regelungsebene und der Erforderlichkeit steht dem Gesetzgeber ein gewisser Beurteilungsspielraum zu, soweit diese von Bewertungen und Prognosen abhängt.[10] Auch insoweit darf der Gerichtshof nicht seine eigene Einschätzung an die Stelle jener des Gesetzgebers setzen, sondern kann einen Verstoß – „allenfalls" – dann feststellen, wenn die gesetzgeberische Auswahl offenkundig unrichtig oder das Ergebnis der Regelung völlig unverhältnismäßig ist. Subsidiaritätsgrundsatz und Verhältnismäßigkeitsgrundsatz werden im „Protokoll über die Anwendung der Grundsätze der Subsidiarität und der Verhältnismäßigkeit" näher konkretisiert.

II. Der Tatbestand des Art. 95 EG

145 Von den oben genannten Kompetenzen zur Angleichung des Privatrechts kommt vor allem der Vorschrift des Art. 95 EG Bedeutung für die Angleichung des Vertragsrechts zu. Die Kompetenz des Art. 308 EG spielt im Vertragsrecht bislang keine Rolle, Art. 94 wurde für das Vertragsrecht im wesentlichen nur vor der Einführung des heutigen Art. 95 EG durch die Einheitliche Europäische Akte genutzt (für die Werbungsrichtlinie, die Haustürgeschäfterichtlinie und die Verbraucherkreditrichtlinie), und Art. 153 EG spielt als (alleinige) Kompetenzgrundlage für das Vertragsrecht bislang ebenfalls keine Rolle. Nur Art. 95 EG käme auch als Grundlage für eine weiterreichende Vereinheitlichung des Vertragsrechts in Betracht.

1. „Binnenmarkt" als entscheidendes materielles Tatbestandsmerkmal

146 Art. 95 EG gibt der Gemeinschaft die Kompetenz, die Maßnahmen zu erlassen, welche die Errichtung und das Funktionieren des Binnenmarktes zum Gegenstand haben. Da die Gemeinschaft nach dem Enumerationsprinzip (Art. 5 EG) nur beschränkte Kompetenzen hat, kann man Art. 95 EG nicht als eine *allgemeine* Kompetenz zur Regelung des Binnenmarktes verstehen.[11] Das Erfordernis des Binnenmarktbezugs ist daher näher zu konturieren und eng auszulegen.

147 Der Binnenmarkt „umfaßt" nach Art. 14 Abs. 2 EG (und Art. 3 Abs. 1 lit. c) zum einen „einen Raum ..., in dem der freie Verkehr von Waren, Personen, Dienstleistungen und Kapital gemäß den Bestimmungen dieses Vertrags gewährleistet ist". Zum anderen umfaßt der Binnenmarkt „einen Raum ohne Binnengrenzen", das heißt, wie der EuGH einer systematischen Auslegung im Hinblick auf die Aufgaben- und Tätigkeitsbeschreibung in Art. 2 und 3 EG entnimmt, einen Raum, in dem unverfälschte Wettbewerbsbedingungen

---

9 EuGH v. 13.5.1997 – Rs. C-233/94 *Deutschland ./. Parlament und Rat* Slg. 1997, I-2405 Rn. 54; EuGH v. 12.11.1996 – Rs. C-84/94 *Vereinigtes Königreich ./. Rat* Slg. 1996, I-5755 Rn. 57; EuGH v. 9.8.1994 – Rs. C-359/92 *Deutschland ./. Rat* Slg. 1994, I-3681 Rn. 44 (Produktsicherheitsrichtlinie).

10 Vgl. EuGH v. 13.5.1997 – Rs. C-233/94 *Deutschland ./. Parlament und Rat* Slg. 1997, I-2405 Rn. 56; EuGH v. 12.11.1996 – Rs. C-84/94 *Vereinigtes Königreich ./. Rat* Slg. 1996, I-5755 Rn. 58.

11 EuGH v. 5.10.2000 – Rs. C-376/98 *Deutschland ./. Parlament und Rat* Slg. 2000, I-8419 Rn. 83 (Tabakwerberichtlinie); *Hilf/Frahm* RIW 2001, 128, 131.

herrschen.[12] Der Binnenmarkt ist demnach als ein „Raum" gekennzeichnet, in dem die Grundfreiheiten gewährleistet sind (näher sogleich a)) und unverfälschter Wettbewerb herrscht (nachfolgend b).[13] Nur gegenwärtige oder wahrscheinlich künftig auftretende[14] Störungen der Grundfreiheiten oder des unverfälschten Wettbewerbs begründen daher die Kompetenz. Die bloße Feststellung von Unterschieden zwischen den nationalen Regelungen reicht nicht aus, um die Kompetenz nach Art. 95 EG zu begründen.[15] Andere Ziele wie z.B. Gesundheitsschutz können daneben verfolgt werden, wenn die Kompetenz einmal begründet ist.[16] Darüber hinaus kann der Gesetzgeber auch ergänzende, dem Binnenmarkt nicht unmittelbar dienende Vorschriften erlassen, soweit dies etwa zur Verhinderung von Umgehungen erforderlich ist.[17] Indes darf sich der Gesetzgeber nicht auf Art. 95 EG stützen, wenn der zu erlassende Rechtsakt die Marktbedingungen in der Gemeinschaft nur „nebenbei" harmonisiert, eigentlich aber andere Zwecke verfolgt.[18]

a) Rechtsangleichung zur Gewährleistung der Grundfreiheiten

Die Grundfreiheitenkontrolle führt nicht zur Beseitigung von Beschränkungen oder Maß- **148**
nahmen gleicher Wirkung, soweit sich der Mitgliedstaat zur Rechtfertigung darauf berufen kann, daß die beschränkend wirkenden Regeln nur dem erforderlichen Schutz zwingender Allgemeininteressen dient. Wirkt ein Regelungsmangel beschränkend, so trifft die Mitgliedstaaten nur eine Schutzpflicht, den Mangel nach Ermessen zu beseitigen. Bestimmte „leichtere Beschränkungen" bleiben infolge der Rechtsprechung in den Entscheidungen *Keck* und *Alsthom Atlantique* unberücksichtigt (Rn. 74–79, 92–96). In diesen Bereichen, in denen sich die Grundfreiheiten ungeachtet bestehender Beschränkungen nicht durchsetzen können, liegt der primäre Anwendungsbereich der Rechtsangleichung zur Gewährleistung der Grundfreiheiten.[19] Man kann von „reaktiver" im Gegensatz zu „aktiver" Rechtsangleichung[20] sprechen oder von „liberalisierender" im Gegensatz zu „gestal-

12 EuGH v. 5.10.2000 – Rs. C-376/98 *Deutschland ./. Parlament und Rat* Slg. 2000, I-8419 Rn. 82 (Tabakwerberichtlinie); EuGH v. 11.6.1991 – Rs. C-300/89 *Kommission ./. Rat* Slg. 1991, 2867 Rn. 14 a.E. (Titandioxid).

13 *Franzen* Privatrechtsangleichung, S. 96f.; enger *Pechstein* in: Auf dem Wege zu einem Europäischen Zivilgesetzbuch, S. 27.

14 EuGH v. 5.10.2000 – Rs. C-376/98 *Deutschland ./. Parlament und Rat* Slg. 2000, I-8419 Rn. 86 (Tabakwerbung); EuGH v. 13.7.1995 – Rs. C-350/92 *Spanien ./. Rat* Slg. 1995, I-1985 Rn. 35; EuGH v. 5.10.2000 – Rs. C-376/98 *Deutschland ./. Parlament und Rat* Slg. 2000, I-8419 Rn. 84; EuGH v. 14.12.2004 – Rs. C-434/02 *Arnold André* Slg. 2004, I-11825, Rn. 31; EuGH v. 14.12.2004 – Rs. C-210/03 *Swedish Match* Slg. 2004, I-11893 Rn. 30.

15 EuGH v. 5.10.2000 – Rs. C-376/98 *Deutschland ./. Parlament und Rat* Slg. 2000, I-8419 Rn. 84 (Tabakwerbung); EuGH v. 14.12.2004 – Rs. C-434/02 *Arnold André* Slg. 2004, I-11825 Rn. 30; EuGH v. 14.12.2004 – Rs. C-210/03 *Swedish Match* Slg. 2004, I-11893 Rn. 29.

16 EuGH v. 5.10.2000 – Rs. C-376/98 *Deutschland ./. Parlament und Rat* Slg. 2000, I-8419 Rn. 88 (Tabakwerbung).

17 EuGH v. 5.10.2000 – Rs. C-376/98 *Deutschland ./. Parlament und Rat* Slg. 2000, I-8419 Rn. 100 (Tabakwerbung).

18 EuGH v. 4.10.1991 – Rs. C-70/88 *Parlament ./. Rat* Slg. 1991, I-4529 Rn. 17; EuGH v. 17.3.1993 – Rs. C-155/91 *Kommission ./. Rat* Slg. 1993, I-939 Rn. 19; EuGH v. 28.6.1994 – Rs. C-187/93 *Parlament ./. Rat* Slg. 1994, I-2857 Rn. 25.

19 Für den Bereich der Verkaufsmodalitäten a.M. etwa *Herr* EuZW 2005, 171, 172 mwN. EuGH v. 10.12.2002 – Rs. C-491/01 *British American Tobacco* und *Imperial Tobacco* Slg. 2002, I-11453 Rn. 64 drückt das indes nicht aus.

20 *Bruha* ZaöRV 46 (1986), 1, 15; *Franzen* Privatrechtsangleichung, S. 108–110 *et passim*.

tender".[21] Für das Vertragsrecht ist vor allem an das Verbraucherschutzrecht zu denken, das als zwingendes Vertragsrecht beschränkend wirken kann, aber im Rahmen des Erforderlichen mit den Grundfreiheiten vereinbar ist. Im Hinblick auf die Grundfreiheiten bedeutet die Rechtsangleichung insoweit eine (teilweise) gemeinschaftsrechtliche Konkretisierung des Allgemeininteresses.

149 Die Angleichungskompetenz zur Gewährleistung der Grundfreiheiten ist indessen nicht auf diesen engeren Bereich beschränkt, in dem der Gesetzgeber die nach der Grundfreiheitenrechtsprechung nicht zu beanstandenden, aber doch spürbaren Beschränkungen beseitigt. Das folgt schon aus dem Wortlaut der Kompetenznorm, ergibt sich aber auch aus der unterschiedlichen Aufgabenstellung von Gesetzgebung und Rechtsprechung. Nach dem Wortlaut der Art. 95 Abs. 1 S. 2, 14 Abs. 2 EG erläßt der Europäische Gesetzgeber die Rechtsakte, die für die Errichtung und das Funktionieren (u.a.) eines Raumes zum Gegenstand haben, in dem die Grundfreiheiten „gewährleistet" sind. Diese Gewährleistung der Grundfreiheiten geht aber darüber hinaus, nur Beschränkungen abzubauen. Zur Gewährleistung der Grundfreiheiten kann der Gesetzgeber auch gestaltend tätig werden. Das entspricht auch der Funktion des – demokratisch legitimierten – Gesetzgebers. Denn während die Aufgabe des EuGH eine „negativ-kontrollierende" ist, kommt dem Gesetzgeber eine „positiv-gestaltende" Aufgabe zu. Dieser Aufgabe entsprechend hat der Gesetzgeber – anders als der auf die Vollzugsaufgabe beschränkte Gerichtshof – einen Gestaltungsspielraum. Daher kann der Gesetzgeber zur „Gewährleistung der Grundfreiheiten" auch tätig werden, um die Ausübung der Grundfreiheiten („nur") zu erleichtern oder (positiv) zu fördern. So kann der Europäische Gesetzgeber die Rechte der Mitgliedstaaten etwa auch mit dem Ziel angleichen, die Rechtssicherheit im grenzüberschreitenden Verkehr zu fördern[22] oder das Vertrauen der Verkehrsteilnehmer dadurch zu stärken, daß er die mitgliedstaatlichen Rechte vereinheitlicht und die Rechtsstellung der Verkehrsteilnehmer verbessert.[23] Bei der Beurteilung, welche Erleichterung oder Förderung geboten ist, ist dem Gesetzgeber ein Beurteilungsspielraum zuzugeben.

b) Rechtsangleichung zur Vermeidung von Wettbewerbsverfälschungen

150 Wettbewerbsverfälschungen zu vermeiden, die auf unterschiedlichen Schutzstandards beruhen, ist, wie das Beispiel des Art. 141 EG zeigt, eines der Grundanliegen der Gemeinschaft. Die Schwierigkeit dieses Tatbestands besteht darin zu definieren, was *relevante* Wettbewerbsverfälschungen sind. In einem allgemeinen Sinn kann man sagen, daß Wettbewerbsverzerrungen vorliegen, wenn die Anbieter verschiedener Mitgliedstaaten, die miteinander konkurrieren, infolge der Unterschiedlichkeit der mitgliedstaatlichen Rechtsordnungen – die auch darin bestehen kann, daß ein Mitgliedstaat für einen Sachverhalt keine Regelung aufgestellt hat – einseitig Vor- oder Nachteile haben.[24] Das kann den Wettbewerb insoweit verfälschen, als eines der Angebote infolge solcher Nachteile weniger günstig ist (z.B. höherer Preis wegen strengerer Kaufgewährleistungsregeln) oder weniger günstig erscheint (z.B. vermeintlich höherer Kreditzins wegen strengerer Regeln über die Berechnung für Zwecke der Kundenwerbung).

21 So die „Neue Strategie", vgl. *Kommission* Vollendung des Binnenmarktes – Weißbuch der Kommission an den Europäischen Rat, KOM(85) 310 endg.; dazu noch unten, Rn. 159f.
22 So z.B. BE 2 HVertrRL; BE 2 ÜwRL. Kritisch *Grundmann* Schuldvertragsrecht, 3.60 Rn.15.
23 So z.B. BE 5 AGBRL; BE 5 KGRL.
24 Schwarze-*Herrnfeld* Art. 95 EG Rn. 6.

Da aber der Vertragsgeber ersichtlich davon ausgeht, daß die Rechtsordnungen der Mitgliedstaaten in zahlreichen Hinsichten verschieden sind und es auch bleiben sollen (vertikale Gewaltenteilung nach dem Subsidiaritätsprinzip!), kann zweifellos nicht jeder Regelungsunterschied eine die Kompetenz des Art. 95 EG eröffnende, relevante Wettbewerbsverfälschung darstellen. Hier ist die Gefahr besonders groß, daß die Gesetzgebungskompetenz grenzenlos ausgeweitet wird und im Ergebnis doch zu einer vom Vertragsgeber nicht gewollten Kompetenz zur Regelung des Binnenmarktes führt. Sicher ist die Kompetenz des Art. 95 EG nicht zur Herstellung *gleicher* Wettbewerbsbedingungen eröffnet.[25] Im übrigen ist die Eingrenzung der relevanten Wettbewerbsbeschränkungen problematisch. Eine – freilich nur weiche – Begrenzung nimmt der EuGH vor, wenn er für die Kompetenz des Art. 95 EG eine *spürbare* Wettbewerbsverzerrung verlangt.[26] Für eine nähere Bestimmung wäre freilich eine am Regelungszweck orientierte Ausfüllung des Begriffs vorzugswürdig, die nicht auf graduelle („spürbar"), sondern qualitative Unterschiede Bezug nimmt. Daß z.B. die liberalere Werbungsregelung eines Mitgliedstaats sich für die dortigen Anbieter in Größenvorteilen auswirkt, bedeutet eine nur ganz entfernte und mittelbare Auswirkung auf den Wettbewerb und rechtfertigt daher die Rechtsangleichung nicht.[27] Ebenso dürfte die aus einer vertragsrechtlichen dispositiven Regelung (z.B. über die Kaufgewährleistung) folgende Verhandlungslast einer Seite (z.B. des französischen Verkäufers) keine spürbare Wettbewerbsverzerrung darstellen, die eine Angleichung nach Art. 95 EG rechtfertigt.[28] Weithin anerkannt ist daher, daß eine weiterreichende oder gar umfassende Kodifikation (auch nur) des Vertragsrechts nicht unter Berufung auf Wettbewerbsverfälschungen durch disparate nationale Regelungen auf Art. 95 EG gestützt werden kann.[29] 151

(U.a.) Mit dem Ziel der Vermeidung von Wettbewerbsverzerrungen hat der Europäische Gesetzgeber z.B. die Fernabsatzrichtlinie (BE 4), die AGB-Richtlinie (BE 2), die Pauschalreiserichtlinie (BE 2), die Timesharingrichtlinie (BE 1), die Verbraucherkreditrichtlinie (BE 2) und die Handelsvertreterrichtlinie (BE 2)[30] begründet. 152

2. Gerichtliche Kontrolle

Um das System der begrenzten Einzelzuständigkeiten zu sichern, prüft der EuGH eingehend, ob die Tatbestandsvoraussetzungen des Art. 95 EG erfüllt sind. „Ein auf der Grundlage von [Art. 95 EG] erlassener Rechtsakt muß ... *tatsächlich den Zweck haben* die Voraussetzungen für die Errichtung und das Funktionieren des Binnenmarktes zu verbessern. Genügten bereits die bloße Feststellung von Unterschieden zwischen den nationalen Vorschriften und die abstrakte Gefahr von Beeinträchtigungen der Grundfreiheiten oder 153

25 Schwarze-*Herrnfeld* Art. 95 EG Rn. 6 a.E.

26 EuGH v. 5.10.2000 – Rs. C-376/98 *Deutschland ./. Parlament und Rat* Slg. 2000, I-8419 Rn. 106f. (Tabakwerberichtlinie); EuGH v. 11.6.1991 – Rs. C-300/89 *Kommission ./. Rat* Slg. 1991, 2867 Rn. 23 (Titandioxid).

27 EuGH v. 5.10.2000 – Rs. C-376/98 *Deutschland ./. Parlament und Rat* Slg. 2000, I-8419 Rn. 109f. (Tabakwerberichtlinie).

28 A.M. *Basedow* FS Mestmäcker, S. 356 ff.

29 *Leible* EWS 2001, 471, 479; *Schmid* JZ 2001, 674, 676f.; a.A. *Basedow* AcP 200 (2000), 445, 474f.; *Schulte-Nölke* JZ 2001, 917, 920.

30 Dazu eingehend *Fock* Die europäische Handelsvertreter-Richtlinie (2001), S. 31–42.

daraus möglicherweise entstehender Wettbewerbsverzerrungen, um die Wahl von [Art. 95 EG] als Rechtsgrundlage zu rechtfertigen, so könnte der gerichtlichen Kontrolle der Wahl der Rechtsgrundlage jede Wirksamkeit genommen werden."[31] Der gerichtlichen Kontrolle unterliegt daher auch, ob die angegebenen Gründe nicht nur vorgeschoben sind. Bereits zur Verhältnismäßigkeitsprüfung (oben, Rn. 144) kann man die Frage rechnen, ob die gewählte Regelung zur Erreichung des Binnenmarktziels geeignet ist.[32]

III. Angleichung ieS, Vereinheitlichung und Anerkennung als gleichwertig als mögliche Formen der Rechtsangleichung

154 Die Kompetenznormen eröffnen dem Gesetzgeber regelmäßig ein Spektrum verschiedener Angleichungsformen. Idealtypisch kann man die Rechtsangleichung ieS von der Rechtsvereinheitlichung und der gegenseitigen Anerkennung unterscheiden. Während die Angleichung ieS (1) und die Rechtsvereinheitlichung (2) hinreichend vertraut sind, verdient die Angleichung in Form der Anerkennung als gleichwertig nähere Erörterung (3).

1. Rechtsangleichung ieS

155 Die „Rechtsangleichung" kann in unterschiedlicher Form erfolgen. In ihrer Standardform begegnet sie als eine Angleichung ieS, vermittels der die Rechte der Mitgliedstaaten einander inhaltlich angenähert werden, ohne daß sie vereinheitlicht würden. Das typische Mittel für solche Angleichung ieS ist die Richtlinie, die gerade kein Einheitsrecht setzt, sondern den Mitgliedstaaten nur inhaltliche Vorgaben für die Ausgestaltung ihres Rechts macht. Die Angleichung ieS läßt die äußere Vielfalt der mitgliedstaatlichen Rechtsordnungen bestehen, führt aber, so weit sie reicht, dazu, daß die verschiedenen Rechte inhaltlich gleich ausgestaltet sind oder zumindest zu demselben Ergebnis führen.

2. Rechtsvereinheitlichung

156 Über die Angleichung ieS hinaus geht die Rechtsvereinheitlichung; sie hatte schon vor Gründung der Europäischen Gemeinschaft lange Tradition. Ob Art. 95 EG nur zur Angleichung ieS oder auch zur Rechtsvereinheitlichung berechtigt, ist umstritten. Wenig aussagekräftig erscheint der Hinweis auf den Wortlaut der Vorschrift, der von „Angleichung" spricht, denn diesen Begriff kann man sowohl als Fachterminus in dem soeben (1) vorgestellten engeren Sinne[33] als auch als Oberbegriff für verschiedene Formen der Rechtsangleichung verstehen. Da Art. 95 EG die Rechtsangleichung nicht nur in Form von Richtlinien zuläßt, sondern dem Gesetzgeber auch „Angleichung" im Wege der Verordnung zuläßt, die Verordnung aber dem Modell nach zu Einheitsrecht führt, muß man davon ausgehen, daß auch die Möglichkeit einer Rechtsvereinheitlichung eröffnet sein

31 EuGH v. 5.10.2000 – Rs. C-376/98 *Deutschland ./. Parlament und Rat* Slg. 2000, I-8419 Rn. 84 (Tabakwerberichtlinie); Hervorhebung hinzugefügt; EuGH v. 10.12.2002 – Rs. C-491/01 *British American Tobacco* und *Imperial Tobacco* Slg. 2002, I-11453 Rn. 60.

32 EuGH v. 5.10.2000 – Rs. C-376/98 *Deutschland ./. Parlament und Rat* Slg. 2000, I-8419 Rn. 85 (Tabakwerbung); EuGH v. 13.5.1997 – Rs. C-233/94 *Deutschland ./. Parlament und Rat* Slg. 1997, I-2405 Rn. 10–21 (Einlagensicherungssysteme); EuGH v. 13.7.1995 – Rs. C-350/92 *Spanien ./. Rat* Slg. 1995, I-1985 Rn. 32–39.

33 So *Taschner* in: Gemeinsames Privatrecht, S. 225–227.

sollte.[34] Nach Nr. 6 des Protokolls zum EG-Vertrag über die Anwendung der Grundsätze der Subsidiarität und der Verhältnismäßigkeit ist aber „unter sonst gleichen Gegebenheiten eine Richtlinie einer Verordnung und eine Rahmenrichtlinie einer detaillierten Maßnahme vorzuziehen". Eine Rechtsvereinheitlichung bedarf daher besonderer Begründung.

3. Anerkennung als gleichwertig

Zwischen der „negativen" Rechtsangleichung durch die Grundfreiheiten und der „positiven" Rechtsangleichung durch Formulierung gemeinsamer Standards (Angleichung oder Vereinheitlichung) liegt die Anerkennung divergierender nationaler Rechtsnormen als gleichwertig. Entwickelt hat sie der Europäische Gerichtshof, die Kommission hat die gegenseitige Anerkennung als Bestandteil ihres Harmonisierungsmodells aufgegriffen, und sie ist schließlich durch die Einheitliche Europäische Akte in den EG-Vertrag ausdrücklich aufgenommen worden.[35] **157**

158 Das Prinzip der gegenseitigen Anerkennung hat der EuGH mit seiner *Cassis* Rechtsprechung entwickelt. Nach der *Cassis* Entscheidung aus dem Jahr 1979[36] durfte die Bundesrepublik aus Frankreich importierten, dort rechtmäßig auf den Markt gebrachten Likör nicht zusätzlich den deutschen Vermarktungsvoraussetzungen unterwerfen. Die deutschen Vermarktungsvoraussetzungen waren damit nicht unwirksam, erstmals in Deutschland auf den Markt gebrachte Produkte unterlagen ihnen weiterhin. Doch konnten die deutschen Vorschriften Anbietern aus anderen Mitgliedstaaten nicht mehr entgegengehalten werden, wenn sie ihre Produkte in einem anderen Mitgliedstaat rechtmäßig auf den Markt gebracht hatten. Im Ergebnis bedeutet das, daß die Regeln des Ursprungs-Mitgliedstaats als gleichwertig zu jenen des Import-Mitgliedstaats anerkannt werden (müssen). Die zugrunde liegende ratio wird deutlich, wenn der EuGH vom Prinzip gegenseitigen Vertrauens spricht:[37] Die Mitgliedstaaten haben von Gemeinschaftsrechts wegen darauf zu vertrauen, daß die Schutzvorschriften des Ursprungslandes ebenso wirkungsvoll sind wie die eigenen. Das ist deswegen zumutbar, weil das Vertrauen erst verlangt wird, wenn sich die nationalen Vorschriften nicht mehr als erforderliche Regeln zum Schutz wichtiger Allgemeininteressen verstehen lassen. Die Anerkennung ausländischer Vorschriften als gleichwertig ist einerseits eine „sanftere" Form der Rechtsangleichung, da ein unmittelbarer Eingriff in das nationale Rechtssystem nicht erfolgt. Andererseits kann auch die gegenseitige Anerkennung sehr einschneidende Wirkungen haben. Denn die Anerkennung ausländischer Regelungen als gleichwertig bedeutet, daß Inländer bei ausländischen Angeboten nur den Schutz der Rechtsvorschriften des Herkunftslandes genießen und sich auf den etwa weitergehenden Schutz nationaler Rechtsvorschriften demgegenüber nicht berufen können. Zudem kann die Anerkennung ausländischer Rechtsvorschriften zu einem Deregulierungsdruck für die inländische Rechtsordnung führen, da die an die nationalen Regelungen gebundenen inländischen Anbieter im Wettbewerb mit Konkurrenten aus anderen Mitgliedstaaten benachteiligt werden.[38]

34 *Ehlermann* CMLR 1987, 361, 385; *van Gerven* ERPL 1997, 465, 468.
35 Übersicht bei *Streinz* Europarecht, Rn. 973–982.
36 EuGH v. 20.2.1979 – Rs. 120/78 *Rewe ./. Bundesmonopolverwaltung für Branntwein* Slg. 1979, 649.
37 EuGH v. 11.5.1989 – Rs. 25/88 *Wurmser* Slg. 1989, 1105 Rn. 18.
38 *Grundmann* Schuldvertragsrecht, 1. Teil Rn. 26, 109.

159 Die Kommission hat das Modell der Anerkennung als gleichwertig schon bald aufgegriffen und nach einer Ankündigung im Jahr 1980[39] zu einem wesentlichen Bestandteil ihrer im Weißbuch von 1985 verkündeten „Neuen Strategie" gemacht[40] und mißt ihr nach wie vor Bedeutung für das Funktionieren des Binnenmarktes bei.[41] Nach der Neuen Strategie soll nur noch das für unabdingbar erachtete Minimum harmonisiert werden, während die Mitgliedstaaten in dem verbleibenden Bereich ihre nationalen Regelungen gegenseitig anerkennen. Von dort fand das Prinzip der gegenseitigen Anerkennung 1986 durch die Einheitliche Europäische Akte Eingang in den EG-Vertrag, Art. 100b EGV.[42] Die Regelung des Art. 100b EGV hat praktisch keine erhebliche Bedeutung erlangt[43] und wurde schon 1997 durch den Vertrag von Amsterdam wieder aufgehoben. Sie enthielt indes ein gemeinschaftsrechtliches Grundkonzept von einiger Bedeutung, die darin vorgesehene gegenseitige Anerkennung wurde auch als „zweitbeste Rechtsangleichung"[44] – von manchen sogar als vorzugswürdige Form der Rechtsangleichung –[45] bezeichnet.

160 War das Ziel des Weißbuchs von 1985 und des Vertrags von Maastricht, den Binnenmarkt bis Ende 1992 zu vollenden, so bedeutete das schon aus praktischen Gründen, daß die Gemeinschaft auf eine weitgehende Rechtsangleichung verzichten mußte. Soweit die Rechtsvorschriften nicht angeglichen werden konnten oder sollten, sollten sie nach der Neuen Strategie der Kommission als gleichwertig anerkannt werden. Für die legislative Vorschrift der Anerkennung als gleichwertig enthielt der durch die Einheitliche Europäische Akte eingeführte Art. 100b EGV eine spezielle Rechtsgrundlage. Neben programmatischen Aufgabenbeschreibungen für die Kommission begründete Art. 100b EGV auch die Kompetenz des Rats, im Mitwirkungsverfahren zu beschließen, daß die in einem Mitgliedstaat geltenden Vorschriften als den Vorschriften eines anderen Mitgliedstaats gleichwertig anerkannt werden müssen.

161 Der Regelungsbereich des Art. 100b EGV war freilich keineswegs offensichtlich. Denn die „Rechtsangleichung durch gegenseitige Anerkennung" war schon vor Einführung der Vorschrift auf der Grundlage anderer Angleichungskompetenzen (z.B. Art. 100 EGV) zulässig.[46] Und weil mit der Einheitlichen Europäischen Akte von 1986 die Grundfreiheiten nicht geändert werden sollten, bedeutete Art. 100b EGV auch keine Einschränkung der vom EuGH auf der Grundlage der Grundfreiheiten entwickelten gegenseitigen Anerkennung.[47] Soweit daher die gegenseitige Anerkennung schon infolge der Grundfreiheiten gegeben war – die Mitgliedstaaten sich also nicht auf zwingende Allgemeininteressen zur Rechtfertigung der fraglichen Regelungen berufen konnten –, konnte ein Beschluß nach

---

39 Zur Reaktion der Kommission auf die *Cassis*-Entscheidung *Kommission* Mitteilung v. 3.10.1980, ABl. 1980 C 256/2–3.

40 Kommission der EG, Vollendung des Binnenmarktes – Weißbuch der Kommission an den Europäischen Rat, KOM(85) 310 endg.

41 Bulletin EU 6-1999 sub 1.2.14.

42 Art. 19 EEA, ABl. 1987 L 169/1. Zur Entstehungsgeschichte *Matthies* FS Steindorff, S. 1288–1290; *Happe* FS Bleckmann, 1993, 119.

43 *Oppermann* Europarecht, Rn. 1216 („in der Gemeinschaftspraxis gescheitert").

44 *Oppermann* Europarecht, Rn. 1216; *Bruha* ZaöRV 46 (1986), 1, 21.

45 So zumindest für einzelne Bereich *Grundmann/Kerber* in: Academic Green Paper, S. 295–342.

46 Schwarze-*Herrnfeld* Art. 95 Rn. 41.

47 *Forwood/Clough* ELR 1986, 383, 402; *Hayder* RabelsZ 53 (1989), 622, 689.

Art. 100b EGV nur deklaratorisch wirken. Solche deklaratorische Wiederholung der Verpflichtung zur gegenseitigen Anerkennung konnte (und kann) freilich deshalb einen guten Sinn haben, weil die von Fall zu Fall – und damit zufällig – voranschreitende Rechtsprechung die wünschenswerte und gebotene Rechtssicherheit nicht herzustellen vermag.[48] Konstitutiv konnte ein Anerkennungsbeschluß nach Art. 100b EGV daher nur außerhalb der Anerkennungswirkung der Grundfreiheiten sein. Auf der Grundlage der *Keck* Rechtsprechung mag man etwa an die gegenseitige Anerkennung von Vorschriften über „bestimmte Vertriebsmodalitäten" denken, wie das Verbot, unter Einstandspreis zu verkaufen. Ebenfalls nicht schon primärrechtlich gegeben wäre z.B. eine Anerkennung der verschiedenen nationalen Vorschriften zum Verbraucherschutz bei Fernunterrichtsverträgen, da diese im Rahmen des Erforderlichen vom Vorbehaltsbereich des Verbraucherschutzes gedeckt sind.[49]

Durch den Vertrag von Amsterdam ist die besondere Anerkennungskompetenz des **162**
Art. 100b EGV wieder entfallen. Das bedeutet indes nicht, daß dem Europäischen Gesetzgeber die Kompetenz entzogen worden wäre, die gegenseitige Anerkennung (konstitutiv oder deklaratorisch) zu beschließen. Bestand die Anerkennungskompetenz schon vor Einführung von Art. 100b EGV und daher auch neben dieser Vorschrift,[50] so kann man aus dem Wegfall des Art. 100b EGV nicht auf die Entziehung der Befugnis schließen, als Angleichungsmaßnahme auch die gegenseitige Anerkennung zu beschließen. Auch auf der Grundlage von Art. (94 und) 95 EG kann die Gemeinschaft daher die gegenseitige Anerkennung als „Maßnahme zur Angleichung der Rechts- und Verwaltungsvorschriften, welche die Errichtung und das Funktionieren des Binnenmarktes zum Gegenstand" hat, beschließen. Ein jüngeres Beispiel dafür ist der Vorschlag der Kommission für eine Verordnung über Verkaufsförderung im Binnenmarkt.[51] Neben der Aufhebung bestimmter Beschränkungen (Art. 3 Abs.1) und der Bestimmung von Informations- und Schutzvorschriften (Art. 4f.; v.a. Jugendschutz) soll danach ausdrücklich auch die gegenseitige Anerkennung vorgeschrieben werden (Art. 3 Abs. 2).

IV. Hohes Schutzniveau

Die Kommission geht in ihren Vorschlägen nach Art. 95 Abs. 1 und 2 EG in den Berei- **162a**
chen Gesundheit, Sicherheit, Umweltschutz und – für das Vertragsrecht von Bedeutung – Verbraucherschutz von einem hohen Schutzniveau aus, und auch Parlament und Rat streben dieses Ziel an, Art. 95 Abs. 3 EG. Das ist für den Inhalt der Rechtsetzung und auch für das Verständnis der Rechtsakte durchaus von Bedeutung muß indes im Zusammenhang gesehen werden. Man darf nicht übersehen, daß die auf Art. 95 EG gestützten Maßnahmen primär die Errichtung und das Funktionieren des Binnenmarktes zum Gegenstand haben. Nur in diesem Rahmen wird ein hohes Schutzniveau angestrebt. Angestrebt wird zudem nur ein hohes Schutzniveau und nicht etwa das höchste. Und auch das hohe Schutzniveau ist mit anderen Zielen der Rechtsangleichung in Ausgleich zu brin-

48 *Bruha* ZaöRV 46 (1986), 1, 22f.; *Matthies* FS Steindorff, S. 1299f.

49 EuGH v. 16.5.1989 – Rs. 382/87 *Buet* Slg. 1989, 1235.

50 Nachweis in Fn. 46.

51 Vorschlag für eine Verordnung des Europäischen Parlaments und des Rates über Verkaufsförderung im Binnenmarkt, ABl. 2002 C 75/11, und dazu Mitteilung der Kommission „Verkaufsförderung im Binnenmarkt" v. 15.1.2002, KOM(2001) 546 endg./2.

gen. „Verbraucherschutz (ist) zwar eines der Ziele der Gemeinschaft, offenkundig aber nicht ihr einziges Ziel“.[52] So bedeutsam die Vorschrift ist, so sehr ist doch davor zu warnen, aus ihr weitreichende Folgerungen abzuleiten, wie dies etwa mit einem Auslegungsgrundsatz „in dubio pro consumente“[53] oder einem „Prinzip der berechtigten Verbrauchererwartungen“ (dagegen Rn. 921–926) teilweise geschieht.

52 EuGH v. 13.5.1997 – Rs. C-233/94 *Deutschland ./. Parlament und Rat,* Slg. 1997, I-2405 Rn. 48; Streinz-*Leible* Art. 95 EG Rn. 55f.

53 Dagegen *Riesenhuber* JZ 2005, 829–835.

Abschnitt 3
Das Europäische Internationale Vertragsrecht

§ 6
Das Europäische Vertragsrechtsübereinkommen

Literatur:

Canaris, Claus-Wilhelm, Die Stellung der „Unidroit Principles" und der „Principles of European Contract Law" im System der Rechtsquellen, in: Jürgen Basedow (Hrsg.), Europäische Vertragsrechtsvereinheitlichung, Tübingen 2000, S. 5–31

Colliess, Gralf-Peter, Grenzüberschreitende Verbraucherverträge, Tübingen 2006

Dutta, Anatol/Volders, Bart, Was lange währt, wird endlich gut? – Zur Auslegungskompetenz des EuGH für das EVÜ, EuZW 2004, 556–558

Ehle, Bernd, Wege zu einer Kohärenz der Rechtsquellen im Europäischen Kollisionsrecht der Verbraucherverträge, Frankfurt a.M./Berlin/Bern/Brüssel/New York/Oxford/Wien 2002

Grundmann, Stefan, Binnenmarktkollisionsrecht – vom klassischen IPR zur Integrationsordnung, RabelsZ 64 (2000), 457–477

Grundmann, Stefan, Das Internationale Privatrecht der E-Commerce-Richtlinie – was ist kategorial anders im Kollisionsrecht des Binnenmarktes und warum? RabelsZ 67 (2003), 246–297

Grundmann, Stefan, Europäisches Schuldvertragsrecht – Das europäische Recht der Unternehmensgeschäfte, Berlin/New York 1999, 1. Teil Rn. 72–104 sowie die Kommentierung des EVÜ in § 4 (S. 149–195)

Grundmann, Stefan, Law merchant als lex lata Communitatis – insbesondere die Unidroit Principles, in: Uwe Diederichsen/Gerfried Fischer/Dieter Medicus/Jörg Pirrung/Thoms Wagenitz, Festschrift für Walter Rolland zum 70. Geburtstag, Köln 1999, S. 145–158

Grundmann, Stefan, Lex mercatoria und Rechtsquellenlehre – insbesondere die Einheitlichen Richtlinien und Gebräuche für Dokumentenakkreditive, in: Joachim Jickeli/Herbert Kotzur/Ulrich Noack/Helmut Weber (Hrsg.), Jahrbuch Junger Zivilrechtswissenschaftler 1991 – Europäisches Privatrecht, Unternehmensrecht, Informationspflichten im Zivilrecht – Tübinger Tagung 11.–14. September 1991, Stuttgart/München/Hannover/Berlin/Weimar 1992, S. 43–70

Jayme, Erik/Kohler, Christian, Europäisches Kollisionsrecht 2004: Territoriale Erweiterung und methodische Rückgriffe, IPRax 2004, 481–493

Junker, Abbo, Die „zwingenden Bestimmungen" im neuen internationalen Arbeitsrecht, IPRax 1989, 69–75

Junker, Abbo, Die einheitliche europäische Auslegung nach dem EG-Schuldvertragsübereinkommen, RabelsZ 55 (1991), 674–696

Junker, Abbo, Die freie Rechtswahl und ihre Grenzen – Zur veränderten Rolle der Parteiautonomie im Schuldvertragsrecht, IPRax 1993, 1–10

Klauer, Stefan Das europäische Kollisionsrecht der Verbraucherverträge zwischen Römer EVÜ und EG-Richtlinien, Tübingen 2002

Kroeger, Helga Elizabeth, Der Schutz der „marktschwächeren" Partei im Internationalen Vertragsrecht, Frankfurt a.M. 1984 (zitiert: Kroeger Schutz der „marktschwächern" Partei)

Kreuzer, Karl, Zu Stand und Perspektiven des Europäischen Internationalen Privatrechts, RabelsZ 70 (2006), 1–88

Leible, Stefan, Kollisionsrechtlicher Verbraucherschutz im EVÜ und in EG-Richtlinien, in: Hans Schulte-Nölke/Reiner Schulze (Hrsg.), Europäische Rechtsangleichung und nationale Privatrechte, Baden-Baden 1999, S. 353–392

Leible, Stefan (Hrsg.), Das Grünbuch zum Internationalen Vertragsrecht, München 2004

Mankowski, Peter, Das Grünbuch zur Rom I-Verordnung, ZEuP 2003, 483–489

Martiny, Dieter, Europäisches Internationales Vertragsrecht – Ausbau und Konsolidierung, ZEuP 1999, 246–270

Martiny, Dieter, Internationales Vertragsrecht im Schatten des Europäischen Gemeinschaftsrechts, ZEuP 2001, 308–336

Martiny, Dieter, Europäisches Internationales Vertragsrecht vor der Reform, ZEuP 2003, 590–618

Martiny, Dieter, Neue Impulse im Europäischen Internationalen Vertragsrecht, ZEuP 2006, 60–95

Max Planck Institute for Foreign Private and Private International Law, Comments on the European Commission's Green Paper on the conversion of the Rome Convention of 1980 on the law applicable to contractual obligations into a Community instrument and its modernization, RabelsZ 68 (2004), 1–118

Michaels, Ralf/Kamann, Hans-Georg, Europäisches Verbraucherschutzrecht und IPR, JZ 1997, 601–609

Paefgen, Walter G., Kollisionsrechtlicher Verbraucherschutz im Internationalen Vertragsrecht und europäischen Gemeinschaftsrecht, ZEuP 2003, 266–294

Plender, Richard/Wilderspin, Michael, The European Contracts Convention – The Rome Convention on the Choice of Law Applicable to Contractual Obligations, 2. Auflage London 2001

Roth, Wulf-Henning, Grundfragen im künftigen internationalen Verbrauchervertragsrecht der Gemeinschaft, in: Michael Coester/Dieter Martiny/Karl August Prinz von Sachsen Gessaphe, Privatrecht in Europa – Vielfalt, Kollision, Kooperation – Festschrift für Hans Jürgen Sonnenberger zum 70. Geburtstag, München 2004, 591–614

Rott, Peter, Bedrohung des Verbraucherschutzes im Internationalen Verfahrens- und Privatrecht durch den Binnenmarkt, EuZW 2005, 167–170

Staudenmayer, Dirk, Weitere Schritte im Europäischen Vertragsrecht, EuZW 2005, 103–106

Wagner, Rolf, Zur Vereinheitlichung des Internationalen Privat- und Zivilverfahrensrechts sechs Jahre nach In-Kraft-Treten des Amsterdamer Vertrags, NJW 2005, 1754–1757

Wendehorst, Christiane, in: Katja Langenbucher (Hrsg.), Europarechtliche Bezüge des Privatrechts, 2005, § 7

Datenbank (Literatur und Rechtsprechung): www.rome-convention.org/index.htm

163 Zu den Grundlagen, die für das Verständnis des Europäischen Vertragsrechts von Bedeutung sind, gehört schließlich auch das Europäische Vertragsrechtsübereinkommen (Rn. 45–48), das die Grundregeln des Internationalen Vertragsrechts der Gemeinschaft enthält. Das Übereinkommen, das nun in eine Verordnung überführt werden soll (Rom I-Verordnung, Rn. 45), trat zwar erst 1991 in Kraft, da es aber bereits seit 1980 vorlag (Rn. 46), konnte es auch schon vorher für die Gemeinschaftsgesetzgebung berücksichtigt werden. Soweit das Recht nicht vereinheitlicht ist, kommt der Bestimmung des anwendbaren Rechts durch das Kollisionsrecht entscheidende Bedeutung zu. Gerade für das Vertragsrecht ergibt sich aus dem Kollisionsrecht, inwieweit die Parteien das anwendbare Recht wählen und damit potentiell behindernd wirkende Normen des nationalen Rechts vermeiden können (Rn. 92–96). Daher hat das Kollisionsrecht wesentliche Bedeutung für die Ermittlung des Angleichungsbedarfs im Vertragsrecht.

164 Von den Regelungen des Übereinkommens sind hier nur einige zentrale Vorschriften zu skizzieren, die für die Europäische Rechtsangleichung von Bedeutung sind, der Grundsatz der Rechtswahlfreiheit und seine wichtigsten Einschränkungen.[1] Nur hingewiesen sei darauf, daß zahlreiche (Verbraucherschutz-) Richtlinien eigenständige Kollisionsnormen enthalten, die dem Übereinkommen vorgehen, Art. 20 EVÜ.[2] Auch auf die kollisionsrecht-

---

1 Schöne Übersichten über wesentliche Inhalte, Stand und Entwicklung bietet *Martiny* ZEuP 1999, 246–270; *ders.* ZEuP 2001, 308–336; ZEuP 2003, 590–618.

2 Überblick bei *Heiderhoff* Gemeinschaftsprivatrecht, S. 199–201; *Reich/Micklitz* Verbraucherrecht, Tz. 12.14–12.21.

liche Wirkung des Herkunftslandsprinzips, das aus den Grundfreiheiten folgen kann, kann an dieser Stelle nur hingewiesen werden.[3]

I. Der Grundsatz der freien Rechtswahl

Der überragende Grundsatz des Europäischen Vertragsrechtsübereinkommens ist der Grundsatz der Parteiautonomie bzw. der freien Rechtswahl.[4] Für eine Rechtsordnung, zu deren tragenden Grundsätzen das Prinzip der Privatautonomie gehört, ist es folgerichtig, diesem Grundsatz auch im Kollisionsrecht eine wesentliche Bedeutung einzuräumen. Hat der Grundsatz der Parteiautonomie auch einen gegenüber der materiellrechtlichen Privatautonomie eigenen Gehalt, der sich praktisch vor allem in der Möglichkeit zeigt, mit der Wahl einer Rechtsordnung grundsätzlich auch die zwingenden Vorschriften des anwendbaren Rechts ausschließen zu können, so beruhen doch beide Grundsätze auf dem Gedanken der Autonomie und Freiheit des einzelnen. Sein hervorragender Stellenwert wird zudem deutlich, wenn die Parteiautonomie auch im Kollisionsrecht der außervertraglichen Haftung Anwendung findet.[5] In seinem „klassischen Anwendungsbereich", dem internationalen Vertragsrecht, ist der Grundsatz der Parteiautonomie geradezu „weltweit anerkannt",[6] nicht von ungefähr steht er daher auch an der Spitze des Internationalen Vertragsrechts des EVÜ.[7] Das starke Gewicht der Parteiautonomie im EVÜ kommt auch darin zum Ausdruck, daß der Grundsatz dort, wo gegenläufige Prinzipien zum Tragen kommen, nicht vollständig zurückgedrängt, sondern nur verhältnismäßig eingeschränkt wird. 165

Die primäre Anknüpfung für Schuldverträge ist daher der erklärte oder dem Vertrag mit hinreichender Sicherheit zu entnehmende Parteiwille, Art. 3 Abs. 1 S. 1 EVÜ. Die Rechtswahl kann sich auf den ganzen Vertrag oder Teile erstrecken *(dépeçage)*,[8] sie kann nachträglich getroffen[9] oder geändert werden, Art. 10 Abs. 2 EVÜ (Ausnahme Formgültigkeit). Die Parteien können grundsätzlich auch eine sonst unbeteiligte Rechtsordnung wählen, doch setzen sich die zwingenden Bestimmungen des Staates, mit dem der Sachverhalt allein verbunden ist, gegen eine solche Rechtswahl durch, Art. 3 Abs. 3 EVÜ. Umstritten ist die Wählbarkeit privat erarbeiteter Regelwerke wie der Principles of Euro- 166

3 S. nur *Grundmann* RabelsZ 64 (2000), 457–477; *Ehle* Wege zu einer Kohärenz der Rechtsquellen im Europäischen Kollisionsrecht der Verbraucherverträge; *Heiderhoff* Gemeinschaftsprivatrecht, S. 208–213.

4 *Morse* YbEL 2 (1982) 107, 116 („cardinal principle"); *Junker* IPrax 1993, 1–10; E. *Lorenz* RIW 1987, 569–584; *Giuliano/Lagarde* ABl. 1980, C 282/1, 15; EuGH v. 9.11.2000 – Rs. C-381/98 *Ingmar ./. Leonard* Slg. 2000, I-9305 Rn. 15; EuGH v. 26.11.1985 – Rs. 318/81 *Kommission ./. CO.DE.MI.* Slg. 1985, 3693 Rn. 20f.; sowie GA *Slynn* Schlußanträge, ebd. S. 3697f.

5 Vgl. Art. 8 des Entwurfs eines EU-Übereinkommens über das auf außervertragliche Schuldverhältnisse anwendbare Recht der Europäischen Gruppe für Internationales Privatrecht (abgedr. in ERPL 1999, 45–68 und IPRax 1999, 286–288).

6 *Kropholler* IPR, § 52 I (S. 433f.), sowie § 40 II (S. 287f.) und § 52 II (S. 439–445); s.a. EuGH v. 9.11.2000 – Rs. C-381/98 *Ingmar ./. Leonard* Slg. 2000, I-9305 Rn. 15.

7 Art. 3 EVÜ, Art. 27 EGBGB. *Giuliano/Lagarde* ABl. 1980, C 282/1, 15f.; *v. Hoffmann* IPRax 1989, 261, 262; *Grundmann* IPRax 1992, 1f.

8 Art. 3 Abs. 1 S. 1 EVÜ. Praktisch selten; z.B. LG Aurich, AWD 1974, 282 = IPRspr. 1973 Nr. 10; OLG Hamm, IPRspr. 1995, Nr. 36.

9 BGH, IPRspr. 1996, Nr. 33.

pean Contract Law und der Unidroit-Principles.[10] Von der herrschenden Meinung wird sie abgelehnt, da diese Regelwerke schon nicht „Recht" (Art. 3 Abs. 1 EVÜ) i.S. einer staatlichen Rechtsordnung darstellen und ihnen daher die erforderliche Legitimation fehlt.[11] Nach anderer Ansicht sollen sie ebenso wie staatliches Recht wählbar sein; das entspreche dem Grundsatz der Parteiautonomie, sei aber auch sachlich gerechtfertigt, da die Regelwerke eine ausgewogene, im Fall der Unidroit-Principles zudem besonders auf den internationalen Handelsverkehr zugeschnittene Regelung enthielten und die kollisionsrechtlichen Schranken der Rechtswahl für den erforderlichen Schutz sorgten.[12] Speziell für den grenzüberschreitenden Verkehr in der Gemeinschaft wird zudem darauf hingewiesen, daß der Ausschluß der Wählbarkeit jedenfalls dann eine nicht-gerechtfertigte beschränkungsgleich wirkende Maßnahme darstelle, wenn es darum geht, daß beruflich Tätige Regelwerke wählen, die von den beteiligten Verkehrskreisen ausgearbeitet wurden oder international üblich sind.[13] Auch im Rahmen der Reform des Europäischen Internationalen Vertragsrechts wird erwogen, die Wählbarkeit (zumindest bestimmter) privater Regelwerke zuzulassen.[14] Art. 3 Abs. 2 des Entwurfs für das Rom I-Übereinkommen sieht das jetzt vor. Damit soll nicht zuletzt die Wählbarkeit der Regeln des Gemeinsamen Referenzrahmens (Rn. 61) als „optionales Instrument" vorbereitet werden.

167 Mangels Rechtswahl wird das anwendbare Recht nach dem objektiven Merkmal der engsten Verbindung bestimmt (Art. 4 EVÜ, Art. 28 EGBGB). Nach der Grundregel des Art. 4 Abs. 2 wird die engste Verbindung zu dem Staat der Partei vermutet, die die charakteristische Leistung erbringt.[15]

II. Grenzen der Parteiautonomie

168 Ist die Parteiautonomie der Grundsatz, so bedeutet das doch auch im Kollisionsrecht nicht, daß nicht gegenläufige Prinzipien zum Tragen kommen könnten. Ebenso wie im materiellen Privatrecht lassen sich auch hier „Materialisierungstendenzen" erkennen.[16] Die für die vorliegende Darstellung wichtigsten Beschränkungen sind die Bestimmungen über international zwingende Normen in den Art. 5–7 EVÜ.

---

10 Dafür etwa *Grundmann* FS Rolland, S. 145–158; *ders.* ZHR 163 (1999), 635, 660–663; *Lando* FS Siehr, S. 402–404; *Leible* ZVglRWiss 97 (1998), 286, 307–318; *Wichard* RabelsZ 60 (1996), 269, 282–290; s.a. *Basedow* FS Stoll, S. 413; ablehnend etwa *Bonell* ERPL 1997, 505, 516f.; *Canaris* in: Vertragsrechtsvereinheitlichung, S. 17–27; Soergel-*v. Hoffmann* Art. 27 EGBGB Rn. 14–22; *Kropholler* IPR, § 52 II 3e (S. 444); Münchener Kommentar-*Martiny* Art. 27 EGBGB Rn. 30; *Michaels* RabelsZ 62 (1998), 580, 591–610. Eingehende Erörterung bei *Mankowski* in: Leible (Hrsg.), Das Grünbuch zum Internationalen Vertragsrecht (2004), S. 90–103.

11 So etwa *Canaris* in: Vertragsrechtsvereinheitlichung, S. 17–27; *Kropholler* IPR, § 52 II 3e (S. 444); *Michaels* RabelsZ 62 (1998), 580, 597.

12 Etwa *Leible* ZVglRWiss 97 (1998), 286, 307–318; *ders.* Wege, § 7 B II 2; *Wichard* RabelsZ 60 (1996), 269, 282–290; *Grundmann* JbJZ 1991, 43–70.

13 *Grundmann* FS Rolland, S. 150–153; *ders.* ZHR 163 (1999), 635, 660–663. A.M. *Canaris* in: Vertragsrechtsvereinheitlichung, S. 24–26.

14 *Kommission* Grünbuch über die Umwandlung des Übereinkommens von Rom aus dem Jahr 1980 über das auf vertragliche Schuldverhältnisse anzuwendende Recht in ein Gemeinschaftsinstrument sowie über seine Aktualisierung, v. 14.1.2003 KOM(2002) 654 endg., S. 27f.; *Martiny* ZEuP 2003, 590, 596; *MPI* RabelsZ 68 (2004), 30–33.

15 Zur inneren Rechtfertigung dieser Regel *Kropholler* IPR, § 52 III 2a (S. 447).

16 *Kohte* EuZW 1990, 150, 152; *Reich* NJW 1994, 2128.

1. Im Inland angebahnte Verbraucherverträge, Art. 5 EVÜ

Für bestimmte Verbraucherverträge sieht Art. 5 EVÜ (Art. 29 EGBGB) zum einen eine Einschränkung der Parteiautonomie vor, zum anderen eine von Art. 4 EVÜ abweichende objektive Anknüpfung.[17] Die Sonderregelungen gelten unter den drei kumulativen Voraussetzungen, daß 169
(1) bestimmte Warenkauf- oder Dienstleistungsverträge sowie dazugehörige Finanzierungsverträge[18]
(2) von einem Verbraucher
(3) auf eine von drei beschriebenen Weisen im Staat des gewöhnlichen Aufenthalts des Verbrauchers angebahnt wurden („Inlandsbezug").

Verbraucher ist eine Personen, wenn sie zu einem Zweck handelt, der nicht ihrer beruflichen oder gewerblichen Tätigkeit zugerechnet werden kann.[19] Erfolgt der Vertragsschluß sowohl zu privaten wie auch zu gewerblichen Zwecken (sog. gemischte Zweckbestimmung oder dual-use), sieht man das nicht als Verbraucherhandeln an.[20] Sachlich erfaßt sind als Lieferung beweglicher Sachen Warenkäufe. Der Dienstleistungsbegriff ist hier wie in der EuGVO und im Gemeinschaftsrecht allgemein weit zu verstehen als jede Tätigkeit, die „professionell" (beruflich, gewerblich)[21] und regelmäßig gegen Entgelt erbracht wird.[22] Neben Werk- und Dienstverträgen sind damit alle Geschäftsbesorgungsverträge erfaßt; zu denken ist z.B. an Anwaltstätigkeit, Beförderung, Beherbergung, Bankdienstleistungen, Vermögensverwaltung. Regelmäßig nicht als Dienstleistung zu qualifizieren ist hingegen der schuldrechtlich ausgestaltete Timesharingvertrag, weil der Dienstleistungsaspekt hier regelmäßig nur nebensächlich ist.[23] Nach der Rechtsprechung des EuGH zur Haustürgeschäfterichtlinie können auch Darlehensverträge Dienstleistungen darstellen.[24] Im Umkehrschluß *(e contrario)* aus Art. 5 Abs. 1 a.E. EVÜ erfaßt das Übereinkommen jedoch nur unselbständige Darlehensverträge „zur Finanzierung eines solchen Geschäfts".[25] Ausgenommen sind auch „ausländische Dienstleistungen", die ausschließlich in einem anderen als dem Aufenthaltsland des Verbrauchers erbracht werden, wie Beherbergung (Hotel) 170

---

17 Zum System des kollisionsrechtlichen Verbraucherschutzes *Leible* JbJZ 1995, 245–269; *ders.* in: Rechtsangleichung und nationales Privatrecht, S. 353–392.

18 Ausgenommen sind bestimmte Vertragstypen gem. Art. 5 Abs. 4 und 5 EVÜ.

19 Kritisch zum Verbraucherbegriff des Art. 5 EVÜ *Kroeger* Schutz der „marktschwächeren" Partei, S. 53f., 67–75.

20 Vgl. EuGH v. 20.1.2005 – Rs. C-464/01 *Gruber,* noch nicht in Slg., Rn. 30–45 zur Parallelnorm des Art. 13 EuGVÜ (jetzt Art. 15 EuGVO) mit Anm. *Mankowski* EWiR 2005, 305–306. S.a. unten Rn. 184a.

21 E. *Lorenz* RIW 1987, 569, 576.

22 BGHZ 123, 380, 384f.; BGHZ 135, 124, 130 (Isle of Man); *Fischer* JZ 1994, 367, 368 (wie in Art. 50 EGV); *Mankowski* RIW 1995, 364, 367.

23 BGHZ 135, 124, 130f. (Isle of Man). S.a. zur Ferienwohnungsmiete (keine Dienstleistung) BGHZ 109, 29, 36, und (offen gelassen) BGHZ 119, 152, 157f.

24 EuGH v. 17.3.1998 – Rs. C-45/96 *Bayerische Hypotheken und Wechselbank ./. Dietzinger* Slg. 1998, I-1199 Rn. 18.

25 Wohl a.M. *Reich/Micklitz* Verbraucherrecht, Tz. 12.4. Zu den Versuchen, den Verbraucherschutz für selbständige Kredite und andere Fälle über Art. 7 EVÜ (Art. 34 EGBGB) zu bewerkstelligen unten, Rn. 177–180.

oder Unterricht (Skikurs) usf.[26] Die für den Verbraucher erkennbare enge Beziehung zum Ausland reduziert hier auch im Falle der Vertragsanbahnung im Inland sein Schutzbedürfnis; könnte er sein Heimatrecht „im Reisegepäck mit sich führen“[27], so würde er im übrigen gegenüber den ausländischen Verbrauchern ungerechtfertigt bevorzugt und die ausländischen Dienstleistungsanbieter wären einer Vielfalt von anwendbaren Vertragsrechten ausgesetzt, ohne das wegen eines Auslandsbezugs erkennen zu können.[28]

171 Mit dem Kriterium des Inlandsbezugs wird der kollisionsrechtliche Schutz begrenzt auf den „passiven Verbraucher“, der in seiner vertrauten Umgebung Verträge schließt; nicht geschützt ist der „aktive Verbraucher“, der eigeninitiativ den Kontakt zum ausländischen Anbieter herstellt, da ihm aufgrund seiner Eigeninitiative der Umgang mit dem fremden Recht zugemutet werden kann, und umgekehrt dem Unternehmer der Auslandsbezug des Vertrags nicht zuzurechnen ist. Ein Inlandsbezug i.S.d. Übereinkommens ist gegeben,

- wenn Angebot oder Werbung[29] sowie die Vertragsabschlußhandlungen des Verbrauchers in diesem Staat vorgenommen wurden (Ziff. 1),[30]
- wenn der andere Teil die Bestellung des Verbrauchers in diesem Staat entgegengenommen hat (Ziff. 2)[31] oder
- wenn – im Fall von Warenkäufen – der Vertragsschluß auf einer vom Verkäufer mit diesem Ziel herbeigeführten Reise ins Ausland erfolgte (Ziff. 3).

Mit diesen drei Sachverhaltsgruppen sind die Fälle, in denen sich günstigere heimatliche Verbraucherschutzregeln gegenüber einer Rechtswahl durchsetzen, abschließend aufgezählt.[32] Eine analoge Anwendung von Art. 5 EVÜ[33] scheitert zwar nicht an einer – tatsächlich nicht anzuerkennenden – „Analogiefeindlichkeit von Ausnahmevorschriften“,[34] wohl aber daran, daß die Regelung nach Wortlaut und erkennbarer Absicht der Konventionsgeber abschließend ist.[35] Darüber im nationalen Recht hinwegzugehen, würde auch die von Art. 18 EVÜ gebotene einheitliche Auslegung stören.[36]

172 Unter diesen gegenständlichen (Vertragstyp), persönlichen (Verbraucher) und sachlichen (Inlandsbezug) Voraussetzungen ist zum einen abweichend von Art. 4 EVÜ das mangels Rechtswahl anwendbare Recht jenes des Aufenthaltsstaats des Verbrauchers.[37]

---

26 Art. 5 Abs. 4 lit. b EVÜ. *Gulianol/Lagarde* ABl. 1980 C 282/1, 25; MünchKomm-*Martiny* Art. 29 Rn. 16–17; krit. *Fischer* FS Großfeld (1999), S. 288f.

27 Als Frage formuliert von *Taupitz* BB 1990, 742.

28 Soergel-*v. Hoffmann* Art. 29 EGBGB Rn. 25; ähnlich MünchKomm-*Martiny* Art. 29 Rn. 16 a.E.

29 Kritisch bzgl. überindividueller Werbung *Drasch* Herkunftslandprinzip, S. 290–292; a.M. *Roth* RabelsZ 55 (1991) 623, 652, 655f., 658.

30 Vgl. BGHZ 123, 380, 390f. = JZ 1994, 363, 365; OLG Frankfurt, NJW-RR 1989, 1018 = RIW 1989, 646, 647.

31 BGHZ 123, 380, 390 = JZ 1994, 363, 366.

32 Ebenso OLG Hamm, NJW-RR 1989, 496 = IPRax 1989, 242 m. Bespr.v. *Jayme* S. 220.

33 Dafür etwa OLG Stuttgart, NJW-RR 1990, 1081, 1083; *Kohte* EuZW 1990, 150, 156; *Mäsch* Rechtswahlfreiheit und Verbraucherschutz, S. 166–171.

34 Zu Möglichkeiten und Grenzen einer analogen Anwendung von Ausnahmevorschriften nur *Kramer* Methodenlehre, S. 155–158; *Larenz/Canaris* Methodenlehre, S. 249f.

35 BGHZ 123, 380, 390f.; MünchKomm-*Martiny* Art. 29 EGBGB Rn. 13a.

36 *Fischer* FS Großfeld (1999), S. 284, der aber gleichwohl über Art. 7 EVÜ helfen möchte; dagegen unten, Rn. 177–180.

37 Art. 5 Abs. 3 EVÜ. Krit. *Kroeger* Schutz der „marktschwächeren“ Partei, S. 176f., S. 179–185.

Zum anderen wird unter den genannten Voraussetzungen die Rechtswahlfreiheit durch das Günstigkeitsprinzip eingeschränkt. Ungeachtet einer weiterhin zulässigen Rechtswahl finden danach die Vorschriften des Aufenthaltsstaats des Verbrauchers, die ihn als „schwächeren Vertragspartner"[38] schützen sollen, Anwendung, wenn sie günstiger sind als das gewählte Vertragsstatut.[39] Zu diesen Schutzvorschriften gehören in Deutschland insbesondere die des Reiserechts, des Verbraucherkreditgesetzes und des Gesetzes über den Widerruf von Haustürgeschäften.[40]

Im Rahmen der Reformüberlegungen wird erwogen, den kollisionsrechtlichen Verbraucherschutz zu erweitern. Sowohl die Beschränkung auf bestimmte Vertragstypen als auch die Beschränkung auf bestimmte Abschlußsituationen wird als unangemessen empfunden.[41] 172a

2. Arbeitsverträge, Art. 6 EVÜ

Durch dieselben Mechanismen – punktuelle Einschränkung der Parteiautonomie und besondere zwingende Anknüpfung – bewirkt Art. 6 EVÜ (Art. 30 EGBGB) einen kollisionsrechtlichen Schutz von Arbeitnehmern. Voraussetzung für diesen kollisionsrechtlichen Schutz ist indes nur, daß es sich um einen Arbeitsvertrag handelt. 173

Die objektive Anknüpfung führt hier zur Geltung des Rechts des gewöhnlichen Tätigkeitsortes[42] und, in Ermangelung eines gewöhnlichen Tätigkeitsortes, zur Anwendung des Rechts des Ortes der Einstellungsniederlassung. Hat der Arbeitsvertrag nach der Gesamtheit der Umstände eine engere Verbindung zu einem anderen Staat, so ist dessen Recht anzuwenden (Art. 6 Abs. 2 EVÜ). Die – auch hier weiterhin zulässige – Rechtswahl darf nicht dazu führen, daß dem Arbeitnehmer der Schutz entzogen wird, der ihm nach dem nach der objektiven Anknüpfung maßgeblichen Recht zwingend zustünde. Es gilt wiederum das Günstigkeitsprinzip.[43] Ungeachtet einer Rechtswahl objektiv angeknüpft werden daher nicht abdingbare, dem Arbeitnehmer günstigere Vorschriften, die spezifisch dem Arbeitnehmerschutz dienen.[44] Zu den zwingenden Arbeitnehmerschutzbestimmungen des deutschen Rechts rechnen beispielsweise das Schwerbehindertengesetz und das Mutterschutzgesetz.[45] 174

3. Eingriffsnormen, Art. 7 EVÜ

a) Grundsätze

Eine dritte wichtige Grenze der Parteiautonomie ist neben der Sonderanknüpfung von Verbraucher- und Arbeitnehmerschutzrecht die Sonderanknüpfung „zwingender Vor- 175

---

38 Palandt-*Heldrich* Art. 29 EGBGB Rn. 1; MünchKomm-*Martiny* Art. 29 EGBGB Rn. 35; *Grundmann* Schuldvertragsrecht, 1. Teil Rn. 76.

39 *Kropholler* IPR, § 52 V 3 (S. 462f.); *Mäsch* Rechtswahlfreiheit und Verbraucherschutz, S. 32–72. Kritisch zum Günstigkeitsprinzip *Leible* JbJZ 1995, 257–259.

40 Palandt-*Heldrich* Art. 29 EGBGB Rn. 6; MünchKomm-*Martiny* Art. 29 EGBGB Rn. 36.

41 Vgl. *Martiny* ZEuP 2003, 590, 601f.; *MPI* RabelsZ 68 (2004), 1, 32f.

42 Vgl. zu dem entsprechenden Begriff in Art. 5 Abs. 1 Nr. 1 EuGVÜ EuGH v. 9.1.1997 – Rs. C-383/95 *Rutten ./. Cross Medical* Slg. 1997, I-57.

43 *Junker* IPRax 1989, 69, 71f.; BAGE 63, 17, 24f.; BAG, IPRax 1994, 123, 126.

44 *Junker* IPRax 1989, 69, 72; *Martiny* ZEuP 2003, 590, 605f.

45 MünchKomm-*Martiny* Art. 30 EGBGB Rn. 19–22.

schriften" eines Staates nach Art. 7 EVÜ.[46] Allerdings können die Mitgliedstaaten im Hinblick auf zwingendes Recht von Drittstaaten (Art. 7 Abs. 1) einen Vorbehalt erklären.[47] Nach der tatbestandlich sehr offen gefaßten Bestimmung des Art. 7 Abs. 1 EVÜ „kann den zwingenden Bestimmungen des Rechts eines anderen Staates, mit dem der Sachverhalt eine enge Verbindung aufweist, Wirkung verliehen werden, soweit diese Bestimmungen nach dem Recht des letztgenannten Staates ohne Rücksicht darauf anzuwenden sind, welchem Recht der Vertrag unterliegt". Nach Absatz 2 der Vorschrift bleibt die Möglichkeit der Anwendung zwingender Vorschriften des Forumstaates unberührt.

176 Die hier angesprochenen zwingenden Bestimmungen sind solche, die nach dem erklärten oder dem Zweck der Vorschrift zu entnehmenden Willen des Gesetzgebers „mit einem kollisionsrechtlichen Eingriffsbefehl ausgestattet" sind (Eingriffsnormen).[48] Damit ist freilich nur die Frage anders beschrieben. Die Bestimmung der nach Art. 7 EVÜ zwingenden Normen ist weithin unklar.[49] Als Indizien – indes nicht notwendige Voraussetzungen – für den unbedingten Geltungswillen einer Vorschrift werden so vage Anhaltspunkte wie ihre öffentlich-rechtliche Natur und ihre Strafbewehrung genannt. Für den Eingriffsnormcharakter spricht die ordnungspolitische Zielsetzung zur Steuerung des Wirtschafts- und Soziallebens, dagegen der bloße Zweck, Privatinteressen auszugleichen;[50] dafür spricht ihre Funktion zum Institutionenschutz, nicht bloß zum Gruppen- oder Individualschutz.[51] Ungeachtet zahlreicher Zweifelsfragen ist ein Kernbereich von zwingenden Normen wenig umstritten. Dazu rechnen u.a. ordnungspolitische Vorschriften wie z.B. Ausfuhrverbote, Devisenvorschriften und Vorschriften zum Schutz von Marktordnung und Wettbewerb.[52]

b) Verbraucherschutzvorschriften als Eingriffsnormen?

177 Manche unternehmen es, den als unzureichend empfundenen kollisionsrechtlichen Verbraucherschutz des Art. 5 EVÜ über Art. 7 EVÜ aufzubessern. Kann z.B. für den selbständigen Kreditvertrag oder (früher von Bedeutung; jetzt Art. 9 TSRL) für den Timesharingvertrag über Art. 7 EVÜ die Anwendung zwingenden nationalen Schutzrechts begründet werden? Ein kollisionsrechtlicher Verbraucherschutz über Art. 5 EVÜ wird sowohl im Wege der Auslegung von Art. 7 EVÜ als auch im Wege der Rechtsfortbildung vorgeschlagen. Zum einen werden Verbraucherschutzvorschriften auf dem Gebiet des Vertragsrechts – z.B. der Schutz vor „Haustürgeschäften" – schon als Eingriffsnormen angesehen, weil sie nicht nur den einzelnen Verbraucher schützten, sondern auch das Anbieterverhalten steuern sollten und daher nicht nur dem Individual-, sondern auch dem

---

46 Die Regelung wirft zahlreiche Zweifelsfragen auf; zur Revision *Junker* IPRax 2000, 65–73.

47 Art. 22 Abs. 1 lit. a) EVÜ; davon haben die Bundesrepublik, Irland, Luxemburg und das Vereinigte Königreich Gebrauch gemacht; dazu *Martiny* IPRax 1987, 277–280.

48 *Junker* IPRax 1989, 69, 73; *Kropholler* IPR, § 52 IX 1 (S. 475–477); MünchKomm-*Martiny* Art. 34 EGBGB Rn. 10–13.

49 *Kropholler* IPR, § 52 X (S. 481); *Mäsch* Rechtswahlfreiheit und Verbraucherschutz, S. 131–165.

50 *Junker* IPRax 2000, 65, 70f.; *Kropholler* IPR, § 52 IX 1 (S. 476); MünchKomm-*Martiny* Art. 34 Rn. 12; BAGE 63, 17, 30–32; BAG, IPRax 1994, 123, 128 (§ 613a BGB keine Eingriffsnorm); abl.; *Jayme* IPRax 2001, 190, 191.

51 *Basedow* RabelsZ 52 (1988) 8, 27–31; a.M. *Roth* in: Schneider/Heiss/Rudisch, Internationales Verbraucherschutzrecht (1995), S. 43–45.

52 *Kropholler* IPR, § 52 XI 2 (S. 477f.); MünchKomm-*Martiny* Art. 34 EGBGB Rn. 63–88.

Institutionenschutz dienten.[53] Zum anderen wird angenommen, der kollisionsrechtliche Verbraucherschutz des EVÜ sei lückenhaft. Die Lückenhaftigkeit wird teils aus der Entstehungsgeschichte begründet,[54] teils mit der Erwägung, das EVÜ gewährleiste nicht den von den deutschen Grundrechten geforderten Schutz,[55] und schließlich damit, die nachfolgende Gemeinschaftsgesetzgebung auf dem Gebiet des verbraucherschützenden Kollisionsrechts führe zu Norm- oder Wertungswidersprüchen mit dem EVÜ.[56] Die so begründete Lücke sei mit einer Gesamtanalogie der Kollisionsnormen, die Ausschnitte des Sonderprivatrechts (nach dem Günstigkeitsprinzip) international zwingend ausgestalten,[57] oder analog Art. 7 EVÜ[58] zu füllen.

Diese Auffassung ist im Grundsatz abzulehnen. Allerdings findet sich für sie im Bericht 178
von *Gulianol/Lagarde* ein Anhaltspunkt.[59] Sie überzeugt aber schon nach der Systematik des EVÜ nicht, da die umfassende Anknüpfung von Verbraucherverträgen als Eingriffsnormen die Vorschriften des Art. 5 EVÜ leerlaufen lassen würden.[60] Darüber hinaus droht diese Auffassung, das Erfordernis der Eingriffsnorm auszuhöhlen, denn einen Marktbezug (Institutionenschutz) hat jede Verbraucherschutzregelung, ist doch der Verbraucher durch seine Rolle am Markt gekennzeichnet.[61] Die vorgeschlagene Gesamtanalogie scheitert bereits daran, daß schon Art. 5 EVÜ unzweideutig auf einem Enumerationsprinzip beruht und die Art. 5 und 6 EVÜ gerade nicht das gesamte Sonderprivatrecht erfassen.[62] Eine Lücke im System des Europäischen Verbraucherrechts läßt sich aber auch nicht damit begründen, daß die dem Übereinkommen nachfolgende EG-Gesetzgebung auf dem Gebiet des Kollisionsrechts zu Unstimmigkeiten mit dem EVÜ führe. Allerdings wird damit – wie auch hier – das EVÜ als Bestandteil des Europäischen Privatrechts angesehen und ist daher eine innere Abstimmung der Regelungen nach der Systemforderung der Folgerichtigkeit in der Tat geboten. Indes löst schon Art. 20 EVÜ die auftretenden Kollisionen formal auf. Soweit der Europäische Gesetzgeber von Art. 5 EVÜ abweichende Anknüpfungspunkte angegeben hat, muß man daher davon ausgehen, daß er bewußt eine systemwidrige Regelung gewählt hat, die man nun nicht im Wege der Rechtsfortbildung korrigieren kann. Die – unmittelbare oder analoge – Anwendung von Art. 7 EVÜ auf Verbraucherverträge ist im übrigen, soweit sie sich auch auf nationale Kollisionsvorschriften oder Schutzerwägungen stützt, mit der Methoden*norm* der einheitlichen Auslegung (Art. 18 EVÜ) unvereinbar.[63] Endlich gebietet auch die Schutzfunktion der deutschen Grundrechte nichts anderes, denn bei der Ausgleichung der widerstreitenden Grundrechte und verfassungsrechtlichen Rechtspositionen ist hier – anders als im rein nationalen Fall – auch zu berücksichtigen, daß der vom EVÜ gefundene Interessenausgleich auf einer

53 *Kohte* EuZW 1990, 150, 154f.; Palandt-*Heinrichs* Art. 34 EGBGB Rn. 3; *Bülow* EuZW 1993, 435, 436; für Binnenmarktsachverhalte auch *Jayme* IPRax 1990, 220, 222.

54 *Roth* in: Schneider/Heiss/Rudisch, Internationales Verbraucherschutzrecht (1995), S. 40–42.

55 *Reich* NJW 1994, 2128–2131.

56 *Fischer* FS Großfeld (1999), S. 281–283.

57 Soergel-*v. Hoffmann* Art. 34 EGBGB Rn. 61; *ders.* IPRax 1989, 261, 265f., 268.

58 *Fischer* FS Großfeld (1999), S. 284–291.

59 ABl. 1980 C 282/1, 28.

60 *Kropholler* IPR, § 52 IX 3 (S. 478f.); *Grundmann* IPRax 1992, 1, 2.

61 Kritisch auch *Junker* IPRax 2000, 65, 71.

62 BGHZ 123, 380, 390f.; BGHZ 135, 124, 133; *Junker* IPRax 2000, 65, 70.

63 BGHZ 135, 124, 134. A.M. *Fischer* FS Großfeld (1999), S. 284.

internationalen Einigung beruht, die ihrerseits gerade auch dem Verbraucher zugute kommt.[64] Für die Grundrechtskontrolle bleibt im übrigen noch Raum unter Art. 16 EVÜ *(ordre public)*.[65]

179 Ausnahmsweise anderes gilt freilich, wenn die fragliche (Verbraucherschutz-) Regelung gemeinschaftsrechtlich begründet ist. Enthält schon das Gemeinschaftsrecht einen Eingriffsbefehl oder schreibt sie vor, daß die Mitgliedstaaten die internationale Anwendbarkeit von Schutzregeln ungeachtet parteiautonomer Rechtswahl durchsetzen müssen, so müssen die Mitgliedstaaten eine entsprechende Regelung in ihrem nationalen Recht vorsehen. Fehlt eine gesetzliche Regelung, so sind die Gerichte, sofern nicht der nationale Gesetzgeber bewußt richtlinienwidrig gehandelt hat, gehalten, die internationale Anwendbarkeit so weit wie möglich im Wege der Auslegung herzustellen.[66] Dafür wird sich – ungeachtet verbleibender systematischer Bedenken – als eine Lösung regelmäßig der Weg über Art. 7 EVÜ anbieten (ggf. nur behindert durch einen Vorbehalt gegenüber Art. 7 Abs. 1).[67] Die oben gegen einen solchen Einbruch in Art. 7 EVÜ ins Feld geführten teleologisch-systematischen Überlegungen stehen *in diesem Fall* nicht entgegen, da Art. 20 EVÜ einen Vorrang des Gemeinschaftsrechts bestimmt.

180 Sehr weitgehend hat allerdings der EuGH auch den Ausgleichsanspruch des Handelsvertreters nach Art. 17, 18 HVertrRL, der in Art. 19 der Richtlinie ausdrücklich nur für „national zwingend" erklärt wird, als international zwingend angesehen.[68] Die Entscheidung betrifft freilich nicht unmittelbar das EVÜ, erstens weil der EuGH insoweit keine Auslegungszuständigkeit hatte (Rn. 47) und zweitens weil das EVÜ intertemporal nicht anwendbar war, da der Handelsvertretervertrag vor dem vom Übereinkommen bestimmten Stichtag geschlossen wurde.[69] Generalanwalt *Léger* hat das Übereinkommen jedoch bei seinen Schlußanträgen mitberücksichtigt.[70] Außerdem betrifft die Entscheidung die für das Kollisionsrecht vorgreifliche Frage, ob das materielle Recht mit einem internationalen Anwendungsbefehl ausgestattet ist. Der Gerichtshof bejaht diese Frage mit den sehr allgemeinen Erwägungen, daß der Ausgleichsanspruch zum Schutz des Handelsvertreters zwingend ausgestaltet sei und die Rechtsangleichung die Niederlassungsfreiheit sichern und vor Wettbewerbsverzerrungen schützen solle. Deswegen dürfe es nicht möglich sein, den Schutzbestimmungen durch eine einfache Rechtswahl zu entkommen.[71] Dem her-

---

64 Ablehnend auch MünchKomm-*Martiny* Art. 34 EGBGB Rn. 80; *Grundmann* Schuldvertragsrecht, 1. Teil Rn. 77; *ders.* IPRax 1992, 1, 2; *Kropholler* IPR, § 52 IX 1 a) a.E. (S. 431f.).

65 *Kropholler* IPR, § 36 IV (S. 245–248).

66 *Riesenhuber/Domröse* RIW 2005, 47–54.

67 *Jayme* IPRax 1990, 220, 222; *ders.* Internationales Privatrecht für Europa, S. 31f., 36; abl. *Leible* JbJZ 1995, S. 265.

68 EuGH v. 9.11.2000 – Rs. C-381/98 *Ingmar ./. Leonard* Slg. 2000, I-9305. Zust. *Jayme* IPRax 2001, 190f.; *Kindler* BB 2001, 11, 12; *Reich* EuZW 2001, 51f.; krit. *Freitag* EWiR 2000, 1061, 1062; *Freitag/Leible* RIW 2001, 287–295.

69 Art. 22 Abs. 1 S. 3, 4 HVertrRL; GA *Léger* in: EuGH v. 9.11.2000 – Rs. C-381/98 *Ingmar ./. Leonard* Slg. 2000, I-9305 SchlA Tz. 63f.; *Martiny* ZEuP 2001, 308, 310.

70 GA *Léger* SchlA v. 11.5.2000 – Rs. C-381/98 *Ingmar ./. Leonard* Slg. 2000, I-9305, Tz. 64 („purely for guidance").

71 EuGH v. 9.11.2000 – Rs. C-381/98 *Ingmar ./. Leonard* Slg. 2000, I-9305 Rn. 20–26. Eingehender GA *Léger* SchlA v. 11.5.2000 – Rs. C-381/98 *Ingmar ./. Leonard* Slg. 2000, I-9305 Tz. 65–91. Gegen beide Erwägungen zutreffend *Freitag/Leible* RIW 2001, 287, 291–293.

kömmlichen Verständnis der Eingriffsnormen des Art. 7 EVÜ entspricht diese Entscheidung nicht.[72] Ob der Gerichtshof die weitreichenden Folgen seiner Entscheidung[73] bedacht hat, ist zweifelhaft. Führt man die Entscheidung des EuGH gestützt auf die beiden Begründungsstränge – Schutz des von der Richtlinie Begünstigten und Vermeidung von Wettbewerbsverzerrungen – konsequent durch, so kann sich daraus entgegen der oben vertretenen Ansicht eine weitereichende Sonderanknüpfung von Verbraucherschutzvorschriften als Eingriffsnormen ergeben.[74]

72 MünchKomm-*Martiny* Art. 28 EGBGB Rn. 158f.

73 *Freitag/Leible* RIW 2001, 287, 292–295.

74 Dafür in der Tat *Reich/Micklitz* Verbraucherrecht, Tz. 12.13; *Staudinger* NJW 2001, 1974–1977.

2. Teil: Sachfragen des Vertragsrechts

Abschnitt 1
Allgemeine und übergreifende Fragen

§ 7
Unternehmer und Verbraucher

Literatur:

Dreher, Meinrad, Der Verbraucher – Das Phantom in den opera des europäischen und deutschen Rechts?, JZ 1997, 167–178

Faber, Wolfgang, Elemente verschiedener Verbraucherbegriffe in EG-Richtlinien, zwischenstaatlichen Übereinkommen und nationalem Zivil- und Kollisionsrecht, ZEuP 1998, 854–892

Grundmann, Stefan, Verbraucherrecht, Unternehmensrecht, Privatrecht – warum sind sich UN-Kaufrecht und EU-Kaufrechts-Richtlinie so ähnlich?, AcP 202 (2002), 40–71

Hommelhoff, Peter, Verbraucherschutz im System des deutschen und europäischen Privatrechts, Heidelberg 1996

Mankowski, Peter, Zur Anwendbarkeit des internationalen Verbraucherschutzrechts bei gemischten Verträgen, EWiR 2005, 305–306

Medicus, Dieter, Schutzbedürfnisse (insbesondere der Verbraucherschutz) und das Privatrecht, JuS 1996, 761–767

Medicus, Dieter, Wer ist ein Verbraucher?, in: Hans G. Leser/Tamotsu Isomura (Hrsg.), Wege zum japanischen Recht, Festschrift für Zentaro Kitagawa, Berlin 1992, S. 471–486

Pfeiffer, Thomas, Der Verbraucherbegriff als zentrales Merkmal im europäischen Privatrecht, in: Hans Schulte-Nölke/Reiner Schulze (Hrsg.), Europäische Rechtsangleichung und nationale Privatrechte, Baden-Baden 1999, S. 21–43

Reich, Norbert, Das Phantom „Verbraucherrecht" – Erosion oder Evolution des Privatrechts?, JZ 1997, 609–610

Riesenhuber, Karl, Kein Zweifel für den Verbraucher, JZ 2005, 829–835

Riesenhuber, Karl/v. Vogel, Alexander, Sind Arbeitnehmer Verbraucher i.S.v. § 13 BGB?, JURA 2006, 81–86

Schäfer, Hans-Bernd, Grenzen des Verbraucherschutzes und adverse Effekte des Europäischen Verbraucherrechts, in: Stefan Grundmann (Hrsg.), Systembildung und Systemlücken in Kerngebieten des Europäischen Privatrechts – Gesellschafts-, Arbeits- und Schuldvertragsrecht, Tübingen 2000, 559–568

Schmidt, Karsten, Unternehmer – Kaufmann – Verbraucher – Schnittstellen im Sonderprivatrecht und Friktionen zwischen §§ 13, 14 BGB und §§ 1 ff. HGB, BB 2005, 837–842

Schmidt, Karsten, Verbraucherbegriff und Verbrauchervertrag – Grundlagen des § 13 BGB, JuS 2006, 1–8

Ultsch, Michael L., Der einheitliche Verbraucherbegriff, Baden-Baden 2006

v. Vogel, Alexander, Verbrauchervertragsrecht im Privatrechtssystem – Zur systematischen Stellung verbrauchervertraglicher Vorschriften im Recht der Europäischen Gemeinschaft und ihrer Mitgliedstaaten, GPR 2005, 164–172

v. Vogel, Alexander, Verbrauchervertragsrecht und allgemeines Vertragsrecht – Fragen der Kohärenz in Europa, Berlin 2006

Zöllner, Wolfgang, Regelungsspielräume im Schuldvertragsrecht – Bemerkungen zur Grundrechtsanwendung im Privatrecht und zu den sogenannten Ungleichgewichtslagen, AcP 196 (1996), 1–36

Casebook:

Schulze, Reiner/Schulte-Nölke, Hans (Hrsg.), Casebook Europäisches Verbraucherrecht, Baden-Baden 1999

181 Unternehmer und Verbraucher sind Zentralbegriffe des Europäischen Vertragsrechts. Der Gesetzgeber verwendet sie jetzt im wesentlichen einheitlich.[1] Die Begriffe nehmen Bezug auf die Rolle des Handelnden am Markt und aus diesem Marktbezug der Definition läßt sich auch die ratio der Unterscheidung ableiten (I). Das Europäische Vertragsrecht betrifft ganz durchgehend Verträge, an denen auf der einen Seite ein Unternehmen beteiligt ist, indes ist keineswegs in allen Fällen der andere Teil ein Verbraucher; selbst von den für diese Darstellung ausgewählten Richtlinien (Rn. 4–12a) schützt die Hälfte nicht spezifisch Verbraucher. Soweit die Regelungen Verträge zwischen Unternehmen und Verbrauchern betreffen, dient der Verbraucherbegriff dazu, den persönlichen Schutzbereich abzugrenzen. In keinem Fall aber begründet die Verbrauchereigenschaft als solche schon die Schutzbedürftigkeit; die Schutzbedürftigkeit wird nur unter weiteren sachlichen Voraussetzungen angenommen. Nicht immer ist der persönliche Schutzbereich von Vorschriften des Europäischen Vertragsrechts auf Verbraucher beschränkt, verschiedene Regelungen schützen nicht nur Verbraucher, sondern alle Vertragspartner von Unternehmen bei bestimmten Verträgen. Die Abgrenzung des persönlichen Schutzbereichs, die sich auf diese Weise ergibt, überzeugt in den meisten Fällen (II).

182 Unternehmer und Verbraucher sind zuerst Rechtsbegriffe. Neben diesen Rechtsbegriffen ist aber gerade im Europäischen Vertragsrecht viel von „Leitbildern" des Verbrauchers und des Unternehmers die Rede. Bei diesen Leitbildern, die wir in einem Exkurs erörtern, handelt es sich indes nur um Hilfsmittel für die Praxis, denen kein eigener Erkenntniswert zukommt; für die vorliegende Darstellung werden sie, wie näher darzulegen ist, nicht verwendet (III).

I. Unternehmer und Verbraucher als Zentralbegriffe des Europäischen Vertragsrechts

1. Unternehmer- und Verbraucherdefinition

183 Das Europäische Vertragsrecht besteht ganz überwiegend aus Schutzvorschriften, die die als bestehend vorausgesetzten allgemeinen Vorschriften der mitgliedstaatlichen Vertragsrechte für spezifische Sachverhalte ergänzen. Zur Kennzeichnung von Verpflichteten und Berechtigten dieses Schutzes verwendet das Europäische Vertragsrecht zumeist die Begriffe des Gewerbetreibenden/Berufsausübenden/Unternehmers[2] (nachfolgend zusammenfassend: „Unternehmer") einerseits und des Verbrauchers andererseits.

184 Durchgehend und mit nur geringen Abweichungen[3] werden *Unternehmer* im Europäischen Privatrecht definiert als natürliche oder juristische Personen, die im Rahmen ihrer beruflichen oder gewerblichen Tätigkeit handeln. *Verbraucher* werden demgegenüber als natürliche Personen definiert, die bei den betroffenen Verträgen zu einem Zweck handeln, der nicht ihrer beruflichen oder gewerblichen Tätigkeit zugerechnet werden kann.[4]

---

1 Auch die Rechtsprechung zum Primärrecht läßt eine Abstimmung erkennen; EuGH v. 7.3.1990 – Rs. C-362/88 *GB-INNO-BM* Slg. 1990, I-667 Rn. 14–18.

2 Das „gewerbsmäßige Handeln" bzw. die „berufliche oder gewerbliche Tätigkeit" kennzeichnen auch die Verpflichteten der ÜwRL und der FinInRL; die VersRLen verpflichten „Unternehmen".

3 *Faber* ZEuP 1998, 854, 875; *Staudenmayer* NJW 1999, 2393.

4 Tabellarische Übersichten über die Unternehmer- und Verbraucherbegriffe der Richtlinien in *Riesenhuber* System und Prinzipien, S. 251–253.

Umstritten ist, was bei doppelter Zwecksetzung gilt, wenn also beispielsweise ein Sprachlehrer einen Computer zugleich zur Unterrichtsvorbereitung und für private Nutzung kauft (sog. *dual use*-Problematik). Während das Schrifttum weithin eine Zuordnung nach dem Schwerpunkt vorschlägt, hat der EuGH – allerdings in einer Entscheidung zur EuGVO – ein Geschäft mit doppelter Zwecksetzung nicht als Verbrauchervertrag angesehen; anderes könnte nur gelten, wenn die Verbindung zur beruflich-gewerblichen Tätigkeit nur ganz nebensächlich und untergeordnet wäre.[5] Das ist eine Art Rührei-Theorie: ein „schlechtes" Ei verdirbt das gesamte Rührei. **184a**

Allerdings hat der Gesetzgeber den Verbraucher*begriff* nicht immer mit der wünschenswerten Konsequenz verwendet. Nur in einem untechnischen Sinne schützt die Pauschalreiserichtlinie Verbraucher. Als Verbraucher wird darin ohne weitere Qualifizierung die Person bezeichnet, die eine Pauschalreise bucht; und das kann jedermann sein, unabhängig vom beruflichen oder privaten Zweck seiner Reise. Eine Verbraucherschutzregelung ist die Pauschalreiserichtlinie daher nur in einem untechnischen, formalen Sinne. Umgekehrt bezeichnet die Timesharingrichtlinie den Begünstigten nicht als Verbraucher, sondern als Erwerber. Der „Erwerber" ist hier aber ebenso durch seine Rolle gekennzeichnet wie in den anderen Regelungen der Verbraucher, nämlich dadurch, daß er zu einem Zweck handelt, „der als außerhalb (seiner) Berufsausübung liegend betrachtet werden kann". Die Timesharingrichtlinie ist daher in einem technischen oder materialen Sinne dem Verbraucherrecht zuzuordnen. Gesetzgebungstechnisch ist die Begriffswahl in beiden Fällen unglücklich. Als ausnahmsweiser Fehlgriff bestätigt sie jedoch zugleich, daß das Gemeinschaftsrecht in der Regel einen einheitlichen Verbraucherbegriff verwendet.[6] **185**

2. Rollenbezogener Schutz in bestimmten Situationen

Verbraucher und Unternehmer sind damit im Grundsatz rollenbezogen definiert, ebenso wie im nationalen Recht Arbeitnehmer und Mieter. Eine rollenbezogene Schutzbereichsabgrenzung ist auch im deutschen Handelsrecht bekannt, soweit dieses Sonderregeln für Kaufleute für Geschäfte vorsieht, die zum Betrieb seines Handelsgewerbes gehören (§ 343 HGB). Je nach dem Zweck, zu dem eine Person handelt, kann sie besonderen Schutz genießen bzw. besonderen Pflichten unterliegen oder nicht. **186**

Für natürliche Personen stellt die Unterscheidung von Verbrauchern und Gewerbetreibenden eine erschöpfende Alternative dar, jedes Handeln ist entweder auf einen beruflichen oder gewerblichen Zweck bezogen, dann ist der Handelnde Gewerbetreibender. Oder es fehlt an dieser Zwecksetzung, dann ist der Handelnde Verbraucher. Juristische Personen sind hingegen nie Verbraucher, sie sind aber auch nicht notwendig Gewerbetreibende, da sie neben beruflichen oder gewerblichen Zwecken auch ideelle verfolgen können. **187**

3. Das Kriterium der selbständigen Erwerbstätigkeit am Markt und sein Zweck

Anstelle des Begriffs des Gewerbetreibenden wird in der vorliegenden Darstellung jener des *Unternehmers* verwandt.[7] Zum einen verwendet auch der Europäische Gesetzgeber in **188**

5 EuGH v. 20.1.2005 – Rs. C-464/01 *Gruber*, noch nicht in Slg., Rn. 30–45. Ebenso schon *Jauernig* FS Schlechtriem (2003), 569–575.

6 *v. Vogel* Verbrauchervertragsrecht und allgemeines Vertragsrecht, S. 18 mwN.

7 *Grundmann* ZHR 163 (1999), 635, 644f.

jüngeren Richtlinien den Unternehmerbegriff.[8] Zum anderen aber drückt dieser Begriff das maßgebliche Abgrenzungskriterium besser aus, da mit der beruflichen oder gewerblichen Tätigkeit eine selbständige Erwerbstätigkeit am Markt bezeichnet ist. Neben dem zentralen Merkmal der selbständigen Erwerbstätigkeit spielt die Unterscheidung der sich überschneidenden Bereiche beruflicher und gewerblicher Tätigkeit[9] keine praktische Rolle, denn auch dort, wo ausnahmsweise nur die berufliche oder gewerbliche Tätigkeit genannt ist (Art. 2 Sps. 4 TSRL), soll der gesamte Bereich unternehmerischer Tätigkeit erfaßt werden. Der Unternehmerbegriff ist demnach sehr weit gefaßt, er erfaßt etwa auch Kleinunternehmer sowie freiberuflich Tätige, wie z.B. selbständig tätige Hebammen, Cellolehrerinnen, Krankengymnasten und Logopäden.

189 Der Wortlaut der Definitionsnormen hat allerdings Anlaß zu Zweifeln gegeben, da die „berufliche Tätigkeit" nach deutschem Sprachgebrauch nicht nur die freiberufliche, sondern auch die unselbständige Tätigkeit des Arbeitnehmers bedeuten kann. Von einem Gegensatz von Verbraucher und Arbeitnehmer scheint aber insbesondere die AGB-Richtlinie auszugehen, da nach ihrer 10. Begründungserwägung Arbeitsverträge vom Anwendungsbereich der AGB-Richtlinie ausgeschlossen sind.[10] Zu weiteren Zweifeln kann die Vertretungsregelung über das Handeln von Arbeitnehmern für Unternehmer Anlaß geben, denn vereinzelt sind auch „Personen, die im Namen und für Rechnung eines Gewerbetreibenden handeln", also auch Arbeitnehmer, als Gewerbetreibende definiert.[11] Indes spricht schon der Wortlaut der Definitionsnormen gegen die Annahme, mit der „beruflichen Tätigkeit" sei auch die des Arbeitnehmers bezeichnet, da Arbeitnehmer nach dem Sprachgebrauch doch keine Gewerbetreibenden *(trader, commerçant)* sind. Daß die berufliche Tätigkeit neben der gewerblichen zur Definition des Gewerbetreibenden genannt wird, dürfte vor allem der Klarstellung dienen, daß nicht ein enger Begriff des Gewerbes gemeint ist, wie er z.B. der deutschen Gewerbeordnung zugrunde liegt. Auch aus der AGB-Richtlinie ergibt sich nichts anderes, denn die Ausnahme von Arbeitsverträgen bezieht sich nicht auf Verbraucherverträge von Arbeitnehmern, sondern nur auf Arbeitsverträge von Verbrauchern (vgl. BE 10 AGBRL). Arbeitnehmer sind daher, soweit sie nicht im Namen oder für Rechnung des Arbeitgebers handeln, stets Verbraucher, doch genießen sie den Verbraucherschutz der AGB-Richtlinie nicht, soweit es um ihre Arbeitsverträge selbst geht.[12]

190 Damit erledigt sich auch die Folgefrage der „Zurechnung zur beruflichen Tätigkeit". Sind Arbeitnehmer auch dann nicht Unternehmer, wenn sie (im eigenen Namen, aber) für berufliche Zwecke handeln, genießen sie den Verbraucherschutz auch beim Kauf von Arbeitskleidung, die sie zur Verfügung zu stellen haben. Umgekehrt folgt aus dem Zweck

---

8 Art. 2 Ziff. 1 UAbs. 3 ZVerzRL.

9 Nach *Faber* ZEuP 1998, 854, 868–870 und 871–874 ist „gewerblich" die selbständige, auf gewisse Dauer angelegte, planmäßige Tätigkeit am Markt gegen Entgelt, „beruflich" ist die selbständige, auf gewisse Dauer angelegte, nach außen hervortretende, entgeltliche Tätigkeit.

10 *Heinrichs* NJW 1995, 153, 159.

11 Art. 2 Sps. 2 HtWRL. EuGH v. 25.10.2005 – Rs. C-229/04 *Crailsheimer Volksbank,* noch nicht in Slg. Rn. 41–45, stellt klar, daß die Richtlinie allein das Handeln „im Namen und für Rechnung eines Gewerbetreibenden" voraussetzt, nicht aber Kenntnis oder Kennenmüssen des Gewerbetreibenden.

12 Anders das deutsche Recht; *Riesenhuber/v. Vogel* JURA 2006, 81–86; s. jetzt auch BAG, NZA 2005, 1111.

der Unterscheidung von Unternehmer und Verbraucher, daß auch dann, wenn dies (wie meist) nicht ausdrücklich gesagt ist, ein Handeln von Arbeitnehmern im Namen des Unternehmers ebenso zu beurteilen ist wie ein Handeln des Unternehmers selbst. Die Haustürgeschäfterichtlinie ist auch dann nicht anwendbar, wenn nicht „der Unternehmer", sondern ein Arbeitnehmer vom Vertreter Kopierpapier oder 25 Gros Klopapier[13] einkauft.

Der Begriff des Gewerbetreibenden erfaßt damit nur die selbständige Tätigkeit am Markt,[14] er entspricht daher jenem des Unternehmers.[15] In diesem Sinne kann man die berufliche oder gewerbliche Tätigkeit auch als eine „professionelle" bezeichnen. Will man den Handlungsbezug, der den Verbraucher kennzeichnet, statt durch die Negation beruflicher oder gewerblicher Tätigkeit positiv beschreiben, so kann man dafür auch den Begriff der „privaten Tätigkeit" wählen.[16] **191**

4. Die ratio der Unterscheidung und ihre Überzeugungskraft

Die Abgrenzung des persönlichen Schutzbereichs nach dem rollenbezogenen Verbraucherbegriff beruht zum einen auf der typischerweise höheren Schutzbedürftigkeit des privat Handelnden einerseits und den legitimerweise höheren Verhaltensanforderungen an Unternehmer andererseits.[17] Der Ausschluß von Unternehmen aus dem Schutzbereich ist zum anderen auch damit zu erklären, daß entsprechende Schutzvorschriften zu deren Gunsten mit den Erfordernissen des Handelsverkehrs und dem Grundsatz des freien Wettbewerbs nicht vereinbar erscheinen. **192**

Ganz überwiegend lassen sich die Schutzvorschriften des Europäischen Vertragsrechts als Regelungen verstehen, die dem Schutz der wirtschaftlichen Selbstbestimmung dienen. Damit wird die inhaltliche oder funktionale Seite der Privatautonomie als Rechtsmacht beschrieben, die dem Zweck dient, Ziel und Mittel des wirtschaftlichen Handelns selbst zu bestimmen.[18] Soweit sich das Europäische Vertragsrecht des Verbraucherbegriffs bedient, um den persönlichen Schutzbereich abzugrenzen, beruht dies auf der Erwägung, daß die Selbstbestimmung des privat Handelnden in den betroffenen Situationen typischerweise stärker gefährdet ist, weil er nicht über die Information oder die Kenntnisse und Erfahrungen des professionell Handelnden verfügt.[19] **193**

Für diese stärkere Gefährdung kommen vor allem drei Gründe in Betracht. Erstens handeln Privatpersonen oftmals nicht mit derselben Umsicht wie Unternehmer, die typischerweise jeden Vertragsgegenstand sorgsam im Hinblick auf seine Funktion für die Unternehmenstätigkeit erwägen. Anders als Verbraucher lassen sich Unternehmer typischerweise nicht zu unüberlegten Kreditaufnahmen verlocken; wer beruflich oder gewerblich Waren einkauft, bedenkt solche Geschäfte typischerweise im Hinblick auf die Erfor- **194**

---

13 Vgl. den Fall von LG Hanau, NJW 1979, 721 (Inhaltsirrtum; die dort betroffene Schule verfolgte freilich keine gewerbliche Tätigkeit).

14 Ebenso EuGH v. 14.3.1991 – Rs. C-361/89 *Di Pinto* Slg. 1991, 1189 Rn. 16.

15 Zum Unternehmerbegriff in der deutschen Rechtssprache jetzt § 14 BGB.

16 Vgl. EuGH v. 14.3.1991 – Rs. C-361/89 *Di Pinto* Slg. 1991, 1189 Rn. 16; EuGH v. 19.1.1993 – Rs. C-89/91 *Shearson Lehman Hutton* Slg. 1993, I-139 Rn. 22; EuGH v. 3.7.1997 – Rs. C-269/95 *Benincasa ./. Dentalkit* Slg. 1997, 3767 Rn. 15–17.

17 S. nur *Hopt* AcP 183 (1983), 608, 645–655 und *passim*.

18 *Drexl* Wirtschaftliche Selbstbestimmung, S. 7.

19 *Neuner* Sozialstaat, S. 275f.

dernisse seines Unternehmens.[20] Die unterschiedliche Herangehensweise hat nicht nur psychologische Gründe, sondern beruht zweitens auch darauf, daß Verbraucher typischerweise nicht über dieselbe Routine und Geschäftserfahrung verfügen wie Unternehmer und ihnen für die Ausführung des Geschäfts auch nicht dieselbe Infrastruktur zur Verfügung steht. Zumal größere Unternehmen haben typischerweise spezialisierte Mitarbeiter und die für eine überlegte Entscheidung erforderlichen Einrichtungen. Schließlich hat der Verbraucher als Vertragspartner von Unternehmern drittens in *einzelnen* Fällen ein geringeres wirtschaftliches *Verhandlungs*gewicht als ein Unternehmer:[21] Der Unternehmer kann die Bedingungen für die Führung seines Geschäftskontos oder für die Lieferung von Waren typischerweise besser verhandeln als ein Privatmann.

195 Allerdings lassen sich für diese empirischen und soziologischen Annahmen zumeist auch Gegenbeispiele benennen.[22] So mag sich ein Gewerbetreibender ebenso wie ein Privatmann dazu verleiten lassen, einen zu großen Geschäftswagen oder einen zu großen Schreibtisch zu kaufen. Ein Klempner hat für den Kauf eines Geschäftswagens dieselbe Routine und Erfahrung wie für den Kauf eines Privatwagens. Für zahlreiche Gegenstände wie etwa den Einkauf von Kopierpapier spielt das Verhandlungsgewicht nur eine verhältnismäßig geringe Rolle; auch hier ist ein geringeres Schutzbedürfnis zumal von kleinen Unternehmen oftmals nicht gegeben. Und umgekehrt bedarf der Rechtsanwalt oder Wirtschaftsprüfer im Einzelfall (sicher keineswegs immer) bei Privatgeschäften keines größeren Schutzes als bei beruflichen.[23] Indes ist die Notwendigkeit einer klaren Grenzziehung nicht zu bestreiten. Für die Grenzziehung bietet sich die Dichotomie (Zweiteilung) von Unternehmern und Verbrauchern im Europäischen Vertragsrecht besonders an, weil sie hinreichend formal ist, um unabhängig von dem nationalen Rechtssystem erkennbar zu sein, andererseits aber hinreichend sachnah ist, um einen sachgerechten Schutz zu ermöglichen.

196 Die Tragfähigkeit der Unterscheidung wird besonders im Vergleich mit dem Abgrenzungskriterium der Eintragung als Kaufmann in ein Register (so noch § 8 AbzG, § 53 BörsG) oder der Kaufmannseigenschaft deutlich. Jedenfalls mit der Maßgabe der Eintragung ist der Kaufmannsbegriff ein ganz ungeeigneter Anknüpfungspunkt für den Schutz im Geschäftsverkehr, da die Eintragung nicht ohne weiteres erkennbar ist. Für das Europäische Vertragsrecht kam er schon mangels einheitlicher Verwendung in den Mitgliedstaaten als Abgrenzungsmerkmal nicht in Betracht. In der aus dem deutschen Recht bekannten Form führt er im übrigen deswegen zu Fehlallokationen des Schutzes, weil die Konzentration auf das Handelsgewerbe eine Abgrenzung bedeutet, die für den Schutz der wirtschaftlichen Selbstbestimmung nicht überzeugt.[24] Die Unterscheidung nach dem Tätigkeitszweck – unternehmerisch oder privat – überzeugt demgegenüber zumindest in

---

20 Diese Erfordernisse dürfen selbstverständlich nicht auf ökonomische Zielsetzungen verengt werden. Zwar muß jeder Unternehmer auf die Dauer zumindest auch ökonomische Ziele verfolgen, doch kann er diese zugunsten anderer, z.B. ökologischer oder anderer altruistischer Ziele bis zu einem gewissen Grad zurückstellen.

21 Als allgemeine Begründung eines Verbraucherschutzes ist das Verhandlungsgewicht indes abzulehnen; *Grundmann* AcP 202 (2002), 40, 64–68.

22 Kritisch zur Einteilung in privates und berufliches/gewerbliches Handeln *Medicus* FS Kitagawa, S. 485.

23 Vgl. LG München I, MDR 1996, 37f.

24 Vgl. *Drexl* Wirtschaftliche Selbstbestimmung, S. 402f. (zum AbzG).

einem weiten Kernbereich.[25] Und ob ein Vertragspartner für berufliche oder private Zwecke handelt, ist – anders als die Eintragung in ein Register – auch relativ leicht zu erkennen, zumal es in vielen Bereichen sogar getrennte Vertriebswege für Privat- und Geschäftskunden gibt. Die vor allem bei doppeltem Geschäftszweck (privat/beruflich) auftretenden Abgrenzungsschwierigkeiten (auch sog. *dual use*-Problematik, Rn. 184a) wiegen demgegenüber weniger schwer. Die Unterscheidung von Verbraucher und Unternehmer überzeugt auch als Abgrenzung des Schutzbereichs typischerweise durchaus, ungeachtet der genannten Einzelfälle fehlerhafter Schutzgewährung. Unternehmer handeln meist „professionell", Verbraucher tendenziell eher „unprofessionell".

Endlich ist es auch aus normativen Erwägungen gerechtfertigt, Unternehmer von besonderen Schutznormen auszunehmen, die Verbrauchern zugegeben werden. Es wird nicht nur angenommen, daß sie „professionell" handeln können und dies regelmäßig auch tun: das wird von ihnen auch erwartet.[26] Der Grund für solche Verhaltensanforderungen liegt natürlich zum einen in der Annahme, daß sie erfüllt werden können. Soweit es um die im Vertragsrecht relevanten Schutzbestimmungen geht, hängt die Ausnahme von Unternehmern aber auch mit dem System des unverfälschten Wettbewerbs zusammen. Danach ist es Teil der vom Markt honorierten Leistung des Unternehmers, daß dieser Einkauf, Finanzierung und Personal im Hinblick auf die Leistung, die er anbieten möchte, möglichst effizient organisiert. Dem entspricht es, außerhalb grober Fehlentwicklungen, Defizite einzelner Unternehmer nicht dadurch auszugleichen, daß ihren Vertragspartnern Schutzpflichten auferlegt werden. Die typischen Verbraucherschutzinstrumente – Informationspflichten und Widerrufsrechte – wären als Unternehmerschutzrechte mit dem Wettbewerbsmechanismus nur schwer vereinbar. Insbesondere die Erlangung der für den Vertragsabschluß entscheidenden Information ist eine typische unternehmerische Leistung im Wettbewerb. Deswegen kommt es grundsätzlich nicht in Betracht, den Wettbewerbsfaktor Information durch egalisierende Informationspflichten auszuschalten, es sei denn, Fehlentwicklungen oder besondere Umstände würden dies erforderlich machen. Vom System des Wettbewerbs ist es auch verständlich, daß besondere Schutzvorschriften auch zugunsten „kleinerer Unternehmer" und grundsätzlich auch zugunsten von Unternehmensgründern nicht vorgesehen sind. Deren Unternehmenserfolg ist insoweit dem Markt überlassen und – im äußersten Fall – der Insolvenz. Nicht das Vertragsrecht, sondern das Insolvenzrecht und das Subventionsrecht (bzw. die Subventionspolitik) regeln daher den Schutz und die Förderung „kleinerer Unternehmer"; vom Standpunkt des unverfälschten Wettbewerbs ist das nur folgerichtig. 197

Einer weiteren Begründung bedarf die Schutzbereichsabgrenzung allerdings für juristische Personen, die nicht zu beruflichen oder gewerblichen Zwecken handeln, denn auch für diese gilt der besondere Schutz des Verbrauchervertragsrechts nicht.[27] Dies kann man nicht damit erklären, daß ihre Einbeziehung in den Schutzbereich dem Wettbewerbssystem widersprechen würde. Eine einfache Begründung für den Ausschluß ideell-handelnder juristische Personen kann man darin sehen, daß diese keine erhebliche Relevanz für 198

25 *Hopt* AcP 183 (1983), 608–720; *Canaris* Handelsrecht (23. Aufl. 2000), § 1 III 2b (S. 13f. Rn. 33–37); *Medicus* JuS 1996, 761, 762 und 767.

26 S.a. *Hopt* AcP 183 (1983), 608, 645–655 und *passim; Larenz/Canaris* Schuldrecht II/2, § 84 VI 1a (S. 644).

27 Kritisch *Faber* ZEuP 1998, 854, 864; *Pfeiffer* in: Rechtsangleichung und nationale Privatrechte, S. 38–40; *Remien* ZEuP 1994, 34, 42.

den Binnenmarkt haben und ihr Schutz daher kein wesentliches Regelungsanliegen der Gemeinschaft ist. Versteht man den Ausschluß von Idealvereinen aus dem Schutzbereich nicht auf diese Weise als Verweisung an die Mitgliedstaaten, so kann man darin eine Verweisung an das Organisationsrecht der juristischen Person sehen. Wer für einen Idealverein handelt, muß in dieser Eigenschaft den strengeren Anforderungen professionellen Handelns genügen; dafür gibt es im Organisationsrecht für wichtigere Geschäfte regelmäßig auch Schutzmechanismen. Zu unerwünscht harschen Ergebnissen wird diese Abgrenzung des persönlichen Schutzbereichs des Verbrauchervertragsrechts schon deswegen nicht führen, weil das Europäische Vertragsrecht nur auf dem nationalen Vertragsrecht aufbaut und daher die allgemein-vertragsrechtlichen Schutzmechanismen der mitgliedstaatlichen Rechtsordnungen vorausgesetzt werden können.

199 Insgesamt erscheint daher der Verbraucherbegriff ungeachtet der Möglichkeit von Fehlallokationen in Randbereichen durchaus als sinnvolles Kriterium für die Abgrenzung des persönlichen Schutzbereichs. Mit der Zuerkennung besonderen Schutzes im Vertragsrecht folgt der Gesetzgeber nicht nur einem politischen Opportunismus, sondern er trägt nachvollziehbaren und als schwerwiegend bewerteten Mängeln des Vertragsmechanismus Rechnung. Da es sich dabei um bestimmte abgegrenzte Voraussetzungen handelt, greift auch insoweit der „Phantom-Vorwurf“[28] nicht durch.

II. Verbraucherschutz und Jedermannsschutz

1. Der Verbraucherbegriff als personenbezogenes Merkmal zur Abgrenzung des Schutzbereichs

200 Mit dem Verbraucherbegriff (im technischen Sinne) grenzt der Gesetzgeber den persönlichen Schutzbereich der Regelungen ab. Die Verbrauchereigenschaft einer Person ist damit eine Voraussetzung für die Gewährung von besonderem Schutz. Indes werden Verbraucher *nicht schlechthin* als Vertragspartner (Teilnehmer am rechtsgeschäftlichen Verkehr) geschützt, sondern nur in einzelnen Hinsichten. Nicht (allein) der „Status“ als Verbraucher oder seine „strukturelle Unterlegenheit“, sondern wesentlich (auch) die spezifischen Defizite in einzelnen Regelungssituationen begründen die Schutzbedürftigkeit. Die Verbrauchereigenschaft ist zwar ein notwendiges Tatbestandsmerkmal für die Gewährung besonderen (Verbraucher-) Schutzes im Vertragsrecht, dafür aber nicht schon hinreichend. Verbraucherschutz ist daher nur ein allgemeiner Rahmen für die betreffenden Regelungen des Europäischen Vertragsrechts, der für spezielle Schutzsituationen näher ausgefüllt wird.

2. Andere Abgrenzungen des persönlichen Schutzbereichs

201 Darüber hinaus ist die Verbrauchereigenschaft auch nicht stets Voraussetzung für die Anwendung von vertragsrechtlichen Schutzvorschriften. Das hat sich bereits für die Pauschalreiserichtlinie gezeigt, in der die geschützten Personen zwar als „Verbraucher“ bezeichnet werden, Verbraucher aber nicht durch ihre Rolle als privat Handelnde gekenn-

---

28 Als juristische Form des Phantoms der Oper hatte *Zöllner* AcP 196 (1996), 1, 23 die Disparität bezeichnet, wenn sie ungeachtet ihrer mangelnden Feststellbarkeit als Grund für die Inhaltskontrolle von Verträgen herangezogen wird. S.a. *Dreher*, JZ 1997, 167–178.

zeichnet sind, sondern allein als Empfänger von Pauschalreisedienstleistungen. Neben der Pauschalreiserichtlinie gibt es auch andere Regelungen für einzelne Vertragstypen, die jedermann und nicht nur Verbraucher als Vertragspartner schützen. Hierzu zählen die Handelsvertreterrichtlinie, die Überweisungsrichtlinie, die Finanzinstrumenterichtlinie und die Versicherungsrichtlinien; darüber hinaus enthält auch die E-Commerce-Richtlinie neben Verbraucherschutzvorschriften Schutzvorschriften zugunsten von jedermann. Auch bei diesen Regelungen ist der Verpflichtete indes ein Unternehmer.

3. Zur Sachgerechtigkeit der Abgrenzung des persönlichen Schutzbereichs in den einzelnen Rechtsakten

Betrachtet man die Schutzbereichsabgrenzungen der einzelnen Rechtsakte, so ergibt sich **202** auf der Grundlage dieser Erwägungen zur ratio der Grenzziehung ein recht stimmiges Bild.

a) Schutz von Verbrauchern und Unternehmern

Im Grundsatz überzeugend ist zunächst die Schutzbereichsabgrenzung der Regelungsakte, **203** die nicht nur die (als privat Handelnde definierten) Verbraucher ieS schützen; sondern jedermann. Das sind vor allem die Pauschalreiserichtlinie, die Finanzinstrumenterichtlinie und die Versicherungsrichtlinien.

Bei Pauschalreiseverträgen handelt es sich um Dienstleistungen, bezüglich derer auch **204** von Unternehmen herkömmlich keine besondere Sachkunde erwartet wird; im übrigen ist es präzise die Dienstleistung der Veranstalter bzw. der Vermittler als Intermediäre, die spezialisierte Sachkunde zusammenzufassen und zu vermitteln. Der Schutz der Finanzinstrumenterichtlinie beruht nicht auf der groben Zweiteilung in Verbraucher und Gewerbetreibende. Die Wohlverhaltensregeln des Art. 19 FinInRL enthalten die gleichsam stufenlose Abstimmung der Beratungspflichten auf den Grad der Professionalität (Art. 19 Abs. 10 lit. c FinInRL). Das erscheint dem besonderen Geschäftsgegenstand angemessen, der besonders große und oftmals unerwartete Risiken bergen kann. Ähnliches gilt für die – freilich eher vereinzelten – Regelungen für (Erst- oder) Direktversicherungsverträge, die alle Versicherungsnehmer schützen; anders als im Bereich der Rückversicherung, wo alle Beteiligten über einen hohen Grad spezialisierter Sachkunde verfügen und daher keines besonderen Schutzes bedürfen, sind im Bereich der Direktversicherung aufgrund der Spezialität der Themengebiete alle Versicherungsnehmer gleichermaßen schutzbedürftig.

b) Beschränkung des Schutzes auf privat Handelnde

Weitgehend überzeugend ist auch die Beschränkung weiterer Schutzvorschriften auf Ver- **205** braucher als privat Handelnde. Das gilt zunächst für die Vertriebsregelungen in Haustürgeschäfte- und Fernabsatzrichtlinie. Die besonderen Umstände des Vertragsschlusses mit ihren Überraschungs- und Verlockungselementen einerseits und der Beschränkung der Vergleichsmöglichkeit am Markt andererseits können leicht dazu führen, daß sich eine Privatperson zu einem unüberlegten Vertragsentschluß hinreißen läßt. Hingegen handelt regelmäßig nicht so unüberlegt, wer zu beruflichen oder gewerblichen Zwecken tätig ist, z.B. der von einem Vertreter aufgesuchte Arzt oder Einkaufsleiter eines Supermarktes. Aus den genannten normativen Erwägungen (soeben Rn. 192–199) ist von Unternehmern ungeachtet der Vertriebsumstände auch eine professionelle Besonnenheit zu erwarten.

206 Entsprechendes gilt für die Verlockungen, die von Kreditangeboten ausgehen. Mag sich auch der privat Handelnde davon zum Vertragsschluß hinreißen lassen, so ist von dem Unternehmer bei der Finanzierung eine kühle Berechnung zu erwarten. Ein Unternehmer muß, will er am Markt bestehen, die Finanzierung solide planen und darf sich nicht von momentanen Verlockungen hinreißen lassen. Auch die Beschränkung der zwingenden Gewährleistungsregeln der Kaufgewährrichtlinie auf Verbraucherkäufe überzeugt.[29] Denn während privat Handelnde die Gewährleistungsfragen nicht bedenken mögen und eines Schutzes bedürfen können, kann man von einem Unternehmer erwarten, daß er sich um seine Belange selbst kümmert.

207 Zu Recht vielfach kritisiert ist hingegen die Bestimmung des persönlichen Schutzbereichs der AGB-Richtlinie.[30] Auch Unternehmer können des Schutzes vor nicht im einzelnen ausgehandelten Vertragsklauseln, besonders vor Allgemeinen Geschäftsbedingungen bedürfen, da eine rationale Auswahl zwischen AGB verschiedener Anbieter in effizienter Weise nicht möglich ist und der Markt nicht für die erforderliche Kontrolle sorgen kann. Befriedigend läßt sich die Schutzbereichsabgrenzung daher nur damit erklären, daß sich die Gemeinschaft insoweit auf die mitgliedstaatlichen Regelungen verlassen hat. So schützt beispielsweise das deutsche Klauselrecht der §§ 305–310 BGB im Grundsatz sowohl Verbraucher wie auch Unternehmer.

208 Zweifeln kann man auch an der Sachgerechtigkeit der Abgrenzung des persönlichen Schutzbereichs der Timesharingrichtlinie. Geht es bei Timesharingverträgen um sachlich ähnliche Geschäfte wie bei Pauschalreiseverträgen, so spricht dies hier wie dort für die Einbeziehung auch von Unternehmern in den Schutzbereich. Der Erwerb von Teilzeitnutzungsrechten durch Unternehmer kann durchaus auch praktisch relevant sein, z.B. mag ein Unternehmen sie für regelmäßige Seminarveranstaltungen oder auch für seine Mitarbeiter erwerben oder ein Skilehrer mag ein Nutzungsrecht in einem Skigebiet für die Saison erwerben.

209 Einen Grenzbereich bilden die *Unternehmensgrundgeschäfte:* Unternehmensgründung und Unternehmensbeendigung. Mit dem Schutz des Unternehmers bei Geschäften betreffend die Unternehmensveräußerung hatte sich der EuGH im Fall *Di Pinto* zu befassen.[31] Dort ging es um die Frage, ob der Vertrag eines Unternehmers, der der Vorbereitung des Unternehmensverkaufs diente (Inserat), in den Anwendungsbereich der Haustürgeschäfterichtlinie fällt. Der EuGH verneint das. Nach der formalen Unterscheidung anhand des Vertragsgegenstands ist die Entscheidung des EuGH zutreffend. Mit dem Zweck der Regelung ist die Entscheidung vereinbar, weil für solche Geschäfte der Marktmechanismus grundsätzlich angemessen ist. Soweit der Ausschluß aus dem Schutzbereich mit der typischerweise gegebenen Geschäftserfahrung des Unternehmers begründet wird, überzeugt die Entscheidung ebenfalls, da von dem Inhaber die gründliche Kenntnis seines Unternehmens und dessen Wertes ebenso zu erwarten ist wie die überlegte Entscheidung über die Veräußerung bzw. die Entscheidung, dafür mit einer Anzeige Angebote einzuholen.

---

29 Eine andere Frage ist, ob zwingende Vorschriften hier so weitgehend zu befürworten sind; dazu näher unten, Rn. 752–759.

30 *Kapnopoulou* Das Recht der mißbräuchlichen Klauseln in der Europäischen Union (1997), S. 36f.; *Kretschmar* Die Richtlinie 93/13 EWG des Rates vom 05.04.1993 über mißbräuchliche Klauseln in Verbraucherverträgen und das deutsche AGB-Gesetz (1998), S. 61.

31 EuGH v. 14.3.1991 – Rs. C-361/89 *Di Pinto* Slg. 1991, I-1189. Ebenso zu Art. 13 EuGVÜ EuGH v. 7.3.1997 – Rs. C-269/95 *Benincasa ./. Dentalkit* Slg. 1995, I-3767 Rn. 11–19.

Anders können Verträge zur Unternehmensgründung zu beurteilen sein, z.B. über sog. Existenzgründungsdarlehen. Weil dem Gründer die geschäftliche Erfahrung oftmals noch fehlt, wird insofern aus beachtlichen Gründen eine Erweiterung der Verbraucherkreditrichtlinie erwogen.[32] Eine solche Begünstigung von Unternehmensgründern ist nicht primär vom Standpunkt des Markt- und Wettbewerbssystems zu bewerten, sondern von ihrem zentralen Zweck der Wirtschaftsförderung. Die erforderliche zweiseitige Begründung[33] des Schutzes von Unternehmensgründern im Verhältnis zu ihren Vertragspartnern (Kreditinstituten) kann man in der Werbungsaktivität der Kreditinstitute und der Verbindung von Vorteil und Lasten sehen, die mit der Gewährung von Gründungsdarlehen einhergehen. 210

III. Zu den „Leitbildern" von Verbraucher und Unternehmer

Verbraucherschutz wird im Europäischen und deutschen Privatrecht öfter unter dem Stichwort des „Verbraucherleitbildes" erörtert.[34] Ausgangspunkt war die Überprüfung des deutschen Wettbewerbsrecht auf seine Vereinbarkeit mit den Grundfreiheiten. Während der Bundesgerichtshof die Frage der Irreführung von Werbung früher unter Bezug auf das Leitbild eines flüchtigen Verbrauchers beurteilte, zog der EuGH mit Rücksicht auf die Erfordernisse des Binnenmarktes das Leitbild des mündigen Verbrauchers heran. Das Leitbild des flüchtigen Verbrauchers ist empirisch definiert über das Verständnis eines nicht unerheblichen Teils der angesprochenen Verkehrskreise, und nicht unerheblich kann schon ein Anteil von 10–15% sein.[35] Der mündige Verbraucher hingegen ist ein „durchschnittlich informierter, aufmerksamer und verständiger Durchschnittsverbraucher".[36] Dieses Verbraucherleitbild liegt auch dem neuen UWG 2004 und der jüngeren deutschen Rechtsprechung zugrunde.[37] Der Europäische Gesetzgeber hat es jetzt in der Richtlinie über unlautere Geschäftspraktiken sekundärrechtlich verankert (Art. 5 Abs. 2 lit. d, Abs. 3, Art. 6 Abs. 1, 2, Art. 7 Abs. 1, 2, Art. 8 sowie BE 18, 19 UGPRL). 211

Das Verbraucherleitbild bedeutet keine empirische Feststellung, es handelt sich um ein normatives Bild, das zwar von den Fähigkeiten des Verbrauchers ausgeht, im übrigen aber rechtliche Anforderungen definiert, die an ihn und sein Verhalten zu stellen sind (s.a. BE 212

---

32 Dazu Staudinger (2001)-*Kessal-Wulf* VerbrKrG Einl. Rn. 4. Der deutsche Gesetzgeber hat die Verbraucherkreditrichtlinie überschießend umgesetzt und gem. § 507 BGB auch das Existenzgründerdarlehen in den Schutzbereich einbezogen.

33 *Riesenhuber* System und Prinzipien, S. 246f.

34 Zum Verbraucherleitbild des Gemeinschaftsrechts sowie ausgewählter Mitgliedstaaten *v. Vogel* Verbrauchervertragsrecht und allgemeines Vertragsrecht, S. 32–39.

35 Z.B. BGH, GRUR 1979, 716 (Kontinent-Möbel); BGH, NJW 1988, 711; vgl. aber jetzt BGH, NJW 1996, 3419 (PVC-frei); BGH WRP 1996, 729, 731 „Der Meistverkaufte Europas"; BGH, NJW 1999, 3491, 3493 (EG-Neuwagen II); BGH, WRP 2000, 517 (Orient-Teppichmuster).

36 EuGH v. 13.1.2000 – Rs. C-220/98 *Estée Lauder ./. Lancaster* Slg. 2000, I-117 Rn. 27; EuGH v. 28.1.1999 – Rs. C-303/97 *Kessler* Slg. 1999, I-513 Rn. 36; EuGH v. 12.3.1987 – Rs 178/84, *Kommission ./. Deutschland* Slg. 1987, 1227 Rn. 31–36 (Reinheitsgebot); EuGH v. 7.3.1990 – Rs. C-362/88, *GB-INNO* Slg. 1990, I-683 Rn. 13–19; EuGH v. 6.7.1995 – Rs C-470/93 *Verein gegen Unwesen ./. Mars* Slg. 1995, I-1923 Rn. 24; *Streinz/Leible* ZIP 1995, 1236–1241; *Emmerich* FS Gernhuber (1993), 857, 869–872.

37 S. nur *Emmerich* Unlauterer Wettbewerb (7. Aufl. 2004), § 14 III; *Lettl* Das neue UWG (2004), Rn. 44–57; Langenbucher-*Wagner-v. Papp* § 9 Rn. 118–130.

18 S. 5, 6 UGPRL). Es kommt nicht darauf an, ob der Verbraucher wirklich informiert ist und verständig handelt, das Europäische Recht verlangt das von ihm. Auch dann, wenn das Verbraucherleitbild aufgrund von empirischen Feststellungen formuliert wird, z.B. aufgrund einer Feststellung über das Verhalten von 10% der Verbraucher, handelt es sich um ein normatives Leitbild, denn schon die Definition der Referenzgröße von 10% ist eine normative Festlegung. Da das Verbraucherleitbild nicht nur zugunsten von Verbrauchern wirkt, sondern, z.B. wenn es zum Verbot bestimmter Werbung(sinformation) führt, auch zu ihren Lasten, wäre selbst die Bezugnahme auf den am einfachsten strukturierten (noch geschäftsfähigen) Verbraucher eine normative Festlegung. Normativ ist selbstverständlich auch eine Bestimmung des Verbraucherleitbildes nach ökonomischen Kriterien (Modell des vollständigen Vertrags und sog. REM-Hypothese) oder dem Maßstab von Treu und Glauben.[38]

213 Ist das Verbraucherleitbild notwendig normativ bestimmt, so erweist es sich zugleich als eine bloß formelhafte Umschreibung der maßgeblichen Wertungen. Der Struktur nach handelt es sich daher um ein Tatbestandsmerkmal, also eine Form der Regel, das in Kurzform den Ausgleich von verschiedenen Prinzipien zusammenfaßt. Daher führt jede nähere Beschreibung des Verbraucherleitbildes oder auch eines Unternehmerleitbildes zu einer Erörterung der dahinter verborgenen Prinzipien. Beispielsweise geht es beim Verbraucherleitbild, das im Recht gegen den unlauteren Wettbewerb zur Bestimmung der irreführenden Werbung herangezogen wird, um den Ausgleich von Selbstbestimmung, Selbstverantwortung sowie von Vertrauens- und Verkehrsschutz. Wegen der Bedeutung der Werbung für den Vertragsschluß handelt es sich, nicht von ungefähr, um ähnliche Prinzipien, die auch dem Recht der Vertragsverhandlungen und des Vertragsschlusses zugrunde liegen.

214 Leitbilder wie das des Verbrauchers oder das des Unternehmers haben daher eine Vermittlungs- und Vereinfachungsfunktion. Sie erweisen sich als eine Kurzformel, die gerade durch ihre bildliche Umschreibung einfach zu handhaben ist. Ähnliche Bilder werden auch in anderen Rechtsbereichen herangezogen, bekannt ist etwa der „man on the Clapham omnibus", der im englischen Recht zur Bestimmung des Sorgfaltsmaßstabs herangezogen wird.[39] Richtig erfaßt und gehandhabt kann ein solches Leitbild vor allem für die Praxis als ein wertvolles Hilfsmittel für die folgerichtige Gestaltung des Rechts dienen. Zumal in kritischen Fällen hilft hingegen das „plakative Zitieren von der Rechtsprechung eingeführter Verbraucherattribute" indes nicht weiter, sondern lenkt von den zugrunde liegenden Wertungen ab.[40] Vor allem wenn das Verbraucherleitbild den Blick darauf verstellt, daß die ihm zugrunde liegenden Wertungen an ganz verschiedenen Stellen des Rechtssystems zum Tragen kommen – bei der Beurteilung irreführender Werbung ebenso wie bei der Beurteilung von Familienbürgschaften –, kann es die folgerichtige Ausbildung der Rechtsordnung nicht gewährleisten.[41]

215 Eine Schwierigkeit bei der Handhabung eines solchen Leitbildes ist zudem, daß darin nur ein Teil der maßgeblichen Wertungen zum Ausdruck kommt, nämlich z.B. diejenigen, die sich auf die Verantwortung des Verbrauchers und die Fürsorge für ihn beziehen. Die verschiedenen Regelungen sind hingegen ganz regelmäßig auch von anderen Wertungen

38 *Drexl* Wirtschaftliche Selbstbestimmung, S. 421–423 (zur REM-Hypothese) und S. 423–430 (zum Maßstab von Treu und Glauben; „Vertragsmodell").

39 Siehe nur die Glosse von *Zimmermann* ZEuP 1994, 733–735.

40 *Drexl* Wirtschaftliche Selbstbestimmung, S. 427.

41 Ebenso *Drexl* Wirtschaftliche Selbstbestimmung, S. 427.

mitbestimmt, etwa dem Prinzip der Wettbewerbsfreiheit oder des Vertrauensschutzes des anderen Teils. Will man all diese Wertungen in einem Verbraucherleitbild zusammenführen, so kommt man zwangsläufig für verschiedene Regelungsbereiche zu verschiedenen Verbraucherleitbildern. So kann es etwa gerechtfertigt sein, zu Zwecken eines regen Wettbewerbs beim Irreführungsverbot von einem verständigeren Verbraucher auszugehen als im Recht des Vertragsschlusses, bei dem der einzelne viel intensiver betroffen ist. Andererseits können in das Verbraucherleitbild auch unterschiedliche Wertungen einfließen, je nachdem, um welchen Schutzaspekt es geht, und zwar auch dann, wenn die betreffenden Regeln ähnliche bzw. nah verwandte Rechtsfolgen auslösen. Ein Beispiel dafür bilden Informationspflichten gegenüber Verbrauchern, die im rechtsgeschäftlichen Verkehr zumeist auf dem Prinzip der wirtschaftlichen Selbstbestimmung beruhen, im Deliktsrecht hingegen auf dem Prinzip des Rechtsgüterschutzes. Diese unterschiedlichen Prinzipien, die den jeweiligen Verbraucherleitbildern zugrunde liegen, begründen, warum für die Beurteilung der Irreführung das Bild eines mündigen Verbrauchers zugrunde gelegt werden kann (denn dadurch wird gleichzeitig ein Mindestschutz der Verbraucher und die Informationsmöglichkeit durch Werbung gewährleistet), andererseits aber, und durchaus ohne inneren Widerspruch, im Bereich der Produkthaftung die Informationspflichten am Maßstab des flüchtigen Verbrauchers bestimmt werden können.

Leitbilder sind daher von nur begrenztem Wert, als griffige Kurzformel können sie vor **216**
allem in der Praxis hilfreich sein, in Zweifelsfällen drohen sie indes, die entscheidenden Wertungen zu verschleiern. So wie Rechtsbegriffe in Regeln sind auch Leitbilder nur so viel wert, wie man in sie hineinlegt. Die maßgeblichen Wertungen für die Entscheidung sind in jedem Fall dem positiven Recht zu entnehmen, auch dann, wenn man zunächst auf einer mittleren Ebene ein Verbraucherleitbild definiert. Von diesem Erfordernis befreit auch die Bezugnahme auf den Durchschnittsverbraucher in der UGPRL nicht. Auch dieser Begriff (diese Leitbild) ist, wie BE 18 S. 6 UGPRL ausweist, mit Rücksicht auf die vom EuGH in seiner Rechtsprechung hervorgehobenen Wertungen zu konkretisieren.

§ 8
Effektive Umsetzung von Pflichten mit unbestimmten Sanktionsvorschriften – Nicht-spezifizierte Rechtsfolgen

Literatur:

Grundmann, Stefan, Europäisches Schuldvertragsrecht, Berlin/New York 1999, 1. Teil Rn. 176–181

Magnus, Ulrich, Rechtsfolgen im Acquis communautaire, in: Reiner Schulze/Martin Ebers/Hans Christoph Grigoleit (Hrsg.), Informationspflichten und Vertragsschluß im Acquis communautaire, Tübingen 2003, S. 291–312

Moltke, Ludwig v., Kollektiver Rechtsschutz der Verbraucherinteressen, München 2002

Riesenhuber, Karl, Nicht-spezifizierte Rechtsfolgen im Europäischen Vertragsrecht, in: Klaus-Christoph Clavée/Wolf Kahl/Ramona Pisal (Hrsg.), Festschrift 10 Jahre Brandenburgisches Oberlandesgericht, Baden-Baden 2003, S. 161–178

Rott, Peter, Effektiver Rechtsschutz vor mißbräuchlichen AGB – Zum Cofidis-Urteil des EuGH, EuZW 2003, 5–9

Schwintowski, Hans-Peter, Informationspflichten und effet utile, in: Reiner Schulze/Martin Ebers/Hans Christoph Grigoleit (Hrsg.), Informationspflichten und Vertragsschluß im Acquis communautaire, Tübingen 2003, S. 276–290

I. Unbestimmtheit oder Fehlen von Rechtsfolgenanordnungen im Europäischen Vertragsrecht

217 So wie allgemein im Europäischen Richtlinienrecht begegnen auch im Europäischen Vertragsrecht zahlreiche Normen, die entweder gar keine Rechtsfolgenanordnungen vorsehen oder diese nur ganz unbestimmt enthalten.[1] Das kann Ausdruck des Subsidiaritätsprinzips sein und auch dem Schutz des nationalen Rechtssystems vor zu weitgehenden Störungen dienen.

218 Allerdings enthalten manche Regelungen des Europäischen Privatrechts durchaus bis ins einzelne spezifizierte Rechtsfolgenanordnungen, z.B.
- die Zuerkennung eines Widerrufsrechts,
- die Verlängerung der Widerrufsfrist mangels Belehrung,
- die „Unverbindlichkeit" mißbräuchlicher Vertragsklauseln,
- die (zwingenden) Kaufgewährleistungsrechte,
- den Übergang von Rechten und Pflichten des Arbeitsvertrags auf den Betriebserwerber usf.

Zudem gibt es mit der Verordnung über die Zusammenarbeit im Verbraucherschutz (ZsVerbrVO) eine besondere gemeinschaftsrechtliche Regelung zur Durchsetzung gerade auch vertragsrechtlicher Verbraucherschutzvorschriften (s. Art. 3 lit. a iVm Anhang ZsVerbrVO).

Für zahlreiche Pflichten fehlt indes eine ausdrückliche Rechtsfolgenanordnung.
- So sind Sanktionen für die Verletzung von Informationspflichten ganz regelmäßig nicht angeordnet; zum Beispiel mag man an die Fernabsatz- und die Pauschalreiserichtlinie denken.[2]
- Für die Nachweisrichtlinie hat der Gesetzgeber auf eine Regelung sogar ausdrücklich verzichtet (Art. 6 NwRL).
- Die Richtlinie über irreführende Werbung gibt nur vor, daß die Mitgliedstaaten effektive Rechtsbehelfe vorsehen sollen, die *auch* eine Verbandsklagebefugnis umfassen (Art. 4 WerbRL).
- Das Transparenzgebot, das in der AGB-Richtlinie an verschiedenen Stellen vorkommt, ist gemeinschaftsrechtlich nur durch die *contra proferentem*-Regel (Zweifel gehen zu Lasten des Verwenders, Art. 5 S. 2 AGBRL) und die bedingte Kontrollfreiheit von Hauptgegenstand und Äquivalenzverhältnis sanktioniert, für den allgemeinen Grundsatz des Art. 5 S. 1 AGBRL fehlt eine Rechtsfolgenanordnung.[3]
- Das bekannteste und vom EuGH wohl am meisten erörterte Beispiel nicht-spezifizierter Rechtsfolgen ist Art. 6 der Gleichbehandlungsrichtlinie Arbeitsbedingungen (GbAbRL), wonach das nationale Recht jedem Betroffenen das Recht geben soll,

---

1 *Grundmann* Schuldvertragsrecht, 1. Teil Rn. 176–178. Siehe neben den im Text nachfolgend genannten Beispielen noch: Art. 4 Abs. 3 HtWRL; Art. 10 TSRL; Art. 9 Betriebsübergangsrichtlinie (BÜRL); Art. 13 InsRL.

2 Eine schöne Illustration für die Problematik sind auch die Informationspflichten nach Art. 7 BÜRL, für deren Sanktionierung Art. 9 der Richtlinie nur allgemeine Vorgaben macht; dazu nur *Bauer/v. Steinau-Steinrück* ZIP 2002, 457–466.

3 S.a. *Beale* Legislative Control of Fairness: The Directive on Unfair Terms in Consumer Contracts, in: Jack Beatson/Daniel Friedmann (Hrsg.), Good Faith and Fault in Contract Law (1995), S. 231, 247f.

wegen Diskriminierung „seine Rechte gerichtlich geltend [zu] machen". Auch die jüngeren Gleichbehandlungsrichtlinien überlassen die Sanktionen weitgehend den Mitgliedstaaten. Die Gleichbehandlungsrichtlinie Geschlecht (GbGesRL) weist aber darauf hin, daß die Sanktionen auch Schadensersatzleistungen an die Opfer umfassen können (Art. 14 GbGesRL).

Sieht die Gemeinschaftsregelung in diesen und anderen Fällen eine bestimmte Rechtsfolge auch nicht vor, so ergeben sich doch aus den nachfolgend zu erörternden allgemeinen Grundsätzen der Durchsetzung des Gemeinschaftsrechts nähere Konkretisierungen. Nichts anderes als eine Verweisung auf diese allgemeinen Grundsätze sind auch Vorschriften wie die des Art. 20 der Richtlinie über den elektronischen Geschäftsverkehr (EComRL): „Die Mitgliedstaaten legen die Sanktionen fest, die bei Verstößen gegen die einzelstaatlichen Vorschriften zur Umsetzung dieser Richtlinie anzuwenden sind, und treffen alle geeigneten Maßnahmen, um ihre Durchsetzung sicherzustellen. Die Sanktionen müssen wirksam, verhältnismäßig und abschreckend sein."[4] 219

II. Allgemeine Grundsätze: Äquivalenz und Effektivität

Die Mitgliedstaaten – d.h. alle Träger öffentlicher Gewalt der Mitgliedstaaten – sind verpflichtet, gemeinschaftsrechtlich begründete Rechte und Pflichten effektiv durchzusetzen. Für die Umsetzung von Richtlinien kann man dieses Erfordernis schon Art. 249 Abs. 3 EG entnehmen,[5] allgemein folgt die Pflicht zur effektiven Durchsetzung des Gemeinschaftsrechts aus Art. 10 EG.[6] Aus der Rechtsprechung des EuGH ergeben sich zwei Grundsätze für die Umsetzung des Gemeinschaftsrechts, die auch für die Konkretisierung unbestimmter Rechtsfolgenanordnungen leitend sind.[7] Nach dem Grundsatz der Äquivalenz müssen die Sanktionen für die Verletzung gemeinschaftsrechtlich begründeter Rechte verfahrensmäßig und inhaltlich jenen für die Verletzung von aus dem nationalen Recht abgeleiteten Rechten gleichwertig sein (1). Nach dem Grundsatz der Effektivität müssen die Sanktionen für die Verletzung gemeinschaftsrechtlich begründeter Rechte sicherstellen, daß diese Rechte effektiv durchgesetzt werden (2). 220

1. Äquivalenz

Die konsequente Fortsetzung einer schonenden Gemeinschaftsrechtsetzung durch nur wenig konkretisierte Rechtsfolgenanordnungen ist der Grundsatz der Äquivalenz. Das Gemeinschaftsrecht respektiert danach grundsätzlich, daß jeder Mitgliedstaat die gemeinschaftsrechtlichen Regelungen systemgerecht in sein innerstaatliches Recht einpaßt.[8] Diese Systemgerechtigkeit wird den Mitgliedstaaten indes nicht nur ermöglicht, sondern von ihnen auch verlangt: Rechtsbehelfe zur Durchsetzung des Gemeinschaftsrechts müs- 221

4 Ähnliches bestimmen etwa Art. 13 InsRL, Art. 11 FARL; Art. 13 FFRL; dazu nur *Grundmann* Schuldvertragsrecht, 1. Teil Rn. 180.

5 Für die Richtlinienumsetzung EuGH v. 10.4.1984 – Rs. 14/83 *von Colson und Kamann* Slg. 1984, 1891 Rn. 15; *Franzen* Privatrechtsangleichung, S. 296f. m.N. zum Streitstand.

6 EuGH v. 16.1.1992 – Rs. C-373/90 *Ermittlungsverfahren gegen X* Slg. 1992, I-131 Rn. 7 („Nissan"); EuGH v. 13.11.1990 – Rs. C-106/89 *Marleasing* Slg. 1990, I-4135 Rn. 8; EuGH v. 10.4. 1984 – Rs. 14/83 *von Colson und Kamann* Slg. 1984, 1891 Rn. 26.

7 *Tridimas* The General Principles of EC Law (1999), S. 279–281.

8 Vgl. EuGH v. 14.12.1995 – Rs. C-312/93 *Peterbroeck* Slg. 1995, I-4599 Rn. 12–14.

sen ebenso stark sein wie solche zur Durchsetzung entsprechenden nationalen Rechts.[9] Da eine Vermutung für die Funktionsfähigkeit der mitgliedstaatlichen Rechtssysteme spricht, genügt das Äquivalenzprinzip im allgemeinen zur effektiven Umsetzung gemeinschaftsrechtlicher Vorgaben. Die Effektivität der Umsetzung wird durch das Äquivalenzprinzip nicht zuletzt auch deswegen gefördert, weil die danach zu bestimmenden Rechtsfolgen für die Rechtsunterworfenen sinnfällig sind, müssen sie doch dem Üblichen entsprechen. In dem Äquivalenzprinzip kann man daher eine Ausformung der „gegenseitigen Anerkennung als gleichwertig"[10] sehen, denn mit seiner Hilfe wird nicht eine bestimmte Rechtsfolge vorgeschrieben, sondern nur die nach Maßstäben des nationalen Rechts effektive Sanktionierung.

222 Auch wenn der Gemeinschaftsgesetzgeber nur Pflichten vorgibt, nicht auch Rechtsfolgen für die Nichterfüllung, können sich daher aus dem Äquivalenzgrundsatz durchaus sehr weitgehende Vorgaben ergeben. Diese lassen sich, da es auf eine Gleichwertigkeit mit entsprechenden Vorschriften des mitgliedstaatlichen Rechts ankommt, allerdings nicht allgemein bestimmen, sondern nur gesondert für die einzelnen Mitgliedstaaten.

2. Effektivität

223 So wie auch (sonst) bei der gegenseitigen Anerkennung als gleichwertig kann das Europäische Recht auch hinsichtlich des Umsetzungsspielraums nicht ohne Bestimmung gewisser Grenzen auskommen. Diese Grenzen müssen naturgemäß je nach Rechtsakt unterschiedlich ausfallen, allgemein lassen sie sich durch den Grundsatz der Effektivität beschreiben, der die Mitgliedstaaten verpflichtet, gemeinschaftsrechtlich begründeten Rechten praktische Wirksamkeit zu verleihen. Welche Maßnahmen das im einzelnen erfordert, ergibt sich aus den Zwecken der einzelnen Regelungen.[11]

224 Funktionsweise und Reichweite des Effektivitätsgrundsatzes lassen sich am Beispiel des Verbots der Geschlechtsdiskriminierung in der Gleichbehandlungsrichtlinie Arbeitsbedingungen (GbAbRL) illustrieren. Ausgangspunkt ist die bereits eingangs (oben I) erwähnte Vorschrift des Art. 6 GbAbRL. Danach müssen die Mitgliedstaaten die erforderlichen Vorschriften erlassen, die notwendig sind, damit jeder seine Rechte geltend machen kann, der sich wegen der Nichtanwendung des Grundsatzes der Gleichbehandlung für beschwert hält. Eine spezifische Sanktion wird von Art. 6 GbAbRL nicht vorgegeben. In jedem Fall aber muß die Sanktion der effektiven Umsetzung des Regelungszwecks genügen. Das heißt, daß sie den Arbeitnehmern effektiven Schutz gewähren und

---

9 EuGH v. 4.12.1997 – Rs. C-253–258/96 *Kampelmann* Slg. 1997, I-6907 Rn. 33; EuGH v. 22.4.1997 – Rs. C-180/95 *Draehmpaehl* Slg. 1997, 2195 Rn. 29–42; EuGH v. 8.6.1994 – Rs. C-382/92 *Kommission ./. Vereinigtes Königreich* Slg. 1994, I-2435 Rn. 26, 55; EuGH v. 21.9.1989 – Rs. 68/88 *Kommission ./. Griechenland* Slg. 1989, 2965 Rn. 24; EuGH v. 16.12.1976 – Rs. 45/76 *Comet ./. Produktschap* Slg. 1976, 2043 Rn. 12f.; EuGH v. 16.12.1976 – Rs. 33/76 *Rewe Zentralfinanz* Slg. 1976, 1989 Rn. 5. Der Grundsatz der Äquivalenz gilt nicht nur für materiellrechtliche, sondern auch für verfahrensrechtliche Regelungen, EuGH v. 15.5.1986 – Rs. 222/84 *Johnston* Slg. 1986, 1651 Rn. 18–20; EuGH v. 10.7.1997 – Rs. C-261/96 *Palmisani* Slg. 1997, I-4025 Rn. 32f.; EuGH v. 1.12. 1998 – Rs. C-326/96 *Levez ./. Jennings* Slg. 1998, I-7835 Rn. 41. S.a. EuGH v. 16.5.2000 – Rs. C-78/98 *Preston* Slg. 2000, 3201 Rn. 46–63.

10 Dazu nur *Streinz* Europarecht, Rn. 973–982; näher oben, Rn. 157–162.

11 EuGH v. 8.6.1994 – Rs. C-382/92 *Kommission ./. Vereinigtes Königreich* Slg. 1994, I-2435 Rn. 26, 55; EuGH v. 21.11.2002 – Rs. C-473/00 *Cofidis* Slg. 2002, I-10875 Rn. 32–36.

den Arbeitgeber hinreichend vor Verletzungen des Gleichbehandlungsgebots abschrecken muß.[12]

Weiterhin müssen die Sanktionen nach den Vorgaben von Art. 6 von dem Betroffenen gerichtlich durchsetzbar sein. Den Mitgliedstaaten steht aber die Wahl offen, z.B. einen Wiedereinstellungsanspruch oder einen Schadensersatzanspruch[13] vorzusehen. Entscheidet sich ein Mitgliedstaat für einen Schadensersatzanspruch des Betroffenen als Sanktion für die Diskriminierung, so muß dieser jedoch so weit gehen, daß eine Erreichung der Regelungszwecke der Diskriminierungsverbote gewährleistet ist. Das bedeutet in jedem Fall, daß der erlittene Schaden vollständig zu ersetzen ist.[14] Dazu reicht die bloße Erstattung der Bewerbungskosten (Portokosten) als Vertrauensschaden nicht aus,[15] und auch eine Beschränkung der Ersatzpflicht auf drei Monatsgehälter oder – im Falle mehrerer Kläger – auf höchstens insgesamt sechs Monatsgehälter, ist mit dem Gebot vollständigen Ersatzes unvereinbar.[16] Im Falle der gleichheitswidrigen Entlassung kommt als taugliche Sanktion nur ein Wiedereinstellungsanspruch oder ein Schadensersatzanspruch in Betracht, wobei ein Ersatzanspruch nicht durch eine Obergrenze beschränkt sein darf und auch die Gewährung von Zinsen einschließen muß.[17] – Die vermeintlich offene Rechtsfolgenregelung des Art. 6 GbAbRL enthält demnach in Verbindung mit dem Grundsatz der Effektivität durchaus sehr detaillierte, wenn auch vornehmlich „negative" oder rahmenhafte Vorgaben. **225**

Künftig ist im Hinblick auf die Effektivität der Umsetzung allerdings auch zu berücksichtigen, daß der Europäische Gesetzgeber mit der Verordnung über die Zusammenarbeit im Verbraucherschutz gerade auch für die Durchsetzung der vertragsrechtlichen Verbraucherschutzvorschriften (HtWRL, VerbrKrRL, PRRL, AGBRL, TSRL, FARL, KGRL, EComRL, FFRL) auf eine behördliche Durchsetzung setzt. Die Verordnung betrifft zwar nur „innergemeinschaftliche Verstöße" (Art. 3 lit. b ZsVerbrVO) gegen „Gesetze zum Schutz der Verbraucherinteressen" (Art. 3 lit. a ZsVerbrVO). Da indes die Mitgliedstaaten „zuständige Behörden" (Art. 3 lit. c ZsVerbrVO) für die Durchsetzung „benennen" (Art. 4 Abs. 1 ZsVerbrVO) müssen, müssen sie solche auch einrichten und mit den in der Verordnung vorgesehenen Befugnissen (Amtsermittlung, Unterlassungsaufforderung, Bußgeld, vgl. Art. 4 Abs. 6 ZsVerbrRL) ausstatten. Damit wird den Mitgliedstaaten insgesamt nahegelegt, die Rechtsdurchsetzung staatlich zu organisieren und sie nicht den einzelnen zu überlassen. **225a**

---

12 EuGH v. 22.4.1997 – Rs. C-180/95 *Draempaehl* Slg. 1997, 2195 Rn. 24; EuGH v. 9.11.1990 – Rs. C-177/88 *Dekker* Slg. 1990, I-3941 Rn. 23; EuGH v. 10.4.1984 – Rs. 14/83 *von Colson und Kamann* Slg. 1984, 1891 Rn. 23.

13 EuGH v. 22.4.1997 – Rs. C-180/95 *Draempaehl* Slg. 1997, 2195 Rn. 24; EuGH v. 10.4.1984 – Rs. 14/83 *von Colson und Kamann* Slg. 1984, 1891 Rn. 18.

14 EuGH v. 22.4.1997 – Rs. C-180/95 *Draempaehl* Slg. 1997, 2195 Rn. 25; EuGH v. 10.4.1984 – Rs. 14/83 *von Colson und Kamann* Slg. 1984, 1891 Rn. 23.

15 EuGH v. 10.4.1984 – Rs. 14/83 *von Colson und Kamann* Slg. 1984, 1891 Rn. 23; der EuGH läßt offen, ob der Vertrauensschadensersatz schon den (immateriellen) Schaden nicht voll ausgleicht oder eine weitere Sanktion („nur") zwecks Abschreckung vorzusehen ist.

16 EuGH v. 22.4.1997 – Rs. C-180/95 *Draempaehl* Slg. 1997, 2195 Rn. 30–36 und 40–42; zulässig ist die Beschränkung auf einen Höchstbetrag nach der Entscheidung aber, wenn der Arbeitgeber nachweist, daß der betroffene Arbeitnehmer auch bei diskriminierungsfreier Auswahl nicht eingestellt worden wäre (Rn. 33–35); das hat der deutsche Gesetzgeber in § 611a Abs. 3 BGB übernommen.

17 EuGH v. 2.8.1993 – Rs. C-271/91 *Marshall II* Slg. 1993, I-4367 Rn. 25f., 30f.

III. Erfordernis der Zuerkennung eines Individualrechts?

1. Grundsätze

226 Für die Bestimmung der Umsetzungspflichten im Vertragsrecht ist immer wieder die Frage von Interesse, ob die Mitgliedstaaten gebunden sind, die bestimmten Pflichten durch individualschützende Bestimmungen und ggf. durch Zuerkennung eines (vertragsrechtlichen) Individualrechts (Anspruch, Gestaltungsrecht) des Geschützten gegen den Verpflichteten zu sanktionieren. Muß die Verletzung der Ad-hoc-Mitteilungspflicht durch einen Ersatzanspruch geschädigter Anleger sanktioniert sein, oder reichen dafür Straf- und Ordnungswidrigkeitenvorschriften? Muß für die Verletzung der vorvertraglichen Informationspflichten der Fernabsatzrichtlinie ein Schadensersatzanspruch oder ein besonderes Kündigungsrecht vorgesehen werden oder genügt auch eine wettbewerbs- oder strafrechtliche Sanktionierung den Umsetzungserfordernissen? Muß der arbeitsrechtliche Nachweis eine Beweiswirkung zugunsten des Arbeitnehmers haben? Aus dem Äquivalenzgrundsatz kann sich eine Pflicht zur Zuerkennung eines Individualrechts je nach mitgliedstaatlichem Recht dann ergeben, wenn entsprechende nationale Rechte ebenfalls individualrechtlich sanktioniert sind. Für alle Mitgliedstaaten kann sich eine entsprechende Umsetzungspflicht nur aus dem Effektivitätsgrundsatz ergeben.

227 Individualansprüche – auch zwischen Privaten – hat der EuGH nicht selten zur effektiven Durchsetzung des Gemeinschaftsrechts für erforderlich gehalten. Ein bekanntes Beispiel ist das Verbot der Entgeltdiskriminierung. Während Art. 141 EG bestimmt, daß die Mitgliedstaaten die Anwendung des Grundsatzes des gleichen Entgelts sicherstellen, liest der EuGH diese Vorschrift seit der grundlegenden Entscheidung *Defrenne II* als Anspruch: Männer und Frauen haben gegen ihren Arbeitgeber Anspruch auf gleiches Entgelt für gleiche oder gleichwertige Arbeit.[18] Der EuGH hat damit nicht nur die unmittelbare Anwendbarkeit von Art. 141 EG anerkannt, sondern zugleich festgestellt, daß Art. 141 EG einen Anspruch des Arbeitnehmers gegen den Arbeitgeber begründet.[19]

228 Eine Bindung des nationalen Gesetzgebers, gemeinschaftsrechtlich begründete Pflichten in Form eines Individualrechts gegen einen Privaten umzusetzen, wird man unter drei Voraussetzungen annehmen können.[20]

- *Erstens* muß der Verpflichtete hinreichend bestimmt sein, da im Privatrecht die Anerkennung eines Rechts[21] stets die Begründung einer Pflicht für einen anderen bedeutet.
- *Zweitens* muß die gemeinschaftsrechtliche Regelung auch den Berechtigten hinreichend klar als individuell Geschützten bestimmen.

---

18 Grundlegend EuGH v. 8.4.1976 – Rs. 43/75 *Defrenne II* Slg. 1976, 455 (wenn auch beschränkt auf Fälle unmittelbarer Diskriminierung); die Folgen für den belasteten Arbeitgeber erörtert der EuGH nur kurz unter dem Gesichtspunkt des Eingriffs in bestehende Verträge, Rn. 38f.

19 Als weitere Folgerung hat die Rechtsprechung etwa auch einen Anspruch des Hinterbliebenen aus Art. 141 EG anerkannt, soweit das (wie im Falle der Witwerpensionen) zur effektiven Durchsetzung erforderlich ist, EuGH v. 28.9.1994 – Rs. C-200/91 *Coloroll* Slg. 1994, I-4397 Rn. 18f. Zur entsprechenden Problematik unter der Gleichbehandlungsrichtlinie Sozialversicherung (79/7/EWG) EuGH v. 11.7.1991 – verb. Rs. C-87 und 89/90 *Verholen* Slg. 1991, I-3757 Rn. 23–25.

20 Ähnlich Calliess/Ruffert-*Ruffert* EUV/EGV (2. Aufl. 2002), Art. 249 EGV Rn. 64–67. S.a. Streinz-*Schroeder* Art. 294 EGV Rn. 96–99.

21 „Recht“ wird hier vereinfachend in einem weiten Sinne verwandt und soll z.B. auch die Zuerkennung von Vorteilen wie einer prozessualen Begünstigung durch Beweislastregeln umfassen.

- Und *drittens* muß die effektive Erfüllung des Regelungszwecks gerade die Anerkennung eines privatrechtlichen Rechts zwingend erfordern.

Die erste Voraussetzung ist meist unproblematisch erfüllt. Im Einzelfall kann eine ausdrückliche Bestimmung indes durchaus fehlen, wie z.B. bei der Gleichbehandlungsrichtlinie Arbeitsbedingungen. Sie setzt nur fest, „die Anwendung des Grundsatzes der Gleichbehandlung beinhaltet", daß die Mitgliedstaaten die mit dem Grundsatz unvereinbaren Bestimmungen in Verträgen für nichtig erklären müssen (Art. 3–5) und daß betroffene „Personen" (Arbeitnehmer) ihre Rechte gerichtlich geltend machen können (Art. 6). Unzweifelhaft ist gleichwohl der Arbeitgeber (neben Tarifvertragsparteien) Adressat der Gleichbehandlungspflicht. 229

Zweitens ist auch der Begünstigte oftmals nicht ausdrücklich bezeichnet, beispielsweise in der sehr vagen Bestimmung über die Insolvenzsicherung für Pauschalreisende (Art. 7 PRRL). Ausdrücklich stellt die Vorschrift weder das Erfordernis auf, eine Insolvenzsicherung zu gewährleisten, noch läßt sie einen Anspruch des Verbrauchers für den Fall der Insolvenz erkennen. Da indes der Regelungszweck eindeutig auf den Verbraucher als Begünstigten hinweist, ist die Vorschrift durch einen Individualanspruch des Verbrauchers umzusetzen.[22] Ein deutlicher (allerdings nicht notwendiger!) Hinweis auf die individuelle Begünstigung bestimmter Personen liegt vor, wenn die Richtlinie davon spricht, daß diese „ihre Rechte" gerichtlich geltend machen können.[23] Zweifelhaft kann die individuelle Begünstigung vor allem sein, wenn die Schutzvorschriften nicht (nur) dem einzelnen Begünstigten, sondern bestimmten Begünstigten (z.B. Verbrauchern) als Gruppe oder (auch) dem Institutionenschutz dienen, z.B. der Integrität des Kapitalmarktes (Art. 19 FinMRL). 230

Lassen sich nach den ersten beiden Voraussetzungen der Verpflichtete und ein individuell Begünstigter ermitteln, so wird die effiziente Umsetzung der Regelung – drittens – regelmäßig die Zuerkennung eines Individualrechts des Begünstigten gegen den Verpflichteten erfordern. Für den hier erörterten Bereich des Vertragsrechts kann vor allem ein Bezug der Regelung auf den (geschlossenen oder angebahnten) Vertrag zwischen Verpflichtetem und Begünstigtem für die Zuerkennung eines Individualrechts sprechen, denn dieser Vertragsbezug deutet darauf hin, daß der Gemeinschaftsgesetzgeber sich des Vertragsmechanismus als dezentrales Steuerungsinstrument bedienen wollte. Dieses Steuerungsinstrument beruht aber darauf, daß jeder einzelne seine Interessen selbst wahr- 231

---

22 EuGH v. 8.10.1996 – verb.Rs. 178, 179, 188–190/94 *Dillenkofer* Slg. 1996, I-4845 Rn. 31–42; s. ferner EuGH v. 14.5.1998 – Rs. C-364/96 *Verein für Konsumenteninformation ./. Österreichisches Kreditversicherungs AG* Slg. 1998, I-2949; EuGH v. 15.6.1999 – Rs. C-140/97 *Rechenberger ./. Republik Österreich* Slg. 1999, I-3499 Rn. 62–64; s.a. EuGH v. 8.4.1976 – Rs. 43/75 *Defrenne II* Slg. 1976, 455 Rn. 31–37 zu Art. 141 EG. Der Anspruch wegen Insolvenz muß sich regelmäßig gegen den Versicherer richten; für die in Art. 7 PRRL eigentlich angesprochene Nachweispflicht wird man wegen der geringen Effizienz eines Erfüllungsanspruchs von Gemeinschaftsrechts wegen keine Pflicht annehmen können, einen Anspruch des Verbrauchers gegen den Veranstalter und/oder Vermittler vorzusehen; für eine „gewerberechtliche" Sanktion Grabitz/Hilf II-*Tonner* A 12 (PRRL) Art. 7 Rn. 1.

23 Z.B. Art. 8 NwRL, Art. 6 GbAbRL. Auch hier herrscht freilich nicht immer Klarheit; beispielsweise hat die Bezugnahme auf Arbeitnehmervertreter *und* Arbeitnehmer in Art. 9 BÜRL Verwirrung gestiftet und die Frage aufgeworfen, ob die Arbeitnehmer einen Anspruch auf Erfüllung der Informationspflicht des Art. 7 Abs. 6 BÜRL haben; dazu etwa *Bauer/v. Steinau-Steinrück* ZIP 2002, 457, 458.

nimmt. Anderes kann sich freilich auch hier infolge der Verordnung über die Zusammenarbeit im Verbraucherschutz ergeben (oben, Rn. 225a).

232 Nach diesen Grundsätzen wird die Umsetzung der in vertragsrechtlichen Richtlinien vorgesehenen Pflichten zumeist die Begründung eines privatrechtlichen Rechts für den Begünstigten erfordern. Beispiele verdeutlichen dies.[24]

2. Einzelne Regelungen

a) Der arbeitsrechtliche Nachweis

233 Die Nachweisrichtlinie statuiert eine Nachweispflicht des Arbeitgebers gegenüber den Arbeitnehmern (näher Rn. 505–522), behandelt aber die Rechtsfolgen nicht. In Art. 6 bestimmt die Richtlinie, daß sie die nationalen Rechtsvorschriften und Praktiken über die Form des Arbeitsvertrags, „die Regelungen für den Nachweis über das Vorhandensein und den Inhalt des Arbeitsvertrags" und „einschlägige Verfahrensregeln" nicht berührt.[25] Nach Art. 8 Abs. 1 müssen die Mitgliedstaaten dem Arbeitnehmer das Recht einräumen, „seine Rechte" wegen Nichterfüllung der Nachweispflicht gerichtlich geltend machen zu können. Über den Zweck der Richtlinie läßt sich Begründungserwägungen 2. und 11. entnehmen, daß sie wesentlich dazu dient, „das Interesse der Arbeitnehmer an der Aushändigung einer schriftlichen Unterrichtung" bzw. die Arbeitnehmer „besser vor etwaiger Unkenntnis ihrer Rechte" zu schützen.[26] Behandelt die Nachweisrichtlinie auch nur die Pflicht des Arbeitgebers, so ergibt sich aus ihr doch unzweifelhaft, daß der Arbeitnehmer dadurch begünstigt werden soll. Art. 8 NwRL anerkennt zudem, daß die Richtlinie „Rechte" der Arbeitnehmer begründet. Zum effektiven Schutz des Unterrichtungsinteresses ist die Anerkennung eines Individualanspruchs auf Erteilung des Nachweises unerläßlich, denn kollektivrechtliche Ansprüche (z.B. der Gewerkschaft oder des Betriebsrats) oder strafrechtliche Sanktionen erscheinen schon generell zur Durchsetzung der Nachweispflicht nicht gut geeignet, sie sind aber jedenfalls ungeeignet, den einzelnen Arbeitnehmer angemessen zu schützen. Der Nachweis erfolgt im Individualinteresse und soll den einzelnen Arbeitnehmer durch Transparenz schützen; der einzelne Arbeitnehmer hat daher auch das Hauptinteresse an seiner Durchsetzung. Auch ohne daß dies ausdrücklich normiert wäre, verpflichtet die Richtlinie daher dazu, dem Arbeitnehmer nach nationalem Recht einen individuellen Nachweisanspruch zuzugeben.

234 Auch über die Rechtsfolgen des *erteilten* Nachweises verhält sich die Nachweisrichtlinie nicht, abgesehen von der nur negativen Bestimmung des Art. 6. Diese Vorschrift hat der EuGH im Fall *Kampelmann* erörtert. Dort hat er festgestellt, daß der Zweck der Verbesserung des Schutzes vor Unkenntnis der Rechte (BE 2) nicht effektiv erreicht werden könnte, wenn sich der Arbeitnehmer in einem Rechtsstreit mit dem Arbeitgeber nicht auf den erlangten Nachweis berufen und ihn zu Beweiszwecken verwenden könnte. Ungeachtet der klaren Bestimmung, daß die Richtlinie Regelungen über Bestand und Inhalt des Arbeitsvertrags sowie die Verfahrensvorschriften nicht berührt, müßten die nationalen Gerichte daher dem Nachweis „Beweiskraft in dem Sinne beimessen, daß [er] als Nach-

---

24 Neben den folgenden auch EuGH v. 11.8.1995 – Rs. C-433/93 *Kommission ./. Deutschland* Slg. 1995, I-2303 Rn. 19 (Umsetzung der Vergaberichtlinien in VOL/A, VOB/A).

25 S. EuGH v. 8.2.2001 – Rs. C-350/99 *Lange* Slg. 2001, I-1061.

26 Dazu und zu Nachweispflichten allgemein *Riesenhuber* FS Bezzenberger (2000), S. 721–743.

weis der tatsächlich bestehenden wesentlichen Punkte des Arbeitsvertrags ... angesehen werden kann und demgemäß für [ihn] eine ebenso starke Vermutung der Richtigkeit spricht, wie sie nach innerstaatlichem Recht einem solchen vom Arbeitgeber ausgestellten und dem Arbeitnehmer übermittelten Dokument zukommen würde". Daß der erteilte Nachweis individualrechtlich sanktioniert sein muß, begründet der EuGH aus dem Grundsatz der Effektivität; die Art und Weise der individualrechtlichen Sanktionierung beurteilt sich dann nach dem Äquivalenzgrundsatz in Abhängigkeit vom nationalen Recht. Da die Nachweisrichtlinie keine „Beweisregel" begründet, steht dem Arbeitgeber aber von Richtlinien wegen der Beweis der Unrichtigkeit offen.[27]

b) Informationspflichten im Europäischen Vertragsrecht

Im Kernbereich des Europäischen Vertragsrechts fehlen Rechtsfolgenregelungen für die Erfüllung bzw. im Falle der Nichterfüllung von Informationspflichten. Informationspflichten treffen durchgehend Privatpersonen[28] – Reiseveranstalter/-vermittler, Fernabsatzanbieter usf. Sie dienen stets zumindest vordringlich dem Individualschutz, wenn auch teils der Schutz des lauteren Geschäftsverkehrs ebenfalls bezweckt ist.[29] Im einzelnen verfolgen die Informationsvorschriften ganz unterschiedliche Zwecke, vor allem die Ermöglichung einer informierten Marktentscheidung, den Schutz vor Irreführung, die Sicherung der (Vertrags-) Zweckerreichung und den Schutz vor spezifischen Gefahren (i.e. Rn. 280–298 und Rn. 483–488). Die Sanktionen von Informationspflichten müssen diesen verschiedenen Zwecken Rechnung tragen. In jedem Fall aber erscheint erforderlich, den Begünstigten individuelle Sanktionsrechte einzuräumen. Dazu kann in geeigneten Fällen ein Erfüllungsanspruch gehören. Regelmäßig von größerer Bedeutung werden die Sanktionen wegen Nichterfüllung der Pflichten sein. Sie können, wenn durch die Nichterfüllung die Möglichkeit einer rationalen Vertragsentscheidung eingeschränkt wurde, in einem Recht zur Lösung vom Vertrag liegen und ggf. in einem Ersatzanspruch. Bei Information über den Vertragsgegenstand kommt ein Erfüllungsanspruch oder ein Anspruch auf Schadensersatz wegen Nichterfüllung in Betracht (zum Modell beispielhaft Rn. 753). 235

Gerade bei Informationspflichten zeigen sich allerdings auch die Grenzen individueller Ansprüche, die auch aus dem nationalen Recht bekannt sind. So ist ein Erfüllungsanspruch sinnlos, wenn der Schutzzweck der Information nur bei spontaner Erfüllung erreicht wird. Das kommt vor allem in Betracht, wenn es um die Warnung vor Gefahren oder um die Belehrung über Rechte geht. Bei Informationspflichten mit Warnfunktion kommt als effektive Sanktion u.U. ein Ersatzanspruch des Geschädigten in Betracht, bei Belehrungspflichten ggf. eine Erweiterung der Rechte, über die zu belehren ist (z.B. Verlängerung der Widerrufsfrist). In beiden Fällen können aber auch diese individualrechtlichen Sanktionen unzureichend sein. So, wenn es dem Gesetzgeber nicht nur um einen Ausgleich von Schäden bei eingetretener Gefahr geht, sondern um die effektive Vermeidung der Gefahr.[30] So auch, wenn die Erweiterung der Individualrechte als alleiniges 236

27 EuGH v. 4.12.1997 – Rs. C-253-258/96 *Kampelmann* Slg. 1997, I-6907 Rn. 32–34.

28 Nicht gemeint sind damit die (auch) unmittelbar an die Mitgliedstaaten gerichteten Pflichten zur „Verbraucheraufklärung", wie sie z.B. Art. 9 KGRL vorsieht.

29 Z.B. wenn der Fernabsatzanbieter verpflichtet wird, den kommerziellen Zweck seines Kontakts offenzulegen, Art. 4 Abs. 2 FARL.

30 Das kann man z.B. erwägen bei der vorvertraglichen Informationspflicht über Paß- und Visumserfordernisse in Art. 4 Abs. 1 PRRL.

Schutzmittel nicht ausreicht, weil sie dem Verpflichteten nicht genügend Anreiz zur Rechtsbefolgung gibt. Das kann z.B. bei den Pflichten zur Belehrung über das Widerrufsrecht der Fall sein, wenn sich der Belehrungspflichtige auf die Rechtsunkenntnis der Begünstigten weithin verlassen und in seine Geschäftspläne einkalkulieren kann, daß einzelne auch noch nach längerer Zeit widerrufen oder Ersatzansprüche geltend machen werden. In solchen Fällen wird die effektive Umsetzung regelmäßig erfordern, daß der individualrechtliche Schutz durch andere Instrumente ergänzt wird, z.B. wettbewerbsrechtliche Sanktionen[31] oder eine Verbandsklagebefugnis[32].

c) Die Wohlverhaltenspflichten beim Wertpapierhandel

237 Die Zuerkennung privater Individualrechte ist auch zur Umsetzung der Wohlverhaltenspflichten der Wertpapierfirmen in Art. 19 FinMRL erforderlich. Die Wohlverhaltenspflichten binden die Wertpapierfirma und dienen dem Schutz der Anleger. Allerdings verfolgt die Richtlinie das „zweifache Ziel, die Anleger zu schützen und gleichzeitig ein reibungsloses Funktionieren der Wertpapiermärkte zu gewährleisten".[33] Der Schutz des Anlegers ist dabei indes zumindest gleichrangig.[34] Die Ausformung der Pflichten des Art. 19 FinMRL weist zudem darauf hin, daß nicht nur die Anleger als Gruppe, sondern der einzelne Anleger geschützt sein soll, da sie sich auf dessen individuelle Fähigkeiten und Wünsche bezieht („Professionalität der Person", „bestmögliches Interesse der Kunden", Einholung von „Angaben [der Kunden] über ihre finanzielle Lage, ihre Erfahrung mit Wertpapiergeschäften und ihre mit den gewünschten Dienstleitungen verfolgten Ziele"). Eine effektive Durchsetzung dieser Wohlverhaltenspflichten ist wegen dieses Individualbezugs jedenfalls nicht ohne Mitwirkung der Anleger möglich. Diese Mitwirkung wird am besten dadurch gewährleistet, daß die Anleger ihre eigenen wirtschaftlichen Interessen gerichtlich geltend machen können, da von ihnen eine altruistische Anzeige bei der Aufsichtsbehörde im Interesse der Integrität des Marktes nicht realistisch erwartet werden kann.

d) Das Verbot irreführender Werbung

238 Keine Sanktion durch vertragsrechtliche Individualrechte verlangt hingegen die Richtlinie über irreführende Werbung. Allerdings ist auch hier der Verpflichtete individualisiert. Doch dient sie nicht dem Individualschutz des Verbrauchers, sondern lediglich dem Schutz der Verbraucher als Gruppe; dieser Schutzzweck ist zudem nicht der ausschließliche Zweck der Regelung, sondern lediglich einer neben anderen. Daher sieht die Richtlinie auch nicht vor, daß Verbraucher „ihre Rechte" gerichtlich geltend machen können müßten. Stattdessen schreibt sie lediglich vor, daß die Mitgliedstaaten Verbands- und

---

31 Vgl. *Baumbach/Hefermehl/Köhler/Bornkamm* Wettbewerbsrecht (24. Auflage 2006), § 4 UWG Rn. 1.213; BGHZ 109, 127, 130, zur Verletzung der Pflicht zur Widerrufsbelehrung als unlauteres Wettbewerbsverhalten.

32 S.a. *Grigoleit* WM 2001, 597, 599f., der die Verbandsklagebefugnis als eine „Mindestsanktionierung" für bestimmte Informationspflichten der E-Commerce Richtlinie bezeichnet.

33 BE 42 FinMRL; vgl. ferner BE 31 und 41 FinMRL.

34 Ebenroth/Boujong/Joost-*Grundmann*, Handelsgesetzbuch (2001), BankR VI, Rn. VI 184f., 229. A.M. *Bliesener* Aufsichtsrechtliche Verhaltenspflichten beim Wertpapierhandel (1998), S. 102–113. Vermittelnd Assmann/Schneider-*Koller* WpHG (3. Aufl. 2003), vor § 31 Rn. 16–21.

Konkurrentenklagen vorsehen müßten (i.e. Art. 4 WerbRL); die Mitgliedstaaten haben lediglich die *Möglichkeit*, weitergehende Vorschriften zum Schutz von Verbrauchern – z.B. ein Rücktrittsrecht –[35] vorzusehen (Art. 7 WerbRL). Zur effektiven Kontrolle irreführender Werbung dürften Verbands- und Konkurrentenklagen auch besser geeignet sein als Individualrechte von Verbrauchern, da sie die verbotene Praxis insgesamt angreifen.[36]

nicht besetzt. 239–245

§9
Voraussetzungen für die Teilnahme am Geschäftsverkehr: Geschäftsfähigkeit

Regeln über die Geschäftsfähigkeit enthält das europäische Vertragsrecht nicht. Ebenso wie etwa auch die Einheitskaufrechte[1] verweist es insoweit – gelegentlich ausdrücklich[2] – auf die nationalen Vorschriften des anwendbaren Rechts[3]. Die *European Principles* enthalten ebenfalls keine Regeln über Fragen der Geschäftsfähigkeit (Art. 4:101 EP), da es sich um eine Frage des Personenrechts handele.[4] Die Verweisung auf die nationalen Rechtsordnungen ist vor allem deswegen unproblematisch, weil in den europäischen Zivilrechtsordnungen der Grundsatz allgemein anerkannt ist, daß sich vertraglich nur binden kann, wer in der Lage ist, seine Entscheidungen nach vernünftigen Erwägungen zu steuern.[5] Insbesondere liegt die Volljährigkeitsgrenze in fast allen europäischen Ländern bei 18 Jahren.[6] Die Einzelheiten der Geschäftsfähigkeit Minderjähriger oder geistig Behinderter sind hingegen stark mit nationalen Regelungen über die familiäre und staatliche Fürsorge verbunden, so daß eine Rechtsangleichung aufgrund der Folgefragen schwierig ist. Diese Einzelheiten sind zudem für ein auf den Markt und seine Teilnehmer als Gruppen ausgerichtete Rechtsangleichung weniger wichtig. Der unerkannt Geschäftsunfähige kommt zwar in der Praxis durchaus vor, bleibt aber doch ein Einzelfall ohne große Auswirkungen auf den Markt. 246

Nur eine einzige Regelung, die sich inhaltsgleich in den beiden Fernabsatzrichtlinien findet, nimmt auf die Geschäftsfähigkeit ausdrücklich Bezug.[7] Sie stellt das Transparenz- 247

35 Das in § 13a UWG a.F. noch enthaltene Rücktrittsrecht wurde im Zuge der UWG-Reform 2004 gestrichen, da es in der Praxis keine Bedeutung erlangt hatte; s. BT-Drs. 15/1487 S. 14f. S.a. noch Staudinger-*Köhler* (1998), § 13a UWG Rn. 2.

36 S. nur *Reich/Micklitz* Verbraucherrecht, Tz. 30.17.

1 Art. 4 CISG; Staudinger (2005)-*Magnus* Art. 4 CISG Rn. 36. Art. 8 EKG; Soergel-*Lüderitz* Art. 8 EKG Rn. 7.

2 So in Art. 4 Abs. 2 Hs. 2 FARL; dazu sogleich im Text.

3 Das ist nach Art. 7, 12 EGBGB das Personalstatut; das EVÜ hat die Geschäftsfähigkeit, von einer Einzelregelung abgesehen, ausgelassen, Art. 1 Abs. 2 lit. a, Art. 11 EVÜ.

4 *Lando/Beale* European Principles, Art. 4: 101 Comment (S. 227).

5 *Kötz* Europäisches Vertragsrecht, § 6 II (S. 149).

6 *Kötz* Europäisches Vertragsrecht, § 6 II (S. 150); *Larenz/Wolf* Allgemeiner Teil, § 25 Rn. 1–9.

7 Art. 4 Abs. 2 FARL, Art. 3 Abs. 2 S. 2 FFRL.

gebot für die Information bei Fernabsatzgeschäften auf und qualifiziert es dahin, daß „dabei [sc. bei Informationserteilung] … insbesondere die Grundsätze … des Schutzes solcher Personen, die nach den Gesetzen der einzelnen Mitgliedstaaten nicht geschäftsfähig sind (wie z.B. Minderjährige), zu beachten" sind. Was mit dieser Bestimmung gemeint ist, ist allerdings reichlich unklar. Sicher ist, daß die Richtlinie nicht selbst das Recht der Geschäftsfähigkeit regelt, sondern auf die mitgliedstaatlichen Rechte verweist.[8] Wie indessen bei der Erteilung von Informationen die Geschäftsfähigkeit berücksichtigt werden soll, ist nicht ersichtlich. Offenbar geht es nicht darum, Minderjährige vor anstößigen Aussagen zu schützen (Jugendschutz), denn die Richtlinie spricht ausdrücklich von der Geschäftsfähigkeit,[9] also der Fähigkeit, Rechtsgeschäfte wirksam vorzunehmen, insbesondere Verträge zu schließen.[10] Und weil Geschäftsunfähige Verträge wirksam nicht schließen können, kann es auch nicht darum gehen, solche Personen mit Rücksicht auf ihren „Defekt" besonders sorgsam zu informieren.[11] Man kann die Qualifizierung des Transparenzgebots dahin verstehen, daß derjenige, der den Vertrag schließt (etwa bei Geschäftsunfähigen ein Vertreter), auch die Information erhalten muß. Das ergibt sich schon aus dem Zweck der Regelung. Schließlich kann man das Gebot, die Grundsätze des Schutzes der nicht Geschäftsfähigen zu beachten, als einen weiteren Hinweis auf das Wettbewerbsrecht verstehen, wonach z.B. Ansprechen von Kindern und Unterdrucksetzen der Eltern (freilich: zum Schutz der Eltern) sowie die „Verführung" von Kindern unlauter ist.[12]

8 *Reich* EuZW 1997, 581, 584.

9 Englisch: „with due regard … to … the principles governing the protection of those who are unable, pursuant to the legislation of the Member State, to give their consent, such as minors"; französisch: „dans le respect … des principes qui régissent la protection des personnes frappées d'incapacité juridique selon leur législation nationale, telles que les mineurs".

10 Vielleicht dachte der Gesetzgeber an Vorschriften zum Schutz von Kindern und Jugendlichen, wie sie jetzt Art. 5 des Vorschlags einer Verordnung über Verkaufsförderung im Binnenmarkt enthält; vgl. Geänderter Vorschlag für eine Verordnung des Europäischen Parlaments und des Rates über Verkaufsförderung im Binnenmarkt, v. 25.10.2002 KOM(2002) 585 endg.

11 Ebenso *Bodewig* DZWiR 1997, 447, 451.

12 S. im deutschen Wettbewerbsrecht jetzt § 4 Nr. 2 UWG; *Emmerich* Unlauterer Wettbewerb (7. Aufl. 2004), § 12 II 2; *Lettl* Das neue UWG (2004), Rn. 241–253.

§ 10
Vertrag und Sprache

Literatur:

Berteloot, Pascale, Recht auf Sprache in Europa – Die Sprachen des Europäischen Rechts und die Rechte der Unionsbürger, in: Reiner Schulze/Gianmaria Ajani (Hrsg.), Gemeinsame Prinzipien des Europäischen Privatrechts (2003), S. 357–370

Downes, Noemi/Heiss, Helmut, Sprachregulierung im Vertragsrecht: Europa- und internationalprivatrechtliche Aspekte, ZVglRWiss 98 (1999), 28–53

Freitag, Robert, Sprachenzwang, Sprachrisiko und Formanforderungen im IPR, IPRax 1999, 142–148

Jayme, Erik, Sprachrisiko und Internationales Privatrecht beim Bankverkehr mit ausländischen Kunden, in: Marcus Lutter/Helmut Kollhosser/Winfried Trusen (Hrsg.), Recht und Wirtschaft in Geschichte und Gegenwart – Festschrift für Johannes Bärmann zum 70. Geburtstag, München 1975, S. 509–522

Moréteau, Olivier, Can English become the Common Legal Language in Europe?, in: Reiner Schulze/Gianmaria Ajani (Hrsg.), Gemeinsame Prinzipien des Europäischen Privatrechts (2003), S. 405–418

Riesenhuber, Karl, Die Sprache des arbeitsrechtlichen Nachweises, NZA 1999, 798–800

Robbers Gerhard, Bemerkungen zur Sprachenfrage in der Europäischen Union, in: Reiner Schulze/Gianmaria Ajani (Hrsg.), Gemeinsame Prinzipien des Europäischen Privatrechts (2003), 419–424

Rott, Peter, Informationspflichten in Fernabsatzverträgen als Paradigma für die Sprachenproblematik im Vertragsrecht, ZVglRWiss 98 (1999), 382–409

Schäfer, Carsten, Vertragsschluß unter Einbeziehung von Allgemeinen Geschäftsbedingungen gegenüber Fremdsprachlern, JZ 2003, 879–883

Schlechtriem, Peter, Das „Sprachrisiko" – ein neues Problem?, in: Horst Ehmann (Hrsg.), Privatautonomie, Eigentum und Verantwortung – Festgabe für Hermann Weitnauer, Berlin 1980, 129

Staudinger, Ansgar, Form und Sprache, in: Reiner Schulze/ Hans Schulte-Nölke (Hrsg.), Die Schuldrechtsreform vor dem Hintergrund des Gemeinschaftsrechts (2001), S. 295–311

Usher, John A., Disclosure Rules (Information) as a Primary Tool in the Doctrine on Measures Heaving an Equivalent Effect, in: Stefan Grundmann/Wolfgang Kerber/Stephen Weatherill (Hrsg.), Party Autonomy and the Role of Information in the Internal Market, Berlin/New York 2001, S.151–161

Yannic, Yvon, Sprachenvielfalt und europäische Einheit – Zur Reform des Sprachenregimes der Europäischen Union, EuR 2003, 681–695

Casebook:

Schulze, Reiner/Schulte-Nölke, Hans (Hrsg.), Casebook Europäisches Verbraucherrecht, Baden-Baden 1999, Fall 16 (Piageme I)

Eine allgemeine, mehrere Sachbereiche betreffende Frage ist auch, ob die Vertragsparteien im Umgang miteinander frei oder gebunden sind, eine Sprache zu wählen. Sie hat vor allem im Rahmen von Informations-, Belehrungs- und Aufklärungspflichten sowie der Vertragsgestaltung Bedeutung.[1] Vor einer Untersuchung der – vereinzelten – Sprachregelungen des Vertragsrechts sind die primärrechtlichen Vorgaben darzustellen, die sich aus den Grundfreiheiten ergeben. Auf sie weist schon Art. 6 Abs. 4 KGRL hin. **248**

1 Nicht mehr als ein Hinweis darauf findet sich in BE 11 der Entschließung des Rats vom 19.1.1999 über die Verbraucherdimension der Informationsgesellschaft, ABl. 1999 C 23/1.

I. Primärrechtliche Vorgaben

249 Die Vorschrift, beim Angebot von Waren und Dienstleistungen eine bestimmte Sprache zu verwenden,[2] ist grundsätzlich geeignet, die Grundfreiheiten zu beeinträchtigen. Das gilt auch nach *Keck* jedenfalls dann, wenn sich die Sprachvorschrift auf die Produktgestaltung auswirkt, wie das z.B. der Fall ist, wenn eine Sprache für die Kennzeichnung von Lebensmitteln oder die Gestaltung von Prospekten oder Allgemeinen Geschäftsbedingungen vorgeschrieben wird.[3] Soweit Sprachvorschriften gegen die Grundfreiheiten verstoßen, bedürfen sie der Rechtfertigung, die z.B. darin liegen kann, daß sie zum Schutz von Verbrauchern erforderlich sind.

250 Die Grenzen von nationalen Sprachvorschriften hat der EuGH zuerst in den *Piageme* Entscheidungen erörtert. In dem zugrunde liegenden Fall ging es um eine belgische Kennzeichnungsregelung, die auf der Grundlage von Art. 14 der Lebensmittelkennzeichnungsrichtlinie a.F. (jetzt Art. 16 LbmKRL)[4] erlassen worden war. Nach dieser Vorschrift ist der Verkauf von Lebensmitteln zu verbieten, wenn nicht die anzugebenden Einzelheiten in einer dem Verbraucher leicht verständlichen Sprache abgefaßt sind oder andere Maßnahmen die Information des Verbrauchers sicherstellen. Der EuGH sah in der Vorschrift, die Regionalsprache (Flämisch) zu verwenden, eine nicht gerechtfertigte Maßnahme gleicher Wirkung.[5] Die Frage der Rechtfertigung prüft das Gericht nicht näher. Dem dürfte die Annahme zugrunde liegen, daß die Lebensmittelkennzeichnungsrichtlinie den Vorbehaltsbereich des Verbraucher-/Gesundheitsschutzes, der zur Rechtfertigung strengerer nationaler Regelungen in Betracht käme, bereits erschöpft,[6] so daß eine Berufung auf zwingende Gründe des Allgemeininteresses nicht mehr in Betracht kam.[7]

251 In der Folgeentscheidung *Piageme II* vermied der EuGH solche Aussagen zu den Grundfreiheiten und beschränkte sich darauf, die vorgelegte Frage unter Art. 14 LbmKRL a.F. zu untersuchen. Nach dieser Entscheidung ist die Vorschrift einer bestimmten Sprache auch dann mit dem Erfordernis der „leicht verständlichen Sprache" unvereinbar, wenn daneben die Verwendung weiterer Sprachen zugelassen wird.[8] Die – eigentlich noch offene – Frage, ob Mitgliedstaaten strengere Regelungen zulassen dürfen, behandelt das Gericht nicht mehr.

---

2 S. z.B. *Somma* ZEuP 1998, 701–715, zur Sprachgesetzgebung in Frankreich und Italien.

3 EuGH v. 3.6.1999 – Rs. C-33/97 *Colim* Slg. 1999, 3175 Rn. 36f.

4 Die Urteile ergingen noch zu Richtlinie 79/112/EWG des Rates vom 18.12.1978 zur Angleichung der Rechtsvorschriften der Mitgliedstaaten über die Etikettierung und Aufmachung von für Endverbraucher bestimmten Lebensmitteln sowie Werbung hierfür, ABl. 1979 L 33/1; diese wurde abgelöst durch Richtlinie 2000/13/EG des Europäischen Parlaments und des Rates vom 20. März 2000 zur Angleichung der Rechtsvorschriften der Mitgliedstaaten über die Etikettierung und Aufmachung von Lebensmitteln sowie die Werbung hierfür, ABl. 2000 L 109/29.

5 EuGH v. 18.6.1991 – Rs. C-369/89 *Piageme* Slg. 1991, I-2971 Rn. 12–16; EuGH v. 12.9.2000 – Rs. C-366/98 *Geffroy* Slg. 2000, I-6579 Rn. 25.

6 Analytisch klar EuGH v. 3.6.1999 – Rs. C-33/97 *Colim* Slg. 1999, 3175 Rn. 33–35.

7 So auch GA *Tesauro* in EuGH v. 18.6.1991 – Rs. C-369/89 *Piageme* Slg. 1991, 2971 SchlA Tz. 6 a.E. Im Fall der Richtlinie 79/112 folgt das im Grundsatz aus Art. 15, der freilich in Absatz 2 strengeres nationales Recht gerade zum Schutz der Gesundheit und des lauteren Geschäftsverkehrs zuläßt.

8 EuGH v. 12.10.1995 – Rs. C-85/94 *Piageme II* Slg. 1995, I-2955 Rn. 14–20 (krit. *Schilling* EuZW 1996, 16); EuGH v. 14.7.1998 – Rs. C-385/96 *Goerres* Slg. 1998, I-4433 Rn. 16–20; EuGH v. 12.9.2000 – Rs. C-366/98 *Geffroy,* Slg. 2000, I-6579 Rn. 26f. S. aber jetzt Art. 16 Abs. 2 LbmKRL.

Während die Regelung zur Lebensmittelkennzeichnung auch auf Erwägungen des Gesundheitsschutzes beruht, ging es in der Entscheidung *Schott Zwiesel* um eine Regelung, die vor allem dem Schutz der wirtschaftlichen Selbstbestimmung dient. Der EuGH hatte zu entscheiden, ob die gemeinschaftsrechtliche Pflicht, Kristallglas (im Gegensatz zu „Hochbleikristall 30%") in der Sprache des (Letzt-) Vermarktungslandes zu bezeichnen, mit Art. 28 EG vereinbar ist. Die – früher ergangene – *Piageme I* Entscheidung scheint nahezulegen, daß die Vorschrift dieser Sprache eine nicht gerechtfertigte Maßnahme beschränkungsgleicher Wirkung darstellt, der EuGH entschied anders. Da hier eine erhebliche Verwechslungsgefahr mit höherwertigen Produkten (Hochbleikristallglas 30%) bestehe, sei die Kennzeichnung in der Sprache des Vermarktungslandes das erforderliche Mittel zum Schutz des Verbrauchers.[9] 252

Ähnlich entschied das Gericht auch im Fall *Colim*.[10] Dort war zu beurteilen, ob die Vorschriften des belgischen Verbraucherschutzrechts mit der Warenverkehrsfreiheit vereinbar sind, nach denen Gebrauchsanweisungen und Garantiescheine mindestens in der Sprache oder den Sprachen des Gebietes abzufassen sind, in dem die Erzeugnisse auf den Markt gebracht werden. Wegen der damit verbundenen zusätzlichen Etikettierung und „zusätzlichen Aufmachungskosten" lag in dieser Vorschrift auch nach *Keck* noch eine relevante Behinderung des innergemeinschaftlichen Handels, deshalb war die Regelung auf ihre Verhältnismäßigkeit zu prüfen. Eine solche Sprachvorschrift muß nach dem Verhältnismäßigkeitsgrundsatz (insbesondere) zwei Erfordernissen genügen. Sie darf erstens den Einsatz anderer tauglicher Informationsmittel (Zeichnungen, Symbole, Piktogramme) nicht ausschließen. Reichen andere Informationsmittel aus, so ist die Vorschrift „sprachlich" zu informieren, nicht erforderlich. Und sie muß sich zweitens auf die nach dem nationalen Recht zwingend vorgeschriebenen Angaben beschränken.[11] Auch dabei geht es um die Erforderlichkeit, indes in etwas anderem Sinne. Ein Mitgliedstaat kann sich nicht darauf berufen, die Sprachvorschrift sei zum Schutz der Verbraucher erforderlich, wenn er selbst die betreffende Information gar nicht vorschreibt, sie also nach Einschätzung des Mitgliedstaats nicht aus Gründen des Verbraucherschutzes erforderlich ist. Das ist gewissermaßen eine gemeinschaftsrechtlich vorgegebene Systembindung wie sie in ähnlicher Weise aus dem Äquivalenzgrundsatz der Richtlinienumsetzung folgt (s. Rn. 221f.). 253

Die primärrechtlichen Vorgaben erscheinen damit als nicht ganz konsistent. Daß Erwägungen des Gesundheitsschutzes, die den lebensmittelrechtlichen Kennzeichnungsvorschriften (zumindest auch) zugrunde liegen, geringer wiegen als Erwägungen des Schutzes der wirtschaftlichen Selbstbestimmung, paßt nicht zusammen.[12] Die Entscheidung *Piageme II* dürfte indes als ein vorsichtiger Rückzug von der weitgehenden Entscheidung *Piageme I* sein, die schon deswegen nicht überzeugt, weil das Gericht die Frage der 254

9 EuGH v. 9.8.1994 – Rs. C-51/93 *Meyhui ./. Schott Zwiesel* Slg. 1994, I-3879 Rn. 16–21; zur Maßgabe des *Letzt*vermarktungslandes Rn. 24f. S.a. EuGH v. 22.6.1982 – Rs. 220/81 *Robertson* Slg. 1982, 2349 Rn. 11–13 (Kennzeichnung von Edelmetallwaren); EuGH 16.12.1980 – Rs. 27/80 *Fietje* Slg. 1980, 3839, Rn. 10–15 (Likeurbesluit: Kennzeichnung als „Likeur" vorgeschrieben).

10 EuGH v. 3.6.1999 – Rs. C-33/97 *Colim* Slg. 1999, 3175; (wohl) kritisch dazu *Reich* EuZW 1999, 467.

11 EuGH v. 3.6.1999 – Rs. C-33/97 *Colim* Slg. 1999, 3175 Rn. 36–42. GA *Cosmas* ebd. SchlA Tz. 59f. hält die Vorschrift der *Gebiets*sprache für unverhältnismäßig, die Kennzeichnung in irgendeiner Amtssprache reiche aus.

12 Zur herausragenden Stellung des Integritätsschutzes im Europäischen Vertragsrecht nur Ziff. 1 lit. a Anhang AGBRL.

Rechtfertigung überhaupt nicht erörtert. Für das Vertragsrecht liegen die Entscheidungen *Schott Zwiesel* und *Colim* wegen ihres mehr auf das Vertragsverhältnis bezogenen Schutzzwecks näher. Danach ist davon auszugehen, daß Sprachvorschriften – jedenfalls wenn sie iSv *Keck* produktbezogen sind – eine beschränkungsgleiche Maßnahme darstellen, die aus besonderen Gründen gerechtfertigt sein können, namentlich wegen der spezifischen Gefahr einer Irreführung von Verbrauchern oder um die effektive Durchsetzung von Informationsvorschriften zu sichern. Für Unternehmen geht die Kommission indes davon aus, daß diese den Schutz durch eine Sprachvorschrift regelmäßig nicht benötigen, da sie entweder selbst die Fremdsprache ihrer ausländischen Vertragspartner beherrschen oder sich die benötigten Informationen sonst in geeigneter Form von diesen verschaffen können.[13]

II. Sprachvorschriften im Europäischen Vertragsrecht

255 Das allgemeine Vertragsrecht braucht keine Vorschrift über die zu verwendende Sprache, da normalerweise die Vertragsfreiheit ausreichenden Schutz bietet: Beide Teile können auf die Wahl einer bestimmten Sprache für Verhandlungen und Vertragsabschluß bestehen oder vom Vertrag absehen.[14] Deswegen enthält das Europäische Vertragsrecht eine allgemeine Sprachvorschrift so wenig wie die nationalen Vertragsrechte, die *European Principles* oder die *Unidroit Principles.* Soweit indes das Vertragsrecht dazu dient, einen Vertragspartner, z.B. den Verbraucher, den Arbeitnehmer oder den Mieter, durch Information oder Aufklärung zu schützen, muß man auch erwägen, ob die effektive Gewährleistung des Schutzes erforderlich macht, eine bestimmte Sprache zu verwenden.

256 Solche Sprachvorschriften, die Informationspflichten ergänzen, enthält das Europäische Vertragsrecht vereinzelt.[15] Eine eingehendere Regelung findet sich zum einen in der Lebensversicherungsrichtlinie, zum anderen in der Timesharingrichtlinie (sogleich 1). Außerdem entnehmen manche dem Transparenzgebot der AGB-Richtlinie sowie Vorschriften über Information und Aufklärung auch Anhaltspunkte für eine Sprachregelung (nachfolgend 2).

1. Ausdrückliche Regelungen

a) Lebensversicherungsrichtlinie

257 Die vor Abschluß einer *Lebensversicherung* geschuldeten Informationen[16] sind in einer Amtssprache des Mitgliedstaats zu erteilen, in dem der Versicherungsnehmer gewöhnlichen Aufenthalt bzw. Niederlassung hat (Mitgliedstaat der Verpflichtung)[17]. Sie können

13 *Kommission* ABl. 1993 C 345/3 Tz. 11f.

14 Ebenso deklaratorisch Art. 2 Abs. 6 UAbs. 2 V1-VersVRL (ABl. 1979 C 190/2), Art. 2 Abs. 5 UAbs. 2 V2-VersVRL (ABl. 1980 C 355/30). S.a. *Schäfer* JZ 2003, 879–883 zur „Vertragssprache".

15 (Ältere) Übersicht über Sprachvorschriften im Sekundärrecht: *Kommission* KOM(93) 456 endg. Rn. 11; im Grünbuch zum Europäischen Vertragsrecht KOM(2001) 398 endg. spricht die Kommission lediglich S. 38 und 61 die Informationspflicht des Art. 10 EComRL an. Auch die European Principles und die Unidroit Principles enthalten insoweit keine Regelung, nur Art. 5:107 EP, Art. 4.7 UP behandeln die Auslegung im Falle divergierender Sprachfassungen von Verträgen.

16 Art. 36 LVersRL.

17 Definition des Mitgliedstaats der Verpflichtung in Art. 1 Abs. 1 lit. g LVersRL.

in einer anderen Amtssprache abgefaßt werden, vorausgesetzt, daß entweder (1) der Versicherungsnehmer dies wünscht und das Recht des Mitgliedstaats der Verpflichtung es zuläßt oder (2) der Versicherungsnehmer das anwendbare Recht frei wählen kann.[18] Diese Sprachvorschrift ist offenkundig mit dem Internationalen Privatrecht verknüpft: Im Grundsatz gilt, daß bei objektiver Anknüpfung – an das Recht des gewöhnlichen Aufenthalts bzw. der Niederlassung –[19] auch die Sprache vorgegeben ist,[20] nur bei „freier" (d.h. nicht nur beschränkter)[21] Rechtswahl kann auch die Sprache frei gewählt werden. Die freie Rechtswahl wiederum hat der Versicherungsnehmer nach dem Versicherungskollisionsrecht dann, wenn er sich eigeninitiativ an den ausländischen Versicherer wendet.[22]

In dieser Differenzierung kommen zwei Grundgedanken zum Ausdruck: Erstens folgt die Sprache dem Vertragsstatut; das leuchtet ein, denn soweit dem vom Kollisionsrecht Geschützten der Umgang mit dem fremden Recht zugetraut wird, kann ihm auch (erst recht) der Umgang mit der fremden Sprache zugetraut werden. Zweitens kann man der Regelung den Grundgedanken entnehmen, daß der von der Informationspflicht Geschützte selbst über die anwendbare Sprache entscheiden kann, und zwar entweder durch Wunsch[23] oder dadurch, daß er eigeninitiativ den Kontakt zu dem ausländischen Versicherer herstellt. In beiden Fällen liegt das entscheidende Merkmal in der eigenen Initiative des Versicherungsnehmers, da auch der „Wunsch" *(if the policy holder so requests)* nicht mit der Zustimmung zu dem Vorschlag des Versicherers gleichgesetzt werden kann. 258

b) Timesharing-Richtlinie

Weitergehend als sonst irgendwo hat der Europäische Gesetzgeber den Schutz des *Timesharing*-Erwerbers durch Informations- und Schriftformvorschriften durch eine Regelung der Sprache ergänzt.[24] Timesharingprospekt und -vertrag sind nach Wahl des Erwerbers in einer der Amtssprachen der Gemeinschaft abzufassen, die Sprachen[25] seines Wohnsitz- oder Nationalitätsmitgliedstaats sind. Unabhängig vom anwendbaren Recht und davon, ob der Erwerber selbst „aktiv" auf den ausländischen Anbieter zugegangen ist, soll sichergestellt sein, daß der Erwerber die Informationen in einer Sprache erhält, die er verstehen kann. Das Wahlrecht (Sprache des Wohnsitzes oder der Nationalität) trägt sogar dem Umstand Rechnung, daß Wohnsitz und Nationalität des Erwerbers auseinanderfallen können. Darüber hinaus hat der Mitgliedstaat, in dem der Erwerber seinen Wohnsitz hat, die Möglichkeit vorzuschreiben, daß der Vertrag auch in einer seiner Gemein- 259

18 Anhang III Abs. 1 S. 2 und Abs. 2 LVersRL. A.M. *Grundmann* Schuldvertragsrecht, 4.31 Rn. 31 a.E.

19 Art. 32 Abs. 1 S. 1 LVersRL.

20 Ebenso auch im Falle der beschränkten Wahlmöglichkeit nach Art. 32 Abs. 1 S. 2, Abs. 2 LVersRL.

21 Vorige Note.

22 Art. 32 LVersRL. s. noch Art. 28 3. LVersRL, Art. 13 Abs. 1, 14 Abs. 5 2. LVersRL a.F.; näher *Grundmann* Schuldvertragsrecht, 4.31 Rn. 20f. mit Rn. 18f.

23 Dem steht nicht entgegen, daß dieser Teil der Sprachregelung nur eingreift, wenn der Mitgliedstaat der Verpflichtung es zuläßt, denn indem der Gemeinschaftsgesetzgeber den Mitgliedstaaten die Möglichkeit einer laxeren Regelung ohne weiteres eröffnet, bringt er zum Ausdruck, daß sie mit seinen Regelungsabsichten nicht konfligieren.

24 Nicht geregelt ist die „Abwicklungssprache"; *Kappus* EWS 1996, 273, 274.

25 Schon um eine einigermaßen sichere Abgrenzung zu ermöglichen, muß man die „Sprache des Mitgliedstaats" als „Amtssprache des Mitgliedstaats" verstehen; Dänisch ist daher keine Sprache Deutschlands; a.M. – weitergehend – Grabitz/Hilf II-*Martinek* A 13 (TSRL) Art. 4 Rn. 132.

schaftsamtssprachen abgefaßt wird.[26] Damit wird dann auch noch sichergestellt, daß der Erwerber, der die Sprache seiner Nationalität wählt, sich unschwer in seinem Wohnsitzland beraten lassen kann, da er auch mit einer entsprechenden Sprachfassung der Unterlagen ausgestattet ist. Diese Regelung, die dem Schutz des Erwerbers dient, wird auch mit der Effizienzerwägung begründet, daß die Übersetzungskosten so nur einmal beim Veräußerer anfallen und anteilig auf die (prospektiven) Erwerber umgelegt (kollektiviert) werden können.[27]

260 Eine Sonderregelung trifft schließlich Art. 4 Sps. 3 TSRL. Danach ist dem Erwerber eines Teilzeitwohnrechts eine beglaubigte Übersetzung des Vertrags in einer der Amtssprachen des Belegenheitslandes zu geben. Darin liegt keine unsinnige Vervielfachung der Informationspflichten, sondern eine sinnvolle Ergänzung, da der Erwerber z.B. für behördliche Zwecke den Kaufvertrag in einer Amtssprache des Belegenheitslandes vorlegen muß.[28] Hier geht es also nicht darum, die Verständlichkeit für den Erwerber sicherzustellen, sondern darum, die effektive Durchführung des Vertrags zu gewährleisten.[29]

c) Richtlinie über unlautere Geschäftspraktiken

260a Die Richtlinie über unlautere Geschäftspraktiken verbietet es als unlauter, wenn ein Gewerbetreibender vor Vertragsschluß in einer Sprache (die nicht die Amtssprache seines Niederlassungs-Mitgliedstaats ist) kommuniziert, nachher aber die Leistung in einer anderen Sprache erbringt, ohne daß er den Verbraucher darüber im vorhinein aufgeklärt hätte. Es geht dabei nicht darum, eine bestimmte Sprache vorzuschreiben, sondern darum, den Verbraucher vor einer Irreführung zu schützen. Gerade die Ausnahme macht die Grundgedanken der Regelung deutlich. Wenn ein deutscher Verbraucher mit einem englischen Finanzberater auf englisch Vertragsverhandlungen führt, muß er auch eine Beratung in englischer Sprache gewärtigen. Wenn der Finanzberater ihn indes mit einem in deutscher Sprache geführten Kundengespräch geworben hatte, so ist mangels besonderer „Warnung" seine Erwartung, auch auf Deutsch beraten zu werden.

d) Kaufgewährrichtlinie, Fernabsatzrichtlinie, E-Commerce-Richtlinie

261 Die *Kaufgewährrichtlinie,* die *Fernabsatzrichtlinie* und die *E-Commerce-Richtlinie* regeln die Sprache nicht mehr, sondern verweisen die Problematik an die mitgliedstaatlichen Gesetzgeber. Nach Art. 6 Abs. 4 Kaufgewährrichtlinie – der auf dem Vorbild der Sprachregelung der Lebensmittelkennzeichnungsrichtlinie 79/112 EWG beruht –[30] können die Mitgliedstaaten für ihr Gebiet vorschreiben, daß die Garantie in einer oder mehreren Amtssprachen der Gemeinschaft abzufassen ist. Als speziellere Regelung gegenüber der Mindeststandardklausel des Art. 8 Abs. 2 KGRL bestimmt Art. 6 Abs. 4 auch einen Höchststandard. Die Mitgliedstaaten können nur vorschreiben, daß die Garantie in einer

---

26 Art. 4 Sps. 2 TSRL; auch hier kommen nur die betreffenden Amtssprachen der Gemeinschaft in Betracht.

27 *Downes/Heiss* ZVglRWiss 98 (1999), 27, 38.

28 *Downes/Heiss* ZVglRWiss 98 (1999), 27, 32f.; Grabitz/Hilf II-*Martinek* A 13 (TSRL) Art. 4 Rn. 135f.

29 Siehe noch unten, Rn. 505–522, zu den Nachweispflichten.

30 *Staudenmayer* NJW 1999, 2393, 2396. Diese Genese ist freilich wegen der unterschiedlichen Schutzzwecke (vgl. o. Rn. 254) erstaunlich.

oder mehreren Amtssprachen der Gemeinschaft abzufassen ist. Eine Vorschrift wie die des belgischen Rechts, die der *Colim* Entscheidung zugrunde lag, wonach die Regionalsprache zu wählen war, ist unzulässig, wenn die Regionalsprache nicht auch Gemeinschaftsamtssprache ist (z.B. Gälisch, Katalanisch, Sorbisch).

Für den Fernabsatz hatten noch der erste und der zweite Vorschlag vorgesehen, daß die vorvertraglichen Informationen (jetzt Art. 4 FARL) in der Sprache der Vertragsverhandlungen zu geben sind.[31] Diese Regelung ist im Gemeinsamen Standpunkt[32] entfallen und auch in der verabschiedeten Fassung nicht enthalten. Die 8. Begründungserwägung der Fernabsatzrichtlinie verweist die Frage, welche Sprachen bei Vertragsabschlüssen im Fernabsatz zu verwenden sind, in die Zuständigkeit der Mitgliedstaaten. **262**

Auch die E-Commerce-Richtlinie enthält keine Sprachregelung, sie verpflichtet den Diensteanbieter lediglich, dem Nutzer vor Bestellung („klar, verständlich und unzweideutig") mitzuteilen, welche Sprachen für den Vertragsabschluß zur Verfügung stehen.[33] Damit ist, wie die englische und die französische Fassung der Richtlinie deutlich machen, keineswegs gemeint, daß der Diensteanbieter verpflichtet wäre, bestimmte Sprachen zur Verfügung zu stellen, es kommt vielmehr darauf an, welche Sprachen er von sich aus zur Verfügung stellt *(the languages offered for the conclusion of the contract; les langues proposées pour la conclusion du contrat)*. Auch auf einer deutschen *Homepage* kann der Diensteanbieter ausschließlich Englisch als Vertragssprache zur Verfügung stellen, wenn er will. Es ist Sache des Nutzers – auch des Verbrauchers – zu entscheiden, ob er sich darauf einläßt oder nicht. **263**

2. Implizite Regelungen?

Auch ohne ausdrückliche Regelung entnehmen manche den Transparenz- und Informationsvorschriften des Europäischen Vertragsrechts Sprachregelungen. So wird aus dem Transparenzgebot des Art. 4 Abs. 2, 5 S. 1 AGBRL (dazu Rn. 619f.) die Pflicht abgeleitet, nicht-ausgehandelte Vertragsbedingungen in einer dem Verbraucher verständlichen Sprache abzufassen,[34] wobei teils auf den Verbraucher des jeweiligen Vertragstyps,[35] teils auf den „europäischen Durchschnittskunden"[36] abgestellt wird. Und aus entsprechenden Erwägungen wird auch der Pflicht zu „klarer und verständlicher Information"[37] und dem Schutzzweck der Informationspflichten[38] die Bindung entnommen, eine dem Informa- **264**

31 Art. 10 Abs. 1 V1-FARL (ABl. 1992 C 156/14), Art. 11 Abs. 2 V2-FARL (ABl. 1993 C 308/18).

32 Art. 4 GS-FARL (ABl. 1995 C 288/1; Entscheidung des EP ABl. 1996 C 17/51).

33 Art. 10 Abs. 1 lit. d) EComRL. BE 64 EComRL weist noch darauf hin: „Die elektronische Kommunikation stellt für die Mitgliedstaaten ein hervorragendes Instrument zur Bereitstellung von öffentlichen Dienstleistungen in den Bereichen Kultur, Bildung und Sprache dar."

34 *Reich* ZEuP 1994, 381, 392; *ders.* NJW 1995, 1857, 1860; *Reich/Micklitz* Verbraucherrecht, Tz. 1.12; wohl auch *Heiss* in: Schnyder/Heiss/ Rudisch (Hrsg.), Internationales Verbraucherschutzrecht (1995), S. 93f.; zurückhaltend aber *Reich* VuR 1995, 1, 5f.; abl. *Schäfer* JZ 2003, 879–883.

35 *Wolf*/Horn/Lindacher, AGBG (4. Aufl. 1999), Art. 5 AGBRL Rn. 4.

36 So allgemein für das Transparenzgebot *Nassall* JZ 1995, 689, 693.

37 Z.B. Art. 4 Abs. 2 FernARL (Informationspflicht); Art. 7 Abs. 3 S. 2 FARL (Unterrichtung über Ersetzungsbefugnis); Art. 3 Abs. 2 PRRL (Prospektangaben). *Reich* EuZW 1997, 581, 584 leitet daraus einen „Verständlichkeitsgrundsatz" ab, der die Wahl einer „am Ort des Verbrauchers typischerweise verstandenen Sprache" vorschreibe.

38 *Reich* NJW 1995, 1857 1860; *Reich/Micklitz* Verbraucherrecht, Tz. 1.12.

tionsgläubiger verständliche Sprache zu wählen. Dasselbe müßte auch für Rechtsbelehrungspflichten gelten.

265 Bevor man sich daran macht, die Transparenz- und Informationsregelungen als Sprachvorschriften zu verstehen, muß man prüfen, ob der Gesetzgeber die Sprachfrage nicht bewußt offen gelassen und den Mitgliedstaaten überlassen hat. Dafür sprechen in der Tat die besseren Gründe. So hat der Gesetzgeber insbesondere bei Erlaß der AGB-Richtlinie und der Fernabsatzrichtlinie den Auslandsbezug seiner Regelungen ganz klar vor Augen gehabt.[39] Wenn er trotzdem keine Regelung über die zu verwendende Sprache getroffen hat, so kann das bedeuten, daß er die Regelung für überflüssig gehalten hat (etwa weil sie bereits in der Anordnung enthalten sei, „klar und verständlich" zu informieren) oder sie den Mitgliedstaaten überlassen wollte. Für eine Verweisung an die Mitgliedstaaten spricht insbesondere die Entstehungsgeschichte der Fernabsatzrichtlinie, die die im Entwurf noch vorgesehene Vorschrift, vorvertragliche Informationen in der Verhandlungssprache zu geben, nicht übernommen und die Sprachfrage ausdrücklich den Mitgliedstaaten überlassen hat.[40] Und weil die vorvertraglichen Informationen das Herzstück der Informationspflichten der Richtlinie sind, läßt sich auch nicht annehmen, der Gesetzgeber habe nur die Vorschrift weglassen wollen, daß die Informationen gerade in der *Verhandlungs*sprache gegeben werden müssen, ansonsten aber implizite Sprachregelungen beibehalten. Weiterhin spricht auch die Tatsache, daß der Gesetzgeber vereinzelt eine Vertrags- oder Informationssprache vorgeschrieben hat (oben Rn. 257–263) dagegen, jeder Informationsvorschrift schon ohne ausdrückliche Regelung eine implizite Sprachvorschrift zu entnehmen. Schließlich muß man bedenken, daß die Informationspflichten und das Transparenzgebot nur ganz unzureichende Anhaltspunkte dafür geben, wie die Sprachfrage zu regeln ist, und auch deshalb die Annahme einer impliziten Sprachregelung (welcher?) bedenklich ist. Das zeigt sich schon an den Unsicherheiten der oben (Rn. 264) referierten Auslegungen: Soll es etwa auf den durchschnittlichen oder den individuellen Vertragspartner oder Informationsgläubiger ankommen? Soll es – entgegen den Wertungen, die sowohl dem Europäischen Vertragsrechtsübereinkommen (Art. 5 EVÜ) als auch der Regelung der Lebensversicherungsrichtlinie zu entnehmen sind – nicht darauf ankommen, auf wessen Initiative hin der Auslandskontakt zustande gekommen ist?

266 In der Tat hat auch die Kommission in einer Mitteilung aus dem Jahr 1993 erklärt, sie gehe u.a. aufgrund des Subsidiaritätsgrundsatzes davon aus, daß die Regelung der für Verbraucherinformation anwendbaren Sprache Sache der Mitgliedstaaten sei.[41] Das ist auch sachlich gut begründet, weil das nationale Recht die Sprachfrage durchaus regelt und dabei die betroffenen Interessen nach Sachfragen differenziert gewichtet. So kommen für das Vertragsrecht kollisions- und sachrechtliche Lösungen in Betracht,[42] und im Sachrecht kann man ganz unterschiedliche Regelungen finden, z.B. die Anfechtbarkeit, Widerruflichkeit oder Nichtigkeit des Vertrags (oder der ihm zugrunde liegenden Vertragserklärung), die Verneinung des Zugangs einer Erklärung in unverständlicher Sprache, die Ersatzpflicht des Informationsschuldners usf.[43]

---

39 S. BE 5, 7 AGBRL; BE 2–4 FARL.

40 S. soeben Rn. 262. Ungeachtet dessen leitet *Rott* ZVglRWiss 98 (1999), 382, 405–407 ganz detaillierte Sprach*regeln* aus der Bindung des Lieferers ab, klar und verständlich zu informieren.

41 KOM(93) 456 endg. Rn. 2.

42 Zum Kollisionsrecht Reithmann/*Martiny* Internationales Vertragsrecht (6. Aufl. 2004), Rn. 206f.; *ders.* ZEuP 1998, 227, 247f.

43 Siehe nur *Flume* Rechtsgeschäft, § 15 I 5 (S. 249f.).

Ist demnach Informations- und Transparenzvorschriften ohne weiteres keine Sprachvorschrift zu entnehmen, sondern die Verweisung dieser Problematik in die Zuständigkeit der Mitgliedstaaten, so bedeutet das doch nicht, daß die Mitgliedstaaten bei der Gestaltung des nationalen Rechts völlig frei wären. Eine Bindung ergibt sich hier wie sonst aus der Pflicht zur effektiven Umsetzung des Gemeinschaftsrechts. Dabei ist nicht zu beanstanden, daß Unterschiede in Einzelheiten bestehen bleiben, denn das Gebot der effektiven Umsetzung gibt nur einen äußersten Handlungsrahmen vor. Wie weit die daraus resultierenden Vorgaben für das nationale Recht reichen, hängt wesentlich vom Zweck der jeweiligen Informations- oder Transparenzpflicht ab, ist aber auch mit Rücksicht auf gegenläufige Wertungen des Gemeinschaftsrechts zu bestimmen. Der Schutzzweck von Informationsvorschriften spricht regelmäßig dafür, dem Gläubiger die Information in einer ihm individuell verständlichen Sprache zu geben.[44] Indes weist die Erörterung der primärrechtlichen Vorgaben auf gegenläufige Wertungen hin, die sich aus den Grundfreiheiten ergeben können, soweit Sprachvorschriften Hindernisse für den grenzüberschreitenden Verkehr darstellen.[45] So spricht der Schutz des grenzüberschreitenden Waren- und Dienstleistungsverkehrs dafür, die Sprache des Herkunftslandes ausreichen zu lassen. Gerade auch im Hinblick auf Sprachvorschriften kann man der Primärrechtsdogmatik den Grundsatz der Selbstverantwortung des Verbrauchers entnehmen: „Auch bei sprachlichen Regeln über die Verbraucherinformation gilt jetzt offenbar das Paradigma vom ‚durchschnittlich informierten, aufmerksamen und verständigen' – und damit wohl auch sprachlich ausreichend kompetenten – ‚Durchschnittsverbraucher'".[46] Und schließlich weisen die Sprachregelung der Lebensversicherungsrichtlinie und die Verbraucherschutzbestimmungen des EVÜ (Rn. 170f.) auf die erhöhte Selbstverantwortung desjenigen hin, der sich ins Ausland begibt. Hier ist nicht nur der Geschützte weniger schützenswert, weil er sich „selbst in Gefahr begeben" hat, sondern verdient auch der Verpflichtete Nachsicht, soweit er davon ausgehen kann oder muß, daß die Sprache des Vermarktungslandes dem Schutzgebot genügt. 267

Nach dem Gebot der effektiven Umsetzung (Rn. 220–225) dürfen danach die Mitgliedstaaten nicht zulassen, daß die Verpflichteten Transparenz- oder Informationsvorschriften gezielt durch die Wahl einer unverständlichen Sprache umgehen. Wendet sich der Verpflichtete gezielt an eine Sprachminderheit, die die (Amts-) Sprache des Landes nicht sicher beherrscht, so muß er deren Sprache (oder ggf. ein anderes ausreichendes Kommunikationsmittel) wählen.[47] Zum Schutz der Verpflichteten beschränkt der Gesetzgeber die Sprachvorschriften stets auf die Amtssprachen, und das gilt selbst für die weitreichende Regelung der Timesharingrichtlinie. Weiterhin muß es grundsätzlich ausreichen, wenn eine der Amtssprachen des Vermarktungslandes gewählt wird.[48] Das entspricht der Wertung der speziellen Sprachvorschriften zur Produktkennzeichnung (vgl. oben Rn. 249–254), die selbst dann, wenn sie dem Schutz vor Gesundheitsgefahren oder Irreführung dienen, die Sprache des Vermarktungslandes ausreichen lassen, unabhängig 268

---

44 EuGH v. 3.6.1999 – Rs. C-33/97 *Colim* Slg. 1999, I-3175 Rn. 29.

45 Das vernachlässigt *Rott* ZVglRWiss 98 (1999), 382, 403–408.

46 *Reich* EuZW 1999, 467.

47 Ähnlich *Reich* EuZW 1997, 581, 584. Die in der Vorauflage vertretene Gegenmeinung halte ich mit Rücksicht auf die Wertung von Art. 5 Abs. 3 UGPRL nicht mehr aufrecht.

48 In diese Richtung auch *Rott* ZVglRWiss 98 (1999), 382, 405–407, es sei denn, im Einzelfall wäre die Sprachunkundigkeit erkennbar.

davon, ob diese Sprache dem einzelnen Verbraucher verständlich ist.[49] Die Umsetzungspflicht gebietet daher nicht, die Muttersprache oder eine dem individuellen Vertragspartner geläufige Sprache zu wählen.[50] Es obliegt dem im Inland lebenden Ausländer, sich die erforderlichen Sprachkenntnisse zu verschaffen. Nach dem Selbstverantwortungsgrundsatz, der im Sekundärrecht im Hinblick auf die Sprachenfrage etwa Anhang III. LVersRL und Art. 5 EVÜ zu entnehmen ist, muß es schließlich ausreichen, die vom Geschützten gewählte Sprache zu verwenden. Das gilt sogar für die nach der Wertpapierdienstleistung geschuldete Aufklärung und Beratung, denn nach Art. 19 Abs. 4 und 5 FinInRL kann der Wertpapierkunde durch sein eigenes Verhalten (Angaben über Erfahrung mit Wertpapiergeschäften und die vom Kunden verfolgten Ziele, Art. 19 Abs. 4) Intensität und Umfang der Aufklärung und Beratung wesentlich bestimmen.[51] Wenn die Sprachkenntnisse des deutschen Kunden ausreichen, um der englischen Wertpapierfirma Sprachkenntnisse vorzuspielen, dann braucht diese dem Kunden nicht gegen seinen Willen die Aufklärung und Beratung auf Deutsch zu geben. Lediglich soweit Informationsvorschriften dazu dienen, Leben und Gesundheit zu schützen, kann dieser Schutzzweck möglicherweise weitergehend die Wahl einer individuell verständlichen Sprache gebieten. Im Vertragsrecht kommt eine solche Pflicht indes bislang nicht vor.

269 Zum Beispiel braucht der holländische Verkäufer in Venlo *von Gemeinschaftsrechts wegen* (effektive Umsetzung) nur holländische AGB bereitzuhalten, und zwar auch dann, wenn seine Kunden überwiegend deutsche Verbraucher sind, die zum Einkauf anreisen.[52] Der Verkäufer kann sich auf die Sprache des Vermarktungslandes beschränken, und der Verbraucher, der sich ins Ausland begibt, muß auch mit der fremden Sprache umgehen.[53]

---

49 Vgl. Kommission, ABl. 1993 C 345/3 Tz. 23; EuGH v. 18.6.1991 – Rs. C-369/89 *Piageme* Slg. 1991, I-2971 Rn. 14 (Verweis auf Sprachregion); Art. 8 Richtlinie 92/27/EWG v. 31.3.1992 über die Etikettierung und die Packungsbeilagen von Humanarzneimitteln, ABl. 1992 L 113/8.

50 Ebenso *Heinrichs* NJW 1996, 2190, 2197. A.M. *Rott* ZVglRWiss 98 (1999), 382, 404.

51 Näher unten, Rn. 296–298 m.N.

52 A.M. Grabitz/Hilf II-*Pfeiffer* A 5 Art. 5 AGBRL Rn. 20; *Wolf*/Horn/Lindacher, AGBG (4. Aufl. 1999), Art. 5 AGBRL Rn. 4.

53 A.M. *Reich* NJW 1995, 1857, 1860.

Abschnitt 2
Vertragsanbahnung

Das Europäische Recht hat schon frühzeitig auch vorvertragliche Pflichten der Vertrags- 270
parteien vorgeschrieben. Die Mehrzahl davon betrifft die Information über Tatsachen, vereinzelt besteht auch die Pflicht zu treugemäßem Verhalten (nachfolgend § 12). Das Bild der so begründeten vorvertraglichen Informationsordnung wäre nicht vollständig, würde man die grundlegenden Vorschriften des Lauterkeitsrechts, insbesondere über Werbung und unlautere Geschäftspraktiken, außer Betracht lassen.[1] Sie gehören zwar nicht zum Vertragsrecht ieS, da sie nicht auf den individuellen Vertragsschluß gerichtet sind und den Vertrag – soweit hier zu erörtern – auch nicht unmittelbar betreffen.[2] Wegen ihres wertungsmäßigen Zusammenhangs – den für den Bereich des Verbraucherrechts auch die *Kommission* im Grünbuch zum Verbraucherschutz hervorhebt –[3] sind sie indes auch für die vertragsrechtlichen Vorschriften ieS von Bedeutung.

§ 11
Lauterkeitsrecht und Vertragsanbahnung

I. Das Verbot irreführender und die Zulässigkeit vergleichender Werbung

Literatur:

Alexander, Christian, Vertrag und unlauterer Wettbewerb – Eine Untersuchung der wechselseitigen Beziehungen von Vertragsrecht und Wettbewerbsrecht zueinander, Berlin 2002

Apostolopoulos, Haris, Das europäische Irreführungsverbot: Liberalisierung des Marktgeschehens oder Einschränkung für die Anbieterseite?, GRURInt 2005, 292–299

Faßbender, Kurt, Zum Erfordernis einer richtlinienkonformen Auslegung des Begriffs der vergleichenden Werbung, EuZW 2005, 42–45

Funke, Rainer, Lieber Angleichen als Zersplittern – Zum Richtlinienvorschlag über vergleichende Werbung, WM 1997, 1472–1474

Goldmann, Michael, Unlauterer Wettbewerb, in: Martin Gebauer/Thomas Wiedmann (Hrsg.), Zivilrecht unter europäischem Einfluß, Stuttgart/München/Hannover/Berlin/Weimar/Dresden 2005, Kapitel 24

Köhler, Helmut, Was ist „vergleichende Werbung"?, GRUR 2005, 273–280

Lettl, Tobias, Der lauterkeitsrechtliche Schutz vor irreführender Werbung in Europa, München 2004

Plassmann, Clemens, Vergleichende Werbung im gemeinsamen Markt – Die geplante EG-Richtlinie über vergleichende Werbung und ihre Auswirkungen auf das deutsche Wettbewerbsrecht, GRUR 1996, 377–382

Reich, Norbert, Vergleichende Werbung im EG-Recht, WRP 1988, 75–80

1 Außer Betracht bleiben kann einstweilen die vorgeschlagene Verordnung über Verkaufsförderung im Binnenmarkt, KOM(2001) 546 endg., ABl. 2002 C 76 E/11 (geänderte Fassung KOM(2002) 585 endg.), die über das Vorschlagsstadium nicht hinausgelangt ist.

2 Zur (zu verneinenden) Frage, ob die Umsetzung der WerbRL die Zuerkennung von Individualansprüchen der Verbraucher verlangt oben, Rn. 238. Zur Bindung an Werbungsaussagen unten, Rn. 436–480.

3 *Kommission* Grünbuch zum Verbraucherschutz in der Europäischen Union, KOM(2001) 531 endg.

Sack, Rolf, Die Bedeutung der EG-Richtlinien 84/450/EWG und 97/55/EG über irreführende und vergleichende Werbung für das deutsche Wettbewerbsrecht, GRUR Int. 1998, 263–272

Sack, Rolf, Auswirkungen der Art. 30, 36 und 59 ff. EG-Vertrag auf das Recht gegen den unlauteren Wettbewerb, GRUR 1998, 871–887

Schricker, Gerhard, Zur Werberechtspolitik der EG – Liberalisierung und Restriktion im Widerstreit, GRUR Int. 1992, 347–361

Streinz, Rudolf/Leible, Stefan, 10 % mehr Eiskrem für alle!, ZIP 1995, 1236–1241

Tilmann, Winfried, Anwendungsbereich und Bindungswirkung der Richtlinie Vergleichende Werbung, GRUR 1999, 546–551

Tilmann, Winfried, Grenzüberschreitende vergleichende Werbung, GRUR Int. 1993, 133–137

Tilmann, Winfried, Richtlinie vergleichende Werbung, GRUR 1997, 790–799

Casebook:

Schulze, Reiner/Schulte-Nölke, Hans (Hrsg.), Casebook Europäisches Verbraucherrecht, Baden-Baden 1999, Fälle 5, 6, 16, 17

271 Das Europäische Recht gegen irreführende Werbung hat sich in zwei weitgehend parallel verlaufenden und vom EuGH zusammengehaltenen Strängen entwickelt.[4] Zum einen hat der EuGH die Schranken konkretisiert, die sich für die nationalen Lauterkeitsrechte aus den Grundfreiheiten ergeben. Zum anderen hat die Gemeinschaft in verschiedenen sekundärrechtlichen Regelungen Verbote irreführender Werbung begründet, vor allem in der Richtlinie über irreführende und vergleichende Werbung (Werbungsrichtlinie, WerbRL).[5] Beide Entwicklungen hat der EuGH dadurch zusammengehalten, daß er

- erstens bei seiner Grundfreiheitenrechtsprechung auf die sekundärrechtliche Entwicklung eine gewisse Rücksicht genommen hat,[6] daß er
- zweitens die sekundärrechtlichen Irreführungsverbote im Lichte der Grundfreiheiten ausgelegt hat[7] und endlich dadurch, daß er
- drittens auch die verschiedenen sekundärrechtlichen Irreführungsverbote einheitlich ausgelegt hat.[8]

1. Die Grundfreiheiten als Schranke für Werbungsregelungen

272 Von grundlegender Bedeutung auch für das Sekundärrecht sind die aus den Grundfreiheiten entwickelten Schranken für Irreführungsverbote der nationalen Lauterkeitsrechte. Können divergierende mitgliedstaatliche Irreführungsverbote grundsätzlich Beschränkungen für den grenzüberschreitenden Verkehr darstellen,[9] so bestimmt sich ihre zulässige Reichweite danach, inwieweit sie aus Gründen des Allgemeinwohls – Lauterkeit des Han-

---

4 Übersicht bei *Dauses* RIW 1998, 750–757.

5 Zu nennen ist ferner v.a. Art. 6 Abs. 3 der Richtlinie des Rats 76/768/EWG zur Angleichung der Rechtsvorschriften der Mitgliedstaaten über kosmetische Mittel, ABl. 1976 L 262/169 (KosmetikRL), die der EuGH in den Entscheidungen EuGH v. 2.2.1994 – Rs. C-315/92 *Clinique* Slg. 1994, I-317 sowie EuGH v. 13.1.2000 – Rs. C-220/98 *Estée Lauder* Slg. 2000, I-117 erörtert hat, sowie die Lebensmittelkennzeichnungsrichtlinie (79/112).

6 EuGH v. 7.3.1990 – Rs. 362/88 *GB-INNO* Slg. 1990, I-667 Rn. 14–18.

7 EuGH v. 13.12.1990 – Rs. 238/89 *Pall ./. Dallhausen* Slg. 1990, I-4827 Rn. 22; EuGH v. 2.2.1994 – Rs. C-315/92 *Clinique* Slg. 1994, I-317 Rn. 12, 17f.

8 EuGH v. 16.7.1998 – Rs. C-210/96 *Gut Springenheide* Slg. 1998, I-4657 Rn. 29f.; EuGH v. 13.1. 2000 – Rs. C-220/98 *Estée Lauder* Slg. 2000, I-117 Rn. 27.

9 EuGH v. 7.3.1990 – Rs. 362/88 *GB-INNO* Slg. 1990, I-667 Rn. 6–8 (Werbungsverbot als Beschränkung der Warenverkehrsfreiheit des Verbrauchers).

delsverkehrs oder Verbraucherschutz – erforderlich sind.[10] Die Erforderlichkeit hat der EuGH mit Rücksicht auf die besondere Bedeutung von Werbung für die Information der Verbraucher und für das Funktionieren des Binnenmarktes eng beschränkt und dabei den Grundsatz der Selbstverantwortung (auch) des Verbrauchers betont. Zum Beispiel ist es danach Sache des Werbungsadressaten, dem Kaufanreiz zu widerstehen, der von befristeten Verkaufsaktionen oder Vorpreisvergleichen ausgeht, vorausgesetzt, daß die Angaben über Befristung und Vorpreis zutreffend, also nicht aufgrund ihrer Unrichtigkeit irreführend sind.[11] Er muß zwischen Verpackungsaufdruck und Verpackungsinhalt (Größe des Aufdrucks „10% mehr") unterscheiden.[12] Von einem Unternehmer ist zu erwarten, daß er sich nicht von dem Aufdruck eines Zeichens für Warenzeichenregistrierung irreführen läßt, sondern gegebenenfalls selbst im Register nachsieht.[13] Selbst wenn die Angaben des Anbieters für den Abnahmeinteressenten (Werbungsadressaten) potentiell irreführend sein können, wie z.B. die Angabe der Warenzeichenregistrierung „®", so rechtfertigt dies doch dann keine lauterkeitsrechtliche Sanktion, wenn der Anbieter an der Angabe ein berechtigtes Interesse hat und sie die Vertragsentscheidung des Interessenten vernünftigerweise nicht beeinflußt (vernünftige Kausalität).[14] Die Grenze des Selbstverantwortungsgrundsatzes ist aber erreicht, wenn die Werbung unrichtige Angaben enthält, denn diese können dem Informationsinteresse des Adressaten nicht dienen und daran kann nach dem Lauterkeitsprinzip auch der Werbende kein berechtigtes Interesse haben.

2. Die Werbungsrichtlinie

Im Lichte dieser Grundsätze hat der EuGH auch die Werbungsrichtlinie verstanden. **273**
Diese verbietet zunächst die irreführende Werbung. Irreführend ist Werbung, die die Adressaten in irgendeiner Weise täuscht oder zu täuschen geeignet ist und dadurch deren wirtschaftliches Verhalten beeinflussen oder Konkurrenten schädigen kann (Art. 2 Ziff. 2 WerbRL). Vergleichende Werbung ist demgegenüber grundsätzlich erlaubt.[15] Die Voraussetzungen, die Art. 3a WerbRL für die Zulässigkeit vergleichender Werbung nennt, dienen lediglich drei Zwecken:[16] Sie sollen sicherstellen,
- daß nicht der Vergleich irreführt (lit. a–d),
- daß (Konkurrenz-) Marken nicht beeinträchtigt werden (lit. d–f, h)[17] und
- daß der Vergleich nicht im Verhältnis zum Konkurrenten unlauter ist (lit. b, e, g)[18].

---

10 Im Fall EuGH v. 6.11.1984 – Rs. 177/83 *Ringelhan & Rennett* Slg. 1984, 3651 hat das Gericht eine Verhältnismäßigkeitsprüfung vermieden, da ein Verstoß gegen das Diskriminierungsverbot vorliege.

11 EuGH v. 7.3.1990 – Rs. 362/88 *GB-INNO* Slg. 1990, I-667 Rn. 18f. (ohne nähere Begründung; dazu GA *Lenz* ebd. SchlA Tz. 27); EuGH v. 18.5.1993 – Rs. 126/91 *Yves Rocher* Slg. 1993, I-2361 Rn. 16f. Vgl. jetzt Art. 3a Abs. 2 WerbRL.

12 EuGH v. 6.7.1995 – Rs. C-470/93 *Mars* Slg. 1995, I-1923 Rn. 24.

13 GA *Tesauro* in: EuGH v. 13.12.1990 – Rs. 238/89 *Pall ./. Dallhausen* Slg. 1990, I-4827 SchlA Tz. 6.

14 EuGH v. 13.12.1990 – Rs. 238/89 *Pall ./. Dallhausen* Slg. 1990, I-4827 Rn. 19; GA *Tesauro* ebd. SchlA Tz. 6.

15 EuGH v. 25.10.2001 – Rs. C-112/99 *Toshiba Europe* Slg. 2001, I-7945; EuGH v. 8.4.2003 – Rs. C-44/01 *Pippig Augenoptik ./. Hartlauer* Slg. 2003, I-3095.

16 „Abschließende Harmonisierung", EuGH v. 8.4.2003 – Rs. C-44/01 *Pippig Augenoptik ./. Hartlauer* Slg. 2003, I-3095 Rn. 44.

17 EuGH v. 25.10.2001 – Rs. C-112/99 *Toshiba* Slg. 2001, I-7945.

18 Z.B. EuGH v. 23.2.2006 – Rs. C-59/05 *Siemens ./. VIPA,* noch nicht in Slg.

Vergleichende Werbung kann, sofern sie nicht irreführend ist, eine wichtige Informationsfunktion ausüben, indem sie auch Nachteile von Konkurrenzprodukten aufzeigt, die deren Anbieter in ihrer Werbung naturgemäß nicht hervorheben.[19]

274 Grundsätze für die Auslegung der sekundärrechtlichen Irreführungsverbote ergeben sich aus der *Nissan*-Entscheidung des EuGH zur Werbungsrichtlinie. Dort ging es um die Anpreisung parallelimportierer Autos mit der Werbung „Kaufen Sie Ihren Neuwagen billiger", die zudem einen Hinweis auf die Herstellergarantie enthielt. Eine Irreführung wurde deswegen besorgt, (1) weil der Verkäufer die Autos als neu bezeichnet hatte, obwohl sie schon einmal zugelassen waren, (2) weil der Preisvorteil z.T. auf einer geringeren Grundausstattung beruhte und (3) weil mit der – freilich bestehenden – Herstellergarantie geworben wurde.

275 Die Bezeichnung als neu war nach der vom Gericht selbst vorgenommenen Einschätzung nicht irreführend; wie GA *Tesauro* ausführt, macht die Erstzulassung einen Wagen nicht zum Gebrauchtwagen, sondern zu einem zugelassenen Wagen.[20] Eine Irreführung könne lediglich dann angenommen werden, wenn die Bezeichnung als „neu" dazu diene, die Tatsache der Vorzulassung zu verschleiern, und diese Tatsache wiederum geeignet wäre, eine erhebliche Anzahl Interessenten vom Kauf abzuschrecken.[21] Auch die Bezeichnung als „billiger" könne nur dann irreführen, wenn sie bewirke, daß eine erhebliche Anzahl Kaufinteressenten ihre Kaufentscheidung in Unkenntnis der im Vergleich zum nationalen Angebot geringeren Grundausstattung träfe.[22] Zu dieser vom nationalen Gericht zu beantwortenden Frage hatte wiederum GA *Tesauro* die vom Verbraucher zu verlangende Pferdevernunft schon vorgezeichnet. Bei einer verhältnismäßig großen wirtschaftlichen Entscheidung wie dem Autokauf sei zumal angesichts der bestehenden Preistransparenz im Autohandel davon auszugehen, daß der Käufer Preise und Leistungen verschiedener Anbieter sorgfältig vergleiche. Damit hat der Generalanwalt nicht nur eine tatsächliche Einschätzung vorgegeben, sondern vor allem einen normativen Maßstab. Es komme der Grundsatz zum Tragen: „Vigilantibus non dormientibus iura succurrunt" (Das Recht hilft den Wachsamen, nicht den Träumenden).[23] Die Werbung mit der Herstellergarantie schließlich ist schon deswegen zur Irreführung nicht geeignet, weil sie der Wahrheit entspricht.[24] Dieselben Grundsätze regieren auch die Auslegung spezieller Irreführungsverbote.[25] Auch bei der Anwendung der Werbungsrichtlinie stellt der Gerichtshof

19 BE 2, 5 Richtlinie 97/55 des Europäischen Parlaments und des Rates vom 6.10.1997 zur Änderung der Richtlinie 84/450/EWG über irreführende Werbung zwecks Einbeziehung der vergleichenden Werbung (ABl. 1997 L 290/18); *Funke* WM 1997, 1472, 1473. EuGH v. 23.2.2006 – Rs. C-59/05 *Siemens ./. VIPA*, noch nicht in Slg. Rn. 22.

20 GA *Tesauro* in: EuGH v. 16.1.1992 – Rs. C-373/90 *Ermittlungsverfahren gegen X* Slg. 1992, I-131 (*Nissan*) SchlA Tz. 7.

21 EuGH v. 16.1.1992 – Rs. C-373/90 *Ermittlungsverfahren gegen X* Slg. 1992, I-131 (*Nissan*) Rn. 13–15.

22 EuGH v. 16.1.1992 – Rs. C-373/90 *Ermittlungsverfahren gegen X* Slg. 1992, I-131 (*Nissan*) Rn. 16.

23 GA *Tesauro* in: EuGH v. 16.1.1992 – Rs. C-373/90 *Ermittlungsverfahren gegen X* Slg. 1992, I-131 (*Nissan*) SchlA Tz. 9. *Tesauro* hebt freilich hervor, daß hier lediglich die Irreführung von Werbung zu beurteilen sei, nicht hingegen die Arglist des Verkäufers beim Vertragsschluß. Zur Rechtsparömie *Liebs* Lateinische Rechtsregeln und Rechtssprichwörter (6. Aufl. 1998), V 25, s.a. J 179.

24 Vgl. die Erläuterung zur GVO Kfz-Vertrieb der Kommission v. 12.12.1984 ABl. 1985 C 17/4, Ziff. 2.

25 EuGH v. 2.2.1994 – Rs. C-315/92 *Clinique* Slg. 1994, I-317 Rn. 21–23; EuGH v. 16.7.1998 – Rs. C-210/96 *Gut Springenheide* Slg. 1998, I-4657 Rn. 31.

„auf die mutmaßliche Erwartung eines durchschnittlich informierten, aufmerksamen und verständigen Durchschnittsverbrauchers ab".[26] Diesen Maßstab übernimmt jetzt ausdrücklich die Richtlinie über unlautere Geschäftspraktiken (unten, Rn. 277a–277d).

3. Grundgedanken

Werbung stellt ein – zumal für den Binnenmarkt – wichtiges Instrument der Information (auch) von Verbrauchern dar, das lediglich zum Schutz von Verbrauchern und Konkurrenten der Überprüfung bedarf. Unter dem Gesichtspunkt der Information versteht sich, daß die vergleichende Werbung als dem Adressaten grundsätzlich hilfreiche Information zulässig ist, während irreführende – isolierte oder vergleichende – Werbung unzulässig ist. Die Werbungsregelung ist indes nicht nur vor dem Hintergrund des Verbraucherschutzes zu verstehen, sondern zugleich vor jenem des unverfälschten Wettbewerbs, der als Grundgedanke dieselben Regelungen begründet. Denn während irreführende Werbung zu einem ungerechtfertigten Wettbewerbsvorteil führen kann, kann die (nicht-irreführende) vergleichende Werbung den Wettbewerb verstärken. Insoweit zeigt sich in den Werbungsregelungen, daß lauterer und unverfälschter Wettbewerb dem Verbraucherschutz nicht nur nicht entgegensteht, sondern sogar dienen kann.[27] Zur Vermeidung von Irreführung sowie zur Wahrung der Lauterkeit des Handelsverkehrs müssen Werbungsangaben wahr sein. Wahre Werbungsaussagen können nur dann als irreführend angesehen werden, wenn sie bei einem erheblichen Anteil der Adressaten Fehlvorstellungen hervorrufen, die für die Kaufentscheidung vernünftigerweise relevant sind. 276

Das Recht gegen irreführende Werbung beruht ganz wesentlich auf dem Selbstverantwortungsgrundsatz. Werbung ist nur ein Angebot, Information bereitzustellen, die, von einem Absatzinteresse geleitet, einseitig Vorzüge hervorhebt. Ob der Werbungsadressat von diesem Informationsangebot Gebrauch macht, bleibt ihm überlassen. Wenn er es in Betracht zieht, so wird er dabei v.a. dadurch geschützt, daß die in der Werbung enthaltenen Tatsachenangaben wahr sein müssen, gleichzeitig wird von ihm erwartet, daß er die so gegebene Information als Werbung mit der gebotenen Zurückhaltung und Wachsamkeit betrachtet („Ein Urlaub, den Sie nie vergessen."). Die Werbungsinformation entbindet ihn nicht von der Obliegenheit, zumal bei wichtigeren Entscheidungen Leistungen und Preise verschiedener Anbieter aufgrund weiterer, selbst zusammengestellter Information sorgsam zu vergleichen. Macht er von der Werbungsinformation und/oder sonstigen Informationsquellen keinen Gebrauch, so ist er grundsätzlich nicht schützenswert. 277

II. Unlautere Geschäftspraktiken

Literatur:

Alexander, Christian, Die Sanktions- und Verfahrensvorschriften der Richtlinie 2005/29/EG über unlautere Geschäftspraktiken im Binnenmarkt – Umsetzungsbedarf in Deutschland?, GRUR Int. 2005, 809–815

Alexander, Christian, Vertrag und unlauterer Wettbewerb – Eine Untersuchung der wechselseitigen Beziehungen von Vertragsrecht und Wettbewerbsrecht zueinander, Berlin 2002

---

26 EuGH v. 8.4.2003 – Rs. C-44/01 *Pippig Augenoptik ./. Hartlauer* Slg. 2003, I-3095 Rn. 55.

27 BE 2 RL 97/55/EG (die die ursprüngliche Werbungsrichtlinie um die Regelungen über die vergleichende Werbung ergänzt).

Collins, Hugh, The Forthcoming EU Directive on Unfair Commercial Practices – Contract, Consumer and Competition Law Implications, Den Hag/London/New York 2004

Collins, Hugh, The Unfair Commercial Practices Directive, ERCL 1 (2005), 417–441

Gamerith, Helmut, Der Richtlinienvorschlag über unlautere Geschäftspraktiken, WRP 2005, 391–437

Glöckner, Jochen, Richtlinienvorschlag über unlautere Geschäftspraktiken, deutsches UWG oder die schwierige Umsetzung von europarechtlichen Generalklauseln, WRP 2004, 936–945

Gomez, Fernando, The Unfair Commercial Practices Directive: a Law and Economics perspective, ERCL 2 (2006), 4–34

Henning-Bodewig, Frauke, Die Richtlinie 2005/29/EG über unlautere Geschäftspraktiken, GRUR Int. 2005, 629–634

Henning-Bodewig, Frauke, Richtlinienvorschlag über unlautere Geschäftspraktiken und UWG-Reform, GRUR Int. 2004, 183–193

Köhler, Helmut/Lettl, Tobias, Das geltende europäische Lauterkeitsrecht, der Vorschlag für eine EG-Richtlinie über unlautere Geschäftspraktiken und die UWG-Reform, WRP 2003, 1019–1057

Kreßler, Jürgen/Micklitz, Hans.-W., Der Richtlinienvorschlag über unlautere Praktiken im binnenmarktinternen Geschäftsverkehr, BB 2003, 2073–2078

Keßler, Jürgen/Micklitz, Hans-W., Die Richtlinie 2005/29/EG über unlautere Geschäftspraktiken im binnenmarkinternen Geschäftsverkehr zwischen Unternehmen und Verbrauchern, BB 2005, BB-Special 13, 1

Leistner, Matthias, Die Trojanischen Pferde der Kommission – Einige Überlegungen zur Entwicklung des allgemeinen Gemeinschaftsprivatrechts vor dem Hintergrund der Harmonisierung des Lauterkeitsrechts und des Rechts des Geistigen Eigentums, in: Ansgar Ohly/Theo Bodewig/Thomas Dreier/Horst-Peter Götting/Maximilian Haedicke/Michael Lehmann (Hrsg.), Perspektiven des Geistigen Eigentums und Wettbewerbsrechts – Festschrift für Gerhard Schricker, München 2005, S. 87–104

Schulte-Nölke, Hans/Busch, Christoph W., Der Vorschlag der Kommission für eine Richtlinie über unlautere Geschäftspraktiken, ZEuP 2005, 99–117

Veelken, Winfried, Kundenfang gegenüber dem Verbraucher – Bemerkungen zum EG-Richtlinienentwurf über unlautere Geschäftspraktiken, WRP 2004, 1–30

277a Die Richtlinie über unlautere Geschäftspraktiken (UGPRL) erklärt ausdrücklich, sie lasse das Vertragsrecht unberührt (Art. 3 Abs. 2 UGPRL), doch hat sie auf einer prinzipiellen und systematischen Ebene unverkennbare Bedeutung für das Vertragsrecht.[28]

277b Die Richtlinie verbietet im Geschäftsverkehr zwischen Unternehmen und Verbrauchern (Art. 3 UGPRL) *unlautere Geschäftspraktiken*. Geschäftspraktiken sind dabei weit definiert und bezeichnen jede Handlung (Tun und Unterlassen), die unmittelbar mit der Absatzförderung, dem Verkauf oder der Lieferung eines Produkts an Verbraucher zusammenhängt (Art. 2 lit. d UGPRL). Als unlauter definiert die Regelung (systematisch vom allgemeinen zum speziellen vorgehend; die Rechtsanwendung verfährt umgekehrt)

- in einer Generalklausel: eine Geschäftspraxis, die (a) den Erfordernissen der beruflichen Sorgfaltspflicht widerspricht *und* (b) das wirtschaftliche Verhalten des Durchschnittserbrauchers wesentlich beeinflußt oder beeinflussen kann (Art. 5 Abs. 2 und 3 UGPRL);
- in zwei Gruppen von Beispielsfällen: Geschäftspraktiken, die (a) irreführend (Art. 5 Abs. 4 lit. a iVm Art. 6 und 7 UGPRL) oder (b) aggressiv (Art. 5 Abs. 4 lit. b iVm Art. 8 und 9 UGPRL) sind; und
- die 31 in der „Schwarzen Liste" im Anhang I zur Richtlinien bezeichneten Geschäftspraktiken.

---

28 *Collins* ERCL 1 (2005), 417, 424–427; *Gomez* ERCL 2 (2006), 4, 21.

Die Schwarze Liste macht das verpönte Verhalten deutlich. Unlauter ist danach z.B., wenn man Gütezeichen oder Qualitätskennzeichen unerlaubt verwendet (Nr. 2), zu unrecht behauptet, ein Produkt könne Krankheiten oder Mißbildungen heilen (Nr. 17), wenn man den Eindruck erweckt, der Verbraucher könne die Räumlichkeiten nicht ohne Vertragsabschluß verlassen (Nr. 24) oder wenn man den Verbraucher von der Inanspruchnahme seiner Versicherung abhält, indem man unsinnige ergänzende Angaben verlangt oder sein Begehren systematisch nicht beantwortet (Nr. 27).

Die *Sanktionen* bestimmen im Rahmen der Umsetzungspflichten (oben, Rn. 220–225) die Mitgliedstaaten (Art. 13 UGPRL). Vertragsrechtliche Sanktionen können dabei gemeinschaftsrechtlich nicht geschuldet sein, da die Richtlinie das Vertragsrecht ausdrücklich unberührt läßt (Rn. 277a). Der enge Bezug zum Vertragsrecht wird jedoch überall deutlich. Gegen aggressive Geschäftspraktiken (Art. 8f. UGPRL) soll beispielsweise auch die Fernabsatzrichtlinie schützen (BE 5 FARL; s.u. Rn. 362). Dem Schutz vor Irreführung (Art. 6f. UGPRL) dienen ebenso verschiedene vorvertragliche Informationspflichten (Rn. 290f.). Besonders deutlich wird die Nähe des hier geregelten Lauterkeitsrechts zum Vertragsrecht, wenn man bedenkt, daß die Richtlinie insbesondere die Irreführung durch Unterlassen erfaßt und dabei die Vorenthaltung wesentlicher Information besonders erwähnt (Art. 7 UGPRL); in der Sache also eine allgemeine *Informationspflicht* statuiert. Und schließlich weisen auch einzelne Bewertungselemente, die zur Beurteilung der Geschäftspraktiken herangezogen werden, vertragsrechtliche Züge auf. So ist es z.B., wenn Art. 8f. UGPRL die „unzulässige Beeinflussung" *(undue influence)* als aggressive Geschäftspraxis ansehen und damit ein Verhalten in der Nähe von Täuschung und Drohung (§ 123 BGB) einerseits und Sittenwidrigkeit (§ 138 BGB) andererseits beschreiben. So ist es auch, wenn die in der Generalklausel des Art. 5 Abs. 2 UGPRL verlangte berufliche Sorgfalt von dem Gewerbetreibenden ein Verhalten nach Treu und Glauben verlangt (Art. 2 lit. h UGPRL). Die Mitgliedstaaten werden, wenn sie das Umsetzungsrecht in ihr nationales Rechts*system* folgerichtig einfügen wollen, an vertragsrechtlichen Folgen kaum vorbeikommen können, jedenfalls aber wird die Richtlinie sich durch die darin zum Ausdruck kommenden Prinzipien Folgewirkungen für die nationalen Vertragsrechte ebenso wie für das Europäische Vertragsrecht haben.[29] 277c

Ein – nach wie vor – kritisiertes Kennzeichen der Regelung ist ihre *Unbestimmtheit.* Ungeachtet der Konkretisierung der Generalklausel durch eine Schwarze Liste und Beispielsfälle bleibt breiter Raum für Wertungen. Auch für ihre Ausfüllung sind die Grundgedanken der Regelung von Bedeutung. Darüber gibt insbesondere das – hier einmal ausdrücklich hervorgehobene – Verbraucherleitbild (s. Rn. 211–216) Aufschluß. Art. 5 Abs. 2 lit. b UGPRL stellt auf den *Durchschnittsverbraucher* ab, der „angemessen gut unterrichtet und angemessen aufmerksam und kritisch" ist (BE 18 UGPRL). Damit wollte der Gesetzgeber ausdrücklich die Rechtsprechung des Gerichtshofs zur Werbungsrichtlinie übernehmen. Auch bei der Beurteilung von Geschäftspraktiken geht es daher nicht um einen „absoluten" Verbraucherschutz, sondern um einen verhältnismäßigen Ausgleich der gegenläufigen Interessen. Die Selbstverantwortung des Verbrauchers hebt die Regelung in ganz entsprechender Weise hervor wie der EuGH in seiner Rechtsprechung zu den Grundfreiheiten und der Werbungsrichtlinie (Rn. 272–275), wenn Art. 5 Abs. 3 UGPRL bestimmt: 277d

29 *Collins* ERCL 1 (2005), 417, 425–427. Allgemein *Alexander* Vertrag und unlauterer Wettbewerb (2002).

„Die übliche und rechtmäßige Werbepraxis, übertriebene Behauptungen oder nicht wörtlich zu nehmende Behauptungen aufzustellen, bleibt davon unberührt."

277e Ist damit auch die Kohärenz der Regelungen mit dem vorbestehenden Recht in einem Mindestmaß gewahrt, so ist die Regelung dennoch kritikwürdig. Auch wenn sie das Vertragsrecht nicht betreffen will, enthält die Richtlinie doch mit dem Verbot der Irreführung durch Unterlassen in Art. 7 UGPRL der Sache nach eine allgemeine vorvertragliche Informationspflicht.[30] Diese weitgehende Pflicht droht, die bisherige Balance zwischen (Verbraucher-) Schutz und Selbstverantwortung bei der vorvertraglichen Information zu stören. Die Generalklausel überantwortet die schwierige Aufgabe der Grenzziehung den Gerichten, deren Aufgabe es sein wird, den im Leitbild des mündigen Verbrauchers breit angelegten Selbstverantwortungsgrundsatz auch künftig zu beachten. Auch wenn das gelingt, macht doch die generalklauselartige Unbestimmtheit die Informationspflicht für den Unternehmer außerordentlich schwer zu handhaben, zumal im Verein mit dem potentiell gegenläufigen Transparenzgebot. Bindet ihn die Informationspflicht, im Zweifel noch mehr Information zu geben, so darf dieses Mehr die Information doch nicht insgesamt undurchsichtig machen. Daß die Gerichte *ex post* einen sinnvollen Ausgleich finden werden, ist für ihn kein Trost, soweit er in Unsicherheit entscheiden muß. Der jetzt erfolgten unspezifischen und breitflächigen Informationspflicht des Art. 7 UGRPL wäre eine Beibehaltung des im Vertragsrecht bislang verfolgten punktuell-problembezogenen Ansatzes in Verbindung mit einer Enumerationstechnik vorzuziehen gewesen.

§ 12
Vorvertragliche Pflichten

Literatur:

Ernst, Wolfgang, Vom Verbot der Fraueninterzession über die Sittenwidrigkeit von Angehörigenbürgschaften zum Schutz des Verbrauchers als Interzedenten, in: Reinhard Zimmermann (Hrsg.), Privatrechtsgeschichte und Privatrechtsdogmatik, Heidelberg 1999, S. 395–430

Fleischer, Holger, Vertragsschlußbezogene Informationspflichten im Gemeinschaftsprivatrecht, ZEuP 2000, 772–798

Fleischer, Holger, Informationsasymmetrie im Vertragsrecht – eine rechtsvergleichende und interdisziplinäre Abhandlung zu Reichweite und Grenzen vertragsschlußbezogener Aufklärungspflichten, München 2001

Fleischer, Holger, Vorvertragliche Pflichten im Schnittfeld von Schuldrechtsreform und Gemeinschaftsprivatrecht – dargestellt am Beispiel der Informationspflichten, in: Reiner Schulze/Hans Schulte-Nölke (Hrsg.), Die Schuldrechtsreform vor dem Hintergrund des Gemeinschaftsrechts, Tübingen 2001, S. 243–267

Göpfert, Burkhard, „Bewegliche Systeme" zur Bewältigung von Ähnlichkeiten am Beispiel der „Bürgschaftsfälle" des BGH, JuS 1993, 655–659

Hager, Johannes, Die culpa in contrahendo in den Unidroit-Prinzipien und den Prinzipien des Europäischen Vertragsrechts aus der Sicht des deutschen Bürgerlichen Rechts, in: Basedow, Jürgen (Hrsg.), Europäische Vertragsrechtsvereinheitlichung und deutsches Recht, Tübingen 2000, S. 67–84

Kötz, Hein, Precontractual Duties of Disclosure: A Comparative and Economic Perspective, European Journal of Law and Economics 9 (2000), 5–19

30 Dazu auch *Gomez* ERCL 2 (2006), 4, 30–33.

Legrand, Pierre, Pre-Contractual Disclosure and Information: English and French Law Compared, Oxf.J.Leg.Stud. 6 (1986), 322–352

Schulze, Reiner/Ebers, Martin/Grigoleit, Hans Christoph (Hrsg.), Informationspflichten und Vertragsschluß im Aquis Communautaire, Tübingen 2003 (Beiträge von *Mota Pinto, Ebers, Wilhelmsson, Schwintowski*)

van Rossum, Madeleine, The Duty of Disclosure: Tendencies in French Law, Dutch Law and English Law – Criterions, Differences and Similarities between the Legal Systems, MJ 3 (2000), 300–325

I. Informationspflichten

Die Grenze zwischen Werbungsregelungen und vorvertraglichen Informationsvorschriften 278 ist nicht scharf zu ziehen. Verschiedene Regelungen, wie die Prospektwahrheitspflicht des Art. 3 Abs. 2 Pauschalreiserichtlinie und die Pflicht zur Angabe des effektiven Jahreszinses in Art. 3 Verbraucherkreditrichtlinie, betreffen sowohl die allgemeine, noch nicht auf einen bestimmten Vertragsschluß bezogene Kundeninformation (Prospekt; „Anzeige" oder „Angebot") als auch den individuellen Vertrag.[1] Soweit die Informationsvorschriften zumindest auch einen vertragsrechtlichen Bezug hat, werden sie hier im Rahmen der vorvertraglichen Pflichten erörtert. Unberücksichtigt bleiben die kapitalmarktrechtlichen Informations- und Prospektpflichten.[2]

Auf zwei Formen der Werbungs- und Informationsvorschriften iwS ist im Zusam- 279 menhang gesondert einzugehen. Zum einen sanktionieren verschiedene Bestimmungen die Pflicht, wahre Prospektangaben zu machen, dadurch, daß sie die gegebenen Angaben zum Vertragsinhalt machen; das ist im Zusammenhang mit Vertragsinhalt und -auslegung zu erörtern (unten, Rn. 436–480). Zum anderen lassen sich die zwingenden Gewährleistungsrechte der Kaufgewährleistungsrichtlinie als mittelbare Informationspflichten verstehen; darauf ist im Zusammenhang mit dem Leistungsstörungsrecht zurückzukommen (unten, Rn. 753–755).

1. Erörterung der Regelungen

Geht es im Rahmen der Information durch Werbung nur um die Grenzen, die der eigen- 280 initiativen Informationsbereitstellung durch die Unternehmen zu setzen sind, so werden diese Regelungen durch – nicht minder wichtige – vorvertragliche Informationspflichten der Unternehmen ergänzt. Diese Informationspflichten erweisen sich dabei weithin als eine konsequente Fortführung der Prinzipien, die dem Recht der irreführenden Werbung zugrunde liegen. Die Einholung vertragswesentlicher Information ist grundsätzlich Sache des Interessenten. Informationspflichten des Anbieters schreibt das Europäische Recht nur vor, wenn entweder die besondere Absatzform (Fernabsatz) die Eigeninformation des Interessenten behindern kann oder wenn die Transparenz des Marktes nicht schon gewährleistet erscheint (Pauschalreisen, Timesharing, Verbraucherkredit, Überweisung, Versicherung) (a). Ergänzend dienen auch die vorvertraglichen Informationspflichten z.T. dem Schutz vor Irreführung (b). Neben diesen „marktbezogenen" Informationspflichten

1 Prospekte und Anzeigen stellen in den europäischen Vertragsrechten grundsätzlich nicht schon Angebote dar; vgl. *Kötz* Europäisches Vertragsrecht, S. 28; *Grundmann* Schuldvertragsrecht, 4.01 Rn. 14f., 4.02 Rn. 12–15; *v. Vogel* Verbrauchervertragsrecht und allgemeines Vertragsrecht, S. 141–143, 175–177.

2 Dazu nur *Grundmann* Europäisches Gesellschaftsrecht, §§ 18–21.

dienen Informationspflichten vereinzelt auch besonderen Schutzinteressen: der anfänglichen Sicherung der Zweckerreichung (c) und der Aufklärung vor spezifischen Gefahren (d).

a) Gewährleistung der Markttransparenz

281 Überwiegend dienen Informationspflichten der Ermöglichung einer informierten Marktentscheidung durch die Herstellung oder Gewährleistung von Markttransparenz zugunsten der Nachfrager.[3] Die Information bezieht sich in diesen Fällen auf den wesentlichen Vertragsinhalt, also Preis und Leistung.[4] Durch die Information erhält der Informationsgläubiger die Möglichkeit, das Angebot mit dem konkurrierender Anbieter zu vergleichen. Pflichten zur Information über den Vertragsinhalt sind zum einen dort vorgesehen, wo die Absatzmethode einen Vergleich konkurrierender Angebote leicht verhindert (Fernabsatz). Zum anderen bestehen Informationspflichten dort, wo der Gesetzgeber der Transparenz des Marktes mißtraut. Dabei ist die Sorge der Intransparenz zum einen deshalb begründet, weil aufgrund der Komplexität des Vertrags ein sinnvoller Angebotsvergleich umfassende Information über eine Vielzahl von Gegenständen erfordert (Pauschalreise, Timesharing, Versicherungsvertrag). In zwei Fällen (Verbraucherkredit und Überweisung) hatte sich im Vorfeld der Rechtsetzung erwiesen, daß der Markt die gebotene Transparenz nicht von sich aus gewährleistet.

aa) Fernabsatz

282 Beim *Fernabsatz* ist die Kommunikation mit dem Vertragspartner auf die gewählten Medien beschränkt. Waren, die Gegenstand des Vertrags sind, kann der Kunde nicht unmittelbar wahrnehmen, und bei Verträgen über Dienstleistungen droht aufgrund der Kommunikationsdefizite, die im Vergleich zu dem persönlichen Vertragsabschluß bestehen, das Bild, das sich der Kunde macht, zu flüchtig zu sein, um einen Vergleich mit konkurrierenden Produkten zu ermöglichen.[5] Hinzu kommt, daß beim Distanzgeschäft oftmals ein besonderer Kaufanreiz besteht, da die Bestellung bequem ist und gewissermaßen unverbindlich erscheint, weil die Belastung regelmäßig erst später eintritt. Die Kommunikationsdefizite und die Verlockungen können zu einer Marktintransparenz führen, wenn die zu erteilende Information nicht standardisiert ist. Diesen Umständen tragen die vorvertraglichen Informationspflichten des Art. 4 Abs. 1 FARL und des Art. 3 FFRL Rechnung, wonach der Lieferer dem Verbraucher die für die Vertragsentscheidung wesentlichen Informationen zu geben hat.

bb) Pauschalreise

283 Aufgrund der Mehrzahl der Leistungen schwer zu vergleichen sind Angebote über *Pauschalreisen* (Definition Rn. 9). Die Pauschalreiserichtlinie sieht indes keine (allgemeine) vorvertragliche Informationspflicht (Prospektbegebungspflicht) vor. Nur dann, wenn ein Prospekt begeben wird, muß dieser auch einen bestimmten Mindestinhalt haben (Art. 3 Abs. 2 PRRL). Darin zeigt sich zum einen eine gewisse Zurückhaltung bei der Statu-

---

3 *Grundmann* JZ 2000, 1133, 1135–1138; *ders.* ZHR 163 (1999), 635, 665–674; *Fleischer* ZEuP 2000, 772, 784 und, zu den Grundlagen, 774–781.

4 *Fleischer* ZEuP 2000, 772, 785f.

5 *Bodewig* DZWiR 1997, 447, 450.

ierung von Pflichten, deren Kosten für kleine Anbieter oder einfache Pauschalreisen (nur Beförderung an einen Ort und Unterbringung) belastend sein und sich (in diesen Fällen besonders) auf den Reisepreis erheblich auswirken können. Zum anderen konnte sich der Richtliniengeber darauf verlassen, daß die Mehrzahl der Anbieter gerade in den Fällen, in welchen aufgrund des umfangreicheren Angebots Durchsicht und Vergleich für den Kunden schwer sind, aus Effizienzgründen von sich aus einen Prospekt erstellt und damit den als Mindestprospektangaben installierten Informationspflichten unterfällt. Die Informationspflicht betrifft alle wesentlichen Reiseleistungen und die Zahlungsbedingungen (Art. 3 Abs. 2 PRRL). Darüber hinaus muß der Veranstalter/Vermittler den Reisenden über mögliche Hindernisse für die Reise informieren (Paß-/Visumserfordernisse, gesundheitspolizeiliche Formalitäten, Mindestteilnehmerzahl[6]; s. noch unten Rn. 293).

cc) Timesharing

Im Bereich des *Timesharing* droht eine Intransparenz des Marktes v.a. deshalb, weil Teil- **284**
zeitnutzungsrechte – anders als das Eigentum, das in den Rechtsordnungen der Mitgliedstaaten recht fest umrissene Konturen hat – als Rechtsprodukt je nach Ausgestaltung durch den Verkäufer ganz unterschiedliche Form annehmen kann (Art. 1, 2 sowie BE 1 bis 5 TSRL).[7] Da dem Erwerber nur das „Gefühl Eigentum"[8] und nicht die Eigentümerstellung selbst vermittelt werden soll, sind umfangreiche Detailregelungen erforderlich, um Rechte und Pflichten der Vertragsparteien praktikabel voneinander abgrenzen zu können.[9] Die Timesharingrichtlinie beläßt es bei der grundsätzlichen vertraglichen Gestaltungsfreiheit und schreibt nur vor, daß der Verkäufer den Erwerber eingehend über das angebotene Recht, die Nutzungsbedingungen, den Preis und weitere Kosten informiert (Art. 3 TSRL).[10] Da die vorvertragliche Information alle wesentlichen Leistungs- und Kostenelemente umfaßt, ausgenommen nur die typischerweise individuell zu ergänzenden, wird so eine Standardisierung und Vergleichbarkeit der Angebote hergestellt. Daß der Informationsumfang den Verbraucher überfordern könnte, ist nicht zu besorgen.[11] Sind auch Grenzen der Verarbeitungskapazität nicht zu verkennen, so beschränkt sich die nach der Richtlinie geschuldete Information doch auf das für die Vertragsentscheidung Wesentliche.

dd) Versicherungsverträge

Vorvertragliche Information über die Vertragsbedingungen ist auch bei *Versicherungsver-* **285**
trägen Voraussetzung für eine informierte Marktentscheidung.[12] Dabei hat die von der

6 Zur besonderen Sanktion der Information über die Mindestteilnehmerzahl in Art. 4 Abs. 6 UAbs.2 lit. i PRRL noch unten, Rn. 803f.

7 Zu den rechtlichen Ausgestaltungsformen des Timesharing Grabitz/Hilf II-*Martinek* A 13 (TSRL) Vorbem. Rn. 11–54. Zum Anwendungsbereich der TSRL, der sämtliche Formen umfaßt, *Martinek* aaO Art. 2 Rn. 88.

8 Grabitz/Hilf II-*Martinek* A 13 Vorbem. Rn. 55.

9 *v. Vogel* Verbrauchervertragsrecht und allgemeines Vertragsrecht, S. 99f.

10 Kritisch zum Umfang der geschuldeten Information *Martinek* in: Systembildung, S. 521–530.

11 Ohne erkennbare Überforderung vergleichen Verbraucher beispielsweise auch die sehr umfangreichen Daten über Ausstattungen von Neuwagen; dazu auch GA *Tesauro* in: EuGH v. 16.1.1992 – Rs. C-373/90 *Ermittlungsverfahren gegen X* Slg. 1992, I-131 (*Nissan*) SchlA Tz. 9.

12 Vgl. BE 52 LVersRL.

dritten Richtliniengeneration bewirkte Deregulierung des Versicherungsmarktes (Abschaffung der vorherigen Genehmigung von Versicherungsbedingungen) und die damit freigesetzte Möglichkeit größerer Produktvielfalt ein erhöhtes Informationsbedürfnis hervorgerufen. Für die Schadensversicherung[13] sieht das europäische Recht allerdings nur die Information über das anwendbare oder vom Versicherer vorgeschlagene Recht, über Beschwerdestellen und ggf. das Land des Sitzes oder der Zweigniederlassung der Versicherung vor.[14] Für den Bereich der Lebensversicherung sind demgegenüber umfangreiche Informationspflichten vorgeschrieben über (1) Bestand und Beendigung, (2) Rechte und Pflichten, (3) Anlageinformationen und (4) das anwendbare Recht und die anwendbaren Steuerregelungen.[15]

ee) Versicherungsvermittlung

286 Bereits im Zusammenhang mit den vorvertraglichen Informationen beim Abschluß von Versicherungsverträgen ist auf die Vorschrift der Art. 12f. VersVermRL hinzuweisen. Darin werden die Informationspflichten des Versicherungsvermittlers näher geregelt. Er hat insbesondere Angaben über seine Stellung und Aufgaben zu machen – ob er selbständig und unabhängig tätig wird und ob er auf der Grundlage einer objektiven Untersuchung berät. Gemäß Art. 12 Abs. 3 VersVermRL hat der Vermittler vor Vertragsschluß die „Wünsche und Bedürfnisse [des Kunden] sowie die Gründe für jeden diesem zu einem bestimmten Versicherungsprodukt erteilten Rat genau anzugeben". Die Modalitäten der Information regelt Art. 13 VersVermRL. Die weitgehenden Informations- und Beratungspflichten entsprechen dem besonderen Vertragstyp und der Stellung des Intermediärs, dessen Funktion gerade darin liegt, zu informieren und zu beraten.

ff) Verbraucherkredit

287 Beim *Verbraucherkredit* faßt die Richtlinie die Gesamtkosten, ausgenommen nur besonders aufgezählte Kosten, als zentrale Vertragsbedingung in dem effektiven Jahreszins zusammen (Art. 1a VerbrKrRL). Für einen funktionierenden Markt und eine informierte Entscheidung des Verbrauchers ist die Transparenz des effektiven Jahreszinses entscheidend. Erst durch die Angabe des effektiven Jahreszinses wird die Vergleichbarkeit der konkurrierenden Angebote hergestellt.[16] Über den effektiven Jahreszins muß der Kunde vor Vertragsschluß allerdings nur dann informiert werden, wenn das Institut mit den Kosten wirbt („Anzeige" oder Angebot, Art. 3 VerbrKrRL). Den Kreditinstituten bleibt die Freiheit, ausschließlich mit anderen als Preisbedingungen zu werben, und den Verbrauchern die Freiheit (und Verantwortung), sich bei ihrer Vertragsentscheidung ausschließlich von anderen als Preisbedingungen leiten zu lassen.[17]

---

13 Zur Terminologie *Grundmann* Schuldvertragsrecht, § 7 Rn. 24f.

14 Art. 31, 43 Abs. 2 UAbs. 1 und 2 3. SVersRL.

15 Art. 36 Abs. 1 iVm Anhang II LVersRL. EuGH v. 5.3.2002 – Rs. C-386/00 *Axa Royale ./. Ochoa,* Slg. 2002, I-2209; *Grundmann* Schuldvertragsrecht, 4.31 Rn. 32–35.

16 *Grundmann* BKR 2001, 66, 67f.; auch *ders.* Schuldvertragsrecht, 4.10 Rn. 31; *Latham* in: Hörmann, Verbraucherkredit und Verbraucherinsolvenz (1986), S. 568, 573; *Steppler* ebd., S. 592, 600f.

17 Anders jetzt Art. 4 V-VerbrKrÄRL.

gg) Grenzüberschreitende Überweisung

Schließlich sind die Banken („Institute", Art. 2 lit. d ÜwRL) verpflichtet, „ihren tatsächlichen und möglichen Kunden" Informationen über die wesentlichen Vertragsbedingungen für *grenzüberschreitende Überweisungen* zu geben, nämlich das Entgelt und die Ausführungszeit. Auch hier soll die Information über die angebotenen Bedingungen dem Kunden eine informierte Auswahl zwischen konkurrierenden Angeboten und die Entscheidung darüber ermöglichen. Deshalb sind die Institute auch dann nicht zur Information verpflichtet, wenn sie zu dem Kunden keine Geschäftsbeziehungen unterhalten wollen; wenn ein Vertrag ohnehin ausgeschlossen ist, braucht der Kunde auch die Überweisungsbedingungen nicht zu erfahren.[18] Anlaß für die Regelung war, daß ungeachtet einer Empfehlung der Kommission[19] Markt und Selbstregulierung nicht zu der gewünschten Transparenz und Effizienz geführt hatte.[20] Mit der vor allem auf Transparenz der Vertragsbedingungen beruhenden Überweisungsrichtlinie verfolgt die Gemeinschaft u.a. auch das Ziel, einen größeren Wettbewerb herzustellen und so die Qualität der angebotenen Dienstleistungen zu verbessern.[21] Insbesondere hat der Gesetzgeber die Kontrolle der Vergütung damit noch dem Markt überlassen.[22] Daß die Richtlinie größere Überweisungen von ihrem Schutzbereich ausnimmt, dürfte auch auf der – offenbar begründeten –[23] Annahme beruhen, daß hier ein effektiver und Transparenz begründender Wettbewerb besteht.[24] Das bestätigt zugleich noch einmal den zentralen Regelungszweck der Überweisungsrichtlinie, durch Information ein Marktversagen zu beheben. 288

Ergänzt wird die Regelung durch die *Euro-Überweisungsverordnung,* die die Gebührenhöhe für inländische und grenzüberschreitende Zahlungsvorgänge in Euro gleichstellt (Art. 3 EuroÜwVO) und darüber hinaus die Institute bindet, ihre Kunden vorab schriftlich und leicht verständlich über die Gebühren sowie Gebührenänderungen für inländische und grenzüberschreitende Zahlungen und über etwaige Umtauschgebühren zu informieren (Art. 4 EuroÜwVO). Während die Informationspflichten der Überweisungsrichtlinie noch darauf gerichtet waren, den Wettbewerb durch Transparenz zu fördern, geht es bei dieser Informationspflicht darum, dem Verbraucher die Kosten vor Augen zu führen, die die grenzüberschreitende Zahlung mit sich bringt (BE 9 EuroÜwVO). Das kann schon mit Blick auf den Überweisungsvertrag einen guten Sinn haben, der ja auch zur „üblichen Vergütung" (und damit ohne aktuelle Kenntnis des Verbrauchers davon) zustande kommen kann. Darüber hinaus dürfte die Regelung aber auch zur Förderung des grenzüberschreitenden Geschäftsverkehrs erlassen worden sein: Er soll dadurch erleichtert werden, daß der Verbraucher erkennen kann, welche Gebühren bei der Zahlung anfallen (und daß diese Gebühren nicht höher sind als beim Inlandsgeschäft). 289

---

18 Umgekehrt bedeutet die Begrenzung dieses Ausnahmetatbestands, daß eine Bank, die Geschäftsbeziehungen zu dem Kunden unterhalten will, diesem auch ihre Überweisungsdienste anbieten muß. Überweisungen werden so als eine Leistung installiert, auf die der Kunde einen Anspruch hat, wenn er überhaupt in Geschäftsbeziehungen mit dem Institut steht.

19 Empfehlung 90/109/EWG der Europäischen Kommission vom 14.2.1990, ABl 1990 L 67/39 (auch abgedruckt in WM 1990, 905).

20 *Hadding* in: Horn/Schimansky (Hrsg.), Bankrecht 1998 (1998), 126.

21 Vgl. BE 2 ÜwRL.

22 *Stauder* FS Reich, S. 589.

23 Vgl. *Hartmann* WM 1994, 11f.

24 BE 2 und 7 ÜwRL weisen hingegen nur auf größere Schutzbedürftigkeit von Privatpersonen sowie kleinen und mittleren Unternehmen hin.

b) Vermeidung von Irreführung

aa) Verbrauchsgüterkauf

290 Besonderen Schutz vor irreführenden vorvertraglichen Angaben einschließlich bestimmten Werbungsangaben gewähren die Kaufgewährrichtlinie, die Pauschalreiserichtlinie und die Verbraucherkreditrichtlinie. Die *Kaufgewährrichtlinie* schreibt zunächst mittelbar eine Wahrheitspflicht vor. Danach ist der Erklärende – das kann der Hersteller oder der Händler sein – (auch) an die Angaben gebunden, die er in seiner Garantiewerbung macht (Art. 6 Abs. 1 KGRL). Zweck dieser Bestimmung ist – wie es noch in der Fassung des Gemeinsamen Standpunkts zum Ausdruck kam – vorzubeugen, daß die Garantiewerbung als „reines Werbemittel" eingesetzt wird, das „sich für den Verbraucher als irreführend erweis[t]".[25] Die Wahrheitspflicht ergibt sich freilich schon aus dem Irreführungsverbot der Werbungsrichtlinie. Das zentrale Anliegen der kaufrechtlichen Wahrheitspflicht ist daher, den kollektiven Verbraucherschutz des Lauterkeitsrechts um einen individuellen Schutz zu ergänzen (Rn. 436–480). Ergänzt wird die Regelung durch die – gerade vor Vertragsschluß bedeutsame – Pflicht darzulegen, welchen Inhalt die Garantie hat und daß sie gesetzliche Rechte unberührt läßt (Art. 6 Abs. 2 KGRL). Entgegen der im ersten Entwurf[26] vorgeschlagenen Regelung setzt die Richtlinie aber nicht mehr voraus, die Garantie müsse „den Begünstigten in eine vorteilhaftere Lage versetzen als jene, die sich aus der Regelung auf Grund der anwendbaren einzelstaatlichen Bestimmungen ergibt".[27] Damit wird auch hier die Bedeutung der Selbstverantwortung des Werbungsadressaten unterstrichen, bei dem ein Grundverständnis seiner gesetzlichen Rechte vorausgesetzt wird.[28] Unabhängig von einer Garantie begründet der Regelungsmechanismus der KGRL auch eine „faktische" vorvertragliche Informationspflicht des Unternehmers zum Schutze des Verbrauchers vor Irreführung: Möchte der Unternehmer eine Ware anbieten, die qualitativ unterhalb des üblichen Marktstandards liegt, so hat er dies ausdrücklich zu klären und eine entsprechende Parteivereinbarung herbeizuführen, da andernfalls die Vermutungsregeln des Art. 2 Abs. 2 KGRL (Rn. 754) eingreifen.

bb) Pauschalreise und Verbraucherkredit

291 Vor einer Irreführung durch unvollständige Angaben schützen die *Pauschalreiserichtlinie* und die *Verbraucherkreditrichtlinie*. Beide Richtlinien enthalten Vorschriften über vorvertragliche Informationen, die dann eingreifen, wenn der Verpflichtete bestimmte Werbemittel einsetzt. Man kann insoweit von „bedingten Informationspflichten" sprechen. Wenn der Veranstalter/Vermittler von Pauschalreisen einen Prospekt darüber vergibt, so muß dieser bestimmte Mindestangaben enthalten (Art. 3 Abs. 2 PRRL). Wenn ein Institut Kostenwerbung für Verbraucherkredite verwendet, so muß es darin auch den effektiven Jahreszins angeben (Art. 3 VerbrKrRL). Jeweils liegt den Informationspflichten (auch) der Gedanke zugrunde, daß unvollständige Angaben in ähnlicher Weise irreführen könn-

25 BE 18 GS-KGRL; die werbungskritische Formulierung hat der Gesetzgeber in der verabschiedeten Fassung zu Recht aufgegeben und in BE 21 S. 3 KGRL ersetzt durch: „Solche Garantien stellen zwar rechtmäßige Marketinginstrumente dar, sollten jedoch den Verbraucher nicht irreführen."

26 Entwurf vom 18.6.1996, KOM(95) 520 endg., auch abgedruckt in ZIP 1996, 1845.

27 Begründung des Kommissionsvorschlags, KOM(95) 520 endg. (auch abgedruckt in ZIP 1996, 1845, 1952).

28 S.a. *Grundmann* AcP 202 (2002), 40, 54f.

ten wie falsche. Insoweit wird wiederum die Werbungsrichtlinie in Spezialbereichen konkretisiert.[29]

c) Erreichung des Vertragszwecks

In drei Fällen sieht das Europäische Vertragsrecht Informationspflichten (auch) vor, um den Adressaten über mögliche Hindernisse für die Zweckerreichung aufzuklären. 292

aa) Pauschalreise

Nach der *Pauschalreiserichtlinie* schuldet der Veranstalter/Vermittler vorvertraglich nur in ganz eingeschränktem Maße Informationen: Er muß auf Einreisevoraussetzungen hinweisen: die Paß- und Visumserfordernisse, „insbesondere die Fristen für die Erlangung dieser Dokumente", sowie „gesundheitspolizeiliche Formalitäten" (Art. 4 Abs. 1 lit. a PRRL). Weitere Informationen muß der Veranstalter/Vermittler nur dann geben, wenn er – fakultativ – einen Prospekt ausgibt (Art. 3 Abs. 2 PRRL),[30] sie werden daher nicht in einem engeren Sinne zwingend vorgeschrieben. Da die Einreisevoraussetzungen des Urlaubslandes von entscheidender Bedeutung für die Zweckerreichung sind,[31] ist hier der Informationsbedarf des Reisenden besonders groß. Der Veranstalter/Vermittler kann die Information ungleich effizienter bereitstellen, da er sie für eine Vielzahl von Fällen verwendet. 293

bb) Grenzüberschreitende Überweisung

Bei *grenzüberschreitenden Überweisungen* sind die „Institute" verpflichtet, ihren „tatsächlichen und möglichen Kunden" die Bedingungen für die Ausführung grenzüberschreitender Überweisungen schriftlich mitzuteilen. Als einen Hauptzweck der Regelung haben wir bereits oben (Rn. 288) die Gewährleistung von Markttransparenz hervorgehoben. Daneben dient die Information aber auch der Erreichung des Vertragszwecks, ungeachtet der Tatsache, daß es hier nicht um die Information über Tatsachen, sondern über das Leistungsangebot geht. Zu den geschuldeten Mindestinformationen gehören u.a. Angaben über die Ausführungszeit, das Entgelt und den Umrechnungskurs (Art. 3 ÜwRL). Auch diese Angaben können für die Erreichung des Vertragszwecks entscheidend sein.[32] Das bestätigt der Regelungsanlaß der Richtlinie, der darin lag, daß grenzüberschreitende Überweisungen (unberechenbar) zu lange dauerten und daß (unberechenbar) Entgelte von dem Überweisungsbetrag abgezogen wurden (BE 2, 8, 9 ÜwRL). Die Unsicherheit über Zeitpunkt und Vollständigkeit des Zahlungseingangs kann aber den Zweck der Überweisung gefährden.[33] Für Euro-Überweisungen behebt die Euro-Überweisungsverordnung jetzt die Kostenproblematik. 294

---

29 S.a. Art. 5 Abs. 2 ECRmRL.

30 Siehe soeben, Rn. 283; zur vertraglichen Bindung an Prospektinformationen näher unten, Rn. 436–480.

31 Das besondere Informationsinteresse des Reisenden im Hinblick auf Einreisebestimmungen hatte daher etwa auch der Bundesgerichtshof schon vor Erlaß der die Pauschalreiserichtlinie umsetzenden InfVO anerkannt; BGH, NJW 1985, 1165 (auf Einreisebestimmung sei „bei der Buchung" hinzuweisen; arg.: Erfolgspflicht des Veranstalters); *Tempel* NJW 1996, 1625, 1629f.

32 Illustrativ AG Düsseldorf, ZIP 1993, 1227. Zu den Regelungsanlässen für die Richtlinie *Hadding* in: Horn/Schimansky (Hrsg.), Bankrecht 1998 (1998), S. 126f.; *Häuser* WM 1999, 1037.

33 Die Statuierung der Informationspflicht dient indes nicht der Festlegung der Vertragsvereinbarung als Grundlage der Haftung; denn die Haftung ist nur an entweder die „bindende Zusage"

cc) E-Commerce

295 Drittens kann man auch die vorvertraglichen Informationspflichten nach Art.10 *E-Commerce-Richtlinie* zu den Pflichten rechnen, die der Erreichung des Vertragszwecks dienen. Der Diensteanbieter muß dem Nutzer danach vor Abgabe seiner „Bestellung“ einige technische Angaben machen: welche technischen Schritte zum Vertragsschluß führen, ob der Vertragstext gespeichert wird und zugänglich sein wird, mit welchen technischen Mitteln der Nutzer Eingabefehler erkennen und korrigieren kann und welche Sprachen für den Vertragsabschluß zur Verfügung stehen. Der Grund für die Regelung liegt vor allem darin, daß die elektronischen Medien neu und die damit zur Verfügung gestellten Vertragsschlußformen nicht standardisiert und auch nicht so evident sind, wie herkömmliche Abschlußformen („Handschlag“). Die Informationspflicht gilt grundsätzlich für alle Nutzer – also solche, die zu privaten und solche, die zu beruflichen oder gewerblichen Zwecken handeln –, ist aber nur für Verbraucher unabdingbar.

d) Aufklärung über „gefährliche“ Verpflichtungen

296 Zusammen mit den vorvertraglichen Pflichten ist auch bereits die Informationspflicht des Art. 19 Abs. 4 Finanzmarktrichtlinie zu nennen. Diese Informationspflicht hat gerade vor Abschluß des Wertpapiergeschäfts Bedeutung („potentiellen Kunden“) und die Regelung läßt den Mitgliedstaaten die Möglichkeit, sie je nach dem nationalen Recht als vertragliche Pflicht des Wertpapiergeschäfts oder eines selbständigen Vertrags[34] oder als vorvertragliche Pflicht umzusetzen.

297 Die Informationspflicht der Finanzmarktrichtlinie dient dem Schutz des Kunden vor besonders „gefährlichen“ Verpflichtungen. Die Richtlinie verpflichtet die Wertpapierfirma indes nicht zur Beratung, sondern nur zur Information. Die Information soll den Kunden in die Lage versetzen, eine eigene Entscheidung zu treffen. Allerdings schreibt die Richtlinie – anders als andere Informationsregelungen – die bereitzustellenden Informationen nicht enumerativ vor, sondern verpflichtet die Wertpapierfirma „angemessene Informationen zur Verfügung zu stellen“ (Art. 19 Abs. 4 FinMRL). Was angemessen ist, bestimmt sich nach den Interessen des Anlegers – seiner finanziellen Lage, seiner Erfahrung mit Wertpapiergeschäften und den mit dem Geschäft verfolgten Zielen –, die die Wertpapierfirma zu erkunden hat (Art. 19 Abs. 4 und 5 FinMRL).[35] Ein ähnliches Modell enthält jetzt Art. 12 VersVermRL (vgl. oben, Rn. 286 und nachfolgend 312).

298 Auch die bei Wertpapiergeschäften geschuldete Information ist dem Begünstigten nicht aufzudrängen. Das wäre mit dem für die vorvertragliche Informationsordnung grundlegenden Prinzip der Selbstverantwortung unvereinbar: „Dem europäischen Verbraucherrecht (ist) eine Bevormundung der Kunden fremd“.[36] Es paßt im auch nicht mit der Regelung des Art. 19 Abs. 5 UAbs. 3 FinMRL zusammen: Verweigert der Kunde die zur anlegergerechten Information erforderlichen Auskünfte, so muß die Wertpapierfirma nicht

(Art. 5) oder die absolute Ausführungsfrist (Art. 6 Abs. 1 UAbs. 2) geknüpft; zum Vertragsschluß bei der Überweisung noch unten, Rn. 414, zum Leistungsstörungsrecht der ÜwRL unten, § 28.

34 Zum deutschen Recht etwa BGHZ 100, 117, 118f.; BGHZ 123, 126, 128; OLG Köln, ZIP 1997, 1372; BGH WM 1986, 517, 518; BGH WM 1985, 1520, 1521; BGH, WM 1996, 906.

35 Die schematische Verwendung standardisierter Information z.B. über die Gefahren von Börsentermingeschäften ist daher nach diesem individualisierenden Maßstab nicht ausreichend.

36 Assmann/Schneider-*Koller* WpHG (3. Aufl. 2003), § 31 WpHG Rn. 81.

insistieren, vielmehr reduziert sich ihre Informationspflicht auf eine Warnpflicht, Art. 19 Abs. 4 UAbs. 3 FinMRL. Im übrigen kann der Kunde durch sein Verhalten (Angaben über Erfahrung etc.) selbst die Intensität der Information bestimmen. Reklamiert ein Kunde (in überzeugender Weise) aus Scham über seine Ignoranz große Erfahrungen im Umgang mit Wertpapiergeschäften, so kann die Information entsprechend geringer und/oder technischer ausfallen; die resultierenden Risiken hat der Kunde zu tragen (er hat „das unveräußerliche Recht, sich selbst zum Narren zu machen")[37].

2. Grundgedanken

a) Gewährleistung von Markttransparenz als Hauptzweck

Wie schon beim Recht der Werbung zeigt sich auch bei den vorvertraglichen Informationspflichten, daß es grundsätzlich Sache des einzelnen – Unternehmer oder Verbraucher – ist, die für die Vertragsentscheidung relevanten Informationen auszuwählen und einzuholen.[38] Die Grenze der Selbstverantwortung liegt erst dort, wo der Markt hinreichende Transparenz nicht gewährleistet.[39] Dort springt das Europäische Vertragsrecht mit Informationspflichten ein. Besonders deutlich zeigt sich dieser Regelungsansatz bei der Verbraucherkreditrichtlinie und der Überweisungsrichtlinie, denn hier war die Intransparenz des Marktes ausdrücklicher Regelungsanlaß. Dasselbe bestätigen auch die Informationspflichten, die im Zuge aufsichtsrechtlicher Deregulierung (Versicherungsrichtlinien) oder der Binnenmarktöffnung (Wertpapierdienstleistung) installiert wurden, um einen Ausgleich für die größere Angebotsvielfalt zu schaffen. Nur vereinzelt begründen hingegen besondere Schutzbedürfnisse einzelner Vertragspartner die Informationspflichten. 299

Nicht nur der Regelungsanlaß der Marktintransparenz beruht auf dem Prinzip der Selbstverantwortung, dieses liegt auch dem Schutzinstrument der Informationspflichten zugrunde, da die Pflicht zur Bereitstellung von Information stets nur die Möglichkeit des Informationserfolgs eröffnet, dessen Erreichen aber weitgehend davon abhängig macht, daß der Begünstigte von der Information auch Gebrauch macht. Gerade dort, wo die Informationen besonders wichtig sind – bei Wertpapierdienstleistungen – kann der Informationsgläubiger den Umfang der Information entscheidend durch sein eigenes Verhalten mitbestimmen, Art. 19 Abs. 3–5 FinMRL. 300

Die *European Principles* enthalten keine vergleichbare vorvertragliche Informationsordnung. In Art. 4: 107 PECL wird die Bindung, Informationen nach den Grundsätzen treugemäßen Verhaltens vor Vertragsschluß offenzulegen, lediglich im Zusammenhang mit der arglistigen Täuschung *(fraud)* geregelt. Es geht dabei maW nicht so sehr um die Beseitigung von Marktstörungen (Intransparenz) als um die Bewertung des Parteiverhal- 301

37 *Loss* ZHR 129 (1967), 197, 208.

38 So deutlich BE 11 FARL: „... Falls Ausnahmen von der Verpflichtung zur Übermittlung von Information gemacht werden [vgl. Art. 3 Abs. 2 FARL], obliegt es dem Verbraucher, nach seiner Wahl bestimmte Angaben wie Identität des Lieferers wesentliche Eigenschaften und Preis der Ware oder Dienstleistung zu verlangen." EuGH v. 5.3.2002 – Rs. C-386/00 *Axa Royale ./. Ochoa* Slg. 2002, I-2209; *Grundmann* JZ 2000, 1133, 1135–1138; *ders.* ZHR 163 (1999), 635, 665–674; *Fleischer* ZEuP 2000, 772, 791.

39 S.o., § 11. Die – bestehende – Preistransparenz des Automarktes war entscheidend für die Beurteilung des Parallelimportwerbung durch GA *Tesauro* in: EuGH v. 16.1.1992 – Rs. C-373/90 *Ermittlungsverfahren gegen X* Slg. 1992, I-131 (*Nissan*) SchlA Tz. 9.

tens im individuellen Fall. Die Informationsvorschriften des Europäischen Vertragsrechts und solche, wie sie Art. 4:107 PECL begründen, sind daher komplementär.

b) Keine allgemeine Informations- oder Aufklärungspflicht

302 Über diese einzelnen Informationspflichten hinaus wird teilweise auch eine *allgemeine* vorvertragliche Aufklärungspflicht angenommen, die sich aus dem Transparenzgebot der AGB-Richtlinie ergebe. Nach dieser Auffassung sollen z.B. Banken nach dem „Klarheits- und Verständlichkeitsgrundsatz" der Richtlinie bei Abschluß eines Bürgschaftsvertrags zu „einer Art Risikoaufklärung des Bürgen" verpflichtet sein.[40] „Eine solche Aufklärung" sei „dogmatisch durch das Gemeinschaftsrecht zwingend geboten, sollen die Grundsätze der Klarheit und Verständlichkeit eigenständige Bedeutung haben und gemeinschaftskonform in das deutsche Zivilrecht eingeführt werden."[41] Eine allgemeine Aufklärungspflicht dieser Art soll demnach also schon dem Europäischen Recht zu entnehmen sein. Diese Auffassung ist nach dem geltenden Recht nicht begründet, ihr ist aber auch *de lege ferenda* nicht zu folgen.

303 Gegen sie spricht schon die Tatsache, daß die Mitgliedstaaten die Sachfrage ganz unterschiedlich regeln.[42] Ob den Unternehmer eine Pflicht trifft, seine Klauseln auch nur zu erläutern. Erst recht ist der Regelung eine Aufklärungspflicht, die wohl auch zur Warnung vor Risiken verpflichten würde, nicht zu entnehmen. Das folgt vor allem aus dem Schutzinstrument der Richtlinie, den Verbraucher durch Information in die Lage zu versetzen, sich selbst mündig zu entscheiden. Transparenz soll ihm den Zugang zur Information und die Verständnismöglichkeit eröffnen, die Risikoermittlung und -bewertung ist indes Sache des Verbrauchers. Selbst die – im Europäischen Vertragsrecht wohl am weitesten reichende – Aufklärungs- und Beratungspflicht der Finanzmarktrichtlinie, soll ja nur dem Kunden eine informierte eigene Entscheidung ermöglichen und hat nur insofern Beratungscharakter, als die Informationen mit Rücksicht auf den individuellen Kunden geschuldet sind.[43] Gerade in Bezug auf Allgemeine Geschäftsbedingungen kann man freilich die Ansicht vertreten, daß die bloße Information ohne Beratung oft sinnlos ist und jedenfalls ungeeignet, dem Kunden eine informierte Entscheidung zwischen konkurrierenden Klausel-Angeboten (z.B. divergierende AGB verschiedener Anbieter bei sonst gleichen Leistungsprogrammen) zu ermöglichen (Rn. 664–666). Daran könnte indes auch eine Aufklärungspflicht nichts ändern, denn auch von einem Verkäufer läßt sich realistischer Weise nicht erwarten, daß er die AGB seines Unternehmens versteht, geschweige denn mit jenen anderer Anbieter vergleicht (oder gar als schlechter beurteilt).

304 Schließlich spricht gegen die Annahme einer allgemeinen Informations- oder Aufklärungspflicht, daß das Europäische Vertragsrecht Informationspflichten nur punktuell zur Beseitigung spezifischer Defizite vorsieht. Diese differenzierte Regelung würde durch eine allgemeine Informationspflicht nivelliert. Auch das gemeinschaftsrechtliche Informationsmodell beruht auf der jeder Marktwirtschaft immanenten Grundüberlegung, daß die

---

40 Zum geplanten Schutz von Garanten durch eine Änderungsrichtlinie zur Verbraucherkreditrichtlinie noch unten, Fn. 48; Art. 9 V-VerbrKrÄRL enthält zwar eine Art Fürsorgepflicht des Kreditgebers, indes keine allgemeine Risikoaufklärungspflicht.

41 *Reich* NJW 1995, 1857, 1860.

42 *Legrand* Oxf.J.Leg.Stud. 6 (1986), 322–352; *Zweigert/Kötz* Rechtsvergleichung, § 31 VI (S. 420–425).

43 *Grundmann* Schuldvertragsrecht, 2.10 Rn. 33; *Fleischer* ZEuP 2000, 772, 790.

Ausnutzung *verdienter* Wissensvorsprünge unverzichtbarer und daher grundsätzlich legitimer Anreiz unternehmerischen Tätigwerdens ist.[44]

Der Europäische Gesetzgeber hat diese Erwägungen freilich weithin unbeachtet gelassen und mit der Richtlinie Unlautere Geschäftspraktiken der Sache nach durchaus eine allgemeine vorvertragliche Pflicht des Unternehmers eingeführt, dem Verbraucher im Hinblick auf eine geschäftliche Entscheidung alle wesentlichen Informationen zu geben (s. bereits Rn. 277a–277e).[45] Daß diese Richtlinie verbal beteuert, kein Vertragsrecht zu setzen, ändert daran nichts, da sich bei der Umsetzung aus Gründen der systematischen Stimmigkeit des nationalen Rechts Rückwirkungen auf das Vertragsrecht praktisch nicht vermeiden lassen werden. Zur Kritik bereits Rn. 277e. **304a**

c) Regelungslücken

Die Einzelregelungen über die Informationspflichten können im Hinblick auf ein vollständiges Vertragsrechtssystem, wie es aus dem nationalen Recht bekannt ist, lückenhaft erscheinen. Betrachtet man die Informationspflichten im Hinblick auf die nach dem Harmonisierungskonzept beschränkten Regelungsbereiche, so ergeben sich nur vereinzelt Regelungslücken. **305**

aa) Haustürgeschäfte

Gegen Informationspflichten beim *Haustürgeschäft* über Leistung und Preis läßt sich nicht schon einwenden, daß dort der Vertragsgegenstand vor Augen stehe, denn keineswegs ist die Regelung auf den Verkauf von Bürsten oder die Dienstleistung des Scherenschleifens beschränkt, sie findet etwa auch auf kompliziertere (Versicherungs- oder Partnervermittlung, Vermögensberatung) oder umfangreichere Dienstleistungen (Fassadenrenovierung) Anwendung. Indes würde dem Verbraucher die (mündliche oder schriftliche) *vorvertragliche* Information über Preis und Leistung in der typischen Überrumpelungssituation nichts nützen, fehlt doch die Bedenk- und Vergleichsmöglichkeit vor Vertragsschluß gerade. Eine sinnvolle Ergänzung des Widerrufsrechts könnte allerdings eine „bei Vertragsschluß" zu erfüllende Informationspflicht über den Vertragsgegenstand darstellen, sofern dieser nicht sofort geliefert wird. Das gilt jedenfalls dann, wenn man dem Widerrufsrecht auch den Zweck beimißt, eine im Hinblick auf den Markt informierte Entscheidung zu treffen. Dann dient die Widerrufsfrist auch dazu, dem Verbraucher einen Vergleich der erworbenen mit konkurrierenden Leistungen zu ermöglichen. Informationen über Preis und Leistung würden dem Verbraucher dafür die erforderliche Grundlage verschaffen. Die Widerrufsfrist berücksichtigt diesen Zweck nicht schon, ihr Beginn wird lediglich bis zur *Belehrung* hinausgeschoben, nicht bis zum Erhalt der Ware oder Dienstleistung. **306**

bb) Verbraucherkredit

Bei *Verbraucherkrediten* ist zunächst zu bedenken, daß der Europäische Gesetzgeber stärker als traditionell der deutsche darauf vertraut, daß die Marktkräfte für eine rationale Vertragsentscheidung sorgen und deswegen (bislang) schon ein Widerrufsrecht nicht vor- **307**

44 *v. Vogel* Verbrauchervertragsrecht und allgemeines Vertragsrecht, S. 43–46 mwN.
45 Ähnlich *Collins* ERCL 1 (2005), 417, 433–437.

sieht.[46] Wenn eine Pflicht zur vorvertraglichen Information über die wesentliche Vertragsbedingung – den effektiven Jahreszins – nur dann besteht, wenn die Bank mit den Kosten wirbt, so beruht das auf der Annahme, daß erstens die Banken oftmals auf eine Preiswerbung nicht verzichten und daher über den effektiven Jahreszins vor Abschluß informieren werden, zweitens darauf, daß der Verbraucher nicht schützenswert ist, der sich von anderen als Preis- und Leistungsbedingungen (z.B. dem guten Namen oder einem „Band der Sympathie") leiten läßt. Zudem ist zu bedenken, daß der effektive Jahreszins dem Verbraucher noch im Vertragsformular vor Augen geführt wird.[47]

308 Der Gesetzgeber vertraut damit hier stärker als z.B. bei der Überweisungsrichtlinie der eigenverantwortlichen Informationsbeschaffung durch den Verbraucher. Das dürfte aufgrund der unterschiedlichen Sachverhalte gerechtfertigt sein. Denn während man darauf vertrauen kann, daß der Kunde bei Abschluß eines Kreditvertrags nach „Preis" und Bedingungen fragen wird, mag bei grenzüberschreitenden Überweisungen weithin das Vertrauen vorherrschen, daß diese zu ähnlichen Bedingungen ausgeführt werden wie inländische. Deswegen konnte der Gesetzgeber bei der Verbraucherkreditrichtlinie nicht nur in höherem Maße auf die Selbstverantwortung vertrauen, sondern auch darauf, daß die bedingte Informationspflicht des Art. 3 für die Erreichung der Markttransparenz ausreicht.

308a Nach den Plänen der Kommission – denen das Parlament nachdrücklich entgegengetreten ist – soll freilich die Verbraucherkreditrichtlinie künftig deutlich weitergehende Schutzmechanismen enthalten. Neben einem Widerrufsrecht gehören dazu insbesondere auch (1) weitere Einschränkungen der Werbung, (2) Informationspflichten, (3) Beratungspflichten und (4) eine Sorgfaltspflicht des Kreditinstitute (!) zur verantwortungsvollen Kredit*vergabe*.[48]

cc) Bürgschaftsvertrag

309 Ein naheliegender Kandidat für die Rechtsangleichung scheint angesichts der vor allem in Deutschland und dem Vereinigten Königreich in jüngerer Zeit geführten Diskussion der *Bürgschaftsvertrag* zu sein.[49] Bislang fehlt eine gemeinschaftsrechtliche Regelung;[50] um einen Minimalschutz zu ermöglichen, stellt aber immerhin Art. 9 Abs. 2 lit. c EComRL den Mitgliedstaaten frei, den Abschluß von Bürgschaftsverträgen auf elektronischem Wege zu verbieten. Darüber hinaus sind Bürgschaften als haustürgeschäfte- und als verbraucherkreditgleiche Verträge erörtert worden. Nach der Haustürgeschäfterichtlinie ist der EuGH zu dem – unbefriedigenden – Ergebnis gekommen, daß nur Verbraucherbürg-

46 S. aber jetzt Art. 11 V-VerbrKrÄRL.

47 Dazu unten, Rn. 339, 354–356. S. aber jetzt Art. 4 V-VerbrKrÄRL.

48 Zum Ganzen *Franck* ZBB 2003, 334–342; *Riesenhuber* ZBB 2003, 325–334.

49 *Ernst* in: Rechtsgeschichte und Privatrechtsdogmatik, S. 400f.; *Medicus* JuS 1999, 833–839; *van Rossum* MJ 3 (2000), 300, 303, 305, 310.

50 S. aber jetzt den Vorschlag für eine Richtlinie des Europäischen Parlaments und des Rates zur Harmonisierung der Rechts- und Verwaltungsvorschriften der Mitgliedstaaten über den Verbraucherkredit, KOM(2002) 443 endg., der nun auch „Garanten" (Art. 1 lit. f V-VerbrKrÄRL) einbezieht und darüber hinaus u.a. die Werbungsvorschrift verschärft (Art. 4 V-VerbrKrÄRL), die Aushandelung „an der Haustür" verbietet (Art. 5 V-VerbrKrÄRL), weitergehende Informationspflichten statuiert (Art. 6 V-VerbrKrÄRL), dem Kreditgeber geradezu eine Fürsorgepflicht auferlegt (Art. 9 V-VerbrKrÄRL: „Verantwortungsvolle Kreditvergabe") und ein Widerrufsrecht einführt (Art. 11 V-VerbrKrÄRL).

schaften für Verbraucherkredite den Schutz der Richtlinie genießen.[51] Die analoge Anwendung der Verbraucherkreditrichtlinie verneint der EuGH, weil Bürgschaftsverträge nicht unter Verbraucherkredite subsumiert werden können und eine analoge Anwendung der Richtlinie aufgrund der unterschiedlichen Regelungssituationen nicht in Betracht kommt.[52] *De lege lata* abzulehnen ist der oben (Rn. 302–304) bereits erörterte Vorschlag, der AGB-Richtlinie eine allgemeine Aufklärungspflicht zu entnehmen, die etwa auch die Bank verpflichten würde, den Bürgen über die Risiken des Geschäfts aufzuklären.

Das Gefährliche des Bürgschaftsvertrags – von besonderen Vertragsschlußsituationen an der Haustür usf. abgesehen –[53] liegt nicht in den Vertragsbedingungen. Diese sind hinreichend klar. Gefahr droht vor allem daher, daß der Bürge die Bonität des Hauptschuldners überoptimistisch beurteilt oder aber aufgrund einer (insbesondere familiären) Nähebeziehung überhaupt nicht rational erwägt und/oder sich den Umfang der ihm potentiell entstehenden Pflichten nicht vor Augen führt.[54] Mängel der Markttransparenz sind daher hier ohne Bedeutung und auch die Zweckerreichung ist kein bürgschaftsspezifisches Problem. Wertungsmäßig kommt daher nur eine Anknüpfung an die Informationspflicht der Finanzmarktrichtlinie in Betracht. Zwar ist der Bürgschaftsvertrag ein ungleich einfacheres Geschäft, so daß die dortigen Regelungszwecke nur mit Einschränkungen auch hier gelten. Die möglichen Belastungen einerseits und die psychologische Disposition des Kunden andererseits sind indes durchaus ähnlich. Für die Ausgestaltung eines Schutzes bietet sich das Modell des Art. 19 FinMRL mit seinen beiden Stufen – Erkundung und Information – und seiner individuellen Ausgestaltung (Rücksicht auf die Professionalität, Erfahrung und finanzielle Lage) an.[55] Indes muß man bezweifeln, ob eine gemeinschaftsrechtliche Regelung nach dem Harmonisierungskonzept geboten ist. Denn auch wenn eine solche Regelung eine Angleichung der Transaktionsparameter für Unternehmen bedeuten würde, fügte sie sich doch aufgrund ihres Einzelfallbezugs nicht in die bestehenden Regelungen ein, bei denen es – auch soweit die Finanzmarktrichtlinie betroffen ist – in erster Linie (überindividuell) um die Herstellung von Markttransparenz geht.[56] **310**

dd) Schadensversicherung

Im Hinblick auf den Zweck, eine informierte Marktentscheidung zu ermöglichen, sind auch die Informationspflichten im Bereich der *Schadensversicherung* unzureichend ausge- **311**

---

51 EuGH v. 17.3.1998 – Rs. C-45/96 *Bayerische Hypotheken und Wechselbank ./. Dietzinger* Slg. 1998, I-1199 Rn. 17–22; dazu *Bamforth* E.L.Rev. 24 (1999), 410–418; (krit.) *Drexl* JZ 1998, 1046–1051.

52 EuGH v. 23.3.2000 – Rs. C-208/98 *Berliner Kindl ./. Siepert* Slg. 2000, I-1741 Rn. 17–26; zur Analogie und jedenfalls *de lege ferenda* a.M. *Drexl* JZ 1998, 1046, 1053–1055.

53 Außer Betracht zu lassen ist auch der Schutz vor Täuschung und Drohung oder sittenwidriger Verschuldung, denn erstens sind das keine bürgschaftsspezifischen Risiken und zweitens ist damit der Grundbestand nationalen Rechts angesprochen, den das Europäische Vertragsrecht typischerweise (als gleichwertig) voraussetzt; vgl. unten, § 15 (Täuschung und Drohung) und § 24 (gesetzliches Verbot, Sittenwidrigkeit).

54 Nach deutschem Recht besteht grundsätzlich keine Aufklärungspflicht; *Larenz/Canaris* Schuldrecht II/2, § 60 III 4b (S. 14f.); Herabspielen des Risikos kann einen Verstoß gegen vorvertragliche Pflichten darstellen oder sogar die Sittenwidrigkeit des Vertrags mitbegründen; *Medicus* JuS 1999, 833, 838f.

55 *Göpfert* JuS 1993, 655–659; *Ernst* in: Rechtsgeschichte und Privatrechtsdogmatik, S. 430.

56 Vgl. auch *Bamforth* E.L.Rev. 24 (1999), 410, 414f.

staltet. Nach der Richtlinienregelung ist der Versicherungsnehmer vorvertraglich über die Versicherungsbedingungen überhaupt nicht zu informieren. Die geschuldeten Informationen über das anwendbare Recht, Beschwerdeverfahren und den Sitz- bzw. Niederlassungsstaat hingegen sind für die Auswahl zwischen konkurrierenden Produkten von nachgeordnetem Interesse. Der Unterschied zu den bei Lebensversicherungen geschuldeten vorvertraglichen Informationen (Art. 36 iVm Anh. III LVersRL) erscheint sachlich nicht gerechtfertigt und wurde vom deutschen Gesetzgeber denn auch nicht übernommen.[57]

312 Neben der Information des Versicherungsnehmers kommt freilich als – rechtspolitisch durchaus überzeugendes – Lösungsmodell auch die Einschaltung eines (ggf. auch streng haftenden) Vermittlers in Betracht (Intermediär-Lösung),[58] zumal wenn man Informationspflichten wegen der Gefahr einer Überforderung des Versicherten für zweifelhaft hält.[59] Informations- und Beratungspflichten statuiert jetzt die Versicherungsvermittlerrichtlinie (oben, Rn. 286). In ähnlicher Weise wie die Wertpapierdienstleistung bindet sie den Vermittler, den Kunden mit Rücksicht auf seine Wünsche und Bedürfnisse und mit Rücksicht auf die Komplexität des angebotenen Versicherungsvertrags zu beraten (Art. 12 Abs. 3 VersVermRL). Diese Beratung gehört in den Grenzen der Richtlinienvorgaben somit schon zum Vertragstyp. Man kann die Frage stellen, ob angesichts dieser Intermediärlösung für Versicherungsverträge die Information des Versicherten selbst und sein Widerrufsrecht noch erforderlich sind. Das ist indes zu bejahen, da der Versicherte nicht gebunden ist, sich eines Vermittlers zu bedienen.

ee) Sonstige Finanzdienstleistungen

313 Auch für *sonstige Finanzdienstleistungen* ist eine vorvertragliche Informationspflicht nicht schon allgemein vorgeschrieben; einen weiteren Bereich betreffen nur die Informationspflichten für den Fernabsatz von Finanzdienstleistungen nach der jetzt vorliegende Finanzfernabsatzrichtlinie (v.a. Art. 3; s.o. Rn. 282). Ansonsten gibt es nur die dargestellten Informationspflichten bei Versicherungsverträgen und Verträgen über Wertpapierdienstleistungen. Damit sind die wohl wichtigsten Fälle der Finanzdienstleistungen ebenso abgedeckt wie die für den Binnenmarkt wichtigste Absatzform. Gegenüber einer allgemeinen Informationspflicht bei Finanzdienstleistungen dürfte der gewählte Weg der vertrags- bzw. absatzspezifischen Differenzierung auch vorzugswürdig sein.

ff) Allgemeine Geschäftsbedingungen

314 Informationsvorschriften – auch in Form von Einbeziehungsregeln – fehlen auch bei der *AGB-Richtlinie*. Der Gesetzgeber hat sich für diesen Sachbereich (ausnahmsweise) für eine Inhaltskontrolle entschieden. Über die *contra proferentem*-Regel (Zweifel gehen zu Lasten des Verwenders, Art. 5 S. 2 AGBRL) und das Transparenzgebot wird dort vor allem die „Informationswahrheit" geregelt (näher Rn. 619f.). Anders als die individuellen Fernabsatz-, Kaufgarantie-, Pauschalreise-, Timesharing- oder Kreditbedingungen und die Angaben über Preis und weitere Kosten stellen Allgemeine Geschäftsbedingungen in der

57 §§ 10, 10a iVm Anlage D I Nr. 1 VAG unterscheiden für die Informationspflichten nicht zwischen den Sparten der Lebens- und der Schadensversicherung.

58 Eingehend *Grundmann/Kerber* in: Party Autonomy, S. 264–310; *Matusche-Beckmann* ERPL 1996, 201, 215.

59 *Matusche-Beckmann* ERPL 1996, 201, 214.

Regel auch keine Wettbewerbsparameter dar, weil sie schwer zu durchschauen und zu vergleichen und außerdem regelmäßig nicht verhandelbar sind. Im Hinblick auf die von den Informationspflichten verfolgten Zwecke (oben Rn. 280–298), insbesondere den Zweck der informierten Marktentscheidung, liegt daher ein Regelungsdefizit nicht vor.

d) Verbraucherschutz und Jedermannsschutz

Die Zwecke der Informationspflichten erlauben keine strikte Trennung von Verbraucherschutz und Jedermannsschutz. Dienen auch einige der vorvertraglichen Informationspflichten ausschließlich dem Schutz von Verbrauchern (Fernabsatz, Kaufvertrag, Timesharing, Verbraucherkredit), so ist der Schutzbereich anderer zu Recht weiter gezogen (Pauschalreise, grenzüberschreitende Überweisung, Wertpapiergeschäfte). Die Erstreckung des Schutzes auch auf professionell Handelnde ist in den genannten Fällen angebracht, denn für diese Regelungsbereiche stehen dem Gewerbetreibenden im Regelfall nicht eine eigene Infrastruktur oder besondere Mittler zur Verfügung, die die gegebene Informationsdefizite ausgleichen würden. Für Wertpapierdienstleistungen enthält die Informationsvorschrift selbst schon ein dynamisches Element, wonach die Information mit Rücksicht auf die „Professionalität" des Kunden erfolgen muß; das erscheint sachgerecht.[60] 315

Zweifeln könnte man, ob die Schutzbereiche der speziellen Irreführungsverbote (KGRL, VebrKrRL; oben, Rn. 290f.) als Verbraucherschutzrecht sachgerecht abgegrenzt sind. Indes geht es hier nicht um das Irreführungsverbot an sich, das schon durch die Werbungsrichtlinie als allgemeiner und nicht nur verbraucherschützender Grundsatz feststeht, sondern nur darum, dieses Verbot mit Rücksicht auf bestimmte Regelungssituationen zu konkretisieren (Verbraucherkredit) oder um vertragsrechtliche Rechtsfolgen zu ergänzen (Kaufvertrag). 316

II. Weitere vorvertragliche Pflichten

1. Pflicht zu lauterem Geschäftsverhalten

Vereinzelt ist die Pflicht zu lauterem Geschäftsverhalten in vertragsrechtlichen Richtlinien näher konkretisiert, indessen ohne daß sich daraus eine allgemeine Pflicht zu lauterem Verhalten gegenüber potentiellen Vertragspartnern ergäbe. Einer solchen Vertragspflicht steht zwar nicht schon entgegen, daß das Wettbewerbsrecht primär auf den Schutz der Konkurrenten gerichtet ist, denn das Wettbewerbsrecht kann, wie die Beispiele des Art. 6 Abs.1 KGRL[61] und des § 13a UWG zeigen, durchaus auch dem Schutz des einzelnen Vertragspartners dienen. Und gerade im Europäischen Privatrecht finden sich verschiedentlich Normen, die auf einer Schnittstelle zwischen Vertragsrecht und Lauterkeitsrecht liegen.[62] Indessen bleiben vorvertragliche Lauterkeitspflichten im Europäischen Privatrecht vereinzelt. 317

Die Pflicht zu lauterem Verhalten kann man den Informationsvorschriften zum Schutz vor Irreführung entnehmen (oben Rn. 290f.). Sie kommt auch in den Verpflichtung des 318

60 Die Kommission erwägt jetzt freilich, die unterschiedlichen Pflichten gegenüber Kleinanlegern und professionellen Anlegern näher zu bestimmen; dazu *Hammes* ZBB 2001, 498, 502f.

61 Zum Verhältnis dieser Vorschrift zum Wettbewerbsrecht oben, Rn. 290f.

62 Z.B. Art. 4 Abs. 2 FARL; Art. 3 Abs. 2 FFRL.

Art. 4 Abs. 2 und 3 Fernabsatzrichtlinie zum Ausdruck, wonach bei vorvertraglichen Informationen die Grundsätze der Lauterkeit bei Handelsgeschäften zu beachten sind und zu Beginn eines Telefongesprächs mit dem Verbraucher der kommerzielle Zweck der Gesprächs ausdrücklich offenzulegen ist.

2. Die Pflicht zu treugemäßem Verhalten

a) Erörterung der Regelungen

319 Die Pflicht zu treugemäßem Verhalten sieht das Europäische Vertragsrecht *unmittelbar* nur für Wertpapierdienstleistungen vor. Nach Art. 19, 21 FinMRL hat die Wertpapierfirma im „bestmöglichen" Interesse ihres Kunden zu handeln. Nach Art. 19 Abs. 1 FinMRL, muß sie sich „redlich, ehrlich und professionell" verhalten. Vorgelagert ist Pflicht, die Erfahrungen, Möglichkeiten und Ziele des Kunden zu erkunden, Art. 19 Abs. 4, 5 FinMRL. Da diese Pflichten der Wertpapierhandelsfirmen – je nach Ausgestaltung im nationalen Recht – bereits vor Abschluß eines Vertrags einsetzen können, bestimmen sie auch schon das Stadium der Vertragsverhandlungen (Rn. 296–298). Ganz entgegen einem „robust liberalen" Vertragsmodell ist die Wertpapierfirma hier verpflichtet, die Interessen des Kunden sogar zu ermitteln und im übrigen zu wahren. Sind die so begründeten Pflichten auch z.T. aus den Besonderheiten des Vertrags (dem „Treuhandcharakter") zu erklären, so zeigen sich darin doch auch Ausprägungen des Grundsatzes von Treu und Glauben.

320 Eine Treuepflicht könnte man auch in den ausführlichen Regelungen der Handelsvertreterrichtlinie erwarten, da diese bekanntlich das Konzept von Treu und Glauben bereits frühzeitig (1986) in das Europäische Vertragsrecht eingeführt hat und der Handelsvertretervertrag nach deutschem Verständnis eine besondere Treuebeziehung begründet, die auch das vorvertragliche Verhältnis erfaßt. Die speziellen Ausprägungen der Treuepflicht, die Art. 3 Abs. 2 HVertrRL für den Handelsvertreter normiert, betreffen indes ausschließlich das Vertragsverhältnis, vorvertragliche Treuepflichten sind dort nicht vorgesehen. Von den speziell genannten Treuepflichten des Unternehmers nach Art. 4 Abs. 2 und 3 HVertrRL könnte allein jene des Abs. 2 lit. b) für das Verhandlungsverhältnis Bedeutung haben, in der es um die Information über den erwartungswidrig geringeren Geschäftsumfang geht. Darüber hinaus könnte eine Pflicht des Unternehmers, den Handelsvertreter vor Vertragsschluß (wahrheitsgemäß) über den zu erwartenden Geschäftsumfang zu informieren, und eine Pflicht des Handelsvertreters, vorvertraglich erlangte Informationen vertraulich zu behandeln, als Ausprägung von Treu und Glauben einige praktische Bedeutung haben. Da Art. 4 Abs. 2 lit. b) einen Vergleich der Entwicklung mit den vertraglich begründeten Erwartungen voraussetzt, erfaßt die Vorschrift indes das Verhandlungsverhältnis gerade nicht. Die Handelsvertreterrichtlinie behandelt die vorvertraglichen Bindungen der Vertragsparteien daher nicht.

321 Eine weitgehende Treuebindung ergibt sich – mittelbar und nur in Form einer Obliegenheit – auch schon für das Stadium der Vertragsverhandlungen bei der Verwendung nicht im einzelnen ausgehandelter Vertragsklauseln durch Gewerbetreibende gegenüber Verbrauchern. Solche Klauseln sind mißbräuchlich und daher unwirksam, wenn sie den Verbraucher entgegen den Geboten von Treu und Glauben benachteiligen (Art. 3 Abs. 1 AGBRL). Für die Beurteilung der Mißbräuchlichkeit können auch die den Vertragsschluß begleitenden Umstände von Bedeutung sein (Art. 4 Abs. 1 AGBRL). Gerade für dieses Stadium ist die Konkretisierung des Grundsatzes von Treu und Glauben von Bedeutung, die der 16. Begründungserwägung zu entnehmen ist. Danach kann der Gewerbetreibende

dem Gebot von Treu und Glauben dadurch Genüge tun, daß er den berechtigten Interessen des Verbrauchers Rechnung trägt und sich loyal und billig verhält. In dieser Vorschrift ist ein weit verstandener Grundsatz von Treu und Glauben angelegt, wie er auch dem deutschen Vertragsrecht bekannt ist. Eine vorvertragliche Verhaltenspflicht normiert die AGBRL indes nicht. Soweit sie auf das treugemäße Verhalten bei Vertragsschluß abstellt, liegt darin nur *ein Kriterium* zur Beurteilung der Mißbräuchlichkeit. Bei der ansonsten objektiv gefaßten Mißbräuchlichkeitsbeurteilung ist freilich unklar, inwieweit Umstände bei Vertragsschluß überhaupt berücksichtigt werden können (s. Rn. 614–618, 662).

b) Grundgedanken

Die *European Principles* enthalten den Grundsatz von Treu und Glauben als ein allgemeines Prinzip (Art. 1:201), das zudem in verschiedenen Einzelvorschriften besonders ausgeformt ist (näher Rn. 571f.). Dieses Prinzip beherrscht auch schon das Stadium der Vertragsverhandlungen (Art. 2:301f.).[63] Dem Europäischen Vertragsrecht läßt sich eine allgemeine Pflicht zu redlichem Verhalten in den Vertragsverhandlungen hingegen nicht entnehmen. Der Grund dafür ist nicht nur in der schrittweisen Angleichung zu sehen, sondern auch darin, daß der Grundsatz von Treu und Glauben in den nationalen Rechtsordnungen unterschiedlich stark ausgeprägt ist.[64] Besonders im englischen Recht ist er nicht allgemein anerkannt.[65] Das Europäische Vertragsrecht verweist insoweit auf die nationalen Rechte und gibt keine positiven Standards vor. **322**

III. Zusammenfassung

Ein ausgefeiltes Recht der vorvertraglichen Rechtsbeziehungen, wie es v.a. in Deutschland im Anschluß an die Lehre *Jherings*[66] ausgebildet wurde, kennt das Europäische Vertragsrecht nicht. Regiert dort auch kein strenger Grundsatz Eigenverantwortung – insbesondere für die erforderlichen Informationen – so sind die Rechte und Pflichten doch eng begrenzt. **323**

Die durch die Lauterkeitspflichten des Wettbewerbsrechts und die vorvertraglichen Informationspflichten hergestellte Informationsordnung ist weitgehend auf den Markt bezogen. Danach trifft den einzelnen, auch den Verbraucher, die Obliegenheit, die für seine Vertragsentscheidung entscheidenden Informationen nach eigenen Präferenzen selbst zu bestimmen – vgl. v.a. die nur bedingte Informationspflicht des Art. 3 VerbrKrRL – und auch einzuholen. Für die von den Anbietern freiwillig gegebene Information ist in erster Linie nur sicherzustellen, daß sie wahr und nicht irreführend ist, wobei auch die „Irreführung“ mit Rücksicht auf ein hohes Maß an Selbstverantwortung bestimmt wird. Nur soweit der Markt nicht selbst für Transparenz sorgt, kann unter erleichterten Voraussetzungen eine Irreführung angenommen werden, weil der Werbungsadressat sich nicht selbst informieren konnte. Gerade zum Ausgleich von Marktintransparenz sieht das Euro- **324**

---

63 Vgl. *Lando/Beale* European Principles, Art. 1:201 Comment A: „Good faith and fair dealing are required in the formation, performance and enforcement of the parties' duties under a contract…“.

64 Rechtsvergleichend *Zimmermann/Whittaker* (Hrsg.) Good Faith in European Contract Law (2000).

65 Siehe nur *Atiyah* Law of Contract, ch. 11, 6 (S. 212–213); *Beatson* ZEuP 1998, 964; *Weatherill* ERPL 1995, 307, 322–327.

66 *v. Jhering* JherJb 4 (1861), 1–112.

päische Vertragsrecht im übrigen vorvertragliche Informationspflichten vor. Nur einzelne Informationspflichten dienen dem Schutz des Warenkäufers/Dienstleistungsempfängers vor besonderen Gefahren (Zweckerreichung, gefährliche Verpflichtung).

325 Darüber hinaus gibt es keine allgemeine vorvertragliche Treuepflicht. Nur in einem Einzelfall (FinMRL) besteht eine generalklauselförmige Pflicht, den Kunden „redlich und ehrlich" zu behandeln. Selbst für die Rechtsbeziehungen der Parteien des Handelsvertretervertrags, die zum einen von weitreichenden Treuepflichten geprägt sind und die der Europäische Gesetzgeber zum anderen intensiv geregelt hat, fehlt eine Pflicht zu vorvertraglicher Treue.

Abschnitt 3
Vertragsschluß und Vertragsbindung

326 Grundlage für die Vertragsbindung ist für eine auf dem Grundsatz der Selbstbestimmung aufbauende Rechtsordnung die Einigung der Vertragspartner, die im Regelfall auch formlos erfolgen kann (§ 13). Die Vertragsbindung steht indes nach Europäischem Vertragsrecht in bestimmten Fällen unter dem Vorbehalt eines rechtzeitigen Widerrufs eines Teils (§ 14). Vorschriften über eine von Irrtum, Täuschung und Drohung freie Vertragsentscheidung enthält das Europäische Vertragsrecht hingegen nicht (§ 15). Die Freiheit der Partnerwahl wird jetzt auch im „allgemeinen“ Vertragsrecht durch Diskriminierungsverbote eingeschränkt (§ 16).

§ 13
Einigung und Form

I. Einigung und Selbstbestimmung

Literatur:

Köhler, Helmut, Das Verfahren des Vertragsschlusses, in: Jürgen Basedow (Hrsg.), Europäische Vertragsrechtsvereinheitlichung und deutsches Recht, Tübingen 2000, S. 33–65

Leenen, Detlef, Abschluß, Zustandekommen und Wirksamkeit des Vertrages – zugleich ein Beitrag zur Lehre vom Dissens –, AcP 188 (1988), 381–418

Luig, Eva, Der internationale Vertragsschluß – Ein Vergleich von UN-Kaufrecht, UNIDROIT-Principles und Principles of European Contract Law, Frankfurt a.M. 2003

Pfeiffer, Thomas, Der Vertragsschluß im Gemeinschaftsrecht, in: Reiner Schulze/Martin Ebers/Hans Christoph Grigoleit (Hrsg.), Informationspflichten und Vertragsschluß im Acquis communautaire, Tübingen 2003, S. 104–115

Schmidlin, Bruno, Die beiden Vertragsmodelle des europäischen Zivilrechts: das naturrechtliche Modell der Versprechensübertragung und das pandektistische Modell der vereinigten Willenserklärungen, in: Reinhard Zimmermann (Hrsg.), Rechtsgeschichte und Privatrechtsdogmatik, Heidelberg 1999, S. 187–206

Stathopoulos, Michael, Probleme der Vertragsbindung und der Vertragslösung in rechtsvergleichender Betrachtung, AcP 194 (1994), 543–571

Schulze, Reiner, Grundsätze des Vertragsschlusses im Acquis communautaire, GPR 2005, 56–64

Schulze, Reiner/Ebers, Martin/Grigoleit, Hans Christoph (Hrsg.), Informationspflichten und Vertragsschluß im Aquis Communautaire, Tübingen 2003

1. Bindung durch Einigung

327 Das Europäische Vertragsrecht behandelt den Vertragsschluß als solchen nicht. Nicht weiterführend ist insbesondere die vereinzelte Vertragsdefinition in der Pauschalreiserichtlinie.[1] Aus verschiedenen Einzelregelungen ergibt sich aber, daß das Europäische Vertrags-

1 Nach Art. 2 Ziff. 5 PRRL ist Vertrag „die Vereinbarung, die den Verbraucher an den Veranstalter und/oder Vermittler bindet“. Zu einer autonom-gemeinschaftsrechtlichen Definition des Vertrags iSd AGBRL *Whittaker* LQR 116 (2000), 95–120.

recht die Einigung der Parteien als den maßgeblichen Grund für die Bindung ansieht.[2] So können sich die Kaufvertragsparteien – wenn das nationale Recht dies vorsieht – beim Verkauf gebrauchter Waren auf eine kürzere Haftungsdauer „einigen" (*agree, convenir,* Art. 7 Abs. 1 UAbs. 2 KGRL). Vom Einigungsgrundsatz geht auch die Bestimmung der Fernabsatzrichtlinie aus, nach der Schweigen auf die Lieferung unbestellter Waren oder die Erbringung unbestellter Dienstleistungen keine Zustimmung darstellt, Art. 9 Sps. 2 FARL, Art. 9 Abs. 2 FFRL. Der (Fernabsatz-)Vertrag bedarf demnach der Zustimmung beider Teile. Und Schweigen stellt jedenfalls in der beschriebenen Situation keine Zustimmung dar.[3]

328 Der Fernabsatz-Lieferer hat nur dann eine – vom nationalen Recht zugelassene – Ersetzungsbefugnis,[4] wenn sich die Parteien darauf geeinigt haben, Art. 7 Abs. 3 FARL. Diese Einigung nimmt die Richtlinie zum einen dann an, wenn die Ersetzungsbefugnis „in dem Vertrag vorgesehen wurde", zum anderen, wenn „diese Möglichkeit vor Vertragsschluß vorgesehen wurde". Auch das „Vorsehen vor Vertragsschluß" darf man dabei nicht als bloß gelegentlichen Hinweis des Lieferers verstehen, schon gar nicht wenn der Verbraucher dem widersprochen hat. Auch hier muß es sich zumindest um Lieferbedingungen handeln, auf die sich der Verbraucher eingelassen hat.[5] Das Einverständnis des Verbrauchers sucht die Fernabsatzrichtlinie durch die Pflicht des Unternehmers abzusichern, den Verbraucher besonders auf die Ersetzungsbefugnis hinzuweisen, Art. 7 Abs. 3 S. 2 FARL. Der Regelung liegt die – rechtstatsächlich wohl zutreffende – Annahme zugrunde, daß sich der Verbraucher dem Einbeziehungswunsch des Lieferers nicht widersetzen kann, außer durch Abstandnahme von diesem Vertrag. Daher soll der Verbraucher zumindest die Möglichkeit haben, von der Ersetzungsbefugnis vor Vertragsschluß Kenntnis zu nehmen.[6]

329 Eine Ausnahme vom Einigungsgrundsatz stellt schließlich auch die Regelung des Art. 5 Abs. 1 TSRL nicht dar, nach dessen Sps. 2 und 3 sich die Widerrufsfrist verlängert, wenn der der Schriftform unterliegende Vertrag bestimmte Angaben nicht enthält. Denn das bedeutet nicht, daß die fraglichen Bedingungen auch ohne Einigung Vertragsbestandteil

---

2 Zum Einigungsgrundsatz rechtsvergleichend *Kötz* Europäisches Vertragsrecht, § 2 A (S. 23–26); *Zimmermann* Law of Obligations, S. 559–576; Art. 2:101 Abs. 1 lit. b) PECL; Art. 2.1 PICC mit Anm. 2 und Illustrationsbeispiel (Vertragsdurchführung).

3 Dieser Grundsatz ist in allen europäischen Rechtsordnungen anerkannt; *Kötz* Europäisches Vertragsrecht, § 2 A II 2 (S. 41–45); er wird auch von den Einheitsregeln übernommen: Art. 2:204 Abs. 2, 2:207 Abs. 2 PECL sowie *Lando/Beale* European Principles, Art. 2:204, Note 1 (S. 170); Art. 2.6 Abs. 1 S. 2 PICC. Für das deutsche Recht *Larenz/Wolf* Allgemeiner Teil, § 28 Rn. 47–59.

4 Als Ersetzungsbefugnis bezeichnet man Recht des Schuldners, sich durch eine andere als die vereinbarte Leistung von der Schuld zu befreien. Um eine Befugnis handelt es sich in dem Sinne, daß der Schuldner die Ersetzung vornehmen kann, dazu aber gegenüber dem Gläubiger nicht verpflichtet ist; der Gläubiger hat keinen Anspruch auf Leistung der „anderen Leistung". Zum Ganzen *Larenz* Schuldrecht I, § 11 IIIa (S. 160f.).

5 Der Vorschlag des Vermittlungsausschlusses, die Ersetzungsbefugnis solle nicht durch AGB vereinbart werden können, hat sich nicht durchgesetzt; Grabitz/Hilf II-*Micklitz* A 3 (FARL) Rn. 112.

6 Ebenso Grabitz/Hilf II-*Micklitz* A 3 (FARL) Rn. 112. Ebenso wie bei der Kontrolle vorformulierter Vertragsklauseln liegt auch hier der Rechtsschutz nicht auf der Einbeziehungs-, sondern der Inhaltskontrolle: Für den Fall der Ausübung einer solchen Ersetzungsbefugnis sieht Art. 7 Abs. 3 S. 3 FARL vor, daß der Verbraucher die Kosten der Rücksendung nach Widerruf nicht zu tragen verpflichtet ist.

würden, sondern nur, daß sie auch bei Verletzung der Schriftform (aber unter der Voraussetzung der Einigung) Vertragsbestandteil sein können, es handelt sich also um eine Rechtsfolgenregelung für das Schriftformgebot.

Nur ausnahmsweise sah der (Erste) Vorschlag für eine Richtlinie über den Fernabsatz von Finanzdienstleistungen (V1-FFRL) bei Geschäften über Finanzdienstleistungen mit schwankendem Preis vor, daß der Verbraucher, der sich nach einer Bedenkzeit für den Vertrag entscheidet, den konkreten Vertragspreis noch „ausdrücklich billigen" muß.[7] Ohne diese Billigung sollte der Vertrag insbesondere nicht zum Tageskurs zustande kommen, da der für die Belastung des Verbrauchers entscheidende Preis so erheblich schwanken kann, daß eine Zustimmung zum Tagespreis nicht schon zu vermuten war. Eine Tagespreisklausel war danach unzulässig.[8] In der verabschiedeten Fassung ist der Gesetzgeber davon wieder abgegangen; die Richtlinie sieht jetzt nur Informationspflichten vor, Art. 3 Abs. 1 Nr. 2 b und c FFRL. Ganz allgemein bleibt es daher bei dem Grundsatz, daß die Einigung im Europäischen Recht so wenig wie im deutschen als Aushandeln – oder auch nur Billigung – jeder Einzelbedingung oder dahin zu verstehen ist, daß beide Vertragspartner auf den Vertragsinhalt Einfluß haben müßten. Im Gegenteil geht die AGB-Richtlinie davon aus, daß nicht im einzelnen ausgehandelte Bedingungen, auf die der Verbraucher keinen Einfluß nehmen konnte, Vertragsbestandteil werden können (dann aber freilich der Inhaltskontrolle unterliegen).[9] 330

Ganz durchgehend sucht das Europäische Vertragsrecht aber sicherzustellen, daß der andere Teil die Vertragsbedingungen jedenfalls *zur Kenntnis nehmen* und so ungeachtet mangelnder Einflußmöglichkeit jedenfalls bewußt „hinnehmen" kann (Art. 4 Abs. 1 FARL, Art. 3 ÜwRL, Art. 3, 5 FFRL). Die grundsätzliche Bedeutung der Kenntnisnahmemöglichkeit im Europäischen Vertragsrecht unterstreicht Anh. 1 lit. i AGBRL, wonach nicht-ausgehandelte Klauseln mißbilligt werden können, die „darauf abzielen oder zur Folge haben, daß die Zustimmung des Verbrauchers zu Klauseln unwiderlegbar festgestellt wird, von denen er vor Vertragsabschluß nicht tatsächlich Kenntnis nehmen konnte". Die Möglichkeit zur inhaltlichen Kenntnisnahme wird dabei durch das Transparenzgebot sichergestellt, das allgemein für nicht-ausgehandelte Bedingungen besteht (Art. 4 Abs. 2, 5 Abs. 1 AGBRL, Rn. 619f.) und teilweise auch in speziellen Vorschriften vorgesehen ist (Art. 4 Abs. 2 FARL). Für den elektronischen Geschäftsverkehr müssen die Vertragsbestimmungen und die Allgemeinen Geschäftsbedingungen dem Nutzer zudem so zur Verfügung gestellt werden, daß er sie speichern und reproduzieren kann.[10] Entscheidet sich der Verwendungsgegner dann – mit oder ohne aktuelle Kenntnis von dessen Inhalt – für den Vertrag, so genügt das dem Einigungserfordernis. Die Regelungen beruhen auf einem durchaus formal verstandenen Prinzip der Selbstbestimmung und machen einmal mehr die fundamentale Bedeutung deutlich, die dem Prinzip der Selbstverantwortung (auch) im Europäischen Vertragsrecht zukommt. Formal ist die Selbstbestimmung hier deswegen, weil es auf die aktuelle Zustimmung des Verbrauchers nicht ankommt. Das Europäische Vertragsrecht sucht nur, ihm die materiale Selbstbestimmung (inhaltliche Zustimmung) zu ermöglichen, ob er davon Gebrauch macht, ist seine Sache. 331

7 Art. 3 Abs. 3 V1-FFRL. Dazu *Riesenhuber* WM 1999, 1441, 1448.

8 Tagespreisklauseln verbietet die AGBRL nicht allgemein, sie enthält nur in Anh. lit. l eine Regelung über ein Preisfestsetzungs- oder -erhöhungsrecht des Verwenders.

9 Art. 3 Abs. 2 UAbs. 1 AGBRL. Näher unten, § 22.

10 Art. 10 Abs. 3 EComRL; s.a. sogleich, Rn. 333.

2. Besondere Voraussetzungen über die Einbeziehung von Vereinbarungen bei Vorformulierung oder bestimmten Formen des Vertragsschlusses?

332 Das deutsche Recht sieht für allgemeine Geschäftsbedingungen eine sogenannte Einbeziehungskontrolle vor, bei der es in der Sache um spezielle Vorschriften über den Vertragsschluß geht. AGB werden nur Bestandteil, wenn (1) der Verwender auf sie hingewiesen hat und (2) der andere Teil die zumutbare Möglichkeit hat, sie zur Kenntnis zu nehmen und (3) mit ihrer Geltung einverstanden ist. Die AGB-Richtlinie regelt die Einbeziehung von nicht-ausgehandelten Klauseln nicht ähnlich umfassend, sie enthält nur einzelne Vorschriften, die einen Bezug zum Vertragsabschluß haben; darauf kommen wir im Zusammenhang mit der Inhaltskontrolle zurück, die das zentrale Anliegen der Regelung ist (Rn. 614–618). An dieser Stelle ist nur auf eine Regelung über die vorvertraglichen Informationspflichten einzugehen.

333 Für den elektronischen Geschäftsverkehr enthält Art. 10 Abs. 3 EComRL eine Sonderregelung, die einen Bezug zur Einbeziehung haben kann. „Die Vertragsbestimmungen und die allgemeinen Geschäftsbedingungen müssen dem Nutzer so zur Verfügung gestellt werden, daß er sie speichern und reproduzieren kann.“ Die Richtlinie schreibt die Sanktionen für die Pflichtverletzung nicht vor, so daß sich diese nur aus den Vorgaben der Pflicht zur effektiven Umsetzung ergeben.[11] Gerade im Bereich des elektronischen Handels hat die dezentrale Organisation des Vertragsrechts zur Folge, daß eine effektive Sanktion für Verstöße gegen diese Pflicht nur erreicht werden kann, wenn sich jedenfalls auch der betroffene einzelne auf den Pflichtverstoß berufen kann. Indes bedeutet das nicht, daß die Verletzung dieser Informationspflicht zur Folge haben müßte, daß die betreffenden Bedingungen nicht Vertragsbestandteil werden. Der Umsetzungspflicht dürfte es auch genügen, wenn das nationale Recht an die Pflichtverletzung Beweisnachteile für den Dienstanbieter knüpft. Besondere Voraussetzungen für die Einbeziehung von AGB oder „Vertragsbestimmungen“ formuliert die Richtlinie nicht.

3. Äußere Form der Einigung: Angebot und Annahme

334 Über das Zustandekommen der Einigung durch Angebot und Annahme, das in den nationalen Rechtsordnungen zumeist und auch in den *European Principles* im Vordergrund steht,[12] verhält sich das europäische Recht nicht.[13] Allein den bereits zitierten Vorschriften von Art. 9 Sps. 2 FARL, Art. 9 Sps. 2 FFRL ist eine gewisse Anlehnung an dieses Modell zu entnehmen, insoweit dort das Schweigen als Zustimmung (FFRL: „Einwilligung“) zu dem durch unbestellte Leistungserbringung angebotenen Vertrag in Betracht gezogen wird. Auch dort ist indessen nur von der „Zustimmung“ (also: Konsens) die Rede, der technische Begriff der „Annahme“ wird vermieden. Die Anknüpfung an die inhaltlich entscheidende Einigung, losgelöst von der Form, macht die Regelung unabhängig von der Dogmatik des jeweiligen nationalen Rechts. Es kam dem Gesetzgeber darauf an, die Einigung schlechthin zu verneinen, egal ob das Schweigen auf die unbestellte Leistungserbringung hin nach nationalem Recht Angebot oder Annahme oder sonstige Zustimmung darstellt.

---

11 Zum Grundsatz der effektiven Umsetzung bereits oben, § 8.

12 Dazu *Kötz* Europäisches Vertragsrecht, § 2 A (S. 23ff.); Art. 2:201–2:211 PECL, Art. 2.1–2.11 PICC.

13 Tendenziell anders *Schulze* GPR 2005, 56, 59.

Entgegen einer teilweise vertretenen Auffassung enthält auch die Richtlinie über den elektronischen Geschäftsverkehr keine Vorschriften über den Vertragsschluß durch Angebot und Annahme.[14] Die Richtlinie schreibt lediglich vor, daß der Dienstanbieter eine „Bestellung" zu bestätigen hat und daß Bestellung und Empfangsbestätigung als „eingegangen" gelten, wenn sie für den jeweiligen Empfänger abrufbar sind.[15] Daß aber Bestellung und Bestätigung Angebot und Annahme seien, schreibt die Richtlinie nicht vor.[16] 335

4. Bestimmtheit

Über die für die Verbindlichkeit von Vertragserklärungen erforderliche Bestimmtheit[17] trifft das Europäische Vertragsrecht keine Aussage; das bleibt den mitgliedstaatlichen Rechtsordnungen überlassen. Bei Massengeschäften – Pauschalreise, Verbraucherkredit, Verbraucherkauf – stellt die Bestimmtheit regelmäßig kein Problem dar, da solche Verträge üblicherweise vorformuliert und schriftlich geschlossen werden. Nur für den *Handelsvertretervertrag* ergänzt Art. 6 Abs.1 HVertrRL die unbestimmte Vergütungsvereinbarung dahin, daß die ortsübliche oder, mangels solcher, eine angemessene Vergütung geschuldet sei. In der Annahme, daß Handelsvertreterdienste nur entgeltlich erbracht werden, und unter der Voraussetzung einer Einigung der Parteien im übrigen füllt die Vorschrift die Lücke einer unbestimmten Vergütungsabrede. 336

II. Einigung und Form

Literatur:

Bydlinski, Peter, Formgebote für Rechtsgeschäfte und die Folgen ihrer Verletzung in: Reiner Schulze/Martin, Ebers/Hans-Christoph Grigoleit (Hrsg.), Informationspflichten und Vertragsschluß im Acquis communautaire, Tübingen 2003, S. 141–154

Häsemeyer, Ludwig, Die Bedeutung der Form im Privatrecht, JuS 1980, 1–9

Heiss, Helmut, Formvorschriften als Instrument europäischen Verbraucherschutzes, in: Anton K. Schnyder/Helmut Heiss/Bernhard Rudisch (Hrsg.), Internationales Verbraucherschutzrecht, Erfahrungen und Entwicklungen in Deutschland, Liechtenstein, Österreich und der Schweiz – Referate und Diskussionsberichte des Kolloquiums zu Ehren von Fritz Reichert-Facilides, Tübingen 1995, S. 87–103 (zitiert: Heiss in: Internationales Verbraucherschutzrecht)

Lorenz, Stephan, Der Schutz vor dem unerwünschten Vertrag, München 1997

Mankowski, Peter, Formvorschriften und Europäisches Privatrecht in: Hans Schulte-Nölke/Reiner Schulze (Hrsg.) Europäisches Vertragsrecht im Gemeinschaftsrecht, Köln 2002, S. 181–211

Schwintowski, Hans-Peter, Vertragsschluss für Waren und Dienstleistungen im europäischen Verbraucherrecht: Form- und Inhaltsbindungen kontra Privatautonomie, EWS 2001, 201–208

Der Einigungsgrundsatz bedeutet nicht nur einen Gegensatz zur Fremdbestimmung der Vertragsbedingungen, sondern auch einen Gegensatz zum Formzwang, also Formfreiheit. Das Europäische Privatrecht kennt eine Vielzahl von „Förmlichkeitsvorschriften", also Vorschriften, die eine rechtlich relevante Handlung einer Förmlichkeit unterwerfen. Insbesondere ist nicht selten vorgesehen, daß Informationen oder Belehrungen schriftlich zu 337

14 A.M. wohl *Bender/Sommer* RIW 2000, 260, 263; *Lehmann* EuZW 2000, 517, 519.

15 Art. 11 Abs. 1 EComRL.

16 Ebenso *Lehmann* EuZW 2000, 517, 519.

17 Übersicht bei *Kötz* Europäisches Vertragsrecht, § 3 (S. 62–76); zu den PECL *Zimmermann* JURA 2005, 289, 296f.

erfolgen haben oder vereinbarte Vertragsbedingungen nach Vertragsschluß schriftlich nachgewiesen werden müssen (dazu Rn. 505–522). Formvorschriften, also Vorschriften, die das Zustandekommen eines Rechtsgeschäfts an die Wahrung einer Form knüpfen, sind demgegenüber im Vertragsrecht[18] nur vereinzelt vorgesehen.

1. Erörterung der Regelungen

338 Das Europäische Vertragsrecht schreibt die Schriftform für den Verbraucherkredit und den Timesharingvertrag sowie für Gerichtsstandsvereinbarungen vor. Handelsvertreterverträge sind grundsätzlich formfrei, lediglich die Vereinbarung eines nachvertraglichen Wettbewerbsverbots unterliegt neben anderen Voraussetzungen der Schriftform. Die Handelsvertreterrichtlinie läßt aber zu, daß die Mitgliedstaaten den Vertrag einer Schriftform unterwerfen.

a) Vorschrift der Schriftform[19]

aa) Anwendungsfälle

339 „Der Schutz des Verbrauchers wird ... erhöht, wenn Kreditverträge schriftlich abgefaßt werden und bestimmte Mindestangaben über die Vertragsbedingungen enthalten". Aus diesem recht unbestimmten Grund schreibt Art. 4 VerbrKrRL für *Verbraucherkreditverträge* die Schriftform vor („bedürfen der Schriftform"; *shall be made in writing*; *sont établis par écrit*). Die Schriftform dient zum einen dazu, dem Verbraucher bei einem für ihn wirtschaftlich bedeutenden Vertrag vor Augen zu führen, daß und zu welchen Konditionen er sich rechtlich bindet. Daher muß die Vertragsurkunde vor allem die Kosteninformationen und Rückzahlungsbedingungen enthalten, Art. 4 Abs. 2 VerbrKrRL. Andere wesentliche Vereinbarungen, die Anhang I beispielhaft aufzählt, „sollen" ebenfalls schriftlich festgehalten werden.

340 Ebenso „bedarf" der *Timesharingvertrag* „der Schriftform" (Art. 4 Sps. 1 TSRL). Auch hier soll die Form dem Verbraucher die Ernsthaftigkeit und Tragweite seines Vertragsversprechens vor Augen führen; sie bietet einen Übereilungsschutz, der durch die Einräumung eines Widerrufsrechts (Rn. 366–368) noch ergänzt wird. Zu diesem Zweck schreibt auch hier die Richtlinie einen Mindestinhalt des Vertrags vor.

341 Die Handelsvertreterrichtlinie schreibt für den *Handelsvertretervertrag* die Schriftform nicht vor, schriftlich muß nur die Wettbewerbsbeschränkung vereinbart werden (Art. 20 Abs. 2 lit. a). Auch hier dient das Formerfordernis der Warnung vor einer einschneidenden Verpflichtung, die die Berufsausübung des Handelsvertreters wesentlich einschränkt.

342 Der Schriftform bedarf grundsätzlich auch die *Gerichtsstandsvereinbarung* (Prorogation) mit Auslandsbezug, Art. 23 EuGVO (früher Art. 17 EuGVÜ). Neben der Schriftform kommt indes auch die schriftliche Bestätigung einer mündlichen Vereinbarung in Betracht,[20] ebenso wie die Vereinbarung in einer zwischen den Parteien[21] oder im interna-

18 Die arbeitsrechtlichen Nachweispflichten – die freilich die Form*freiheit* des Arbeitsvertrags *bestätigen* – erörtern wir nachfolgend, Rn. 505–522, im Zusammenhang mit vertraglichen Pflichten.

19 Ergänzend zu den nachfolgend erörterten Formvorschriften ist auf die des Art. 8 V-FernURL (ABl. 1977 C 208/12; 1980 zurückgezogen) hinzuweisen.

20 Art. 23 Abs. 1 lit. a GVVO. Eine mündliche Vereinbarung unter Hinweis auf AGB und die spätere Bestätigung nebst Übersendung der AGB reicht nicht; EuGH v. 14.12.1976 – Rs. 25/76 *Segoura* Slg. 1976, 1851 Rn. 7f.

21 Art. 23 Abs. 1 lit. b GVVO.

tionalen Handel übliche Form.[22] Mit einer Prorogationsvereinbarung weichen die Parteien von den gesetzlichen Gerichtsständen ab, die das Übereinkommen zum Schutze der Beteiligten vorsieht. Das Formerfordernis dient daher dazu, den Geschützten vor den nachteiligen Folgen eines ungünstigen Gerichtsstands zu schützen. Diese Folgen sollen jedenfalls nur dann eintreten, wenn das Einverständnis des Geschützten unzweifelhaft vorliegt. Mit Rücksicht auf diesen Schutzzweck hat der EuGH das Schriftformerfordernis „eng" ausgelegt. Eine „Vereinbarung" iSv Art. 23 EuGVÜ setzt nach der Rechtsprechung des Gerichtshofs voraus, daß die Gerichtsstandsklausel „tatsächlich Gegenstand einer Willenseinigung zwischen den Parteien war, die klar und deutlich zum Ausdruck gekommen ist".[23] In der Sache bezweckt diese „enge Auslegung" daher in erster Linie hohe Anforderungen an die Feststellung der Einigung, nicht an die Form selbst.

Keine Form oder Förmlichkeit sieht – entgegen einer gelegentlich vertretenen Auffassung –[24] Art. 4 Abs.1 *Fernabsatzrichtlinie* vor, wonach „der Verbraucher ... rechtzeitig vor Abschluß eines Vertrags im Fernabsatz über [näher bestimmte] Informationen verfügen [muß]". Dem Verbraucher wäre kaum damit gedient, wollte man die Vertragsbindung mangels Information verneinen und damit einen Erfüllungsanspruch verhindern bzw. die außervertragliche Abwicklung erforderlich machen. Ein strenges Formgebot, daß den Austausch von schriftlich fixierten Erklärungen noch vor Vertragsschluß verlangte, würde die für beide Seiten vorteilhaften Aspekte der Absatzform konterkarieren.[25] Auch für den Fall, daß der Lieferer die – für die informierte Vertragsentscheidung nicht weniger wichtige – schriftliche Bestätigung über das Widerrufsrecht nicht erteilt, sieht die Richtlinie nicht die Unwirksamkeit des Vertrags, sondern nur eine Verlängerung der Widerrufsfrist vor.[26] Aus entsprechenden Erwägungen kann man auch Art. 4 Abs. 2 lit. b *Pauschalreiserichtlinie* kein Schriftformerfordernis entnehmen:[27] Auch ein mündlicher Pauschalreisevertrag ist nicht schon unwirksam. Die Vorschrift dient vielmehr, wie die 12. Begründungserwägung ausweist, dazu, den Verbraucher förmlich über die Vereinbarung zu informieren (Nachweispflicht, Rn. 505–522). Ausdrücklich keine Formvorschrift enthält für Arbeitsverträge die *Nachweisrichtlinie*.[28] In der verabschiedeten Fassung der *Kaufgewährrichtlinie* 343

22 EuGH v. 16.3.1999 – Rs. C-159/97 *Trasporti Castelletti Spedizioni Internazionali ./. Hugo Trumpy* Slg. 1999, I-1597 m. Anm. v. *Saenger* ZEuP 2000, 666–674; EuGH v. 20.2.1997 – Rs. C-106/95 *MSG ./. Les Gravières* Slg. 1998, I-911.

23 Grundlegend (zu Art. 17 EuGVÜ) EuGH v. 14.12.1976 – Rs. 24/76 *Colzani ./. Rüwa* Slg. 1976, 1831 Rn. 7; EuGH v. 14.12.1976 – Rs. 25/76 *Segoura* Slg. 1976, 1851 Rn. 6. Seither st.Rspr.: EuGH v. 24.6.1981 – Rs. 150/80 *Elefanten Schuh* Slg. 1981, 1671 Rn. 25; EuGH v. 14.7.1983 – Rs. 201/82 *Gerling* Slg. 1983, 2503 Rn. 13; EuGH v. 11.11.1986 – Rs. 318/85 *Iveco Fiat ./. van Hool* Slg. 1986, 3337 Rn. 5; EuGH v. 19.6.1984 – Rs. 71/83 *Tilly Russ* Slg. 1984, 2417 Rn. 14; EuGH v. 11.7.1985 – Rs. 221/84 *Berghofer* Slg. 1985, 2699 Rn. 13. Unverändert auch zu Art. 17 EuGVÜ idF des 1. Beitrittsübereinkommens von 1978; EuGH v. 20.2.1997 – Rs. C-106/95 *MSG ./. Les Gravières* Slg. 1998, I-911 Rn. 14–21.

24 *Reich* EuZW 1997, 581, 584.

25 *v. Vogel* Verbrauchervertragsrecht und allgemeines Vertragsrecht, S. 77, 164.

26 Art. 6 Abs. 1 UAbs. 3 FARL. Die Belehrung ist bereits nach Art. 4 Abs. 1 lit. f rechtzeitig vor Vertragsschluß zu geben und gem. Art. 5 Abs. 1 FARL rechtzeitig während der Erfüllung schriftlich zu bestätigen.

27 *Eckert* ZRP 1991, 454, 455. A.M. *Kommission* Mitteilung an den Rat und das Europäische Parlament zum Europäischen Vertragsrecht, KOM(2001) 398 endg., Anhang III, 1.3 (S. 60); Grabitz/Hilf II-*Tonner* A 12 (PRRL) Art. 4 Rn. 8–13.

28 Art. 6 Sps. 1 NwRL; unten Rn. 506.

klargestellt ist schließlich, daß die für die vertragliche Garantie vorgeschriebene Schriftlichkeit keine Formvorschrift i.S. einer Voraussetzung für die Wirksamkeit der Garantie ist.[29]

bb) Formwahrung und Sanktion der Mißachtung

344 Die Schriftform erfordert, daß die Vereinbarung schriftlich niedergelegt wird und von den Parteien unterzeichnet. Das entspricht der Regelung des BGB (§ 126) wie der Rechte der meisten anderen europäischen Staaten.[30] Vor allem aber ist das Unterschriftserfordernis auch vom Schutzzweck der Regelung (Übereilungsschutz, Warnfunktion) geboten.

345 Im deutschen Recht ist im Grundsatz unumstritten, daß der gesamte Inhalt einschließlich der Nebenabreden eines formbedürftigen Vertrags der Form bedarf.[31] Für das europäische Vertragsrecht muß man unterscheiden. Die Formvorschrift erfaßt dort zunächst „den Vertrag" und ggf. näher bezeichnete Teile der Abreden oder Informationen. Die Formverletzung hat aber teilweise unterschiedliche Folgen, je nachdem ob die Hauptabrede oder „Nebenangaben" nicht beurkundet wurden.

346 Die Sanktionen für die Formmißachtung sind für die einzelnen Formvorschriften unterschiedlich geregelt. Die Wettbewerbsbeschränkung des Handelsvertreters ist „nur gültig", wenn neben anderen Voraussetzungen die Form beachtet wurde. Die Timesharingrichtlinie und die Verbraucherkreditrichtlinie schreiben die Folgen der Formwidrigkeit nicht im einzelnen vor.[32] Nach dem Gebot der Äquivalenz muß der Formverstoß ebenso sanktioniert sein wie die Verletzung nationaler Formvorschriften, nach dem Gebot der Effektivität darf die nationale Rechtsfolgenbestimmung die Berufung auf gemeinschaftsrechtlich begründeten Rechte nicht übermäßig erschweren oder unmöglich machen (Rn. 220–225). Die nationalen Sanktionen für die Formmißachtung divergieren nicht unerheblich, sie reichen von Beweisregeln[33] über die Bestimmung mangelnder Durchsetzbarkeit *(unenforceable)*[34] bis zur Anordnung der Nichtigkeit.[35] Angesichts der Tatsache, daß der Richtliniengeber bei sparsamer Verwendung von Formvorschriften für einzelne Verträge vorschreibt, sie „bedürften der Schriftform",[36] muß man davon ausgehen, daß eine stärkere Sanktion als ein bloßer beweisrechtlicher Nachteil gemeint ist. Die Sanktion muß *sicherstellen*, daß eine formlose Vereinbarung grundsätzlich – und das heißt unab-

---

29 Art. 6 Abs. 3 KGRL. Undeutlich noch in dem Vorschlag KOM(95) 520 endg. (auch abgedruckt in ZIP 1996, 1845).

30 *Kötz* Europäisches Vertragsrecht, § 5 C (S. 124).

31 *Larenz/Wolf* Allgemeiner Teil, § 27 Rn. 17.

32 Art. 14 VerbrKrRL, Art. 10 TSRL. S.a. *Kötz* Europäisches Vertragsrecht, § 5 D III (S. 139).

33 Art. 1341 Code civil; Art. 2721 Codice civile; zum französischen Recht *Ferid/Sonnenberger* Das Französische Zivilrecht 1/1, § 2 D (Rn. 1 F 501–552). Die „Beweisform" sieht jetzt auch für Verträge mit einem Geschäftswert über 5000 Euro Art. 36 AE-EuVGB vor; dazu *Sonnenberger* RIW 2001, 409, 412.

34 Section 4 der Statute of Frauds. *Treitel* Law of Contract, S. 163f.

35 *Kötz* Europäisches Vertragsrecht, § 5 D (S. 126–139).

36 Freilich ist der Wortlaut oft wenig aufschlußreich; das zeigt beispielhaft Art. 6 Abs. 2 des Vorschlags der Kaufgewährrichtlinie vom 18.6.1996 (KOM[95] 520 endg.; auch abgedruckt in ZIP 1996, 1845ff.), der formulierte, die Garantie bedürfe der Schriftform, in der Begründung aber auswies, daß dieses „Formerfordernis" nicht Wirksamkeitsvoraussetzung sei. In Art. 6 Abs. 3 KGRL ist die verfehlte Formulierung korrigiert; s.a. oben, Rn. 343.

hängig von tatsächlichen Fragen wie etwa einem *commencement de preuve par écrit*[37] – gegen den geschützten Vertragspartner nicht gerichtlich durchgesetzt werden kann. Die ausnahmsweise Erhaltung formwidriger Verträge aus Gründen der Einzelfallgerechtigkeit[38] bleibt nach mitgliedstaatlichem Recht zulässig, da sie als Ausnahme im Einzelfall einer effektiven Umsetzung nicht widerspricht.[39]

Diese Sanktion muß allerdings nicht jeden Formverstoß erfassen. Wie Art. 5 Abs. 1 **347**
Sps. 2 Timesharingrichtlinie zeigt, geht die Richtlinie davon aus, daß ein schriftlich geschlossener Vertrag auch dann wirksam ist, wenn die im Anhang aufgelisteten Angaben darin nicht vollständig enthalten sind; dieser Fehler hat lediglich eine Verlängerung der Widerrufsfrist zur Folge. Entsprechendes ist dann anzunehmen, wenn der Verbraucherkreditvertrag entgegen Art. 4 Abs. 3 VerbrKrRL nicht alle im Anhang genannten Angaben enthält. Das deutet schon der Wortlaut an, da es sich nur um eine „Soll"-Bindung handelt. Es erscheint aber auch aus Gründen der Rechtssicherheit geboten, weil sonst der Bestand des Vertrags schon bei kleineren Fehlern gefährdet wäre. Nur bei grundsätzlicher Mißachtung des Formgebots ist die Nichtigkeitsfolge schon gemeinschaftsrechtlich vorgegeben.

Wie verhält sich dazu die geltungserhaltende Reduktion des durchgeführten Verbrau- **348**
cherkreditvertrags nach § 494 Abs. 2 und 3 BGB? Daß die Vorschrift von der Grundregel der §§ 125, 139 BGB abweicht, ist aus den Besonderheiten des Darlehensvertrags begründet und daher mit dem Äquivalenzgebot vereinbar. Daß die Vorschrift den Vertrag nicht insgesamt vernichtet, sondern zu für den Verbraucher günstigen Bedingungen erhält, trägt dem Bestandsinteresse des Verbrauchers einerseits und dem Prinzip gegen ungerechtfertigte Bereicherung andererseits Rechnung und ist daher mit dem Effektivitätsgebot vereinbar.

b) Zulassung der Schriftform[40]

Die Handelsvertreterrichtlinie geht vom Grundsatz der Formfreiheit aus.[41] Sie schreibt für **349**
den Handelsvertretervertrag keine Form vor, sondern läßt lediglich zu, daß die Mitgliedstaaten ein Schriftformgebot erlassen (Art. 13 Abs. 2 HVertrRL). Das nationale Recht kann indessen nur die Wahrung der *Schriftform* zur Gültigkeitsvoraussetzung der Vertretungsvereinbarung machen, strengere Formerfordernisse kann es nicht vorsehen. Darüber hinaus hat der EuGH angenommen, die Wirksamkeit des Vertrags dürfe auch nicht von einer Registereintragung abhängig gemacht werden.[42] Auch nach europäischem Recht ist die Registereintragung zwar nicht als Formvorschrift ieS zu verstehen, sondern als sonstige Wirksamkeitsvoraussetzung (Förmlichkeitsvorschrift).[43] Aus der Vorschrift des

37 Vgl. die Nachweise oben, Fn. 33.

38 Rechtsvergleichende Übersicht bei *Kötz* Europäisches Vertragsrecht, § 5 E (S. 140–147).

39 Vgl. EuGH v. 12.5.1998 – Rs. C-367/96 *Kefalas* Slg. 1998, I-2843 (zum nationalen Rechtsmißbrauchsverbot); s. noch unten, Rn. 573–576.

40 Hier wird nur der Sonderfall erörtert, daß die Form einmal ausdrücklich zugelassen ist; nationale Formvorschriften können (für den nationalen Sachverhalt) auch durch Mindestschutzklauseln zugelassen sein, so z.B. Art. 8 PRRL, Art. 8 HtWRL, Art. 14 FARL. Die Nachweisrichtlinie läßt nationale Formvorschriften ausdrücklich unberührt, Art. 6 NwRL.

41 EuGH v. 30.4.1998 – Rs. C-215/97 *Bellone* Slg. 1998, I-2191 Rn. 14.

42 EuGH v. 30.4.1998 – Rs. C-215/97 *Bellone* Slg. 1998, I-2191 Rn. 14f.; EuGH v. 13.7.2000 – Rs. C-456/98 *Centrosteel* Slg. 2000, I-6007 Rn. 14.

43 Dahin ist wohl auch EuGH v. 30.4.1998 – Rs. C-215/97 *Bellone* Slg. 1998, I-2191 Rn. 14, zu verstehen; a.M. *Lange* JZ 1998, 1113.

Art. 13 Abs. 2 HVertrRL ergibt sich aber, daß das nationale Recht die Wirksamkeit des Handelsvertretervertrags allein von der Wahrung einer Form, nämlich der Schriftform, abhängig machen darf, nicht auch von weiteren Voraussetzungen.[44]

350 Eine Registerpflicht können die Mitgliedstaaten daher durchaus vorsehen, der Europäische Gesetzgeber hatte ihre Einführung selbst erwogen.[45] Nur darf die Eintragung nicht Voraussetzung für die Wirksamkeit des Handelsvertretervertrags, insbesondere den Provisionsanspruch des Handelsvertreters sein. Diese Vorgaben könnten auch bei der Umsetzung Versicherungsvermittlerrichtlinie eine Rolle spielen. Danach werden Versicherungsvermittler in ihrem Mitgliedstaat in ein Register eingetragen und dürfen nur eingetragene Personen die Tätigkeit eines Versicherungsvermittlers aufnehmen oder ausüben, Art. 3, 4 VersVermRL. Das Eintragungserfordernis dient einerseits dem Institutionenschutz – die Verläßlichkeit und Vertrauenswürdigkeit des Berufsstands zu sichern –, andererseits dem Schutz der Versicherten vor unseriösen Vermittlern. Das Schutzinteresse des Versicherungsvermittlers im Verhältnis zum Unternehmer (Versicherung) dürfte indes nicht geringer sein als das des Handelsvertreters.[46] Daher dürfte auch hier die Verletzung der Registerpflicht nicht rechtfertigen, den Provisionsanspruch entfallen zu lassen, es sei denn, man würde den Schutz der Versicherten vor unseriösen Vermittlern für überragend halten.[47]

c) Elektronische Form und elektronischer Geschäftsverkehr insbesondere

351 Keine eigenen Formvorschriften für den Vertragsschluß ergeben sich aus der Richtlinie über gemeinschaftliche Rahmenbedingungen für elektronische Signaturen (Signaturrichtlinie, SignRL) und der E-Commerce-Richtlinie.

352 Nach der E-Commerce-Richtlinie soll der Vertragsschluß auf elektronischem Wege zugelassen und nicht behindert werden, Art. 9 Abs. 1 EComRL. Verträge müssen danach auf elektronischem Wege grundsätzlich ebenso formfrei geschlossen werden können wie sonst. Um die Erfüllung von Unterschriftserfordernissen geht es hingegen in der Signaturrichtlinie. Danach sollen elektronische Signaturen unter bestimmten Voraussetzungen der („handschriftlichen") Unterschrift gleichgestellt sein, Art. 5 Abs. 1 lit. a SignRL.

2. Grundgedanken

353 Im Grundsatz können Verträge formfrei geschlossen werden. Das gilt, wie die nur punktuellen Schriftformgebote zeigen, nicht nur für zweiseitige Unternehmensgeschäfte.[48] Die Rechtslage in den Mitgliedstaaten divergiert zwar, insofern insbesondere in Frankreich und Italien die Schriftform ab einem bestimmten Vertragswert vorgeschrieben ist;[49] – eine Regelung die jetzt auch Art. 36 AE-VGB für Verträge mit einem Geschäftswert über

---

44 EuGH v. 30.4.1998 – Rs. C-215/97 *Bellone* Slg. 1998, I-2191 Rn. 14f.; EuGH v. 13.7.2000 – Rs. C-456/98 *Centrosteel* Slg. 2000, I-6007 Rn. 14. Kritisch *Fock* ZEuP 2000, 106, 114.

45 Vgl. EuGH v. 30.4.1998 – Rs. C-215/97 *Bellone* Slg. 1998, I-2191 Rn. 16.

46 Versicherungsvermittler sind keine Handelsvertreter i.S. der Richtlinie, da sich ihre Tätigkeit nicht auf den An- und Verkauf von Waren bezieht; Art. 1 Abs. 2 HVertrRL.

47 Die Sanktionen für die Verletzung der Registerpflicht überläßt Art. 8 VersVermRL den Mitgliedstaaten („angemessene Sanktionen"), die dann nach allgemeinen Grundsätzen gebunden sind; vgl. § 8.

48 EuGH v. 30.4.1998 – Rs. C-215/97 *Bellone* Slg. 1998, I-2191 Rn. 14.

49 S.o., Fn. 33.

5000 Euro übernimmt.[50] Die so abhängig vom Vertragswert vorgeschriebene Form wird in ihrer Erfüllung freilich praktisch erheblich erleichtert, so daß „von dem eindrucksvollen Grundsatz in der Praxis wenig übrig (bleibt)".[51] Die Formfreiheit erweist sich daher auch rechtsvergleichend als gemeinsamer Nenner der Mitgliedstaaten[52] und ist als Grundsatz auch in den Einheitsregeln des Vertragsrechts enthalten.[53]

Ob die Formvorschrift in den betroffenen Fällen ein effektives Schutzinstrument ist, ist umstritten. Kreditverträge und Timesharingverträge werden ohnehin schriftlich abgeschlossen, zum einen, weil der professionell Handelnde Teil seine Allgemeinen Geschäftsbedingungen durchsetzen möchte, zum anderen, weil er einen Beweis für die Vereinbarung haben möchte, um sie leichter gerichtlich durchsetzen zu können. Der Schwerpunkt der Formvorschrift liegt daher nicht darauf, überhaupt eine Form vorzuschreiben, sondern zu bestimmen, welche Einzelheiten der Vereinbarung in die Vertragsurkunde aufgenommen werden müssen, um sie dem Verbraucher bei Vertragsschluß gleichsam warnend vor Augen zu führen. Das zeigt sich z.B. in dem Erfordernis, den effektiven Jahreszins und den Zins- und Tilgungsplan in dem Vertrag anzugeben. Diese Angaben müßte der Darlehensgeber nicht schon zu seinen Zwecken in den Vertragstext aufnehmen; und sie müßten – als Angaben, die sich aus anderen Vereinbarungen ableiten lasen – nicht schon wegen der Vollständigkeit in der Vertragsurkunde enthalten sein. 354

Ungeachtet bestehender Zweifel dürfte das Schriftformgebot als Schutzvorschrift seinen guten Sinn haben. Zu Recht wird der Schutz vor Übereilung als „eine der ureigensten Funktionen von Formvorschriften"[54] angesehen. Ihre Zweckmäßigkeit zeigt sich nicht zuletzt an dem offenbar internationalen Mißverständnis, eine mündliche Abrede sei nicht verbindlich („Ich habe noch nichts unterschrieben.").[55] Obwohl zahlreiche europäische Regelungen (auch) dem Schutz des Verbrauchers vor gefährlichen Vertragsabschlüssen dienen, bedient sich der Gesetzgeber nur selten des Instruments eines Formzwanges. Den Übereilungsschutz sucht er überwiegend durch das mildere Mittel vorvertraglicher Information oder das gegenüber der Schriftform flexiblere Mittel des Widerrufsrechts zu erreichen. Das Interesse v.a. des Verbrauchers, sich die vereinbarten Bedingungen zu Informationszwecken schriftlich vor Augen führen zu können, befriedigen spezifische Nachweisvorschriften (Rn. 505–522). Daß der Europäische Gesetzgeber nur die Schriftform und nicht auch andere Formen – notarielle Beurkundung und Beglaubigung, beweisrechtliche Formvorschriften – verwendet, dürfte daran liegen, daß allein die Schriftform von der mitgliedstaatlichen rechtlichen Infrastrukturen (insbesondere unterschiedliche Notariate) unabhängig ist. 355

Die Auswahl der Verträge bzw. Abreden, für die die Form vorgeschrieben ist, ist unter dem Gesichtspunkt des Gewichts der übernommenen Verpflichtung überzeugend. Denn die Schriftform wurde für diejenigen der vom europäischen Vertragsrecht geregelten Verträge vorgeschrieben, die besonders einschneidende Verpflichtungen für den geschütz- 356

50 S.o., Fn. 33.

51 *Kötz* Europäisches Vertragsrecht, § 5 D I (S. 127–130); *Zweigert/Kötz* Rechtsvergleichung, § 27 II (S. 363–365).

52 *Kötz* Europäisches Vertragsrecht, § 5 A (S. 118–121).

53 Art. 2:101 Abs. 2 PECL; dazu *Lando/Beale* European Principles, Art. 2:101 Comment F und Note 4; Art. 1.2 PICC, dazu *Unidroit* Principles, Art. 1.2 Comment 1, S. 8. Die Beweisform sieht aber Art. 36 AE-EuVGB vor; dazu *Sonnenberger* RIW 2001, 409, 412f.

54 *Lorenz* Der Schutz vor dem unerwünschten Vertrag, S. 173.

55 *Atiyah* Law of Contract, Kap. 8 (S. 163).

ten Vertragspartner begründen können. Zur Warnung vor den besonderen Gefahren von Wertpapierdienstleistungen dürften Informations- und Beratungspflichten (Art. 11 WpDRL) besser geeignet sein als Formvorschriften. Bedenkt man, daß der Arbeitsvertrag nach europäischem Vertragsrecht formfrei geschlossen werden kann,[56] so ist es folgerichtig, den auch Handelsvertretervertrag (erst recht) formfrei zuzulassen.

§ 14 Widerrufsrechte

Literatur:

Artz, Markus, Die Neuregelung des Widerrufsrechts bei Verbraucherverträgen, BKR 2002, 603–609

Drexl, Josef, Die wirtschaftliche Selbstbestimmung des Verbrauchers – Eine Studie zum Privat- und Wirtschaftsrecht unter Berücksichtigung gemeinschaftsrechtlicher Bezüge, Tübingen 1998

Heinrichs, Helmut, Das Widerrufsrecht nach der Richtlinien 97/7/EG über den Verbraucherschutz bei Vertragsabschlüssen im Fernabsatz, in: Volker Beuthien/Maximilian Fuchs/Herbert Roth/Gottfried Schiemann/Andreas Wacke (Hrsg.) Festschrift für Dieter Medicus, Köln/Berlin/Bonn/München 1999, S. 177–197

Larenz, Karl/Wolf, Manfred, Allgemeiner Teil des Bürgerlichen Rechts, 8. Auflage München 1997, § 39 (S. 722–732)

Lorenz, Stephan, Der Schutz vor dem unerwünschten Vertrag, München 1997

Lorenz, Stephan, Arbeitsrechtlicher Aufhebungsvertrag, Haustürwiderrufsgesetz und „undue influence“, JZ 1997, 277–282

Medicus, Dieter, Die Lösung von unerwünschten Schuldverträgen, JuS 1988, 1–8

Medicus, Dieter, Verschulden bei Vertragsverhandlungen – Empfiehlt sich eine Normierung der Lehre vom Verschulden bei Vertragsverhandlungen und eine Neuregelung vorvertraglicher Rechte und Pflichten im BGB? – Können Widerrufsrechte und ähnliche sondergesetzliche Regelungen zum Schutz vor nachteiligen Vertragsbindungen im BGB geregelt werden?, in: Bundesminister für Justiz (Hrsg.), Gutachten und Vorschläge zur Überarbeitung des Schuldrechts, Band I, Köln 1981, S. 479–550 (zitiert: Medicus in: Gutachten und Vorschläge)

Rott, Peter, „Heininger“ und die Folgen für das Widerrufsrecht, VuR 2002, 49–55

Schmidt-Räntsch, Jürgen, Gesetzliche Neuregelung des Widerrufsrechts bei Verbraucherverträgen, ZIP 2002, 1100–1108

Schulze, Reiner, Grundsätze des Vertragsschlusses im Acquis communautaire, GPR 2005, 56–64

Stathopoulos, Michael, Probleme der Vertragsbindung und der Vertragslösung in rechtsvergleichender Betrachtung, AcP 194 (1994), 543–571

v. Vogel, Alexander, Verbrauchervertragsrecht und allgemeines Vertragsrecht – Fragen der Kohärenz in Europa, Berlin 2006, § 3 A III

56 Anderes ergibt sich auch nicht aus der NwRL, die lediglich zu einem Nachweis der *vereinbarten* Bedingungen verpflichtet; zu Nachweispflichten näher unten, Rn. 505–522.

I. Übersicht

Kommt grundsätzlich die Vertragsbindung durch Einigung zustande, so bestimmt das europäische Recht von diesem Grundsatz verschiedene Ausnahmen, wonach die Vertragsbindung noch unter dem Vorbehalt steht, daß nicht ein Widerruf erklärt wird. Widerrufsrechte sieht das europäische Recht zum einen für zwei Gruppen von Vertriebsformen vor („Haustürgeschäfte" und Fernabsatzgeschäfte). Zum anderen haben Erwerber eines Teilzeitnutzungsrechts und Versicherte beim Abschluß einer Lebensversicherung ein Widerrufsrecht. 357

1. Haustürgeschäfte

Die *Haustürgeschäfterichtlinie* gibt dem Verbraucher ein Widerrufsrecht bei – hier 358 verkürzt sogenannten – Haustürgeschäften iSv Art. 1 Abs. 1 HWiRL. Dabei handelt es sich um Warenkauf- und Dienstleistungsverträge,[1] die auf Initiative des Gewerbetreibenden[2] mit einem Verbraucher in dessen Privatwohnung oder an dessen Arbeitsplatz oder die während eines vom Gewerbetreibenden organisierten Ausflugs geschlossen[3] werden.[4] Da diese Geschäfte auf Initiative des Gewerbetreibenden[5] und unter Umständen zustande kommen, in denen der Verbraucher nicht mit einem Vertragsangebot rechnet („Überraschungsmoment", „Überrumpelungseffekt"), hat der Verbraucher in der Regel nicht ausreichend Gelegenheit, sich auf den Vertragsabschluß vorzubereiten, und auch keine Möglichkeit, konkurrierende Angebote zu vergleichen.[6] Das Widerrufsrecht gibt ihm die Möglichkeit, nach einer Bedenkzeit (Widerrufsfrist) noch einmal über das Geschäft zu entscheiden.

Der Grund für die Zuerkennung des Widerrufsrechts liegt nicht darin, daß Waren und 359 Dienstleistungen „an der Haustür" angeboten werden, sondern darin, daß dies in einer Weise geschieht, die den Kunden überrumpeln kann. Dementsprechend ist die Richtlinie dann nicht anwendbar, wenn der Vertrag „an der Haustür" geschlossen wird, der Verbraucher aber deshalb nicht überrumpelt wird (werden kann), weil er selbst diese

---

1 Zur eingeschränkten Anwendbarkeit auf Bürgschaftsverträge EuGH v. 17.3.1998 – Rs. C-45/96 *Dietzinger* Slg. 1998, I-1199 Rn. 17–23, und schon oben, Rn. 309; zur Anwendbarkeit auf Timesharingverträge (vgl. Art. 3 Abs. 2 HtWRL) EuGH v. 22.4.1999 – Rs. C-423/97 *Travel Vac ./. Sanchis* Slg. 1999, I-2216 Rn. 22–26. Zur Anwendbarkeit der Richtlinie auf Realkredite EuGH v. 13.12.2001 C-481/99 *Heininger ./. Bayerische Hypotheken- und Wechselbank* Slg. 2001, I-9945 Rn. 31–45; zur Unanwendbarkeit auf Immobilienkaufverträge EuGH v. 25.10.2005 – Rs. C-350/03 *Schulte,* noch nicht in Slg. Rn. 72–81. Zur Anwendbarkeit bei Einschaltung eines Vertreters Langenbucher-*Herresthal,* § 2 Rn. 127.

2 Vgl. die Ausnahmeregelung in Art. 1 Abs. 1 Sps. 2 Ziff. ii Hs. 2 HtWRL.

3 Dazu EuGH v. 22.4.1999 – Rs. C-423/97 *Travel Vac ./. Sanchis* Slg. 1999, I-2216 Rn. 33–38. Entgegen Langebucher-*Herresthal,* § 2 Rn. 122, läßt sich eine Messe oder ähnliche Veranstaltung nicht unter den Begriff des Ausflugs iSv Art. 1 Abs. 1 Sps. 1 HtWRL subsumieren; da es sich um eine externe Lücke handelt, ist auf der Ebene des Gemeinschaftsrechts kein Raum für eine Rechtsfortbildung.

4 Art. 1 Abs. 1 bis 4 HtWRL. Zum Anwendungsbereich i.e. *Grundmann* Schuldvertragsrecht, 2.01 Rn. 8–13; s.a. *Riesenhuber/v. Vogel* NJW 2005, 3457–3459.

5 BE 4 HtWRL.

6 BE 4 HtWRL. Die Widerrufsfrist ist freilich für die Wiederherstellung der Vergleichsmöglichkeit zu kurz; s. noch unten, Rn. 381f.

Vertragsschlußsituation herbeigeführt hat.[7] Andererseits kommt es bei Vorliegen einer Haustürsituation iSd Richtlinie nicht darauf an, ob der Verbraucher auch tatsächlich überrumpelt worden ist (typisierende Regelung; s.a. Rn. 372).

2. Fernabsatzgeschäfte

360 Der Verbraucher kann ferner den „Vertragsabschluß im Fernabsatz" widerrufen.[8] Gemeint sind damit Warenkauf- und Dienstleistungsverträge, die „im Rahmen eines für den Fernabsatz organisierten Vertriebs- bzw. Dienstleistungssystems des Lieferers geschlossen (werden), wobei dieser für den Vertrag bis zu dessen Abschluß einschließlich des Vertragsabschlusses selbst ausschließlich eine oder mehrere Fernkommunikationstechniken verwendet".[9]

361 Verträge über Finanzdienstleistungen sind vom Anwendungsbereich der Fernabsatzrichtlinie ausdrücklich ausgenommen, sie behandelt Richtlinie über den Fernabsatz von Finanzdienstleistungen an Verbraucher (FFRL). Die noch im 1. Vorschlag (V1-FFRL) vorgesehene Bedenkzeit von 14 Tagen ab Erhalt der Vertragsbedingungen[10] ist im Geänderten Vorschlag entfallen und auch in der verabschiedeten Richtlinie nicht enthalten. Ebenso wie beim „einfachen" Fernabsatzgeschäft sieht aber auch die Finanzfernabsatzrichtlinie vor, daß der Verbraucher den Vertrag widerrufen kann. Die Widerrufsfrist beträgt hier nach näherer Bestimmung der Mitgliedstaaten 14 und für Lebensversicherungsverträge 30 Tage.[11]

362 Das Widerrufsrecht nach der Fernabsatzrichtlinie soll nach einem vagen Hinweis vor „aggressiven Verkaufsmethoden" schützen.[12] Spezifischer wird es in der Präambel damit begründet, daß „der Verbraucher in der Praxis keine Möglichkeit [hat], vor Abschluß des Vertrags das Erzeugnis zu sehen oder die Eigenschaften der Dienstleistung im einzelnen zur Kenntnis zu nehmen".[13] Wie sich aus der Regelung selbst ergibt, die Schutz auch bei Distanzverträgen über Dienstleistungen gewährt, soll das Widerrufsrecht dem Umstand Rechnung tragen, daß der Verbraucher beim Fernabsatz leichter zum Vertragsschluß verlockt wird und deshalb eine rationale Vertragsentscheidung aufgrund eines Vergleichs verschiedener Angebote nicht trifft.[14]

363 Die anderen in den Begründungserwägungen genannten Regelungszwecke können nur je einen Teil der von der Richtlinie erfaßten Fälle erklären.[15] So kann man den geschulten Telefonvertrieb[16] als eine aggressive Verkaufsmethode ansehen, die den Verbraucher in ähnlicher Weise überrumpelt wie der Haustürvertrieb. Eine Überrumpelungssituation

---

7 Art. 1 Abs. 1 Sps. 2 Ziff. ii HtWRL. Ebenso für das HtWG *Lorenz* Schutz vor dem unerwünschten Vertrag, S. 165f.

8 Art. 6 Abs. 1 S. 1 FARL.

9 Art. 2 Ziff. 1 FARL; Art. 2 lit. a) FFRL. Näher *Grundmann* Schuldvertragsrecht, 2.02 Rn. 9–14; *Reich* EuZW 1997, 581, 583.

10 Art. 3 V1-FFRL; „warming-up period".

11 I.e. Art. 6 Abs. 1 FFRL.

12 BE 5 FARL.

13 BE 14 FARL.

14 Vgl. auch *Heinrichs* FS Medicus, S. 188f.

15 A.M. Langenbucher-*Herresthal*, § 2 Rn. 128 („Informationsdefizit").

16 Nach Art. 10 Abs. 2 FARL ist der Telefonvertrieb mangels offenkundiger Ablehnung des Verbrauchers zulässig (opt-out); etwas eingeschränkt auch Art. 10 Abs. 2 FFRL.

kann auch beim TV- oder (wohl weniger) beim Internet-Shopping entstehen,[17] wenngleich man dies nicht als „aggressiv“ bezeichnen mag und der Verbraucher sich den „Vertragsverhandlungen“ hier durch Knopfdruck unschwer entziehen kann. Nicht die vom Anbieter ausgenutzte aggressive Vertriebsform, sondern nur die mangelnde „physische“ Vergleichsmöglichkeit ist hingegen beim Katalog- oder Internet-Warenkauf der tragende Grund für das Widerrufsrecht. Das Verkäuferverhalten kann in diesen Fällen hingegen das Widerrufsrecht nicht begründen, denn der Fernabsatz nutzt – soweit die Vertriebstechnik nicht gerade verwendet wird, um den Verbraucher zu verleiten – nicht einseitig dem Gewerbetreibenden, der sie anbietet, sondern auch dem Verbraucher, der von dem Angebot Gebrauch macht.[18] Auch die eingeschränkte Vergleichsmöglichkeit kann endlich nicht der tragende Grund für das Widerrufsrecht bei Distanzgeschäften über Dienstleistungen sein, denn Pauschalreise- und Verbraucherkreditangebote aus dem Katalog oder Internet lassen sich genauso gut vergleichen wie solche aus dem Reisebüro oder der Bankfiliale[19] – und der Gesetzgeber hat das durchaus auch bemerkt.[20] Tatsächlich kann das Internet die Marktübersicht sogar erheblich vereinfachen, und auch die Beratung ist im einen wie im anderen Fall gleichermaßen zu haben, nur erfolgt sie beim Distanzgeschäft per Telefon, Post oder E-Mail.

Daß bei solchen Fernabsatzgeschäften anders als beim Abschluß im Geschäftslokal ein 364
Widerrufsrecht zugegeben wird, läßt sich daher nur mit der unterschiedlichen psychologischen Situation erklären. Beim Vertragsabschluß zu Hause[21] am Telefon oder Computer oder per Bestellkarte fehlt die „alarmierende Förmlichkeit“, die darin liegt, in das Geschäft zu gehen und Geld auszugeben. In diesen Fällen ist die „geschäftliche Atmosphäre“ nicht sichergestellt, die in dem als Normalfall des Vertragsrechts angenommenen persönlichen Abschluß unter Anwesenden herrscht. Das Widerrufsrecht trägt damit den Verlockungen Rechnung, die von einem Distanzgeschäft ausgehen. So erklärt sich auch, daß das Widerrufsrecht ergänzend zu der vorvertraglichen Information[22] zugegeben wird.

Dieselben Erwägungen sind auch für das Widerrufsrecht nach der Finanzfernabsatz- 365
richtlinie entscheidend. Auch hier kann man den tragenden Grund nicht in einem beargwöhnten Verhalten des Anbieters sehen. Die Besonderheiten, insbesondere die Komplexität des Vertragsgegenstandes,[23] begründen zwar einige Sonderregelungen gegenüber der Fernabsatzrichtlinie (v.a. längere Widerrufsfristen), können jedoch nicht als der tragende Grund der Regelung angesehen werden, da ein Widerrufsrecht für den vor Ort abgeschlossenen Finanzdienstleistungsvertrag gerade fehlt. Der Zweck des Widerrufsrechts ist auch hier, dem Verbraucher ein Überdenken des Vertrags zu ermöglichen, den er unter „verlockenden“ Umständen geschlossen hat. Indes kann man bezweifeln, ob sich dieses allgemeine Widerrufsrecht für im Fernabsatz geschlossene Finanzdienstleistungen, das allein mit einer nur sehr pauschal angeführten Verlockungswirkung begründet ist, bruch-

---

17 Dazu *Köhler* NJW 1998, 185f.

18 Ähnlich zum deutschen Recht *Medicus* Gutachten und Vorschläge, S. 526.

19 Kritisch H. *Roth* JZ 2000, 1013, 1013f.

20 Das zeigt sich daran, daß er den Beginn der Widerrufsfrist für Warenkäufe und Dienstleistungsverträge unterschiedlich geregelt hat, Art. 6 Abs. 1 UAbs. 2 FARL; näher unten, Rn. 382.

21 Da das Widerrufsrecht der FARL ausschließlich den als zu privaten Zwecken handelnd definierten Verbrauchern zugute kommen, ist der Vertragsabschluß zu Hause der Regelfall.

22 Art. 4 Abs. 1 FARL.

23 Vgl. *Larenz/Wolf* Allgemeiner Teil, § 39 Rn. 18 (zum Versicherungsvertrag).

los in ein Vertragsrechtssystem einfügt, das dem Selbstverantwortungsgrundsatz sonst breiten Raum gibt. Zudem ist hier – wie allgemein bei Widerrufsrechten, die eine „Zwangsversicherung" bedeuten (Rn. 399) – zu bedenken, daß die daraus resultierenden Kosten letztlich von der Gesamtheit aller Verbraucher zu tragen sind.

3. Timesharingverträge

366 Ein Widerrufsrecht („Rücktrittsrecht") steht dem Verbraucher beim Erwerb eines *Teilzeitnutzungsrechts* zu (Art. 5 TSRL). Es bezweckt einen Übereilungsschutz[24] des Verbrauchers bei einem als besonders gewichtig angesehenen Vertrag über einen Gegenstand, der als nicht-standardisiertes, oft komplexes Rechtsprodukt schwer zu überschauen ist.[25] Der Erwerber soll die Möglichkeit haben, „die sich aus geschlossenen Verträgen ergebenden Verpflichtungen und die damit zusammenhängenden Rechte besser zu beurteilen" (BE 11 TSRL).

367 Übereilungsschutz durch ein Widerrufsrecht ist für den deutschen Juristen zumal angesichts der Nähe des Timesharing zum Immobilienerwerb[26] ungewohnt, sieht er doch den Schutz vor „unüberlegten, übereilten Vertragsschlüssen hinsichtlich als besonders riskant eingeschätzter Verträge" als „eine der ureigensten Funktionen von Formvorschriften und Aufklärungspflichten" an.[27] Zieht man diese Alternative in Betracht, so wird der Grund für die Wahl eines Widerrufsrechts ganz deutlich: Mit der Wahl des Widerrufsrechts hat sich der Europäische Gesetzgeber für einen Schutzmechanismus entschieden, der sich u.a. dadurch auszeichnet, daß er verhältnismäßig einfach, formlos und kostengünstig ist und dabei den Unternehmen und Verbrauchern europaweit einen einheitlichen Schutzstandard zusichern kann, der bei unterschiedlich ausgestalteten Notarpflichten in Europa[28] durch ein Beurkundungserfordernis nicht in gleicher Weise gesichert wäre. Zudem paßt das Widerrufsrecht als prozeduraler Rechtsbehelf, der dem Geschützten Selbstbestimmung und Selbstverantwortung weithin beläßt, mit dem übrigen Vertragsrecht gut zusammen. Unter diesen Umständen und im Hinblick darauf, daß der Gesetzgeber für den Timesharingvertrag gerade nur die Schriftform vorgeschrieben hat (oben, Rn. 340), ist die Zuerkennung eines Widerrufsrechts nicht ein Minus gegenüber der notariellen Beurkundung, sondern ein aliud. Daher wäre es auch nicht zulässig gewesen, die Widerrufsregelung durch die Vorschrift einer notariellen Form umzusetzen. Allerdings kann man bezweifeln, ob das Widerrufsrecht einen ebenso wirksamen Übereilungsschutz leistet wie die notarielle Beurkundung und (vor allem) Beratung; Zweifel an der „Richtigkeit" der Vertragsentscheidung werden sich meist erst nach einiger Zeit einstellen, nicht schon innerhalb der Widerrufsfrist von zehn Tagen.

368 Neben dem erheblichen, eine bedachte Entscheidung erfordernden Gewicht der Erwerbsentscheidung wird der Schutz des Verbrauchers beim Timesharingvertrag auch vor

---

24 Der durch das Widerrufsrecht bewirkte Übereilungsschutz ergänzt das Schriftformerfordernis des Art. 4 Sps. 1 der Richtlinie (dazu bereits oben, Rn. 337–356).

25 *Mäsch* EuZW 1995, 8, 12; *Martinek* ZEuP 1994, 470, 476f.

26 Zu den rechtlichen Gestaltungsformen Grabitz/Hilf II-*Martinek* A 13 (TSRL) Vorbem. Rn. 11–54; *ders.* ZEuP 1994, 470, 479–489.

27 *Lorenz* Schutz vor dem unerwünschten Vertrag, S. 173.

28 Insbesondere bedeutet die Beurkundungspflicht nicht in allen Ländern, daß die Parteien auch beraten werden, wie dies in Deutschland § 17 BeurkG vorsieht.

„aggressiven Vertriebsmethoden“[29] und vor einer Art Überrumpelung für geboten erachtet.[30] Überrumpelt wird der Verbraucher nicht selten dadurch, daß sich der Verkäufer die Urlaubsstimmung zunutze macht, um den so „enthemmten“ Verbraucher zum Abschluß zu bewegen.[31] Vor diesen Gefahren soll die Richtlinie indessen – ihrer Regelung und ihren Begründungserwägungen zufolge – nicht oder doch nur reflexartig schützen. Besonders die Überrumpelung im Urlaub kann die Richtlinie aufgrund der im Grundfall nur kurzen, 10-tägigen Widerrufsfrist sinnvoll auch nicht ausgleichen.[32] In gewissem Umfang kann insoweit die Haustürgeschäfterichtlinie für den gebotenen Schutz sorgen.[33]

4. Lebensversicherung

Ursprünglich auf die „im freien Dienstleistungsverkehr abgeschlossenen Lebensversicherungen“ beschränkt (BE 45 LVersRL), von der 3. Lebensversicherungsrichtlinie auf alle Lebensversicherungen ausgeweitet, gewährt Art. 35 LVersRL ein „Rücktrittsrecht“ von 14 bis 30 Tagen ab dem Zeitpunkt, zu dem dem Versicherungsnehmer der Vertragsschluß bestätigt worden ist. Über die ratio dieses Rücktrittsrechts geben die Begründungserwägungen keine Auskunft.[34] Anders als sonst kommt das Widerrufsrecht hier jedermann zu, nicht nur Verbrauchern, doch können die Mitgliedstaaten Versicherungsnehmer von dem Schutz ausnehmen, die „aufgrund [ihres] Status oder wegen der Umstände, unter denen der Vertrag geschlossen wird, dieses besonderen Schutzes nicht [bedürfen]“. Ferner kann das Widerrufsrecht nach nationalem Recht bei Verträgen mit einer Laufzeit von höchstens sechs Monaten entfallen (Art. 35 Abs. 2 LVersRL). 369

Diesen Ausnahmemöglichkeiten zufolge liegt der tragende Grund für das Widerrufsrecht in der Komplexität der Leistung und – vor allem – der Dauer der Verpflichtung.[35] Daß das Widerrufsrecht entfallen kann, wenn ein Schutz nach Status des Versicherungsnehmers nicht erforderlich ist, dürfte die generelle Ausnahme von Unternehmern oder juristischen Personen nicht rechtfertigen, sondern nur Rücksicht auf besondere Sachkunde zulassen, denn sonst würde der grundsätzlich gewährte Jedermannsschutz revidiert. Ebenso kann die Möglichkeit, den Schutz mit Rücksicht auf die besonderen Abschlußumstände entfallen zu lassen, eine pauschale Beschränkung des Widerrufsrechts auf besondere Vertriebsformen nicht rechtfertigen. 370

---

29 *Jäckel-Hutmacher/Tonner* VuR 1994, 9, 10f.; *Kind* Die Grenzen des Verbraucherschutzes durch Information (1998), S. 230–238; *Mäsch* EuZW 1995, 8, 9f.; *Martinek* ZEuP 1994, 470, 478f. Zu den Vertriebsmethoden, vgl. den Sachverhalt von EuGH v. 22.4.1999 – Rs. C-423/97 *Travel Vac ./. Sanchis* Slg. 1999, I-2216 Rn. 31.

30 *Staudenmayer* in: Rechtsangleichung und nationale Privatrechte, S.72 (Fremdinitiative, spezielle Marketingtechniken).

31 *Martinek* NJW 1997, 1393, 1397.

32 Zu Recht kritisch *Kappus* EWS 1996, 273, 275; *Martinek* NJW 1997, 1393, 1397.

33 EuGH v. 22.4.1999 – Rs. C-423/97 *Travel Vac ./. Sanchis* Slg. 1999, I-2216.

34 BE 45 LVersRL läßt nur wissen, daß dem Versicherungsnehmer die Möglichkeit zum Rücktritt zu geben ist.

35 (U.a.) Mit der Dauer der Verpflichtung begründet BE 52 LVersRL das Informationsbedürfnis der Versicherungsnehmer.

II. Widerrufsvoraussetzungen, Ausübung, Rechtsfolgen

371 Widerrufsrechte sieht das Europäische Vertragsrecht in unterschiedlichen Situationen, jedoch stets zu demselben Zweck vor, die wirtschaftliche Selbstbestimmung des Verbrauchers zu schützen. Die Ausgestaltung im einzelnen divergiert freilich nicht unerheblich. Soweit die Unterschiede nicht von dem Zweck des Widerrufsrechts und den Umständen des Vertrags oder Vertragsschlusses her geboten sind, kann dies zu einer Verunsicherung des Geschützten führen, die dem Zweck der Widerrufsrechte zuwiderläuft. Nachfolgend werden die mit dem Widerrufsrecht zusammenhängenden Fragen im Querschnitt erörtert:
(1) die Tatbestandslosigkeit,
(2) die Begründungsfreiheit und die Form,
(3) die Widerrufsfrist und
(4) die Rechtsfolgen des Widerrufs.
Soweit sich dabei sachlich nicht begründete Divergenzen ergeben, wird auch erörtert, wie diese *de lege ferenda* zu beheben sind.

1. Tatbestandslosigkeit

372 Gemeinsames Merkmal aller Widerrufstatbestände ist, daß ihre Ausübung an keine (positiven) Voraussetzungen geknüpft ist, sie sind „tatbestandslos". Insbesondere kommt es – anders als bei Anfechtungs- und Kündigungsrechten regelmäßig – nicht auf einen aktuellen Fehler in der Willensbildung oder ein dem anderen Teil vorwerfbares, für die (fehlerhafte) Vertragsentscheidung kausales Verhalten an. Auch das Widerrufsrecht der HtWRL knüpft nur an eine typisierte Fehlerquelle an, die Überrumpelungssituation, fordert aber keine aktuelle und für den Vertragsschluß kausale Überrumpelung.[36]

2. Begründungsfreiheit und Form des Widerrufs

373 Mit der grundsätzlichen Tatbestandslosigkeit des Widerrufsrechts geht einher, daß es ohne Angabe von Gründen ausgeübt werden kann. Das sehen die Widerrufstatbestände z.T. ausdrücklich vor,[37] gilt aber auch sonst. Ist der Widerruf in den geregelten Fällen ohne weitere Voraussetzungen zulässig, so kann er auch nicht von einem Begründungserfordernis abhängig gemacht werden.

374 Die *Form* des Widerrufs überlassen die verschiedenen Regelungen den Mitgliedstaaten. Nach der Haustürgeschäfterichtlinie hat der Verbraucher den Widerruf „entsprechend dem Verfahren und unter Beachtung der Bedingungen, die im einzelstaatlichen Recht festgelegt sind" anzuzeigen.[38] Ein Schriftformerfordernis ergibt sich auch nicht aus der Vorschrift, daß die rechtzeitige „Absendung" zur Fristwahrung ausreicht, denn sie betrifft nur den Fall, *daß* der Widerruf schriftlich erklärt wurde, sagt aber nicht, daß er schriftlich erklärt werden muß.[39] Auch nach der Lebensversicherungsrichtlinie sind die „übrigen rechtlichen Wirkungen des Rücktritts und die dafür erforderlichen Voraussetzungen"

---

36 Dazu jetzt EuGH v. 22.4.1999 – Rs. C-423/97 *Travel Vac ./. Sanchis* Slg. 1999, I-2216 Rn. 42–44.
37 Art. 6 Abs. 1 FARL; Art. 6 Abs. 1 UAbs. 1 S. 1 FFRL; Art. 5 Abs. 1 Sps. 1 TSRL.
38 Art. 5 Abs. 1 HtWRL. Das Parlament hatte in seiner Stellungnahme (ABl. 1977 C 241/27) die Form des eingeschriebenen Briefes vorgeschlagen.
39 Art. 5 Abs. 1 S. 2 HtWRL; EuGH v. 22.4.1999 – Rs. C-423/97 *Travel Vac ./. Sanchis* Slg. 1999, I-2216 Rn. 49–52.

Sache des anwendbaren Rechts.[40] Und *e silencio* ergibt sich eine entsprechende Verweisung aus Art. 6 FARL. Für die Timesharingrichtlinie hatte allerdings der Erste Entwurf[41] noch den Widerruf durch eingeschriebenen Brief vorgesehen, der Gesetzgeber hat das Erfordernis indes schließlich nicht übernommen. Auch hier ergibt sich aus der Bezugnahme auf die „Absendung" in der Regelung über die Fristwahrung nur, daß ein schriftlicher Widerruf zulässig ist, nicht aber, daß er von der Richtlinie vorgeschrieben wäre oder vom nationalen Recht vorgeschrieben werden müßte.[42] Und auch die Vorschrift, den Widerruf so mitzuteilen, „daß dies entsprechend den nationalen Rechtsvorschriften nachgewiesen werden kann",[43] begründet für sich noch keine Formvorschrift, sondern überläßt die Formfrage den mitgliedstaatlichen Gesetzgebern, deren Spielraum durch das Erfordernis der Nachweisbarkeit nach nationalem Recht speziell eingeschränkt ist.

Ist die Form des Widerrufs den Mitgliedstaaten überlassen, so sind diese freilich nicht 375
völlig frei, sondern durch das Gebot der effektiven Umsetzung (Äquivalenz und Effektivität, oben § 8) sowie spezielle Vorgaben (Erfordernis der Nachweisbarkeit in der Timesharingrichtlinie) gebunden. Der Effektivitätsgrundsatz bedeutet hier, daß der Widerruf nicht übermäßig erschwert werden darf. Das spricht für die Formlosigkeit des Widerrufs. Allerdings könnte man annehmen, eine Formvorschrift diene auch dem Schutz des Widerrufsberechtigten, da sie ihm vielleicht den Nachweis des Widerrufs erleichtere.[44] Indes würde das den Widerspruchsberechtigten unverhältnismäßig einengen, da er die Wahl zwischen mehreren nachweisbaren Kommunikationsformen – die nach dem Selbstverantwortungsgrundsatz ihm zusteht – nicht treffen könnte. Die Formfreiheit hingegen überläßt es ihm auch, einen besonders sicher nachweisbaren Weg (Einschreiben mit Rückschein) zu wählen.[45]

Aus dem Äquivalenzgrundsatz folgt, daß der Widerruf in ähnlicher Weise wie ver- 376
gleichbare nationale Rechte ausgeübt werden können muß. Im deutschen Recht sind die Anfechtungsrechte der §§ 119, 123 BGB sowie Kündigungs- und Rücktrittsrechte dem Widerrufsrechte ähnlich. Sie unterscheiden sich von diesem nur dadurch, daß sie (ausgenommen ordentliche Kündigung und vereinbarter Rücktritt) eines Grundes bedürfen, also an strengere Voraussetzungen geknüpft sind. Da diese Rechte formlos ausgeübt werden können, muß nach dem Äquivalenzgrundsatz dasselbe auch (sogar *a maiore*) für die gemeinschaftsrechtlich begründeten Widerrufsrechte gelten. Für das deutsche Recht ergibt sich auch unter dem Gesichtspunkt der Nachweisbarkeit nichts anderes: Da auch die Ausübung vergleichbarer Rechtsbehelfe wie Anfechtung und Kündigung unabhängig von der Schriftlichkeit nachgewiesen werden kann, darf für den Widerruf nichts anderes gelten. Das für die Widerrufsrechte vorgesehene Textformerfordernis des § 355 Abs. 1 S. 2

40 Art. 35 Abs. 1 UAbs. 3 LVersRL.

41 ABl. 1992 C 222/8.

42 Art. 5 Abs. 2 S. 2 TSRL; s.o., Fn. 43.

43 Art. 5 Abs. 2 S. 1 TSRL.

44 Darin könnte man den Zweck von Art. 5 Abs. 2 TSRL sehen, wenn dort verlangt wird, daß der Widerruf so mitzuteilen ist, daß dies entsprechend den nationalen Rechtsvorschriften nachgewiesen werden kann.

45 Ebenso die Kommission in ihrer Stellungnahme im Fall EuGH v. 22.4.1999 – Rs. C-423/97 *Travel Vac ./. Sanchis* Slg. 1999, I-2216, vgl. die Zusammenfassung ebd. Rn. 48; in dieselbe Richtung weist auch die Entscheidung selbst, aaO Rn. 50.

BGB (§ 361a Abs. 1 S. 2 BGB a.F.) ist daher richtlinienwidrig.[46] Daran ändert auch die zugelassene Alternative des Widerrufs durch Warenrücksendung nichts, denn richtigerweise kann der Widerruf auch mündlich erklärt werden.

377 Für die Form des Widerrufs bestehen daher nur rahmenhafte Vorgaben, die mitgliedstaatlichen Umsetzungsvorschriften können je nach den nationalen Vergleichsregelungen, die für die Äquivalenzprüfung heranzuziehen sind, divergieren. Die grundsätzlich zu befürwortende Rücksicht auf die nationalen Rechtssysteme ist an dieser Stelle freilich unglücklich. Ist der Widerruf nach deutschem Recht formfrei möglich, so kann er nach dem Recht eines anderen Mitgliedstaats einer auch für vergleichbare Fälle des nationalen Rechts vorgeschriebenen Form unterworfen werden, vorausgesetzt nur, daß das Formerfordernis die Rechtsausübung nicht übermäßig behindert. Die daher zu besorgende Regelungsdisparität belastet zum einen den Widerrufsberechtigten, der jedenfalls für Geschäfte, die dem Recht eines anderen Mitgliedstaats unterliegen (Anbahnung auf andere Weise als in Art. 5 Abs. 2 EVÜ beschrieben), strengere Formvorschriften besorgen muß. Sie belasten aber auch den Widerrufsgegner, der auf diese Weise nicht den gewünschten gemeinschaftsweit einheitlichen Handlungsrahmen erhält. Vorzugswürdig wäre, schon gemeinschaftsrechtlich die Formfreiheit vorzuschreiben,[47] denn sie ist auch mit dem Schutzzweck der Widerrufsrechte besser vereinbar.[48] Die daraus etwa folgenden Beweisschwierigkeiten sind durch freiwillige Formwahl vermeidbar und können daher nach dem Selbstverantwortungsgrundsatz dem Widerrufsberechtigten zugemutet werden.

3. Widerrufsfrist

a) Länge der Frist

378 Die Widerrufsfristen fallen – entsprechend den unterschiedlichen Schutzzwecken einerseits und den unterschiedlichen Vertragsgegenständen andererseits – unterschiedlich aus.[49] Bei Haustürgeschäften beträgt sie mindestens sieben Tage, bei (einfachen) Fernabsatzgeschäften sieben Werktage, bei Timesharingverträgen 10 Tage,[50] bei Lebensversicherungsverträgen 14 bis 30 Tage nach Wahl der Mitgliedstaaten.[51] Beim Fernabsatz von Finanzdienstleistungen beträgt die Widerrufsfrist im Normalfall 14 Tage, bei Fernvertrieb von Lebensversicherungen 30 Tage.[52]

379 Die Vielfalt reduziert sich sogleich, wenn man nach Gewicht des Vertragsgegenstandes zwei Gruppen bildet, die grob schon *de lege lata* auszumachen sind und *de lege ferenda* noch feiner abgestimmt werden könnten.[53] Für die einfacheren Geschäfte, die von der Haustürgeschäfterichtlinie und der Fernabsatzrichtlinie erfaßt werden, sollte eine Frist von sieben Tagen grundsätzlich ausreichen. Auf Werktage abzustellen, wie nach der Fernabsatzrichtlinie, überzeugt nicht, da Verbraucher als privat Handelnde über ihre Vertrags-

---

46 Zweifelnd auch Gebauer/Wiedmann-*Schinkels,* Kap. 7 Rn. 51. A.M. für die TSRL Grabitz/Hilf II-*Martinek* A 13 (TSRL) Rn. 177, für die HtWrRL Grabitz/Hilf II-*Micklitz* A 2 (HtWrRL) Rn. 77.

47 Ebenso *Basedow* Leg.Stud. 18 (1998), 121, 133f., 143.

48 EuGH v. 22.4.1999 – Rs. C-423/97 *Travel Vac ./. Sanchis* Slg. 1999, I-2216 Rn. 48, 50.

49 *Grundmann* Schuldvertragsrecht, 1. Teil Rn. 64; *Riesenhuber* WM 1999, 1441, 1446; krit. *Staudenmayer* in: Rechtsangleichung und nationale Privatrechte, S. 72.

50 Art. 5 Abs. 1 Sps. 1 TSRL.

51 Art. 35 Abs. 1 LVersRL.

52 Art. 6 Abs. 1 UAbs. 1 FFRL.

53 S.a. *Europäisches Parlament* Erklärung zu Art. 6 Abs. 1 FARL.

entscheidungen gerade auch an Sonn- und Feiertagen nachdenken und bei den von der Richtlinie erfaßten Geschäften auch keine professionelle Beratung erforderlich ist, die nur an Werktagen zu erlangen wäre. Für besonders bedeutsame Geschäfte empfiehlt sich eine längere Frist. Daß man Finanzdienstleistungsverträge beim Fernabsatzvertrieb dazu rechnet, überzeugt im Grundsatz.

Diese Erwägungen, die, wie jede Fristbestimmung, eines dezisionistischen Elements **380** nicht entbehren, bestätigen die Länge der Widerrufsfristen als im Grundsatz überzeugend, wenn auch in Einzelwertungen abstimmungsbedürftig. Da eine meßbare wertungsmäßige Gleichheit der Bedeutung der Geschäfte oder der Beeinträchtigung der Selbstbestimmung nicht möglich ist, spricht viel dafür, aus Gründen der Rechtssicherheit – die hier besonders dem Verbraucher dient – nur wenige Kategorien zu wählen.

b) Beginn des Fristlaufs

Unterschiedlich ist der Fristbeginn geregelt. Bei Haustürgeschäften beginnt die Frist ab **381** Belehrung, die Belehrung ist im Grundfall bei Vertragsschluß auszuhändigen. Das überzeugt, wenn die Frist allein dazu dient, den infolge Überrumpelung abgeschlossenen Vertrag zu überdenken. Hingegen ist der Fristbeginn ungeeignet zu dem Zweck, dem Verbraucher die Vergleichsmöglichkeit wiederzueröffnen, die ihm die Absatzform nimmt (BE 4 HtWRL). Da die Widerrufsfrist sieben Tage nach Belehrung endet und damit vom Erhalt – oder auch nur einer Beschreibung – der Ware oder einer Beschreibung der Dienstleistung unabhängig ist,[54] eröffnet sie dem Verbraucher nicht in allen Fällen die Möglichkeit, das abgeschlossene Geschäft mit konkurrierenden Angeboten zu vergleichen. Die Widerrufsfrist ist daher von der HtWRL in erster Linie als nach Wegfall der Überrumpelungssituation nachgeholte Bedenkzeit konzipiert und nicht als Frist zur Nachholung eines Angebotsvergleichs. Allerdings kann der Verbraucher auch ohne die für einen sinnvollen Angebotsvergleich eigentlich erforderliche Leistungsbeschreibung den an der Haustür geschlossenen Vertrag mit anderen Angeboten vergleichen, vor allem im Hinblick auf die Preise; das ermöglicht ihm immerhin, schon den Verdacht eines überhöhten Preises zum Anlaß für den Widerruf zu nehmen und sich damit so zu stellen, als hätte er es eben noch nicht unternommen, eine informierte Entscheidung über den Vertragsgegenstand zu treffen. Gerade das bestätigt indes, daß es beim Widerruf nach der Haustürgeschäfterichtlinie vor allem um den Schutz vor Überrumpelung geht.

Soweit das Widerrufsrecht dazu dient, nach Vertragsschluß eine anfänglich einge- **382** schränkte Vergleichsmöglichkeit zu eröffnen (Fernabsatz) oder einen bedeutsamen Vertragsabschluß zu überdenken (Timesharing, Lebensversicherung), sollte die Widerrufsfrist erst dann beginnen, wenn dem Berechtigten die Ware oder eine vergleichstaugliche Beschreibung der Dienstleistung zur Verfügung stehen. Dem entspricht die Regelung der Fernabsatzrichtlinie und grundsätzlich auch jene der Timesharingrichtlinie.[55] Bei der

54 Nach Art. 4 Abs. 1 FARL erhält der Verbraucher bereits vor Vertragsschluß eine Leistungsbeschreibung.

55 Art. 6 Abs. 1 UAbs. 2 FARL; Art. 6 Abs. 1 UAbs. 2 FFRL; Art. 5 Abs. 1 Sps. 2 und 3 TSRL. Für das Widerrufsrecht des Art. 35 LVersRL reicht die Bestätigung des Vertragsschlusses; die wesentlichen Vertragsbedingungen erhält der Versicherungsnehmer gem. Art. 36 Abs. 1 LVersRL schon vor Vertragsschluß; konsequent wäre es auch hier, den Fristlauf an die Bestätigung der wesentlichen Vertragsbedingungen zu binden.

Fernabsatzrichtlinie hat der Gesetzgeber zudem berücksichtigt, daß die Vergleichsmöglichkeit beim Warenkauf erst dann hergestellt ist, wenn der Verbraucher die Ware erhalten hat, beim Dienstleistungsvertrag hingegen bereits, wenn der Verbraucher den Vertrag abgeschlossen und eine Leistungsbeschreibung erhalten hat.[56]

383 Nicht ganz durchdacht ist die Regelung der Fernabsatzrichtlinie allerdings für den Fall des Widerrufs, nachdem der Lieferer von einer nach mitgliedstaatlichem Recht zulässigen und von den Parteien vereinbarten Ersetzungsbefugnis Gebrauch gemacht hat.[57] Die Regelung des Art. 7 Abs. 3 S. 3 FARL beruht auf der Annahme, daß der Verbraucher auch in diesem Fall ein Widerrufsrecht hat, wenn sie bestimmt, daß er dann die Kosten der Rücksendung nicht zu tragen braucht. Die Widerrufsfrist von sieben Tagen beginnt im Fall des Warenkaufs auch erst mit dem Wareneingang. Beim Dienstleistungsvertrag beginnt sie indes schon mit der vertraglichen Information nach Art. 5 Abs. 1 FARL, so daß die Frist bereits abgelaufen sein mag, wenn der Lieferer den Verbraucher von der Ersatzdienstleistung informiert. In diesem Fall muß man annehmen, daß die Widerrufsfrist erst mit Information über die Ersatzleistung beginnt; das läßt sich ohne Überdehnung des Wortlauts mit systematischen Erwägungen noch den Vorschriften der Art. 5 Abs. 1 iVm Art. 4 Abs. 1 lit. b FARL entnehmen. Ebenso wird man auch im Hinblick auf die Dreimonatsfrist des Art. 6 Abs. 1 UAbs. 3 entscheiden müssen. Sie kann für Dienstleistungsverträge deshalb bereits mit dem Vertragsschluß zu laufen beginnen, weil der Lieferer den Verbraucher bereits vorvertraglich über Preis und Leistung informiert hat (Art. 4 Abs. 1); was ihm für den Beginn der regulären Bedenkzeit (Widerrufsfrist) fehlt, ist vor allem die Belehrung über das Widerrufsrecht. Da die Leistung sich aufgrund der Ausübung der Ersetzungsbefugnis erheblich ändert, muß auch die Dreimonatsfrist dann neu zu laufen beginnen.[58]

c) Fristlauf und Belehrung

384 Beginn oder Länge der Widerrufsfrist ist bei Haustürgeschäften, Fernabsatzgeschäften und Timesharingverträgen zusätzlich davon abhängig, daß der Begünstigte über das Widerrufsrecht belehrt wurde:[59] Nach der Haustürgeschäfterichtlinie beginnt die Frist erst mit Belehrung. Nach der Fernabsatzrichtlinie und der Timesharingrichtlinie wird die reguläre Frist mangels Belehrung durch eine längere ersetzt, die der Widerrufsgegner durch Nachholung der Belehrung verkürzen kann.[60] Eine verwandte Regelung enthält die Lebensversicherungsrichtlinie: Der Versicherungsnehmer ist über die Modalitäten der Ausübung des Widerrufsrechts (Rücktrittsrechts) zu informieren[61] und die Widerrufsfrist beginnt erst mit Information, daß der Vertrag geschlossen ist.[62] Im Hinblick auf die deutschen Umsetzungsvorschriften stellte sich die Frage, ob das Widerrufsfrist nach der Haustürgeschäfterichtlinie – wie im Modell von Fernabsatz- und Timesharingrichtlinie – mangels Belehrung durch eine längere, einjährige Frist ersetzt werden kann („absolute

---

56 Art. 6 Abs. 2 FARL.

57 Art. 7 Abs. 3 FARL; dazu noch unten, Rn. 529f.

58 I.E. wohl ebenso *Reich* EuZW 1997, 581, 586; ihm folgend Grabitz/Hilf II-*Micklitz* A 3 (FARL) Rn. 113.

59 Art. 5 Abs. 1 S. 1 HtWRL; Art. 6 Abs. 1 UAbs. 3 FARL; Art. 5 Abs. 1 Sps. 2, 3 TSRL.

60 Art. 5 Abs. 1 HtWRL; Art. 6 Abs. 1 UAbs. 3 und 4 FARL; Art. 5 Abs. 2 TSRL.

61 Art. 36 Abs. 1 iVm Ziff. a.13 Anh. III LVersRL.

62 Art. 55 Abs. 1 LVersRL.

Widerrufsfrist“ ähnlich der absoluten Verjährungsfristen wegen des – nunmehr – kenntnisabhängigen Beginns der Verjährung). Dafür sprach ein Rechtssicherheitsinteresse ebenso wie die Erwägung, daß der Verbraucher (zumal beim Haustürgeschäft!) nicht mehr schutzwürdig sei, wenn er so lange Zeit untätig verstreichen ließ. Diese Erwägungen dürften auch Fernabsatz- und Timesharingrichtlinie zugrunde liegen. Die Richtlinie schien diese Umsetzung zu legitimieren, da Art. 4 Abs. 2 HtWRL den Mitgliedstaaten überläßt, „geeignete Maßnahmen zum Schutz des Verbrauchers [vorzusehen], wenn die in diesem Artikel vorgesehene Belehrung nicht erfolgt“. Die ablehnende EuGH-Entscheidung im Fall *Heininger*[63] ist etwas formal begründet, wenn sie sich auf den Wortlaut von Art. 5 Abs. 1 HtWRL stützt, wonach die Frist sieben Tage ab Belehrung beträgt, doch kann sich der Gerichtshof immerhin auf den Schutzzweck der Belehrung stützen, eine effektive Wahrnehmung des oft unbekannten Widerrufsrechts zu ermöglichen (s. noch Rn. 492).

Für unterschiedliche Regelungen ist in diesem technischen Bereich kein Sachgrund erkennbar, so daß eine Vereinheitlichung wünschenswert wäre. Dabei sollte die unterlassene Belehrung zu einer Verlängerung der Widerrufsfrist führen, denn das Widerrufsrecht stellt immer noch die Ausnahme dar, über die der Berechtigte belehrt werden muß, wenn er davon effektiv Gebrauch machen können soll. Der Verzögerung des Fristbeginns ist dabei die Ersetzung durch eine längere Frist auch eingedenk der Mißbrauchsmöglichkeit des Widerrufsgegners vorzuziehen.[64] Jedenfalls *de lege ferenda* überzeugt der weiterreichende Verbraucherschutz, den der EuGH im Fall *Heininger* der Haustürgeschäfte entnommen hat (Rn. 384) nicht. Dem Widerrufsgegner sollte in allen Fällen der Anreiz gelassen werden, die Frist wieder auf die Normallänge zu reduzieren, indem er die Belehrung nachholt. 384a

d) Fristwahrung durch Absendung des Widerrufs

Für die Fristwahrung reicht bei Haustürgeschäften, Finanzfernabsatzgeschäften und Timesharingverträgen die rechtzeitige Absendung des Widerrufs, nicht aber bei „einfachen“ Fernabsatzgeschäften und Lebensversicherungsverträgen.[65] Der Grund für eine solche Regelung liegt zum einen darin, daß dem Verbraucher die Widerrufsfrist voll zugegeben werden soll, unabhängig von dem Sitz des Widerrufsadressaten und den Postlaufzeiten. Zweitens bedeutet sie, daß der Widerrufsadressat das Verzögerungsrisiko trägt. Sachliche Gründe, (ausgerechnet) Fernabsatzgeschäfte und Lebensversicherungsverträge anders zu behandeln, liegen nicht vor, so daß diese Regelungen ergänzt werden sollten. 385

4. Rechtsfolgen

Soll der Widerruf dem Begünstigten eine ungestörte zweite Entscheidung ermöglichen, so muß seine Ausübung grundsätzlich zur Folge haben, daß der Begünstigte so gestellt wird, wie er ohne den Abschluß stände. Dem steht das Interesse des Widerrufsgegners gegenüber, eine Vergütung für erbrachte Leistungen und ggf. Ersatz für Untergang oder Verschlechterung zu erhalten. Der Ausgleich dieser gegenläufigen Interessen erfolgt in den Regelungen des Europäischen Vertragsrechts auch danach, ob der Widerruf typischer- 386

63 EuGH v. 13.12.2001 – Rs. C-481/99 *Heininger ./. Bayerische Hypotheken- und Wechselbank* Slg. 2001, I-9945 Rn. 44–48.

64 Gegen systematische Unterlassung der Widerrufsbelehrung hilft das Wettbewerbsrecht.

65 Art. 5 Abs. 1 S. 2 HtWRL; Art. 6 Abs. 6 S. 2 FFRL; Art. 5 Abs. 2 S. 2 TSRL.

weise auf einem mißbilligten Verhalten des Widerrufsgegners beruht (Überrumpelung) und ihm so zuzurechnen ist oder nicht. Allerdings sind manche Einzelheiten dem – nur durch die Umsetzungspflichten gebundenen – mitgliedstaatlichen Recht überlassen.[66]

a) Wegfall der vertraglichen Leistungspflichten, Begründung von Rückgewährpflichten

387 Mit dem Widerruf entfallen die vertraglichen Leistungspflichten, ausgetauschte Leistungen sind zurückzugewähren.[67] Beim finanzierten Geschäft schlägt der Rücktritt auch auf den Kreditvertrag durch, wenn dieser mit demselben Vertragspartner oder mit einem von ihm beauftragten Dritten geschlossen wurde.[68] Die Haustürgeschäfterichtlinie regelt diesen Fall nicht eigens, weil auch ein „an der Haustür" abgeschlossener Finanzierungsvertrag – Erbringung einer Dienstleistung – widerruflich wäre. Gibt man ein Widerrufsrecht zu, dann ist es nur konsequent, die zügige Auskehrung zu erstattender Zahlungen vorzuschreiben,[69] da der Widerrufsgegner kein berechtigtes Interesse an einer Verzögerung hat; eine solche Regelung fehlt indes. Dem Zweck, die Sorge um die Rückerstattung als Widerrufshindernis auszuschließen, entspricht es, auch Abzüge wegen Gegenansprüchen nicht zuzulassen.[70]

387a Die umgekehrte Problematik entsteht, wenn an der Haustür ein Darlehensvertrag geschlossen wird, der zur Finanzierung eines anderen Geschäfts dient, das entweder nicht in einer Haustürsituation zustande kommt oder – wie z.B. beim Immobilienkauf der Fall –[71] vom Anwendungsbereich der Richtlinie ausgenommen ist. Widerruft der Verbraucher isoliert den Darlehensvertrag, so wird damit sofort die gesamte Valuta (nebst Zinsen) fällig, Art. 5 Abs. 2 HtWRL. Das kann für den Verbraucher im Einzelfall ungünstiger sein als ein Festhalten am Vertrag, ist aber von Richtlinien wegen nicht zu beanstanden. Insbesondere hat der Gerichtshof in diesen – von der Richtlinie bestimmten – Rechtsfolgen keine Regelung gefunden, die den Verbraucher von der Ausübung des Widerrufsrechts abschrecken könnte.[72] Anders liegen die Dinge nur, wenn der Darlehensgeber den Verbraucher über das Widerrufsrecht nicht ordnungsgemäß belehrt hat. Auch insoweit enthält die Richtlinie allerdings keine Rechtsfolgenregelung, doch ergibt sich aus den allgemeinen Umsetzungspflichten (oben, § 8) die Bindung der Mitgliedstaaten dafür zu sorgen, daß der

---

66 S. Art. 5 Abs. 1 S. 1, 7 HtWRL und dazu EuGH v. 13.12.2001 – Rs. C-481/99 *Heininger* Slg. 2001, I-9945 Rn. 35; EuGH v. 25.10.2005 – Rs. C-350/03 *Schulte,* noch nicht in Slg., Rn. 69.

67 Art. 4 Abs. 2; Art. 6 Abs. 2 FARL. Einzelne Geschäfte, bei denen die Rückabwicklung unzumutbar ist, sind von den Widerrufsrechten für Fernabsatzgeschäfte ausgenommen, Art. 6 Abs. 3 FARL, Art. 6 Abs. 2 FFRL. Die Timesharingrichtlinie verbietet Anzahlungen vor Ablauf der Widerrufsfrist, um Rückabwicklungen und das darin möglicherweise liegende (psychologische) Widerrufshemmnis zu vermeiden, Art. 6 TSRL; Grabitz/Hilf II-*Martinek* A 13 (TSRL) Art. 6 Rn. 194–196; *Mäsch* EuZW 1995, 8, 13; ebenso jetzt Art. 7 FFRL. Von den Verpflichtungen aus Lebensversicherungsverträgen befreit der Widerruf nur für die Zukunft, Art. 35 Abs. 1 UAbs. 2 LVersRL.

68 Art. 6 Abs. 4 FARL, Art. 7 TSRL. S.a. Art. 6 Abs. 7 UAbs. 2 FFRL für verbundene Geschäfte. S.a. Rn. 579–584.

69 Das sehen in anderen Zusammenhängen vor z.B. Art. 4 Abs. 6 UAbs. 1 lit. b PRRL und Art. 7 Abs. 2 FARL.

70 Das bestimmt – neben der Kostentragung – auch Art. 6 Abs. 2 S. 1 FARL.

71 Art. 3 Abs. 2 lit. a HtWRL; EuGH v. 25.10.2005 – Rs. C-350/03 *Schulte,* noch nicht in Slg., Rn. 75–80.

72 EuGH v. 25.10.2005 – Rs. C-350/03 *Schulte,* noch nicht in Slg., Rn. 82–93.

Zweck der Belehrungspflicht auch effektiv erreicht wird.[73] Die Belehrung dient gerade dazu, dem Verbraucher den Widerruf zu ermöglichen mit der Folge, daß Auszahlung des Darlehens und Auflaufen von Zinsen vermieden werden können; s. noch Rn. 498a.

b) Keine Vertragsstrafe

Ausdrücklich bestimmt nur Art. 6 Abs. 1 FARL, daß der Widerruf keine „Strafzahlung" zur Folge haben darf;[74] eine entsprechende Regelung enthält Art. 6 Abs.1 FFRL („Vertragsstrafe"). Dasselbe gilt aber auch für die übrigen Widerrufsrechte, denn sie bezwecken gerade, eine Bindung des Verbrauchers vor Ablauf der Widerrufsfrist zu vermeiden. Das schließt zwar nicht aus, dem Widerrufenden in gewissem Umfang Vergütungspflichten für empfangene Leistungen, wegen der Kosten des Vertrags oder der Rückabwicklung[75] oder wegen Untergangs oder Verschlechterung empfangener Leistungen aufzuerlegen (dazu nachfolgend, Rn. 389–395). Eine Vertragsstrafevereinbarung würde aber dem Widerrufsrecht als tatbestandslosem Reurecht glatt zuwiderlaufen, da sie das Sollensgebot, über dessen Bestand der Begünstigte während der Widerrufsfrist noch disponieren können soll, auch für den Fall des Widerrufs als bestehend voraussetzt, und durch die Privatsanktion die Entscheidungsfreiheit einengt, die das Widerrufsrecht gerade erhalten soll. Daher muß auch hier gelten: „Erklärt das Gesetz das Versprechen einer Leistung für unwirksam, so ist auch die für den Fall der Nichterfüllung des Versprechens getroffene Vereinbarung einer Strafe unwirksam" (§ 344 Hs. 1 BGB). 388

c) Leistungen, die ihrer Natur nach nicht zurückgewährt werden können

Nicht durchgehend geregelt ist die Rückabwicklung von Leistungen, die ihrer Natur nach nicht zurückgewährt werden können. Die Fernabsatzrichtlinie schließt für einige – regelmäßig leichter überschaubare – Verträge, deren Rückabwicklung problematisch wäre, schon ein Widerrufsrecht ganz aus.[76] Darin ist eine abschließende Regelung der Frage zu sehen, da Art. 6 Abs. 2 S. 2 FARL bestimmt, daß die einzigen Kosten *(charges, frais)*, die dem Verbraucher auferlegt werden können, die unmittelbaren Rücksendungskosten sind; eine Vergütung von nicht zurückgewährbaren Leistungen kommt daneben nicht in Betracht.[77] Eine ausdrückliche Regelung fehlt auch bei der Timesharingrichtlinie, hier indes wohl deshalb, weil der Verbraucher vor Ablauf der Widerrufsfrist regelmäßig keine Leistungen in Anspruch nimmt, im übrigen aber der Verkäufer bei vorheriger Leistung auf eigenes Risiko handelt. Daß die Konvaleszenzzeit hier mangels ordnungsgemäßer Information drei Monate und zehn Tage dauern kann,[78] braucht nicht zu stören, denn deren Länge kann ja der Verkäufer durch obliegenheitsgemäße Information des Erwerbers auf 389

73 EuGH v. 25.10.2005 – Rs. C-350/03 *Schulte*, noch nicht in Slg., Rn. 84–103.
74 Art. 6 Abs. 2 FARL unterstreicht das mit der Vorschrift, der Lieferer habe dem Verbraucher sein Geld „kostenlos" zu erstatten und dürfe dem Verbraucher nur die Kosten der Rücksendung der Ware auferlegen.
75 Siehe nur Art. 6 Abs. 2 FARL.
76 Art. 6 Abs. 3 und auch Art. 3 Abs. 2 FARL.
77 Ebenso *Heinrichs* FS Medicus, S. 194.
78 Art. 5 Abs. 1 Sps. 3 TSRL.

zehn Tage verkürzen. Für die Lebensversicherung schließlich befreit der Widerruf nur für die Zukunft.[79] Bei im Fernabsatz geschlossenen Finanzdienstleistungsverträgen wird der Verbraucher nicht durch eine Beschränkung der Erstattungspflicht, sondern dadurch geschützt, daß erbrachte Leistungen nur zu vergüten sind, soweit die Vergütungspflicht auch der Höhe nach mitgeteilt worden war.[80]

390 Die Haustürgeschäfterichtlinie regelt die Frage nicht selbst, sondern verweist auf das nationale Recht (Art. 7 HtWRL). Der Vergleich mit der Regelung der Fernabsatzrichtlinie legt indes nahe, eine Vergütungspflicht des Verbrauchers allenfalls höchst eingeschränkt zuzulassen. Denn anders als beim Fernabsatzgeschäft ist der Widerruf beim Haustürgeschäft vor allem dem Gegner zuzurechnen. Und daß der Verbraucher hier besonders geschützt werden sollte ergibt sich auch daraus, daß das Widerrufsrecht dem Verbraucher nach der Haustürgeschäfterichtlinie ausnahmslos zugegeben wird, z.B. auch für entsiegelte Software.[81]

391 Insgesamt bedarf diese Sachfrage einer geordneten Überarbeitung. Dabei überzeugt es wertungsmäßig, den Verbraucher weitergehend zu schützen, wenn ihm der Widerruf, wie beim Haustürgeschäft, nicht zuzurechnen ist. Indes sollte man auch hier die Inanspruchnahme der Leistung nach Wegfall der Überrumpelungssituation als Disposition über das Widerrufsrecht ansehen können, denn dann ist dem Verbraucher die standhafte Selbstbehauptung durchaus zuzumuten. Das Widerrufsrecht soll ihm zwar in gewisser Weise auch die Vergleichsmöglichkeit am Markt wieder eröffnen, die ihm durch die Überrumpelung versperrt wurde (s. o. Rn. 381). Ein Recht, die erworbene Leistung nun auch noch risikofrei ausprobieren zu können, ist ihm nach dem Schutzzweck der Regelung indes nicht einzuräumen.[82] In den übrigen Fällen sind grundsätzlich höhere Anforderungen an die Selbstverantwortung des Widerrufsberechtigten gerechtfertigt, weil (und soweit) er – anders als z.B. im Fall unerbetener Warenzusendung – ohne einen mißbilligten Einfluß des anderen Teils den Vertragsschluß selbst mit herbeigeführt hat. Eine Vergütungspflicht für in Anspruch genommene Leistungen, die nicht zurückgewährt werden können, kann ihm daher grundsätzlich zugemutet werden. Dem Schutzzweck der Widerrufsrechte kann man durch das – gegenüber einer Freistellung von der Vergütungspflicht mildere – Mittel einer Informationspflicht des anderen Teils Rechnung tragen, wie sie die Finanzfernabsatzrichtlinie vorsieht. Danach ist dem Widerrufsberechtigten die Höhe der im Widerrufsfall zu leistenden Vergütung mitzuteilen.[83]

d) Kosten des Vertrags

392 Wer im Fall des Widerrufs die Kosten des Vertrags trägt, ist unterschiedlich geregelt. Die Haustürgeschäfterichtlinie überläßt die Regelung dem nationalen Recht (Art. 7 HtWRL). Die Fernabsatzrichtlinie bestimmt, daß dem Verbraucher nur die unmittelbaren Kosten der Warenrücksendung auferlegt werden dürfen und sagt nichts über die schon durch den Vertragsschluß entstandenen Kosten (Art. 6 Abs. 2 FARL). Ähnliches bestimmt die Finanzfernabsatzrichtlinie (Art. 7 Abs. 1 FFRL). Die Timesharingrichtlinie regelt die

79 Art. 35 Abs. 1 UAbs. 2 LVersRL.

80 Art. 7 Abs. 3 FFRL.

81 Anders Art. 6 Abs. 3 Sps. 4 FARL.

82 Ebenso Langenbucher-*Herresthal,* § 2 Rn. 137.

83 Art. 3 Abs. 3 Nr. 3 lit. a, Art. 7 Abs. 1, 3 FARL.

Kostentragung (Vertragsabschluß, Rücktritt, notwendige vorvertragliche Kosten) differenziert nach den verschiedenen Widerrufssituationen; für den Regelfall des Widerrufs binnen zehn Tagen nach ordnungsgemäßer Information und Belehrung ist der Erwerber auch zur Erstattung der Kosten verpflichtet, die „aufgrund des Vertragsabschlusses" entstanden sind.[84]

Auch hier bietet sich die Unterscheidung nach Zurechenbarkeit des Widerrufs an, also eine Unterscheidung zwischen dem Widerruf wegen Überrumpelung einerseits und in sonstigen Fällen andererseits. Dem Überrumpelten sind etwaige Vertragskosten nicht zuzuschreiben. In den übrigen Fällen aber kann entsprechend der Wertung der Timesharingrichtlinie von dem Widerrufsberechtigten erwartet werden, daß er die Vertragskosten trägt. 393

e) Kosten der Rückabwicklung

Beim Warenkauf sind ferner die Kosten der ersten Sendung und der Rücksendung zu regeln. Folgt man der Unterscheidung je nach Zurechenbarkeit, so bietet diese sich auch hier an. Kosten der Hin- und Rücksendung wären danach bei Haustürgeschäften vom Verkäufer, bei Fernabsatzgeschäften vom Käufer zu tragen. Die Haustürgeschäfterichtlinie überläßt die Frage nationalem Recht. Nach Art. 6 Abs. 2 S. 2 FARL geht der Schutz des Verbrauchers indes weiter als dies unter dem Gesichtspunkt der Zurechenbarkeit geboten wäre: hier dürfen dem Verbraucher nur die „unmittelbaren Kosten der Rücksendung" auferlegt werden.[85] Das Kriterium der Zurechenbarkeit findet sich indes in einer Sonderregelung der Fernabsatzrichtlinie über die Rücksendungskosten. Wenn die Parteien die vom mitgliedstaatlichen Recht vorgesehene Ersetzungsbefugnis wegen Nichtverfügbarkeit vereinbart haben und der Lieferer davon Gebrauch macht, dann gehen die Rücksendungskosten zu seinen Lasten (Art. 7 Abs. 3 FARL). Das überzeugt, weil der Verbraucher hier nicht das Bestellte erhält, sondern etwas anderes, wenn auch „qualitätsmäßig und preislich gleichwertiges", und insofern einen *sachlichen Grund* für den Widerruf haben kann und nicht nur aus „Vertragsreue" widerrufen mag. Daß der Gesetzgeber die Kausalität der Ersetzung für den Widerruf unterstellt, ist aus Gründen der Beweisbarkeit zu begrüßen und mit Rücksicht darauf sachlich begründet, daß der Lieferer den Vorteil aus der Ersetzungsbefugnis zieht. 394

f) Ersatz für Nutzungen und wegen Verschlechterung und Untergangs

Eine Ersatzpflicht für Nutzungen oder wegen Verschlechterung und Untergang erhaltener Waren und wegen vor Widerruf empfangener Dienstleistungen kommt beim Timesharing und der Lebensversicherung nicht in Betracht, für an der Haustür oder im Fernabsatz geschlossene Verträge ist ihre Regelung dem nationalen Recht überlassen. Für Haustürgeschäfte ist diese Verweisung ausdrücklich vorgesehen, Art. 7 HtWRL. Für Fernabsatzge- 395

84 Art. 5 Abs. 3, 4 TSRL. Hervorzuheben ist die Pflicht des Verkäufers, die zu erstattenden Kosten im Vertrag zu nennen (Art. 5 Abs. 3 S. 2 TSRL); gemeint ist offenbar, daß ohne diesen Hinweis eine Erstattung nicht in Betracht kommt; so ausdrücklich für die Vergütung empfangener Leistungen Art. 7 Abs. 3 FFRL.

85 Diese Lösung schließt selbstverständlich eine noch günstigere Parteivereinbarung nicht aus, sie überläßt diese Frage nur Wettbewerb und Vertrag in einem Punkt, wo die Selbstverantwortung des Widerrufsberechtigten getrost wiederbelebt werden kann.

schäfte stiftet allerdings die Vorschrift des Art. 6 Abs. 1, 2 S. 2 FARL Verwirrung, wonach dem Verbraucher nur die unmittelbaren Kosten für die Rücksendung auferlegt werden dürfen. Darin haben wir allerdings einen Ausschluß von Ansprüchen auf Vergütung von Leistungen gesehen, die ihrer Natur nach nicht zurückgewährt werden können (Rn. 389–391). Der Grund dafür lag indes darin, daß die Richtlinie *jene Frage* erkennbar regeln wollte, nämlich durch Ausschluß des Widerrufsrechts für Fälle, in denen die Rückabwicklung typischerweise schwierig ist (Art. 6 Abs. 3 FARL). Dasselbe ist für die hier erörterte Sachfrage nicht zu erkennen: Folgen von Verschlechterung und Untergang erhaltener Waren regelt die Fernabsatzrichtlinie nicht. Für das nationale Recht geben Haustürgeschäfterichtlinie und Fernabsatzrichtlinie durch die Vorschriften über die beschränkte Kostentragungspflicht in anderen Fällen (Vertragskosten, Kosten der Rückabwicklung) nur die Richtung vor, daß die Ersatzpflicht kein übermäßiges Widerrufshindernis darstellen darf.[86] Mit Rücksicht auf den Schutzzweck der Regelung (Rn. 362–365), die gerade *nicht* bezweckt, dem Verbraucher ein gefahrloses Ausprobieren der Sache zu ermöglichen (Rn. 391), geht indes die Annahme zu weit, der Verbraucher müsse den Vertrag auch insoweit weitgehend folgenlos auflösen können.[87]

III. Grundgedanken

396 Die Widerrufsrechte dienen dem Schutz des Berechtigten vor einem „unerwünschten Vertrag". Anders als bei Anfechtungsrechten wegen einer Beeinträchtigung der Willensbildung durch Irrtum, Täuschung und Drohung geht es dabei nicht um den Schutz der formal verstandenen Privatautonomie, denn die Widerrufsrechte haben gerade dann Bedeutung, wenn der Verbraucher seine Vertragsentscheidung bereut, obwohl er sie aufgrund (formal) fehlerfreien Willens geschlossen hat. Die Widerrufsrechte dienen dem Schutz einer material verstandenen Privatautonomie, die auch durch den Begriff der wirtschaftlichen Selbstbestimmung gekennzeichnet wird.[88] Die wirtschaftliche Selbstbestimmung ist das tragende Prinzip, das allen Widerrufsrechten zugrunde liegt.

397 Die wirtschaftliche Selbstbestimmung wird allerdings nur in besonderen Situationen bzw. aus besonderen Gründen durch Widerrufsrechte geschützt, nämlich wenn die Vertragsentscheidung aufgrund der Vertriebsform oder der Komplexität des Vertragsgegenstands leicht uninformiert sein kann. Gemeinsam ist allen Fällen, daß der Marktmechanismus, der im Normalfall die Möglichkeit einer informierten Entscheidung ausreichend gewährleistet, nicht funktioniert. Daher kann man die Widerrufsrechte als Marktwiederherstellung im Gegensatz zur Marktkorrektur ansehen.[89]

398 Dem Zweck der Stärkung der wirtschaftlichen *Selbst*bestimmung entspricht das Schutzinstrument des Widerrufsrechts. Denn dadurch wird nicht die Selbstbestimmung durch eine Fremdbestimmung ersetzt – etwa im Sinne einer „Sozialautonomie" –,[90] sondern dem einzelnen eine zweite Entscheidung ermöglicht. Selbstbestimmung kann inso-

86 Gebauer/Wiedmann-*Wiedmann* Kap. 6 Rn. 83; weiter differenzierend *Franck* JR 2004, 45, 47; Gebauer/Wiedmann-*Schinkels* Kap. 7 Rn. 63–74.

87 So aber Grabitz/Hilf II-*Micklitz* A 3 (FARL) Rn. 85; *Franck* JR 2004, 45, 47.

88 *Drexl* Wirtschaftliche Selbstbestimmung, S. 7.

89 *Grundmann* ZHR 163 (1999), 635, 665–667 und 673f.

90 Eike *Schmidt* JZ 1980, 153–161; *Wilhelmsson* Social Contract Law and European Integration (1995), S. 188.

weit nur durch eine prozedurale Lösung gesichert werden, die die Vertragsentscheidung bei dem einzelnen beläßt. Das material verstandene Prinzip der wirtschaftlichen Selbstbestimmung steht daher dem Prinzip der Selbstverantwortung nicht entgegen, sondern drängt dieses nur etwas zurück – an die Stelle der Verantwortung für die erste Entscheidung tritt grundsätzlich die Verantwortung für die zweite, die zudem gleichsam unter umgekehrten Vorzeichen steht, da die Vermeidung der Vertragsbindung die Aktivität des Verbrauchers erforderlich macht. Deutlich wird dies besonders im Bereich des Versicherungsrechts, wo die Europäischen Richtlinien das Modell der ex-ante Genehmigung von Versicherungsbedingungen durch die Aufsichtsbehörde aufgegeben haben zugunsten einer grundsätzlich vertragsrechtlichen Regelungen – mit den drei Grundpfeilern der vorvertraglichen Information, des Widerrufsrechts und der Klauselkontrolle –, ergänzt durch eine aufsichtsrechtliche Mißbrauchskontrolle.[91]

Durch die Widerrufsrechte wird dem Prinzip der (materialen) wirtschaftlichen Selbst- **399**
bestimmung im Verhältnis zu anderen Prinzipien verhältnismäßig großer Raum gegeben, es setzt sich gegenüber der Vertragsfreiheit sowie der Wettbewerbsfreiheit der Vertragsparteien durch. Da der Schutz der wirtschaftlichen Selbstbestimmung durch Widerrufsrechte pauschal zugegeben wird, verbleibt auch dem selbstbewußten Vertragspartner insoweit kein Raum zur Ausübung seiner Vertragsfreiheit. Als zwingende Bestimmungen lassen die Widerrufsrechte dem einzelnen Verbraucher nicht die Möglichkeit, vertraglich (insbesondere gegen Preisnachlaß) auf das Widerrufsrecht zu verzichten, was z.B. beim Nachkauf einer bekannten Ware von Bedeutung sein kann; in der Sache bedeutet das Widerrufsrecht so eine von allen Kunden zu tragenden „Zwangsversicherung" und einen Schutz des Begünstigten vor sich selbst. Umgekehrt schließen die zwingenden Widerrufsrechte in ihrem Anwendungsbereich die Einräumung des Widerrufsrechts als Wettbewerbsfaktor aus.[92]

Vertragsfreiheit ist die Freiheit, sich zu binden, der Grundsatz der Vertragsbindung **400**
(pacta sunt servanda) ist daher mit der Vertragsfreiheit untrennbar verbunden. Widerrufsrechte schränken daher auch die Vertragsfreiheit des Begünstigten ein, sich zu binden. Anders als im Falle von Anfechtungsrechten wegen Täuschung und Drohung ist diese Einschränkung auch nicht (vollständig) durch den Schutz der wirtschaftlichen Selbstbestimmung oder ein Fehlverhalten des anderen Teils gerechtfertigt. Ein Fehlverhalten setzte einzig das Widerrufsrecht wegen unlauteren Verleitens zum Vertragsschluß voraus, das der Erste Entwurf der Finanzfernabsatzrichtlinie vorsah;[93] schon das Widerrufsrecht der Haustürgeschäfterichtlinie knüpft hingegen nur an eine vorausgesetzte, nicht aber eine aktuelle Überrumpelung an, die zudem keineswegs rechtswidrig ist. Und der Schutz der wirtschaftlichen Selbstbestimmung liegt den Widerrufsrechten insoweit nicht zugrunde, als sie auch demjenigen zugute kommen, der aktuell nicht schutzbedürftig ist, wie z.B. der Verbraucher, der in standhafter Selbstbehauptung einen Vertrag an der Haustür abschließt, weil er den Gegenstand „wirklich" haben möchte[94] und nicht etwa aufgrund

---

91 Dazu nur *Grundmann* Schuldvertragsrecht, 4.30 Rn. 36 und 4.31 Rn. 26.

92 Für Wettbewerb als ausreichendes Schutzinstrument beim Fernabsatz *Schäfer* in: Systembildung, S. 567; R. *Van den Bergh* in: Academic Green Paper, S. 265.

93 Art. 4 Abs. 3 V1-FFRL.

94 Der Ausdruck („wirklich") zeigt, wie problematisch das Konzept ist; selbst die Bestimmung, wann eine Entscheidung „truly informed" getroffen wurde (*Wilhelmsson* Social Contract Law and European Integration [1995], S. 189) ist außerordentlich problematisch, ganz abgesehen davon, daß sie das von der Privatautonomie umfaßte Recht auf eine uninformierte Entscheidung (Einkauf beim erstbesten Laden aus erwünschter Bequemlichkeit) außer Betracht läßt.

Überrumpelung erwirbt, oder der routinierte Internetkäufer, der zu Hause genauso geschäftssicher handelt wie im Ladenlokal. Dient das Widerrufsrecht auch bestimmten Schutzzwecken, kann der Begünstigte es doch unabhängig davon ausüben, ob er den Schutz benötigt. Das Widerrufsrecht *ist* ein Reurecht – nämlich das Recht, aufgrund einer nachträglichen Willensänderung vom Vertrag Abstand zu nehmen –[95] und damit ein Eingriff in die Vertragsbindung.

401 Indessen ist die mit den Widerrufsrechten bewirkte Einschränkung von Vertragsfreiheit und Vertragsbindung nicht überzubewerten. Was zunächst den Grundsatz der Vertragsfreiheit angeht, muß man bedenken, daß die Widerrufsrechte weithin anerkannten Schutzbedürfnisse entsprechen – oder doch jedenfalls einer nicht zu beanstandenden gesetzgeberischen Bewertung der Schutzbedürfnisse.[96] Anerkennt man aber ein Schutzbedürfnis, so ist nur das gewählte Schutzinstrument zu überprüfen. Hier empfehlen sich Widerrufsrechte als prozedurale, die Selbstbestimmung weithin erhaltende Lösung sehr, besonders im Vergleich mit Vorschriften über die Inhaltsgestaltung (z.B. von Timesharingverträgen, Versicherungsverträgen), Verbotsgesetzen oder Formvorschriften.

402 Soweit die Eingriffe in Vertragsfreiheit und -bindung auf einer Typisierung bzw. Pauschalierung beruhen, ist zu bedenken, daß eine andere Lösung weithin unpraktikabel wäre oder sogar praktisch zu denselben Ergebnissen führen würde. Ein Reurecht würde vermieden, wenn man die zugrundeliegenden Schutzzwecke in den Tatbestand einfließen ließe und – konsequent – auch die Kausalität des die Willensentschließung potentiell beeinträchtigenden Umstands (z.B. Überrumpelung, Distanz) für die Vertragsentscheidung verlangen würde. Das hatte *Medicus* bei seinen Vorschlägen für die Überarbeitung des Schuldrechts berücksichtigt, wonach die Überrumpelung der Widerrufsgrund war, dieser aber in bestimmten Fällen (Haustürgeschäfte) vermutet werden sollte.[97] Eine solche Vermutung wäre indes entweder praktisch kaum zu widerlegen oder sie würde dem Widerrufsgegner einen rechtspolitisch unerwünschten Anreiz zur streitigen Auseinandersetzung bieten. Die Kausalität der Verlockung für den Abschluß des Distanzvertrags[98] könnte kaum nachgewiesen oder widerlegt werden. Schon ganz allgemein sprechen daher gute Gründe gegen das – in der Sache freilich gut begründete – Kausalitätserfordernis. Für das Widerrufsrecht beim Timesharing- und Lebensversicherungsvertrag im besonderen ist von vornherein ein Reurecht gewollt. Hier ist die Tatbestandslosigkeit zweckgerecht, ebenso wie es im deutschen Recht zweckgerecht ist, dem Immobilienverkäufer/-käufer oder dem Schenker/Beschenkten das Recht zur Abstandnahme vom Vertrag zu geben, bis dieser beurkundet oder vollzogen ist. Die Einschränkung der Vertragsbindung ist aber auch verhältnismäßig gering, denn sie betrifft stets nur einen kurzen Zeitraum und ist außerdem mit einer Umkehrung der Aktionslast verbunden, da der Begünstigte handeln muß, wenn er die Bindung vermeiden will.

403 Die Widerrufsrechte negieren daher den Grundsatz der Vertragsbindung nicht, sondern bestätigen ihn im Gegenteil.[99] Denn Widerrufsrechte sind nur für sachlich begründete und begrenzte Ausnahmebereiche vorgesehen. Diese betreffen zwar mit dem Fern-

---

95 *Fuchs* AcP 196 (1996), 313, 338f.; *Lorenz* Schutz vor dem unerwünschten Vertrag, S. 3.

96 Für die FARL *Heinrichs* FS Medicus, S. 189.

97 *Medicus* Gutachten und Vorschläge, S. 531, 534; ähnlich der Vorschlag von *Schwintowski* in: Party Autonomy, S. 346.

98 Ebenso nach deutschem Recht für den Verbraucherkredit.

99 Zweifelnd *Lorenz* Schutz vor dem unerwünschten Vertrag, S. 161 Fn. 364.

absatz einen für die aktive Teilnahme des Verbrauchers (und Versicherungsnehmers) am grenzüberschreitenden Verkehr zentralen Bereich. Für die – wohl auch langfristig gesehen – weit überwiegende Zahl der Verbrauchergeschäfte und für zweiseitigen Unternehmensgeschäfte und zweiseitige Verbrauchergeschäfte gilt die Vertragsbindung indes ohne Einschränkung. Eben dieser Ausnahmecharakter des Widerrufsrechts ist ja auch der Grund dafür, daß der Widerrufsberechtigte über sein Recht zu belehren ist (unten, Rn. 492–504).

Eine zweiseitige Begründung für die mit dem Widerruf verbundenen Lasten ist unproblematisch dort gegeben, wo das Widerrufsrecht einen Ausgleich für aggressive Vertriebsmethoden darstellt, wie vor allem bei den Haustürgeschäften. Aber auch sonst kann man das Widerrufsrecht noch aus der Rechtsbeziehung der Parteien heraus begründen, wenn auch nicht in der strengen Form einer Zurechnung. Denn auch beim Fernabsatz sowie bei Verträgen über Teilzeitnutzungsrechte und Lebensversicherungen wird das Widerrufsrecht dem Verbraucher nicht einfach aufgrund seines Status eingeräumt, sondern aufgrund einer besonderen Verlockung in der Abschlußsituation bzw. aufgrund der besonderen Bedeutung des Vertrags. Für den Widerrufsgegner sind die damit verbundenen Lasten im übrigen wegen ihrer Berechenbarkeit ungleich leichter zu tragen als etwa bei Anfechtungsrechten wegen Irrtums. Denn anders als bei der Irrtumsanfechtung ist beim Widerruf ein Ausgleich mit dem Vertrauensinteresse des anderen Teils oder mit dem Verkehrsschutzinteresse nicht erforderlich. Ist der Vertrag aufgrund der verwandten Vertriebsform (Haustürgeschäft, Fernabsatz) oder als Vertragstyp (Timesharing, Lebensversicherung) stets widerruflich, so kann ein schutzwürdiges Vertrauen des Gewerbetreibenden von vornherein nicht entstehen. Und auch Verkehrsschutzinteressen Dritter bestehen grundsätzlich nicht. Sie könnten in den Fällen eine Rolle spielen, wo der Widerruf auf einen Finanzierungsvertrag durchschlägt. Diesen „Durchgriff" sehen die Richtlinien indes gerade nur dort vor, wo der Widerrufsgegner oder ein mit ihm verbundener Dritter Kredit gewährt. Selbständige Kreditverträge bleiben im Verantwortungsbereich des Verbrauchers. 404

IV. Lücken

Zustimmen kann man der grundsätzlichen[100] Beschränkung des persönlichen Schutzbereichs der Widerrufsrechte auf die als privat (nicht beruflich/gewerblich) Handelnde definierten Verbraucher.[101] Dahinter steht die Wertung, daß von beruflich oder gewerblich Tätige eine „professionelle" Organisation und ein Selbstschutz erwartet werden darf, die Überrumpelung oder Fehlentscheidungen ausschließen (oben, Rn. 197, 202–210). Wer als Rechtsanwalt oder als Malermeister seinen Bürobedarf „an der Haustür" kauft, von dem wird Wachsamkeit erwartet. Im übrigen wird er an der „Haustür" zu seinen Geschäftsräumen schon nicht überrumpelt, denn in seinen Geschäftsräumen muß man sich geschäftlicher Kontakte versehen. Beruflich oder gewerblich Tätigen ist auch zuzutrauen, daß sie beim Distanzgeschäft selbst eine etwa gewünschte Zeit zur Prüfung der noch unbekannten Ware vereinbaren. Daß hier der Marktmechanismus nicht funktionieren würde, ist nicht zu erkennen, im Gegenteil. 405

100 Ausnahme: Lebensversicherung.

101 Art. 2 Sps. 2 HtWRL, Art. 2 Ziff. 2 FARL, Art. 2 lit. d) FFRL, Art. 2 Sps. 4 TSRL. A.M. *Schulze* GPR 2005, 56, 62.

406 Wesentliche Schutzlücken lassen sich auf dieser Grundlage nicht feststellen. Wie gezeigt, dienen die Widerrufsrechte im Europäischen Vertragsrecht dem Schutz der Privatautonomie in „unregelmäßigen" Abschlußumständen und bei besonderen Geschäften. Mit den „Haustürgeschäften" und den Fernabsatzgeschäften sind die „gefährlichen" Abschlußsituationen weitgehend erfaßt. Ergänzungen kämen vor allem hinsichtlich einzelner, als besonders gewichtig bewerteter Vertragstypen in Betracht.

407 Besonders bedeutsam könnten zunächst *Bankgeschäfte* sein. Allerdings kann nicht schon der Finanzfernabsatzrichtlinie entnommen werden, daß diese Geschäfte pauschal als besonders gewichtig anzusehen seien und konsequent dem privat handelnden Kunden daher ein Widerrufsrecht einzuräumen sei; denn, wie gezeigt, ist der Regelungsgrund in den Verlockungen des Fernabsatzes, nicht aber in den Besonderheiten von Finanzdienstleistungen zu sehen.[102] Entbehrlich ist der starke Schutz durch ein Widerrufsrecht bei Überweisungsverträgen; das bestätigt die gesetzgeberische Wertung der Überweisungsrichtlinie, die sich (insoweit) auf Transparenzvorschriften beschränkt.

408 Zu erwägen wäre, ein Widerrufsrecht auch für *Verbraucherkredite* einzuführen. Das sehen in der Tat Art. 11 V-VerbrKrÄRL bzw. Art. 13 V2-VerbrKrÄRL vor.[103] In dem später durch das Verbraucherkreditgesetz (jetzt § 495 BGB) abgelösten Abzahlungsgesetz war bekanntlich bereits seit 1974 ein Widerrufsrecht enthalten.[104] Allerdings wird dem Widerrufsrecht hier (auch von Verbraucherzentralen) keine große praktische Bedeutung beigemessen[105] und seine rechtspolitische Begründung bezweifelt.[106] Für eine Beurteilung muß man die unterschiedlichen „Gefahren" des Verbraucherkreditvertrags auseinanderhalten. Zum einen kann sich der Verbraucher über die mit dem Kredit verbundenen Belastungen täuschen. Dagegen scheint eine vorvertragliche Aufklärung, wie sie die Information über die als effektiven Jahreszins aggregierten Kosten bewirkt, das geeignete Mittel zu sein; daß der Verbraucher es sich innerhalb einer notwendig kurzen Widerrufsfrist, in der die ersten Raten meist noch nicht angefallen sind, deswegen anders überlegen würde, ist hingegen unwahrscheinlich.[107] Auch das relative „Gewicht" des Kreditvertrags erscheint im Vergleich mit der Bedeutung eines Lebensversicherungsvertrags nicht gleichermaßen groß.

409 Ein Widerrufsrecht kann man aber wegen der von dem Verbraucherkredit ausgehenden Verlockung für angebracht halten, die zumindest ebenso wie die Fernabsatztechnik eine irrationale Entscheidung veranlassen kann.[108] Und da die Gefahr hier anders als bei Effektengeschäften nicht so sehr von der Undurchsichtigkeit des Vertrags als von der

---

102 Oben, Rn. 365. Die Besonderheiten des Vertragsgegenstandes rechtfertigen nur Sonderregelungen (z.B. längere Widerrufsfristen) gegenüber dem Distanzvertrieb von „einfachen" Dienstleistungen und Waren.

103 Vorschlag für eine Richtlinie des Europäischen Parlaments und des Rates zur Harmonisierung der Rechts- und Verwaltungsvorschriften der Mitgliedstaaten über den Verbraucherkredit, KOM (2002) 443 endg.; Geänderter Vorschlag für eine Richtlinie des Europäischen Parlaments und des Rates über Verbraucherkreditverträge und zur Änderung der Richtlinie 93/13/EWG des Rates vom 7.10.2005, KOM(2005) 483 endg. Krit. *Franck* ZBB 2003, 334–342; *Riesenhuber* ZBB 2003, 325–334.

104 Näher *Lorenz* Schutz vor dem unerwünschten Vertrag, S. 171–178.

105 *Reifner* in: Hörmann (Hrsg.), Verbraucherkredit und Verbraucherinsolvenz (1986), S. 632f.

106 *Lorenz* Schutz vor dem unerwünschten Vertrag, S. 200–202; *Larenz/Wolf* Allgemeiner Teil, § 39 Rn. 20.

107 *Medicus* Gutachten und Vorschlage, S. 524f. für das AbzG.

108 *Canaris* AcP 200 (2000), 273, 350.

Verlockung ausgeht, Geld zum Erwerb eines ersehnten Gegenstandes leihen zu können, würden insoweit auch Informationspflichten nach dem Modell der Wertpapierdienstleistungsrichtlinie nichts nützen. Indes ist zu beachten, daß die Last des Widerrufsrechts damit den Kreditgeber trifft, obwohl die Verlockung zumindest gleichermaßen von dem Anbieter der vom Verbraucher letztlich erstrebten Leistung ausgeht. Fügt sich ein Widerrufsrecht für Verbraucherkreditverträge daher in die bestehenden Regelungen durchaus ein, so erscheint sein Fehlen doch aufgrund der unterschiedlichen Abwägungsaspekte nicht schon als wertungsmäßige Lücke.

Auch für Verträge über *Wertpapierdienstleistungen* ist bislang ein Widerrufsrecht nicht **410**
vorgesehen, statt dessen stellt die Finanzinstrumenterichtinie weitreichende und auf den Einzelfall abgestimmte Aufklärungs- und Beratungspflichten auf, die (beim „vor-Ort-Geschäft") einen ausreichenden Schutz verbürgen sollen. Auch wenn man Wertpapiergeschäfte ihrer Bedeutung nach mit Lebensversicherungsverträgen gleichsetzen mag, ist eine Lücke nicht zu beanstanden, da Information hier effektiveren Schutz verspricht. Zudem wäre ein Widerrufsrecht bei Wertpapierdienstleistungen praktisch problematisch, weil der Wert des Vertragsgegenstands kursabhängig ist und daher die Abwicklung schwierig wäre.[109]

Neben Bankgeschäften kann sich auch bei Verträgen über *Fernunterricht* und verwandte **411**
Gegenstände ein besonderes Schutzbedürfnis ergeben, dem durch ein Widerrufsrecht Rechnung getragen werden kann. Ein Widerrufsrecht kann hier sowohl wegen der Bedeutung des Geschäfts als auch wegen der besonderen Verlockungen geboten sein, die von dem Vertragsgegenstand ausgehen.[110] Auch der 1980 zurückgezogene Vorschlag einer Fernunterrichtsschutzrichtlinie[111] enthielt in Art. 10 ein Widerrufsrecht und in Art. 11 ein außerordentliches Kündigungsrecht. Die Kombination von Widerrufs- und Kündigungsrecht hatte einen guten Sinn: Während das Widerrufsrecht Ausgleich für die Verlockung ist, liegt in dem Kündigungsrecht ein Ausgleich dafür, daß die Qualität und Tauglichkeit des Unterrichts erst nach einiger Zeit sinnvoll beurteilt werden kann.

§ 15
Willensmängel – Irrtum, Täuschung und Drohung

Literatur:

Grigoleit, Hans Christoph, Irrtum, Täuschung und Informationspflichten in den European Principles und in den Unidroit-Principles, in: Reiner Schulze/Martin Ebers/Hans Christoph Grigoleit (Hrsg.), Informationspflichten und Vertragsschluß im Acquis communautaire, Tübingen 2003, S. 201–230

Wolf, Manfred, Willensmängel und sonstige Beeinträchtigungen der Entscheidungsfreiheit in einem europäischen Vertragsrecht, in: Basedow, Jürgen (Hrsg.), Europäische Vertragsrechtsvereinheitlichung und deutsches Recht, Tübingen 2000, S. 85–128

---

109 Auch für Fernabsatzgeschäfte schließt daher Art. 6 Abs. 2 lit. a FFRL das Widerrufsrecht bei Verträgen über Wertpapiere aus.

110 EuGH v. 16.5.1989 – Rs. 382/87 *Buet* Slg. 1989, 1235 Rn. 12.

111 ABl. 1977 C 208/12.

412 Das europäische Vertragsrecht (ieS) enthält keine Regeln über die Anfechtung wegen Irrtums, Täuschung oder Drohung, zu Recht, denn erstens besteht insoweit – ungeachtet zahlreicher Unterschiede im einzelnen – ein als gleichwertig zu erachtender gemeinsamer europäischer Nenner.[1] Und zweitens geht es auch hier um die Regelung von konkret-individuellen Einzelfällen, die als solche keine (Binnen-) Marktrelevanz haben und daher auch nach dem Harmonisierungskonzept im Vertragsrecht nicht zum Regelungsprogramm der Gemeinschaft gehören. Zwei Vorschriften sind allerdings in diesem Zusammenhang zu nennen.

413 Mit dem Recht der Willensmängel verwandt war das Widerrufsrecht wegen unlauteren Verleitens, das noch Art. 4 Abs. 2 V1-FFRL vorsah, das aber in der verabschiedeten Richtlinie (FFRL) nicht mehr enthalten ist.[2] Ausgehend von dem Bedenkzeit-Mechanismus, den der erste Vorschlag installierte, sollte dieser Tatbestand sicherstellen, daß der Verbraucher die Bedenkzeit auch nutzen kann. Deshalb verlängerte er die Überlegungsfrist über den Vertragsschluß hinaus, wenn der Anbieter den Verbraucher in „unlauterer" Weise zum Vertragsschluß verleitet. „Unlauterkeit" definierte der Vorschlag nicht positiv, er gab aber vor, daß die „Übermittlung objektiver Angaben … über den Preis der Finanzdienstleistung, wenn diese Schwankungen am Markt unterliegen", nicht als unlauteres Verhalten gelte.[3] Die Vorschrift stand so in einer gewissen Nähe zu der Anfechtung wegen Täuschung. Indes lag das so definierte unlautere Verhalten deutlich unterhalb der Grenze zu Täuschung und Drohung.[4] In der Sache handelte es sich daher eher um eine spezielle Ausprägung des Umgehungsverbots. Der Grund für die ausdrückliche Regelung – ungeachtet der „gemeineuropäischen" Wurzel des Umgehungsverbots im römischen Recht und seiner Begründung aus dem Verbotszweck –[5] lag daher wohl darin, daß der Gesetzgeber die einheitliche Auslegung sicherstellen wollte.

413a Ebenfalls in diesem Zusammenhang zu nennen ist wiederum die Richtlinie über unlautere Geschäftspraktiken (UGPRL; s.o. Rn. 277a–277e).[6] Das gilt zunächst für den Tatbestand. Art. 6 Abs. 1 UGPRL definiert als irreführende Handlung insbesondere die Täuschung durch falsche/unwahre oder richtige Angaben. Art. 7 Abs. 2 UGPRL definiert als irreführende Unterlassung insbesondere die Verheimlichung wesentlicher Informationen. Tatbestandsmerkmal ist in beiden Fällen, daß der Verbraucher durch dieses Verhalten zu einer geschäftlichen Entscheidung veranlaßt wird, die er sonst nicht getroffen hätte. Auf der Rechtsfolgenseite schreibt die Richtlinie zwar keine vertragsrechtlichen Sanktionen vor (Art. 13 UGPRL); und Art. 3 Abs. 2 UGPRL erklärt ausdrücklich, die Richtlinie lasse „das Vertragsrecht und insbesondere die Bestimmungen über die Wirksamkeit, das Zustandekommen oder die Wirkungen eines Vertrags unberührt". Indes liegt bei solchem Verhalten die Sanktion durch ein Vertragsauflösungsrecht – wie es etwa auch § 13a UWG a.F. vorsah – durchaus nahe. Die Grenze zum Recht der Willensmängel (§§ 123f. BGB) verschwimmt.

---

1 *Kötz* Europäisches Vertragsrecht, §§ 10, 11 (S. 260–325). Ferner Art. 4:103–4:108 EP.

2 Entfallen in V2-FFRL.

3 Art. 4 Abs. 2 UAbs. 2 V1-FFRL; im wesentlichen unverändert Art. 4 Abs. 2 UAbs. 2 V2-FFRL, der freilich kein Widerrufsrecht mehr vorsah, sondern einen Schadensersatzanspruch; der Geänderte Vorschlag stellte sprachlich auch klar, daß nicht die Finanzdienstleistung, sondern der Preis Schwankungen unterliegen muß; in der verabschiedeten Richtlinie ist eine entsprechende Regelung nicht mehr enthalten.

4 *Riesenhuber* WM 1999, 1441, 1445.

5 *Flume* Rechtsgeschäft, § 17 5 (S. 350f.).

6 S.a. *Collins* ERCL 1 (2004), 417, 426f.

Abschnitt 4
Diskriminierungsverbote

§ 16
Diskriminierungsverbote

Literatur:

Bezzenberger, Tilman, Ethnische Diskriminierung, Gleichheit und Sittenordnung im bürgerlichen Recht, AcP 196 (1996), 395–434

Jestaedt, Matthias, Diskriminierungsschutz und Privatautonomie, VVDStRL 64 (2005), 298–354

Neuner, Jörg, Diskriminierungsschutz durch Privatrecht, JZ 2003, 57–66

Neuner, Jörg, Protection Against Discrimination in European Contract Law, ERCL 2 (2006), 35–50

Neuner, Jörg, Vertragsfreiheit und Gleichbehandlungsgrundsatz, in: Stefan Leible/Monika Schlachter (Hrsg.), Diskriminierungsschutz durch Privatrecht, München 2006, S. 73–91

Nickel, Rainer, Handlungsaufträge zur Bekämpfung von ethnischer Diskriminierung in der neuen Gleichbehandlungsrichtlinie 2000/43/EG, NJW 2001, 2668

Picker, Eduard, Antidiskriminierung als Zivilrechtsprogramm?, JZ 2003, 540–545

Picker, Eduard, Antidiskriminierungsprogramme im freiheitlichen Privatrecht, in: Egon Lorenz (Hrsg.) Karlsruher Forum 2004: Haftung wegen Diskriminierung, Karlsruhe 2005, S. 7–115

Riesenhuber, Karl, Das Verbot der Diskriminierung aufgrund der Rasse oder der ethnischen Herkunft sowie aufgrund des Geschlechts beim Zugang zu und der Versorgung mit Gütern und Dienstleistungen, in: Stefan Leible/Monika Schlachter (Hrsg.), Diskriminierungsschutz durch Privatrecht, München 2006, S. 123–140

Riesenhuber, Karl/Franck, Jens-Uwe, Verbot der Geschlechtsdiskriminierung im Europäischen Vertragsrecht, JZ 2004, 529–538

Riesenhuber, Karl/Franck, Jens-Uwe, Das Verbot der Geschlechtsdiskriminierung beim Zugang zu Gütern und Dienstleistungen, EWS 2005, 245–251

Röttgen, Klaus, Der zivilrechtliche Schutz vor Diskriminierung und seine verfahrensrechtliche Gewährleistung – eine Untersuchung unter besonderer Berücksichtigung der Richtlinie 2000/43/EG sowie rechtspolitischer und rechtsvergleichender Aspekte, München 2004

Säcker, Franz Jürgen, Fundamente der Privatrechtsgesellschaft nach dem Antidiskriminierungsgesetz, ZG 2005, 154–164

Schöbener, Burkhard/Stork, Florian, Anti-Diskriminierungsregelungen der Europäischen Union im Zivilrecht – zur Bedeutung der Vertragsfreiheit und des Rechts auf Privatleben, ZEuS 2004, 43–82

Scholten, Ingo, Diskriminierungsschutz im Privatrecht?, Köln/Berlin/Bonn/München 2004

I. Einordnung und Übersicht

In der ersten Auflage dieses Buchs stand dieses Kapitel noch unter der Überschrift „Einschränkungen des Abschlußfreiheit“. Darunter waren vor allem vier Regelungen skizziert: 414

– die Bindung der Bank Interessenten auf Ersuchen bindende Zusagen über die Bedingungen einer grenzüberschreitenden Überweisung zu machen, wenn sie Geschäftsbeziehungen zu ihm nicht generell ausschließt; Art. 5 Überweisungsrichtlinie.[1] Der Zweck dieser Regelung liegt darin, einen funktionierenden und transparenten Wettbewerb im Bereich der grenzüberschreitenden Überweisungen zu etablieren. Dafür ist es erforder-

1 *Grundmann* Schuldvertragsrecht, 4.13 Rn. 22; U. H. *Schneider* EuZW 1997, 589, 591.

lich, daß der Kunde verbindliche und dadurch vergleichbare Angebote über die Bedingungen für ein solches Geschäft einholen kann.

- der kartellrechtliche Kontrahierungszwang, der sich gemeinschaftsrechtlich aus Art. 82 Abs. 2 lit. c EG ergeben[2] und in Verbindung mit dem nationalen Recht auch zur Bewehrung des Kartellverbots des Art. 81 Abs. 1 und 2 EG vorgesehen sein kann.[3] Die Regelung entspricht den aus dem nationalen Recht anerkannten Grundsätzen; hier wird auch von dem „Prinzip des Kontrahierungszwangs öffentlich ihre Leistungen anbietender Unternehmen zugunsten (ohne zumutbare Ausweichmöglichkeit) darauf Angewiesener" gesprochen.[4]
- das Vergaberecht, das öffentliche Auftraggeber darauf beschränkt, Anbieter nur nach festgelegten Eignungskriterien auszuschließen[5] und unter den Angeboten nach bestimmten Zuschlagskriterien – niedrigster Preis oder wirtschaftlich günstigstes Angebot – auszuwählen.[6] In ähnlicher Weise wie das Subventions-, das Kartell- und das Wettbewerbsrecht dient auch das Vergaberecht (neben anderen Zielen) der Erhaltung eines auf dem Prinzip des unverfälschten Wettbewerbs beruhenden Marktes.
- und schließlich die Diskriminierungsverbote, die das Primärrecht und – für das Vertragsrecht nur ganz vereinzelt – das Sekundärrecht vorsah.

415 Diese thematische Gewichtung läßt sich heute, nach der Verabschiedung der Gleichbehandlungsrichtlinie Geschlecht (GbGesRL) vom 13. Dezember 2004, nicht mehr rechtfertigen. Waren Diskriminierungsverbote vordem grundsätzlich auf den Bereich des Arbeitsrechts beschränkt und nur für den ethisch besonders verwerflichen Fall der Rassendiskriminierung auf das Vertragsrecht erstreckt, so etabliert die Gleichbehandlungsrichtlinie Geschlecht das Diskriminierungsverbot als weittragendes Prinzip des Vertragsrechts. Denn die Regelung betrifft in doppelter Weise Massenphänomene: weil sie das allgemeine Vertragsrecht und die Vielzahl von täglich geschlossenen Verträge betrifft und weil es um einen potentiell alltäglich bedeutsamen Diskriminierungsgrund geht. Auch in der Sache war durch die Entwicklung eine Änderung der Gewichtung geboten. Ging es an dieser Stelle in der Vorauflage vor allem um Einschränkungen der Abschlußfreiheit, so ist jetzt dem Umstand Rechnung zu tragen, daß Diskriminierungsverbote zwar vor allem, aber nicht ausschließlich für den Vertragsschluß Bedeutung haben. Sie gelten ganz ebenso für Inhalt und Durchführung von Verträgen. Im folgenden werden daher die vertragsrechtlichen Diskriminierungsverbote vertieft erörtert. Diskriminierungsverbote gehören damit zu den übergreifenden Gegenständen, die bereits oben (Abschnitt 1) angesprochen sind, doch fügt sich die Darstellung hier, zwischen Vertragsschluß und Vertragsinhalt, auch in der Sache gut.

416 Für die übrigen Themen (Rn. 414) muß es bei den kurzen Hinweisen bewenden. Diese Hinweise sollen immerhin verdeutlichen, daß auch die Diskriminierungsverbote in einem größeren Zusammenhang stehen.

---

2 Immenga/Mestmäcker-*Möschel* Art. 86 EGV Rn. 224–231. EuGH v. 2.3.1983 – *GVL ./. Kommission* Slg. 1983, 483 LS 5 (s.a. Rn. 52–54).

3 Immenga/Mestmäcker-K. *Schmidt* Art. 85 Abs. 2 EGV Rn. 86. Vgl. BGH, NJW 1980, 1224, 1225 – BMW-Importe; BGH, NJW 1988, 2175, 2177 – Cartier-Uhren.

4 *Bydlinski* System, S. 180f.; *Larenz/Wolf* Allgemeiner Teil, § 34 Rn. 30–36; krit. Jauernig-*Jauernig* Vor § 145 Rn. 10.

5 Art. 20–25 VergLRL, Art. 24–29 VergBRL, Art. 30–33 VergSRL, Art. 20–35 VergDRL.

6 Art. 26f. VergLRL, Art. 30–32 VergBRL, Art. 34–37 VergSRL, Art. 35f. VergDRL.

II. Diskriminierungsverbote und Vertragsrecht

1. Primärrechtliche Diskriminierungsverbote

a) Grundfreiheiten als an die Mitgliedstaaten gerichtet Diskriminierungsverbote

417 Primärrechtliche Diskriminierungsverbote erweitern die Vertragsfreiheit der Parteien, indem sie gesetzliche Beschränkungen der freien Partnerwahl aufheben. Sie eröffnen so die Möglichkeit, Waren und Dienstleistungen unabhängig von der mitgliedstaatlichen Nationalität anzubieten oder nachzufragen. So sind beispielsweise Touristen in ihrer Auswahl von Fremdenführern nicht darauf beschränkt, Ortsansässige zu engagieren.[7]

b) Primärrechtliche Diskriminierungsverbote als Privatrechtssätze

418 Als Privatrechtssätze beschränken Diskriminierungsverbote die freie Partnerwahl. Wir haben bereits gesehen, daß insbesondere die primärrechtliche Vorschrift des Art. 141 EG auch Privatrechtswirkung entfaltet.[8] Das allgemeine Verbot der Nationalitätsdiskriminierung des Art. 12 EG hingegen wirkt grundsätzlich nicht zwischen Privaten.[9]

2. Sekundärrechtliche Diskriminierungsverbote

a) Übersicht

419 Im Sekundärrecht gibt es eine Vielzahl von Diskriminierungsverboten. Sie betrafen bis 2000 vor allem das Arbeitsrecht. Für diesen Bereich hat der Gesetzgeber zunächst das – bereits in Art. 119 des ursprünglichen EGV enthaltene – Verbot der Entgeltdiskriminierung wegen des Geschlechts sekundärrechtlich ergänzt und erweitert (GbEgRL). Insbesondere ist auch die Geschlechtsdiskriminierung bei sonstigen Arbeitsbedingungen einschließlich Einstellungs- und Kündigungsbedingungen verboten (GbAbRL).[10] Hinzutreten die Diskriminierungsverbote der Gleichbehandlungsrahmenrichtlinie (GbRRL), die in Beschäftigung und Beruf eine Differenzierung der Religion oder der Weltanschauung, einer Behinderung, des Alters oder der sexuellen Ausrichtung verbieten. Und auch die Gleichbehandlungsrichtlinie Ethnie (Rassendiskriminierungsrichtlinie, GbEtnhieRL), die eine Differenzierung aufgrund der Rasse oder ethnischen Herkunft verbietet, hat ihren Anwendungsbereich primär im Arbeitsrecht. Die Rassendiskriminierungsrichtlinie war allerdings zugleich die erste Richtlinie, die ein Diskriminierungsverbot auch für den Bereich des Vertragsrechts einführte. Zentral dem Vertragsrecht gewidmet ist jetzt die Gleichbehandlungsrichtlinie Geschlecht.

---

7 EuGH v. 26.2.1991 – Rs. C-154/89 *Kommission ./. Frankreich* Slg. 1991, I-659; EuGH v. 26.2.1991 – Rs. C-180/89 *Kommission ./. Italien* Slg. 1991, I-709; EuGH v. 26.2.1991 – Rs. C-198/89 *Kommission ./. Griechenland* 1991, Slg. I-727. Weitere Beispiele bei *Müller-Graff* in: Party Autonomy, S. 141f.

8 Oben, Rn. 105–108.

9 Oben, Rn. 109–112.

10 Dazu etwa EuGH v. 21.5.1985 – Rs. 248/83 *Kommission ./. Deutschland* Slg. 1985, 1459; EuGH v. 8.11.1990 – Rs. C-177/88 *Dekker* Slg. 1990, I-3941; EuGH v. 16.7.1992 – verb.Rs. C-63 und 64/91 *Jackson und Creswell* Slg. 1992, I-4737; EuGH v. 13.7.1995 – Rs. C-116/94 *Jennifer Meyers* Slg. 1995, I-2131. Übersicht über die arbeitsrechtlichen Diskriminierungsverbote etwa bei *Barnard* EC Employment Law (2. Aufl. 2000), S. 197–298; *Fuchs/Marhold* Europäisches Arbeitsrecht (2001), S.71–113; *Schmidt* Arbeitsrecht der Europäischen Gemeinschaft (2001), S. 101–208.

b) Die Vertragsrechtlichen Diskriminierungsverbote

aa) Anwendungsbereich

420 Sachlich beziehen sich beide Richtlinien – die Gleichbehandlungsrichtlinien Ethnie und Geschlecht – nicht auf das Vertragsrecht, sondern auf „den Zugang zu und die Versorgung mit Gütern und Dienstleistungen". Sie erfassen damit aber zentral das Vertragsrecht, da in einer Marktwirtschaft der Zugang zu und die Versorgung mit Gütern und Dienstleistungen grundsätzlich durch Vertrag erfolgt. Auch der Gesetzgeber hat die zentrale Bedeutung für das Vertragsrecht gesehen, wenn er in BE 14 GbGesRL sagt, „Für jede Person gilt der Grundsatz der Vertragsfreiheit, der die freie Wahl des Vertragspartners für eine Transaktion einschließt."

420a Allerdings ist der Anwendungsbereich in einer Hinsicht wesentlich eingeschränkt. Die Regelungen gelten nur für das Angebot von Gütern und Dienstleistungen, „die der Öffentlichkeit ohne Ansehen der Person zur Verfügung stehen" (Art. 3 Abs. 1 GbGesRL, Art. 3 Abs. 1 lit. h GbEthnieRL).[11] Diese Einschränkung ist von zentraler Bedeutung: Weil nämlich die Rechtfertigungsgründe eng ausgestaltet sind, insbesondere die Gleichbehandlungsrichtlinie Ethnie für den Bereich des Vertragsrechts überhaupt keinen Rechtfertigungstatbestand vorsieht muß der Ausgleich mit zentralen gegenläufigen Interessen wie den Grundrechten und Grundfreiheiten, der Vereinigungsfreiheit, dem Schutz der Privatsphäre und des sittlichen Empfindens an dieser Stelle erfolgen. Diesen gegenläufigen Interessen kann man Rechnung tragen, indem man Angebote, die bei objektiver Betrachtung eine subjektiv-persönlichen Auswahl einschließen, vom Anwendungsbereich ausnimmt.[12] Ausgenommen sind danach die Verträge mit WG-Mitbewohnerin oder über privat angebotenen Cellounterricht (im Gegensatz zur öffentlichen Musikschule!). Nicht ausgenommen ist hingegen der Verkauf gebrauchter Ikea-Regale.

420b Verbotene Differenzierungsgründe sind Ethnie und Geschlecht. Die Gleichbehandlungsrichtlinie Ethnie verbietet Differenzierung nach Rasse oder ethnischer Herkunft. Sprachlich bedeutet Rasse die Herkunft oder den Stamm. Ethnie bedeutet das Volk oder den Volksstamm, allgemeiner die Menschengruppe (also nicht beschränkt auf Volk oder Stamm), die eine einheitliche Kultur hat. Die Gleichbehandlungsrichtlinie Geschlecht verbietet die Differenzierung aufgrund des Geschlechts, Art. 4 Abs. 1 GbGesRL. Klarstellend ist auch die Diskriminierung aufgrund der Schwangerschaft verboten, die man als unmittelbare Geschlechtsdiskriminierung ansieht (BE 20).

bb) Diskriminierungsverbot

421 Die Gleichbehandlungsrichtlinien formulieren einen Gleichbehandlungsgrundsatz (Art. 4 Abs. 1 GbGesRL, Art. 2 Abs. 1 GbEthnieRL), der allerdings in der Sache ein Diskriminierungsverbot bedeutet. Verboten ist zuerst die *unmittelbare Diskriminierung.* Sie liegt vor, wenn eine Person aufgrund des Geschlechts oder der Rasse oder ethnischen Herkunft in einer vergleichbaren Situation eine weniger günstige Behandlung erfährt, als eine andere Person erfährt, erfahren hat oder erfahren würde (Vergleichspersonenkonzept), Art. 2 lit. a GbGesRL, Art. 2 Abs. 2 lit. a GbEthnieRL: einem Mann wird der Zugang zur Sauna versagt, einem Türken der Abschluß eines Bankvertrags. Weiterhin verbieten

---

11 *Jestaedt* VVDStRL 64 (2005), 298 (317–320).

12 *Riesenhuber* in: Diskriminierungsschutz durch Privatrecht, S. 128f.

die Richtlinien die *mittelbare Diskriminierung.* Mittelbare Diskriminierung liegt vor, wenn äußerlich neutrale Vorschriften, Kriterien oder Verfahren Personen der geschützten Gruppe in besonderer Weise benachteiligen können, es sei denn, die betreffenden Vorschriften, Kriterien oder Verfahren sind durch ein rechtmäßiges Ziel sachlich gerechtfertigt und die Mittel sind zur Erreichung dieses Ziels angemessen und erforderlich, Art. 2 lit. a GbGesRL, Art. 2 Abs. 2 lit. b GbEthnieRL. Der Zugang zur Diskothek wird Menschen mit „krausem Haar" versagt, der Vermieter sucht Mieter von mindestens 1,80 m Körpergröße. Äußerlich neutrale Kriterien können freilich ungeachtet ihrer diskriminierenden Wirkung einen guten Sinn haben, z.B. wenn die Benutzung einer Achterbahn aus Sicherheitsgründen nur Menschen ab 1,75 m Körpergröße gestattet ist. In diesem Fall liegt schon tatbestandsmäßig keine Verletzung des Gleichbehandlungsgrundsatzes vor, wenn das diskriminierend wirkende Merkmal – wie im Beispiel – zur Erreichung eines rechtmäßigen Ziels erforderlich (Verhältnismäßigkeit) ist.

Neben der Diskriminierung verbieten die Richtlinien auch die *Belästigung* (Art. 2 lit. c, **421a** d, Art. 4 Abs. 3 GbGesRL, Art. 2 Abs. 3 GbEthnieRL) und die *Anstiftung* (Anweisung, Art. 4 Abs. 4 GbGesRL, Art. 2 Abs. 4 GbEthnieRL); sie werden der Diskriminierung gleichgestellt.

Eine Diskriminierung aufgrund der Rasse oder ethnischen Herkunft kann – außerhalb **421b** des Arbeitslebens, Art. 4 GbEthnieRL – überhaupt nicht gerechtfertigt werden. Ausnahmen lassen sich nur über den Anwendungsbereich der Richtlinie begründen (Rn. 420a). Eine Geschlechtsdiskriminierung wird nicht beanstandet, wenn die Differenzierung zur Erreichung eines legitimen Ziels erforderlich ist. So kann beispielsweise die Damensauna gerechtfertigt werden, die aus Gründen des sittlichen Empfindens eingerichtet wird.[13]

cc) Sanktionen, Rechtsdurchsetzung, Benachteiligungsverbot

Die Diskriminierungsverbote werden durch Regelungen über Sanktionen und Rechts- **422** durchsetzung sowie ein Benachteiligungsverbot ergänzt. Auch die Gleichbehandlungsrichtlinien enthalten freilich keine (vollständig) spezifizierten *Rechtsfolgenanordnungen,* sondern beziehen sich lediglich auf die allgemeinen Umsetzungsvorgaben[14] (Art. 14 GbGesRL, Art. 15 GbEthnieRL). Allerdings weist die Gleichbehandlungsrichtlinie Geschlecht im Zusammenhang mit dem Rechtsschutz auf den Schadensersatz als mögliche Sanktion hin; diese Rechtsfolge wird das nationale Recht zur effektiven Umsetzung regelmäßig zumindest *auch* vorsehen müssen.

Die Mitgliedstaaten müssen Personen, die sich diskriminiert fühlen, ermöglichen, ihre **422a** Rechte gerichtlich oder behördlich geltend zu machen, Art. 8 Abs. 1 GbGesRL, Art. 7 Abs. 1 GbEthnieRL. Bei der Rechtsdurchsetzung kommt den Klägern eine einschneidende *Beweislastregelung* zugute, Art. 9 GbGesRL, Art. 8 GbEthnieRL: der Beklagte muß sich entlasten, wenn der Kläger Tatsachen vorträgt, die eine Diskriminierung vermuten lassen. Damit ist in einem zentralen Punkt die Durchsetzbarkeit von Rechten wegen Diskriminierung erleichtert; Diskriminierungsopfer befinden sich allzu leicht in Beweisnot.

13 Die Regelung ist freilich wenig klar, da der Gleichbehandlungsgrundsatz gem. BE 17 GbGesRL nicht verlangt, daß Einrichtungen Männern und Frauen in jedem Fall zur gemeinsamen Nutzung bereitgestellt werden müssen; näher *Riesenhuber* in: Diskriminierungsschutz durch Privatrecht, S. 137f.

14 Dazu oben, § 8.

Umgekehrt ist nicht zu verkennen, daß gerade die Beweislastumkehr die in den Diskriminierungsverboten liegende Freiheitsbeschränkung erheblich verschärft. Für den – wahren oder vermeinten – Täter bedeutet es keine geringe Verlegenheit, die Reinheit der eigenen Motivation nachweisen zu müssen. Ein vorsichtiger Vermieter wird auf eine weitgehende Dokumentation der Einzelschritte seiner Vertragsentscheidung achten.

422b Teleologisch selbstverständlich wird den Diskriminierungsverboten schließlich ein *Benachteiligungsverbot* zur Seite gestellt. Wer seine Rechte aus der Richtlinie geltend macht, darf deswegen nicht benachteiligt werden (Art. 10 RL 2004/113, Art. 9 RL 2000/43). Die Richtlinien sprechen mit einem Anglizismus von „Viktimisierung".

II. Grundgedanken

423 Diskriminierungsverbote in zentralen und praktisch weitreichenden Bereichen bedeuten ein wesentlich geändertes Verständnis der Privatautonomie und der Funktionen des Vertragsrechts. Sie beschränken die Abschluß- und Inhaltsfreiheit in einem wesentlichen Bereich, denn zum Kern der Privatautonomie gehört es, eine nicht zu begründende Auswahlentscheidung zu treffen und den Vertrag – im Einvernehmen mit dem Partner – nach Gutdünken zu gestalten.[15] Wenn die BE 14 GbGesRL den Grundsatz der Vertragsfreiheit und die Auswahlfreiheit trotz der mit dem Diskriminierungsverbot verbundenen Einschränkungen hochhält, so liegt dem ein gleichsam ethisch aufgeladenes Verständnis von Vertragsfreiheit zugrunde, bei dem die Differenzierung nach dem Geschlecht (der Rasse oder ethnischen Herkunft) nicht schützenswert ist und daher nicht zur Freiheit gehört. Die Wertung kann auf breite Zustimmung rechnen, denn wer wollte schon die Diskriminierung aufgrund von Geschlecht, Rasse oder ethnischer Herkunft gutheißen?! Dabei darf man indes nicht verkennen, daß die Befrachtung des Freiheitsverständnisses mit Wertungen in mehrfacher Hinsicht gefährlich ist. Dadurch wird die Freiheit eingeschränkt, und das mag künftig auch aufgrund von Wertungen erfolgen, die nicht auf so breite Zustimmung rechnen können. Und diese Einschränkung hat, vor allem durch die Regelung über die Beweislast, ganz erhebliche Breitenwirkung: Wer damit rechnen muß, die Reinheit der eigenen Motivation darlegen und beweisen zu müssen, ist in seiner Freiheit außerordentlich eingeschränkt.

424 In einer marktwirtschaftlich verfaßten Rechtsordnung sucht man nach einer besonders starken Rechtfertigung für eine solche Einschränkung der Vertragsfreiheit.[16] Im Regelfall hat schon der Markt eine nivellierende (gleich-machende) und rationalisierende Funktion. Marktteilnehmer sind im Eigeninteresse angehalten, nur solche Kriterien anzuwenden, die im Hinblick auf das Geschäft sachgerecht sind. Geschlecht, Rasse oder ethnische Herkunft sind indes in aller Regel sachfremde Differenzierungskriterien. Der Bäcker, der nicht an Frauen oder nicht an Deutsche verkauft, tut sich selbst keinen Gefallen. Allerdings ist nicht zu verkennen, daß kulturelle oder soziale Gründe durchaus zu einem irrationalen Marktverhalten führen können. Doch ist auch das solange kein Problem, als es nur um Einzelfälle geht. Auch Einzelfälle mag man zwar beanstanden, wenn sie mit einer Verletzung der Würde des Betroffenen einhergehen. Ein Problem der Versorgung mit

---

15 Vgl. auch *Canaris* FS Reiner Schmidt (2002), S. 46f.

16 Zur Begründung von Diskrminierungsverboten grundlegend *Neuner* JZ 2003, 57, 61–65; siehe auch *Picker* JZ 2003, 540, 544f.

Gütern und Dienstleistungen entsteht dadurch indes nicht, solange es ausreichend Ausweichmöglichkeiten gibt – die der Markt regelmäßig bereitstellt. Erst wenn der *Markt versagt* und das diskriminierende Verhalten breitflächig auftritt, ist ein Einschreiten des Gesetzgebers gerechtfertigt. In der Tat wird man dann sogar eine Schutzpflicht des Gesetzgebers annehmen können, die man gemeinschaftsrechtlich sowohl aus der Bindung an das System der Marktwirtschaft als auch aus den primärrechtlichen Diskriminierungsverboten ableiten kann. Schließen die Marktteilnehmer eine Gruppe (systematisch) sachwidrig aus, so sind Diskriminierungsverbote erforderlich, um den Mitgliedern dieser Gruppe den Zugang zum Markt zu ermöglichen. Dabei kann man die Eingriffsschwelle des Gesetzgebers umso niedriger setzen, je verwerflicher das Diskriminierungsmerkmal erscheint. Daß durch Diskriminierungsverbote Elemente distributiver Gerechtigkeit in das Vertragsrecht einfließen, die einzelne Marktteilnehmer belasten, ist, wie *Canaris* hervorgehoben hat, in einer privatrechtlich verfaßten Wirtschaftsordnung zumindest in Teilbereichen ganz unvermeidlich. Es zeigt sich darin die bereits früher angesprochene[17] Sozialpflichtigkeit der Privatautonomie.[18] Das Sozialstaatsprinzip begründet also im Verein mit der Marktverfassung die Einschränkung der Vertragsfreiheit. In diesem Sinne ist daher die Beschränkung der Abschlußfreiheit dem Prinzip der Vertragsfreiheit schon immanent.

Sind demnach Diskriminierungsverbote keineswegs mit der Vertragsfreiheit unvereinbar, so wird doch zugleich die Fragwürdigkeit der gemeinschaftsrechtlichen Diskriminierungsverbote deutlich. Inwieweit sind die geschützten Gruppen schutzbedürftig? Ist hier tatsächlich ein Marktversagen zu beobachten, das zu sozialen Problemen führt? Dabei rühren die Zweifel weniger an dem Verbot der Rassendiskriminierung, das ethisch besonders gut begründet ist. Gründe, die das Verbot der Geschlechtsdiskriminierung im allgemeinen Vertragsrecht rechtfertigen, sind aus deutscher Sicht indes weniger klar zu erkennen.[19] 425

17 Oben, Rn. 133.

18 *Canaris* Iustitia distributiva, S. 119f., 127.

19 Krit. *Riesenhuber/Franck* JZ 2004, 529–538; s. aber *Neuner* ERCL 2 (2006), 35, 47f.

Abschnitt 5
Vertragsinhalt

§ 17
Vertragsauslegung und Bindung an vorvertragliche Angaben

Literatur:

Canaris, Claus-Wilhelm/Grigoleit, Hans Christoph, Interpretation of Contracts, in: Arthur Hartkamp/Martijn W. Hesselink/Ewoud Hondius/Carla Joustra/Edgar du Perron/Muriel Veldmann (Hrsg.), Towards a European Civil Code, 3. Auflage Nijmegen 2004, S. 445–469
Ferreri, Silvia, The Interpretation of Contracts from a European Perspective, in: Reiner Schulze/Martin Ebers/Hans Christoph Grigoleit (Hrsg.), Informationspflichten und Vertragsschluß im Acquis communautaire, Tübingen 2003, S. 117–139
Larenz, Karl/Wolf, Manfred, Allgemeiner Teil des Bürgerlichen Rechts, 9. Auflage München 2004, § 28
Leipold, Dieter, BGB I – Einführung und Allgemeiner Teil, 3. Auflage Tübingen 2004, § 6 (S. 160–172)
Kötz, Hein, Europäisches Vertragsrecht I, Tübingen 1996, § 7 (S. 162–188)
Schulze, Reiner, Grundsätze des Vertragsschlusses im Acquis communautaire, GPR 2005, 56–64
Zweigert Konrad/Kötz, Hein, Einführung in die Rechtsvergleichung, 3. Auflage Tübingen 1996, § 30 (S. 395–405)

I. Vertragsauslegung

426 Allgemeine Regeln über die Auslegung von Verträgen und Erklärungen, wie sie z.B. die Art. 5:101–5:107 PECL, Art. 4.1–4.8 PICC enthalten,[1] finden sich im Europäischen Vertragsrecht nicht. Aus einzelnen Vorschriften lassen sich indes einige Grundlinien für die Auslegung von Verträgen ableiten.[2]

1. Einzelne Auslegungsregeln

a) Auslegung nach dem von den Parteien verfolgten Zweck

427 Die Vertragsgemäßheit von Verbrauchsgütern wird „vermutet", wenn sie „sich für einen bestimmten vom Verbraucher angestrebten Zweck eignen, den der Verbraucher dem Verkäufer bei Vertragsschluß zur Kenntnis gebracht hat und dem der Verkäufer zugestimmt hat", Art. 2 Abs. 2 lit. b KGRL (näher, Rn. 731–735). Diese Vorschrift, die einer spezielleren Vereinbarung nachgeht und insofern dispositiv ist, kann man als gesetzliche Auslegungsregel verstehen. Eine Vereinbarung ist ihr zufolge nach dem von einer Partei verfolgten Zweck auszulegen, wenn die andere Partei dieser Zwecksetzung zugestimmt hat. *A maiore* muß gelten, daß der von beiden Parteien einvernehmlich verfolgte Zweck für die Auslegung heranzuziehen ist; das bestimmt als Grundregel Art. 5:101 Abs. 1 PECL.

b) Auslegung mit Rücksicht auf berechtigte Erwartungen

428 Verschiedene Vorschriften bestimmen, daß vorvertragliche Angaben des beruflich oder gewerblich Tätigen Vertragsbestandteil werden.[3] Auch hier kann man die Grundlage der

---

1 Zu Auslegungsregeln *Canaris/Grigoleit* in: Towards a European Civil Code, S. 455–463.
2 Zum Grundsatz von Treu und Glauben nachfolgend, § 20.
3 Art. 2 Abs. 2 lit. d, Art. 6 Abs. 1 KGRL, Art. 3 Abs. 2 UAbs. 2 PRRL, Art. 3 Abs. 2 UAbs. 1 TSRL; näher sogleich, Rn. 436–480.

Regelung in einer Auslegungsregel finden, wonach die Vereinbarung mit Rücksicht auf die „berechtigten Erwartungen“ des Adressaten vorvertraglicher Information auszulegen ist.[4] Darin liegt eine Tendenz zugunsten der „Erklärungstheorie“, die den Erfordernissen des Verkehrsschutzes stärker Rechnung trägt.[5]

c) Auslegung mit Rücksicht auf den Vertrag als Ganzes

Bereits die Rücksicht auf vorvertragliche Information (Rn. 428) weist auf eine weitere Regel hin, die Auslegung mit Rücksicht auf den Vertrag als Ganzes einschließlich der den Vertragsabschluß begleitenden Umstände. Nach der AGB-Richtlinie ist die Mißbräuchlichkeit einer nicht-ausgehandelten Klausel „unter Berücksichtigung der Art der Güter oder Dienstleistungen, die Gegenstand des Vertrages sind, aller den Vertragsabschluß begleitenden Umstände sowie aller anderen Klauseln desselben Vertrages oder eines anderen Vertrages, von dem die Klausel abhängt, zum Zeitpunkt des Vertragsabschlusses“ zu beurteilen.[6] Als allgemeinen Grundsatz schreiben das die European Principles vor: „Terms are to be interpreted in the light of the whole contract in which they appear.“[7] **429**

d) Die Unklarheitenregel: In dubio contra proferentem

Ergeben sich bei der Auslegung nicht-ausgehandelter Vertragsklauseln Zweifel, so regiert die dem Verbraucher günstigste Variante, Art. 5 S. 2 AGBRL. Der Regelung liegt der Gedanke zugrunde, daß derjenige, der sich der Vorteile der Klauselgestaltung bedient, auch deren Lasten tragen muß;[8] ihn trifft für Unklarheiten die Verantwortung. Der Grundsatz, der dem römischen Recht entstammt,[9] ist in den europäischen Rechtsordnungen weithin anerkannt und wird zur Auslegung vorformulierter Vertragsklauseln herangezogen.[10] Auch Art. 5:103 PECL und Art. 4.6 PICC folgen der *contra proferentem*-Regel, indes nicht beschränkt auf Verträge zwischen Unternehmern und Verbraucher und mit der „weicheren“ Rechtsfolgenanordnung, die Interpretation sei zu *bevorzugen*, die zu Lasten des Vertragsteils geht, der die Bedingung gestellt hat.[11] **430**

Für einseitig vorformulierte individuell ausgehandelte Vereinbarungen gilt die Vorschrift des Art. 5 S. 2 ABGRL nicht, ebensowenig wie Art. 5:103 PECL. Sie könnte aber auch insofern von Bedeutung sein, vor allem in den nicht seltenen Fällen der Nachweispflichten, die einen Vertragspartner binden, dem anderen die Bedingungen der Vereinbarung nachzuweisen (Rn. 505–522). Denn die nachzuweisenden Bedingungen können **431**

---

4 Näher sogleich, Rn. 436–480 und dort Rn. 465–473 zur dogmatischen Einordnung.

5 Ebenso das „gemeineuropäische“ Vertragsrecht, *Kötz* Vertragsrecht, § 7 II und III (S. 164–173); 5:101 PECL und *Lando/Beale* European Principles, S. 291 Note 4.

6 Art. 4 Abs. 1 AGBRL. Grabitz/Hilf II-*Pfeiffer* A 5 (AGBRL) Art. 5 Rn. 43.

7 Art. 5:105 PECL, Art. 4.4 PICC. S.a. *Canaris/Grigoleit* in: Towards a European Civil Code, S. 452 („circumstantial evidence“).

8 *Knütel* JR 1981, 221, 224; *Kötz* Europäisches Vertragsrecht, § 7 IV (S. 175). *Canaris/Grigoleit* in: Towards a European Civil Code, S. 461 messen der Regel einen Abschreckungszweck bei (deterrence); mir zweifelhaft.

9 *Zimmermann* Law of Obligations, S. 639f.

10 *Kötz* Europäisches Vertragsrecht, § 7 IV (S. 174f.); *Lando/Beale* European Principles, Art. 5: 103 Notes; Grabitz/Hilf II-*Pfeiffer* A 5 (AGBRL) Art. 5 Rn. 45; *Collins* Oxf.J.Leg.Stud. 14 (1994), 229, 247f.

11 Eine Auslegung zugunsten des Verwenders ist damit nicht ausgeschlossen; *Lando/Beale* European Principles, Art. 5:103 Comment a.E.

durchaus auch individuell ausgehandelte Vereinbarungen umfassen, so vor allem im Arbeitsrecht. Ist der Nachweisschuldner auch dazu verpflichtet, die Bedingungen getreu der vorherigen Vereinbarung nachzuweisen, so kann sich doch aus der Niederschrift eine Unklarheit ergeben. Auf diese Unklarheiten kann die *contra proferentem*-Regel indes nicht angewandt werden. Das folgt – formal – schon daraus, daß entsprechende gesetzliche Anordnungen fehlen; insbesondere die Nachweisrichtlinie hat bekanntlich die rechtliche Bedeutung des erteilten Nachweises nahezu völlig offen gelassen.[12] Der Nachweis ist außerdem nur eine Bestätigung der auszulegenden Vereinbarung, nicht aber die Vereinbarung selbst. Vor allem aber paßt der Grundgedanke der *contra proferentem*-Regel, die Verbindung von Last und Vorteil, in diesem Fall nicht, da der Nachweisschuldner beim Nachweis individueller Bedingungen nicht zum eigenen Vorteil handelt, sondern zum Vorteil des Nachweisgläubigers, und bei der Abfassung des Nachweises gerade keinen Spielraum hat.

e) Auslegung und Sprache

432 Eine gängige Frage bei der Auslegung grenzüberschreitender Verträge ist, welcher von mehreren sprachlichen Fassungen im Fall der Divergenz der Vorrang gebührt. Diese Frage ist durchaus auch im Europäischen Vertragsrecht praktisch. Beispielsweise verpflichtet die Timesharingrichtlinie den Verkäufer, dem Erwerber von der Vertragsurkunde neben dem Original auch eine beglaubigte Übersetzung in der Sprache des Belegenheitslandes zu geben.[13]

433 Eine formale Antwort darauf liefert die *contra proferentem* Regel für den Fall, daß es – wie praktisch zumeist – um verschiedene sprachliche Fassungen nicht-ausgehandelter Vereinbarungen geht. Danach gilt die dem Verbraucher günstigste Auslegung. Im übrigen könnte man, mit Art. 5:107 PECL, der Originalsprache den Vorzug geben. Das kann indes nur gelten, soweit die Parteien die Vertragssprache frei wählen können, nicht aber, wenn die Sprache zugunsten einer Partei vorgeschrieben oder einer Partei die Sprachwahl überlassen ist (oben, Rn. 255–269). Weil in diesen Fällen die Sprachvorschrift bzw. -wahl selbst eine Schutzfunktion hat, muß die vorgeschriebene bzw. gewählte Sprache regieren.

2. Keine allgemeinen Auslegungsvorschriften

434 Diese Auslegungsregeln haben z.T. sehr weite Anwendungsbereiche. Allgemeine Auslegungsvorschriften lassen sich aus den Einzelvorschriften jedoch nicht ableiten. Nur soweit besondere Schutzvorschriften dies gebieten, ist die Vertragsauslegung demnach durch das Europäische Vertragsrecht vorgegeben, im übrigen bleibt es bei den in Einzelheiten divergierenden[14] nationalen Auslegungsregeln, die das Gemeinschaftsrecht als gleichwertig anerkennt.[15] Die Gleichwertigkeit nationaler Auslegungsregeln ergibt sich nicht zuletzt aus Art. 10 Abs. 1 lit. a EVÜ.

---

12 Art. 6 NwRL. Näher oben, Rn. 233f. und unten, Rn. 505–522, bes. 514–517.

13 Art. 4 Sps. 3 TSRL. Die Pflicht zur Übergabe eines Vertragsexemplars in der gewählten Sprache nennt Art. 4 TSRL nicht, sie ergibt sich indes aus dem Zusammenhang.

14 Rechtsvergleichende Übersichten bei *Kötz* Europäisches Vertragsrecht, § 7 (S. 162–188); *Lando/Beale* European Principles, Art. 5:101 Note 1.

15 Grabitz/Hilf II-*Pfeiffer* A 5 (AGBRL) Art. 5 Rn. 42.

Auslegungsregeln bilden so einen der verborgeneren Bereiche der Divergenzen zwischen mitgliedstaatlichen Rechten. Weder Verbraucher noch Unternehmen können sicher sein, daß ihren Vereinbarungen von den Gerichten in allen Mitgliedstaaten dieselbe Bedeutung beigelegt wird. Für den Verbraucher dürften die möglichen Divergenzen indes praktisch nicht von Gewicht sein, denn mit der Unklarheitenregel des Art. 5 S. 2 AGBRL hat das Europäische Recht die für ihn praktisch wichtigste Auslegungsmaxime vereinheitlicht. Ob sich für den verbleibenden Bereich eine Europäische Regelung anbietet, ist zweifelhaft; wichtiger als Rechtssätze dürfte in diesem Bereich Rechtsangleichung „von unten" durch eine Annäherung der Rechtskulturen bleiben. 435

II. Bindung an vorvertragliche Angaben

Literatur:

Dürrschmidt, Armin, Werbung und Verbrauchergarantien – Zur Notwendigkeit einer Novellierung des § 13a UWG vor dem Hintergrund der europäischen Rechtsentwicklung, München 1997

Lehmann, Michael, Vertragsanbahnung durch Werbung – Eine juristische und ökonomische Analyse der bürgerlich-rechtlichen Haftung für Werbeangaben gegenüber dem Letztverbraucher, München 1981

v. Vogel, Alexander, Verbrauchervertragsrecht und allgemeines Vertragsrecht – Fragen der Kohärenz in Europa, Berlin 2006, § 3 B I, § 7 B I

Regelungen über den Vertragsinhalt, sei es in Form dispositiven oder zwingenden Rechts, sind im Europäischen Privatrecht selten (unten, § 19). In verschiedenen Richtlinien finden sich jedoch Vorschriften, die vorvertragliche Angaben in Prospekt, Werbung oder „öffentlichen Äußerungen" zum Vertragsbestandteil erklären. 436

1. Übersicht

a) Pauschalreiseprospekt

Nach Art. 3 Abs. 2 UAbs. 2 Pauschalreiserichtlinie ist der Veranstalter/Vermittler, der einen Prospekt über die Reise begibt, an die darin enthaltenen Angaben gebunden, es sei denn 437

(1) er hätte die Änderung gemäß einem schon in dem Prospekt enthaltenen Vorbehalt[16] vor Vertragsschluß mitgeteilt oder
(2) die Parteien hätten („später") anderes vereinbart.[17]

b) Timesharingprospekt

Eine ähnliche Bindung sieht Art. 3 Abs. 2 Timesharingrichtlinie vor, wonach die in einem Timesharingprospekt enthaltenen Angaben Vertragsbestandteil werden. Davon kann nur abgewichen werden, wenn 438

(1) die Parteien dies ausdrücklich vereinbaren oder
(2) Umstände dazu Anlaß geben, auf die der Verkäufer keinen Einfluß hat („externe Umstände").

---

16 *Grundmann* Schuldvertragsrecht, 4.01 Rn. 15.

17 Zur Rechtslage nach früherem deutschen Recht *Lehmann* Vertragsanbahnung durch Werbung, S. 211f.

Im zweiten Fall muß die Änderung dem Erwerber vor Vertragsschluß mitgeteilt und in dem Vertrag ausdrücklich darauf hingewiesen werden.

c) Garantiewerbung und Bestimmung der Vertragsmäßigkeit beim Kauf

439 Eine Bindung an Werbungsangaben sieht auch Art. 6 Abs. 1 Kaufgewährrichtlinie vor, wonach die Garantie den Erklärenden u.a. „gemäß den in ... der einschlägigen Werbung angegebenen Bedingungen binden" muß. Da „der Erklärende" gebunden wird, kann die Bindung nicht nur den Verkäufer treffen, sondern auch den Hersteller oder Zwischenhändler, der Garantieerklärungen abgibt. Die Garantie kann aufgrund einer besonderen Abrede – z.B. im Kaufvertrag oder im „Garantieschein" des Herstellers – oder auch allein aufgrund der Werbung zustande kommen, letzteres z.B., wenn der Hersteller in der Werbung Garantieangaben macht („Garantiewerbung").[18] Eine Garantievereinbarung ist im Lichte der Werbungsaussagen auszulegen. Nach dem weitgefaßten Wortlaut (einschlägige Werbung; *associated advertising; publicité y afférente*) und nach dem Schutzzweck der Vorschrift sind auch für die Auslegung der Händlergarantie die Angaben in der Herstellerwerbung zu berücksichtigen und umgekehrt. Ausnahmen von der Bindung an Werbungsaussagen sieht Art. 6 Kaufgewährrichtlinie nicht vor.[19]

440 Ferner bestimmt sich die Vertragsmäßigkeit einer Ware auch nach den öffentlichen Äußerungen des Verkäufers, des Herstellers oder des Vertreters des Herstellers über die konkreten Eigenschaften der Ware (Art. 2 Abs. 2 lit. d KGRL, i.e. Rn. 733). Nach dieser Vorschrift ist die Ware vertragsgemäß, wenn sie eine Qualität und Leistung aufweist, „die der Verbraucher vernünftigerweise erwarten kann, wenn ... die insbesondere in der Werbung oder auf dem Etikett getätigten öffentlichen Äußerungen des Verkäufers, des Herstellers oder dessen Vertreters über die konkreten Eigenschaften des Gutes in Betracht gezogen werden".[20] Diese Bindung tritt allerdings (gem. Abs. 4) nicht ein, wenn der Verkäufer nachweist, daß
(1) er die öffentlichen Äußerungen nicht kannte oder kennen mußte,[21]
(2) sie spätestens bei Abschluß berichtigt wurden oder
(3) die Angaben die Kaufentscheidung nicht beeinflußt haben.

2. Tatbestände und Ausnahmen

441 Versucht man den verschiedenen Tatbeständen einige Grundlinien zu entnehmen, so ist zwischen den beiden Fällen der Haftung für eigene Angaben (a) und der Haftung für Angaben Dritter (b) zu unterscheiden. Die Rechtsfolgen sind freilich jeweils dieselben (c). Die Regelung weist zahlreiche Unstimmigkeiten auf. Diese beruhen vor allem darauf, daß sich der Gesetzgeber nicht für eine von verschiedenen dogmatischen Einordnungsmöglichkeiten entschieden hat (d). Abschließend ist kurz zu erörtern, wie sich die Haftungstatbestände zu den übrigen Informations- und Werbungsregeln verhalten (e).

---

18 *Grundmann* Schuldvertragsrecht, 2.12 Rn. 32.

19 *Grundmann* Schuldvertragsrecht, 2.12 Rn. 33; *Dürrschmidt* Werbung und Verbrauchergarantien, S. 117f.

20 Im Ansatz ebenso für das deutsche Recht *Medicus* Schuldrecht II, Rn. 47 (zu der weiteren Frage der Eigenschaftszusicherung ebd. Rn. 69).

21 Ebenso Art. 6:101 Abs. 3 PECL; dazu *Lando/Beale* European Principles, Art. 6:101 Comment G (S. 301).

a) Bindung des Vertragspartners an eigene Angaben

aa) Tatbestand

Einzige Voraussetzung für die Begründung der Bindungswirkung ist die vorvertragliche Angabe, die individuell, im Prospekt, in der Werbung oder (sonstigen) öffentlichen Äußerungen erfolgen kann. Eine Unterscheidung nach der Verläßlichkeit dieser Tatbestände – etwa dahin, daß man sich umso mehr verlassen dürfe, je individueller die Form der Angaben ist (öffentliche Äußerung – Prospekt – individuelle [Werbungs-] Aussage) – läßt sich nicht begründen. Das zeigt sich insbesondere am Beispiel der Bindung von Hersteller oder Verkäufer an Werbungsaussagen, die der Europäische Gesetzgeber unabhängig von der Individualität der Aussage und der Form der Werbung (Werbetafel, Prospektbegebung, individuelle Zusagen) am Vorbild der Prospektbindung der Pauschalreiserichtlinie entwickelt hat. Damit hat der Gesetzgeber angedeutet, daß er dieser Unterscheidung keine wesentliche Bedeutung beimißt. Gerade diese Entstehungsgeschichte macht allerdings deutlich, daß der Gesetzgeber bislang versäumt hat, sich den allgemeinen Grundsatz klar zu machen und diesen konsequent umzusetzen. Wenn nicht nur eine Bindung an Prospektangaben in Betracht kommt, sondern auch an Werbungsaussagen allgemein, so sollte letzteres auch bei der Werbung für Pauschalreisen oder für Timesharingverträge gelten. 442

Die Bindung erstreckt sich nur auf sachliche Angaben, nicht auf als solche erkennbare Anpreisungen („... verleiht Flügel").[22] Das stellen die Einzelregelungen zwar nicht klar, ergibt sich aber aus dem Zusammenhang. In den Fällen der Bindung an Prospektangaben (Pauschalreise, Timesharing) folgt diese Beschränkung daraus, daß die Richtlinien nur bestimmte Sachangaben für den Prospekt vorschreibt. Die Bestimmung der Vertragsmäßigkeit von Verbrauchsgütern mit Rücksicht auf öffentliche Äußerungen ist schon tatbestandlich auf die vernünftigen Erwartungen des Verbrauchers beschränkt.[23] Insofern kann hier nichts anderes gelten als bei den allgemeinen Anforderungen an Werbung und vorvertragliche Information (s. §§ 11, 12): Nach dem Prinzip der Selbstverantwortung ist von dem Verbraucher eine gesunde Skepsis zu verlangen.[24] 443

bb) Befreiung von der Bindung

(1) Andere Vereinbarung

Von den Werbungs- oder Prospektangaben können die Parteien auch *nach* Vertragsschluß stets einvernehmlich abweichen. Für die Änderung von Reiseprospektangaben nach Vertragsschluß ist das ausdrücklich vorgesehen (Art. 3 Abs. 2 UAbs. 2 Sps. 2 PRRL), es gilt aber auch sonst, da der andere Vertragsteil schon durch den Einigungsgrundsatz hinreichend geschützt ist. 444

Entsprechendes gilt für einvernehmliche Änderungen *vor* Vertragsschluß, vorausgesetzt, daß sie ausdrücklich erfolgen. Ausdrücklich läßt das nur Art. 3 Abs. 2 UAbs. 2, 3 TSRL zu. Für Änderungen im Hinblick auf den Pauschalreiseprospekt gilt das *a maiore*, da der Verbraucher hier keinen weitergehenden Schutz verdient als im Falle der Änderung nach Vertragsschluß. Für die Bindung des Kaufgarantiegebers legt schon die Verweisung 445

---

22 Ebenso Art. 6:101 Abs. 2 PECL, vgl. *Lando/Beale* European Principles, Art. 6: 101 Comment D.
23 Vgl. schon BE 8 S. 5 KGRL.
24 Ebenso *Lehmann* JZ 2000, 280, 283–285.

auf die Regelung der Pauschalreiserichtlinie in der Begründung zu Art. 6 der KGRL[25] nahe, daß eine einvernehmliche Abweichung von früheren Angaben vor Vertragsschluß möglich ist. Besondere Gründe, dem Verbraucher beim Abschluß von Kaufverträgen einen Schutz vor der einvernehmlichen Abweichung von Werbungsangaben (und damit: vor sich selbst) zuzugeben, der beim Pauschalreisenden nicht für erforderlich gehalten wird, sind nicht ersichtlich. Soweit die „öffentlichen Äußerungen" die Vertragsmäßigkeit der Ware mitbestimmen, folgt der Vorrang einer Individualvereinbarung bereits daraus, daß Art. 2 Abs. 2 lit. d) Kaufgewährrichtlinie lediglich (nachrangig) bestimmt, wann die Güter als *vertrags*gemäß gelten (Rn. 731), denn das steht naturgemäß zur Disposition der Parteien. Daher kann die Bindung an Werbungsangaben durch eine Vereinbarung der Parteien vor oder nach Vertragsschluß geändert werden.

446 In jedem Fall muß aber die einvernehmliche Änderung ausdrücklich und in transparenter Weise erfolgen. Das schreibt Art. 3 Abs. 2 UAbs. 2, 3 TSRL eigens vor, es ist aber auch in den übrigen Fällen mit Rücksicht auf den Zweck der Bindungsvorschriften geboten, der darin liegt, das Vertrauen des Adressaten auf die vorvertragliche Bindung zu schützen.

(2) Vorbehalt in den vorvertraglichen Angaben

447 Eine einseitige Änderung von Reiseprospektangaben ist möglich, wenn sich der Veranstalter/Vermittler dies im Prospekt vorbehalten hat; auf die Änderung ist der Verbraucher vor Vertragsschluß klar hinzuweisen, Art. 3 Abs. 2 UAbs. 2 Sps. 1 PRRL. Für den Timesharingvertrag und die Bindungstatbestände der Kaufgewährrichtlinie fehlt eine Regelung.[26] Doch deutet der Wortlaut des Art. 3 Abs. 2 UAbs. 2 TSRL darauf hin, daß die Ausnahmetatbestände abschließend geregelt werden sollten und daher die Berufung auf eine im Prospekt vorbehaltene Änderung den Verkäufer nicht befreien kann.[27] Für die Kaufgewährrichtlinie hingegen ist anzunehmen, daß der Verkäufer öffentliche Äußerungen schon unabhängig von einem Änderungsvorbehalt berichtigen kann, Art. 2 Abs. 4 Sps. 2 KGRL.

448 Auszugehen ist in allen Fällen von dem Zweck der Regelung, das Vertrauen des Verbrauchers auf bestimmte vorvertragliche Leistungsangaben zu schützen. Da ein Änderungsvorbehalt das Vertrauen des Verbrauchers schon zerstört, sollten vorbehaltene Änderungen in jedem Fall zugelassen werden. Die abweichende Regelung der Timesharingrichtlinie dürfte den Zweck verfolgen zu verhindern, daß der Verkäufer hier nicht zunächst – unter Vorbehalt – viel versprechen soll, um davon nachher, wenn der mit dem Versprechen gelockte Verbraucher abschlußwillig ist, stückweise wieder abzuweichen. Eine nachträgliche einseitige Korrektur der Prospektangaben vor Vertragsschluß ist aus diesem Grund nur aufgrund von Umständen zulässig, die der Verkäufer nicht beeinflussen kann. Die Skandalfälle in der Timesharingbranche dürften diese Regelung mitausgelöst haben. Doch handelt es sich nicht um ein branchenspezifisches Problem, so daß eine einheitliche Regelung zu wünschen wäre. Dabei dürfte sich indes die Regelung der Timesharingrichtlinie – die nicht jede vorbehaltene, sondern nur die durch äußere Umstände veranlaßte Änderung zuläßt – nicht als Vorbild anbieten. Vielmehr sollte man, wie dies die übrigen Regeln tun, auf den Markt und die Selbstverantwortung der Betroffenen vertrauen. Den erforderlichen Mindestschutz vor einer systematischen Anlockungspraxis bietet schon das Verbot irreführender Werbung. Im übrigen darf man hier der

---

25 KOM(95) 520 endg., auch abgedruckt in ZIP 1996, 1845, 1852.
26 Für eine Analogie zu Art. 3 Abs. 2 PRRL *Grundmann* Schuldvertragsrecht, 2.12 Rn. 33.
27 Ebenso wohl Grabitz/Hilf II-*Martinek* A 13 (TSRL), Art. 3 Rn. 120.

Selbstverantwortung des Verbrauchers vertrauen, den zahlreiche Vorbehalte ebenso zurückhaltend stimmen werden wie deren Ausübung durch den Verkäufer (vor Vertragsschluß!). Eine dahingehende Tendenz des Gesetzgebers deutet sich mit der jüngsten Regelung in der Kaufgewährrichtlinie an.

Ist die Transparenz sogar dann geboten, wenn der Verbraucher aufgrund seiner Zu- 449
stimmung zur Änderung davon Kenntnis erlangt (Rn. 446), so gilt das erst recht, wenn der an die vorvertraglichen Angaben Gebundene einen Änderungsvorbehalt ausübt. Solche Änderungen müssen daher ausdrücklich und klar erfolgen.

(3) Mangelnde Kausalität

Soll das Vertrauen des Adressaten vorvertraglicher Angaben geschützt werden, so ist die 450
Bindungswirkung nur dann geboten, wenn die Angaben den Vertragsentschluß überhaupt beeinflußt haben. Von den hier erörterten Verpflichtungstatbeständen des Europäischen Vertragsrechts erlaubt indes nur die Regelung über die Bestimmung der Vertragsmäßigkeit beim Verbrauchsgüterkauf die Entlastung des Verkäufers wegen mangelnder Kausalität (Art. 2 Abs. 4 Sps. 3 KGRL).

Die übrigen Vorschriften enthalten *kein* Kausalitätserfordernis und lassen eine Befrei- 451
ung auch dann nicht zu, wenn ausgeschlossen werden kann, daß die vorvertraglichen Angaben Einfluß auf die Vertragsentscheidung hatten. In den Fällen der Bindung an Prospektangaben käme eine Berufung auf die mangelnde Ursächlichkeit ohnehin nicht in Betracht, und zwar aus tatsächlichen und rechtlichen Gründen. In tatsächlicher Hinsicht kann man davon ausgehen, daß sich die Geschützten in aller Regel auf die Prospektangaben verlassen. In rechtlicher Hinsicht ist zu bedenken, daß es sich hier um eine Bindung an *eigene* Angaben handelt. Dann aber erscheint es sachgerecht, dem Verpflichteten von vornherein die Entlastung zu versagen, seine Prospektangaben seien wirkungslos geblieben.

(4) Äußere Umstände

Auf äußere, von dem Gebundenen nicht beeinflußbare Umstände kann sich nach den aus- 452
drücklichen Regelungen nur der Timesharing-Verkäufer berufen, Art. 3 Abs. 2 UAbs. 2 TSRL. Voraussetzung für die Befreiung ist auch hier die Wahrung der Transparenz (Mitteilung angemessene Zeit vor Vertragsschluß,[28] ausdrücklicher Hinweis im Vertrag), Art. 3 Abs. 2 UAbs. 3 TSRL. In diesem Befreiungstatbestand liegt ein Ausgleich dafür, daß für den Timesharing-Verkäufer eine Befreiung durch Berichtigung oder Ausübung eines Vorbehalts *de lege lata* nicht in Betracht kommt (soeben Rn. 447–449).

Mit diesem Befreiungstatbestand wird zugleich schon ein potentiell allgemeiner Tatbe- 453
stand der Haftungsbefreiung angesprochen, nämlich die höhere Gewalt. Höhere Gewalt als Schranke der vertraglichen Verpflichtung erörtern wir unten (Rn. 872) im Zusammenhang mit den Leistungsstörungen.

b) Bindung des Vertragspartners an Angaben Dritter

aa) Tatbestand

In verschiedenen Fällen kommt eine Bindung des Vertragspartners durch öffentliche 454
Äußerungen Dritter in Betracht. So kann die Vertragsmäßigkeit, für die der Verkäufer

28 Grabitz-Hilf II-*Martinek* A 13 (TSRL) Art. 3 Rn. 121.

einzustehen hat, auch mit Rücksicht auf die öffentlichen Äußerungen des Herstellers oder seines Vertreters zu bestimmen sein, Art. 2 Abs. 2 lit. d KGRL. Auch die Garantieerklärung des Verkäufers kann mit Rücksicht auf die Werbung des Herstellers auszulegen sein, Art. 6 Abs. 1 KGRL. Und schließlich läßt die Pauschalreiserichtlinie dem nationalen Gesetzgeber die Option, den Reisevermittler an die Angaben des vom Veranstalter erstellten Prospekts zu binden.[29] Die Begründung für die Bindung des Vertragspartners an vorvertragliche Angaben Dritter kann man in allen Fällen zum einen darin sehen, daß die Funktionsteilung auf Anbieterseite für den Nachfrager[30] nur schwer durchschaubar ist und (auch daher) für die Frage der Verbindlichkeit von Werbungsangaben keine Bedeutung haben darf.[31] Zum anderen ist diese Bindung dem belasteten Vertragspartner auch zumutbar, da er von den Äußerungen der bestimmten Dritten profitiert.[32] Hinzukommt, daß der Verkäufer besser als der Verbraucher in der Lage ist, beim Hersteller als Verantwortlichem Rückgriff zu nehmen. Er hat außerdem einen höheren Anreiz und bessere Möglichkeiten, Fehlinformationen in der Werbung aufzudecken.[33] Der Grundgedanke der Bindung ist hier wie in den zuvor erörterten Fällen, daß das besondere Vertrauen des Verbrauchers auf die Angaben des beruflich oder gewerblich handelnden Teils (bzw. seines „Lagers") geschützt und der Vorverlagerung und Entindividualisierung der für den Vertragsentschluß wesentlichen Informationen von der Vertragsverhandlung in die Marketingphase Rechnung getragen werden soll.

bb) Befreiung von der Bindung

455 Die oben (Rn. 444–446, 447–449) genannten Befreiungstatbestände im Falle anderer Vereinbarung und Ausübung eines Vorbehalts greifen auch hier ein. Darüber hinaus sieht die Kaufgewährrichtlinie aber weitere Befreiungsmöglichkeiten in Bezug auf die Bestimmung der Vertragsmäßigkeit durch öffentliche Äußerungen des Herstellers vor.

(1) Schuldlose Unkenntnis

456 So wird der Verkäufer von der Bindung frei, wenn er über die öffentlichen Äußerungen des Herstellers schuldlos in Unkenntnis war (Art. 2 Abs. 4 Sps. 1 KGRL).[34] Dabei kommt es nach dem klaren Wortlaut der Regelung allein auf die Kenntnis der *Äußerung* an, nicht auf die Kenntnis von deren *Unrichtigkeit.*[35] Für den umgekehrten Fall, daß der Verkäufer selbst Angaben über konkrete Eigenschaften der Ware macht, leuchtet das ein: Der Verkäufer muß sich eben auch an Angaben über konkrete Eigenschaften (!) „ins Blaue hinein" festhalten lassen. Daß er nach der Richtlinie zudem auch für „Nichtaufklärung ins Blaue hinein" – also eine Unterlassung – einstehen muß, erscheint ungewöhnlich hart. Zu

---

29 Die Richtlinie gibt nicht vor, wer verpflichtet ist; Art. 3 Abs. 2 UAbs. 2 PRRL.

30 Geschützt sind nicht nur Verbraucher, da die – vom Gesetzgeber der Kaufgewährrichtlinie als vorbildlich herangezogene – Pauschalreiserichtlinie nicht nur Privat-Handelnde schützt.

31 In diese Richtung auch *Lehmann* JZ 2000, 280, 287f.; *Dickie* JBL 2000, 167, 168.

32 *Lehmann* JZ 2000, 280, 287f., 289, 290; *Reich* NJW 1999, 2397, 2400. Kritisch *Wolf* RIW 1997, 899, 900f.

33 Für die KGRL *Grundmann* in: Europäisches Kaufgewährleistungsrecht, S. 299.

34 Erkundigt sich der Käufer beim Hersteller über Eigenschaften, ohne daß der Verkäufer das wüßte (Beispiel von *Lando/Beale* European Principles, Art. 6:101 Comment F), so liegt schon keine öffentliche Äußerung vor.

35 Grundmann/Bianca-*Grundmann* Art. 2 Rn. 41.

verstehen ist die Regelung vor dem Hintergrund, daß es sich ja nur um einen Ausnahmetatbestand von der im Grundsatz angeordneten Haftung (auch) für Herstellerangaben handelt, diese grundsätzliche Haftungsanordnung aber gerade auch im Hinblick auf die Regreßmöglichkeit des Verkäufers (Art. 4 KGRL) erfolgt.

Eine Befreiungsmöglichkeit wegen schuldloser Unkenntnis des Verkäufers fehlt für den Fall, daß der Verkäufer dadurch an die Äußerungen des Herstellers gebunden wird, daß die von ihm vereinbarte Garantie im Lichte der Herstellerwerbung ausgelegt wird. Einen Grund dafür kann man darin finden, daß eine solche Auslegung der Verkäufergarantie mit Rücksicht auf die Herstellerwerbung praktisch nur dann in Betracht kommt, wenn der Verkäufer die Herstellerwerbung kennen muß; schuldhafte Unkenntnis gibt es *ex praemissione* nicht. 457

Ebenso kann man das Fehlen eines Ausnahmetatbestands für schuldlose Unkenntnis in der Pauschalreiserichtlinie verstehen. Allerdings kommt auch hier ein Auseinanderfallen von Verpflichtetem und Werbendem (Prospektersteller) in Frage. Nach den üblichen Vertriebsmethoden kommt eine schuldlose Unkenntnis des Vermittlers vom Prospektinhalt (und nur darum geht es dort) indes nicht in Betracht. Daß ein (nach nationalem Recht selbst verpflichteter) Vermittler für einen Kunden eine Reise bucht, ohne den Prospekt zu kennen, den der Veranstalter selbst dem Verbraucher gegeben hat, dürfte kaum praktisch sein. 458

Mit dem Erfordernis des Kennenmüssens erhält der Bindungstatbestand ein Verschuldenselement, das für den Fall der Bindung an Eigenwerbung nicht vorgesehen ist und jedenfalls zu der dort im Vordergrund stehenden Frage der Vertragsbindung auch nicht ohne weiteres paßt. Auch Art. 6:101 Abs. 3 PECL sieht eine Befreiung wegen schuldloser Unkenntnis der Drittangaben vor. Da die Verkäuferhaftung nach Art. 2 KGRL nicht nur zur Vertragsauflösung führen kann, sondern einen Erfüllungsanspruch und – nach nationalem Recht – ggf. auch einen Schadensersatzanspruch begründen kann, ist das Verschuldenselement durchaus sachgerecht.[36] Folgt man dem, so sollte die fahrlässige Unkenntnis aber in allen Fällen die Bindung an Angaben Dritter ausschließen. 459

(2) Befreiung durch Berichtigung

Durch eine Berichtigung der Angaben Dritter kann sich nur der Verkäufer im Hinblick auf die die Vertragsmäßigkeit mitbestimmenden Herstellerangaben befreien (Art. 2 Abs. 4 Sps. 2 KGRL). Wiederum fehlen entsprechende Regelungen für die Verkäufergarantie und die (mögliche) Haftung des Reisevermittlers. 460

Geht man davon aus, daß die Bindung an Angaben Dritter eine Verschuldenshaftung ist, so ist es konsequent, dem Vertragspartner die Möglichkeit einzuräumen, erkannte Fehler in den Drittangaben bis zum Vertragsschluß zu berichtigen. Entsprechendes müßte aber auch gelten, wenn man die Bindung mit einer Auslegung der Vertragserklärungen begründet. Auch der Befreiungstatbestand der Berichtigung sollte daher in allen Fällen der Bindung an Angaben Dritter gelten.[37] 461

36 S. schon *Köndgen* Selbstbindung ohne Vertrag (1981), S. 305. S. aber zum Verschuldensprinzip im Bereich der Leistungsstörungen unten, Rn. 867f.

37 Dasselbe dürfte für Art. 6:101 PECL gelten, da eine Berichtigung das „vernünftige Verständnis“ bestimmt.

(3) Mangelnde Kausalität

462 Endlich kann sich der Verkäufer nach Art. 2 Abs. 4 Sps. 3 KGRL von der Bindung an Herstellerangaben durch den Nachweis befreien, daß die Vertragsentscheidung des Verbrauchers von der öffentlichen Äußerung des Herstellers nicht beeinflußt sein konnte.[38] Die älteren Regelungen der Pauschalreiserichtlinie und der Timesharingrichtlinie enthalten keine solche Ausnahme.

463 Das Kausalitätserfordernis entspricht dem Schutzzweck der Regelung. Anders als im Falle der Eigenwerbung (Rn. 450f.) stehen hier auch normative Erwägungen nicht dagegen, dem verpflichteten Vertragspartner die Berufung auf den mangelnden Einfluß auf die Vertragsentscheidung zu versagen. Eine enge Regelung wie die des Art. 2 Abs. 4 Sps. 3 KGRL, wonach der Verkäufer nicht die individuelle Unkenntnis des Käufers einwenden kann, sondern nur darlegen muß, daß die Kaufentscheidung nicht durch die betreffende Äußerung beeinflußt sein konnte, bietet den Vorteil, die Befreiung nur in engen Grenzen zuzulassen und die fruchtlose Untersuchung der Beweggründe des Verbrauchers ganz zu vermeiden.

c) Rechtsfolgen

464 In allen Fällen werden die vorvertraglichen Angaben zum Vertragsbestandteil. Änderungen, die nicht nach den Vorgaben der Befreiungstatbestände vorgenommen werden, sind unbeachtlich.[39] Die weiteren Folgen gibt das Europäische Recht nur für den Fall vor, daß die Vertragsmäßigkeit der Ware mit Rücksicht auf öffentliche Äußerungen des Herstellers bestimmt wird. Entspricht die Ware nicht der so bestimmten Vertragsmäßigkeit, so hat der Käufer die Gewährleistungsrechte des Art. 3 KGRL. Im übrigen richten sich die (weiteren) Folgen der Bindungswirkung nach nationalem Recht, das so begründete Vertragsinhalte ebenso bewehren muß wie Vertragsinhalte allgemein (Äquivalenzgebot, Rn. 221f.). Regelmäßig bedeutet das, daß der Begünstigte Erfüllung und/oder Schadensersatz wegen Nichterfüllung verlangen oder vom Vertrag Abstand nehmen kann.[40]

d) Dogmatische Einordnung: Angebotsbindung, Vertragsauslegung, Verschuldenshaftung

465 In der vorstehenden Erörterung haben wir mehrfach die Frage angesprochen, wie die Bindung des Vertragspartners an die eigenen vorvertraglichen Äußerungen dogmatisch eingeordnet werden kann. Der Mangel dogmatischer Durchbildung der Regelungen ist nicht nur theoretisch unbefriedigend, er führt auch dazu, daß Sachverhalte, die sogar nach der Bewertung des Gesetzgebers wesentlich gleich gelagert sind, rechtlich unterschiedlich behandelt werden: Mit dem – geradezu hilflos wirkenden – Hinweis, die Prospektbindung in der Pauschalreiserichtlinie beruhe auf einem „ähnlichen Prinzip", begründet der Gesetzgeber die Bindung von Hersteller/Verkäufer an Garantiewerbung, ohne indes daraus Konsequenzen für die Ausgestaltung der Regelung zu ziehen. Auch die Sachfrage der Bindung an vorvertragliche Angaben Dritter ist ganz unterschiedlich ausgestaltet, ohne daß ein durchgehender roter Faden erkennbar wäre.

---

38 Nach Art. 6:101 Abs. 3 (auch iVm Abs. 2, auf den sich Abs. 3 bezieht) PECL ist das irrelevant.

39 Ebenso wohl Grabitz/Hilf II-*Tonner* A 12 (PRRL) Art. 3 Rn. 21 a.E. A.M. Grabitz/Hilf II-*Martinek* A 13 (TSRL) Art. 3 Rn. 123.

40 So für die European Principles *Lando/Beale* European Principles, Art. 6:101 Comments C und E.

466 Allerdings dürfte die Zurückhaltung des Europäischen Gesetzgebers auch auf einer Rücksicht auf die nationalen Rechtsordnungen beruhen. Dadurch, daß der Gesetzgeber nur vorschreibt, daß der Inhalt des Reiseprospekts verbindlich ist, läßt er den Mitgliedstaaten Raum, den Prospekt schon als Angebot zu gestalten, den Prospektinhalt im Wege der Auslegung der Vertragserklärungen zum Vertragsbestandteil zu machen oder als *implied term*[41] in den Vertrag einzubeziehen.[42] Diese an sich zu begrüßende Rücksicht ist indes dann fehl am Platze, wenn sie auf Kosten der Einheit und Ordnung der Regelungen geht, denn schwerer als ungewohnte Regelungen sind inkohärente Regelungen in das nationale Privatrecht einzubeziehen.

aa) Vorvertragliche Informationen als verbindliches Vertragsangebot

467 Am weitesten würde eine Bindung an die vorvertraglichen Angaben als (unwiderrufliches)[43] Angebot gehen, da sich der Verbraucher in diesem Fall nicht nur auf die vorvertraglichen Angaben verlassen könnten, *wenn* ein Vertrag zustande kommt, sondern den Vertrag auch einseitig durch Annahme zustande bringen könnte. Eine solche Bindung trifft in der Tat den Hersteller, der in seiner Werbung eine Garantie erklärt.[44] Denn weil die Garantiewerbung des Herstellers diesen selbst bindet (und nicht den Verkäufer) muß man davon ausgehen, daß mit Abschluß des Kaufvertrags zwischen Verkäufer und Verbraucher auch der Garantievertrag zwischen Hersteller und Verbraucher zustandekommt. Will man nicht völlig auf eine rechtsgeschäftliche Begründung des Garantievertrags verzichten,[45] so muß man bereits die Garantiewerbung als auf den Abschluß des Kaufvertrags bedingtes Vertragsangebot ansehen, das der Käufer zugleich mit seiner Kaufvertragserklärung annimmt.[46] Da der Garantievertrag so an den Kaufvertrag gekoppelt ist, spricht auch die (begrenzte) Leistungsfähigkeit des Herstellers nicht gegen diese Begründung.

468 Erörtert wird die Angebotsbindung (im deutschen Recht) auch für den Reise- und Timesharingprospekt.[47] In der Tat stellen die vorgeschriebenen Mindestangaben regelmäßig schon die *essentialia* dar, die Voraussetzung für ein Angebot sind; begrenzt man die Angebotsbindung durch die Kapazitäten des Veranstalters, so steht auch dieser Umstand der Angebotsbindung nicht entgegen. Indes kann man nicht annehmen, daß die Richtlinie eine so weitgehende Vorgabe für das nationale Recht machen wollte.[48] Dagegen spricht schon, daß die Frage der Bindungswirkung des Angebots in den Mitgliedstaaten ganz

41 Zu *implied terms* im englischen Recht *Schmidt-Kessel* ZVglRWiss 96 (1997), 101–155; *Grobecker* Implied Terms und Treu und Glauben (1999).

42 Ebenso Grabitz/Hilf II-*Tonner* A 12 (PRRL) Art. 3 Rn. 21f.; Grabitz/Hilf II-*Martinek* A 13 (TSRL) Art. 3 Rn. 119.

43 S. noch sogleich, Fn. 50f.

44 Art. 6 Abs. 1 KGRL. Dogmatische Einordnung ist den Mitgliedstaaten überlassen, KOM(95) 520 endg., Kommentierung zu Art. 5, 16.

45 So *Reich* NJW 1999, 2397, 2399f.

46 Wohl a.M. *Ehmann/Rust* JZ 1999, 853, 863.

47 MünchKomm-*Tonner* § 651a Rn. 33–41 sowie Vor § 1 InfVO Rn. 14f. und § 1 InfVO Rn. 2ff.; aber aufgegeben von Grabitz/Hilf II-*Tonner* A 12 (PRRL) Art. 3 Rn. 20. Gegen die Qualifizierung als Angebot für die TSRL Grabitz/Hilf-*Martinek* A 13 (TSRL) Art. 3 Rn. 119.

48 Grabitz/Hilf II-*Martinek* A 12 (PRRL) Art. 3 Rn. 21.

unterschiedlich ausgestaltet ist[49] und namentlich in England im Grundsatz verneint wird.[50] Auch scheint keineswegs konsensfähig, daß der Prospekt schon ein Angebot darstelle.[51] Darüber hinaus gebietet auch der Zweck, das Vertrauen des Verbrauchers zu schützen, nicht, diesem die Möglichkeit zu geben, den Vertrag (vorbehaltlich einer Erschöpfung der Kapazitäten des Anbieters) zu den Prospektbedingungen zustandezubringen. Für diesen Zweck reicht es aus, die Prospektbedingungen dann durchdringen zu lassen, *wenn* ein Vertrag abgeschlossen wird. Schutzlücken entstehen auch im praktischen Ergebnis nicht: Kommt der Vertrag zustande, ohne daß die Vertragsbedingungen (einvernehmlich oder einseitig aufgrund Vorbehalts) geändert würden, so gelten die Prospektbedingungen als vereinbart. Verweigert der Werbende den Vertragsschluß, weil der Adressat auf den Bedingungen von Werbung oder Prospekt besteht und der Prospekt keinen Änderungsvorbehalt enthält, so ist zwar das vorvertragliche Vertrauen des Kunden enttäuscht, vermieden wird aber der eigentlich verpönte Vertrag zu anderen als den aufgrund von Werbung und Prospekt erwarteten Bedingungen. Der Zweck der Regelung liegt nicht darin, einen Vertrag mit bestimmtem Inhalt zustandezubringen, sondern dafür zu sorgen, daß die aufgrund der Prospektangaben berechtigten Erwartungen des Verbrauchers nicht enttäuscht werden, wenn der Vertrag zustande kommt. Als unerwünschtes Ergebnis könnte man allein ansehen, daß der Werbende durch falsche Angaben Kunden in die Verhandlungen zieht, die er sonst nicht erreicht hätte. Indessen ist die Abschlußverweigerung für den Fall, daß der Kunde sich nicht mit Abweichungen von den Werbeangaben einverstanden erklärt, sicher keine gute Werbung, so daß der Schutz vor irreführender Werbung insoweit dem Marktmechanismus und dem Wettbewerbsrecht überlassen bleiben kann. Das Vertrauen des Werbungsadressaten darauf, daß der Vertrag zu den in der Werbung angegebenen Bedingungen zustandekommen werde, wird nicht geschützt, ist aber schon nach allgemeinen Vertragsgrundsätzen nicht schützenswert, da der Werbende auch nach Europäischem Vertragsrecht keinem Kontrahierungszwang unterliegt (Rn. 414f.).

bb) (Ergänzende) Vertragsauslegung am Maßstab der berechtigten Erwartungen der Parteien

469 Die Bindung an eigene vorvertragliche Angaben kann man daher im Regelfall – ausgenommen nur der Sonderfall der selbständigen Herstellergarantie durch Werbung – nicht als eine angebotsgleiche Bindung verstehen. Treffender erscheint es, sie als eine an den berechtigten Erwartungen der Parteien orientierte gesetzliche Inhaltsbestimmung anzusehen. Diese Inhaltsbestimmung beruht auf einer generalisierten Auslegung des Vertrags nach den berechtigten Erwartungen der Parteien bzw., wie § 157 BGB das formuliert, nach Treu und Glauben mit Rücksicht auf die Verkehrssitte.

---

49 Überblick bei *Kötz* Europäisches Vertragsrecht, § 2 B IV 3 (S. 31–35); *Lando/Beale* European Principles, S. 166–168. Für grundsätzliche Widerruflichkeit aber Art. 2:202 PECL; Art. 2.4 PICC; Art. 17 AE-EuVGB und dazu *Sonnenberger* RIW 2001, 409, 412.

50 So ist im englischen Recht ein Angebot grundsätzlich widerruflich; *Atiyah* Law of Contract, S.76–79; *Beatson* Law of Contract, S. 51–57. Nach Art. 6–219 Abs. 1 NBW ist das Angebot widerruflich, wenn es nicht eine Annahmefrist enthält. Rechtsvergleichender Überblick bei *Kötz* Europäisches Vertragsrecht, § 2 IV 3 (S. 31–35).

51 Art. 2:201 Abs. 1 lit. b) PECL; Art. 2.2 PICC mit Comment 2 und Illustration 3; *Kötz* Europäisches Vertragsrecht, § 2 B I, II (S. 26–28). Für das deutsche Recht Staudinger-*Bork* (1996) § 145 Rn. 3–9.

Besonders im Bereich der kaufrechtlichen Bestimmung der Vertragsmäßigkeit entspricht dieses Modell den aus dem nationalen Recht und dem Einheitskaufrecht bekannten Vorbildern.[52] Entsprechendes gilt auch für die übrigen Fälle der Bindung an vorvertragliche Angaben. Auch dort verpflichtet sich der Erklärende nicht schon durch Werbung oder Prospektbegebung zum Vertragsabschluß. Lediglich wenn der Vertrag zustandekommt, tritt die Bindung an die Werbungsangaben ein. Die vorvertraglichen Angaben sind zwar nicht selbst Angebot, sie bestimmen aber, vorbehaltlich der Ausnahmetatbestände, die Auslegung der Vertragserklärungen der Parteien. 470

Auf dieser Grundlage ist verständlich, daß die Bindung nicht eintritt, soweit die Parteien anderes vereinbaren oder die vorvertraglichen Angaben schon unter Vorbehalt standen. Da es auf die berechtigten Erwartungen der Vertragsparteien ankommt, ist auf dieser Grundlage allerdings zu fordern, daß der Begünstigte die vorvertraglichen Angaben auch zur Kenntnis genommen hat, mögen sie auch für seinen Vertragsentschluß nicht ursächlich gewesen sein. Soweit die untersuchten Regelungen diesen Umstand nicht eigens berücksichtigen, läßt sich das indes als Ausdruck einer gesetzlichen Vermutung verstehen. 471

cc) Verschuldenshaftung für Angaben Dritter?

Schwierigkeiten bereitet die Einordnung der Bindung an Angaben Dritter, da die Bindungswirkung näher nur in Art. 2 Abs. 2 lit. d) und Abs. 4 KGRL geregelt ist. Dort deutet die Befreiung wegen schuldloser Unkenntnis darauf hin, daß es sich nicht um eine rechtsgeschäftliche Bindung, sondern um eine Verschuldenshaftung handelt. Das entspricht der Regelung des Art. 6:101 Abs. 3 PECL. 472

Ob diese Verschuldenshaftung der Sache gerecht wird, ist indes gerade im Fall des Art. 2 Abs. 2, 4 KGRL zweifelhaft, geht es doch bei der Bestimmung der *Vertrags*mäßigkeit um eine Auslegung der Vereinbarung (Art. 2 Abs. 1 KGRL: „dem Kaufvertrag gemäß") mit Rücksicht auf die Umstände, die der Käufer kannte und deren Kenntnis des anderen Teils er annehmen durfte.[53] Auf diese Merkmale, nicht auf die Schuldhaftigkeit der Unkenntnis (des individuellen Verkäufers) sollte es daher ankommen. Diese Lösung wäre auch für den praktisch häufigen Fall sachgerecht, daß der Käufer annimmt und annehmen darf, die Aussagen des Dritten stammten unmittelbar vom Verkäufer (z.B. weil der Verkäufer in der Händlerwerbung als örtlicher Repräsentant namentlich benannt ist). Hier sind durchaus Fälle denkbar, in denen der Verkäufer (aufgrund eigenmächtigen Verhaltens des Herstellers oder eines Zwischenhändlers) schuldlos in Unkenntnis ist, der Käufer aber doch im Hinblick auf die Aussagen des Dritten annehmen darf, sie stammten vom Verkäufer.[54] 473

e) Verhältnis zu Informationspflichten und dem Verbot irreführender Werbung

Bei den vorvertraglichen Angaben, denen eine Bindungswirkung zukommen kann, handelt es sich zum Teil um solche Angaben, bei denen der Gesetzgeber bereits im Rahmen der Informationspflichten einen Schutz vor Irreführung zu erreichen sucht.[55] Hinzu 474

52 *Roth* in: Rechtsangleichung und nationale Privatrechte, S. 53–56.
53 Siehe soeben, Fn. 52.
54 Man kann z.B. an eine Briefwerbungssendung des Herstellers denken, in der (ohne Kenntnis des Verkäufers) auch Verkäuferadressen angegeben sind.
55 Art. 3 PRRL, Art. 3 TSRL; dazu oben Rn. 290f. Ferner BE 21 KGRL.

kommt ein umfassender Schutz durch die Richtlinie über irreführende Werbung und die Richtlinie über unlautere Geschäftspraktiken (Rn. 277a–277d). Die Regelungen ergänzen sich in der Funktion, dem Verbraucher eine zuverlässige Grundlage für seine vertraglichen Entscheidungen zu geben. Während die hier erörterten Vorschriften über die Bindung an vorvertragliche Angaben die Wahrheitspflicht – für einzeln bestimmte (z.B. Reiseprospekt) oder allgemeine Angaben – bewehren, ergänzt die Richtlinie über irreführende Werbung den Schutz dadurch, daß sie die Wahrheitspflicht durch weitere Sanktionsmechanismen[56] durchzusetzen sucht und irreführende Verlockungselemente der Werbung untersagt. So kann z.B. eine unzutreffende Preisangabe nach Art. 3 Abs. 2 UAbs. 2 PRRL Vertragsbestandteil werden, während nach Art. 4 WerbRL darüber hinaus eine zwar zutreffende, aber irreführend gestaltete Berechnung zu beanstanden sein könnte.

3. Grundgedanken der Regelung und Lücken

a) Grundgedanken

475 Eine Bindung an die in vorvertragliche Informationen, Prospekt, Werbung oder „öffentliche Äußerungen" enthaltenen Angaben über den Vertragsinhalt ist in den untersuchten Fällen deshalb vorgesehen, weil der Adressat auf die Äußerungen in ähnlicher Weise vertraut wie auf die Angaben in einem individuellen Angebot.[57] In den Begründungserwägungen der Richtlinien kommt das allerdings nur darin zum Ausdruck, daß dort von einem Schutz vor Irreführung die Rede ist.[58] Doch zeigt die individualvertragliche Schutzrichtung, auf die schon die Begründungserwägungen hinweisen, ebenso wie die gewählte Sanktion, daß nicht allein die Lauterkeit des Geschäftsverhaltens, sondern vor allem das Vertrauen des Werbungsadressaten auf die Werbungs- oder Prospektangaben geschützt werden soll. Dem anderen Teil hingegen kommt es auf die Individualisierung nicht an, da es sich um ein Massenprodukt handelt, dessen Eigenschaften er unabhängig von dem Einzelfall bestimmt und dementsprechend bekanntgibt.[59] Die Bindungswirkung trägt damit einer Vorverlagerung und Entindivualisierung der Information von den Vertragsverhandlungen in die Marketingphase Rechnung, die sich in diesen Fällen entwickelt hat. Die Bindung des Vertragspartners an seine eigenen vorvertraglichen Angaben kann man als Korrelat zu dem Nutzen ansehen, den er daraus für seinen Absatz zieht.[60]

476 Für vorvertragliche Angaben haften in jedem Fall nur beruflich oder gewerblich Tätige.[61] Das entspricht dem Umstand, daß den Angaben professioneller Anbieter in höherem Maße Vertrauen entgegengebracht wird als Angaben Privater. Entsprechend grenzt auch Art. 6:101 Abs. 2 und 3 PECL den Kreis der Verpflichteten ab.[62] Die Haftung für vorvertragliche Angaben kommt regelmäßig nur Verbrauchern zugute, ausgenommen nur Pauschalreiseprospektangaben, auf die sich auch gewerblich und beruflich Tätige berufen

---

56 Die Wahl steht den Mitgliedstaaten nach Art. 4 WerbRL weitgehend frei.

57 Für die Kaufgewährrichtlinie *Staudenmayer* NJW 1999, 2393, 2394; *Lehmann* JZ 2000, 280, 287.

58 BE 11 FARL; BE 11 PRRL; BE 7 TSRL; BE 18 KGRL.

59 *Erman* AcP 139 (1934), 273, 319 (Verhandlung „mit ‚wen es angeht'").

60 S. schon *Erman* AcP 139 (1934), 273, 320.

61 Das gilt auch für die PRRL, denn Veranstalter ist nur, wer „nicht nur gelegentlich Pauschalreisen organisiert …" (Art. 2 Ziff. 2); allerdings ist – nach nationaler Umsetzung – theoretisch auch die Haftung eines Gelegenheitsvermittlers denkbar, Art. 2 Ziff. 3 PRRL.

62 Die Haftung nach Art. 6:101 Abs. 1 PECL bezieht sich nur auf *statements* einer Vertragspartei, nicht generell auf *information.*

können (Art. 2 Ziff. 4 PRRL). Soweit es in den Vorschriften um eine Haftung für Werbungsangaben geht, könnte man die Abgrenzung des Gläubigerkreises damit erklären, daß von beruflich und gewerblich Tätigen erwartet werden kann, daß sie sich nicht auf Werbung, sondern nur auf die konkreten Vertragsabreden verlassen. Rechtspolitisch kann man an dieser Grenzziehung zweifeln, denn auch Handwerker oder Rechtsanwälte sind Adressaten von z.B. Verkäufer- und Herstellerwerbung (Firmenwagenkauf) und werden sich auf die darin enthaltenen Angaben nicht selten verlassen. Indes ist die Beschränkung des persönlichen Schutzbereichs im Kern durchaus treffend; sie trägt zudem dem Rechtssicherheitsinteresse an einer klaren Abgrenzung Rechnung (Rn. 183–210). Außerdem entspricht sie dem Harmonisierungskonzept – Angleichung des international zwingenden Rechts.[63]

Untersucht man den Bindungstatbestand selbst, so entspricht es der Wertung des Gesetzgebers, vorvertragliche Angaben unabhängig von ihrer Individualität oder Präsentationsform (Werbung – Prospekt – individuelle Angabe) gleichermaßen als verbindlich zu behandeln. Am weitesten geht insoweit die Kaufgewährrichtlinie, die eine Bindung an Werbungsangaben vorsieht. Hält man an dieser Wertung fest, so sollten die übrigen Regelungen entsprechend ergänzt werden. 477

Der allgemeine Grundsatz, der den Regelungen zugrundeliegt, entspricht damit weithin dem des Art. 6:101 Abs. 2, 3 PECL. Danach werden vorvertragliche Informationen, die professionelle Anbieter oder ihre Vorleute in der Werbung oder Vermarktung oder auf sonstige Weise über die Qualität oder Gebrauchstauglichkeit machen, grundsätzlich Vertragsbestandteil. Anders als (im Grundsatz) die Vorschrift des Art. 6:101 Abs. 2 und 3 PECL schützen jedoch die hier erörterten Tatbestände des Europäischen Vertragsrechts überwiegend nur Verbraucher. Auch wenn man auf Europäischer Ebene einen allgemeinen Grundtatbestand über die Einbeziehung vorvertraglicher Informationen nicht formulieren will, bietet es sich an, die Vorschrift des Art. 6:101 PECL als Grundlage für die weiteren Überlegungen heranzuziehen. Bevor der Gesetzgeber sich daran macht, weitere Haftungstatbestände zu formulieren, erscheint es angesichts der unbegründeten Disparitäten der bestehenden Regelungen geboten, zunächst hier Ordnung zu schaffen. Dabei mag sich anbieten, die Regelungen in der Kaufgewährrichtlinie, die teils die Unstimmigkeiten der älteren Vorschriften vermeiden, künftig als Modell heranzuziehen. 478

b) Lücken

Der sachliche Schutzbereich ist in zwei Hinsichten lückenhaft. Zum einen ist die Bindung an vorvertragliche Angaben für den Bereich des Fernabsatzes nur rudimentär geregelt, obwohl sich der Kunde gerade hier in besonderem Maße auf vorvertragliche Angaben verlassen muß. Die Lücke ist auch nicht damit zu erklären, daß die Fernabsatzrichtlinie ein Widerrufsrecht vorsieht, denn das schützt den Kunden insoweit unzureichend. So mag sich erst nach Ablauf der kurz bemessenen Widerrufsfrist zeigen, ob die (Ware oder)[64] Dienstleistung die vorvertraglich angepriesenen Qualitäten hat. Zum anderen liegen zwar für Mobiliar- und Timesharingkaufverträge Teilregelungen vor, im Bereich der Dienstleistungen enthält das Europäische Vertragsrecht indes nur eine Regelung für die Pauschalreise. 479

---

63 *Riesenhuber* System und Prinzipien S. 211–232.

64 Für „Verbrauchsgüterkäufe“ schützt die KGRL den Käufer.

480 Wie die geregelten Fälle der Bindung an vorvertragliche Angaben zeigen, handelt es sich nach Einschätzung des Europäischen Gesetzgebers nicht um eine absatzspezifische Sachfrage. Ebensowenig aber läßt sich die Frage der Bindung an vorvertragliche Angaben als branchenspezifisch ansehen. Die bislang vor allem im Dienstleistungsbereich fehlende Regelung sollte daher in eine allgemeine Regelung über Dienstleistungsverträge aufgenommen werden. Der Vorschlag für eine Dienstleistungshaftungsrichtlinie enthielt insoweit allerdings noch keinen Ansatzpunkt, obwohl seine „vertragsrechtliche Seite" dazu in ähnlicher Weise Anlaß bieten konnte wie der entsprechende Sachverhalt bei der Kaufgewährleistung. Freilich war gerade die Allgemeinheit des Regelungsvorschlags, der auf die Bedürfnisse einzelner Branchen nicht hinreichend Rücksicht nahm, ein Hauptkritikpunkt.

§ 18
Vertragliche Informationspflichten

Literatur:

Grundmann, Stefan, Privatautonomie im Binnenmarkt – Informationsregeln als Instrument, JZ 2000, 1133–1143

Kötz, Hein, Vertragliche Aufklärungspflichten – Eine rechtsökonomische Studie, in: Jürgen Basedow/Klaus J. Hopt/Hein Kötz (Hrsg.), Festschrift für Ulrich Drobnig zum siebzigsten Geburtstag, Tübingen 1998, 563–577

Reiner Schulze/Martin Ebers/Hans-Christoph Grigoleit (Hrsg.), Informationspflichten und Vertragsschluss im Acquis communautaire – Information Requirements and Formation of Contract in the Acquis Communautaire, Tübingen 2003

481 Eine Vielzahl von Vorschriften des Europäischen Vertragsrechts verpflichtet einen Vertragspartner, „Informationen" festzuhalten und/oder zu geben. Nicht selten ist diese Pflicht zudem mit einem Förmlichkeitserfordernis (Rn. 337) verbunden. Nachfolgend werden die Informationsvorschriften entsprechend ihren verschiedenen Inhalten geordnet dargestellt: Die Pflicht, den Partner über den Inhalt einer getroffenen Vereinbarung zu informieren wird hier als Nachweispflicht bezeichnet (dazu unten III). Davon unterscheidet sich die Belehrungspflicht, die einen Vertragspartner verpflichtet, den anderen über seine Rechte und Pflichten aufzuklären (unten II). Die Information über „schlichte Tatsachen" wird hier als die eigentliche Informationspflicht (ieS) verstanden (sogleich I). Weiter als die Informationspflichten geht schließlich die Pflicht zur Aufklärung und Beratung (IV).

482 Formvorschriften haben wir bereits an anderer Stelle erörtert (Rn. 337–356); sie werden nachfolgend nur behandelt, soweit sie nicht oder nicht ausschließlich eine Wirksamkeitsvoraussetzung für den Vertrag darstellen, sondern (auch) dazu dienen, einen oder beide Vertragspartner über die Bedingungen ihres Vertrags zu informieren.

I. Informationspflichten (ieS)

1. Zwecke der Informationspflichten

483 Bei den vertraglichen Informationspflichten lassen sich vor allem zwei Gruppen unterscheiden, nämlich Informationen über Tatsachen, die der andere Teil zur erfolgreichen oder störungsfreien Vertragsdurchführung benötigt (a) und Information über die erfolgte

Leistungserbringung (b). Andere Informationspflichten (iwS) erweisen sich als Belehrungs- oder Nachweispflichten (c).

a) Information zur Erreichung des Vertragszwecks

Informationen, die zur erfolgreichen Vertragsdurchführung, also zur Zweckerreichung erforderlich sind, muß der Veranstalter/Vermittler einer *Pauschalreise* dem Verbraucher nach Art. 4 Abs. 1 b) Pauschalreiserichtlinie „rechtzeitig vor Beginn der Reise" geben. Dazu gehören vor allem **484**

- die Reisezeiten (Ziff. i), aber auch
- die Notfalladressen (Ziff. ii).
- Bei Auslandsreisen Minderjähriger ist darüber zu informieren, wie diese oder ihre Aufsichtspersonen erreichbar sind (Ziff. iii).
- Schließlich ist der Veranstalter/Vermittler verpflichtet, über die Möglichkeit von gängigen Versicherungen zu informieren (Reiserücktritt; Rückführung wegen Unfalls oder Krankheit; Ziff. iv).

Die vertraglichen Informationspflichten des Pauschalreisevertrags ergänzen so die in der Richtlinie vorgesehenen vorvertraglichen Informationspflichten sehr harmonisch. Vor Vertragsschluß ist der Verbraucher über Tatsachen zu informieren, die der Inanspruchnahme der Reiseleistungen entgegenstehen können (Paß- und Visumserfordernisse, gesundheitspolizeiliche Formalitäten), nach Vertragsschluß ist er über die Einzelheiten zu informieren, die zur geordneten Durchführung der Reise erforderlich sind.

Eine allgemeine Pflicht, über alle wesentlichen Tatsachen der Pauschalreise zu informieren, die teilweise Art. 4 Abs. 2 lit. a) PRRL entnommen wird,[1] bestimmt die Richtlinie indes nicht. Nach dieser Vorschrift muß der Vertrag „mindestens" bestimmte Angaben enthalten und nach lit. b) erhält der Verbraucher eine Abschrift des Vertrags. Indes heißt „mindestens" nicht, daß von Richtlinien wegen alles Wesentliche mitzuteilen wäre, sondern nur, daß das mitgliedstaatliche Recht weitere Pflichtinhalte des Vertrags vorschreiben kann. Vor allem aber betrifft Absatz 2 nicht die vertragliche Information, sondern den Nachweis über die Vereinbarung.[2] Das ist auch nach der Richtlinie keineswegs eine nur formale Unterscheidung: Absatz 2 verpflichtet dazu, über Rechte und Pflichten zu informieren („Nachweispflicht"),[3] Absatz 1 hingegen dazu, ganz praktische tatsächliche Informationen zu geben, wie z.B. Uhrzeiten und Orte von Zwischenstationen. Veranstalter und/oder Vermittler müssen daher nach der Richtlinie nur die bestimmten, nicht „alle wesentlichen" Informationen geben; doch umfassen die Bestimmungen des Art. 4 Abs. 1 PRRL wohl alles Wesentliche. **485**

Der Unternehmer ist verpflichtet, dem *Handelsvertreter* die erforderlichen Informationen und Unterlagen über die Waren des Unternehmens sowie weitere zur Ausführung des Vertrags erforderliche Informationen zu geben, Art. 4 Abs. 2 HVertrRL. Neben diesen Informationen, die unmittelbar die Durchführung des Vertrags betreffen, ist der Unter- **486**

1 *Grundmann* Schuldvertragsrecht, 4.01 Rn. 18.

2 Auch der in Art. 4 Abs. 2 lit. a PRRL in Bezug genommene Anhang der Richtlinie betrifft nur die erforderlichen Vertragsangaben, nicht hingegen sonstige Informationen.

3 Zu Nachweispflichten näher unten, Rn. 505–522. Die Vertragsbedingungen müssen selbstverständlich nicht alle wesentlichen Informationen enthalten, wie beispielhaft ein Vergleich von Absatz 1 lit. b Ziff. i mit Abs. 2 lit. a iVm Anh. lit. b ergibt.

nehmer verpflichtet, den Handelsvertreter zu unterrichten, wenn der Umfang der Geschäfte erheblich geringer sein wird, als der Vertreter erwarten durfte. Diese letztere Pflicht betrifft nicht mehr die Durchführbarkeit des Vertrags im eigentlichen Sinne, sondern (auch) die wirtschaftlichen Interessen des Handelsvertreters. Sie ist damit auch Ausdruck der Treuebindung der Parteien.[4] Auch der Handelsvertreter ist gebunden, „die erforderlichen, ihm zur Verfügung stehenden Informationen zu übermitteln", Art. 3 Abs. 2 lit. b HVertrRL. Dabei geht es wiederum um die Informationen, die zur ordnungsgemäßen Vertragserfüllung erforderlich sind.

b) Rechenschaft

487 Über die Konditionen, zu welchen eine grenzüberschreitende Überweisung (Art. 2 lit. f ÜwRL) ausgeführt wurde, muß das Kreditinstitut den Auftraggeber nach Ausführung unterrichten, Art. 4 ÜwRL. Es hat ihm namentlich die Ausführung zu bestätigen und den Kurs sowie das erhobene Entgelt mitzuteilen. Die Richtlinie sieht damit eine Rechenschaftspflicht des Auftragnehmers vor, wie sie im deutschen Recht den §§ 666, 259 BGB zu entnehmen ist. Ähnliches bestimmt jetzt[5] für Wertpapierdienstleistungen Art. 19 Abs. 8 FinMRL. Die Wertpapierfirma muß dem Kunden in geeigneter Form über die erbrachten Dienstleistungen Bericht erstatten und dabei insbesondere die mit den erbrachten Dienstleistungen verbundenen Kosten ausweisen.

c) Weitere Informationspflichten

488 Weitere vertragliche Informationspflichten i.w.S. enthalten Art. 5 Fernabsatzrichtlinie und Art. 4 Verbraucherkreditrichtlinie. Dabei geht es indessen primär um den Nachweis von vereinbarten Vertragsbedingungen, bei Art. 5 FARL ferner um die Belehrung über das Widerrufsrecht. Die Vorschriften werden daher nachfolgend in diesen Zusammenhängen erörtert.

2. Ausgestaltung: Art und Weise der Information, Sanktionen

489 Informationen zur Pauschalreise müssen „schriftlich oder in einer anderen geeigneten Form rechtzeitig vor Beginn der Reise" erteilt werden, Art. 4 Abs. 1 lit. b PRRL. Über die ausgeführte Überweisung hat das Institut schriftlich, „gegebenenfalls auch auf elektronischem Wege", sowie „klar und leicht verständlich" zu informieren, Art. 4 UAbs. 1 S. 1 ÜwRL. Sanktionen wegen Nichterfüllung schreiben die Richtlinien nicht vor. Indes liegt wegen des individuellen Bezugs der Informationspflichten in den meisten Fällen nahe, dem Gläubiger einen Anspruch auf Schadensersatz wegen der Nichterfüllung vertraglicher Pflichten zu geben (s.o., § 8).

3. Grundgedanken der Regelung, Lücken

490 Informationspflichten ergänzen punktuell die vertraglichen Hauptpflichten der Parteien, soweit das nach den spezifischen Bedürfnissen der Vertragsparteien erforderlich ist. Ohne die geschuldeten Informationen kann der Handelsvertreter nicht tätig werden und wäre

4 Dazu noch unten, Rn. 554. Art. 3 Abs. 2 lit. b HVertrRL.
5 Anders noch die WpDRL; s. Voraufl. Rn. 491.

der Erfolg der Pauschalreise zumindest gefährdet.[6] Die nach der Überweisungsrichtlinie geschuldete Rechenschaft vervollständigt die Ausführung der Überweisung, da der Auftraggeber diese selbst nicht beobachten kann und nicht selten einen Beleg für den Zahlungserfolg benötigen wird. Sowenig wie eine allgemeine vorvertragliche Informationspflicht gibt es im Europäischen Vertragsrecht eine allgemeine vertragliche Informationspflicht (s. bereits o. Rn. 302–304a).

Die Regelung der vertraglichen Informationspflichten erscheint wertungsmäßig weitgehend vollständig. Daß nähere Informationen für die Erreichung des Vertragszwecks erforderlich wären, kommt bei den anderen vom Europäischen Gesetzgeber aufgegriffenen Vertragstypen nicht in demselben Maße in Betracht wie beim Pauschalreisevertrag oder Handelsvertretervertrag. Insbesondere spart die Kaufgewährrichtlinie den Bereich der Instruktionspflichten, die bei technischen Geräten aktuell werden können, nahezu völlig aus. Lediglich eine mittelbare Pflicht zur klaren und verständlichen Anleitung enthält die sogenannte Ikea-Klausel des Art. 2 Abs. 5 der Kaufgewährrichtlinie, nach der ein Fehler der Montageanleitung als Vertragswidrigkeit die allgemeinen Gewährleistungsrechte auslöst. 491

II. Belehrungspflichten

1. Überblick über die Regelungen

Belehrungspflichten sieht das europäische Recht zunächst dort vor, wo dem anderen Teil ein Widerrufsrecht eingeräumt wird, beim „Haustürgeschäft“ (Art. 4 HtWRL), beim Fernabsatzgeschäft (Art. 5 Abs. 1 S. 2 Sps. 1 FARL, Art. 3 Abs. 1 Nr. 3a FFRL), beim Timesharingvertrag (Art. 4 Sps. 1 iVm Anhang lit. 1 TSRL) und – wenn auch nur indirekt – beim Versicherungsvertrag (Art. 36 Abs. 1 iVm Ziff. a.13 Anh. III LVersR: Information über die „Modalitäten der Ausübung des Widerrufs und Rücktrittsrechts“). Die Belehrungspflicht soll den Widerrufsberechtigten erst in die Lage setzen, die Widerrufsmöglichkeit zu bedenken.[7] 492

Eine Belehrungspflicht sieht ferner Art. 5 Abs. 4 UAbs. 2 Pauschalreiserichtlinie vor. Im Pauschalreisevertrag muß „klar und deutlich“ auf die Anzeigeobliegenheit hingewiesen werden, die den Verbraucher nach UAbs. 1 der Vorschrift trifft. Die Anzeigeobliegenheit bindet den Verbraucher, „jeden Mangel bei der Erfüllung des Vertrages, den er an Ort und Stelle feststellt, so bald wie möglich schriftlich oder in einer anderen geeigneten Form dem betreffenden Leistungsträger sowie dem Veranstalter und/oder dem Vermittler mit[zu]teilen“. Da diese Anzeigepflicht des Verbrauchers doch ganz selbstverständlich ist, spricht der Selbstverantwortungsgrundsatz dagegen, dem Vertragspartner eine Belehrungspflicht aufzubürden. Erklären kann man die Regelung nur vor dem Hintergrund des Leistungsstörungssystems der Richtlinie. Zwar sieht die Richtlinie nicht schon eine Sanktion für die Verletzung der Anzeigeobliegenheit vor; schon nach der Richtlinie steht aber fest, daß die Mitgliedstaaten daran einen Nachteil für den Verbraucher knüpfen müssen.[8] 493

6 Ebenso für § 4 Abs. 1 InfVO *Tempel* NJW 1996, 1625, 1629.

7 BE 6 HtWRL. Diese Erwägungen zur ratio liegen auch zugrunde EuGH v. 25.10.2005 – Rs. C-350/03 *Schulte* noch nicht in Slg., Rn. 94–101.

8 Zu der Begründung, die sich im einzelnen aus der Einbettung der Anzeigeobliegenheit in das System der Leistungsstörungsregeln der Richtlinie ergibt, näher unten, Rn. 792–795.

Die Beachtung der Anzeigeobliegenheit ist deshalb für den Verbraucher von erheblicher Bedeutung. Daher kann man die Belehrungspflicht als sachgerecht ansehen.

493a Nach der Flugannullierungsverordnug muß das Luftfahrtunternehmen am Abfertigungsschalter auf die von der Verordnung vorgesehenen Mindestrechte für die Fälle der Nichtbeförderung, der Annullierung und der Verspätung sowie die deswegen vorgesehenen Ausgleichs- und Unterstützungsleistungen hinweisen, Art. 14 Abs. 1 FlugAnnVO.[9] Tritt ein Störungsfall ein, so händigt das Luftfahrtunternehmen jedem betroffenen Fluggast ein Papier aus, das über die Rechte nach der Verordnung Auskunft gibt, Art. 14 Abs. 2 FlugAnnVO. Die besondere Belehrungspflicht hat ihren guten Grund darin, daß die meisten Menschen nicht so häufig mit dem Flugzeug reisen und ihre Rechte daher nicht als Erfahrungswissen kennen. Die Rechte würden sonst weitgehend leerlaufen, die Fluggesellschaft könnte weniger zugeben und als Kulanz ausweisen.

494 Schließlich enthält Art. 6 Abs. 2 Sps. 1 KGRL eine Art Belehrungspflicht, wonach „die Garantie darlegen muß", daß der Verbraucher neben den garantierten auch gesetzliche Gewährleistungsrechte hat und diese von der Garantie unberührt bleiben. Vorbild für diese Regelung, die droht, zu einem unsinnigen Formalismus zu führen, war offenbar das englische Recht, das – weitergehend – sogar eine Pflicht des Verkäufers vorsieht, den Verbraucher über seine gesetzlichen Rechte zu belehren.[10] Ihre sachliche Begründung wird darin gesehen, den Verbraucher vor einer Verlockung durch Garantien zu schützen, die nur scheinbar weitere Rechte geben oder den Anschein erwecken, gesetzliche Rechte auszuschließen.[11] Daß hier das Recht gegen irreführende Werbung – jetzt ergänzt durch die UGP-Richtlinie – nicht ausreichen würde, scheint freilich nicht dargetan. Richtiger wäre es, nach dem Selbstverantwortungsgrundsatz vom Verbraucher eine Kenntnis seiner gesetzlichen Rechte zu erwarten.

495 Um eine Nachweisvorschrift, nicht um eine Belehrungspflicht, handelt es sich bei der Pflicht des Lieferers, den Verbraucher nach Vertragsabschluß über „die Kündigungsbedingungen" *(the conclusion for cancelling the contract; les conditions de résiliation du contrat)* zu unterrichten, wenn es sich um einen Vertrag von unbestimmter oder mehr als einjähriger Vertragsdauer handelt (Art. 5 Abs. 1 S. 2 Sps. 4 FARL). Zu informieren ist danach ausweislich des Wortlauts – „Bedingungen" – über die vertraglich Vereinbarung, nicht über das geltende Recht. Das ist auch systematisch schlüssig, da auch sonst grundsätzlich keine Pflicht besteht, über das geltende Recht zu informieren.

2. Ausgestaltung: Art und Weise der Belehrung, Sanktionen

496 Die Belehrung muß dem Verbraucher stets in verkörperter Form gegeben werden, nämlich *schriftlich*[12] oder – nach der Fernabsatzrichtlinie alternativ – auf einem anderen für ihn verfügbaren *dauerhaften Datenträger*.[13]

---

9 Kritisch wegen der drohenden informationellen Überforderung Gebauer/Wiedmann-*Tonner* Kap. 13a Rn. 111.

10 Consumer Transactions (Restrictions on Statements) Order 1976, SI 1976/1813. Als vorbildlich vorgeschlagen von *Beale/Howells* J.Contract L. 12 (1997), 21, 38; zur Entwicklung *Grundmann* AcP 202 (2002), 40, 54f.

11 *Beale/Howells* J.Contract L. 12 (1997), 21, 38f.

12 Art. 4 HtWRL, Art. 5 Abs. 1 UAbs. 1 FARL, Art. 4 Sps. 1 TSRL, Art. 36 Abs. 1 iVm Einleitungsabsatz 1 Anh. III LVersRL.

13 Art. 5 Abs. 1 S. 1 FARL.

Beim Haustürgeschäft ist die Belehrung dem Verbraucher zu dem *Zeitpunkt* zu geben, zu dem er sich für den Vertragsschluß entschieden hat. Dieser Zeitpunkt fällt für die zentralen Fallgruppen der Richtlinie (Kaffeefahrt, Abschluß in Wohnung oder am Arbeitsplatz) mit dem Vertragsschluß zusammen; bei dem erbetenen Vertreterbesuch, der in Verhandlungen über andere Gegenstände umschlägt,[14] ist die Belehrung „spätestens bei Vertragsschluß" zu übergeben; macht der Verbraucher in einer Überrumpelungssituation selbst ein – bindendes oder unverbindliches – Angebot,[15] so ist er zum Zeitpunkt der Abgabe zu belehren. Bei Timesharingverträgen ist die Belehrung in den schriftlich abzuschließenden Vertrag aufzunehmen.[16] Bei Fernabsatzgeschäften muß die Belehrung über Widerrufsrecht sowie ggf. die Kündigungsbedingungen „rechtzeitig während der Erfüllung des Vertrags, bei nicht zur Lieferung an Dritte bestimmte Waren spätestens zum Zeitpunkt der Lieferung" erfolgen.[17] Die gewisse Belehrung über das Widerrufsrecht, die die Lebensversicherungsrichtlinie in Form der Pflicht zur Information über die „Modalitäten der Ausübung des Widerrufs und Rücktrittsrechts" vorsieht, ist schon vor Vertragsschluß zu geben. Soll der Widerruf ermöglichen, den Vertrag zu überdenken, so sollte die Belehrung mit dem Vertragsschluß erfolgen. Auf die Bindung des Widerrufsberechtigten abzustellen (z.B. Angebotsbindung) hat den Nachteil, daß er sie bis zur Perfektion des Vertrags u.U. noch nicht so ernst nimmt und daher keinen Anlaß für einen Widerruf sieht. Die vorvertragliche Belehrung widerspricht dem Zweck, die Effektivität des Widerrufsrechts zu sichern, denn der Berechtigte mag sie, wenn es darauf ankommt, schon vergessen haben. Gerade bei Lebensversicherungsverträgen hätte sich angeboten, die Widerrufsbelehrung in die ohnehin schon vorgeschriebene Vertragsschlußbelehrung[18] aufzunehmen, da sie auch der Auslöser für den Beginn der Widerrufsfrist ist. 497

Anders als sonst weithin im europäischen Schuldvertragsrecht ist der Sanktionsmechanismus für die Unterlassung der Belehrung über das Widerrufsrecht ausdrücklich vorgeschrieben: Der Beginn der Widerrufsfrist wird verzögert oder die Dauer der Frist verlängert, wenn die Belehrung unterbleibt (Rn. 384). Im übrigen ist die Belehrungspflicht entsprechend den allgemeinen Umsetzungspflichten (oben, § 8) zu bewehren, das drückt (deklaratorisch) z.B. auch Art. 4 Abs. 3 HtWRL aus. 498

Für die Haustürgeschäfterichtlinie hat der EuGH jetzt in der Entscheidung *Schulte* auf der Grundlage des Zwecks der Belehrungspflicht (Rn. 492) die Sanktionsvorgaben besonders hervorgehoben.[19] Die Belehrung diene dazu, den Widerruf zu ermöglichen und die Vertragsrisiken zu vermeiden. Hätte die Bausparkasse die Eheleute *Schulte* rechtzeitig über das Widerrufsrecht informiert, so hätten sie den Darlehensvertrag widerrufen können und dann auch den mit dem Darlehen zu finanzierenden Kauf der Immobilie (die sich nachher als „Schrott" erwies) nicht durchgeführt. Unklar ist, ob sich der Gerichtshof für eine Vermutung aussprechen wollte, daß der Widerrufsberechtigte bei Belehrung von seinem Recht auch Gebrauch gemacht hätte.[20] Die Begründung i.S. *Schulte* deutet das an, 498a

14 Art. 1 Abs. 2 HtWRL.
15 Art. 1 Abs. 3 und 4 HtWRL.
16 Art. 4 Sps. 1 iVm Anh. lit. l TSRL.
17 Art. 4 Abs. 1 UAbs. 1 FARL.
18 Art. 35 Abs. 1 UAbs. 1 LVersRL.
19 EuGH v. 25.10.2005 – Rs. C-350/03 *Schulte* noch nicht in Slg., Rn. 94–101.
20 Die annehmend etwa *Hofmann* BKR 2005, 487, 491; a.M. etwa *Thume/Edelmann* BKR 2005, 477, 483f.

wenn der Gerichtshof sagt, „unter solchen Umständen [sc. unterlassene Belehrung] verpflichtet die Richtlinie die Mitgliedstaaten, geeignete Maßnahmen zu treffen, damit der Verbraucher *nicht die Folgen der Verwirklichung derartiger Risiken zu tragen hat*“[21]. Für das deutsche Recht läßt sich das allerdings noch nicht mit dem Äquivalenzgrundsatz (Rn. 221f.) begründen: Die Beweislast für die Kausalität trägt nach allgemeinen Grundsätzen derjenige, der sich darauf beruft (= der Widerrufsbegünstigte); und eine Beweislastumkehr, wie sie die Rechtsprechung nach Sphärengesichtspunkten für den Fall der Verletzung von Aufklärungspflichten begründet hat, paßt hier nicht, da die Belehrung nur auf ein *Recht* hinweist, nicht aber dessen Ausübung anrät. Die vom EuGH angedeutete Kausalitätsvermutung (Beweislastumkehr) läßt sich daher nur mit dem Effektivitätsprinzip (Rn. 223) begründen: Die Belehrungspflicht würde praktisch leerlaufen, könnte sich der Verpflichtete nachher darauf berufen, der Widerrufsbegünstigte könnte nicht beweisen, daß er im Fall der Belehrung widerrufen hätte, zumal der Verpflichtete diese Beweisschwierigkeit durch die Verletzung der Belehrungspflicht gerade herbeigeführt hat. Dafür spricht tatsächlich auch der Zweck des Widerrufsrechts: Es soll ein Überdenken der Vertragsentscheidung ermöglichen, und zwar gerade auch dann, wenn der Widerrufsberechtigte eigentlich „Feuer und Flamme“ für den Vertrag ist. – Die Praxis benötigt eine Klarstellung, die durch eine erneute Vorlage an den EuGH herbeizuführen ist.

499 Die Folgen einer Verletzung der Belehrungspflicht des Reiseveranstalters/-vermittlers sind nicht ausdrücklich geregelt. Da die Belehrung über die Anzeigeobliegenheit des Reisenden für die Wahrnehmung der eigenen Rechte essentiell ist, muß man davon ausgehen, daß sich der Reiseveranstalter/-vermittler mangels Belehrung nicht auf die Anzeigeobliegenheit des Verbrauchers berufen darf.[22]

3. Grundgedanken der Regelung, Lücken

500 Rechtsbelehrungen sieht das Europäische Vertragsrecht in Einzelfällen aus besonderen Gründen vor. Ganz überwiegend begleiten die Belehrungspflichten das Widerrufsrecht als besonderes Schutzrecht des Verbrauchers in bestimmten Situationen oder bei bestimmten Verträgen. Die Belehrungspflicht ist insoweit eine notwendige Ergänzung des besonderen Schutzrechts, das ohne die Belehrung oftmals leerzulaufen drohte; die Berechtigten werden von dem gesetzlichen Widerrufsrecht, das immer noch die *Ausnahme* darstellt, oftmals nicht wissen. Diese Belehrungspflichten haben keine eigene sachliche Begründung, sondern teilen jene der Widerrufsrechte.

501 Anders begründet ist die Pflicht zur Belehrung über die Anzeigeobliegenheit des Verbrauchers nach Art. 5 Abs. 4 Pauschalreiserichtlinie. Die Pauschalreiserichtlinie hat ein ausgewogenes, die beiderseitigen Interessen subtil ausgleichendes Leistungsstörungsrecht entworfen (i.e. § 27). Danach kann der Veranstalter/Vermittler zunächst Abhilfe versuchen (Rn. 774–781, 813–816). Die Anzeigeobliegenheit des Verbrauchers sichert die Abhilfemöglichkeit erst ab. Und die Pflicht zur Belehrung über die Anzeigeobliegenheit stellt sicher, daß Anzeige keine übermäßig schwere Last für den Verbraucher begründet. Die Belehrungspflicht ist deshalb als Teil des Gesamtsystems der Leistungsstörungen der Richtlinie zu erklären.

502 Weitgehend ist indes die Belehrungspflicht des Garantiegebers nach der Kaufgewährrichtlinie. Aus Sorge vor einer Irreführung von Verbrauchern hat der Gesetzgeber hier zu

---

21 EuGH v. 25.10.2005 – Rs. C-350/03 *Schulte* noch nicht in Slg., Rn. 100.
22 *Grundmann* Schuldvertragsrecht, 4.01 Rn. 33. Näher unten, Rn. 794.

einem scharfen Schwert gegriffen – das freilich durch übermäßigen Gebrauch schnell stumpf wird: Werden dem Verbraucher durch solche Belehrung zwar seine Rechte auch immer wieder vor Augen geführt, so liegt es doch nahe, daß er durch die andauernde Wiederholung nicht mehr auf sie achtet. Die Belehrungspflicht fügt sich hier nicht wohl ein, und auch aus Sachgründen hätte man besser auf sie verzichtet.

Insgesamt sind aber Belehrungspflichten nur punktuelle Ausnahmen, als Grundsatz 503
gilt, daß sich jeder Vertragspartner selbst über das geltende Recht informieren muß.[23] Dieser Grundsatz ergibt sich nicht nur daraus, daß der Gesetzgeber Belehrungspflichten nur vereinzelt statuiert. Er ergibt sich auch aus Vorschriften, die *die Mitgliedstaaten* verpflichten, sich um die „Unterrichtung der Verbraucher" zu kümmern und ggf. Berufsorganisationen aufzufordern, die Verbraucher zu unterrichten (Art. 16 FARL, Art. 9 KGRL). Sein Recht hat man zu kennen. Die Vermittlung von Rechtskenntnissen ist dem Rechtskundeunterricht, der Verbraucheraufklärung durch den Staat oder Verbraucherinteressenorganisationen oder den rechtsberatenden Berufen zu überlassen, grundsätzlich – d.h. wenn nicht ausnahmsweise eine zweiseitige Begründung dafür gegeben ist – indes nicht dem Vertragspartner, der ja zudem insoweit eher Vertragsgegner ist, so daß man von ihm nicht gut eine Rechtsauskunft erwarten kann. Das ist nicht zuletzt Ausdruck der Selbstverantwortung des Berechtigten – und umgekehrt natürlich auch der Vertragsfreiheit des Verpflichteten.

Wesentliche Lücken bei den Belehrungspflichten sind daher nicht festzustellen. In An- 504
lehnung an die Pflicht zur Belehrung über die Anzeigeobliegenheit nach der Pauschalreiserichtlinie könnte man an eine versicherungsvertragliche Pflicht denken, über nachteilige Folgen einer Obliegenheitsverletzung zu belehren; der Vorschlag einer Versicherungsvertragsrichtlinie sah eine Belehrungspflicht indes nicht vor.

III. Nachweispflichten

Literatur:

Birk, Rolf, Das Nachweisgesetz zur Umsetzung der Richtlinie 91/533/EWG in das deutsche Recht, NZA 1996, 281–290

Deakin, Simon, Social norms, information, and the employment relationship: the role of legal regulation in: Stefan Grundmann/Wolfgang Kerber/Stephen Weatherill (Hrsg.), Party Autonomy and the Role of Information in the Internal Market, Berlin/New York 2001, S. 371–392

Riesenhuber, Karl, Nachweispflichten: Ansprüche auf Information über Vertragsbedingungen im Europäischen und deutschen Vertragsrecht, in: Harm Peter Westermann/Klaus Mock (Hrsg.), Festschrift für Gerold Bezzenberger zum 70. Geburtstag am 13. März 2000, Berlin/New York 2000, 721–743

Nachweispflichten binden einen Vertragspartner, den anderen nach Vertragsabschluß 505
schriftlich über die getroffene Vereinbarung oder einzelne Punkte derselben zu informieren.[24] Sie dienen, wie näher darzulegen ist, dazu, den Nachweisgläubiger seiner vertraglichen Rechte und Pflichten zu versichern und dadurch möglichen Konflikten vorzubeugen. Nachweispflichten unterscheiden sich daher in Gegenstand und Zweck von anderen Informationspflichten.

---

23 A.M. *Nassall* JZ 1995, 689, 692.

24 Für die eingehende Regelung des arbeitsrechtlichen Nachweisanspruchs war das englische Recht wesentliches Vorbild; *Clark/Hall* ILJ 1992, 102 und 109f.; *Deakin* in: Party Autonomy, S. 373.

1. Überblick über die Regelung

a) Nachweisrichtlinie

506 Eine eingehende Regelung einer Nachweispflicht findet sich in der arbeitsrechtlichen *Nachweisrichtlinie.* Danach ist der Arbeitgeber verpflichtet, den Arbeitnehmer über die wesentlichen Punkte (Art. 2 Abs. 2, 4 NwRL) des Arbeitsvertrags oder Arbeitsverhältnisses zwei Monate nach Arbeitsaufnahme schriftlich zu unterrichten, Art. 2 Abs. 1 NwRL. Änderungen sind dem Arbeitnehmer in gleicher Weise binnen Monatsfrist „nachzuweisen". Der Nachweis über gesetzlich oder tariflich bestimmte Rechte und Pflichten kann durch Verweis auf die maßgeblichen Vorschriften erfolgen, Art. 2 Abs. 3, 3 Abs. 2 NwRL. Der Nachweisanspruch kann nicht vertraglich oder tarifvertraglich ausgeschlossen werden, Art. 7 NwRL.

b) Handelsvertreterrichtlinie

507 Einen unabdingbaren Anspruch auf schriftlichen Nachweis der Vertragsbedingungen haben auch die Parteien des *Handelsvertretervertrags,* Art. 13 HVertrRL. Der Besonderheit, daß der Handelsvertretervertrag ein zweiseitiger Unternehmensvertrag ist, trägt die Regelung dadurch Rechnung, daß sie den Nachweisanspruch beiden Parteien gibt. Auch der Handelsvertreter kann also in Anspruch genommen werden, die Vertragsbedingungen niederzuschreiben – mit allen für den Aussteller nachteiligen materiell- oder verfahrensrechtlichen (beweisrechtlichen) Konsequenzen.

c) Fernabsatzrichtlinie

508 Der Lieferer hat beim *Fernabsatzgeschäft* bereits vor Vertragsschluß die Pflicht, den Verbraucher über seine Identität, seine Leistung, Preis und Kosten sowie die Vertragsabwicklung zu informieren, Art. 4 Abs. 1 FARL. Diese Information muß zwar der verwendeten Form der Fernkommunikationstechnik angepaßt sowie klar und verständlich sein, sie muß aber beim „einfachen" Fernabsatzvertrag nicht für den Verbraucher fixiert werden; anders ist das für den Fernabsatzvertrag über *Finanzdienstleistungen,* Art. 5 Abs. 1 FFRL (Ausnahme: Abs. 2). Erst nach Vertragsschluß, „rechtzeitig während der Erfüllung", sind dem Verbraucher in verkörperter Form die genannten Bedingungen sowie zusätzlich weitere Angaben zu Garantie- und Servicebedingungen zur Verfügung zu stellen, Art. 5 Abs. 1 FARL. Der Verbraucher soll dadurch „rechtzeitig schriftlich Informationen (erhalten), die zur korrekten Ausführung des Vertrags erforderlich sind" (BE 13 FARL). Wie die Pflicht, den Kundendienst zu benennen und die Garantiebedingungen mitzuteilen, zeigt, geht es bei der „Ausführung" nicht nur um die Erfüllung, sondern auch um eine etwaige Gewährleistung sowie Serviceleistungen. Der Verbraucher, der wegen der Distanz vor der Geltendmachung seiner Rechte zurückschrecken möchte, soll ihrer zumindest vergewissert werden. Der Zweck, dem Nachweisadressaten die Rechtsverfolgung zu erleichtern, ist besonders deutlich, wenn es um die Information über die Identität und Anschrift des Lieferers geht (Art. 5 Abs. 1 iVm Art. 4 Abs. 1 lit. a FARL). Damit soll dem Verbraucher die Rechtsverfolgung durch Klarstellung des Passivlegitimierten und seiner Zustellungsadresse erleichtert und dem „Schließfach-Fernabsatz" (durch bloße „Briefkastenfirmen") vorgebeugt werden.[25]

---

25 *Reich* EuZW 1997, 581, 584.

d) Pauschalreiserichtlinie

Ebenfalls eine Nachweispflicht, nicht eine Formvorschrift,[26] enthält Art. 4 Abs. 2 lit. b) *Pauschalreiserichtlinie*, wonach der Verbraucher eine Abschrift des Vertrags erhält. Der Pauschalreisevertrag soll damit nicht in seinem Bestand von der Beachtung der Schriftform abhängig gemacht werden, sichergestellt werden soll lediglich, daß der Verbraucher einen schriftlichen Nachweis über alle Vertragsbedingungen hat.[27] Auch hier geht es darum, ihm durch Vergewisserung die Durchsetzung seiner Rechte zu erleichtern. Allerdings erfolgt der Nachweis des Veranstalters bzw. Vermittlers nicht durch eine gesonderte Bestätigung, sondern durch „Abschrift des Vertrags". **509**

e) Verbraucherkreditrichtlinie

Für *Verbraucherkredite* schreibt Art. 4 Abs. 1 S. 1 VerbrKrRL tatsächlich die Schriftform vor. Der Vertragsabschluß ist nur „wirksam", also nach Maßgabe des nationalen Rechts durchsetzbar, wenn er schriftlich erfolgt (Rn. 339–343). Die Schriftform zieht praktisch meist nach sich, daß jeder Partner ein Exemplar der Urkunde erhält; zwingend ist das indessen nicht.[28] Art. 4 Abs. 1 S. 2 VerbrKrRL gibt dem Verbraucher daher zusätzlich einen Anspruch auf Erteilung einer Ausfertigung des Vertrags. Über den Inhalt der Vertragsurkunde treffen Abs. 2 und 3 der Vorschrift nähere Angaben. In die Urkunde aufzunehmen sind der effektive Jahreszins, die Bedingungen, unter denen er geändert werden kann, der Zins- und Tilgungsplan, eine Kostenaufstellung und – in Form einer Soll-Vorschrift – alle übrigen wesentlichen Bedingungen. Auch hier handelt es sich um einen Anwendungsfall des Nachweisanspruchs. **510**

f) Kaufgewährrichtlinie

„Zur Sicherstellung der Transparenz und einer angemessenen Unterrichtung der Verbraucher" gibt Art. 6 Abs. 3 *Kaufgewährrichtlinie* dem (Verbraucher-) Käufer einen Anspruch auf schriftlichen Nachweis der Garantiebedingungen.[29] **511**

g) E-Commerce-Richtlinie

Im Zusammenhang mit dem Nachweis steht auch Art. 10 Abs. 3 EComRL. Danach müssen die Vertragsbestimmungen und die AGB dem Nutzer so zur Verfügung gestellt werden, daß er sie speichern und reproduzieren kann. Das hat gerade bei diesem Medium einen guten Sinn. **512**

h) Timesharingrichtlinie

Nur ergänzend ist noch einmal auf die Regelung der Timesharingrichtlinie hinzuweisen. Sie schreibt für den Vertrag schon die Schriftform vor (Art. 4 Sps. 1 TSRL, Rn. 340) und **513**

---

26 A.M. *Kommission* Mitteilung an den Rat und das Europäische Parlament zum Europäischen Vertragsrecht, KOM(2001) 398 endg., Anhang III, 1.3 (S. 60); Grabitz/Hilf II-*Tonner* A 12 (PRRL) Art. 4 Rn. 8–13. Dazu bereits oben, Rn. 343.

27 S. wiederum BE 12 PRRL.

28 So reicht nach deutschem Recht (§ 126 BGB) die Erstellung *einer* Urkunde aus; – anders etwa nach Art. 1325 Code civil; dazu nur *Zweigert/Kötz* Rechtsvergleichung, § 27 II (S. 363).

29 Ausdrücklich ist keine Schriftform gewollt; s. schon Begründung zu Art. 5 Abs. 2 des Vorschlags, KOM(95) 520 endg. (auch abgedruckt in ZIP 1996, 1845, 1852).

gibt dem Erwerber außerdem einen Anspruch auf Aushändigung einer beglaubigten Übersetzung in der Sprache des Landes, in dem die Immobilie belegen ist (Art. 4 Sps. 3 TSRL, Rn. 259f.). Zumal das Schriftformerfordernis dient hier aber *auch* dazu, ein Nachweisinteresse des Erwerbers zu befriedigen. Allerdings ist die Schriftformvorschrift des Art. 4 Sps. 1 der Richtlinie zu diesem Zweck nach dem Wortlaut der Regelung nur wenig geeignet, schreibt sie doch nicht vor, daß der Erwerber auch eine Abschrift des Vertrags erhalten müßte; das dürfte indes gemeint sein.[30]

2. Ausgestaltung: Art und Weise des Nachweises, Sanktionen

514 Der Nachweis ist stets förmlich zu geben, nämlich *schriftlich,*[31] nach jüngeren Richtlinien teils alternativ „auf einem anderen für ihn [den Nachweisadressaten] verfügbaren dauerhaften Datenträger"[32]. Es handelt sich gleichwohl nicht um eine Schriftform,[33] sondern „materiell [um] eine Informationspflicht", „eine Art nachträgliche Schriftlichkeit".[34] Anders als bei einer Schriftform hängt der Bestand des Vertrags nicht von der Wahrung der Form ab,[35] der Nachweis setzt im Gegenteil voraus, daß der Vertrag zustandegekommen ist. Nachweispflichten könnten daher auch durch Formvorschriften nicht richtig umgesetzt werden, denn die Sanktion der Unwirksamkeit des Vertrags bei Mißachtung der Form würde den geschützten Nachweisadressaten nicht helfen und dem Schutzzweck der Regelungen zuwiderlaufen.[36]

515 Nachweispflichten müssen ohne Aufforderung durch den Gläubiger (*spontan*) und alsbald nach ihrer Entstehung erfüllt werden.[37] Anders ist das bei dem Nachweis nach der Handelsvertreterrichtlinie und der Kaufgewährrichtlinie. Für die Handelsvertreterrichtlinie kann man diese Ausnahme mit der stärkeren Stellung des Nachweisgläubigers erklären, dem zuzutrauen ist, daß er sein Nachweisinteresse selbst rechtzeitig geltend macht. Als ein gewisser Bruch erscheint es hingegen, daß der Nachweis nach der KGRL nur „auf Wunsch" und nicht spontan zu liefern ist, zumal die spontane Erfüllung auch dem weiteren Zweck der Vorschrift dienen würde, den Kunden vor Irreführung durch die Garantie(werbung) zu schützen (BE 21 KGRL). Indes ist zu beachten, daß auch die Erklärung in der Werbung allein eine nachzuweisende Garantie darstellen kann (Rn. 439). Eine spontane Nachweispflicht wäre jedenfalls in diesem Fall unpraktikabel.

516 Die Einzelregelungen enthalten teils keine klaren Vorschriften darüber, ob dem Begünstigten ein Erfüllungsanspruch zusteht, doch erfordert die effektive Umsetzung in allen Fällen, zumindest auch einen individuellen Erfüllungsanspruch vorzusehen, ggf. neben anderen Sanktionen (s.o., § 8). Das sehen die Richtlinien teils ausdrücklich vor,[38] gilt aber auch für die übrigen Anwendungsfälle. Die Nachweisrichtlinie nennt in Art. 2 nur die

---

30 *Riesenhuber* FS Bezzenberger, S. 723.

31 Art. 3 NwRL, Art. 13 Abs. 1 HVertrRL, Art. 4 Abs. 1 VerbrKrRL.

32 Art. 5 Abs. 1 FARL, Art. 4 Abs. 2 lit. b PRRL, Art. 6 Abs. 3 KGRL.

33 *Preis* NZA 1997, 10. A.M. *Ehmann/Rust* JZ 1999, 853, 863.

34 *Birk* NZA 1996, 281, 283 zur NwRL.

35 Für Art. 6 Abs. 3 KGRL, siehe Begründung zu Art. 5 Abs. 2 des Vorschlags, KOM(95) 520 endg. (auch abgedruckt in ZIP 1996, 1845, 1852).

36 *Birk* NZA 1996, 281, 283 zur NwRL.

37 Art. 4 Abs. 2 lit. b PRRL; Art. 4 Abs. 1 S. 2 VerbrKrRL, Art. 5 Abs. 1 FARL; zur NwRL *Schwarze* ZfA 1996, 43, 59; näher *Riesenhuber* FS Bezzenberger, S. 727 und 741.

38 Art. 5 KGRL, Art. 13 Abs. 1 HVertrRL.

Pflicht des Arbeitgebers, doch ergibt sich aus Art. 8, daß damit ein individuelles Recht des Arbeitnehmers korrelieren muß.[39] Auch die übrigen Regelungen weisen eine bestimmte Person als individuell Begünstigten aus, wenn auch teilweise durch eine Passiv-Formulierung der Verpflichtete nicht deutlich genannt wird.[40]

Der erteilte Nachweis muß – wie der EuGH für die Nachweisrichtlinie ausgeführt hat – vor Gericht zu Beweiszwecken verwendbar sein und hat „eine ebenso starke Vermutung für die Richtigkeit", wie entsprechende Dokumente nach innerstaatlichem Recht; der Nachweisschuldner kann diese Vermutung aber widerlegen.[41] Der Nachweisschuldner, der den Nachweis erstellt hat, kann sich aber nicht auf die Vollständigkeit oder Richtigkeit des Nachweises berufen,[42] denn weil der Nachweis einseitig dazu dient, den Gläubiger zu begünstigen, kommt es nicht in Betracht, an den Erhalt des Nachweises eine Prüfungs- oder Widerspruchslast zu knüpfen.[43] Weitergehende Sanktionsvorschriften fehlen im übrigen zumeist[44] und sind aus den Grundsätzen der effektiven Umsetzung zu entwickeln.[45] 517

3. Grundgedanken der Regelung

Nachweispflichten sollen den Parteien Gewißheit über ihre Rechte und Pflichten verschaffen[46] und ihnen dadurch die Durchsetzung der Rechte erleichtern: Der Empfänger des Nachweises hat etwas in der Hand, worauf er sich berufen kann und das ihm schon vor einer gerichtlichen Auseinandersetzung als „moralische Stütze" dient.[47] Mit Hilfe des Nachweises kann der Nachweisgläubiger jederzeit feststellen, was ihm zusteht und obliegt bzw. seine Vertragsrechte durch einen Anwalt oder ein Gericht prüfen lassen. So wird der Nachweisgläubiger ganz allgemein „besser vor etwaiger Unkenntnis [seiner] Rechte" geschützt (BE 2 S. 2 NwRL)[48] und erhält die für die „korrekte Ausführung des Vertrags erforderlich[en]" Angaben (BE 13 S. 2 FARL). Durch die schriftliche Niederlegung der Vertragsbedingungen ist sichergestellt, daß die Vertragsbedingungen dem Nachweisgläubiger auch noch lange nach Vertragsschluß zur Verfügung stehen. Der Nachweisgläubiger erhält so (im Falle eines zutreffenden Nachweises) ein (zusätzliches) Beweismittel, das die Durchsetzbarkeit seiner Rechte sichert.[49] Der Nachweisschuldner auf der anderen Seite wird durch die schriftliche Niederlegung der Vertragsbedingungen an seine Pflichten erinnert.[50] Die schriftliche Niederlegung mag ihn auch davor bewahren, allzu blumige Anprei- 518

39 *Clark/Hall* ILJ 1992, 102, 108, 116f.; *Riesenhuber* FS Bezzenberger, S. 729f., 732–734.

40 Art. 5 Abs. 1 FARL („der Verbraucher muß ... erhalten"); Art. 4 Abs. 1 S. 2 VerbrKrRL („Verbraucher erhält").

41 So zur Nachweisrichtlinie EuGH v. 4.12.1997 – C-253-258/96 *Kampelmann*, Slg. 1997, I-6910, 6923 Rn. 33f.; allgemein *Riesenhuber* FS Bezzenberger, S. 732–734.

42 Zu § 3 InfVO *Tempel* NJW 1996, 1625, 1632.

43 Für den Nachweis nach Art. 13 Abs. 1 HVertrRL *Riesenhuber* FS Bezzenberger, S. 733f.

44 Eine besondere Sanktionsregel enthält Art. 4 Abs. 6 UAbs. 2 Nr. i PRRL.

45 EuGH v. 8.2.2001 – Rs. C-350/99 *Lange*, Slg. 2001, I-1061 Rn. 26–35. Dazu bereits oben, § 8.

46 *Birk* NZA 1996, 282, 283.

47 *Grundmann* Schuldvertragsrecht, 3.20 Rn. 13 (NwRL); *Tempel* NJW 1996, 1625, 1632 (PRRL); *Riesenhuber* FS Bezzenberger, S. 725f.

48 Kritisch *Preis* NZA 1997, 10.

49 Zur Bindung an den gegebenen Nachweis *Riesenhuber* FS Bezzenberger, S. 732–734 und oben, Rn. 233f.

50 *Grundmann* Schuldvertragsrecht, 3.20 Rn. 13.

sungen zu machen, der Nachweis „diszipliniert“ (vgl. BE 21 KGRL). Zweck des Nachweises ist daher, Streitigkeiten zwischen den Parteien vorzubeugen, sie ihrer Rechte zu versichern und an ihre Pflichten zu erinnern. Nachweispflichten zielen darauf ab, den Rechtsschutz durch Rechtssicherheit zu erhöhen.

519 Diesen Schutz durch Nachweis sieht das Europäische Privatrecht aus unterschiedlichen Gründen vor. In einigen Fällen dient der Nachweis vor allem dazu, den auf längere Laufzeit angelegten Vertrag auf eine verläßliche Grundlage zu stellen (NwRL, HVertrRL, TSRL, VerbrKrRL), in anderen Fällen dazu, den wesentlich durch Vertragsabreden gestalteten, zumeist komplexen Vertrag durchschaubar zu machen (PRRL, TSRL, VerbrKrRL). Schließlich schafft der Nachweis einen Ausgleich für die durch die gewählte Absatzform erschwerte Rechtsverfolgung (FARL, FFRL).[51]

520 Die Nachweislast trägt derjenige, der die Vertragsbedingungen typischerweise beherrscht oder sogar stellt.[52] Aufgrund seiner Herrschaft über die Vertragsbedingungen ist dem Verpflichteten der Nachweis unschwer möglich. Der Nachweisgläubiger auf der anderen Seite hat typischerweise die nachzuweisenden Vertragsbedingungen nicht schon ohne weiteres vorliegen. Nur beim Handelsvertretervertrag läßt sich ein solcher einseitig beherrschender Einfluß einerseits und ein einseitiges Informationsbedürfnis andererseits nicht dartun, da sich auf beiden Seiten Unternehmen gegenüberstehen; hier haben daher auch beide Teile einen Nachweisanspruch. Der Nachweisschuldner, der die Vertragsbedingungen beherrscht, hat dadurch das Informationsbedürfnis veranlaßt,[53] der Nachweisgläubiger auf der anderen Seite hat typischerweise keine Möglichkeit, das Informationsbedürfnis auf andere Weise zu befriedigen. Die Last, dem Vertragspartner die „gestellten Bedingungen“ nachzuweisen, kann man daher als Korrelat zu dem Nutzen sehen, den der Nachweisschuldner aus seiner Beherrschung der Bedingungen zieht.[54]

521 Von der Nachweispflicht der Handelsvertreterrichtlinie abgesehen lassen sich die Nachweispflichten demnach auf einen gemeinsamen Zweck zurückführen. Eine allgemeine Nachweispflicht gibt es gleichwohl nur im Bereich des Arbeitsrechts, den die NwRL abdeckt. Eine allgemeine vertragsrechtliche Nachweispflicht gibt es nicht.[55] Insbesondere hat auch die AGB-Richtlinie eine solche nicht für den Unternehmer vorgesehen, der die Vertragsbedingungen beherrscht, sofern er Vertragsklauseln, insbesondere AGB, einseitig stellt, ohne sie mit dem Verbraucher im einzelnen zu verhandeln. Und auch in den geregelten Fällen der Nachweispflicht sind keineswegs alle, sondern meist nur die wesentlichen oder ausgewählte Vereinbarungen nachzuweisen.

---

51 In diesen Fällen dient der Nachweis der Vertragsbedingungen allerdings auch dazu, dem Verbraucher eine informierte Entscheidung über den Widerruf des Vertrags zu ermöglichen.

52 „Gestellt“ werden praktisch auch die von der NwRL betroffenen Arbeitsbedingungen; so auch *Schwarze* ZfA 1997, 43, 55. Nicht vom Arbeitgeber gestellt werden freilich gesetzliche und tarifvertragliche Bedingungen; sie braucht der Arbeitgeber aber auch nicht im einzelnen nachzuweisen, es reicht eine Verweisung; Art. 2 Abs. 3 NwRL!

53 Über das so verursachte Informationsbedürfnis hinaus ist freilich der Arbeitgeber auch zum Nachweis über tarifvertragliche oder gesetzliche Bestimmungen für das Arbeitsverhältnis verpflichtet; indes reicht insoweit eine Verweisung; Art. 2 Abs. 3 NwRL. Die Regelung bestätigt daher den Grundsatz, daß jeder sein Recht kennen muß.

54 Vgl. *Knütel* JR 1981, 221, 224.

55 *Riesenhuber* FS Bezzenberger, S. 743.

4. Lücken

Wohl deshalb, weil sie keine Vorschriften über die Einbeziehung enthält, behandelt die AGBRL auch nicht die Frage, ob und in welcher Form dem Verbraucher Kenntnis von den nicht-ausgehandelten Vertragsklauseln zu geben ist. Angesichts der weitreichenden Regelung von Nachweispflichten, die gerade dann begegnen, wenn – wie bei den nicht-ausgehandelten Klauseln – der Nachweisschuldner (Unternehmer) die Gestaltung der Vereinbarung beherrscht und der Nachweisgläubiger von deren Inhalt schuldlos in Unkenntnis ist (soeben, Rn. 518–521), könnte man daran denken, dem Verbraucher auch einen (spontan zu erfüllenden) Anspruch auf Nachweis von nicht-ausgehandelten Vertragsbedingungen zu geben. Gegen einen allgemeinen Nachweisanspruch in Bezug auf AGB sprechen indes gute Gründe, da nicht-ausgehandelte Bedingungen auch bei zahlreichen Verträgen vorkommen, bei denen ein spontan zu erbringender Nachweis ganz unpraktisch – mündliche Klauseln, Mietvertrag mit dem Parkhaus – und auch unter Schutzgesichtspunkten nicht geboten ist. Für nicht-ausgehandelte (schriftliche oder mündliche) Vertragsbedingungen könnte aber ein „einfacher" Auskunftsanspruch von Bedeutung sein, der nicht schon spontan, sondern nur nach Geltendmachung im Einzelfall zu erfüllen ist. Ebenso wie Einbeziehungsregeln sieht die AGBRL einen solchen Anspruch bislang nicht vor. Hier bleibt es bei den mitgliedstaatlichen Rechten. 522

IV. Aufklärungs- und Beratungspflichten

Ansätze zu einer Beratungspflicht enthält allein Art. 19 Abs. 3 FinMRL, wonach die Wertpapierfirmen ihren (potentiellen) Kunden „in verständlicher Form angemessene Informationen zur Verfügung" stellen muß, „so daß sie nach vernünftigem Ermessen die genaue Art und die Risiken der Wertpapierdienstleistungen und des speziellen Typs von Finanzinstrument, der ihnen angeboten wird, verstehen können und somit auf informierter Grundlage Anlageentscheidungen treffen können". Ist damit auch nur eine Informationspflicht ausgesprochen, so enthält diese doch auch *Elemente* der Beratung. Das ergibt sich zum einen aus dem Hinweis auf *angemessene* Informationen, zum anderen aus dem ergänzenden *know your customer*-Grundsatz des Art. 19 Abs. 4, 5 FinMRL und endlich daraus, daß die auf die Professionalität des Kunden abzustimmen ist, vgl. Art. 19 Abs. 10 FinMRL.[56] Diese Pflicht, die je nach der nationalen Umsetzung auch schon vor Vertragsschluß von Bedeutung sein kann, wurde bereits im Zusammenhang mit den vorvertraglichen Pflichten erörtert (Rn. 296–298). 523

V. Schlußbetrachtung: Vertragliche Informationsordnung

Die Informationspflichten des Europäischen Vertragsrechts wurden anfänglich als behutsame Form der Rechtsangleichung gepriesen, die sich zudem mit den Grundlagen des hergebrachten liberalen Vertragsrechts gut verträgt. In jüngerer Zeit mehrt sich die Kritik, die vor allem dahin geht, daß Information hohe Kosten für die Unternehmen verursache und für den Verbraucher nicht zu verarbeiten sei. Die Informationspflichten werden daher 524

56 *Cahn* ZHR 162 (1998), 1, 37f. Zurückhaltend Ebenroth/Boujong/Joost-*Grundmann* HGB-Kommentar (2001) BankR VI Rn. 222–224; eine Beratungspflicht aus § 31 WpHG ablehnend Assmann/Schneider-*Koller* WpHG (3. Aufl. 2003), § 31 Rn. 96.

geradezu als Muster einer fehlgeleiteten Rechtsangleichung zitiert, die „kontraintentionalen Effekte" habe.[57] Besonders die Verbindung von vorvertraglichen und vertraglichen Informationspflichten führe zu einer Verdoppelung der Information.

525 Indes scheinen sich die Informationspflichten durchaus harmonisch zusammenzufügen. Die vorvertraglichen Informationen dienen, wie gezeigt (Rn. 280–298, 299–301), überwiegend der Herstellung von Markttransparenz. Daher verpflichten sie den Anbieter, Preis und Leistung näher darzustellen. Ihrem Zweck entsprechend muß diese vorvertragliche Information dabei teilweise bis ins einzelne gehen, da sonst ein Vergleich verschiedener Angebote nicht möglich ist. Die vertraglichen Informationspflichten dienen hingegen dem Schutz von besonderen Interessen bei der Vertragsdurchführung oder ergänzen die Hauptpflichten. Daß sich dabei z.T. Wiederholungen ergeben, hat jedenfalls in den – vom Gesetzgeber zu berücksichtigenden – Fällen einen guten Sinn, wo die vorvertragliche Erkundungsphase dem Vertragsabschluß nicht unwesentlich vorangeht. Der Reisende mag z.B. den Prospekt mit der (vorvertraglichen) Information über Einreise- und Visumsbestimmungen weggelegt haben, nachdem er festgestellt hat, daß die Reise für ihn danach in Betracht kommt; dann ist es durchaus geboten, ihn über die zu beachtenden Formalitäten noch einmal rechtzeitig vor Beginn der Reise zu informieren.[58] Während die Information im Prospekt noch allgemeiner gehalten sein kann, muß sie vor Vertragsschluß spezifiziert werden. So sind z.B. im Prospekt nur „allgemeine Angaben über Paß- und Visumserfordernisse" geschuldet, vor Vertragsschluß hingegen, entsprechend dem unterschiedlichen Zweck der Information, auch Angaben „über die Fristen für die Erlangung dieser Dokumente" zu geben.[59]

526 Aber auch das Nebeneinander von vorvertraglicher und vertraglicher Informationspflicht einerseits und Nachweispflicht andererseits ist sinnvoll, denn entsprechend ihren unterschiedlichen Zwecken decken sich die Gegenstände der beiden Pflichten höchstens in Teilbereichen. Sind die Angaben im Prospekt nur allgemein gehalten, so enthalten die Angaben im Vertrag – der in der deutschen Umsetzung sog. Reisebestätigung, § 3 Abs. 1 InfVO – genauere Einzelheiten z.B. über Termine und Sonderwünsche, die vor Vertragsschluß zwar zur vorvertraglichen Information entbehrlich, zur Inanspruchnahme der vereinbarten Leistungen aber erforderlich sind.[60] Entsprechendes gilt auch für den Timesharingvertrag: Hier sind vorvertraglich nur bestimmte Informationen zu geben und diese auch nur in Form von „zumindest kurzen, genauen Angaben"; diese Informationen ermöglichen die informierte Vertragsentscheidung. Das gesamte Spektrum der Angaben ist erst mit Vertragsschluß zu geben; diese Informationen ermöglichen eine effektive Rechtsausübung durch den Erwerber.[61]

---

57 Besonders eingehend *Martinek* in: Systembildung, S. 518–530.

58 Die Finanzfernabsatzrichtlinie differenziert, Art. 5 FFRL.

59 Art. 3 Abs. 2 lit. e PRRL einerseits, Art. 4 Abs. 1 lit. a PRRL andererseits.

60 Art. 3 Abs. 1 PRRL einerseits und Art. 4 Abs. 2 iVm Anhang PRRL andererseits.

61 Art. 3 Abs. 1 TSRL und Art. 4 TSRL.

§ 19
Vereinzelte Inhaltsbestimmungen

Literatur:
Hesselink, Martijn W., Non-Mandatory Rules in European Contract Law, ERCL 1 (2005), 44–86

Bestimmungen über das vertragliche Leistungsprogramm enthält das Europäische Vertragsrecht nur selten. Die überwiegende Zahl der Inhaltsbestimmungen betrifft die Bestimmung des Leistungsprogramms im Hinblick auf das Leistungsstörungsrecht, das nicht an dieser Stelle, sondern in späteren Kapiteln gesondert behandelt wird (§§ 25–30). Außer Betracht bleiben zudem die Inhaltsbestimmungen, die sich mittelbar aus den Gruppenfreistellungsverordnungen ergeben (s. Rn. 37). Und nur zur Wiederholung sind auch hier die Diskriminierungsverbote in Erinnerung zu rufen (§ 16), die nicht nur die Abschlußfreiheit beschränken, sondern auch den Vertragsinhalt mittelbar bestimmen können. 527

I. Übersicht über zwingende und dispositive Inhaltsbestimmungen

Eine Mehrzahl von Einzelregelungen über den Vertragsinhalt findet sich verstreut im Europäischen Vertragsrecht. Nachfolgend werden diese in einer losen, der Einteilung der Richtlinien folgenden Ordnung erörtert: Inhaltsbestimmungen finden sich vor allem für Fernabsatzgeschäfte (1), den Pauschalreisevertrag (2), den Verbraucherkreditvertrag (3) und den Vertrag über die grenzüberschreitende Überweisung (4). 528

1. Ausführungsfrist und Ersetzungsbefugnis für Fernabsatzgeschäfte

Für Fernabsatzgeschäfte bestimmt Art. 7 Abs. 1 FARL eine *dispositive* 30tägige *Ausführungsfrist.* Die weiteren Bestimmungen des Art. 7 FARL über die „Erfüllung des Vertrags" hängen damit nur lose zusammen. 529

Absatz 2 bestimmt eine Unterrichtungspflicht des Lieferers und ein Rücktrittsrecht des Verbrauchers für den Fall des Unvermögens des Lieferers („Ware oder Dienstleistung nicht verfügbar"); darauf kommen wir bei den Leistungsstörungen kurz zurück (§ 29). Nach Absatz 3 können die Mitgliedstaaten den Parteien die Möglichkeit eröffnen, für den Fall der „Nichtverfügbarkeit" (Absatz 2) eine *Ersetzungsbefugnis* des Lieferers zu vereinbaren.[1] Für diese Option gibt Absatz 3 Rahmendaten vor über 530

(1) den Inhalt der Ersetzungsbefugnis („qualitätsmäßig und preislich gleichwertige Ware/ Dienstleistung"),
(2) die Einbeziehung der Abrede über die Ersetzung in den Vertrag („Der Verbraucher ist von dieser Möglichkeit in klarer und verständlicher Form zu unterrichten."; s.o. Rn. 328) und
(3) die Kosten der Rücksendung im Falle des Widerrufs (trägt der Lieferer).
(4) Aus dem Zusammenhang mit Absatz 2, der durch den Wortlaut („Indessen") hergestellt ist, ergibt sich viertens, daß Voraussetzung für die Ersetzungsbefugnis sein muß,

1 Da die Richtlinie nur eine Regelungsoption der Mitgliedstaaten begründet, handelt es sich nicht eigentlich um einen „gemeinschaftsrechtlichen" oder „gemeinschaftlichen Änderungsvorbehalt"; so aber Grabitz/Hilf II-*Micklitz* A 3 (FARL) Rn. 110.

daß der Lieferer unvermögend ist, den Vertrag innerhalb der 30 Tage-Frist des Absatz 1 zu erfüllen. Der bloße Umstand, daß der Lieferer die ihm verfügbare geschuldete Leistung anderweit besser veräußern kann, begründet die Ersetzungsbefugnis nicht.[2]

2. Ersetzungsbefugnis des Reisenden und einseitige Änderung der Vertragsbedingungen beim Pauschalreisevertrag

531 Ist der Reisende daran gehindert, die Reise anzutreten, so kann er seine *„Buchung" auf einen Dritten übertragen*, der etwaige Teilnahmevoraussetzungen erfüllt (Art. 4 Abs. 3 PRRL). Die Ersetzungsbefugnis des Reisenden kann nicht vertraglich abbedungen werden (Art. 8 PRRL). Die Regelung ist deswegen geboten, weil sie einem häufig auftretenden, vom Reisenden aber bei Vertragsschluß oft nicht bedachten Regelungsbedürfnis entspricht. Da dem Veranstalter/Vermittler die Person des Reisenden jedenfalls dann egal ist, wenn dieser alle Teilnahmevoraussetzungen erfüllt, ist die Ersetzungsbefugnis interessengerecht. Ein Bonitätsinteresse hat der Veranstalter/Vermittler in vielen Fällen nicht, weil er die Reisenden typischerweise nicht nach ihrer Zahlungsfähigkeit aussucht. Da die Regelung aber auch Fälle individuell ausgewählter Kunden erfaßt, wird dem Sicherheitsinteresse des Veranstalters/Vermittlers durch die Bestimmung der gesamtschuldnerischen Haftung von Reisendem und Ersatzmann genügt.[3]

532 Keine gesetzliche Ersetzungsbefugnis bestimmt Art. 4 Abs. 5 PRRL über die *nachträgliche Änderung wesentlicher Vertragsbestandteile* durch den Veranstalter. „Sieht sich der Veranstalter gezwungen, an einem wesentlichen Bestandteil des Vertrages … eine erhebliche Änderung vorzunehmen", so muß er das dem Reisenden mitteilen, und dieser kann dann Rücktritt oder Vertragsänderung wählen. Die Regelung kann nach nationalem Recht als Fall des (gesetzlichen oder vertraglichen) Leistungsbestimmungsrechts oder der Leistungsstörungen umgesetzt werden (s.a. unten, § 27). Wenn das nationale Recht ein Leistungsbestimmungsrecht oder die Freiheit der Parteien vorsieht, das zu vereinbaren, so muß Voraussetzung für seine Ausübung sein, daß der Veranstalter aus schwerwiegenden Umständen, die außerhalb seines Verantwortungsbereichs liegen, dazu veranlaßt ist („sieht sich gezwungen").[4]

533 Den *vereinbarten Preis* dürfen die Parteien – praktisch geht es nur um den Veranstalter –[5] nur wegen einer nachträglichen Änderung bestimmter Kosten *ändern* und auch nur dann, wenn dies im Vertrag ausdrücklich und mit genauen Angaben zur Berechnung des neuen Preises vorgesehen ist. Ab dem 20. Tag vor dem Abreisetermin dürfen Änderungen überhaupt nicht mehr vorgenommen werden, Art. 4 Abs. 4 PRRL. Da auch der Preis ein „Bestandteil des Vertrages" iSv Art. 4 Abs. 5 ist, begründet auch seine Änderung ein Rücktrittsrecht des Reisenden, sofern die Änderung wesentlich ist. Umstritten ist, ob der Veranstalter/Vermittler verpflichtet ist, auch Kostenermäßigungen anteilig an die Reisenden weiterzugeben. Dafür wird ins Feld geführt, daß der Wortlaut von der Preiserhöhung

2 Ebenso wohl Grabitz/Hilf II-*Micklitz* A 3 (FARL) Rn. 111.
3 S. noch unten, Rn. 591, unter dem Gesichtspunkt der Vertragswirkungen für Dritte.
4 Ähnlich Grabitz/Hilf II-*Tonner* A 12 (PRRL) Rn. 39.
5 Wer zur Preisänderung berechtigt ist, bestimmt die PRRL hier nicht; dazu und zur Relativität in der PRRL noch unten, Rn. 805–812.
6 Grabitz/Hilf II-*Tonner* A 12 (PRRL) Rn. 27.

oder -senkung spricht.[6] Indes läßt sich der Richtlinienregelung keine *Pflicht* des Veranstalters/Vermittlers entnehmen, Preissenkungen weiterzugeben.[7] Die Richtlinie sieht ein Preisänderungsrecht überhaupt nicht vor, sondern überläßt seine Vereinbarung den Parteien, denen sie nur die näher bestimmten Grenzen auferlegt. Die Parteien können vereinbaren, daß Preiserhöhungen und/oder Preissenkungen weitergegeben werden können oder weiterzugeben sind, sie können grundsätzlich (vorbehaltlich der Inhaltskontrolle nach der AGBRL)[8] auch vereinbaren, daß nur Preiserhöhungen weiterzugeben sind, nicht auch Preissenkungen.

3. Veränderung des effektiven Jahreszinses, Warenherausgabe und vorzeitige Ablösung beim Verbraucherkredit

Die Parteien eines Verbraucherkreditvertrags können (schriftlich) vereinbaren, daß der **534** effektive *Jahreszins geändert* werden kann. Die Richtlinie schränkt diese Möglichkeit in der Sache nicht ein, schreibt aber vor, daß die Änderungsbefugnis und ihre Voraussetzungen in die Vertragsurkunde aufzunehmen sind, Art. 4 Abs. 2 lit. b) VerbrKrRL.

Dient der Verbraucherkredit der Finanzierung eines Warenkaufs, so ist von den Mit- **535** gliedstaaten zu regeln, unter welchen Bedingungen und mit welchen Folgen die *Ware herausverlangt* werden kann, Art. 7 VerbrKrRL (Art. 14 V2-VerbrKrÄRL). Dabei geht es vor allem darum zu vermeiden, daß der Verbraucher gleichzeitig den Kredit abzahlen muß, die damit finanzierte Ware aber nicht nutzen kann. Die als Regelungsauftrag an die Mitgliedstaaten ausgestaltete Vorschrift ist reichlich undeutlich. Indes ist ihr zum einen zu entnehmen, daß mit der Rücknahme der Sache auch Kauf- und Kreditvertrag entfallen; das ergibt sich daraus, daß „in den Fällen, in denen der Kreditgeber die Ware wieder an sich nimmt, die Abrechnung … zwischen den Parteien erfolgt". Zum anderen gibt Art. 7 S. 2 VerbrKrRL vor, daß die Abrechnung so auszugestalten ist, daß die Rücknahme nicht zu einer ungerechtfertigten Bereicherung führt. So wird die für die Nutzungszeit geschuldete Vergütung auf ein angemessenes Nutzungsentgelt[9] und (ggf.) eine Vergütung für den Minderwert beschränkt.

Der Verbraucher kann einen Verbraucherkreditvertrag auch *vorzeitig erfüllen* (Art. 8 **536** VerbrKrRL; s.a. Art. 15 V2-VerbrKrÄRL). In diesem Fall hat er Anspruch auf angemessene Ermäßigung der Gesamtkosten. Die Einzelheiten über die angemessene Ermäßigung bestimmen die Mitgliedstaaten. Dabei ist nach dem Äquivalenzgrundsatz davon auszugehen, daß eine Entschädigung angemessen ist, wenn sie den durch die vorzeitige Lösung ersparten Aufwendungen des Kreditgebers entspricht. Unangemessen ist maW sowohl, bei nicht nur unerheblicher Ersparnis keine Ermäßigung vorzusehen, als auch, bei Fehlen einer Ersparnis eine Ermäßigung vorzusehen.[10] Da die Richtlinie indes nicht von einer „Minderung" oder anteiligen Herabsetzung oder einer vollständigen Erstattung spricht,

7 Wie hier *Reich/Micklitz* Verbraucherrecht, Tz. 18.17.

8 Eine nicht-ausgehandelte Klausel, nach der nur Kostenerhöhungen weitergegeben werden können, nicht aber Kostensenkungen weiterzugeben sind, kann ein Mißverhältnis der Rechte und Pflichten begründen; zur Konkretisierung näher unten, Rn. 639–659, besonders Rn. 644–646 und 650.

9 Kritisch *Münstermann* in: Hörmann (Hrsg.) Verbraucherkredit und Verbraucherinsolvenz (1986), S. 616.

10 *Grundmann* Schuldvertragsrecht, 4.10 Rn. 37.

müssen die Mitgliedstaaten keineswegs vorschreiben, daß alle ersparten Aufwendungen auszukehren sind.[11] Im Rahmen der „Angemessenheit" kann etwa auch berücksichtigt werden, daß die vorzeitige Beendigung in den Verantwortungsbereich des Verbrauchers fällt, dem deswegen Abzüge zugemutet werden können;[12] entsprechende Zurechnungserwägungen finden sich auch in den Regelungen über die Rechtsfolgen des Widerrufs (o. Rn. 386–395). Dem Schutz des Verbrauchers würde es dienen, wenn ihm der Umfang der Ermäßigung oder doch die anzuwendende Berechnungsmethode offengelegt würde. Eine entsprechende Pflicht, die im europäischen Vertragsrecht sonst gelegentlich begegnet,[13] sieht die Richtlinie nicht vor.[14]

4. Ausführungsfrist und Gebührenregelung bei der grenzüberschreitenden Überweisung

537 Die Ausführungsfrist können die Parteien bei der grenzüberschreitenden Überweisung frei vereinbaren. Treffen sie keine Vereinbarung, so ist die Überweisung innerhalb von fünf Tagen nach der Auftragsannahme auszuführen (Art. 6 Abs. 1 UAbs. 1 ÜwRL). Auch die Vergütungspflicht (immer noch sogenannte „Gebühren") können die Parteien einvernehmlich regeln, haben sie aber keine Vereinbarung getroffen, so sind die Gebühren vom Auftraggeber zu tragen (Art. 6 Abs. 1 ÜwRL). Mit beiden Regelungen begegnet der Gesetzgeber spezifischen Mißständen, die die Institute nicht schon von sich aus abgestellt hatten: übermäßig langen Ausführungsfristen und dem Abzug von Gebühren vom Überweisungsbetrag.[15]

538 Für Euro-Überweisungen gibt allerdings die Euro-Überweisungsverordnung die Gebührenhöhe für grenzüberschreitende Überweisungen „relativ" vor. Da die Überweisungsrichtlinie mit ihrem Transparenzmechanismus nicht zu einer Absenkung der Gebühren für grenzüberschreitende Überweisungen geführt hatte, ist jetzt vorgegeben, daß für grenzüberschreitende Euro-Überweisungen die Gebühren denjenigen für Inlandsüberweisungen entsprechen müssen (Art. 3 EuroÜwVO). Der Gesetzgeber reagiert damit auf ein von ihm festgestelltes Marktversagen[16] in einem für den Binnenmarkt (Zahlungsverkehr als Komplementärstück zu Produkt- und Dienstleistungsverkehr) besonders wichtigen Bereich.

II. Grundgedanken

1. Inhaltsbestimmung ist Sache der Parteien und des nationalen Rechts

539 Die Regelungen über den Vertragsinhalt dienen ganz unterschiedlichen Zwecken, sie sind meist von spezifischen Schutzbedürfnissen im Einzelfall motiviert, öfter komplementieren

---

11 Anders ist beispielsweise für die Preisanpassung wegen Kostensteigerung nach Art. 4 Abs. 4 lit. a PRRL zu entscheiden: Die dort ausnahmsweise zugelassene Erhöhung darf ihrem Schutzzweck nach nicht über die anteilige Weitergabe der vom Veranstalter/Vermittler hingenommenen Kostensteigerung hinausgehen.

12 A.M. *Reifner* in: Hörmann (Hrsg.) Verbraucherkredit und Verbraucherinsolvenz (1986), S. 621, 634.

13 Siehe z.B. Art. 4 Abs. 2 lit. d VerbrKrRL; Art. 3 Abs. 1 Nr. 3 lit. a FFRL.

14 Diese Pflicht kann auch nicht Art. 4 Abs. 2 lit. d VerbrKrRL oder Art. 4 Abs. 3 iVm Anhang I Nr. 1 iv VerbrKrRL entnommen werden.

15 Zum Leistungsstörungsrecht näher unten, § 28.

16 BE 1 EuroÜwVO. Krit. *Hoffmann* EuZW 2002, 69–74. Zur Entstehungsgeschichte auch Gebauer/Wiedmann-*Schinkels* Kap. 14 Rn. 4f.

sie Vorschriften über Leistungsstörungen. Der Regelung läßt sich vor allem die gesetzgeberische Leitlinie entnehmen, seine Regelungsziele *nicht* mit Hilfe von Inhaltsbestimmungen zu verfolgen, sondern durch andere Normen, vor allem Informationspflichten. Dispositive oder zwingende Inhaltsbestimmungen sieht das Europäische Vertragsrecht nur ausnahmsweise vor.[17] Diese Leitlinie hat zum einen den guten Sinn, übermäßige Eingriffe in die mitgliedstaatlichen Rechtsordnungen zu vermeiden,[18] sie ist aber auch prinzipiell begründet. Jedenfalls das Europäische Vertragsrecht gibt den Vertragsinhalt nicht vor, sondern beschränkt sich im wesentlichen darauf, einen Rahmen zu schaffen, der den Parteien die Vereinbarung angemessener Inhalte ermöglicht. (Nur) Soweit die Umstände des Vertragsschlusses dafür Anlaß bieten, zieht es eine (dann punktuelle) Inhaltskontrolle (unten, §§ 22–24) der Inhaltsbestimmung vor.

2. Schutz des vereinbarten Austauschverhältnisses

Ein inhaltlicher (nicht nur gesetzgebungstechnischer) Grundsatz, der in verschiedenen 540
Regelungen zum Tragen kommt, ist der Schutz des vereinbarten Austauschverhältnisses. Auch dieser *bestätigt* freilich zuerst, daß Inhaltsbestimmungen Sache der Parteien sind, die Regelungen schützen das *vereinbarte* Austauschverhältnis. Die Parteien können auch einseitige Leistungsbestimmungsrechte oder Ersetzungsbefugnisse vereinbaren.[19] Doch muß diese Möglichkeit (ausdrücklich) im Vertrag vorgesehen werden oder ist der Gläubiger davon „in klarer und verständlicher Form zu unterrichten".[20] Zum Teil wird die Ersetzungsbefugnis allerdings dahin eingeschränkt, daß die Ersatzleistung nach Qualität und Preis der vereinbarten Leistung entspricht;[21] indes dient auch das nur der Erhaltung der „subjektiven Äquivalenz". Der hervorragenden Bedeutung des vereinbarten Äquivalenzverhältnisses entspricht es, daß der Gläubiger im Falle einer einseitigen Vertragsänderung durch den Schuldner das Recht hat, vom Vertrag zurückzutreten.[22] Dieser Gesichtspunkt gewinnt als ein Grundgedanke des Europäischen Vertragsrechts auch bei der Konkretisierung des Mißbräuchlichkeitsmaßstabs der AGB-Richtlinie Bedeutung (unten, Rn. 652).

---

17 *Grundmann/Kerber/Weatherill* in: Party Autonomy, S. 28–36; *Grundmann* Schuldvertragsrecht, 2.02 Rn. 23; *Reich* EuZW 1997, 581, 585.

18 S. nochmals Rn. 87–91 zur Grundfreiheitenkontrolle dispositiven Vertragsrechts!

19 Art. 7 Abs. 3 FARL; 7 Abs. 5 PRRL; eingeschränkt nach Art. 7 Abs. 4 PRRL für den Reisepreis.

20 Art. 4 Abs. 4 lit. a PRRL; Art. 7 Abs. 3 S. 2 FARL.

21 Art. 7 Abs. 3 S. 1 FARL; s.a. Art. 4 Abs. 6 lit. a PRRL.

22 Art. 4 Abs. 5 Sps. 1 PRRL; nach der (freilich undeutlichen) Regelung des Art. 7 Abs. 3 S. 3, Art. 6 FARL hat der Verbraucher ein Widerrufsrecht; s.o. Rn. 383.

§ 20
Treu und Glauben

Literatur:

Beatson, Jack /Friedmann, Daniel (Hrsg.), Good Faith and Fault in Contract Law, Oxford 1995
Collins, Hugh, Good Faith in European Contract Law, Oxf.J.Leg.Stud. 14 (1994), 229–254
Collins, Hug, The Unfair Commercial Practices Directive, ERCL 1 (2005), 417–441
Fleischer, Holger, Der Rechtsmißbrauch zwischen Gemeineuropäischem Privatrecht und Gemeinschaftsprivatrecht, JZ 2003, 865–874
Grobecker, Wolfgang, Implied terms und Treu und Glauben – Vertragsergänzung im englischen Recht in rechtsvergleichender Perspektive, Berlin 1999
Grundmann, Stefan, General Principles of Private Law and Ius Commune Modernum as Applicable Law?, in: Theodor Baums/Klaus J. Hopt/Norbert Horn (Hrsg.), Corporations, Capital Markets and Business in the Law – Liber Amicorum Richard M. Buxbaum, London/The Hague/Boston 2000, S. 213–234 (zitiert: Grundmann FS Buxbaum)
Jung, Peter, Der Beitrag des Europäischen Gesellschaftsrechts zum System des Gemeinschaftsprivatrechts, GPR 2004, 233–244
Kötz, Hein, Towards a European Civil Code: The Duty of Good Faith, in: Peter Cane/Jane Stapelton (Hrsg.), The Law of Obligations, Essays in Celebrations of John Fleming, Oxford 1998, 243–259 (zitiert: Kötz FS Fleming)
Ranieri, Filippo, Die Anwendung des Europäischen Gemeinschaftsrechts und das Verbot der treuwidrigen und mißbräuchlichen Rechtsausübung. Spannungen zwischen nationalem Recht und Gemeinschaftsrecht?, in: ders. (Hrsg.), Die Europäisierung der Rechtswissenschaft – Beiträge aus der Universität des Saarlandes, Baden-Baden 2002, S. 129–143
Teubner, Gunther, Legal Irritants: Good Faith in British Law or How Unifying Law Ends Up in New Divergences, Modern Law Review 61 (1998) 11–32
van Schilfgaarde, Peter, System, good faith and equity in the New Dutch Civil Code, ERPL 1997, 1–9
Zimmermann, Reinhard/Whittaker, Simon (Hrsg.), Good Faith in European Contract Law – The Common Core of European Private Law, Cambridge 2000

541 Der Grundsatz von Treu und Glauben ist eines der zentralen Prinzipien verschiedener mitgliedstaatlicher Rechtsordnungen. Auch im Europäischen Privatrecht kommt ihm eine wesentliche Rolle zu. Zuerst hat der EuGH Treu und Glauben als primärrechtlichen Allgemeinen Rechtsgrundsatz herangezogen (I). Zunehmend findet sich der Grundsatz auch im Sekundärrecht (II). Eine verwandte Frage ist, welche Beschränkungen sich aus der Rechtsangleichung für die Anwendung der mitgliedstaatlichen Grundsätze von Treu und Glauben ergeben (III).

I. Der „Allgemeine Rechtsgrundsatz" von Treu und Glauben in der Rechtsprechung des EuGH

542 Auf der Grundlage der gemeinsamen europäischen Rechtstradition hat der EuGH in seiner Rechtsprechung ungeschriebene „allgemeine Rechtsgrundsätze" angewandt, darunter auch solche, die im deutschen Privatrecht als Unterprinzipien von Treu und Glauben verstanden werden.[1] Dabei dürfte der Entwicklung entgegengekommen sein, daß diese

1 *Grundmann* Schuldvertragsrecht, 1. Teil Rn. 182–189; *ders.* FS Buxbaum, S. 213–234. Übersicht zur älteren Rechtsprechung bei *Lecheler* Der Europäische Gerichtshof und die allgemeinen Rechtsgrundsätze (1971), S. 99–104. Zu Allgemeinen Rechtsgrundsätzen als Rechtsquelle oben, Rn. 35f.

Grundsätze aufgrund ihres römischrechtlichen Ursprungs für das Gericht, zumal die kontinentaleuropäischen Richter, von hoher Überzeugungskraft sind. Bei einer Durchsicht der Rechtsprechung ist freilich zu beachten, daß mit dem Begriff Treu und Glauben *(good faith, bonne foi)* in den unterschiedlichen Rechtssprachen teils unterschiedliche Rechts- oder Argumentationsfiguren verbunden werden. So kann eine Frage, die in der deutschen Fassung eines Urteils mit Treu und Glauben bezeichnet wird, in der englischen unter dem Gesichtspunkt der *legitimate expectations* erörtert werden, was im Englischen mit *good faith* bezeichnet wird, kann im Deutschen mit gutgläubig treffender beschrieben sein.[2]

1. Verwaltungsrechtlicher Grundsatz

Nach der Rechtsprechung des EuGH ist *die Verwaltung* bei ihrem Handeln immer an den Grundsatz von Treu und Glauben gebunden, unabhängig davon, ob sie öffentlich-rechtlich oder privatrechtlich handelt.[3] In der Judikatur des EuGH hat der Grundsatz von Treu und Glauben vor allem dann eine – jedenfalls äußerlich – tragende Rolle gespielt, wenn gemeinschaftsrechtliche Regelungen (noch) fehlten und ein Rückgriff auf die Vorschriften eines Mitgliedstaats nicht in Betracht kam.[4] **543**

So hat das Gericht bei der Ausgestaltung der Regeln über die Rücknahme rechtswidriger Verwaltungsentscheidungen anerkannt, daß das Restitutionsinteresse der Verwaltung (Rechtsstaatsprinzip) mit dem aus Treu und Glauben, insbesondere dem Vertrauensgrundsatz (*venire contra factum proprium*, Verwirkung) abgeleiteten Bestandsinteresse des Adressaten der Entscheidung abzuwägen ist.[5] Den Grundsatz von Treu und Glauben (Vertrauensschutz) haben nicht selten – aber meist erfolglos – auch Kläger gegen die Änderung einer für sie günstigen Verwaltungspraxis oder Rechtslage[6] ins Feld geführt. Als Unterprinzipien von Treu und Glauben hat der EuGH dabei insbesondere das Verbot widersprüchlichen Verhaltens (*venire contra factum proprium*),[7] das Rechtsmißbrauchsverbot[8] und die Verwirkung[9] erörtert. **544**

---

2 Vgl. *Collins* Oxf.J.Leg.Stud. 14 (1994) 229, 249–251 (zur AGBRL). S.a. die Verwendung des Begriffs der „Lauterkeit" in Art. 4 Abs. 2 FARL im Gegensatz zu Art. 3 Abs. 2 FFRL; dazu noch unten, Rn. 558f.

3 EuGH v. 15.7.1960 – verb.Rs. 43, 45 and 48/59 *Von Lachmueller* Slg. 1960, 965, 989; EuGH v. 16.12.1960 – Rs. 44/59 *Fiddelaar* Slg. 1960, 1115, 1139. S.a. EuGH v. 14.12.1976 – Rs. 255/76 *Segoura* Slg. 1976, 1851 Rn. 11 (zum EuGVÜ).

4 Vgl. z.B. EuGH v. 12.7.1957 – verb.Rs. 7/56 und 3–7/57 *Algera* Slg. 1957, 83, 118f.

5 EuGH v. 13.7.1962 – verb.Rs. 17 und 20/61 *Kloeckner und Hoesch ./. Hohe Behörde*, Slg. 1962, 653, 689; EuGH v. 24.11.1987 – Rs. 223/85 *RSV ./. Kommission* Slg. 1987, 4617 Rn. 17; EuGH v. 13.7.1965 – Rs. 111/63 *Lemmerz ./. Hohe Behörde* Slg. 1965, 893, 913; EuGH v. 20.3.1997 – Rs. C-24/95 *Alcan Deutschland* Slg. 1997, I-1591 Rn. 40–42; EuGH v. 12.5.1998 – Rs. C-366/95 *Steff-Houlberg* Slg. 1998, I-2661 *passim.*

6 EuGH v. 3.5.1978 – Rs. 112/77 *Töpfer* Slg. 1978, 1019 Rn. 18–20; EuGH v. 31.1.1979 – Rs. 127/78 *Spitta* Slg. 1979, 171 Rn. 18–20; EuGH v. 15.4.1997 – Rs. C-22/94 *Irish Farmers* Slg. 1997, I-1809 Rn. 19; EuGH v. 3.12.1998 – Rs. C-381/97 *Belgcodex* Slg. 1998, I-8153 Rn. 26.

7 EuGH v. 12.7.1962 – Rs 14/61 *Hoogovens ./. Hohe Behörde*, Slg. 1962, 511, 551; EuGH v. 13.7.1962 – verb. Rs. 17 und 20/61 *Kloeckner und Hoesch ./. Hohe Behörde*, Slg. 1962, 653, 689; EuGH v. 13.7.1962 – Rs. 19/61, *Mannesmann ./. Hohe Behörde* Slg. 1962, 717, 752 (wie vor); EuGH v. 22.3.1990 – Rs. C-347/87 *Triveneta Zuccheri* Slg. 1990, I-1083 Rn. 14; EuG v. 25.3.1999 – Rs. T-102/96 *Gencor* Slg. 1999, II-753 Rn. 65.

2. Öffentlicher Dienst

545 Der zweite Hauptbereich für die Heranziehung des Grundsatzes von Treu und Glauben in der Rechtsprechung des EuGH war das Recht des öffentlichen Dienstes, solange dort noch keine näheren Regelungen vorlagen.[10] Aus dem Grundsatz von Treu und Glauben, der das Dienstverhältnis wie jede Verwaltungstätigkeit beherrsche, hat der EuGH dabei bemerkenswert detaillierte Regelungen abgeleitet, beispielsweise die Voraussetzung eines sachlichen Grundes für die Kündigung von Arbeitnehmern und die Pflicht zur Einhaltung einer angemessenen Kündigungsfrist sowie die schadensersatzbewehrte Pflicht des Arbeitgebers, Kündigungen zu begründen.[11] Freilich hat der EuGH damit das Dienstrecht nicht gleichsam verfassungsrechtlich zementiert, sondern nur in Ermangelung und vorbehaltlich näherer Ausgestaltung „geregelt". Soweit Dienstvorschriften bestehen bzw. eingeführt werden, ist der Rekurs auf Treu und Glauben versperrt.[12]

3. Treu und Glauben in EuGVÜ/EuGVO

546 In verschiedenen Urteilen hat der EuGH schließlich zur Bedeutung von Treu und Glauben im EuGVÜ Stellung genommen, nämlich für Prorogationsvereinbarungen. Ausdrücklich ist der Grundsatz in der Konvention nicht normiert, doch sah sich der EuGH schon früh veranlaßt, einer möglichen Härte bei der Anwendung des Formerfordernisses durch den Grundsatz von Treu und Glauben vorzubeugen. Zwar genüge dem Schriftformerfordernis des Art. 17 Abs. 1 EuGVÜ a.F. nicht, wenn die Parteien sich zwar auf die Geltung der AGB eines Teils einigen, die die Prorogation enthalten, und diese dem anderen Teil nachträglich übersandt werden, da man aus dem mangelnden Widerspruch nicht auf die Zustimmung zur Gerichtsstandsklausel schließen könne. Anders sei aber zu urteilen, wenn die Parteien in einer laufenden, den AGB unterliegenden Geschäftsverbindung stünden, denn in diesem Fall sei die Berufung auf den Formmangel treuwidrig.[13] Später hat das Gericht auf der Grundlage der neuen Fassung von Art. 17 EuGVÜ zwar weiterhin angenommen, das Schriftformerfordernis diene dazu, das Einverständnis der Parteien sicherzustellen. Doch könne sich ein Vertragspartner nach Treu und Glauben nicht auf den Formmangel berufen, wenn er einer schriftlichen Bestätigung der mündlich vereinbarten Prorogation nicht widersprochen hat.[14] Unter dieser Fassung des Art. 17 hat das Gericht auch die erhöhte Treuebindung in der laufenden Geschäftsverbindung bestätigt. Dem anderen Teil könne die Berufung auf die fehlende Gerichtsstandsvereinbarung unter fol-

---

8 EuGH v. 3.12.1974 – Rs. 33/74 *van Binsbergen* Slg. 1974, 1299 Rn. 13f.; EuGH v. 5.10.1994 – Rs. 23/93 *TV 10* Slg. 1994, I-4795 Rn. 21f.; EuGH v. 10.1.1985 – Rs. 229/83 *Leclerc ./. Au ble vert* Slg. 1985, 1 Rn. 27; EuGH v. 21.6.1986 – Rs. 39/86 *Lair* Slg. 1988, 3161 Rn. 43; EuGH v. 3.3.1993 – Rs. C-8/92 *General Milk Products ./. HZA Hamburg-Jonas* Slg. 1993, I-779 Rn. 21; EuGH v. 2.5. 1996 – Rs. C-206/94 *Paletta* Slg. 1996, I-2357 Rn. 24f.

9 EuGH v. 24.11.1987 – Rs. 223/85 *RSV ./. Kommission* Slg. 1987, 4617 Rn. 17; EuGH v. 13.7.1965 – Rs. 111/63 *Lemmerz ./. Hohe Behörde*, Slg. 1965, 893, 913.

10 Grabitz/Hilf-*Rogalla* Art. 283 Rn. 6–16; *Lindemann* Allgemeine Rechtsgrundsätze und europäischer öffentlicher Dienst (1986), S. 173–179 und *passim*.

11 EuGH v. 15.7.1960 – verb.Rs. 43, 45 and 48/59 *von Lachmueller* Slg. 1960, 965, 989f.; EuGH v. 16.12.1960 – Rs. 44/59 *Fiddelaar* Slg. 1960, 1115, 1139.

12 EuGH v. 20.5.1987 – Rs. 432/85 *Theano Souna* Slg. 1987, 2229 Rn. 16f.

13 EuGH v. 14.12.1976 – Rs. 25/76 *Segoura* Slg. 1976, 1851 Rn. 11.

14 EuGH v. 11.7.1985 – Rs. 221/84 *Berghofer* Slg. 1985, 2699 Rn. 15.

genden Voraussetzungen nach Treu und Glauben versagt sein: „... eine derartige vom Befrachter nicht unterschriebene Gerichtsstandsklausel [kann] auch dann, wenn eine frühere mündliche Vereinbarung über diese Klausel fehlt, Artikel 17 des Übereinkommens noch genügen, wenn

(1) das ausgestellte Konossement Teil der laufenden Geschäftsbeziehung zwischen dem Befrachter und dem Verfrachter ist und
(2) sich daraus ergibt, daß diese Beziehung in ihrer Gesamtheit den diese Gerichtsstandsklausel enthaltenden Allgemeinen Geschäftsbedingungen des Urhebers der schriftlichen Bestätigung ... unterliegen und
(3) die Konossemente auf vorgedruckten Formularen ausgestellt werden, die regelmäßig eine derartige Gerichtsstandsklausel enthalten. Bei dieser Sachlage verstieße es gegen Treu und Glauben, wollte man das Bestehen einer Gerichtsstandsvereinbarung leugnen."[15]

4. Zusammenfassung

Der Grundsatz von Treu und Glauben begegnet als primärrechtlicher Allgemeiner Rechtsgrundsatz an ganz verschiedenen Stellen, im Verwaltungsrecht und im Dienstrecht, der Gerichtshof hat ihn außerdem als Grundsatz des EuGVÜ herangezogen. Überwiegend hat Treu und Glauben hier in seiner Schrankenfunktion Bedeutung, der Grundsatz beschränkt die treuwidrige Rechtsausübung. 547

II. Der Grundsatz von Treu und Glauben im Sekundärrecht

1. Übersicht

Das Europäische Privatrecht hat den Grundsatz von Treu und Glauben in einzelne Vorschriften explizit aufgenommen. Nach der AGB-Richtlinie ist eine nicht-ausgehandelte Vertragsklausel mißbräuchlich, wenn ihre Regelung ein mit Treu und Glauben unvereinbares Mißverhältnis der Vertragsrechte und -pflichten zu Lasten des Verbrauchers verursacht. Die Handelsvertreterrichtlinie verpflichtet Handelsvertreter und Unternehmer zur Wahrung von Treu und Glauben. Und die Finanzmarktrichtlinie anerkennt eine Form der Treuepflicht der Wertpapierfirma gegenüber dem Kunden. Auch weitere Einzelregelungen lassen sich schließlich als Ausprägungen des Grundsatzes von Treu und Glauben verstehen. 548

a) AGB-Richtlinie

Die wohl größte Tragweite verleiht dem Grundsatz von Treu und Glauben die AGBRL, die für alle Typen von Verbraucherverträgen gilt. Nach ihrem Art. 3 Abs. 1 ist eine Vertragsklausel, die die Parteien nicht im einzelnen ausgehandelt haben, „als mißbräuchlich anzusehen, wenn sie entgegen dem Gebot von Treu und Glauben zum Nachteil des Verbrauchers ein erhebliches und ungerechtfertigtes Mißverhältnis der vertraglichen Rechte und Pflichten der Vertragspartner verursacht". Die Mißbrauchskontrolle wird im Zusammenhang mit der Inhaltskontrolle näher erörtert (Rn. 624–662). An dieser Stelle geht es nur um den Grundsatz von Treu und Glauben, der für die Mißbrauchskontrolle als Bewertungsmaßstab fungiert. 549

15 EuGH v. 19.6.1984 – Rs. 71/83 *Tilly Russ* Slg. 1984, 2417 Rn. 18; Gliederungsziffern hinzugefügt.

550 Zur Konkretisierung des Mißbräuchlichkeitsmaßstabs nennt Art. 4 Abs. 1 drei Kriterien, die im Lichte der 16. Begründungserwägung auszulegen sind. Danach ist zunächst die „Art der Güter oder Dienstleistungen, die Gegenstand des Vertrags sind" zu berücksichtigen, also etwa, ob eine bestimmte Klausel den Besonderheiten des Vertragsgegenstands Rechnung trägt oder „ob die Güter oder Dienstleistungen in irgendeiner Weise auf eine Sonderbestellung des Verbrauchers hin verkauft bzw. erbracht wurden" (BE 16 S. 3). Zweitens kommt es auch auf die „den Vertragsschluß begleitenden Umstände" an, nämlich darauf, „ob auf den Verbraucher in irgendeiner Weise eingewirkt wurde, seine Zustimmung zu der Klausel zu geben" (BE 16 S. 3)[16] und, allgemeiner, ob der Verbraucher aufgrund seiner Verhandlungsposition in der Lage war, auf die Klauselgestaltung Einfluß zu nehmen („Kräfteverhältnis"; BE 16 S. 3). Drittens sind schließlich die „anderen Klauseln desselben Vertrags oder eines anderen Vertrages von dem die Klausel abhängt" zu berücksichtigen. Zusammenfassend schließt die 16. Begründungserwägung (Satz 4): „Dem Gebot von Treu und Glauben kann durch den Gewerbetreibenden Genüge getan werden, indem er sich gegenüber der anderen Partei, deren berechtigten Interessen er Rechnung tragen muß, loyal und billig verhält."

551 Es scheint danach, als würden in den Maßstab von Treu und Glauben – strukturell ähnlich wie aus dem deutschen Recht von § 138 Abs. 2 BGB her vertraut – prozedurale und materielle Aspekte einfließen. Nach der 16. Begründungserwägung soll es für die Beurteilung der treuwidrigen Benachteiligung nicht nur darauf ankommen, ob die Vereinbarung im Ergebnis den berechtigten Interessen des Verbrauchers Rechnung trägt, sondern auch darauf, ob der Verbraucher dazu in der Lage war, seine eigenen Interessen durchzusetzen (Kräfteverhältnis), und ob sein Vertragspartner oder ein ihm zuzurechnender Dritter auf ihn eingewirkt, seine Zustimmung zu der Klausel zu geben.[17] Während diese Erwägungen zum Kräfteverhältnis und zur freien Vertragsentscheidung zur Konkretisierung von Treu und Glauben durchaus herangezogen werden können, ist freilich zweifelhaft, ob ihnen auch für die Beurteilung von nicht-ausgehandelten (!) Vertragsklauseln – die die Richtlinie anders als frühere Vorschläge allein betrifft – eine Rolle zukommen kann.[18] Für die Generalklausel von Treu und Glauben dürfte dem Gedanken der Rücksicht und Loyalität, der am Ende der 16. Begründungserwägung angesprochen wird, zentrale Bedeutung zukommen.

b) Handelsvertreterrichtlinie

552 Der Handelsvertreter hat sich bei der Ausübung seiner Tätigkeit gegenüber dem Unternehmer nach den Geboten von Treu und Glauben zu verhalten (Art. 3 Abs. 1 HVertrRL), dieselbe Rücksicht schuldet umgekehrt der Unternehmer dem Handelsvertreter (Art. 4 Abs. 1 HVertrRL).

553 Für beide Seiten steht die Pflicht zu treugemäßem Verhalten als Grundsatz in einem ersten Absatz, in dem jeweils nachfolgenden Absatz werden einzelne Ausprägungen dieses

---

16 Die Begründungserwägung ist durch die Verwendung des Passiv unklar. Nach der englischen Fassung könnte man auch annehmen, es solle darauf ankommen, ob der Verbraucher – etwa in der Ware oder wegen einer anderen Klausel – einen „positiven Anreiz" hatte, der Klausel zuzustimmen *(whether the consumer had an inducement to agree to the term)*. Die französische Fassung steht der deutschen näher *(a été encouragé par quelque moyen à donner son accord à la clause)*.

17 *Beale* in: Good Faith and Fault in Contract, Law, S. 231–261; *Beatson* Law of Contract, S. 303–306; *Collins* Oxf.J.Leg.Stud. 14 (1994), 229, 238.

18 *Remien* ZEuP 1994, 34, 54–56. Zur Beurteilung der Mißbräuchlichkeit näher unten, Rn. 624–662.

Grundsatzes („insbesondere“) aufgeführt. So muß sich der Handelsvertreter „in angemessener Weise für die Vermittlung und gegebenenfalls den Abschluß ... einsetzen“, „dem Unternehmer die erforderlichen ... Informationen“ geben und „angemessene Weisungen“ des Unternehmers befolgen. Der Unternehmer muß „die erforderlichen Unterlagen“ und „erforderlichen Informationen“ zur Verfügung stellen und den Handelsvertreter „binnen angemessener Frist ... benachrichtigen“, wenn er absieht, daß der Umfang der Geschäfte „erheblich geringer sein wird, als der Handelsvertreter normalerweise hätte erwarten können“[19]. Auch von dem Abschluß oder der Ablehnung der vermittelten Geschäfte – also gleichsam den Grunddaten für den Provisionsanspruch – muß er dem Vertreter „binnen angemessener Frist“ Kenntnis geben. Diese speziellen Pflichten der Vertragsparteien erscheinen daher überwiegend nicht als Konkretisierungen von Treu und Glauben, sondern geradezu als typenprägende Pflichten des Handelsvertretervertrags: Es ist nicht eine Frage von Treu und Glauben, daß der Handelsvertreter sich in angemessener Weise für Vermittlung und Abschluß des Vertrags einsetzt, sondern seine vertragliche Hauptpflicht.[20] Und auch die Pflicht zur Befolgung von Weisungen wird als „klassische Pflicht aus treuhänderischen Rechtsverhältnissen“ angesehen, die schon aus der Interessenwahrungspflicht folgt.[21] Anderes gilt vor allem für die Pflicht, den Handelsvertreter von absehbaren Veränderungen des Geschäftsumfangs zu unterrichten, die vor ihrer spezifischen Normierung auch im deutschen Recht aus der „allgemeinen Unterstützungspflicht“ abgeleitet wurde.

Ein Spezifikum der Treuebindung kann man den Einzelpflichten aber dahin entnehmen, daß die Vertragsparteien einander nach Maßgabe eines *Verhältnismäßigkeitsprinzips* Rücksicht und Hilfe schulden. Denn alle Einzelpflichten nehmen auf die Maßstäbe der Erforderlichkeit und der Angemessenheit (Verhältnismäßigkeit ieS) Bezug. Liegt in der Erforderlichkeit noch ein Element der „Wesensnotwendigkeit“, so geht die Angemessenheit einen Schritt weiter in Richtung auf ein materiales Element der Vertragsgerechtigkeit. Ähnlich wie nach der 16. Begründungserwägung der AGBRL ist auch in der Treubindung des Handelsvertreters das Erfordernis der angemessenen Rücksicht auf die Belange des anderen Teils erkennbar, und zwar in der Pflicht des Unternehmers, erforderliche Informationen zu geben und den Handelsvertreter insbesondere binnen angemessener Frist von absehbar geringerem Geschäftsumfang zu unterrichten (Art. 4 Abs. 2 lit. b HVertrRL). Es wird hier von dem Unternehmer erwartet, daß er sich die Sorgen des Handelsvertreters zu eigen macht und sich für die Bewertung zudem in dessen Schuhe stellt, denn es kommt auf die üblichen Erwartungen des Handelsvertreters an. 554

Aufschlußreich sind schließlich die Informationspflichten der Parteien. So muß der Handelsvertreter „dem Unternehmer die erforderlichen ihm zur Verfügung stehenden Informationen übermitteln“ (Art. 3 Abs. 2 lit. b HVertrRL) und der Unternehmer dem Handelsvertreter „binnen angemessener Frist von der Annahme oder Ablehnung und der Nichtausführung der vom Handelsvertreter vermittelten Geschäfte Kenntnis geben“ (Art. 4 Abs. 3 HVertrRL). Darin kommt eine wechselseitige Rücksicht und auch ein Respekt vor der vertraglichen Vereinbarung zum Ausdruck, über die (und das dispositive 555

19 Zur ratio – auch für das Europäische Recht aufschlußreichen – BGHZ 26, 161, 165f.; BGHZ 49, 39, 40.

20 *Fock* Die europäische Handelsvertreter-Richtlinie (2001), S. 125f.

21 *Grundmann* Schuldvertragsrecht, 3.80 Rn. 11; *Fock* Die europäische Handelsvertreter-Richtlinie (2001), S. 126f.

Recht) hinaus die Parteien einander grundsätzlich nichts schulden. Gleichsam gesichert ist die Rücksicht hier durch die Elemente des Verhältnismäßigkeitsprinzips, Erforderlichkeit und Angemessenheit.

c) Finanzmarktrichtlinie

556 Elemente einer Bindung an Treu und Glauben kann man auch den Wohlverhaltenspflichten der FinMRL entnehmen. Wertpapierfirmen sind nach Art. 19 Abs. 1 der Richtlinie durch Wohlverhaltenspflichten daran zu binden, „bei der Erbringung von Wertpapierdienstleistungen (…) für ihre Kunden ehrlich, redlich und professionell im bestmöglichen Interesse ihrer Kunden" zu handeln. Nach Absätzen 4 und 5 der Vorschrift sollen sie Informationen über die Kunden, ihre Kenntnisse und Erfahrungen sowie Anlageziele einholen. Nach Art. 18 FinMRL sind die Wertpapierfirmen gehalten, Interessenkonflikte möglichst zu vermeiden und, wenn ein Konfliktrisiko verbleibt, diese den Kunden eindeutig und im einzelnen darzulegen. Diese Pflichten sind mit Rücksicht auf die „Professionalität" des Auftraggebers zu erfüllen (vgl. Art. 19 Abs. 10 FinMRL).

557 Auch in diesen Pflichten kann man Ausprägungen des Grundsatzes von Treu und Glauben sehen, etwa in der Pflicht, die Erfahrungen, Interessen und Ziele des Partners zu erforschen. Auch hier empfiehlt sich indessen eine Vermengung mit der Treubindung nicht, da die genannten Pflichten weniger als Ausfluß von Treu und Glauben erscheinen, denn als spezifische Bindungen desjenigen, der zwecks Wahrnehmung fremder Interessen (treuhänderisch) und beratend tätig wird. Das gilt zunächst für den Grundsatz der anlegergerechten Beratung *(„know your customer")* (Art. 19 Abs. 4, 5 FinMRL), der vor allem ein Charakteristikum dieser Art der Beratungstätigkeit darstellt. Entsprechendes gilt für die Interessenwahrungs- und Sorgfaltspflichten (Art. 19 Abs. 1, 21 FinMRL).[22] Der allgemeine Grundsatz zu treugemäßem Verhalten kommt daher vor allem in der Pflicht zum Ausdruck, „ehrlich, redlich und professionell im bestmöglichen Interesse ihrer Kunden" zu handeln (Art. 19 Abs. 1 FinMRL).

d) Fernabsatzrichtlinie

558 Auch die Fernabsatzrichtlinie und die Finanzfernabsatzrichtlinie enthalten Vorschriften von Treu und Glauben, freilich an einer versteckten Stelle und, im Fall der Fernabsatzrichtlinie, in sprachlich verschleierter Form. Nach Art. 4 Abs. 2 FARL sind die vorvertraglichen Informationen, die der Lieferer nach Absatz 1 der Vorschrift schuldet, unter Beachtung „der Grundsätze der Lauterkeit bei Handelsgeschäften" zu erteilen. Während die deutsche Formulierung der Vorschrift auf das Wettbewerbsrecht hindeutet, machen die französische und die englische Fassung deutlich, daß es auch hier um Treu und Glauben gehen kann: *loyaute en matière de transactions commerciales; the principles of good faith in commercial transactions.* Dementsprechend formuliert jetzt auch Art. 3 Abs. 2 FFRL, daß bei Erteilung der vorvertraglichen Information „die Grundsätze von Treu und Glauben im Geschäftsverkehr … zu wahren" sind.

559 Freilich lassen die Vorschriften nicht erkennen, welche Bedeutung die Treuepflicht hier haben soll. Loyalität – auf die die französische Formulierung hinweist – in dem Sinne, daß der Lieferer den Kunden nicht im Stich lassen dürfe und „zu ihm halten" müsse, wird üblicherweise erst geschuldet, wenn eine Vertragsbeziehung zustandegekommen ist, nicht

22 *Grundmann* Schuldvertragsrecht, 4.20 Rn. 24.

aber vorvertraglich. Eher kann man an eine Art Rücksicht oder, sehr weitgehend, Interessenwahrung denken. Rücksicht bei vorvertraglichen Informationspflichten kann z.B. bedeuten, daß der Lieferer den Verbraucher über ihm erkennbare Fehlvorstellungen aufklärt oder erkannte Mißverständnisse des Verbrauchers über die erteilte Information aufklärt.

e) Richtlinie über unlautere Geschäftspraktiken

Den Maßstab von Treu und Glauben verwendet jetzt zudem die Richtlinie über unlautere Geschäftspraktiken,[23] die freilich nicht vertragsrechtlich verstanden sein will (Art. 3 Abs. 2 UGPRL; Rn. 277a–277e). Eine Geschäftspraxis ist unlauter, wenn sie (a) den Erfordernissen der beruflichen Sorgfalt widerspricht und (b) das wirtschaftliche Verhalten des Durchschnittsverbrauchers wesentlich beeinflußt, Art. 5 Abs. 2 UGPRL. Der Maßstab der „beruflichen Sorgfalt“, der demnach eines der Kriterien zur Beurteilung der Unlauterkeit darstellt (Art. 5 Abs. 2; s.a. Art. 7 Abs. 4 lit. d UGPRL), wird nun definiert als „der Standard an Fachkenntnissen und Sorgfalt, bei denen billigerweise davon ausgegangen werden kann, daß der Gewerbetreibende sie gegenüber dem Verbraucher gemäß den anständigen Marktgepflogenheiten und/oder dem allgemeinen Grundsatz von Treu und Glauben in seinem Tätigkeitsbereich anwendet“. Obwohl mithin von „Sorgfalt“ die Rede ist, die uns an den Verschuldensmaßstab erinnert (§ 276 Abs. 2 BGB), geht es um Redlichkeit und Anstand im Geschäftsverkehr. Der allgemeine Grundsatz von Treu und Glauben wird *vorausgesetzt* und als normative Ergänzung des – nur tatsächlichen – Maßstabs der anständigen Marktgepflogenheiten als Bewertungskriterium für ein redliches Unternehmerverhalten verwendet.[24] Um Sorgfalt im eigentlichen Sinne geht es dort insofern, als vom Gewerbetreibenden u.U. Fachkenntnisse erwartet werden. Wer ohne die gebotenen Fachkenntnisse unternehmerisch tätig wird, kann sich im Einzelfall schon deswegen fahrlässig verhalten. Das Unlauterkeitsurteil läßt sich maW nicht durch Berufung auf Unkenntnis vermeiden. **559a**

f) Ausprägungen des Grundsatzes in Einzelregelungen

Ausprägungen des Treuegrundsatzes finden sich darüber hinaus in Einzelregelungen, auch wenn diese nicht ausdrücklich von Treu und Glauben sprechen. Solche kann man zuerst in den Leistungsstörungsregeln der Pauschalreiserichtlinie finden. Denn diese sind auch von wechselseitiger Rücksicht der Parteien und Elementen der Fürsorge des Veranstalters und/oder Vermittlers für den Verbraucher geprägt. Zweck dieser Regelungen ist es, den Reiseerfolg nach Möglichkeit auch im Falle von Störungen herzustellen. Dazu müssen die Vertragsparteien zusammenwirken (i.e. unten, Rn. 813–816). **560**

Als Ausprägung von Treu und Glauben kann man weiterhin die Beschränkung der Kaufgewährleistungsrechte nach dem Verhältnismäßigkeitsgrundsatz ansehen.[25] Und schließlich läßt sich der Ausschluß der Gewährleistung (bzw. Vertragswidrigkeit) wegen Kenntnis oder Kennenmüssens des Nachteils als Ausprägung des Verbots widersprüchlichen Verhaltens erklären (näher Rn. 739–743). **561**

---

23 Dazu auch *Collins* ERCL 1 (2005), 417, 418–424.

24 *Henning-Bodewig* GRUR Int. 2005, 629, 631.

25 Art. 3 Abs. 3 KGRL; Grundmann/Bianca-*Bianca* KGRL, Art. 3 Rn. 56. Dazu noch unten, Rn. 746f. Als Ausprägung von Treu und Glauben verstehen auch *Lando/Beale* European Principles, Art. 1:201 (S. 113) das Nachbesserungsrecht des Art. 8:104 PECL.

2. Treu und Glauben als gemeinschaftsautonome Generalklausel[26]

562 Vorfrage für die Konkretisierung von Generalklauseln des Europäischen Privatrechts ist, welcher Regelungsebene diese Aufgabe übertragen ist, der gemeinschaftlichen oder der mitgliedstaatlichen. Für deren Beantwortung stellen die Tatsache, daß eine Generalklausel vorgesehen ist, und der Wortlaut der Regelung wesentliche Indizien dar, entscheidende Bedeutung kommt dem Regelungszweck zu.[27]

563 Die Festlegung der generalklauselförmigen Rechtspflichten in den genannten Richtlinien (AGBRL, HVertrRL, FinMRL, UGPRL) ist danach schon selbst ein Indiz für eine auf EG-Ebene zu konkretisierende Regelung. Hätte der Gesetzgeber sich insoweit auf die mitgliedstaatlichen Vertragsrechte verlassen wollen, so hätte er auf die Vorschrift von Treu und Glauben vollständig verzichten können. Das hätte um so näher gelegen, als der Gesetzgeber ja den Treuegrundsatz als Schranke der Rechtsausübung im Privatrecht nicht eigens normiert, weil er insoweit der Gleichwertigkeit der nationalen Regelung vertraut.[28] Auch der Wortlaut spricht in allen Fällen für einen gemeinschaftsautonomen Grundsatz, da die Vorschriften von Treu und Glauben nicht etwa nur als Regelungsaufträge an die Mitgliedstaaten formuliert sind, sondern schon die Form einer privatrechtlichen Regelung haben. Denn es heißt ja nicht: „Die Mitgliedstaaten bestimmen die Rechtsbeziehungen der Parteien des Handelsvertretervertrags näher und sehen dabei einen angemessenen Ausgleich der wechselseitigen Rechte und Pflichten vor", sondern „Der Unternehmer/ Handelsvertreter hat sich nach den Geboten von Treu und Glauben zu verhalten".

564 In allen Fällen spricht aber schließlich der Zweck der Rechtsangleichung für die Annahme einer gemeinschaftsautonomen Generalklausel. So ist es das ausdrückliche Ziel der Handelsvertreterrichtlinie, bestehende Unterschiede der mitgliedstaatlichen Rechte zu beseitigen, um – besonders im Interesse des Handelsvertreters – Abschluß und Durchführung von Handelsvertreterverträgen zu erleichtern.[29] Zu den für die Durchführung des Vertrags wesentlichen Bestimmungen hat der Gesetzgeber auch die allgemeine Treuepflicht gerechnet. Deutlich spricht auch die Zwecksetzung der AGB-Richtlinie für die Annahme einer gemeinschaftsautonomen Generalklausel. Denn diese bezweckt „die Aufstellung einheitlicher Rechtsvorschriften" zum Schutz der Verbraucher (BE 10 AGBRL), deren Scheu vor Verträgen, auf die ausländisches Recht anwendbar ist, auf diese Weise abgebaut werden soll (BE 5, 6 AGBRL). Und auch den Anbietern von Waren oder Dienstleistungen soll durch die Regelung „ihre Verkaufstätigkeit sowohl im eigenen Land als auch im gesamten Binnenmarkt erleichtert" werden (BE 7 AGBRL). Stellt schon der Hinweis in der 10. Begründungserwägung der AGB-Richtlinie ein deutliches Anzeichen für die gemeinschaftsautonome Generalklausel dar, so sprechen vollends die weiteren Regelungszwecke dafür, die sich mit national divergierenden Bestimmungen über die Mißbräuchlichkeit nicht in ähnlicher Weise verwirklichen ließen. Weniger klar ist nur die Regelung der Finanzmarktrichtlinie, deren Wohlverhaltenspflichten dem zweifachen Ziel dienen, die Anleger zu schützen und gleichzeitig ein reibungsloses Funktionieren der Wertpapiermärkte zu gewährleisten (BE 41, 44 FinMRL). Indes hat der Gesetzgeber gerade

26 Für den Mißbrauchsbegriff der AGBRL noch unten, Rn. 625–633.

27 *Riesenhuber* System und Prinzipien, S. 74–81.

28 S.a. GA *Tesauro* EuGH v. 12.5.1998 – Rs. C-367/96 *Kefalas* Slg. 1998, I-2843 SchlA Tz. 21–27. Zu Schranken für nationale Grundsätze von Treu und Glauben, die sich aus der Rechtsangleichung ergeben, unten, Rn. 573–576.

29 BE 2 HVertrRL.Vgl. auch *Remien* RabelsZ 66 (2002), 503, 524.

hier das Regelungsziel besonders hervorgehoben, gemeinschaftsweit einheitliche Standards zu schaffen (BE 41 FinMRL).

3. Ansätze für eine gemeinschaftsautonome Konkretisierung des Grundsatzes

a) Einfluß des Allgemeinen Rechtsgrundsatzes von Treu und Glauben

Vom Standpunkt des Systemdenkens aus ist es selbstverständlich, daß die Aussagen zu einem Teil des Rechtssystems für das Verständnis eines anderen Systemteils von Bedeutung sein können. Die Einheit einer Rechtsordnung weist sich gerade dadurch aus, daß dieselben allgemeinen Prinzipien an ganz verschiedenen Stellen des positiven Rechts zum Tragen kommen. Ausdruck dieser Einheit ist es, wenn der Grundsatz von Treu und Glauben in so verschiedenen Regelungen wie dem Recht der Rückforderung staatlicher Leistungen, dem öffentlichen Dienstrecht, dem Zivilprozeßrecht und dem Vertragsrecht zum Ausdruck kommt. Allerdings ergeben sich aus der Rechtsprechung zum Allgemeinen Grundsatz von Treu und Glauben nur wenige Anhaltspunkte für die Konkretisierung des sekundärrechtlichen Treuegebots. Denn während dort die Schrankenfunktion von Treu und Glauben im Vordergrund steht, geht es hier ganz wesentlich auch um die Ergänzungsfunktion, also die Konkretisierung von vertraglichen Verhaltenspflichten. **565**

b) Ansätze für eine Konkretisierung in sekundärrechtlichen Regelungen

Sieht man die positiven Regelungen des Grundsatzes durch, so ergeben sich daraus einige, wenn auch nur recht allgemeine Konkretisierungen. Angesichts des gegenwärtigen Standes der Vertragsrechtsangleichung versteht sich, daß diese Konkretisierungen nur einen relativ weiten äußeren Rahmen vorgeben. Dieser könnte sich mit zunehmender Rechtsangleichung verengen, wobei freilich umgekehrt eine zunehmende Normierung des Vertragsrechts für die Anwendung des Treuegrundsatzes auch entsprechend weniger Raum lassen würde.[30] **566**

aa) Keine Beschränkung auf Verbraucherschutz

Der Grundsatz von Treu und Glauben dient auch dem Schutz von Verbrauchern oder schwächeren bzw. weniger erfahrenen Vertragspartnern, es handelt sich indes nicht um ein Instrument des Schwächerenschutzes. Schon die erste Normierung des Grundsatzes in der Handelsvertreterrichtlinie betrifft einen zweiseitigen Unternehmensvertrag und verpflichtet auch nicht nur den „stärkeren" Unternehmer zur Wahrung von Treu und Glauben, sondern auch den Handelsvertreter. Ebenso kommt der Schutz der Finanzmarktrichtlinie nicht nur Verbrauchern zu, sondern allen Kunden, freilich mit Rücksicht auf deren „Professionalität" (vgl. Art. 19 Abs. 10 FinMRL). **567**

bb) Treu und Glauben als Rücksichtsgebot

Treu und Glauben verpflichtet zur wechselseitigen Rücksicht. Einzelausprägungen der Rücksicht auf den anderen Teil haben sich in der Pauschalreiserichtlinie gezeigt (Rn. 560); wechselseitige Rücksicht erscheint als prägendes Merkmals für das Pflichtenprogramm der Handelsvertreterrichtlinie (Angemessenheit, Verhältnismäßigkeit, Rn. 552–555); der Gedanke der Rücksicht auf die berechtigten Interessen des Vertragspartners liegt der auf **568**

30 *Riesenhuber* System und Prinzipien, S. 74–81.

das Treuegebot gestützten Rechtsprechung zur Kündigung im öffentlichen Dienst zugrunde (Rn. 545). Die Vertragsparteien dürfen insbesondere nicht nur die eigenen Interessen beachten, sondern müssen auch die Interessen des anderen Teils in Rechnung stellen. Allerdings ist diese wechselseitige Rücksicht insofern begrenzt, als auch nach Europäischem Vertragsrecht kein Altruismus geschuldet ist. Ein Vertragspartner braucht nicht seine Interessen jenen des anderen Teils unterzuordnen. So ist es Sache des Unternehmers, wie er sein Geschäft führt und seine Vermarktungsstrategie ausrichtet:[31] Art. 4 Abs. 2 lit. b HVertrRL verpflichtet ihn lediglich, den Handelsvertreter zu benachrichtigen, wenn das Geschäft erheblich geringer sein wird als der Vertreter erwarten durfte. Insbesondere ist auch die Entscheidung, ob der Unternehmer ein vermitteltes Geschäft annimmt, seine Sache, nur muß er dem Vertreter davon in angemessener Frist Kenntnis geben. Soweit der Unternehmer gleichwohl gebunden sein soll, vermittelte Geschäfte nicht willkürlich abzulehnen,[32] beruht das auf der Bindung, die im Abschluß des Handelsvertretervertrags selbst liegt (Gesichtspunkt des *venire contra factum proprium*).

cc) Treu und Glauben als Maßstab für die Inhaltskontrolle

569 Wie vor allem die AGB-Richtlinie ausweist, begründet Treu und Glauben nicht nur einen Verhaltensmaßstab, sondern auch einen Maßstab zur Beurteilung von Ergebnissen.[33] Kommt danach unabhängig vom Verhalten der Parteien die Sanktion einer Klausel wegen Mißbrauchs in Frage, so liegt dem Gebot von Treu und Glauben eine Form des Äquivalenzprinzips zugrunde, freilich nur in der negativen Form des Ausschlusses besonders nachteiliger Vereinbarungen (i.e. Rn. 624–662).

dd) Zusammenfassung

570 Der Grundsatz von Treu und Glauben dient der Beschränkung und Ergänzung vertraglicher Rechte und Pflichten. Die Schrankenfunktion kommt vor allem in der AGB-Richtlinie zum Ausdruck, doch kann der Grundsatz auch beim Handelsvertretervertrag und dem Wertpapierdienstleistungsvertrag von Bedeutung sein. Hier können vor allem das Verbot widersprüchlichen Verhaltens und des Rechtsmißbrauchs von Bedeutung sein. Nach der Ergänzungsfunktion können Handelsvertreterverträge und Wertpapierdienstleistungsverträge um Nebenpflichten aus Treu und Glauben ergänzt werden. Indes dürfte der Grundsatz von Treu und Glauben kaum je so weit tragen, wie vom EuGH insbesondere beim Kündigungsschutz im öffentlichen Dienst der Gemeinschaft angenommen (Rn. 545). Die Ergänzungsfunktion darf nicht dazu herangezogen werden, die Rechtsfortbildungsgrenzen des Vertragsrechts zu überschreiten.[34] Und sie muß selbstverständlich das System des gesetzten Rechts berücksichtigen.

4. Kein allgemeiner Grundsatz von Treu und Glauben im Europäischen Privatrecht

571 Die Entwicklung des Europäischen Vertragsrechts tendiert – ausweislich vor allem der AGB-Richtlinie und der UGP-Richtlinie – unverkennbar dahin, „Treu und Glauben" zu

31 Eingehend zur Richtlinie *Fock* Die europäische Handelsvertreter-Richtlinie (2001), S. 134–136.

32 Koller/*Roth*/Morck § 86a Rn. 4. Beispielhaft aus der deutschen Rechtsprechung BGHZ 26, 161, 163–166; BGHZ 49, 39, 44.

33 *Collins* Oxford J.Leg.Stud. 14 (1994), 229, 250.

34 Dazu *Riesenhuber* System und Prinzipien, S. 65–72.

einem allgemeinen Grundsatz auszugestalten. Die *European Principles* haben das Prinzip von Treu und Glauben in allgemeiner Form und in Einzelausprägungen aufgenommen[35] und in ähnlicher Weise gehört der Grundsatz etwa auch zu den Unidroit Principles[36], zum Akademieentwurf[37] und zum neuen niederländischen Bürgerlichen Gesetzbuch.[38] Indes ist über die Gemeinsamkeit des Grundsatzes die Unterschiedlichkeit der Ausgestaltung in den Mitgliedstaaten nicht zu übersehen. Bereits im französischen Recht, das in Art. 1134 Code Civil[39] eine dem § 242 BGB verwandte Regelung enthält, hat der Grundsatz von Treu und Glauben nicht dasselbe Gewicht wie im BGB.[40] Das englische Recht kennt bekanntlich einen *allgemeinen Grundsatz* von Treu und Glauben überhaupt nicht[41] – wenngleich natürlich Einzelausprägungen durchaus auch im englischen Recht bekannt sind.[42] Und der Treuegrundsatz des niederländischen Obligationenrechts ist so weit formuliert (und gibt dem Richter so weitgehende Befugnisse), daß sogar deutsche Beobachter erschrecken können.[43]

Das Europäische Vertragsrecht enthält keinen solchen allgemeinen Grundsatz.[44] Er **572**
wird zwar in der – freilich ausdrücklich nicht vertragsrechtlichen – UGP-Richtlinie als Bewertungsmaßstab vorausgesetzt (Rn. 559a); nur Einzelregelungen verpflichten indes zu treugemäßem Verhalten verpflichten oder können als Ausprägungen des Grundsatzes verstanden werden. Insoweit hat der Europäische Gesetzgeber eine Angleichung für geboten erachtet, im übrigen aber verläßt er sich auf die Gleichwertigkeit der nationalen Rechtsordnungen. Ein Mangel, zumal ein Hindernis für den grenzüberschreitenden Verkehr dürfte deshalb kaum zu beklagen sein. Die Verwirkung, das Verbot des *venire contra factum proprium*, der Schutz berechtigter Erwartungen usf., all diese Grundsätze konnte der EuGH ja nicht von ungefähr als „Allgemeine Grundsätze" anwenden, sondern nur des-

---

35 Art. 1:201 (Grundsatz); Einzelausprägungen in Art. 1:202 (Kooperationspflicht), Art. 2:301 (Vertragsverhandlung nach Treu und Glauben), Art. 2:302 (Geheimhaltungspflicht), Art. 4:109 („übermäßiger Vorteil oder unangemessene Ausnutzung"), 6:102 *(implied terms)*, 8:104 (Nachbesserungsrecht), 9:102 Abs. 2 lit. b und d (Befreiung von der Erfüllungspflicht). Dazu nur *Zimmermann* JURA 2005, 289, 295.

36 Art. 1.7 PICC. (Beispielhafte!) Nachweise für die Einzelausprägungen des Grundsatzes bei *Unidroit* Principles, Art. 1.7 Comment 1 (S. 16f.).

37 Art. 75 Abs. 1 AE-EuVGB; für *clauses implicites* Art. 32 Abs. 1 lit. b AE-EuVGB.

38 Den Grundsatz enthält Art. 6:2 NBW; weiterhin Art. 6:248, 6:233, 6:258 NBW. Dazu einführend *Drobnig* ERPL 1993, 171, 184f.; *Hartkamp* Am.J.Comp.L 40 (1992), 551, 554–557; *van Schilfgaarde* ERPL 1995, 1, 7–9.

39 Art. 1134 Code Civil: „Les conventions légalement formées tiennent lieu de loi à ceux qui les ont faites. Elles ne peuvent être révoquées que de leur consentement mutuel, ou pour les causes que la loi autorise. Elles doivent être exécutées de bonne foi."

40 *Hübner/Constantinesco* Einführung in das französische Recht (4. Aufl. 2001), § 22, 2 (S. 176–179); *Sonnenberger/Autexier* Einführung in das französische Recht (3. Aufl. 2000), Kap. 84 (S. 127f.).

41 *Lord Goff* J. Contract L. 5 (1992), 4; *Atiyah* Law of Contract, S. 89f., 212f., 255, 315; *Collins* Oxf.J.Leg.Stud. 14 (1994), 229, 249 („The criterion of good faith is mysterious and exciting to an English lawyer.").

42 Beispielhaft zeigt sich das im Rahmen der *implied terms; Grobecker* Implied terms und Treu und Glauben (1999); *Schmidt-Kessel* ZVglRWiss 96 (1997), 101–155.

43 Vgl. *Drobnig* ERPL 1997, 171, 184; *Kötz* FS Fleming, S. 244; *Hartkamp* Am.J.Comp.L. 40 (1992), 551, 570.

44 A.M. *Basedow* Leg.Stud. 18 (1998), 121, 136f. („*general European principle of estoppel*"); *Beale/Howells* J.Contract L. 12 (1997), 21, 34, 36.

halb, weil über den Grundsatz weithin Einigkeit bestand, es also einer wertenden Auswahl der „besten" oder „gerechtesten" Lösung kaum bedurfte. Unterschiede gibt es sicher in der Ausgestaltung im einzelnen, doch wiegen die nicht so schwer, daß der Gesetzgeber sich zur Angleichung entschlossen hätte.

III. Anwendung mitgliedstaatlicher Grundsätze von Treu und Glauben auf das angeglichene Privatrecht

573 Das Europäische Privatrecht schreibt demnach einen allgemeinen Grundsatz von Treu und Glauben nicht vor, wenn ein solcher auch ansatzweise als Allgemeiner Rechtsgrundsatz des Primärrechts erörtert wurde. Daher stellt sich die Frage, inwieweit der Grundsatz von Treu und Glauben als Bestandteil des nationalen Rechts auf das vom Europäischen Privatrecht angeglichene Recht angewandt werden kann. Diese Frage hat der EuGH in der Entscheidung *Kefalas* erörtert.[45] In dem zugrunde liegenden Fall hatten Aktionäre gegen die Wirksamkeit einer Kapitalerhöhung geklagt, die ohne Beteiligung der Hauptversammlung beschlossen worden war (Art. 25 Abs. 1 KapRL). Nach Auffassung des Berufungsgerichts konnte die Rechtsausübung durch die Kläger wegen Verstoßes gegen Treu und Glauben (Rechtsmißbrauch, Art. 281 griechisches ZGB) nichtig sein, da sich die Kläger – vereinfacht gesprochen – dadurch einer wirtschaftlich sinnvollen Rettung der Gesellschaft vor der Insolvenz entgegenstellten. Es ging also um eine Treuepflicht des Aktionärs, wie wir sie in ähnlicher Weise aus der Girmes-Rechtsprechung des Bundesgerichtshofs kennen.[46]

574 Der EuGH sah die Anwendung des nationalen Rechtsmißbrauchsverbots auf das angeglichene Recht als grundsätzlich zulässig an. Das Rechtsmißbrauchsverbot sei, wie das Gericht mit zahlreichen Belegen nachweist, auch im Europäischen Recht anerkannt. Daher (!) könne die Anwendung eines nationalen Rechtsmißbrauchsverbots nicht als mit dem Gemeinschaftsrecht unvereinbar angesehen werden.[47] Indes dürfe die Anwendung solcher Schranken des nationalen Rechts die effektive und einheitliche Anwendung des Gemeinschaftsrechts nicht in Frage stellen und insbesondere den Anwendungsbereich des Gemeinschaftsrechts nicht einschränken. Das sei aber dann der Fall, wenn eine Klage gegen die Kapitalerhöhung deswegen als mißbräuchlich angesehen werde, weil die Erhöhung dazu diene, die wirtschaftliche Situation der Gesellschaft zu verbessern, denn das sei der Zweck jeder Kapitalerhöhung.[48] Positiv gewendet stehe das Gemeinschaftsrecht einem nationalen Rechtsmißbrauchsverbot nicht entgegen, das die zweckwidrige Rechtsausübung zur Erlangung unberechtigter Vorteile verbiete.[49]

---

45 EuGH v. 12.5.1998 – Rs. C-367/96 *Kefalas* Slg. 1998, I-2843 Rn. 19–28; eingehend *Schmidt-Kessel* JbJZ 2000, 61–83; *Ranieri* in: Die Europäisierung der Rechtswissenschaft, S. 129–143. S.a. EuGH v. 2.5.1996 – Rs. C-206/94 *Paletta II* Slg. 1992, I-2382 Rn. 23–28. Ähnlich zum Schutz berechtigter Erwartungen durch das nationale Recht EuGH v. 5.10.1988 – Rs. 210/87 *Padovani* Slg. 1988, 6177 Rn. 22f.; EuGH v. 21.9.1983 – Rs. 205/82 *Deutsches Milchkontor* Slg. 1983, 2633 Rn. 27–33; EuGH v. 5.3.1980 – Rs. 265/78 *Ferwerda* Slg. 1980, 617 Rn. 13–17; EuGH v. 28.6.1977 – Rs. 118/76 *Balkan ./. HZA Berlin-Packhof* Slg. 1977, 1177 Rn. 3–10.

46 BGHZ 129, 136 (Girmes).

47 EuGH v. 12.5.1998 – Rs. C-367/96 *Kefalas* Slg. 1998, I-2843 Rn. 20f.

48 EuGH v. 12.5.1998 – Rs. C-367/96 *Kefalas* Slg. 1998, I-2843 Rn. 22–24 sowie Rn. 25–27.

49 EuGH v. 12.5.1998 – Rs. C-367/96 *Kefalas* Slg. 1998, I-2843 Rn. 28.

Von der Diskussion um die gemeinschaftsautonomen Generalklauseln weitgehend unbemerkt erfolgt hier – mit potentiell gleicher Hebelwirkung – über das Gebot der effektiven Umsetzung (s.o. § 8) eine weitreichende „Europäisierung" des formal nicht angeglichenen nationalen Privatrechts.[50] Ganz selbstverständlich kann auf diese Weise jede Begrenzung der Rechtsausübung des nationalen Rechts in gemeinschaftsrechtliche Schranken verwiesen werden. Auch soweit ein Rechtsangleichungsakt die Schranken der gewährten Rechte nicht selbst bestimmt, kann er doch über das Gebot der effektiven Umsetzung Einfluß auf die Schranken haben, die die mitgliedstaatlichen Rechte vorsehen.[51] Ein prominentes Beispiel dafür haben wir bereits erörtert, die Einschränkung der nationalen Registerpflicht durch die Handelsvertreterrichtlinie (Rn. 349f.). Soweit die Rechtsangleichung – wie im Vertragsrecht regelmäßig – nur Mindeststandards setzt und nicht Höchststandards, wird das Gebot der effektiven Umsetzung indes zumeist nur die „Schrankenfunktion" von Treu und Glauben im nationalen Recht und nicht auch die „Ergänzungsfunktion" betreffen; nur eine Beschränkung der gemeinschaftsrechtlich vorgeschriebenen Rechte durch den nationalen Maßstab von Treu und Glauben kann ja die effektive Umsetzung einschränken, nicht auch ihre Ergänzung. 575

Unklar und bislang offen ist, ob nationale Beschränkungen gemeinschaftsrechtlichen Rechten auch dann entgegengehalten werden können, wenn sie, anders als im Fall des Rechtsmißbrauchsverbots, gemeinschaftsrechtlich (noch) nicht anerkannt sind; das Gegenteil scheint die Entscheidung anzudeuten, da das Gericht zunächst feststellt, daß das Rechtsmißbrauchsverbot auch gemeinschaftsrechtlich anerkannt sei.[52] Dagegen möchte man einwenden, eine solche (weitere) Einschränkung nationaler Rechtsbehelfe vertrage sich nicht damit, daß die Rechtsausübungsschranken gerade nicht angeglichen sind, sondern vom Gemeinschaftsrecht als mitgliedstaatliches Recht vorausgesetzt werden. Richtig verstanden dürfte die vom EuGH in *Kefalas* angedeutete Einschränkung bedeuten, daß sich der EuGH eine Überprüfung nationaler Beschränkungen von gemeinschaftsrechtlichen Rechten am Maßstab des Gemeinschaftsrechts vorbehält.[53] Anerkennt schon das Gemeinschaftsrecht eine bestimmte Schranke, so spricht das für ihre grundsätzliche Zulässigkeit, nurmehr die Anwendung auf den Einzelfall bedarf der Prüfung. Wenn umgekehrt das Gemeinschaftsrecht eine bestimmte Schranke nicht schon anerkennt, so erfordert die Feststellung ihrer Verträglichkeit mit dem Gebot der effektiven Umsetzung eine intensivere Prüfung, auf deren erster Stufe die abstrakte Regelung und auf deren zweiter Stufe ihre Anwendung im Einzelfall kontrolliert wird. 576

50 G. H. *Roth* EWiR 1998, 907, 908.

51 *Grundmann* Schuldvertragsrecht, 1. Teil Rn. 191; *ders.* FS Buxbaum, S. 228; *Schmidt-Kessel* JbJZ 2000, 61, 75–79.

52 *Grundmann* Schuldvertragsrecht, 1. Teil Rn. 191.

53 *Ranieri* ZEuP 2001, 165, 171; *Schmidt-Kessel* JbJZ 2000, 61, 75–79. GA *Tesauro* EuGH v. 12.5. 1998 – Rs. C-367/96 *Kefalas* Slg. 1998, I-2843 SchlA Tz. 21–27.

Abschnitt 6
Vertrag und Dritte

§ 21
Vertrag und Dritte

Literatur:

Beale, Hugh/Howells, Geraint, EC Harmonisation of Consumer Sales Law – A Missed Opportunity?, J.Contract L. 12 (1997), 21–46

Canaris, Claus-Wilhelm, Schutzgesetze – Verkehrspflichten – Schutzpflichten, in: Claus-Wilhelm Canaris/Uwe Diederichsen (Hrsg.), Festschrift für Karl Larenz zum 80. Geburtstag am 23. April 1983, München 1983, S. 27–110 (zitiert: Canaris 2. FS Larenz)

Denck, Johannes, Die relative Methode der Rechtsfindung, Rechtstheorie 12 (1981), 331–361

Denck, Johannes, Die Relativität im Privatrecht, JuS 1981, 9–14

Grundmann, Stefan, Grundsatz- und Praxisprobleme des neuen deutschen Überweisungsrechts, WM 2000, 2269–2284

Latham, Patrick, Consumer Credit: An EC-Draftsman's view, in: Günter Hörmann (Hrsg.), Verbraucherkredit und Verbraucherinsolvenz – Perspektiven für die Rechtspolitik aus Europa und USA, unverlegt, Bremen 1986, S. 571–591

Picker, Eduard, Gutachterhaftung – Außervertragliche Einstandspflichten als innergesetzliche Rechtsfortbildung, in: Volker Beuthien/Maximilian Fuchs/Herbert Roth/Gottfried Schiemann/Andreas Wacke (Hrsg.), Festschrift für Dieter Medicus, Köln/Berlin/Bonn/München 1999, S. 397–447

Rohe, Mathias, Netzverträge – Rechtsprobleme komplexer Vertragsbindungen, Tübingen 1998

Schellhaaß, Horst M., Das Europäische Arbeitsrecht aus ökonomischer Perspektive, in: Stefan Grundmann (Hrsg.), Systembildung und Systemlücken in Kerngebieten des Europäischen Privatrechts – Gesellschafts-, Arbeits- und Schuldvertragsrecht, Tübingen 2000, S. 401–419

Schlechtriem, Peter, Schutzpflichten und geschützte Personen, in: Volker Beuthien/Maximilian Fuchs/Herbert Roth/Gottfried Schiemann/Andreas Wacke, Festschrift für Dieter Medicus, Köln/Berlin/Bonn/München 1999, S. 529–542

Schneider, Uwe H., Pflichten und Haftung der erstbeauftragten Kreditinstitute bei grenzüberschreitenden Überweisungen – Auf dem Weg zu einem Sonderrecht für Kettenverträge, WM 1999, 2189–2198

Schnyder, Anton K./Straub, Ralf Michael, Das EG-Grünbuch über Verbrauchsgütergarantien und Kundendienst – Erster Schritt zu einem einheitlichen EG-Kaufrecht?, ZEuP 1996, 8–74

I. Einzelregelungen

1. Vertrag zugunsten Dritter

577 Bestimmungen über Verträge zugunsten Dritter waren auf Europäischer Ebene bis vor kurzem schon deswegen problematisch, weil das englische Recht Vertragsrechte Dritter im Grundsatz nicht anerkannte. Der Contracts (Rights of Third Parties) Act 1999 hat den Grundsatz der *privity of contract* jetzt insofern zurückgeschnitten, als drittbegünstigende Verträge nunmehr grundsätzlich zulässig sind.[1] Damit hat der englische Gesetzgeber den Bedürfnissen des Rechtsverkehrs[2] Rechnung getragen, die sich nicht zuletzt darin zeigten,

1 Dazu *H.-F. Müller* RabelsZ 67 (2003), 140–165 mit Abdruck des Gesetzes S. 166–171.

2 *Beatson* Law of Contract, S. 427–429. Rechtsvergleichend *Zweigert/Kötz* Rechtsvergleichung, § 34 (S. 454–467); *Zimmermann* JZ 1995, 477, 488 (zu Art. 6:110 EP).

daß die Rechtspraxis immer wieder Möglichkeiten gesucht und gefunden hatte, die Wirkungen der *privity doctrine* zu vermeiden.[3] Nicht zuletzt hat der englische Gesetzgeber aber auch deshalb Anlaß für die Neuregelung gesehen, weil auch die Lando Kommission die Zulässigkeit von Verträgen zugunsten Dritter anerkannt hat (Art. 6:110 EP)[4] und weil auch einzelne Regeln des Europäischen Privatrechts bereits auf eine drittbegünstigende Wirkung von Verträgen (und damit eine Umgehung der *privity doctrine*) hinauslaufen.[5]

Das Europäische Privatrecht enthält freilich nur vereinzelte Bezugnahmen auf die *Möglichkeit* drittbegünstigender Verträge, ohne deren Zulassung oder Ausgestaltung vorzuschreiben. So definiert es den von den Regelungen geschützten Verbraucher bzw. Erwerber in der Pauschalreiserichtlinie und der Timesharingrichtlinie so, daß darunter auch jede Person fällt, „in deren Namen sich der Hauptkontrahent zur Buchung der Pauschalreise verpflichtet" (Art. 2 Ziff. 4 PRRL). bzw. „zu deren Gunsten [das vorgesehene Teilzeitwohnrecht] begründet wird" (Art. 2 Sps. 4 TSRL). Um eine Regelung des Vertrags zugunsten Dritter geht es dabei freilich nicht, sondern nur darum, daß der Begünstigte unabhängig von der nationalen Gestaltung (insbesondere in Form der Stellvertretung oder des Vertrags zugunsten Dritter) den Schutz der Regelungen genießt. Entsprechendes gilt für die Überweisungsrichtlinie, die Rückgriffsansprüche des Auftraggeberinstituts gegen zwischengeschaltete Institute unabhängig von der Vertragsbindung vorsieht; solche Ansprüche können auch im Wege des Vertrags zugunsten Dritter begründet werden.[6] **578**

2. Mithaftung des Kreditgebers beim verbundenen Geschäft

a) Übersicht

Verschiedene Vorschriften bestimmen eine Mithaftung des Kreditgebers beim verbundenen Geschäft, und zwar einmal wegen Widerrufs des Vertrags durch den „Verbraucher"/ Kreditnehmer, zum anderen wegen Leistungsstörungen. **579**

Die Auswirkungen des *Widerrufs* auf den Finanzierungsvertrag sind nicht allgemein, sondern im Zusammenhang mit den einzelnen Widerrufsrechten geregelt. Wir haben die Regelung bereits im Zusammenhang mit dem Widerruf angesprochen (Rn. 387f., 404). Beim Widerruf des Fernabsatzgeschäfts entfällt auch der zu seiner (vollständigen oder teilweisen) Finanzierung geschlossene Kreditvertrag, egal ob der Kredit vom Lieferer oder, „aufgrund einer Vereinbarung mit diesem", von einem Dritten gewährt wurde (Art. 6 Abs. 4 FARL, Art. 6 Abs. 7 UAbs. 2 FFRL). Dasselbe bestimmt die Timesharingrichtlinie für den dort vorgesehenen Rücktritt (Art. 7 TSRL). Die entsprechende Bestimmung im ersten Entwurf einer Finanzfernabsatzrichtlinie[7] ist im zweiten Entwurf entfallen mit der Begründung, daß „die zweckgebundenen Kredite in die Liste der … Ausnahmen auf- **580**

---

3 Vgl. *Beatson* Law of Contract, S. 422, 423–429 („exceptions and circumventions"); Law Com. Rep. 242 (1996), S. 9–34 Rn. 2.8–2.62.

4 *Zimmermann* JURA 2005, 289, 295f. Die Unidroit Principles enthalten keine Regelung.

5 Vgl. die Begründung der englischen *Law Commission* Law Com. Rep. 242 (1996), Privity of Contract: Contracts for the Benefit of Third Parties, S. 35, Rn. 2.62 (zum Europäischen Privatrecht) und Rn. 3.8 (zu den Lando Principles).

6 Art. 6 Abs. 1 UAbs. 4, Art. 7 Abs. 2 UAbs. 2 ÜwRL; näher unten, Rn. 845–847.

7 Art. 4 Abs. 4 V1-FFRL.

genommen wurden".[8] In der verabschiedeten Fassung ist aber eine allgemeine Regelung über den Widerrufsdurchgriff auf verbundene Geschäfte enthalten.[9] Für den Widerruf von Haustürgeschäften fehlt eine Bestimmung über Finanzierungsgeschäfte. Sie war dort entbehrlich, da diese als Haustürgeschäfte ebenfalls widerruflich sind.[10]

581 Für Verbraucherkredite bestimmt Art. 11 Abs. 1 der Richtlinie, daß die Rechte des Verbrauchers gegen den Warenverkäufer oder Dienstleistenden (nachfolgend wie in der Richtlinie auch „Lieferant" genannt) wegen *Leistungsstörung* nicht wegen des Bestehens des Finanzierungsvertrags beeinträchtigt sein dürfen.[11] Das ist wenig spektakulär und hat nur am Rande mit den Drittwirkungen des Vertrags zu tun. Wichtiger ist die Vorschrift des Absatz 2. Danach kann der Verbraucher die Rechte, die ihm gegen den Verkäufer oder Dienstleister zustehen, unter bestimmten Voraussetzungen auch gegen den Kreditgeber geltend machen. Der praktisch wichtigste Fall dürfte sein, daß der Verbraucher wegen eines Mangels den Preis des Hauptgeschäfts zurückhalten oder ganz oder teilweise nicht zahlen möchte.[12] Voraussetzungen für diese auch sogenannte „subsidiäre Haftung" des Kreditgebers sind, daß
(1) jener dem Verbraucher aufgrund einer Abrede mit dem Lieferanten („enge Geschäftsverbindung", wirtschaftliche Einheit) Kredit für den Bezug von Waren oder Dienstleistungen eines anderen gegeben hat,
(2) die Leistungen des Lieferanten nicht vertragsgemäß sind, und
(3) der Verbraucher seine Rechte gegen den Lieferanten erfolglos geltend gemacht hat.[13]
Eingeschränkt ist diese Haftung allerdings dadurch, daß sie nur Platz greift, wenn die Abmachung zwischen Lieferanten und Kreditgeber eine Ausschließlichkeitsklausel enthält, nach der Kredite an den Kunden dieses Lieferanten zum Zweck des Erwerbs von Waren oder der Inanspruchnahme von Dienstleistungen von ihm ausschließlich von dem betreffenden Kreditgeber bereitgestellt werden.[14] Wenn der Verbraucherkreditgeber mithaftet, dann ist er potentiell allen Rechte ausgesetzt, die der Verbraucher gegen den Lieferanten wegen Leistungsstörung hat. Den Mitgliedstaaten ist zwar überlassen zu bestimmen, „wie weit" diese Rechte geltend gemacht werden können. Das wird man indes nicht dahin verstehen dürfen, daß sie den Verbraucher im Verhältnis zum Kreditgeber auf Minderung und Zurückbehaltung beschränken dürften. Vielmehr muß es grundsätzlich bei den Rechten bleiben, die der Verbraucher gegen den Lieferanten hat, nur sind bestimmte Beschrän-

8 Begründung des Geänderten Vorschlags zu Art. 4 Abs. 4, KOM(99) 385 endg.
9 Art. 6 Abs. 7 UAbs. 2 FFRL.
10 Für Finanzdienstleistungen gilt hingegen die Fernabsatzrichtlinie ausdrücklich nicht (Art. 3 Abs. 1 Sps. 1), so daß hier eine Regelung erforderlich war.
11 Dazu nur *Grundmann* Schuldvertragsrecht, 4.10 Rn. 38. Weitergehend jetzt Art. 19 V-VerbrKrÄRL.
12 *Latham* in: Hörmann (Hrsg.) Verbraucherkredit und Verbraucherinsolvenz (1986), S. 587. Siehe z.B. den Fall von EuGH v. 7.3.1996 – Rs. C-192/94 *El Corte Inglés* Slg. 1996, I-1281.
13 Die Mitgliedstaaten können nur bestimmen, „unter welchen Bedingungen diese Rechte geltend gemacht werden können". Das ist keine Kompetenz, weitere Voraussetzungen aufzustellen, sondern ermöglicht nur, die von der Richtlinie vorgegebenen Voraussetzungen nach den Besonderheiten des nationalen Rechts auszufüllen. Praktisch wird das nur das Tatbestandselement der „Vorausklage" (Art. 11 Abs. 2 lit. e VerbrKrRL) betreffen; *Grundmann* Schuldvertragsrecht, 4.10 Rn. 41.
14 Kritisch *Grundmann* Schuldvertragsrecht, 4.10 Rn. 41.

kungen aus Zumutbarkeitserwägungen zulässig, z.B. der Ausschluß von Nachbesserung und Ersatzlieferung.

b) Grundgedanken

Die Tatbestände beruhen auf verschiedenen gemeinsamen Grundlagen. Der Gedanke der Zusammengehörigkeit von Nutzen und korrespondierenden Lasten kommt in dem Tatbestandsmerkmal der wirtschaftlichen Einheit (Vereinbarung) von Lieferanten und Kreditgeber zum Ausdruck. Gehört die Widerruflichkeit zu den Lasten, die die Rechtsordnung mit einem bestimmten Vertrag (Timesharing, Verbraucherkredit) oder einem auf eine bestimmte Weise geschlossenen Vertrag (Fernabsatz) verbindet, so ist es nur richtig, daß sie alle an dem Vertrag Beteiligten treffen. Dabei steht allerdings nicht im Vordergrund, daß nur so ein effektiver Schutz des anderen Teils möglich ist. Ginge es um dessen Schutz, so dürfte es nicht auf das Bestehen einer wirtschaftlichen Einheit ankommen, sondern darauf, ob er (der andere Teil) eine solche vernünftigerweise annehmen kann. Das wird besonders deutlich bei der Regelung der Verbraucherkreditrichtlinie, nach der die wirtschaftliche Einheit eine Ausschließlichkeitsbeziehung voraussetzt. 582

Das Vorliegen einer wirtschaftlichen Einheit ist es auch, daß den Einbruch in die Relativität und Vertragsfreiheit des Kreditgebers gut verträglich erscheinen läßt. Der Kreditgeber, der mit dem Lieferanten eine *Vereinbarung* trifft, aufgrund der er den Kunden des Lieferanten für Geschäfte mit jenem Kredit gewährt, hat sich den Lieferanten ausgesucht und kennt daher die Umstände, die den Durchgriff begründen. Der Verbraucherkreditgeber insbesondere ist ohnehin der Primäradressat der Schutzregeln; ihm gegenüber ist der Einbruch in den Relativitätsgrundsatz ebenso begründet wie die übrigen Schutzregeln. Sie stellen einen Ausgleich für den „Defekt" dar, den der Verbraucher aufgrund der Verlockungswirkung des Kredits beim Vertragsschluß leidet. 583

Inkonsistent erscheint auf den ersten Blick, daß der Verbraucherkreditgeber nur bei Vorliegen einer Ausschließlichkeitsabrede mithaftet, und dann auch nur subsidiär, während die Kreditgeber in den übrigen Fällen immer schon dann haften, wenn der Kredit aufgrund einer („einfachen") Abrede mit dem Lieferanten gewährt wurde. Indes kann man diesen Unterschied als begründet ansehen, weil die Haftung des Verbraucherkreditgebers potentiell sehr viel weiter reicht, ist dieser doch nicht nur der Widerrufswirkung ausgesetzt, sondern allen Rechten des Verbrauchers wegen Leistungsstörung.[15] 584

3. Abtretung und Vertragsübertragung

a) Abtretung und Schutz des Verbraucherkreditnehmers

Eine Reihe von Vorschriften des Europäischen Vertragsrechts behandelt die Vertragsübertragung, zur Abtretung findet sich nur eine vereinzelte Regelung in Art. 9 VerbrKrRL. Danach behält der Verbraucher seine Einreden – der Ausdruck ist nicht technisch zu verstehen und auch nicht auf Einwendungen beschränkt, sondern umfaßt alle Gegenrechte, z.B. auch die Aufrechnung *(les mêmes exceptions et défenses; any defence)* –[16], wenn der Kreditgeber seine Ansprüche aus dem Kreditvertrag einem Dritten abtritt. Das entspricht wohl *im Grundsatz* dem gemeineuropäischen Standard; die Regeln im einzelnen (z.B. für 585

15 Wohl a.M. *Reich* EuZW 1997, 581, 585.
16 Enger *Grundmann* Schuldvertragsrecht, 4.10 Rn. 38.

verschiedene Gegenrechte wie Einreden und Aufrechnung) sind indes sehr unterschiedlich.[17]

b) Vertragsübertragung

586 Über die Vertragsübertragung auf einen Dritten gibt es mehrere Regelungen, und zwar für den Sonderfall, daß einer der Vertragspartner nicht mitwirkt. Sie ist der zentrale Gegenstand der Betriebsübergangsrichtlinie, und die Pauschalreiserichtlinie sieht die Möglichkeit vor, eine Ersatzperson zu stellen, wenn der Verbraucher verhindert ist.[18] Die AGB-Richtlinie sieht nur einen äußersten Mindestschutz gegen die „Abtretung des Vertrags" vor.

aa) Betriebsübergang

587 Für den Arbeitnehmer bedeutet die Vertragsübertragung ohne seine Mitwirkung keinen Eingriff in die Vertragsfreiheit – als Freiheit von der Bindung an einen nicht gewählten Partner und als Bindung des gewählten Partners an den Vertrag –, da der EuGH nach längerem Dialog mit niederländischen und deutschen Gerichten ein Widerspruchsrecht des Arbeitnehmers anerkannt hat.[19] Daß der Arbeitnehmer im Falle des Betriebsübergangs nur zwischen zwei Übeln – einem nicht ausgewählten Vertragspartner und einem Arbeitgeber, der ihn nicht mehr beschäftigen kann – wählen kann, ist unter dem Gesichtspunkt der Vertragsfreiheit nicht zu beanstanden, da der Arbeitnehmer das Risiko der Umstrukturierung aufgrund der unternehmerischen Freiheit des Arbeitgebers insoweit sowieso zu tragen hat. Anders ist das für den Erwerber (und theoretisch auch für den Veräußerer). Der Betriebserwerber ist nicht selten daran interessiert, den Betrieb zumindest ohne die Arbeitnehmer zu übernehmen, die der wirtschaftlichen Fortführung hinderlich sind,[20] in jedem Fall würde er über die Übernahme von Arbeitnehmern lieber frei verhandeln, als sie aufgedrängt zu bekommen, zumal er sich aufgrund des Widerspruchsrechts nicht einmal darauf verlassen kann, die ihm wichtigen Arbeitnehmer „zu erhalten". Gerechtfertigt ist dieser, dem deutschen Recht schon lange aus dem Mietrecht vertraute,[21] Eingriff in die Vertragsfreiheit des Erwerbers nur aus dem überragenden Bestandsschutzinteresse des Arbeitnehmers (Sozialpflichtigkeit der Vertragsfreiheit).

588 Die Möglichkeit, einen Vertragspartner auszutauschen, sieht zugunsten des Reisenden auch die Pauschalreiserichtlinie vor. Der darin liegende Eingriff in die Vertragsfreiheit des Veranstalters/Vermittlers wiegt der Sache nach nicht so schwer, da es diesem in aller Regel nicht auf die Person des Reisenden ankommt – Pauschalreiseverträge werden üblicherweise „für wen es angeht" geschlossen. Außerdem kommt eine Vertragsübertragung nur in Be-

---

17 *Kötz* Europäisches Vertragsrecht, § 14 (S. 399–432).

18 Art. 4 Abs. 3 PRRL.

19 EuGH v. 5.5.1988 – verb.Rs. 144 und 145/87 *Berg und Busschers* Slg. 1988, 2559 Rn. 10–13; EuGH v. 10.2.1988 – Rs. 324/86 *Daddy's Dance Hall* Slg. 1988, 739 Rn. 13–17; EuGH v. 16.12.1992 – verb.Rs. C-132, 138, 139/91 *Katsikas* Slg. 1992, I-6577 Rn. 31f.; EuGH v. 7.3.1996 – verb.Rs. C-171 und 172/94 *Merckx* Slg. 1996, I-1253 Rn. 33–35.

20 Zur ökonomischen Bewertung der Betriebsübergangsrichtlinie (kritisch) *Schellhaaß* in: Systembildung, S. 406–411.

21 Zur Geschichte des § 566, mit dem sich das BGB gegen die gemeinrechtliche Tradition entschieden hat, Staudinger-*Emmerich* (2003) § 566 Rn. 1–3.

tracht, wenn der Erwerber „alle an die Teilnahme geknüpften Bedingungen erfüllt“ (Art. 4 Abs. 3 PRRL), so daß die Parteien die Übertragungsmöglichkeit durch individuelle Gestaltung des Reisevertrags einschränken können, bis hin zu der Möglichkeit, auch die Person des Reisenden als wesentliche „Bedingung“ für die Teilnahme zu vereinbaren. Wie beispielsweise auch bei der Kaufgewährleistung bedient sich hier der Gesetzgeber eines zwingenden Schutzmechanismus, der aber nur eingreift, wenn nicht die Parteivereinbarung das ausschließt (näher Rn. 753–755). Auch diese Bestimmung kann man daher als eine Informationsregel betrachten, die dazu dient, die Selbstbestimmung des Reisenden („Verbrauchers“) abzusichern.

Die Übertragungsmöglichkeit beruht im übrigen auf dem Schutzinteresse des Reisen- 589
den, der, wenn er unvorhergesehen nicht selbst an der Reise teilnehmen kann, ihren Wert zumindest durch Übertragung auf einen Dritten realisieren können soll. Darin kann man eine Problematik sehen, die typischerweise einer Versicherungslösung zugeführt wird. In der Tat sind ja Reiserücktrittsversicherungen üblicherweise erhältlich. Die zwingende Regelung bedeutet so einmal mehr eine „Zwangsversicherung“ aller Geschützten, wenn auch nur in einem begrenzten Bereich. Doch ist die Regelung gut verträglich, wenn man bedenkt, daß den Versicherungsnehmer üblicherweise eine Schadensminderungsobliegenheit trifft[22] und die Schadensminderung durch Stellung eines Ersatzreisenden regelmäßig ohne Beeinträchtigung anerkennenswerter Interessen des Veranstalters/Vermittlers möglich ist. Es versteht sich, daß derjenige, in dessen Sphäre das Risiko fällt, auch die durch die Schadensminderung entstehenden „Mehrkosten“ zu tragen hat.[23]

Kommt es dem anderen Teil auch nicht auf die Person des Vertragspartners an, so 590
kann seine Auswechslung ihn doch insofern belasten, als er die Leistungsfähigkeit des neuen, von ihm nicht ausgewählten Partners nicht kennt. Für den Zahlungsgläubiger geht es hier um das Insolvenzrisiko. Vollkommen unberücksichtigt bleibt nur die Leistungsfähigkeit des Arbeitnehmers beim Betriebsübergang, wo der Erwerber nehmen muß, was er kriegt, und sich von unerwünschten Arbeitnehmern nur unter Berücksichtigung der allgemeinen Kündigungsschutzvorschriften lösen kann. Das ist nicht nur folgerichtig, sondern gerade der Kern der Regelung der Betriebsübergangsrichtlinie. Die „übergehenden“ Arbeitnehmer auf der anderen Seite genießen potentiell doppelten Schutz: Das Insolvenzrisiko für nichterfüllte Ansprüche ist bereits allgemein durch eine Garantieeinrichtung gesichert.[24] Für vor Übergang entstandene Ansprüche kann das mitgliedstaatliche Recht eine gesamtschuldnerische Haftung vorsehen.[25] Ist schließlich der Betriebsübergang, wofür eine Wahrscheinlichkeit spricht, wirtschaftlich sinnvoll, so kommt auch das den Arbeitnehmern zugute.[26]

bb) Vertragsübernahme bei der Pauschalreise

Nicht von solchen überwiegenden Schutzerwägungen geprägt ist demgegenüber die Ver- 591
tragsübernahmeregelung der Pauschalreiserichtlinie. Den Interessen und Verantwortungs-

22 Vgl. nur Art. 7 V2-VersVRL.

23 Art. 4 Abs. 3 S. 2 PRRL und ebenso Art. 7 Abs. 2 V2-VersVRL.

24 Art. 3, 4 Insolvenzausfallrichtlinie (InsARL).

25 Art. 3 Abs. 1 UAbs. 2 BÜRL.

26 Zu den verschiedenen Kategorien von Betriebsübergängen und ihren Auswirkungen auf die Arbeitnehmer *Schellhaaß* in: Systembildung, S. 407–411.

sphären der Parteien entsprechend schreibt hier Art. 3 Abs. 3 S. 2 PRRL eine gesamtschuldnerische Haftung von „Übertragendem“ und Erwerber für offene Forderungen und die durch die Übertragung entstehenden Mehrkosten vor. Damit wird das Insolvenzrisiko des Veranstalters/Vermittlers nicht erhöht, sondern auf den Übertragenden überwälzt, in dessen Sphäre die nachträgliche Änderung fällt und der den Erwerber ausgesucht hat. Allerdings ließe sich argumentieren, daß das durch die Übertragung erweiterte Insolvenzrisiko dem Veranstalter/Vermittler durchaus zuzumuten sei, da es ihm doch im üblichen Massengeschäft regelmäßig nicht auf die Person des Vertragspartners ankomme. Indes erfaßt die Richtlinie aufgrund der weiten Pauschalreisedefinition auch sehr individuelle Vertragsgestaltungen und wird der Veranstalter/Vermittler auch im Massengeschäft nicht selten eine gewisse Minimalkontrolle vornehmen. Schon deshalb läßt sich das Beharren auf der Bindung des ausgewählten Partners nicht als Ausnutzen einer formalen Rechtsposition geringschätzen. Schließlich legitimiert der Grundsatz der Freiheit der Partnerwahl die Bindung des gewählten Partners als Minimalschutz beim Vertragsübergang ohne Mitwirkung des Veranstalters/Vermittlers.

cc) Vertragsübertragung und Klauselkontrolle

592 Nur schwach ausgeprägt ist der Schutz vor nicht-ausgehandelten Klauseln, die eine Vertragsübertragung (Abtretung des Vertrags, *cession du contrat, transferring his rights and obligations under the contract*) ohne Mitwirkung des Verbrauchers vorsehen. Nach Art. 3 Abs. 3 i.V.m. Anhang Ziff. 1 lit. p AGB-Richtlinie ist die Mißbräuchlichkeit nur indiziert,[27] wenn „die Möglichkeit vorgesehen wird, daß der Vertrag ohne Zustimmung des Verbrauchers vom Gewerbetreibenden abgetreten wird, wenn dies möglicherweise eine Verringerung der Sicherheiten für den Verbraucher bewirkt“. Die Regelung trägt daher nur dem Bonitäts- oder Sicherungsinteresse des Verbrauchers Rechnung, nicht aber seinem „prinzipiellen“ Interesse am Grundsatz der Vertragsbindung, nach der er den gewählten Partner selbstverständlich auch dann festhalten kann, wenn Bonität und Sicherung durch die Übertragung nicht gefährdet würden.

II. Negative Vertragsfreiheit und Relativität

593 Die grundsätzliche Begrenzung von Vertragswirkungen auf die Parteien ist die negative Seite der Vertragsfreiheit: Die Freiheit von vertraglichen Bindungen, denen man nicht zugestimmt hat. Vertragsverhältnisse haben grundsätzlich nur relative Wirkungen zwischen den Parteien. Dieser Relativität des Vertragsverhältnisses entspricht die „relative Methode der Rechtsfindung“, also das Erfordernis von zweiseitigen Begründungen.[28]

594 Das europäische Privatrecht respektiert die negative Vertragsfreiheit im Grundsatz und beschränkt die Vertragsbeziehungen nach dem Prinzip der Relativität. Gleichsam negativ machen das die dargestellten Eingriffe in den Grundsatz deutlich, die auf gegenläufigen Prinzipien der größeren Schutzbedürftigkeit sowie, bei der Pauschalreiserichtlinie, des mangelnden Interesses des Belasteten beruhen. Positiv wird der Grundsatz der Relativität vor allem durch die Regelungen von Mehrpersonenverhältnissen deutlich, wie sie im Leistungsstörungsrecht vor allem für die Rechtsverhältnisse bei der (grenzüberschreitenden) Überweisung, – in Ansätzen – für die Beziehungen zwischen Vermittler, Veranstalter und

27 Zur Bedeutung des Anhangs für die Bestimmung der Mißbräuchlichkeit unten, Rn. 640–643.
28 Näher *Riesenhuber* System und Prinzipien, S. 246.

Pauschalreisendem[29] sowie für die Lieferkette beim Kauf vorliegen. Leistungsstörungen bei der grenzüberschreitenden *Überweisung* sind grundsätzlich innerhalb der jeweiligen Vertragsbeziehung – zwischen dem Auftraggeber und seiner Bank, den beteiligten Banken oder der Empfängerbank und dem Empfänger – abzuwickeln. Für eine stimmige Gesamtlösung sorgt die Richtlinie dadurch, daß sie die Pflichtenprogramme der Beteiligten entsprechend ausgestaltet.[30]

Entsprechendes ergibt sich aus der Regelung über die *kaufrechtliche Gewährleistung* 595
und ihrer Entstehungsgeschichte. Allerdings ist es wichtig, hier zunächst die Offenheit der Vorschriften für national unterschiedliche Modelle hervorzuheben. Insbesondere ist der Rückgriff beim Kaufrecht nicht näher geregelt, sondern lediglich vorgesehen. Dabei kann der Letztverkäufer „den oder die Haftenden innerhalb der Vertragskette in Regreß nehmen", die Bestimmung der Passivlegitimation ist aber Sache des nationalen Rechts.[31] Diese Regelung schließt es daher nicht aus, dem Letztverkäufer auch einen Anspruch gegen Vorleute seines Verkäufers oder sogar den Hersteller zu geben, etwa nach dem französischen Modell der *action directe*[32].

Wichtiger als diese Offenheit für nationale Gestaltung ist für das System des Europä- 596
ischen Vertragsrechts, daß der Gesetzgeber der Kaufgewährrichtlinie von einer Einschränkung des Relativitätsgrundsatzes durch eine sogenannte „Netzwerkhaftung" abgesehen hat, die früher diskutiert wurde.[33] Danach sollte auch der Hersteller dem Käufer (Verbraucher) für „Mängel" (dann natürlich nach den „berechtigten Erwartungen" objektiv definiert) auf Ersatzlieferung oder Nachbesserung, subsidiär auf Ersatz des unmittelbaren Schadens oder Minderung haften. Diese Haftung sollte freilich – „quasisubsidiarisch", wie das genannt wurde[34] – nur eintreten, wenn die Inanspruchnahme des Verkäufers unmöglich oder unzumutbar wäre. Unzumutbarkeit sollte etwa vorliegen, wenn der Verkäufer „vom Markt verschwunden" oder insolvent geworden ist oder es sich um einen „internationalen Kauf" handelte.[35] Daraus ist nichts geworden. Allerdings trägt die Kaufgewährrichtlinie dem Umstand Rechnung, daß Verkäufer und Hersteller dem Verbraucher als Einheit erscheinen können, indem sie für die Bestimmung der Vertragsmäßigkeit auch Werbungsaussagen des Herstellers mitheranzieht.[36] Dadurch domestiziert sie indes die Problematik, anstatt den Grundsatz der Relativität aufzugeben.

Allerdings wird die verabschiedete Lösung insbesondere deswegen kritisiert, weil sie 597
dem Verbraucher im Insolvenzfall unzureichenden Schutz biete. Die Durchbrechung der Relativität sei jedenfalls nicht zu beanstanden, soweit der Hersteller ohnehin für den Fehler verantwortlich sei. Die Herstellerhaftung zu verneinen bedeute eine Verweigerung des *„access to justice"*.[37] Indes ist die verabschiedete Regelung den weitergehenden Vorschlä-

29 Zur PRRL noch gesondert unten, Rn. 805–812.

30 I.e. unten, § 28. Ausnahmen vom Relativitätsgrundsatz sieht die Richtlinie bei den Rückgriffsansprüchen des Auftraggeberinstituts wegen Verzögerung oder Kürzung vor; das Auftraggeberinstitut hat einen unmittelbaren Anspruch gegen das verantwortliche zwischengeschaltete Institut.

31 Art. 4 KGRL; näher unten, Rn. 761–766 und – zu Rückgriffsrechten allgemein – Rn. 885.

32 Zur *action directe* nur *Ferid/Sonnenberger* Französisches Zivilrecht 1/1, Rn. 1 C 143 sowie Band 2 Rn. 2 G 651–665; *Zweigert/Kötz* Rechtsvergleichung, § 42 V (S. 682).

33 Dazu *Beale/Howells* J.Contract L. 12 (1997), 21, 36f.

34 KOM(93) 509 endg., S. 112.

35 KOM(93) 509 endg., S. 110–113. Dazu *Schnyder/Straub* ZEuP 1996, 8, 17f.

36 Oben, Rn. 439f. und 733.

37 *Beale/Howells* J.Contract L. 12 (1997), 21, 40f.

gen[38] entschieden vorzuziehen. Zunächst überzeugen schon die für die (Vertrags-?) Haftung des Herstellers ins Feld geführten Gründe nicht. Das Insolvenzrisiko trägt am besten derjenige, der sich den Vertragspartner ausgesucht hat, bei Insolvenz des Letztverkäufers also der Verbraucher (der keine Herstellergarantie hat). Insoweit (von Europarechts wegen!) vom Äquivalenzprinzip des Insolvenzrechts *(par conditio creditorum)* abzuweichen und die Verbraucherkäufer im Hinblick auf ihre Gewährleistungsforderungen indirekt zu bevorzugten Gläubigern zu machen, ist im übrigen auch wegen der potentiell weitreichenden Systemstörungen bedenklich, die damit verbunden sein können. Die Schwierigkeiten der grenzüberschreitenden Rechtsverfolgung sollten jedenfalls *normativ* keinen hinreichenden Grund für die Verlagerung der Verantwortung sein, sondern Anlaß, den gerichtlichen Rechtsschutz zu verbessern; – das war ja auch das Anliegen der Harmonisierung. Die Annahme schließlich, der Käufer würde den Hersteller als denjenigen ansehen, gegen den er Ansprüche wegen Vertragsverletzung (nicht etwa wegen Integritätsverletzung!) hat,[39] erscheint schon empirisch zweifelhaft.[40]

598 Schon die positive Begründung für die Händlerhaftung überzeugt daher nicht. Und es sprechen noch Gründe dagegen. Denn der Grundsatz der Relativität ist keineswegs nur ein „formales Prinzip", mit dem man leichtfertig umgehen könnte, sondern auch ein Prinzip zum Schutz der Vertragspartner. Als solches kommt es zunächst auch dem Verbraucher zugute, der ausschließlich „seinen" Letztverkäufer in Anspruch zu nehmen braucht und mehrere Prozesse bzw. einen Prozeß gegen mehrere Beklagte (die sich vielleicht exkulpieren können) und das damit verbundene Kostenrisiko vermeiden kann.[41] So mag zwar der Hersteller für den Fehler verantwortlich sein, doch mag der Fehler auch auf mangelhafter Lagerung durch einen Zwischenmann beruhen: Das muß den Käufer nicht interessieren. Darüber hinaus schützt der Grundsatz aber auch die Vertragsbeziehungen der Vorleute vor Störungen, die sich vor allem aufgrund der unterschiedlichen Pflichtenprogramme ergeben können, zumal, wenn der Umfang der Pflichten sich (wie meist) im Preis niedergeschlagen hat. Mißachtet man die Relativität, so ergeben sich z.B. ganz regelmäßig Schwierigkeiten bei der Berechnung der Minderung als *verhältnismäßige* Herabsetzung des Kaufpreises.[42]

599 Eine Überschreitung der Relativität wurde aber im Rahmen der Vorarbeiten noch in anderer Hinsicht erörtert. Neben dem ersten Verbraucher-Käufer (nachfolgend auch „Erstkäufer") sollte auch jeder nachfolgende Eigentümer der Sache (nachfolgend auch „Zweitkäufer") Gewährleistungsrechte haben (sofern er nur den Erstkauf beweisen kann).[43] Aufgrund der verlängerten Gewährleistungsfristen wäre diese Regelung auch praktisch nicht irrelevant gewesen. In vielen Fällen ist sie freilich nach mitgliedstaatlichem Recht gar nicht erforderlich, so wenn die Gewährleistungsrechte abgetreten werden oder

---

38 Über die Vorschläge des Grünbuchs hinausgehend noch *Schnyder/Straub* ZEuP 1996, 8, 48–51.

39 *Beale/Howells* J.Contract L. 12 (1997), 21, 42.

40 Insofern liegen die Dinge auch ganz anders als bei der Bestimmung der Vertragsmäßigkeit mit Rücksicht auf öffentliche Herstellerangaben: Dort geht es um die Auslegung der Vertragsabrede, die naheliegenderweise auch von Umständen beeinflußt ist, die außerhalb des Verhältnisses der Parteien liegen (bis hin zu Sprachgewohnheiten), während es hier um die Begründung eines Schuldverhältnisses zu einem Dritten, dem Hersteller, geht.

41 S. z.B. zur Überweisungsrichtlinie unten, Rn. 819.

42 Dazu noch unten, Rn. 750 und 765.

43 Grünbuch KOM(93) 509, S. 113; dazu *Schnyder/Straub* ZEuP 1996, 8, 18.

es sich um ein Geschäft für wen es angeht handelt[44]. Ein Modell für den Regelungsvorschlag enthält aber offenbar das holländische Recht.[45] Diese Regelung – von manchen undurchsichtig als „horizontal privity" bezeichnet –[46] wird teilweise für „an uncontroversial but welcome modernisation of sales law"[47] gehalten. Allerdings dürfte eine solche Regelung für die große Mehrzahl der Verbraucherkaufverträge tatsächlich unproblematisch sein. Doch wirft auch diese Verletzung der Relativität – zumal als allgemeingültige zwingende Regelung – Zweifel auf. Mit einem subjektiven, von der Vertragsvereinbarung bestimmten Fehlerbegriff, paßt sie nicht gut zusammen. Was gilt etwa, wenn der Erstkäufer Vereinbarungen, die für die Vertragsmäßigkeit wesentlich sind, nicht an den Zweitkäufer weitergegeben hat? Auf wessen Zwecke kommt es für die Bestimmung der Vertragsmäßigkeit an?[48] In welcher Frist kann der Zweitkäufer die Gewährrechte geltend machen?[49] Kann die Beweislastumkehr für Vertragswidrigkeiten, die in den ersten drei Monaten auftreten,[50] hier noch gelten?[51] Kann der in Anspruch genommene Letztverkäufer/Zwischenhändler/Hersteller sich bei dem für den Mangel verantwortlichen Erstkäufer erholen, und wenn ja, nach welchen Regeln? Eine bequeme Antwort scheint darin zu liegen, den Erstkäufer zu entlassen und den Zweitkäufer auf die Gewährleistungsschuldner des Erstkäufers zu verweisen.[52] Indes dürfte das der Vertragsbeziehung zwischen Erst- und Zweitkäufer ebensowenig gerecht werden wie den Schutzinteressen des Zweitkäufers: Soll der Kommissionsangestellte, der seinen weißen Mercedes daheim in Berlin verkauft, den Käufer wegen Gewährleistungsansprüchen an den Brüsseler Händler verweisen können? Daß der Erstkäufer (als Verbraucher auch nach der Kaufgewährrichtlinie) seine Haftung im Verhältnis zum Zweitkäufer ausschließen kann mit der Folge, daß der Zweitkäufer dann ganz ohne Ansprüche dasteht, ist kein tauglicher Einwand, denn in diesem Fall ist der Zweitkäufer, der ja dem Ausschluß zugestimmt hat (und vermutlich auch weniger bezahlt haben wird), nicht schützenswert. Und daß die Parteien dem Zweitkäufer auch durch Abtretung der Gewährrechte Schutz verschaffen könnten, spricht auch nicht für die „horizontal privity", denn im Falle der Abtretung handelt es sich ja gerade nur um *abgeleitete* Rechte, die Relativität bleibt ungestört.

Schließlich ist darauf hinzuweisen, daß die Produkthaftung des Herstellers, die auch **600**
als Rechtfertigung für seine Gewährleistungshaftung angeführt wird, keine andere Wertung begründet. Bei der Produkthaftung geht es nämlich um eine deliktsrechtliche Haftung für Integritätsverletzungen, die auf objektiv bestimmten (!) Fehlern beruhen. Wie allgemein beim Schutz der Integrität ist auch hier die Haftung des Verursachers gegenüber jedermann unproblematisch.

Der Gesetzgeber hat sich daher aus guten Gründen gegen eine Aufweichung des Relati- **601**
vitätsprinzips nach diesen Vorschlägen entschieden – und so den Grundsatz für das Gemeinschaftsrecht bekräftigt.

---

44 Dazu BGHZ 114, 74, 80; RGZ 140, 223, 229f.; BGH, WM 1978, 12, 13; kritisch *Flume* Rechtsgeschäft, § 44 II (S. 765–775).

45 *Beale/Howells* J.Contract L. 12 (1997), 21, 40.

46 *Beale/Howells* J.Contract L. 12 (1997), 21, 40; dem folgend *Reich* NJW 1999, 2397, 2399.

47 *Beale/Howells* J.Contract L. 12 (1997), 21, 40.

48 Art. 2 Abs. 2 lit. b KGRL.

49 Dazu *Schnyder/Straub* ZEuP 1996, 8, 52 (Restgewährleistungsfrist des Erstkäufers).

50 Art. 5 Abs. 3 KGRL.

51 Bejahend *Schnyder/Straub* ZEuP 1996, 8, 53.

52 So wohl in der Tat i.E. *Schnyder/Straub* ZEuP 1996, 52f.

Abschnitt 7
Inhaltskontrolle

602 Drei Regelungsgruppen betreffen die Inhaltskontrolle von Verträgen. Eine eingehende Regelung enthält die AGB-Richtlinie, nach der nicht im einzelnen ausgehandelte Klauseln in Verbraucherverträgen auf Mißbräuchlichkeit zu prüfen sind (§ 22). Daneben finden sich in einzelnen Richtlinien Spezialtatbestände der Inhaltskontrolle (§ 23) und auch vereinzelte Ansätze, nach denen Verträge unwirksam sind, die gegen gesetzliche Verbote oder die guten Sitten verstoßen (§ 24).

§ 22
Kontrolle nicht-ausgehandelter Vertragsklauseln in Verbraucherverträgen

Literatur:

Beale, Hugh, Legislative Control of Fairness: The Directive on Unfair Terms in Consumer Contracts, in: Jack Beatson/Daniel Friedmann (Hrsg.), Good Faith and Fault in Contract Law, Oxford 1995, S. 231–261

Brandner, Hans Erich/Ulmer, Peter, EG-Richtlinie über mißbräuchliche Klauseln in Verbraucherverträgen – Kritische Bemerkungen zum Vorschlag der EG-Kommission, BB 1991, 701–709

Canaris, Claus-Wilhelm, Verfassungs- und europarechtliche Aspekte der Vertragsfreiheit in der Privatrechtsgesellschaft, in: Peter Badura/Rupert Scholz, Festschrift für Peter Lerche zum 65. Geburtstag, München 1993, S. 873–891

Collins, Hugh, Good Faith in European Contract Law, Oxf.J.Leg.Stud. 14 (1994), 229–254

Heinrichs, Helmut, Der Anhang zur EG-Richtlinie über mißbräuchliche Klauseln in Verbraucherverträgen (93/13/EWG vom 5.4.1993) und seine Bedeutung für das deutsche Recht, in: Ludwig Krämer/Hans-W. Micklitz/Klaus Tonner (Hrsg.), Law and diffuse interests in the European legal order/Recht und diffuse Interessen in der Europäischen Rechtsordnung – Liber amicorum Norbert Reich, Baden-Baden 1997, S. 527–553 (zitiert: Heinrichs FS Reich)

v. Hippel, Eike, Der Schutz des Verbrauchers vor unlauteren Allgemeinen Geschäftsbedingungen in den EG-Staaten – Bestandsaufnahme und Überlegungen zur Rechtsangleichung, RabelsZ 41 (1977), 237–280

Joerges, Christian, Die Europäisierung des Privatrechts als Rationalisierungsprozeß und als Streit der Disziplinen – Eine Analyse der Richtlinie über mißbräuchliche Klauseln in Verbraucherverträgen, ZEuP 1995, 181–201

Kapnopoulou, Elissavet N., Das Recht der mißbräuchlichen Klauseln in der Europäischen Union – Das griechische Verbraucherschutzgesetz als Beitrag zum Europäischen Privatrecht, Tübingen 1997

Kötz, Hein, Der Schutzzweck der AGB-Kontrolle – Eine rechtsökonomische Skizze, JuS 2003, 209–214

Kretschmar, Christian, Die Richtlinie 93/13 EWG des Rates vom 05.04.1993 über mißbräuchliche Klauseln in Verbraucherverträgen und das deutsche AGB-Gesetz – Europäischer Verbraucherschutz: Umsetzungsaspekte und Auswirkungen auf das deutsche Recht, Frankfurt a.M./Berlin/Bern/New York/Paris/Wien 1998 (zitiert: Kretschmar Richtlinie über mißbräuchliche Klauseln)

Leible, Stefan, Gerichtsstandsklauseln und EG-Klauselrichtlinie, RIW 2001, 422–431

Lockett, Nicholas/Egan, Manus, Unfair Terms in Consumer Agreements – The New Rules Explained, Chichester/New York/Brisbane/Toronto/Singapore 1995

Nassall, Wendt, Die Anwendung der EU-Richtlinie über mißbräuchliche Klauseln in Verbraucherverträgen – Zugleich ein Beitrag zur Auslegung gemeinschaftsrechtlicher Generalklauseln, JZ 1995, 689–694

Nobis, Steffi, Mißbräuchliche Vertragsklauseln in Deutschland und Frankreich – zur Umsetzung der Klauselrichtlinie 93/13/EWG des Rates, Baden-Baden 2005
Pfeiffer, Thomas, Die Unwirksamkeit von Gerichtsstandsklauseln nach der Klauselrichtlinie, ZEuP 2003, 141–154
Ranieri, Filippo, Europäisches Obligationenrecht, 2. Aufl. Wien/New York 2003, Kapitel 4
Remien, Oliver, Die Vorlagepflicht bei Auslegung unbestimmter Rechtsbegriffe, RabelsZ 66 (2002), 503–530
Roth, Wulf-Henning, Generalklauseln im Europäischen Privatrecht – Zur Rollenverteilung zwischen Gerichtshof und Mitgliedstaaten bei ihrer Konkretisierung –, in: Jürgen Basedow/Klaus J. Hopt/ Hein Kötz (Hrsg.), Festschrift für Ulrich Drobnig zum siebzigsten Geburtstag, Tübingen 1998, S. 135–153
Röthel, Anne, Mißbräuchlichkeitskontrolle nach der Klauselrichtlinie, ZEuP 2005, 418–427
Röthel, Anne, Die Konkretisierung von Generalklauseln, in: Riesenhuber (Hrsg.), Europäische Methodenlehre, Berlin 2006, S. 208–226
Rott, Peter, Effektiver Rechtsschutz vor mißbräuchlichen AGB – Zum Cofidis-Urteil des EuGH, EuZW 2003, 5–9
Tenreiro, Mário, The Community Directive on Unfair Terms and National Legal Systems – The Principle of Good Faith and Remedies for Unfair Terms, ERPL 1995, 273–284
Tilmann, Irene, Die Klauselrichtlinie 93/13/EWG auf der Schnittstelle zwischen Privatrecht und öffentlichem Recht, München 2003
Weatherill, Stephen, Prospects for the Development of European Private Law through ‚Europeanisation' in the European Court – the Case of the Directive on Unfair Terms in Consumer Contracts, ERPL 1995, 307–328
Wolff, Inke, Die Verteilung der Konkretisierungskompetenz für Generalklauseln in privatrechtsgestaltenden Richtlinien, Baden-Baden 2002
Datenbank: http://europa.eu.int/clab/index.htm

Die Frage nach dem Verhältnis von formaler Vertragsfreiheit einerseits zur tatsächlichen, materialen Freiheit (wirtschaftliche Selbstbestimmung) und der materialen Vertragsgerechtigkeit andererseits stellt sich im Recht der nicht-ausgehandelten Vertragsklauseln, vor allem der AGB, in besonderer Schärfe.[1] Hier erweist sich die formale Betrachtung der Vereinbarung nach dem Grundsatz *stat pro ratione voluntas*[2] („Der Wille steht für eine Begründung.")[3] als unbefriedigend und kann der Vertragsmechanismus als Verfahren – Zustimmung beider Teile nach Verhandlung – nicht einmal mehr eine Richtigkeits*chance* verbürgen.[4] Gleichzeitig aber bietet auch bei einfachen, leicht zu durchschauenden Vertragsbedingungen („Für Garderobe übernehme ich keine Haftung!") der Marktmechanismus[5] keine effektive Kontrolle.[6] Für nicht-ausgehandelte Vertragsvereinbarungen schreibt die AGB-Richtlinie daher eine inhaltliche („materiale") Kontrolle am Maßstab von Treu und Glauben vor. **603**

1 Rechtsvergleichender Überblick bei *v. Hippel* RabelsZ 41 (1977), 237–280; *Zweigert/Kötz* Rechtsvergleichung, § 24 IV (S. 325–341); *Kretschmar* Richtlinie über mißbräuchliche Klauseln, S. 69–105; BR-Drs. 611/90, S. 12–62.
2 Zum Grundsatz im Privatrecht *Flume* Rechtsgeschäft, § 1, 4 (S. 6).
3 Zur Parömie *Liebs* Lateinische Rechtsregeln und Rechtssprichwörter (6. Aufl. 1998), Nr. S 63 (S. 220).
4 Zu der von *Schmidt-Rimpler* AcP 147 (1941), 130–197 und *ders.* FS Raiser, S. 1–26 begründeten Lehre kürzlich *Canaris* Iustitia Distributiva, S. 48–51 (Richtigkeits*chance*); *ders.* FS Lerche, S. 873, 883f.; kritisch *Singer* Selbstbestimmung und Verkehrsschutz im Recht der Willenserklärungen (1995), S. 9–12.
5 Zum Verhältnis von Markt und Vertragsgerechtigkeit *Canaris* Iustitia Distributiva, S. 44–77.
6 *Canaris* AcP 200 (2000), 273, 320–327; *Drexl* Wirtschaftliche Selbstbestimmung, S. 329f., 340f.

I. Anwendungsbereich[7]

604 Nach der AGB-Richtlinie sind mißbräuchliche, nicht im einzelnen ausgehandelte Vertragsklauseln (Art. 3 AGBRL) – grundsätzlich ausgenommen Vereinbarungen über den Hauptgegenstand des Vertrags (Art. 4 Abs. 2) – die Gewerbetreibende gegenüber Verbrauchern verwenden (Art. 1 Abs. 1, Art. 2 lit. b, c AGBRL), unverbindlich, Art. 6 Abs. 1 AGBRL.

1. Persönlicher und sachlicher Anwendungsbereich

605 Der persönliche Schutzbereich der Regelung ist demnach auf Verbraucher beschränkt – natürliche Personen, die zu einem Zweck handeln, der nicht ihrer gewerblichen oder beruflichen Tätigkeit zugerechnet werden kann (Rn. 184). Der sachliche Schutzbereich erfaßt nicht im einzelnen ausgehandelte (nachfolgend: auch „nicht-ausgehandelte") Vertragsklauseln. Wurde eine Klausel im voraus abgefaßt und hatte der Verbraucher deshalb keinen Einfluß auf ihren Inhalt, *gilt* sie als nicht im einzelnen ausgehandelt.[8] Erfaßt sind daher praktisch alle Allgemeinen Geschäftsbedingungen,[9] und zwar auch wenn sie von Dritten formuliert sind.[10] Die Inhaltskontrolle ist indes nicht auf AGB beschränkt, auch für einen Einzelfall formulierte Klauseln (BE 11 AGBRL) und sogar mündliche Abreden (BE 11) können als nicht-ausgehandelte Klauseln der Kontrolle unterfallen. Eine Vertragsvereinbarung ist daher nur dann als im einzelnen ausgehandelt kontrollfrei, wenn der Verbraucher die Möglichkeit hatte, auf ihren Inhalt Einfluß zu nehmen;[11] die bloße Besprechung oder Erläuterung reicht nicht aus.[12]

2. Die grundsätzliche Freistellung von Klauseln über den Hauptgegenstand und das Äquivalenzverhältnis

606 Die Vereinbarung über den Hauptgegenstand und das Äquivalenzverhältnis unterliegen grundsätzlich nicht der Überprüfung auf Mißbräuchlichkeit[13] (Art. 4 Abs. 2). Anderes gilt nur, wenn diese Klauseln nicht klar und verständlich sind. Diese Regelung hat einen guten Sinn. Den Hauptgegenstand kann sowieso nur der Verbraucher bestimmen, die Vorstellung, daß der Richter ihm sagen würde, was er „wirklich" will, wäre mit dem Grundsatz der Privatautonomie schlechthin unvereinbar. Und das Äquivalenzverhältnis wird vom

7 Wie nachfolgend näher darzulegen, paßt die hier der Anschaulichkeit wegen gewählte Kurzbezeichnung als „AGBRL" nur eingeschränkt, da die Richtlinie auch andere nicht-ausgehandelte Vertragsklauseln der Inhaltskontrolle unterwirft. Der Schwerpunkt der Richtlinie liegt indes auf einer AGB-Kontrolle.

8 Art. 3 Abs. 2 AGBRL. Nach dem klaren Wortlaut ist Voraussetzung für die unwiderlegliche Vermutung nicht nur die Vorformulierung, sondern auch die Kausalität dessen für den mangelnden Einfluß des Verbrauchers; Grabitz/Hilf II-*Pfeiffer* A 5 (AGBRL) Art. 3 Rn. 20f.

9 Art. 3 Abs. 2 AGBRL: „insbesondere im Rahmen eines Standardvertrags".

10 Grabitz/Hilf II-*Pfeiffer* A 5 (AGBRL) Art. 3 Rn. 9f. mwN; a.M. *Klaas* FS Brandner (1996), S. 254.

11 Die Einflußmöglichkeit muß sich indes nicht im Ergebnis zeigen; Grabitz/Hilf II-*Pfeiffer* A 5 (AGBRL) Art. 3 Rn. 25.

12 Grabitz/Hilf II-*Pfeiffer* A 5 (AGBRL) Art. 3 Rn. 24.

13 Auch für den Hauptgegenstand bedeutet Art. 4 Abs. 2 allein eine Ausnahme von der Mißbrauchskontrolle, andere Richtlinienregeln wie insbesondere die Auslegung *contra proferentem* finden gleichwohl Anwendung.

Markt kontrolliert, der Richter kann und soll kein „Preiskommissar" sein. Auch wenn der Verbraucher – wie in aller Regel – nicht über den Preis verhandelt hat, besteht normalerweise kein Anlaß für eine Inhaltskontrolle. Privatautonomie und Wettbewerbsprinzip sind die fundamentalen Wertungen, die hinter dieser Ausnahme stehen. Nichts anderes ergibt sich aus der Unterausnahme für den Fall intransparenter Klauseln. Wenn der Verbraucher nicht erkennen kann, auf welche Leistung bzw. welches Äquivalenzverhältnis er sich einläßt, dann hat er nicht einmal die zu gewährleistende *Chance,* eine informierte Entscheidung zu treffen. Deshalb kann man sich in diesem Fall nicht auf die Kontrolle durch Selbstbestimmung und Markt verlassen. Der Transparenzgrundsatz ist insoweit kein Gegensatz zu Privatautonomie und Wettbewerbsprinzip, sondern Teil dieser Grundsätze.

a) Der Hauptgegenstand

Geht man von diesen Grundwertungen aus, so lassen sich die Ausnahmebereiche klar abgrenzen. Der – gemeinschaftsautonom zu konkretisierende[14] – Begriff des *Hauptgegenstandes (objet principal du contrat, main subject matter)* entspricht der vereinbarten Leistung (Ware oder Dienstleistung) und ihren Merkmalen, vereinfacht: das, was der Verbraucher für sein Geld bekommt.[15] Diesen Bedingungen schenkt der Verbraucher regelmäßig Aufmerksamkeit und deshalb funktioniert hier, Transparenz vorausgesetzt, der Markt. Über sie können ohnehin nur die Parteien bestimmen, wenn man den Grundsatz der Privatautonomie nicht im Kern angreifen will. Für eine Inhaltskontrolle fehlt jeder Maßstab, und sie liefe darauf hinaus, daß der Richter den Parteien sagen würde, was sie wirklich wollen. Auf die privatautonome Gestaltung kann sich die Rechtsordnung hier auch dann verlassen, wenn die Parteien den Gegenstand nicht „ausgehandelt" haben, denn (auch) Verbraucher können die Leistung und ihre Merkmale auch ohne fremde Hilfe erkennen, einschätzen und auswählen, und sie tun das normalerweise auch. Wenn ein Verbraucher vierzehn Tage Halbpension in einem drei Sterne Hotel in Benidorm bucht, so besteht kein Anlaß, daran zu rühren. **607**

Die Unterausnahme für den Fall der Intransparenz spielt praktisch keine große Rolle, soweit die Vertragsklausel nur beschreibend ist („ein roter VW Golf Modell GTI"). Die Klauselkontrolle kann in diesen Fällen zum Beispiel von Bedeutung sein, wenn der Unternehmer sich ein Leistungsbestimmungsrecht oder eine Ersetzungsbefugnis vorbehält, doch gehören solche Bestimmungen ohnehin nicht mehr zu dem „Hauptgegenstand". Wichtiger ist die Kontrolle wegen Intransparenz bei Verträgen über Rechtsprodukte, also Gegenstände, die durch rechtliche Regeln einschließlich der Parteiabrede bestimmt sind. Die 19. Begründungserwägung nennt Versicherungsverträge besonders, zu denken ist daneben beispielsweise an Lizenzverträge sowie an „moderne Vertragstypen" wie Leasing- und Timesharingverträge, die den Hauptgegenstand im einzelnen definieren. **608**

Gerade für Versicherungsverträge gab es Zweifel, wie weit hier die Ausnahme für den Hauptgegenstand reicht.[16] Da die Klauselkontrolle der einzige gemeinschaftseinheitliche Kontrollmaßstab ist – nach Abschaffung der aufsichtsrechtlichen Genehmigung[17] und **609**

---

14 Grabitz/Hilf II-*Pfeiffer* A 5 (AGBRL), Art. 4 Rn. 26; a.M. *Lockett/Egan* Unfair Terms, Rn. 3.16.

15 Die Faustformel paßt für die wichtigsten Fälle und macht deutlich, daß es um das Funktionieren des Marktes geht; für unentgeltliche und einseitig verpflichtende Verträge wie Leihe und Bürgschaft, paßt sie freilich nicht.

16 *Grundmann* Schuldvertragsrecht, 2.10 Rn. 30; *Kieninger* ZEuP 1994, 276, 280f.

17 Art. 29 3. SVersRL; Art. 6 LVersRL.

mangels Vereinheitlichung des Versicherungsvertragsrechts – und weil die AGB-Richtlinie unzweideutig davon ausgeht, daß Versicherungsbedingungen der Kontrolle unterliegen, muß man auch insoweit den Hauptgegenstand eng definieren. Da wohl nahezu alle Versicherungsbedingungen irgendwie der Bestimmung des versicherten Risikos dienen oder prämienrelevant sind, taugen jene Kriterien für die Abgrenzung nicht. Freigestellt ist nur der enge Bereich der Leistungsbestimmung, ohne den der Vertrag mangels Bestimmbarkeit unwirksam wäre. Das entspricht dem Ergebnis, das die deutsche Rechtsprechung schon unter § 8 AGBG gefunden hatte.[18]

b) Das Verhältnis von Preis und Leistung

610 Von der Kontrolle ausgenommen ist zweitens das *Verhältnis von Preis und Leistung;* es wird vom Markt kontrolliert und nicht vom Richter. Die Auswahl(möglichkeit) am kompetitiv organisierten Markt ersetzt hier die Aushandelung. Anders als bei der soeben erörterten Ausnahme von Vereinbarungen über den Hauptgegenstand geht es hier indes nicht um die Kontrollfreiheit *einzelner Klauseln,* sondern um die Kontrollfreiheit des gesamten Vertrags *unter einem bestimmten Aspekt* – dem Preis-Leistungs-Verhältnis.[19] Mißverständlich ist es daher, wenn Art. 4 Abs. 2 Hs. 2 AGBRL sich auf „Klauseln" bezieht, denn Klauseln über das Verhältnis von Preis und Leistung oder gar über die Angemessenheit des Preises für die Leistung gibt es wohl praktisch nicht. Sehr wohl gibt es Klauseln über den Preis, z.B. solche, die auf einen Tarif oder Index Bezug nehmen oder bestimmte Kosten (etwa für Verpackung oder Transport oder den Auslandseinsatz von Kreditkarten) bestimmen und einer Partei zuweisen oder einem Teil ein Bestimmungs- oder Veränderungsrecht zugeben. Gegenstand solcher Klauseln ist aber nicht das Äquivalenzverhältnis, sie haben nur einen Bezug dazu. Einen Bezug auf das Äquivalenzverhältnis haben indes die meisten Vertragsklauseln, sonst würden sie nicht vereinbart. Die Ausnahme des Äquivalenzverhältnisses von der Mißbräuchlichkeitskontrolle bedeutet daher nicht, daß einzelne Klauseln nicht kontrolliert werden könnten, sondern daß bei der Kontrolle von Klauseln das Verhältnis von Preis und Leistung grundsätzlich nicht kontrolliert wird.

611 Geht man von der Kontrolle des Preis-Leistungs-Verhältnisses durch den Markt aus, so leuchtet ein, daß die Gerichtskontrolle aufleben soll, wenn die Klauseln nicht transparent abgefaßt sind. Der Markt kann das Äquivalenzverhältnis nur sanktionieren, wenn Preis und Leistung transparent sind.[20] Ist der Grundgedanke auch einsichtig, so bereitet die Formulierung in Art. 4 Abs. 2 doch wiederum Schwierigkeiten. Gesagt werden soll dort wohl: Klauseln über das Äquivalenzverhältnis werden nicht kontrolliert, sofern sie transparent sind. Wie gesagt, gibt es schon Klauseln über das Äquivalenzverhältnis nicht. Daher haben wir die Ausnahme dahin verstanden, daß bei der Beurteilung von nicht-ausgehandelten Klauseln jeder Art das Äquivalenzverhältnis unberücksichtigt bleiben soll (soeben Rn. 610 a.E.). Indes kann die Unterausnahme nicht bedeuten, daß die Gerichte das Äquivalenzverhältnis nun sollen kontrollieren dürfen, weil einzelne Klauseln, die einen Bezug zum Äquivalenzverhältnis haben, nicht klar und verständlich abgefaßt sind.[21] Die Unterausnahme ist daher dahin zu verstehen, daß versteckte (intransparente) Preis-

---

18 BGHZ 123, 83, 84; BGH, NJW-RR 1993, 1049; BGHZ 100, 157, 173f.

19 Wie hier wohl *Wolf*/Horn/Lindacher AGB-Gesetz (4. Aufl. 1999), Art. 4 RL Rn. 19. A.M. Grabitz/Hilf II-*Pfeiffer* A 5 (AGBRL) Art. 4 Rn. 31.

20 *Börner* JZ 1997, 595, 597f.; *Kapnopoulou* Recht der mißbräuchlichen Klauseln, S. 135.

21 A.M. Grabitz/Hilf II-*Pfeiffer* A 5 (AGBRL) Art. 4 Rn. 38.

klauseln als mißbräuchlich und daher nichtig angesehen werden können. Praktisch ist die Bedeutung dieser Unterausnahme allerdings deswegen nicht zu groß, weil die Unklarheitenregelung des Art. 5 S. 2 AGBRL für schriftliche Klauseln in jedem Fall eingreift, auch dann, wenn eine Klausel das Äquivalenzverhältnis betrifft.

Die Auslegungsschwierigkeiten setzen sich schließlich fort, wenn man die 19. Begründungserwägung berücksichtigt. Darin wird klargestellt, daß der Hauptgegenstand und das Verhältnis von Preis und Leistung bei der Beurteilung „anderer" Klauseln berücksichtigt werden können. Normative Grundlage dafür ist Art. 4 Abs. 1. Da es keine Klauseln über das Äquivalenzverhältnis gibt (Rn. 610), gibt es insoweit auch keine „anderen" Klauseln. In Einklang mit den aufgezeigten Grundprinzipien der Richtlinie kann man die 19. Begründungserwägung dahin verstehen, daß der Richter zwar nicht das Äquivalenzverhältnis selbst berücksichtigen darf, wohl aber die Tatsache, daß *die Parteien* bestimmte Klauseln mit Rücksicht auf den Preis vereinbart haben. So kann man etwa eine Haftungsbeschränkung deswegen als gerechtfertigt ansehen, weil der Verbraucher diese Vereinbarung gegenüber einer anderen mit unbeschränkter Haftung für einen höheren Preis bevorzugt hat. Dabei darf das Gericht die Angemessenheit weder der Vereinbarung mit beschränkter noch jener mit unbeschränkter Haftung beurteilen, ebensowenig wie die Angemessenheit des für die Haftungsbeschränkung gewährten Nachlasses. Das Gericht kann bei der Beurteilung der Mißbräuchlichkeit nur berücksichtigen, *daß* der Verbraucher sich für eine von verschiedenen Alternativen entschieden hat. 612

3. Freistellung „bindender Rechtsvorschriften"

Die Richtlinie, die nur einen Mindeststandard setzt (Art. 8 AGBRL), muß auch darauf Rücksicht nehmen, daß die mitgliedstaatlichen Vertragsrechte nicht unerheblich divergieren. Vertragsklauseln, die auf „bindenden Rechtsvorschriften" – einschließlich dispositivem Vertragsrecht –[22] der *lex causae*[23] beruhen, unterliegen daher nicht der Kontrolle nach der Richtlinie (Art. 1 Abs. 2), denn das wäre eine vom Gesetzgeber nicht gewollte mittelbare Vertrags*rechts*kontrolle. Die Klauselkontrolle sollte nicht (unmittelbar) zu einer weitreichenden Vertragsrechtsangleichung führen, die sonst unvermeidlich gewesen wäre. Indes macht die Richtlinie deutlich, daß sie gegenüber solchen Klauseln, die sich ja *ex praemissione* als mißbräuchlich darstellen *können,* keineswegs indifferent ist. Denn in der 14. Begründungserwägung schreibt der Gesetzgeber den Mitgliedstaaten – wenn auch nur in der Form eines „soft law" – vor, daß sie „dafür sorgen [müssen], daß darin [sc. auch im dispositiven Recht] keine mißbräuchlichen Klauseln enthalten sind, zumal diese Richtlinie auch für die gewerbliche Tätigkeit im öffentlich-rechtlichen Rahmen gilt". In dieser vermittelten Form einer „weichen" Verpflichtung, die „nur" in Verbindung mit dem Grundsatz der Gemeinschaftstreue wirkt, ist also durchaus eine weiterreichende Angleichung auch des dispositiven Vertragsrechts vorgegeben.[24] 613

22 BE 13 S. 2 Hs. 2 AGBRL. Grabitz/Hilf II-*Pfeiffer* A 5 (AGBRL) Art. 1 Rn. 25 mwN; eingehend I. *Tilmann* Die Klauselrichtlinie 93/13/EWG auf der Schnittstelle zwischen Privatrecht und öffentlichem Recht (2003), S. 181–205; a.M. *Reich/Micklitz* Verbraucherrecht, Tz. 13.10.

23 Grabitz/Hilf II-*Pfeiffer* A 5 (AGBRL) Art. 1 Rn. 26; a.M. *Schmidt-Kessel* WM 1997, 1732, 1739f.

24 *Schmidt-Kessel* WM 1997, 1732, 1739; wohl weitergehend Grabitz/Hilf II-*Pfeiffer* A 5 (AGBRL) Art. 1 Rn. 24.

II. Einbeziehung, Transparenzgebot und Auslegung

1. Einbeziehung

614 Die Einbeziehung von nicht-ausgehandelten Vertragsklauseln in die Vereinbarung regelt die Richtlinie nicht. Auch die Vorschrift des Art. 10 Abs. 3 EComRL, wonach „Vertragsbestimmungen und allgemeine Geschäftsbedingungen" dem Nutzer speicher- und reproduzierbar zur Verfügung zu stellen sind, betrifft nicht die Einbeziehung von Vertragsbestimmungen in den Vertrag (s.o. Rn. 333). Einzelne Vorschriften der AGB-Richtlinie haben aber einen Bezug zur vertraglichen Einbeziehung.

615 Zunächst erfaßt die Mißbrauchskontrolle nur nicht im einzelnen ausgehandelte Vertragsklauseln. Die Richtlinie setzt daher voraus, daß Klauseln auch dann Vertragsbestandteil werden können, wenn sie nicht im einzelnen ausgehandelt wurden und der Verbraucher auf ihren Inhalt keinen Einfluß nehmen konnte (Art. 3 Abs. 2 AGBRL; s.o. Rn. 330). Nach dem auch im Europäischen Vertragsrecht herrschenden Einigungsgrundsatz ist aber davon auszugehen, daß nicht-ausgehandelte Klauseln zumindest bei Vertragsschluß einseitig eingeführt worden sein müssen und sich der Verbraucher darauf eingelassen hat (Rn. 331). Zweitens hat die Vorschrift des Art. 4 Abs. 1 AGBRL mittelbare Bedeutung für den Vertragsschluß, insofern danach bei der Mißbräuchlichkeitskontrolle auch „alle den Vertragsabschluß begleitenden Umstände" zu berücksichtigen sind. Die dabei zu berücksichtigenden Umstände können nur Abweichungen von dem vorausgesetzten Normal- oder Idealmodell des Vertragsschlusses sein. Ein Bezug zur Einbeziehung in den Vertrag wird schließlich in dem Transparenzgebot gesehen, das die Richtlinie aufstellt.[25]

616 Weitergehend schließen manche von Art. 4 Abs. 1 i.V.m. BE 16 S. 3 ABGRL auf eine gemeinschaftsrechtlich verankerte Einbeziehungskontrolle. Die Berücksichtigung der den Vertragsschluß begleitenden Umstände – Kräfteverhältnis der Verhandlungspositionen, Einwirkung auf den Verbraucher, seine Zustimmung zu geben – beträfen weder die Auslegung noch die Beurteilung der Klauseln. Wenn Art. 3 Abs. 1, 4 Abs.1 von einer Mißbräuchlichkeitskontrolle sprechen, so sei das als Oberbegriff für die Einbeziehungskontrolle und die unter dem Begriff der Angemessenheit (Art. 4 Abs. 2 AGBRL) angesprochene Inhaltskontrolle zu verstehen.[26]

617 Das überzeugt nicht. Bedenklich ist schon der Ausgangspunkt, eine Einbeziehungskontrolle allein auf die Vorschrift des Art. 4 Abs.1 AGBRL zu stützen, denn diese Vorschrift dient doch nur der Erläuterung des Art. 3 Abs. 1, der die Inhaltskontrolle einrichtet. Trifft es auch zu, daß die Umstände des Vertragsschlusses für die Inhaltskontrolle wenig hergeben können, so darf man das doch nicht zum Anlaß nehmen, die Bedeutung dieser Erläuterung in Art. 4 Abs.1 dadurch zu verstärken, daß man sie mit den weiteren Erläuterungen in der 16. Begründungserwägung geradezu gleichsetzt; – zumal mit Recht darauf hingewiesen wird, daß die betreffenden Erläuterungen in der Präambel wohl eher ein Überbleibsel aus einem vorangegangenen Entwurf sein dürften.[27] Entscheidend ist, daß sich in Art. 3 AGBRL – *sedes materiae* der Klauselkontrolle – kein Anhalt für eine Einbeziehungskontrolle findet. Denn die dort angesprochene Mißbräuchlichkeitskontrolle ist ja keineswegs „frei schwebend", sondern als Mißverhältnis von Rechten und Pflichten

25 So z.B. *Remien* ZEuP 1994, 34, 63.
26 *Drexl* Wirtschaftliche Selbstbestimmung, S. 354f.; *Heinrichs* NJW 1995, 153, 156.
27 *Remien* ZEuP 1994, 34, 55.

und damit eindeutig inhaltsbezogen näher konturiert. Der Normtext steht daher ungeachtet der sprachlichen Möglichkeit, Mißbräuchlichkeit als Oberbegriff zu verstehen, der Begründung einer Einbeziehungskontrolle entgegen. Da der Gesetzgeber das Modell des deutschen AGBG (heute §§ 305–310 BGB) mit seiner Unterscheidung von Einbeziehungs- und Inhaltskontrolle durchaus kannte, muß man davon ausgehen, daß er die Einbeziehung nicht-ausgehandelter Klauseln bewußt nicht geregelt hat.

Die zentralen Fragen der Einbeziehung nicht im einzelnen ausgehandelter Vertragsklauseln bleiben daher auf Gemeinschaftsebene ungeregelt. Hätte der Richtliniengeber die Einbeziehung von Vertragsklauseln umfassend regeln wollen, so hätte er sich freilich auch nicht auf Spezialvorschriften beschränken können wie sie § 305 Abs. 2 BGB vorsieht. Denn anders als die §§ 305–310 BGB erfaßt die Richtlinie nicht nur Allgemeine Geschäftsbedingungen, sondern auch mündliche Einmalklauseln. Eine umfassende Rechtsangleichung über die Einbeziehung von Klauseln hätte daher zentrale Fragen des „allgemeinen" Rechts des Vertragsschlusses berührt. Statt dessen beläßt es die Richtlinie insoweit bei den nationalen Vorschriften, die wohl Gleichwertigkeit beanspruchen können. Ob man das Fehlen von Einbeziehungsregeln wertungsmäßig als Lücke ansieht,[28] hängt vor allem von dem ihr beigemessenen Schutzzweck ab. Anerkennt man die mit der Verwendung von AGB verfolgten Anliegen grundsätzlich als berechtigt und geht man davon aus, daß die mitgliedstaatlichen Rechte einen Einbeziehungsschutz auf einem Mindestniveau bereitstellen, so liegt das Regelungsinteresse von vornherein nicht so sehr in der Sicherung der vertraglichen Zustimmung des anderen Teils als in der Kontrolle der nicht-ausgehandelten Bedingungen.[29] Die Zurückhaltung gegenüber Einbeziehungsklauseln findet sich übrigens – vereinzelt – auch in Art. 7 Abs. 3 Fernabsatzrichtlinie (s.o. Rn. 530): Für die Ersetzungsbefugnis, die das mitgliedstaatliche Recht vorsehen kann, wird dort nur rudimentär eine Einbeziehungskontrolle in Form eines Transparenzgebots vorgesehen (S. 2), der Schwerpunkt liegt auf der inhaltlichen Ausgestaltung (S. 3). 618

2. Transparenzgebot

Verschiedenen Einzelregelungen der Richtlinie läßt sich ein „Transparenzgebot" entnehmen. Die Grundgedanken formuliert die 20. Begründungserwägung: „Die Verträge müssen in klarer und verständlicher Sprache abgefaßt sein. Der Verbraucher muß die Möglichkeit haben, von allen Vertragsklauseln Kenntnis zu nehmen. Im Zweifelsfall ist die für den Verbraucher günstigste Auslegung anzuwenden." 619

Für die praktisch wichtigsten Fälle, schriftliche Klauseln, schreibt Art. 5 S. 1 AGBRL Transparenz vor. Der Zweck der Beschränkung auf schriftliche Klauseln ist unklar. Der Umkehrschluß, mündliche Klauseln dürften unklar sein, ist nach Sinn und Zweck der Richtlinie jedenfalls nicht begründet.[30] Zu bedenken ist freilich, daß der Verbraucher vor mündlichen Klauseln schon durch Beweislastregeln geschützt ist, denn weil es hier nur um Vertragsklauseln gehen kann, die den Verbraucher belasten, muß der Gewerbetreibende, der sich auf die Klausel beruft, die ihm günstigen Abreden beweisen. Für Klauseln, die den Hauptgegenstand betreffen, ergibt sich eine Transparenzobliegenheit (außerdem) aus Art. 4 Abs. 2 der Richtlinie: Will der Gewerbetreibende die Beschreibung des Hauptgegenstands von einer Kontrolle freihalten, muß er sie klar und verständlich abfassen 620

28 *Remien* ZEuP 1994, 34, 63; *Grundmann* Schuldvertragsrecht, 2.10 Rn. 42.
29 *Kötz* Europäisches Vertragsrecht, § 8 IV 1 (S. 211ff.) und § 2 (S. 214f.).
30 *Heinrichs* FS Trinkner, S. 174f.; *Remien* ZEuP 1994, 34, 63.

(Rn. 606–612). Für alle Klauseln – auch mündliche und auch solche über den Hauptgegenstand – begründet schließlich die *contra proferentem* Regel des Art. 5 S. 2 die Obliegenheit, Klauseln unzweideutig zu gestalten (s. sogleich).

3. Auslegung von Vertragsklauseln

621 Bei Zweifeln über die Bedeutung einer Klausel gilt die dem Verbraucher günstigste Auslegung, – *in dubio contra proferentem,* Art. 5 S. 2 AGBRL. Diese Unklarheitenregelung haben wir bereits oben mehrfach angesprochen und im Zusammenhang mit anderen Vorschriften über die Auslegung von Verträgen erörtert (Rn. 430f.).

622 Als Mittel der *Inhaltskontrolle* vorformulierter Vereinbarungen ist die Regel freilich nicht unumstritten, kann sie doch dazu verwandt werden, Klauseln ihrer Wirksamkeit im Wege der Auslegung zu berauben, anstatt die inhaltlich gegen sie sprechenden Erwägungen offenzulegen. Die Auslegung *contra proferentem* fördere so die Formulierungskunst der Kautelarjuristen und nicht das Ziel, den Geschäftsverkehr von mißbräuchlichen Klauseln zu reinigen.[31] Indes hat die Auslegungsregel eine gegenüber der Inhaltskontrolle eigene Funktion. Allerdings wird sie nur bei Abreden zum Zuge kommen, die den anderen Teil belasten, da sich der Verwender auf die Unklarheit nicht berufen kann. Doch kann die Auslegung zum Nachteil des Verwenders hier auch Klauseln ausschalten, die (zwar für den Verbraucher belastend, aber) inhaltlich noch nicht zu beanstanden sind. Der Grund dafür liegt nicht in der Regelung, die die Klausel enthält, sondern ist davon unabhängig in der äußeren Form zu sehen. Der Zweck der Auslegungsregel ist daher, die Chance des anderen Teils zu sichern, eine informierte Vertragsentscheidung zu treffen; sie dient maW dem Schutz der materialen Selbstbestimmung, nicht der materialen Vertragsgerechtigkeit. Die Kritik an der *contra proferentem*-Regel geht insofern fehl. Sie weist aber zu Recht darauf hin, daß die Anwendung der Regel ihrem Tatbestand und Zweck entsprechend auf Zweifelsfälle zu beschränken ist und nicht zweckwidrig zur Vernichtung klarer, aber inhaltlich zu beanstandender Klauseln verwandt werden darf.

623 Keine Auslegungsregel, sondern eine Bewertungsmaxime enthält Art. 4 Abs. 1 der AGBRL. Danach ist die Mißbräuchlichkeit einer Vertragsklausel „unter der Berücksichtigung der Art der Güter oder Dienstleistungen, die Gegenstand des Vertrages sind, aller den Vertragsabschluß begleitenden Umstände sowie aller anderen Klauseln desselben Vertrages oder eines anderen Vertrages, von dem die Klausel abhängt, … zu beurteilen“. Die Vorschrift betrifft nur die Beurteilung der Mißbräuchlichkeit, sie setzt daher an einem Punkt an, der der Auslegung nachgeordnet ist. Man kann in der Vorschrift allerdings durchaus einen Hinweis auf allgemeine Auslegungsregeln sehen, nämlich auf die Auslegung des Vertrags als zusammenhängendes Ganzes (Rn. 429).

III. Mißbräuchlichkeitskontrolle

624 Eine nicht-ausgehandelte Vertragsklausel ist mißbräuchlich, wenn sie entgegen dem Gebot von Treu und Glauben zum Nachteil des Verbrauchers ein erhebliches und ungerechtfertigtes Mißverhältnis der vertraglichen Rechte und Pflichten der Vertragspartner verursacht. Neben Einzelfragen der Auslegung dieses Tatbestands, ist schon die Frage umstritten, ob es sich um einen gemeinschaftsautonomen Kontrollmaßstab handelt.

---

31 Vgl. *Kötz* Europäisches Vertragsrecht, § 8 IV 2 (S. 215f.) und § 7 IV (S. 174ff.).

1. Vorfrage: Handelt es sich um eine gemeinschaftsautonome Generalklausel?

a) Meinungsstand

Verwendet der Europäische Gesetzgeber Generalklauseln, so kann es sich dabei um gemeinschaftsautonome Konzepte oder Verweisungen auf das nationale Recht der Mitgliedstaaten handeln.[32] Ob der Mißbräuchlichkeitsmaßstab des Art. 3 Abs. 1 eine gemeinschaftsautonome Generalklausel darstellt, ist umstritten. Dies wurde längere Zeit ohne nähere Erörterung unterstellt[33] und auch die ersten Entscheidungen des EuGH deuten in diese Richtung.[34] Indes gibt es auch Gegenstimmen. 625

Nach der Gegenansicht bedeutet der Bewertungsmaßstab von Treu und Glauben, auf den es für die Beurteilung der Mißbräuchlichkeit ankommt, eine dem Richtliniencharakter entsprechende, bloß rahmenhafte Vorgabe für die Mitgliedstaaten, nicht aber eine inhaltliche Angleichung des Mißbräuchlichkeitsmaßstabs. Aus Art. 3 Abs. 1, 4 Abs. 1 AGBRL i.V.m. der 16. Begründungserwägung ergebe sich nur, daß eine zweistufige Prüfung vorzunehmen sei, bei der zuerst das Verhältnis der Rechte und Pflichten der Parteien beurteilt wird, sodann mit Rücksicht auf den Einzelfall die beiderseitigen Interessen abgewogen werden. Die zweite Stufe könne naturgemäß nicht gemeinschaftsweit einheitlich erfolgen, da es sich um eine Abwägung mit Rücksicht auf den Einzelfall handele, insofern gebe lediglich Art. 4 Abs. 1 AGBRL einzelne zu berücksichtigende Umstände vor. Aber auch für die erste Stufe schreibe die Richtlinie keinen autonom gemeinschaftsrechtlichen Maßstab vor. Die Beurteilung des Mißverhältnisses erfordere, solle sie nicht in eine unkonturierte Billigkeitsrechtsprechung münden, die Beurteilung am Maßstab der durch das dispositive Gesetzesrecht vorgegebenen Bewertung der Parteiinteressen. Dispositives Vertragsrecht fehle auf Gemeinschaftsebene aber fast durchgehend, und ein Maßstab für die Konkretisierung lasse sich auch sonst weder der Richtlinie oder deren unverbindlichem Klauselanhang noch dem Europäischen Privatrecht oder den ihm zugrundeliegenden Wertungen entnehmen.[35] 626

b) Gemeinschaftsautonome Generalklausel

Bevor man die Frage untersucht, ob Mißbräuchlichkeit und Treu und Glauben in Art. 3 Abs. 1 gemeinschaftsautonom definiert sind, muß man sich vor Augen führen, in welchem Verhältnis die beiden Begriffe stehen. Wie aus dem deutschen und anderen nationalen Rechten sowie den Lando- und Unidroit-Grundregeln bekannt, kann Treu und Glauben eine allgemeine Generalklausel darstellen, die insbesondere eine Ergänzungs- und eine Kontrollfunktion hat. Treu und Glauben weist sich als allgemeines Rechtsprinzip aus, wenn der Grundsatz, wie beispielsweise im deutschen Recht und in den European Principles, das Recht so weitgehend durchdringt, daß er an ganz verschiedenen Stellen zum Tragen kommt. Im Rahmen der Mißbräuchlichkeitsbeurteilung nach der AGB-Richtlinie hat Treu und Glauben jedoch nur beschränkte Bedeutung. Eine Klausel ist mißbräuchlich, 627

32 *Riesenhuber* System und Prinzipien, S. 74–81.

33 *Grundmann* Schuldvertragsrecht, 2.10 Rn. 22; *Kapnopoulou* Recht der mißbräuchlichen Klauseln, S. 113–142; *Remien* ZEuP 1994, 34, 59f.; *Schmidt-Kessel* WM 1997, 1732, 1737, 1738. Näher aber *Klauer* ERPL 2000, 187–210.

34 EuGH v. 1.4.2004 – Rs. C-237/02 *Freiburger Kommunalbauten* Slg. 2004, I-3403 Rn. 19–23.

35 *Franzen* Privatrechtsangleichung, S. 552–574; ähnlich *Roth* FS Drobnig, S. 134–153; *Wolff* Konkretisierungskompetenz für Generalklauseln, S. 204–209.

wenn sie ein erhebliches und ungerechtfertigtes Mißverhältnis der vertraglichen Rechte und Pflichten zum Nachteil des Verbrauchers verursacht und dieses Verhältnis als treuwidrig zu beurteilen ist. Ganz im Vordergrund der Bewertung steht die Frage, ob ein Mißverhältnis der vertraglichen Rechte und Pflichten besteht. Treu und Glauben hat nur die Funktion eines Bewertungsmaßstabs.[36] „Die nach den generell festgelegten Kriterien" – das Mißverhältnis der Rechte und Pflichten – „erfolgende Beurteilung der Mißbräuchlichkeit … muß durch die Möglichkeit einer globalen Bewertung der Interessenlage der Parteien ergänzt werden. Diese stellt das Gebot von Treu und Glauben dar" (BE 16). Geht es bei der Mißbräuchlichkeitsprüfung von vornherein nur um die Kontrollfunktion von Treu und Glauben, so ist die Bedeutung des Grundsatzes hier noch dazu dadurch beschränkt, daß es ganz entscheidend auf das Mißverhältnis ankommt und nicht auf eine freischwebende Treuwidrigkeitskontrolle. Treu und Glauben hat hier also nur die Funktion eines Bewertungsmaßstabs.

628 Nach hier vertretener Auffassung ist der Mißbräuchlichkeitsmaßstab des Art. 3 Abs. 1 AGBRL insgesamt gemeinschaftsautonom zu verstehen.[37] Auch der Bewertungsmaßstab von Treu und Glauben ist damit gemeinschaftsautonom auszulegen; für die Generalklausel von Treu und Glauben haben wir das bereits oben (Rn. 562–564) begründet. Die gemeinschaftsautonome Konkretisierung des Mißbräuchlichkeitsmaßstabs erfolgt indes nur „abstrakt". Eine andere, davon zu trennende Frage ist, wer die Anwendung des Mißbräuchlichkeitsmaßstabs im Einzelfall („konkret") vorzunehmen hat: Das ist grundsätzlich Sache der nationalen Gerichte. Nur wenn sich im Einzelfall das Mißbräuchlichkeitsverdikt schon bei abstrakter Betrachtung des Falles ergibt, spricht der EuGH dies selbst aus.[38]

629 Für einen gemeinschaftsautonomen Mißbräuchlichkeitstatbestand spricht schon der klare Wortlaut des Art. 3 Abs. 1 AGBRL, der sich gerade nicht darauf beschränkt, auf nationale Bewertungsmaßstäbe zu verweisen. Hätte der Gesetzgeber die Bewertung den Mitgliedstaaten überlassen wollen, so hätte er formulieren können, eine Klausel sei mißbräuchlich, wenn sie den Verbraucher „nach der Beurteilung des mitgliedstaatlichen Rechts" treuwidrig benachteiligt.

630 Auch die Rechtsetzungsgeschichte enthält Hinweise, die für einen gemeinschaftsautonomen Bewertungsmaßstab von Treu und Glauben sprechen. So hat der Wirtschafts- und Sozialausschuß (WSA) in seiner Stellungnahme dem EuGH eine zentrale Rolle bei der Entwicklung eines Gemeinschaftskonzepts der Mißbräuchlichkeit im Rahmen von Vorabentscheidungsverfahren beigemessen und angeregt, ein zentrales Entscheidungsregister einzurichten, um die einheitliche Auslegung zu fördern.[39]

631 Wichtiger als solche Indizien aus der Entstehungsgeschichte ist der Schutzzweck der Richtlinie. Danach soll zum einen der aktive Verbraucher gemeinschaftsweit einen Mindestschutz genießen und nicht durch die Unkenntnis des fremden Rechts von Angeboten aus anderen Mitgliedstaaten abgeschreckt werden (BE 5). Zum anderen soll den Unternehmen die Absatztätigkeit im gesamten Binnenmarkt erleichtert werden (BE 7). „Durch die Aufstellung einheitlicher (!) Rechtsvorschriften auf dem Gebiet mißbräuchlicher Klau-

---

36 *Kapnopoulou* Recht der mißbräuchlichen Klauseln, S. 113f.

37 Ebenso Langebucher-*Herresthal,* § 2 Rn. 108; *Klauer* ERPL 2000, 187, 199; Gebauer/Wiedmann-*Nassall* Kap. 5 Rn. 51.

38 EuGH v. 1.4.2004 – Rs. C-237/02 *Freiburger Kommunalbauten,* Slg. 2004, I-3403 Rn. 19–23.

39 *WSA* Stellungnahme v. 24.4.1991, ABl. 1991 C 159/34, 35; *Tenreiro* ERPL 1995, 273.

seln kann der Verbraucher besser geschützt werden" (BE 10). Diesen Schutzzielen entspricht es, die Mißbräuchlichkeit von Vertragsklauseln – und demnach auch den Bewertungsmaßstab von Treu und Glauben – gemeinschaftsweit möglichst einheitlich zu verstehen.[40]

Kein durchgreifender Einwand liegt dagegen darin, daß die Richtlinie eine einheitliche Regelung insoweit nicht bewirkt, als sie einerseits Klauseln freistellt, die dem anwendbaren Recht entsprechen und daher auch hinter einem gemeinschaftsautonomen Mißbräuchlichkeitsstandard zurückbleiben können, andererseits aber strengere nationale Schutzvorschriften zuläßt. Was zunächst strengere Schutzregeln angeht, so stehen sie dem *Verbraucher*schutzzweck von vornherein nicht entgegen. Die Ausnahme von Klauseln, die auf bindenden Rechtsvorschriften beruhen auf der anderen Seite bedeutet nur, daß die Richtlinie *für den Einzelfall zurücktritt*, nicht aber, daß der Prüfungsmaßstab der Richtlinie von den mitgliedstaatlichen Rechten (mit-) bestimmt werden solle. Konkret heißt das, daß eine Klausel wirksam sein kann, wenn das Recht des Mitgliedstaats A anwendbar ist, dem sie entspricht, während sie unter dem Recht des Mitgliedstaats B als nach dem Maßstab des Art. 3 Abs. 1 der Richtlinie mißbräuchlich zu beurteilen ist. Daher müssen die Mitgliedstaten auch dafür sorgen, daß (auch) das nationale Recht keine mißbräuchlichen Bestimmungen enthält (BE 14). Damit ist klargestellt, daß die Richtlinie zwar das nationale Recht und die auf ihm beruhenden Klauseln von der Kontrolle ausnimmt, daß aber ein autonomes Mißbräuchlichkeitsurteil auch insoweit fällt.[41] Enthielte die Richtlinie nicht einen autonomen Maßstab für die Beurteilung der Mißbräuchlichkeit, so könnte sie den Mitgliedstaaten nicht aufgeben, für eine Beseitigung mißbräuchlicher „Klauseln" im nationalen Recht zu sorgen. 632

Die Generalklausel des Art. 3 Abs. 1 AGB-Richtlinie ist demnach gemeinschaftsautonom auszulegen. Implizit ist der EuGH davon schon in der *Océano*-Entscheidung ausgegangen.[42] In *Freiburger Kommunalbauten* hat der Gerichtshof seine Befugnis zur gemeinschaftsautonomen Konkretisierung des Mißbräuchlichkeitsmaßstabs bestätigt, zugleich aber die *Anwendung* des Mißbräuchlichkeitsmaßstabs auf den Einzelfall als Aufgabe der nationalen Gerichte definiert: „Artikel 3 der Richtlinie (definiert) mit der Bezugnahme auf die Begriffe von Treu und Glauben und des erheblichen und ungerechtfertigten Mißverhältnisses zwischen Rechten und Pflichten der Vertragspartner nur abstrakt die Faktoren, die einer nicht im einzelnen ausgehandelten Vertragsklausel mißbräuchlichen Charakter verleihen. (...) [D]er Gerichtshof (kann) im Rahmen der Ausübung der Zuständigkeit zur Auslegung des Gemeinschaftsrechts (...) die vom Gemeinschaftsgesetzgeber zur Definition des Begriffs der mißbräuchlichen Klausel verwendeten allgemeinen Kriterien auslegen. Dagegen kann er sich nicht zur Anwendung dieser allgemeinen Kriterien auf eine bestimmte Klausel äußern, die anhand der Umstände des konkreten Falles zu prüfen ist." Nur wenn einmal eine Klausel den Unternehmer zulasten des Verbrauchers ausschließlich und einseitig begünstigt und ihre Mißbräuchlichkeit deshalb schon bei abstrakter Beurteilung festgestellt werden kann, ohne daß es auf weitere Umstände des Falles ankäme, kann der EuGH das Verdikt schon selbst aussprechen.[43] 633

40 *Leible* RIW 2001, 422, 426.

41 *Kapnopoulou* Recht der mißbräuchlichen Klauseln, S. 97.

42 EuGH v. 27.6.2000 – verb.Rs. C-240 bis 244/98 *Océano* Slg. 2000, I-4941 Rn. 22.

43 EuGH v. 1.4.2004 – Rs. C-237/02 *Freiburger Kommunalbauten* Slg. 2004, I-3403 Rn. 19, 22, 23.

2. Mißbräuchlichkeit

a) Grundkonzept

634 Auf die Schwierigkeiten, die sich bei der Bewertung stellen, und die Gefahr einer unkonturierten Billigkeitskontrolle hatte bereits die oben zur Vorfrage der gemeinschaftsautonomen Generalklausel referierte Meinung hingewiesen (Rn. 626). Die Folgerung, den Mißbräuchlichkeitsmaßstab der Konkretisierung durch die Mitgliedstaaten zu überlassen, ist, wie gezeigt, abzulehnen. Eine andere Meinung zieht aus diesen Schwierigkeiten eine weniger weitreichende Konsequenz, die das Grundkonzept der Klauselkontrolle betrifft. Ausgehend von dem Modell des § 307 Abs. 2 Nr. 1 BGB, wonach die „Mißbräuchlichkeit" in der Abweichung von den Grundgedanken der gesetzlichen Regelung liegt, nimmt diese Auffassung an, der Gesetzgeber habe „nicht [den] Referenzpunkt, die ‚Grundgedanken der gesetzlichen Regelung', … sondern nur die Marge der Abweichung und ihre zulässige Breite" angleichen wollen. Ob eine Klausel mißbräuchlich ist, soll sich also danach beurteilen, ob sie entgegen dem Gebot von Treu und Glauben von dem auf den Vertrag anwendbaren mitgliedstaatlichen dispositiven Vertragsrecht abweicht. Das anwendbare nationale Recht ist die Meßlatte, die Richtlinienregelung bestimmt die „zulässige Breite" der Abweichung. Die Konsequenz, daß auf diese Weise eine einheitliche Beurteilung mißbräuchlicher Klauseln nicht erreicht wird, nimmt diese Auffassung in Kauf.[44]

635 Zutreffend ist der Ausgangspunkt, daß die Richtlinie davon ausgeht, daß die mitgliedstaatlichen Vertragsrechte nur in Einzelpunkten angeglichen sind, in vielen Bereichen hingegen nicht unerheblich divergieren. Das zeigt vor allem Art. 1 Abs. 2 der Richtlinie, wonach Vertragsklauseln, die auf „bindenden Rechtsvorschriften" – damit wird auch das dispositive Recht bezeichnet (BE 13 S. 2 Hs. 2 AGBRL) – beruhen, nicht inhaltlich kontrolliert werden. Daher können z.B. Bestimmungen über die Verjährung, Zurückbehaltungsrechte (Konnexität?), Aufrechnungsbefugnisse, Gerichtsstand usf. je nach dem anwendbaren Recht unterschiedlich beurteilt werden. Als Grundkonzept der Mißbrauchskontrolle überzeugt die Auffassung von der Angleichung der „Abweichungsmarge" gleichwohl nicht.

636 Gegen diese Auslegung spricht schon der Wortlaut der Regelung. Hätte er nur die „Marge der Abweichung" definieren wollen, so hätte der Gesetzgeber, der ja das Modell des § 9 AGBG kannte, formulieren können, eine Klausel sei mißbräuchlich, wenn sie „mit wesentlichen Grundgedanken der gesetzlichen Regelung des anwendbaren Rechts, von der abgewichen wird, nicht zu vereinbaren ist". Daß er das nicht getan hat, dürfte im übrigen auch daran liegen, daß anderen Mitgliedstaaten die Prüfung der Abweichung vom dispositiven Recht keineswegs als der gleichsam natürliche, einzig die Rationalität der Entscheidung verbürgende Maßstab erscheint.

637 Die Harmonisierung nur der „zulässigen Abweichungsmarge" ist auch mit den bereits oben ins Feld geführten Regelungszwecken unvereinbar, denn die erwünschte Einheitlichkeit der Regelung wäre auf diese Weise nicht erreichbar. Hinzu kommt die praktisch kaum zu bewältigende Schwierigkeit, die „zulässige Abweichungsmarge" zu bestimmen. In einer handhabbaren Formel nach der Art: dispositives Recht minus zehn Prozent, ist das kaum zu leisten, denn dafür sind die erforderlichen Bewertungen zu komplex. Auch ist schwerlich vorstellbar, daß der Gesetzgeber den EuGH vor die Aufgabe stellen wollte,

---

44 *Grundmann* Schuldvertragsrecht, 2.10 Rn. 11, 14, 22; wohl ebenso Langebucher-*Herresthal,* § 2 Rn. 113.

(u.U.) jede einzelne Klausel an zwölf verschiedenen Rechtsordnungen zu messen und je nach dem von deren dispositiven Recht vorgegebenen Maßstab als innerhalb oder außerhalb der zulässigen Marge zu beurteilen; darauf läuft aber die Annahme hinaus, nur die zulässige Abweichungsmarge sei harmonisiert worden. Schließlich spricht gegen diese Auslegung auch der in den Begründungserwägungen 13 und 14 enthaltene Hinweis auf die Freistellung von Klauseln, die dem nationalen Recht entsprechen. Ergibt sich aus der 14. Begründungserwägung, daß die Mitgliedstaaten verpflichtet sind, das dispositive Recht von Regelungen zu befreien, die ein Mißverhältnis der vertraglichen Rechte und Pflichten begründen, so heißt das, daß der Mißbrauchsstandard der Richtlinie nicht nur autonom ist, sondern auch „absolut“, also nicht je nach dem anwendbaren Recht unterschiedlich.

Der Mißbräuchlichkeitsmaßstab des Art. 3 Abs. 1 ist daher nicht nur insofern autonom, 638
als es sich um einen gemeinschaftsrechtlichen und vom EuGH zu konkretisierenden Standard handelt. Autonom ist der Maßstab auch insofern, als die Mißbräuchlichkeit ohne Rekurs auf das nationale Recht zu bestimmen ist.[45] Davon zu trennen ist die Frage, ob bei der *Anwendung* (s. Rn. 633) des Mißbräuchlichkeitsmaßstabs der Rahmen des nationalen Rechts zu berücksichtigen ist. Das hat der EuGH zutreffend – und unter Hinweis auf den dafür maßgeblichen Rahmen bejaht: Da nach Art. 4 AGBRL eine nicht-ausgehandelte Klausel als Bestandteil des Vertrags als Ganzem zu bewerten ist, sind „in diesem Zusammenhang auch die Folgen zu würdigen, die die Klausel im Rahmen des auf den Vertrag anwendbaren Rechts haben kann, was eine Prüfung des nationalen Rechtssystems impliziert“.[46] Dem ist zuzustimmen, und damit wird auch, entgegen mancher Besorgnis,[47] keineswegs das Rechtsangleichungsziel der Richtlinie preisgegeben. Vielmehr ist das die unvermeidliche Folge einer isolierten Angleichung der Klauselkontrolle ohne Angleichung des Vertragsrechts (s.o. Rn. 613).

b) Konkretisierung des Mißbräuchlichkeitsmaßstabs

Eine nicht-ausgehandelte Vertragsklausel ist mißbräuchlich, „wenn sie entgegen dem 639
Gebot von Treu und Glauben zum Nachteil des Verbrauchers ein erhebliches und ungerechtfertigtes Mißverhältnis der vertraglichen Rechte und Pflichten verursacht“. Anhalt für eine gemeinschaftsautonome Konkretisierung dieses Maßstabs bietet zuerst das Tatbestandsmerkmal des Mißverhältnisses von Rechten und Pflichten (bb).[48] Zweitens kann man dafür die Angemessenheit im Lichte des Vertragszwecks heranziehen (cc). Drittens schließlich bieten die Grundwertungen des Europäischen Vertragsrechts Anhaltspunkte dafür, ob ein als treuwidrig zu beurteilendes Mißverhältnis von Rechten und Pflichten vorliegt (dd).[49] Keine eigenständige Bedeutung hat hingegen die Rechtsvergleichung (ee). Bevor wir diese Ansätze zur Konkretisierung des Mißbrauchsmaßstabs erörtern, ist zu klären, welche Bedeutung die Klauselliste im Anhang der Richtlinie hat: Sie hat eine Indizfunktion, und deshalb kann die Klauselliste auch für die weitere Untersuchung fruchtbar gemacht werden.

---

45 So auch EuGH v. 1.4.2004 – Rs. C-237/02 *Freiburger Kommunalbauten* Slg. 2004, I-3403 Rn. 23.

46 EuGH v. 1.4.2004 – Rs. C-237/02 *Freiburger Kommunalbauten* Slg. 2004, I-3403 Rn. 21.

47 *Röthel* ZEuP 2005, 421, 425.

48 *Grundmann* Schuldvertragsrecht, 2.10 Rn. 22–26 und 14; *Lockett/Egan* Unfair Terms, Rn. 3.12.

49 *Nassall* JZ 1995, 689, 692–694; Gebauer/Wiedmann-*Nassall* Kap. 5 Rn. 54–61.

aa) Bedeutung des Klauselkatalogs im Anhang

640 Der Anhang zur AGB-Richtlinie enthält eine „als Hinweis" dienende und nicht erschöpfende Liste der Klauseln, die für mißbräuchlich erklärt werden können (Art. 3 Abs. 3; nachfolgend vereinfacht auch „Klauselverbote"). Die Klauselliste will „nur Beispiele geben", infolge ihres „Minimalcharakters" kann sie von den Mitgliedstaaten „ergänzt oder restriktiver formuliert" werden. Der Gesetzgeber ist damit hinter der anfänglich vorgeschlagenen Schwarzen Liste und auch hinter dem Modell einer Liste typischer Fälle zurückgeblieben.

641 Da der Gesetzgeber die Klauselliste selbst nur als „Hinweis" bezeichnet hat, ist ihre Bedeutung umstritten. Einerseits ist es anscheinend nicht notwendig, die aufgelisteten Klauseln als mißbräuchlich anzusehen,[50] andererseits spricht doch einiges dafür, da sonst kein Grund ersichtlich ist, warum der Gesetzgeber gerade diese wenigen Klauseln überhaupt erwähnt hat. Jedenfalls können die Mitgliedstaaten nicht gehindert sein, die aufgelisteten Klauseln für mißbräuchlich zu erklären.[51] Die Bedeutung der „Klauselverbote" geht aber noch über diese sehr vagen Rahmenvorgaben hinaus. Denn der Anhang enthält offenbar solche Klauseln, die nach Meinung des Gesetzgebers anrüchig sind. Die 17. Begründungserwägung läßt denn auch nicht zu, daß die Mitgliedstaaten hinter den Vorgaben des Anhangs zurückbleiben, sondern nur, daß sie diese *ergänzen oder restriktiver formulieren.* Die „Hinweise" im Anhang sind daher – eher im Sinne der englischen und französischen Fassung *(indicative list, liste indicative)* – als Indizien oder als eine Art Soll-Vorschrift zu verstehen: Kommen nicht besondere Umstände hinzu – und diese können nach Art. 4 Abs. 1 insbesondere in den Umständen des Vertragsschlusses oder in anderen Klauseln liegen –, so ist davon auszugehen, daß die aufgelisteten Klauseln mißbräuchlich sind.[52] Mit dem Zweck der Richtlinie, die insbesondere auch dem Rechtssicherheitsinteresse der Verbraucher dient (BE 14) ist diese Auslegung ebenso vereinbar wie mit dem Wortlaut des Art. 3 Abs. 3 und der 17. Begründungserwägung. Daß man so doch in die Nähe einer Liste von Klauseln kommt, die „typischerweise" als mißbräuchlich anzusehen sind – eine Formulierung, zu der sich der Rat nicht entschließen konnte –, wiegt gegenüber der teleologisch abgestützten Auslegung weniger schwer.

642 Auch die Rechtsprechung des EuGH zur AGB-Richtlinie weist in diese Richtung. So hat der Gerichtshof am Anfang seiner Prüfung einer Gerichtsstandsklausel festgestellt, daß solche Klauseln geeignet sind, dem Verbraucher die Rechtsverfolgung zu erschweren und damit nach Ziff.1 lit. q des Anhangs als mißbräuchlich beurteilt werden können.[53] Auch aus der Beurteilung der schwedischen Umsetzungsregeln, wo die Liste nicht im Umsetzungsgesetz selbst wiedergegeben ist, sondern nur in den Materialien dazu, begründet nichts anders. Dort hat der Gerichtshof der Liste allerdings „Hinweis- und Beispielcharakter" beigemessen und sie als „Hilfsmittel" bezeichnet.[54] Die Entscheidung bezieht sich

---

50 EuGH v. 7.5.2002 – Rs. C-478/99 *Kommission ./. Schweden* Slg. 2002, I-4147 Rn. 20.

51 *Grundmann* Schuldvertragsrecht, 2.10 Rn. 25; *Heinrichs* NJW 1996, 2190, 2197.

52 In diese Richtung auch EuGH v. 7.5.2002 – Rs. C-478/99 *Kommission ./. Schweden* Slg. 2002, I-4147 Rn. 20f.; GA *Geelhoed* ebd. SchlA Tz. 22, 35; *Kapnopoulou* Recht der mißbräuchlichen Klauseln, S. 139f.; Grabitz/Hilf II-*Pfeiffer* A 5 (AGBRL) Art. 3 Rn. 41; 80f.

53 EuGH v. 27.6.2000 – verb.Rs. C-240 bis 244/98 *Océano* Slg. 2000, I-4941 Rn. 22; dazu *Pfeiffer* ZEuP 2003, 141, 150f.; s. aber (zu den Umsetzungserfordernissen) EuGH v. 7.5.2002 – Rs. C- 478/ 99 *Kommission./. Schweden* Slg. 2002, I-4147 Rn. 20–23 (Hinweis- und Beispielcharakter) m. Anm. v. *Pfeiffer* EuZW 2002, 467f.

54 EuGH v. 7.5.2002 – Rs. C-478/99 *Kommission ./. Schweden* Slg. 2002, I-4147 Rn. 15–24.

indes nur auf die Frage, ob eine *gesetzesförmige* Umsetzung des Anhangs erforderlich ist. Das verneint das Gericht überzeugend, da die geboten Klarheit über die Ansprüche des Verbrauchers bereits mit der Umsetzung der für die Individualrechte maßgeblichen Vorschriften der Art. 3–5 der Richtlinie erzielt wird.

Darüber hinaus können dem Klauselanhang aber auch grundsätzliche Wertungen entnommen werden, die für die Konkretisierung des Mißbräuchlichkeitsmaßstabs herangezogen werden können (näher sogleich, Rn. 648–656). Das gilt auch dann, wenn der nationale Gesetzgeber die Klauseln des Anhangs nicht in die nationale Umsetzungsregelung übernommen hat.[55] Denn durch seine Umsetzung kann der einzelne Mitgliedstaat nicht über den Begriff der „treuwidrigen Benachteiligung" disponieren. 643

bb) Das Verhältnis von Rechten und Pflichten

Das neben dem Klauselanhang konkreteste Element für die Beurteilung der Mißbräuchlichkeit ist das „ungerechtfertigte Mißverhältnis der vertraglichen Rechte und Pflichten", Art. 3 Abs. 1 AGBRL. Eine treuwidrige Benachteiligung kann demnach zum einen in der einseitigen Zuweisung von Vor- und Nachteilen liegen, zum anderen in der Aufbürdung sachlich nicht begründeter Lasten. 644

Diese einseitige Lastenverteilung war für den EuGH in seiner ersten Entscheidung zur AGBRL im Fall *Océano* entscheidend. Dort war in einer nicht-ausgehandelten Vertragsklausel der Ort der Niederlassung des Gewerbetreibenden als Gerichtsstand vorgesehen worden. Der EuGH weist darauf hin, daß diese Gerichtsstandsklausel dem Verbraucher die Rechtsverfolgung erschwere, da er einen Prozeß nicht an seinem Wohnsitz führen könne. Spiegelbildlich erleichtere die Klausel dem Gewerbetreibenden die Rechtsverfolgung, da sie ihm ermögliche „sämtliche Rechtsstreitigkeiten, die seine Erwerbstätigkeit betreffen, bei dem Gericht zu bündeln, in dessen Bezirk er seine Niederlassung hat, was sowohl sein Erscheinen organisatorisch erleichtert als auch die damit verbundenen Kosten verringert".[56] 645

Eine treuwidrige Benachteiligung kann auch dadurch indiziert sein, daß die Zuweisung von Vor- und Nachteilen sachlich nicht begründet ist. Was sachlich begründet ist, kann sich freilich nur aus dem Vertragszweck einerseits[57] oder einer vom Einzelvertrag unabhängigen Beurteilung der vertraglichen Risikoverteilung andererseits ergeben. Soweit – und solange – dem EuGH für die überindividuelle Beurteilung der Risikoverteilung kein vom Gesetzgeber vorgegebener Maßstab (dispositives Recht, sonstige Grundwertungen) zur Verfügung steht, muß er die erforderlichen Mindeststandards anhand des Vertragszwecks entwickeln. 646

cc) Gefährdung des Vertragszwecks

Eine Klausel benachteiligt den Verbraucher in treuwidriger Weise, wenn sie seinen berechtigten Interessen nicht angemessen Rechnung trägt (BE 16 a.E.), insbesondere dazu führt, daß der Vertragszweck gefährdet wird (vgl. § 307 Abs. 2 Nr. 2 BGB). Die Treuwidrigkeit ergibt sich in diesem Fall schon aus dem Maßstab, den die Parteien selbst mit dem vereinbarten Vertragszweck vorgeben. Dieser Maßstab wird auch unter § 307 BGB herangezo- 647

55 *Lockett/Egan* Unfair Terms, Rn. 4.2; *Remien* ZEuP 1994, 34, 61.
56 EuGH v. 27.6.2000 – verb.Rs. C-240 bis 244/98 *Océano* Slg. 2000, I-4941 Rn. 22f.
57 *Wolf*/Horn/Lindacher AGB-Gesetz (4. Aufl. 1999), Art. 3 Rn. 6.

gen, soweit ein Vergleichsmaßstab des dispositiven Rechts fehlt, wie z.B. bei kautelarischen Sicherungsmitteln (Sicherungsübereignung).[58] Eine nichtausgehandelte Klausel kann daher insbesondere deswegen unwirksam sein, weil sie Rechte des Verbrauchers ausschließt oder beschränkt, die für den Vertragstyp oder den mit dem Vertrag verfolgten wirtschaftlichen Zweck entscheidend sind.

dd) Unvereinbarkeit mit Grundwertungen des Europäischen Vertragsrechts

648 Endlich kann sich die treuwidrige Benachteiligung auch daraus ergeben, daß die Klauselregelung mit Grundwertungen des Europäischen Vertragsrechts unvereinbar ist.[59] Zwar enthält das Europäische Vertragsrecht vorläufig nur wenige dispositive Vorschriften (oben, § 19), Grundwertungen können sich aber – selbstverständlich – auch aus dem zwingenden Recht ergeben. Anhaltspunkte dafür enthält – auch über die inkriminierten Einzelklauseln hinaus – auch der Klauselanhang.[60] Zunehmend liefern zudem spezielle Klauselverbote, die auf die AGBRL Bezug nehmen, Anhaltspunkte für die Konkretisierung.[61]

(1) Verhältnismäßigkeitsgrundsatz

649 Verschiedene der im Anhang aufgelisteten Klauseln bedeuten, daß sich das von Art. 3 Abs. 1 AGBRL als Grundsatz genannte Mißverhältnis der vertraglichen Rechte und Pflichten aus einer Verletzung des *Verhältnismäßigkeitsgrundsatzes* ergeben kann. Der Verhältnismäßigkeitsgrundsatz besagt hier, daß die vertraglichen Rechte und Pflichten nur so weit gehen sollen, wie das von dem mit ihnen verfolgten Zweck her geboten ist.[62] Die Entschädigung wegen einer Pflichtverletzung des Verbrauchers darf nicht unverhältnismäßig zu dem dadurch verursachten Schaden oder dem damit verfolgten Anreizzweck sein (Ziff. 1 lit. e); der Gewerbetreibende darf den Vertrag nicht ohne schwerwiegende Gründe kündigen (Ziff. 1 lit. g); die Frist zum Widerspruch gegen eine automatische Vertragsverlängerung darf nicht ungebührlich lang sein (Ziff. 1 lit. h). Einen Anwendungsfall dieses „vertragsrechtlichen Verhältnismäßigkeitsgrundsatzes" enthält Art. 4 Abs. 4 PRRL: Ein Recht des Veranstalters/Vermittlers, nachträglich die Preise zu erhöhen, kommt nur aus bestimmten sachlichen Gründen – nämlich nachträglicher Kostensteigerung – in Betracht. In ähnlicher Weise kommt eine Ersetzungsbefugnis des Fernabsatzlieferers nur in Betracht, wenn die Ware oder Dienstleistung nicht verfügbar ist; die Ersatzleistung muß dann „qualitätsmäßig und preislich gleichwertig" sein (Art. 7 Abs. 2 und 3 FARL). Wenn schließlich Ziff. 2 lit. b des Anhangs und Art. 4 Abs. 2 lit. b VerbrKrRL davon ausgehen, daß der effektive Jahreszins geändert werden kann, so deshalb, weil hier ein sachlicher Grund in der Veränderlichkeit des Zinssatzes gegeben ist;[63] die Bedingungen, zu denen der Zins geändert werden kann, müssen nach dem Verhältnismäßigkeitsgrundsatz diesem Sachgrund entsprechen und dürfen über das danach Erforderliche nicht hinausgehen.[64]

---

58 *Grundmann* Schuldvertragsrecht, 2.10 Rn. 15.
59 *Nassall* JZ 1995, 689, 692–694; *Leible* RIW 2001, 422, 426; *Schmidt-Kessel* WM 1997, 1732, 1738.
60 So auch *Kommission* Mitteilung an das Europäische Parlament, SEK(92) 1944 endg. – SYN 285 v. 22.10.1992, S. 5.
61 So jetzt Art. 15 FFRL; s. ferner Art. 15 V-VerbrKrÄRL.
62 S. schon oben, Rn. 568, für den Grundsatz von Treu und Glauben.
63 Ziff. 2 lit. b Anh. AGBRL spricht von „begründeten Fällen".
64 S.a. Art. 3 Abs. 3 KGRL, Einschränkung der Käuferrechte wegen Unverhältnismäßigkeit.

(2) Gleichgewichtsgedanke

Ein zweiter wesentlicher Gesichtspunkt ist in vielen Klauseln des Anhangs ein *Gleichgewicht* von Rechten bzw. ein angemessener Ausgleich von Rechten und Pflichten. Ganz formal wird das Gleichgewicht von Rechten und Pflichten öfter so verstanden, daß beide Teile dieselben Rechte und Pflichten haben müssen:[65] der Gewerbetreibende darf nicht einseitig den Verbraucher binden und sich selbst frei halten (Ziff. 1 lit. c); hat der Gewerbetreibende das Recht, Anzahlungen zu behalten, wenn der Verbraucher den Vertrag nicht schließt, so muß dem Verbraucher eine entsprechende Entschädigung zustehen, wenn der Gewerbetreibende nicht abschließt (Ziff. 1 lit. d); hat der Gewerbetreibende ein freies Kündigungsrecht, so muß es der Verbraucher auch haben (Ziff. 1 lit. f). In anderen Fällen kann das vertragliche Gleichgewicht aber auch durch Verbraucherrechte hergestellt werden, die mit jenen des Gewerbetreibenden korrespondieren bzw. jene *ausgleichen*: kündigt der Gewerbetreibende „nach freiem Ermessen", so muß der Verbraucher geleistete Zahlungen für noch nicht erbrachte Leistungen zurückfordern können (Ziff.1 lit. f); hat der Gewerbetreibende das Recht, den Preis zur Zeit der Leistung festzusetzen oder zu erhöhen, so muß der Verbraucher vom Vertrag zurücktreten können, wenn der Preis wesentlich über dem anfänglich vereinbarten liegt (Ziff. 1 lit. l; auch Ziff. 2 lit. b); kommt der Gewerbetreibende seinen Pflichten nicht nach, so muß der Verbraucher die Möglichkeit haben, auch seine Leistungen vorübergehend oder dauernd nicht zu erfüllen (Ziff. 1 lit. o). Eine Spezialregelung zu dieser Fallgruppe enthält bereits Art. 4 Abs. 4, 5 PRRL, wonach der Reisende vom Vertrag Abstand nehmen kann, wenn der Veranstalter/Vermittler nachträglich den Preis erhöht (näher unten, Rn. 685–687 und 800–802). **650**

(3) Einigungsgrundsatz

Bei den Klauselverboten des Anhangs geht es drittens auch um den Schutz von *vertragsrechtlichen Grundwertungen*: die Sicherung der vertraglichen Einigung; die Bewahrung des vereinbarten Äquivalenzverhältnisses; der Schutz der Vertragsbindung; und der Schutz des Vertrauens auf die Abrede.[66] Dem Schutz der vertraglichen *Einigung* dient die Inkriminierung von Klauseln, die die Zustimmung zu Vertragsklauseln fingieren, die der Verbraucher nicht einmal zur Kenntnis nehmen konnte. Dieser Residualschutz der vertraglichen Zustimmung des Verbrauchers ist auch sonst ein wesentliches Anliegen im Europäischen Vertragsrecht.[67] So muß eine – nach Wahl der Mitgliedstaaten mögliche – Ersetzungsbefugnis des Fernabsatzlieferers zumindest vor Vertragsschluß „vorgesehen" sein, der Verbraucher ist davon zu unterrichten;[68] ebenso müssen die Bedingungen, zu denen der effektive Jahreszins geändert werden kann, in den Vertrag aufgenommen werden.[69] Im Zusammenhang mit dem Einigungsgrundsatz kann man auch die „Verbote" von Leistungsbestimmungsklauseln sehen (Ziff. 1 lit. l, m). Bedeutet die Kontrolle nicht-ausgehandelter Klauseln eine grundsätzliche Zurückhaltung gegenüber der Abweichung vom Verhandlungsmodell, so ist es folgerichtig, auch einseitigen Leistungsbestimmungsrechten Vorbehalte entgegenzubringen.[70] **651**

65 *Nassall* JZ 1995, 689, 694.
66 Ähnlich Grabitz/Hilf II-*Pfeiffer* A 5 (AGBRL) Art. 3 Rn. 67–74.
67 S.o. Rn. 331.
68 Art. 7 Abs. 3 S. 1 und 2 FARL; dazu oben, Rn. 530.
69 Art. 4 Abs. 2 lit. b VerbrKrRL.
70 S.a. *Collins* Oxf.J.Leg.Stud. 14 (1994), 229, 241.

(4) Schutz des vereinbarten Äquivalenzverhältnisses

652 Dem Schutz des (subjektiven) *Äquivalenzverhältnisses* dient es, wenn der Gewerbetreibende Zahlungen für nicht erbrachte Leistungen im Falle der Kündigung nicht behalten darf (Ziff. 1 lit. f) und wenn der Gewerbetreibende nicht Erfüllung verlangen kann, obwohl er selbst seine Verpflichtungen nicht erfüllt (Ziff. 1 lit. o).[71] Das Äquivalenzverhältnis schützt etwa auch die Regelung des Art. 4 Abs. 7 PRRL, nach der der Veranstalter wegen nicht erbrachter Vertragsleistungen gleichwertigen Ersatz oder Entschädigung zu leisten hat. Auch die bereits im Zusammenhang mit dem Verhältnismäßigkeitsprinzip angesprochenen Bestimmungen über die nachträgliche Preisänderung gehören hierher.[72] Eng mit dem Äquivalenzgedanken verbunden ist die Skepsis des Anhangs gegenüber Klauseln mit Sanktionscharakter. Bereits erwähnt wurde Ziff. 1 lit. e des Anhangs, wonach die klauselmäßige Vereinbarung unverhältnismäßig hoher Entschädigungen mißbräuchlich sein kann. Darunter können übermäßige Schadenspauschalen ebenso fallen wie Vertragsstrafen.

(5) Bindung an die getroffene Vereinbarung

653 Um die *Bindung* an die getroffene Vereinbarung geht es, wenn einseitige Vertragsänderungsbefugnisse des Gewerbetreibenden beargwöhnt werden (Ziff. 1 lit. j). Ebenfalls aus dem Gedanken der Vertragsbindung begründet ist auch die Inkriminierung der Befugnis zur Vertragsübertragung ohne Mitwirkung des Verbrauchers, wenn dadurch dessen Sicherheiten beeinträchtigt werden (lit. p). Der Grundsatz der Bindung an den gewählten Partner und des Schutzes vor einer Verschlechterung des vertraglich „eingegangenen" Insolvenzrisikos läßt sich, wie oben (Rn. 590f.) erörtert, auch den wenigen diesbezüglichen Regeln im Europäischen Vertragsrecht entnehmen.

(6) Schutz des vertraglichen Vertrauens

654 Schließlich dienen die „Klauselverbote" dem Schutz des *vertraglichen Vertrauens* des Verbrauchers. Deshalb kann der Gewerbetreibende sich nicht klauselweise ein kurzfristiges Kündigungsrecht ausbedingen (Ziff. 1 lit. g); eine Änderungsbefugnis des Gewerbetreibenden setzt auch voraus, daß der sachliche („triftige") Grund dafür im Vertrag aufgeführt wird, so daß sich der Verbraucher darauf einstellen kann.

(7) Transparenzgebot?

655 Eine Grundwertung des Europäischen Privatrechts wird ferner im *Transparenzgebot* gesehen,[73] das – von der Europäischen Rechtsetzung weitgehend unabhängig – auch der Bundesgerichtshof für die AGB-Kontrolle fruchtbar gemacht hat und das jetzt in § 307 Abs. 1 BGB normiert ist. In der Tat ist die vorzugsweise Wahl von Informationsregeln ja keine willkürliche Entscheidung, sondern eine folgerichtige Ausgestaltung einer auf Markt und Wettbewerb beruhenden Vertragsordnung. Zu beachten ist indes, daß das Transparenzgebot in ganz verschiedenen Funktionen auftritt. So wird z.B. vom Transparenzgebot gesprochen, wenn es im Bereich der Grundfreiheiten um den Vorrang von Information vor Verboten geht. Ein Beleg für das Transparenzgebot wird in den zahlreichen Informations-

71 *Collins* Oxf.J.Leg.Stud. 14 (1994), 229, 241.
72 Art. 4 Abs. 4 PRRL, Art. 4 Abs. 2 lit. b) VerbrKrRL. *Nassall* JZ 1995, 689, 693.
73 *Nassall* JZ 1995, 689, 692f.

pflichten des Europäischen Privatrechts gesehen, zumeist indes ohne die damit verfolgten Ziele zu berücksichtigen, die etwa bei vorvertraglichen und vertraglichen Informationspflichten ganz unterschiedlich sein können. Ebenso ist auch bei der Mißbrauchskontrolle zu differenzieren, zumal das Transparenzgebot hier schon durch Einzelvorschriften speziell ausgeformt ist (oben, Rn. 619f.). Sucht man die Bedeutung des Transparenzgebots für die Beurteilung des Mißverhältnisses nach Art. 3 Abs. 2 zu ermitteln, so bietet sich deshalb die Ausbildung von Fallgruppen an. Wegen Verstoßes gegen das Transparenzgebot kann man eine Klausel etwa dann als mißbräuchlich ansehen, wenn sie vertragliche Rechte in einer Weise regelt, daß die zwingenden gesetzlichen Regelungen verschleiert werden und der Verbraucher dadurch an ihrer Wahrnehmung gehindert werden kann. Diese Wertung entspricht nicht nur dem Transparenzgedanken, sie wird auch durch die Vorschrift des Art. 6 Abs. 2 Sps. 1 KGRL[74] sowie die Klauselverbote der Ziff. 1 lit. q abgestützt.

(8) Grundsatz des effektiven Rechtsschutzes

Endlich liegt verschiedenen „Klauselverboten" der *Grundsatz des effektiven Rechtsschutzes* zugrunde. So sollen die Aufrechnungsbefugnis des Verbrauchers – „die Zwangsvollstreckung des kleinen Mannes" – (Ziff. 1 lit. b) und sein Zurückbehaltungsrecht (Ziff. 1 lit. o) nicht unverhältnismäßig eingeschränkt und die Rechtsdurchsetzung vor den staatlichen Gerichten nicht erschwert werden (Ziff. 1 lit. q).[75] In diesem Bereich zeigt sich freilich die Relativität des Mißbräuchlichkeitsbegriffs und seine Abhängigkeit vom nationalen Recht besonders stark, denn welche gesetzlichen Rechte zur Zurückbehaltung oder Aufrechnung der Verbraucher hat und welche Rechtsverfolgungsmöglichkeiten (z.B. Gerichtsstand) ihm offen stehen, hängt von dem weithin nicht-angeglichenen nationalen Recht ab.[76] 656

ee) Rechtsvergleichend ermittelter Maßstab?

Man könnte schließlich daran denken, die Mißbräuchlichkeit mangels weiterer positivrechtlicher Anhaltspunkte an einem rechtsvergleichend entwickelten Maßstab zu entwickeln. In Betracht käme zum einen eine (wertend-) vergleichende Betrachtung, ob Klauseln der zu überprüfenden Art in den Mitgliedstaaten mißbilligt werden.[77] Zum anderen könnte man daran denken, die Mißbräuchlichkeit am Maßstab des gemeineuropäischen Vertragsrechts – etwa der European Principles oder des Akademieentwurfs für ein Europäisches Vertragsgesetzbuch –[78] zu beurteilen:[79] Bewirkt die Klausel ein Mißverhältnis von Rechten und Pflichten, das, verglichen mit dem Verhältnis, das die Principles oder der Akademieentwurf vorsehen, als treuwidrig anzusehen ist? Beide Ansätze unterliegen Bedenken. 657

Nach hier vertretener Auffassung stellt die Mißbräuchlichkeit einen gemeinschaftsautonomen Maßstab dar. Wie allgemein, so sprechen auch hier Bedenken dagegen, die 658

74 Zu Art. 6 Abs. 2 Sps. 1 KGRL aber noch oben, Rn. 494 und 500–504.
75 S.a. Art. 15 FFRL; dazu *Riesenhuber* WM 1999, 1441, 1450.
76 Zum Beispiel für die Aufrechnung *Zimmermann* FS Medicus (1999), S. 707–739.
77 In diese Richtung *Remien* ZEuP 1994, 36, 61f.; Grabitz/Hilf II-*Pfeiffer* A 5 (AGBRL) Art. 3 Rn. 41.
78 Ansatzweise dafür *Berger* ZEuP 2001, 4, 16f.
79 Dafür *Schmidt-Kessel* WM 1997, 1732, 1738; *Remien* RabelsZ 66 (2002), 503, 525.

Autonomie des Europäischen Privatrechts durch eine wertende Rechtsvergleichung in Frage zu stellen. Der rechtsvergleichende Befund, daß einzelne Länder die Mißbräuchlichkeit *so* beurteilen, kann daher nur die Frage aufwerfen („Inspirationsfunktion"), nicht aber eine Antwort geben. Zu beantworten ist die Frage aus dem positiven Recht selbst. Daß auf die Rechtsfindung auch die nationale „juristische Sozialisation" der EuGH-Richter Einfluß hat, braucht man dabei nicht zu leugnen. Entscheidend ist, daß das Gericht seine wertende Entscheidung schließlich auf das System des Europäischen Vertragsrechts stützt.[80] Hinzu kommt der Einwand, daß die Richtlinie nur eine Mindestharmonisierung bezweckt. Ein mit Hilfe der wertenden Rechtsvergleichung ermittelter Mißbräuchlichkeitsbegriff würde hingegen, wählte man bei dem dabei erforderlichen Bewertungsprozeß den Maßstab der (wie immer bestimmten) „fortschrittlichsten" Lösung, geradezu zu einer Maximumharmonisierung führen.[81]

659 Beispielsweise die Lando-Principles als Vergleichsmaßstab heranzuziehen, kommt aber ebensowenig in Betracht. Zu Recht ist darauf hingewiesen worden, daß diese Grundregeln, von einer „willkürlich" zusammengestellten Gruppe von Rechtsvergleichern erstellt, schon nicht die „Legitimation durch Verfahren" haben, die dem staatlichen Recht zugrundeliegt.[82] Zudem müßte sich sogleich die Frage stellen, welche der – künftig sicher noch zahlreicheren – Sammlungen von Grundregeln heranzuziehen sind. Den Referenzmaßstab für die Mißbräuchlichkeitsbeurteilung können solche privaten Regelwerke daher nicht bilden.

c) Einzelfragen

660 Ausgangspunkt für die Inhaltskontrolle von nicht-ausgehandelten Vertragsklauseln ist die Ermittlung des Sachverhalts. Dazu gehören
(1) die Art der Güter oder Dienstleistungen, die Gegenstand des Vertrags sind,
(2) alle den Vertragsabschluß begleitenden Umstände sowie
(3) alle anderen Klauseln desselben Vertrages oder eines anderen Vertrages, von dem die Klausel abhängt, Art. 4 Abs. 1 AGBRL.

661 Beurteilt man Vertragsklauseln wesentlich auf der Grundlage des Vertragszwecks und dem Verhältnis zu den Rechten, die beide Seiten haben, so versteht sich, daß diese Umstände von erheblichem Gewicht sein können. Beispielsweise ist der Grundsatz der Verhältnismäßigkeit einer Gestaltung von Rechten von dem Vertragsgegenstand abhängig. Preisanpassungsrechte muß man mit Rücksicht auf den Gegenstand beurteilen: Die Veränderlichkeit des Zinsniveaus kann eine Änderung des effektiven Jahreszinses rechtfertigen; doch kann grundsätzlich anderes gelten, wenn der Jahreszins schon mit Rücksicht auf die Laufzeit und die Veränderlichkeit bestimmt wurde. Geht es bei der Mißbräuchlichkeit vor allem um das Verhältnis der Rechte und Pflichten beider Seiten, so müssen diese insgesamt beurteilt werden. Dabei kann, wie schon der Klauselanhang zeigt, die Angemessenheit teilweise eine formale Gleichheit erfordern, vor allem wenn es um die Rechtsverfolgung geht (Waffengleichheit); teilweise ist auch nur ein Korrespondenzverhältnis erforderlich, wie im Beispiel des Anpassungsrechts des einen, dem ein Recht zur Abstandnahme des anderen als angemessener Schutz gegenüberstehen kann.

---

80 Zur „rechtsvergleichenden Auslegung" allgemein (ablehnend) *Grundmann/Riesenhuber* JuS 2001, 529, 533f.

81 *Grundmann* Schuldvertragsrecht, 2.10 Rn. 26.

82 *Mertens* RabelsZ 56 (1992), 219, 238–240; *Canaris* in: Vertragsrechtsvereinheitlichung, S. 13 Fn. 27.

Zweifelhaft ist, welche Rolle den Umständen des Vertragsabschlusses bei der Beurteilung von nicht-ausgehandelten Klauseln zukommt. Diese auf eine konkret-individuelle Kontrolle hinweisenden Faktoren können wohl bei einer Kontrolle im einzelnen ausgehandelter Vertragsbedingungen eine Rolle spielen (so nach § 138 Abs. 2 BGB), bei der Kontrolle nicht-ausgehandelter Bedingungen ist ihre Bedeutung unklar.[83] Es liegt die Annahme nahe, daß diese Prüfungskriterien aus den früheren Vorschlägen, die auch die Kontrolle ausgehandelter Klauseln betraf, unbesehen übernommen wurde.[84] Vielleicht kann man daran denken, daß u.U. auch einseitige Vertragserwartungen, die zwar dem Vertragspartner bekannt gegeben, aber nicht zum Vertragsinhalt gemacht wurden, den Vertragszweck mitbestimmen und so bei der Beurteilung des „Mißverhältnisses" eine Rolle spielen können. 662

IV. Vertragsrechtliche Folge der Mißbräuchlichkeit: Unverbindlichkeit

Mißbräuchliche Klauseln sind „für den Verbraucher unverbindlich". Wie die Mitgliedstaaten diese Unverbindlichkeit herstellen, ist grundsätzlich ihre Sache. Sie müssen dabei aber die allgemeinen Umsetzungserfordernisse der Effektivität und der Äquivalenz beachten.[85] In Betracht kommt neben der Unwirksamkeit (§§ 307–309 BGB) etwa auch der Ausschluß der Klagbarkeit.[86] Dem Zweck der AGBRL entsprechend bezieht sich die Unwirksamkeit aber nur auf die mißbräuchliche Klausel. Der Vertrag im übrigen bleibt wirksam, vorausgesetzt nur, daß er ohne die mißbräuchliche Klausel bestehen kann. Die AGBRL will nicht Verträge verbieten, die nicht-ausgehandelte Klauseln enthalten, sondern nur sicherstellen, daß der andere Teil auch ohne Aushandelung nicht unangemessen benachteiligt wird. 663

V. Grundgedanken

Die AGB-Richtlinie nimmt sich den mit nicht-ausgehandelten Vereinbarungen verbundenen Sachfragen für den Teilbereich des einseitigen Unternehmensvertrags bzw. des Verbraucherschutzes an. Anerkennt sie, im Grundsatz dem Konzept einer formalen Vertragsfreiheit folgend, auch nicht-ausgehandelte Vereinbarungen als bindend (oben, Rn. 330), so beruht die Inhaltskontrolle nach der Klauselrichtlinie auf dem insoweit tendenziell gegenläufigen Grundsatz der materialen Vertragsfreiheit, knüpft die Regelung doch ganz zentral an die fehlende „Aushandelung" an.[87] Die Möglichkeit, sich auf Vereinbarungen einzulassen, die ein anderer ohne Verhandlungsbereitschaft vorschlägt, oder die Vereinbarung bestimmter Bedingungen zur Voraussetzung des Vertragsabschlusses zu machen, ist der Kern der formalen Vertragsfreiheit.[88] Ihr kommt auch in der Rechtspraxis eine anerkannte Rolle zu, etwa zur erforderlichen Gestaltung von atypischen Verträgen (Franchi- 664

83 Nach Section 11 (2) iVm Schedule 2 lit. (a) des englischen Unfair Contract Terms Act 1977, der auch ausgehandelte Klauseln erfaßt, ist u.a. die *strength of the bargaining positions* ebenfalls zu berücksichtigen; dazu *Beatson* Law of Contract, S. 194–196.

84 *Remien* ZEuP 1994, 34, 55.

85 Zu den Grundsätzen oben, § 8. Zur Umsetzung von Art. 6, 7 AGBRL EuGH v. 21.11.2002 – Rs. C-473/00 *Cofidis ./. Fredout*, Slg. 2002, I-10875; *Rott* EuZW 2003, 5–9.

86 *Grundmann* Schuldvertragsrecht, 2.10 Rn. 27; *Wolf*/Horn/Lindacher AGB-Gesetz (4. Aufl. 1999), Art. 6 RL Rn. 4.

87 *Drexl* Wirtschaftliche Selbstbestimmung, S. 346f.; *Wilhelmsson* ERPL 1997, 151, 155.

88 S. nur *Canaris* FS Steindorff, S. 541, 548f.; *Medicus* JuS 1996, 761, 764; s.a. oben, Rn. 330.

sing, Leasing) oder um einen Vertragstyp den Bedürfnissen einer bestimmten Branche (Computersoftware) anzupassen: In diesen Fällen ist die Verwendung von nicht-ausgehandelten, regelmäßig vorformulierten Klauseln sinnvoll und kann sie nicht durch ein Aushandeln im Einzelfall ersetzt werden. Für den anderen Teil ist es wirtschaftlich nicht sinnvoll, die nicht verhandelbar „gestellten" Klauseln zu prüfen oder gar zu vergleichen. Insoweit versagt der Marktmechanismus.[89] Wenn aber, wie bei nicht-ausgehandelten Klauseln häufig der Fall, die beiden Hauptgaranten der Vertragsgerechtigkeit – Aushandelung und Wettbewerb – nicht funktionieren, so ist das Anlaß für eine inhaltliche Überprüfung des Vertrags auf seine Ausgewogenheit.

665 Wesentlich für das Verständnis der Richtlinienregelung ist aber, daß sie die Vereinbarungen über den Hauptgegenstand und das Preis-Leistungsverhältnis grundsätzlich keiner Inhaltskontrolle unterwirft, es sei denn, diese wären nicht klar und verständlich ausgedrückt. Hier wird besonders deutlich, daß die Richtlinie hinsichtlich des Hauptgegenstands ein Marktversagen nicht schon dann annimmt, wenn dieser nicht „ausgehandelt" wurde. Auch wenn der Verbraucher mit dem Gewerbetreibenden über den Preis des Staubsaugers nicht gefeilscht hat, besteht grundsätzlich noch kein Grund, der Ausgewogenheit des Vertrags zu mißtrauen. Denn Staubsauger gibt es in jedem Kauf- und Versandhaus, und der Verbraucher kann zwischen den verschiedenen Preis- und Leistungsangeboten in Ruhe auswählen, wenn er will. Selbstverständlich besteht daher auch dann kein Grund, an der „Richtigkeit" der Entscheidung zu zweifeln, wenn der Verbraucher sich „uninformiert" dafür entscheidet, im Design-Studio das Modell „Black Magic" zu kaufen; insofern bleibt die Vertragsgerechtigkeit nach dem Modell des formal-liberalen Vertragsdenkens eine vom Rechtssystem inhaltlich nicht definierte Kategorie.[90] Die Gegenposition, die die „berechtigten Erwartungen" des Verbrauchers definieren und im Vertragsrecht schützen möchte, hat der Europäische Gesetzgeber im Laufe des Gesetzgebungsverfahrens aus guten Gründen verworfen.[91] Daß der Hauptgegenstand hingegen dann der Kontrolle unterworfen wird, wenn seine Beschreibung nicht klar und verständlich ist, ist nur folgerichtig, denn in diesem Fall hatte der Verbraucher schon nicht die *Chance* einer informierten Entscheidung.

666 Die Regelung bedeutet daher zuerst, daß das Europäische Vertragsrecht im Grundsatz einem formalen Verständnis der Vertragsfreiheit folgt, nach dem eine Vereinbarung nicht der Aushandelung bedarf und die Vertragsbedingungen vom Markt kontrolliert werden. Uneingeschränkt bleibt dieser Grundsatz freilich nur für den Hauptgegenstand und das Äquivalenzverhältnis. Daß die Richtlinie insoweit ein Transparenzgebot aufstellt, steht dazu nicht im Widerspruch, denn darin liegt lediglich eine Absicherung des Wettbewerbs, der der Transparenz bedarf, um die Schutzfunktion zu erfüllen, die ihm im Hinblick auf den einzelnen Vertrag zukommt. Andere nicht-ausgehandelte Vertragsklauseln werden auf Mißbräuchlichkeit überprüft, vor allem weil sie der Marktkontrolle nicht unterliegen. Der Mißbräuchlichkeitsmaßstab enthält neben prozeduralen Maßstäben auch inhaltliche und folgt insofern einem materialen Äquivalenzprinzip, nach dem die ausgetauschten Leistungen gleichwertig sein sollen. Das Äquivalenzprinzip regiert indes nicht in seiner positiven, sondern nur in seiner negativen Form. Vertragsklauseln brauchen nicht positiv angemessen zu sein, sondern dürfen nur nicht negativ mißbräuchlich sein.

---

89 *Canaris* AcP 200 (2000), 273, 323f.
90 *Canaris* AcP 200 (2000), 273, 324f.
91 *Collins* Oxf.J.Leg.Stud. 14 (1994), 229, 236–238.

§ 23
Spezielle Inhaltskontrolltatbestände[1]

I. Kontrolle von Vereinbarungen über den Zahlungsverzug in Verträgen zwischen Unternehmen

Literatur:
Zur Zahlungsverzugsrichtlinie, s. die Hinweise bei § 25.

Einen besonderen Tatbestand der Inhaltskontrolle enthält die Zahlungsverzugsrichtlinie. 667
Die Regelung erscheint geradezu als Miniatur der Vorschriften der AGB-Richtlinie. Der Grundsatz ist klar und einfach: Im Geschäftsverkehr (2) kann der Schuldner eine von den dispositiven Vorschriften über den Zahlungsverzug abweichende Vereinbarung, die für den Zahlungsgläubiger grob unbillig ist (3), nicht geltend machen (4). Für das Verständnis des Tatbestands der Inhaltskontrolle ist es erforderlich, zunächst kurz den Regelungszusammenhang und die Begründung für seine Einführung zu erörtern.

1. Hintergrund

Die Inhaltskontrolle von Vereinbarungen über den Zahlungsverzug (nachfolgend auch 668
„Verzugsabreden") ist im Zusammenhang mit der gemeinschaftsrechtlichen Regelung über den Zahlungsverzug im Handelsverkehr zu sehen. Anlaß für die Regelung war die Feststellung, daß die Zahlungsdisziplin im grenzüberschreitenden Geschäftsverkehr mangelhaft ist und unterschiedliche mitgliedstaatliche Regelungen sich als wettbewerbsverzerrend und damit hemmend für den grenzüberschreitenden Verkehr erweisen können. Deshalb hat der Gesetzgeber u.a. Vorgaben für den Zahlungstermin, die Voraussetzungen für den Ersatz von Verzugszinsen und Beitreibungskosten sowie die Höhe der Verzugszinsen gemacht. Diese Bestimmungen hat er indes nicht zwingend vorgeschrieben, sondern den Parteien als Normalmodell zur Disposition gestellt. Die Inhaltskontrolle weist aus, daß der Europäische Gesetzgeber der vertraglichen Disposition indes doch nicht ganz vertraut hat.

Sieht man die Erwägungen in der Präambel auf eine Erklärung für diese besondere 669
Vorsicht hin durch, so finden sich dort zwei Begründungsstränge, die sich aber beide als für die Inhaltskontrolle nicht tragend erweisen. Der erste geht dahin, daß der Zahlungsverzug ein Problem ist, das einheitlich gelöst werden müsse, da unterschiedliche Regeln in den Mitgliedstaaten den Binnenhandel beeinträchtigen (BE 7, 9, 11 ZVerzRL). Das alles ist freilich keine Rechtfertigung für die Kontrolle von *Vereinbarungen* über den Zahlungszeitpunkt und die Verzögerungsfolgen, denn den Zahlungsverzug versteht auch der Gesetzgeber als eine Überschreitung der *vereinbarten* Frist. Das Problem des Zahlungsverzugs ist also, daß der Schuldner die Vereinbarung *nicht einhält,* und welche rechtlichen

1 Eine Inhaltskontrolle ergibt sich auch aus dem Kartellrecht. Neben Art. 82 EG (bes. Abs. 2 lit. a) kann man auch die kartellrechtlichen Gruppenfreistellungsverordnungen als Inhaltskontrolltatbestände ansehen; so z.B. *Lurger* Vertragliche Solidarität (1998), S. 99; *dies.* Grundfragen der Vertragsrechtsangleichung, S. 61–68. Diese bleiben hier indes außer Betracht, weil diese Inhaltskontrolle spezifischen kartellrechtlichen Zwecken dient, die für die allgemeine Inhaltskontrolle nicht von Bedeutung sind.

Folgen das hat. In der Tat kann man *insoweit* unschwer einen Regelungsbedarf für die Gemeinschaft erkennen, denn die Annahme ist ohne weiteres plausibel, daß die grenzüberschreitende Geltendmachung von Verzögerungsschäden (und Beitreibungskosten) infolge unterschiedlicher gesetzlicher Regeln übermäßig schwer ist. Doch das alles hat, wie gesagt, mit der Inhaltskontrolle von Verzugsabreden nichts zu tun.

670 Der zweite Begründungsstrang ist näher daran. Danach verursachen „übermäßig lange Zahlungs*fristen* ... große Verwaltungs- und Finanzlasten" (BE 7 ZVerzRL); „in einigen Mitgliedstaaten weichen die vertraglich vorgesehenen Zahlungsfristen erheblich vom Gemeinschaftsdurchschnitt ab" (BE 8 ZVerzRL); „die Unterschiede zwischen den Zahlungsbestimmungen und *-praktiken*" (damit sind dem Zusammenhang nach offenbar auch Vereinbarungen über lange Fristen gemeint) „beeinträchtigen das reibungslose Funktionieren des Binnenmarktes" (BE 9 ZVerzRL); und das schließlich „hat eine beträchtliche Einschränkung des Geschäftsverkehrs zwischen den Mitgliedstaaten zur Folge", denn „es widerspricht Art. 14 des Vertrags, da Unternehmer in der Lage sein sollten, im gesamten Binnenmarkt unter Bedingungen Handel zu treiben, die gewährleisten, daß grenzüberschreitende Geschäfte nicht größere Risiken mit sich bringen als Inlandsverkäufe. Es käme zu Wettbewerbsverzerrungen, wenn es für den Binnen- und den grenzüberschreitenden Handel Regeln gäbe, die sich wesentlich voneinander unterscheiden" (BE 10 ZVerzRL).

671 Auch dieser Begründungsstrang bietet indes keine schlüssige Rechtfertigung für den Eingriff in die Vertragsfreiheit. Lange Zahlungsfristen können sicher mißlich sein. Und es mag schwer sein, die Vertriebsverwaltung auf unterschiedliche Standards für vertragliche Zahlungsfristen einzustellen. Damit muß man indes leben, wenn man sich nicht im Verhandlungswege dagegen wehren kann. Der Gemeinschaftsgesetzgeber kann nicht mehr tun, als einen einheitlichen dispositiven Standard einzuführen. Wollte man nicht nur unterschiedliche Regeln, sondern auch unterschiedliche Verhaltensweisen als Handelshemmnisse ansehen, so würde man damit von dem fundamentalen Konzept der Integration durch den Markt abweichen.[2] Denn Integration durch den Markt bedeutet, daß die Gemeinschaft sich im wesentlichen darauf beschränkt, einen einheitlichen Rahmen für das Marktgeschehen bereitzustellen, in dieses aber – diesseits von Unlauterkeit und Verstoß gegen die Wettbewerbsvorschriften (Art. 81, 82 EG) – nicht selbst eingreift. Richtig ist daher, daß es zu Wettbewerbsverzerrungen käme, wenn es für den Binnen- und grenzüberschreitenden Handel wesentlich unterschiedliche *Regeln* gäbe. Daß sich aber auf der Basis einheitlicher Regeln (hier: über den Zahlungsverzug) bei den bestehenden unterschiedlichen Gepflogenheiten und kulturellen und regionalen Prägungen ein uniformes Marktverhalten nur schrittweise oder auch gar nicht entwickelt, ist nicht zu beanstanden. Integration durch Markt bedeutet gerade, daß man den Teilnehmern nicht vorschreibt, was sie wollen, sondern ihnen die Möglichkeit gibt, das selbst zu entscheiden und zu vereinbaren. Unterschiedliches Marktverhalten – sei das nun in Form der Vereinbarung unterschiedlicher Zahlungsfristen oder unterschiedlicher Produktqualitäten – bietet daher keinen Interventionsanlaß.

672 Daher bleibt nur eine dritte, in der Präambel lediglich angedeutete Erklärung für die gemeinschaftsweit harmonisierte Inhaltskontrolle. Der Gesetzgeber vermutet, daß die in der Praxis beobachteten langen Zahlungsfristen und niedrigen Zinssätze teils gar keinen Vertragsbruch darstellen, sondern vereinbarungsgemäß erfolgen. Das ist nun eigentlich

2 Das heißt nicht, daß die tatsächliche Übung des Rechtsverkehrs kein Handelshemmnis darstellen könnte. Zur Rechtspraxis als Verletzung der Grundfreiheiten oben, Rn. 71.

nicht zu beanstanden. Ein rechtlich relevantes Problem entsteht erst dann, wenn ein „Mißbrauch der Vertragsfreiheit zum Nachteil des Gläubigers“ vorliegt, weil der Zahlungsschuldner ihm schlechte Zahlungsbedingungen „aufzwingt“.[3] Eine Handhabe gegen solchen Mißbrauch soll die Inhaltskontrolle bieten.[4] Freilich fragt sich, wieso das Instrumentarium von Art. 82 EG nicht ausreichte.

2. Persönlicher und sachlicher Anwendungsbereich

So wie die Zahlungsverzugsrichtlinie allgemein erfaßt auch der spezielle Tatbestand der Inhaltskontrolle nur Vereinbarungen „im Geschäftsverkehr“, also solche zwischen Unternehmen und zwischen Unternehmen und der öffentlichen Hand. Erfaßt sind nur Zahlungsansprüche aus gegenseitigen Verträgen.[5] 673

Der Inhaltskontrolle nach der Zahlungsverzugsrichtlinie unterliegen gem. Art. 3 Abs. 3 ZVerzRL Vereinbarungen, „die nicht im Einklang mit Absatz 1 Buchstaben b) bis d) und Absatz 2“ stehen. Das sind Vereinbarungen über 674
- den Zahlungstermin (Abs.1 lit. b),
- die Voraussetzungen für den Zinsanspruch (Abs. 1 lit. c),
- die Höhe der Verzugszinsen (Abs. 1 lit. d) und
- über den Ersatz von Beitreibungskosten (Abs. 2) (nachfolgend auch „Verzugsvereinbarungen“).

Vereinbaren die Kaufvertragsparteien, daß die Zahlung erst nach dem dispositiven Zeitpunkt des Absatz 1 lit. b fällig ist oder die Verzugszinsen 7% betragen sollen, so unterliegt diese Vereinbarung der Inhaltskontrolle. Anders als die Kontrolle nach der AGB-Richtlinie betrifft jene nach der Zahlungsverzugsrichtlinie jede Vereinbarung, also auch die im einzelnen ausgehandelte.[6] Ausgehandelte Vereinbarungen dürften allerdings die Inhaltskontrolle leichter bestehen.

3. Tatbestand: Grob nachteilige Verzugsvereinbarung

Im Rahmen der Inhaltskontrolle ist zu überprüfen, ob Verzugsvereinbarungen für den Zahlungsgläubiger „grob nachteilig“ sind. Auch dieser Kontrollmaßstab ist gemeinschaftsautonom auszulegen.[7] Dafür sprechen der Wortlaut ebenso wie die bis zu Beispielsfällen reichenden Erläuterungen in den Begründungserwägungen. Eine gemeinschaftsautonome Auslegung ist aber vor allem wegen des Vereinheitlichungszwecks geboten. Denn wenn der Gesetzgeber sich nicht damit begnügt, das dispositive Zahlungsverzugsrecht anzugleichen, sondern darüber hinaus auch noch die Inhaltskontrolle abweichender Vereinbarungen regelt, so wird deutlich, daß es ihm darauf ankommt, einen einheitlichen Standard zu setzen. Ohne gemeinschaftsautonome Auslegung ließe sich die für den grenzüberschreitenden Handel erforderliche Sicherheit, die der Gesetzgeber gewährleisten wollte, nicht erreichen. 675

Ob eine Verzugsvereinbarung grob nachteilig ist, bestimmt sich nach „alle(n) Umstände(n) des Falles einschließlich der guten Handelspraxis und der Art der Waren“. Eine 676

3 BE 19 ZVerzRL.
4 S.a. *Schulte-Braucks* NJW 2001, 103f.
5 Art. 1, Art. 2 Ziff. 1 ZVerzRL.
6 Zur unzureichenden Umsetzung in Deutschland Langenbucher-*Riehm* § 4 Rn. 66.
7 *Riesenhuber* System und Prinzipien, § 4 II 5 (S. 74–81); *Schulte-Braucks* NJW 2001, 105, 106.

grobe Nachteiligkeit kommt insbesondere dann in Betracht, wenn die Abweichung vom dispositiven Recht ohne „objektiven Grund" vereinbart wurde. Darin zeigt sich zunächst, daß das Europäische Vertragsrecht hier, wo es eine dispositive Regelung enthält, dieser in ähnlicher Weise Modellcharakter beimißt wie das deutsche Recht gegen mißbräuchliche Allgemeine Geschäftsbedingungen (§ 307 Abs. 2 Nr. 1 BGB).[8] Das dispositive Recht nimmt in Anspruch, einen gerechten, den Interessen der Parteien grundsätzlich entsprechenden Ausgleich darzustellen. Zweitens begegnet auch hier die Vorstellung eines vertraglichen Verhältnismäßigkeitsgrundsatzes, nach dem die vereinbarten Rechte und Pflichten nicht willkürlich sein dürfen, sondern dem Vertragszweck entsprechen müssen (s. schon Rn. 647, 649).

677 Wann eine Abweichung objektiv gerechtfertigt und daher jedenfalls nicht grob nachteilig ist, erläutern die 18. und 19. Begründungserwägung. Danach trägt die Richtlinie besonderen Vertragstypen Rechnung, die Abweichungen von dem dispositiven Verzugsrecht rechtfertigen. Genannt werden – „insbesondere" – solche Verträge, bei denen die längere Zahlungsfrist gleichsam als Ausgleich für (a) eine Bindung („Beschränkung der Vertragsfreiheit") des anderen Teils oder (b) einen höheren Zinssatz vereinbart wird (BE 18 ZVerzRL). Die Abweichung von den Zahlungsfristen des Art. 3 Abs. 1 lit. b ZVerzRL ist maW insbesondere nicht zu beanstanden, wenn sich der Zahlungsschuldner dafür längerfristig gebunden oder einen höheren Zinssatz versprochen hat.[9] Das sind „objektive Gründe", weil der Zahlungsgläubiger von seinem „gesetzlichen Recht" für ein Nachgeben des Schuldners in einer anderen Position abrückt. Negativbeispiele sind zum einen die Vereinbarung, die in erster Linie dazu dient, dem Schuldner „zusätzliche Liquidität auf Kosten des Gläubigers zu verschaffen", und zum anderen der Generalunternehmer, der seinen Subunternehmern Zahlungsbedingungen „aufzwingt", die auf der Grundlage der ihm selbst gewährten Bedingungen nicht gerechtfertigt sind (BE 19 ZVerzRL). Wenn es dem Schuldner „in erster Linie" darum geht, seine Liquidität zu verbessern, so ist das kein „objektiver Grund", denn Liquidität wollen beide gleichermaßen und das Liquiditätsinteresse des Zahlungsgläubigers will die Richtlinie ja gerade verteidigen. Und der Generalunternehmer hat keinen Grund, bei der Abrechnung noch einen Zinsgewinn mitzunehmen. In der Sache bedeutet das, daß der Zahlungsschuldner seine Marge nicht „verdeckt" über eine Verzugsklausel verbessern kann, sondern offen in den Preis einkalkulieren muß.

678 Die vom Gemeinschaftsgesetzgeber eröffnete Inhaltskontrolle von Verzugsabreden am Maßstab der „groben Nachteiligkeit", der seinerseits wesentlich von der „objektiven Begründung" bestimmt ist, öffnet eine Eingriffsmöglichkeit, die dem Wortlaut der Regelung nach außerordentlich weit geht und deren Grenzen daher nach teleologischen Erwägungen eng gesteckt werden müssen. Die gefährliche Weite des Tatbestands zeigt sich zuerst darin, daß danach auch Abreden über den Zahlungstermin einer Überprüfung unterzogen werden können. Der Zahlungstermin wird in der Wirtschaftspraxis aber ganz unmittelbar für preisrelevant gehalten, wie sich schon an der Vereinbarung von Skonti für frühzeitige Zahlung zeigt. Wenn aber der Zahlungstermin ein Teil der Preisabrede oder damit doch aufs Engste verbunden ist, dann birgt die Inhaltskontrolle einer solchen Abrede die Gefahr, daß das Gericht letztlich den Preis selbst oder das Preis-Leistungs-Verhältnis auf seine Angemessenheit überprüfen kann. Die bedenkliche Weite des Tatbestands ver-

---

8 Ebenso Gebauer/Wiedmann-*Schmidt-Kessel* Kap. 4 Rn. 28.

9 Ein Umkehrschluß, daß längere Zahlungsfristen durch höhere Zinsen ausgeglichen werden *müßten*, ist indes nicht gerechtfertigt; a.A. *Hänlein* EuZW 2000, 680, 684.

deutlichen ferner die vom Gesetzgeber in den Begründungserwägungen genannten Beispielsfälle. Kern einer Abrede über den Zahlungstermin ist gerade, „dem Schuldner zusätzliche Liquidität … zu verschaffen" und da er das Geld dem Gläubiger schuldet, gewinnt er diese zusätzliche Liquidität notwendig „auf Kosten des Gläubigers". Und bei einem Angebotsmarkt „zwingt" der Auftraggeber (Generalunternehmer) dem Auftragnehmer (Subunternehmer) in gewisser Weise jede für jenen nachteilige Bedingung auf.

Die erforderliche Begrenzung der Inhaltskontrolle ergibt sich aus den Grundwertungen 679
des Europäischen Vertragsrechts einerseits und dem Zweck der Kontrollvorschrift andererseits. Im Recht der zweiseitigen Unternehmensgeschäfte, das die Zahlungsverzugsrichtlinie allein betrifft, herrscht ganz grundsätzlich Vertragsfreiheit (Rn. 131–133). Anlaß für einen staatlichen Eingriff bietet hier im allgemeinen weder die tatsächliche Stellung der Parteien – etwa ein strukturelles Ungleichgewicht (Grenze: Art. 82 EG) – noch die Art der Vereinbarung – etwa die einseitige Vorformulierung. Anzeichen dafür, daß der Markt in erheblichem Maße nicht funktionieren würde, fehlen. Es wäre daher ganz ungereimt, im Geschäftsverkehr auch Individualvereinbarungen einer Inhaltskontrolle zu unterziehen, wo zugunsten von Verbrauchern eine Inhaltskontrolle nur bei nicht im einzelnen ausgehandelten Vereinbarungen für geboten erachtet wurde.

Ist schon aufgrund dieser Erwägungen aus dem inneren System des Europäischen Pri- 680
vatrechts eine ganz restriktive Auslegung der Kontrollvorschrift geboten, so wird das von dem Gesetzeszweck bestätigt. Als tragende Begründung hat sich hier nur die Sorge vor einem *Mißbrauch* der Vertragsfreiheit erwiesen (Rn. 672). Ein solcher Mißbrauch ist aber im Geschäftsverkehr, wo man der Eigenverantwortung der Parteien grundsätzlich vertrauen kann, nur höchst ausnahmsweise anzunehmen: gegen seine Annahme spricht eine Vermutung. Dem entspricht es, wenn die Beweislast für die grobe Nachteiligkeit nach der Fassung der Richtlinie den Zahlungsgläubiger trifft, der sich darauf beruft. Verglichen mit der dispositiven Regelung des Art. 3 Abs. 1 lit. b bis d und Abs. 2 ZVerzRL ist jede Verzugsabrede nachteilig. Zu beanstanden ist eine Nachteiligkeit aber nur, wenn sie äußerste Grenzen einer erträglichen Vereinbarung überschreitet. Ein auch noch so schwacher objektiver Grund reicht im allgemeinen aus, um das Verdikt der groben Nachteiligkeit zu vermeiden. Nur wenn umgekehrt überhaupt kein objektiver Grund erkennbar ist, ist das ein Anzeichen („wird unter anderem berücksichtigt") für die grobe Nachteiligkeit. Keinesfalls darf man das Kriterium des objektiven Grundes dahin verstehen, daß der Zahlungsschuldner die Verzugsabrede positiv rechtfertigen oder gar seine Motivation offenlegen müßte, denn das wäre – offenbar intentionswidrig – das Ende der Vertragsfreiheit in diesem Bereich. Und erst recht gilt es, eine Kontrolle des Preis-/Leistungsverhältnisses zu vermeiden: Wenn selbst nicht-ausgehandelte Verträge zwischen Unternehmen und Verbrauchern grundsätzlich nicht auf die Angemessenheit des Äquivalenzverhältnisses überprüft werden (Rn. 610–612), so dürfen die Gerichte erst recht nicht taxieren, ob etwa die Zahlungsfrist im Hinblick auf den vereinbarten Preis angemessen ist.

Richtig verstanden ist die Inhaltskontrolle daher eine eng begrenzte Mißbrauchskon- 681
trolle. Sie erscheint so (auch abgesehen davon, daß sie auch Individualvereinbarungen erfaßt) eher als ein Spezialfall der Sittenwidrigkeitskontrolle denn als ein Spezialfall der Klauselkontrolle.

4. Rechtsfolgen

Der Zahlungsschuldner kann grob unbillige Verzugsvereinbarungen nicht geltend machen 682
oder schuldet wegen ihrer Vereinbarung Schadensersatz. Während der Ausschluß der Gel-

tendmachung eine naheliegende Rechtsfolge ist, ist nicht leicht zu verstehen, wie die verpönten Vereinbarungen durch einen Schadensersatzanspruch sanktioniert werden sollen. Nach deutschem Recht könnte man an einen Ersatzanspruch wegen *culpa in contrahendo* denken, der auf Naturalrestitution – (bei Kausalität:) Vertragsauflösung – gerichtet wäre. Weitergehend könnte der Ersatzanspruch auch Folgeschäden erfassen, die dadurch entstehen, daß der Zahlungsgläubiger, der sich durch die verpönte Vereinbarung gebunden fühlt, sonstige Nachteile hat, z.B. weil ihm ein lukratives Geschäft entgeht, für das er keinen Kredit hat. Endlich könnte der Ersatzanspruch auf den Ersatz des Verzögerungsschadens gerichtet sein,[10] – den freilich die Zahlungsverzugsrichtlinie eigentlich ausgespart hatte.

683 An die Stelle der grob nachteiligen Regelung tritt – nach Wahl der Mitgliedstaaten – das dispositive Recht oder eine vom Gericht bestimmte Vereinbarung. Bei der gerichtlichen Ersetzung der Verzugsvereinbarung ist vielleicht an eine Herabsetzung gedacht, wie sie im deutschen Recht aus §§ 315 Abs. 3, 319, 343 BGB bekannt ist. Denkbar wäre etwa, daß die Umstände eine längere Zahlungsfrist rechtfertigen, die vereinbarte Frist aber noch darüber hinaus ging (geltungserhaltende Reduktion).

684 Flankierend haben die Mitgliedstaaten dafür zu sorgen, daß „angemessene und wirksame Mittel" vorhanden sind, um grob unbilligen Klauseln ein Ende zu setzen; dazu gehören auch Verbandsklagerechte; Art. 3 Abs. 4, 5 ZVerzRL. Das entspricht fast wörtlich der Regelung in Art. 7 Abs. 1 und 2 AGBRL.

II. Die Kontrolle von Preisanpassungsvereinbarungen in Pauschalreiseverträgen

685 Einen speziellen Kontrolltatbestand enthält auch Art. 4 Abs. 4 der Pauschalreiserichtlinie. Danach sind Preisanpassungsvereinbarungen in Pauschalreiseverträgen – theoretisch auch wenn sie im einzelnen ausgehandelt wurden – grundsätzlich unzulässig. Zulässig sind solche Abreden nur, wenn sie

(1) dazu dienen, Änderungen der Kosten (Beförderungskosten, Abgaben wie Flughafengebühren, Wechselkurse) Rechnung zu tragen,
(2) der Vertrag die Anpassungsmöglichkeit ausdrücklich vorsieht und
(3) genaue Angaben zur Berechnung des neuen Preises enthält und
(4) die Anpassung vor dem zwanzigsten Tag vor dem vereinbarten Abreisetermin erfolgt.

686 Der Sache nach stellt die Vorschrift eine Inhaltskontrolle in Form eines „Verbots ohne Wertungsmöglichkeit" dar. Eine allgemeine, nicht auf Reiseverträge beschränkte Vorschrift über die Unzulässigkeit von kurzfristigen Preiserhöhungen enthält § 309 Ziff. 1 BGB. Danach ist die Preiserhöhung grundsätzlich unzulässig bei Verträgen über Leistungen, die innerhalb von vier Monaten nach Vertragsschluß erbracht werden sollen.[11] Der spezielle Kontrolltatbestand des Art. 4 Abs. 4 PRRL schränkt die Vertragsparteien weitergehend ein, insofern er Vereinbarungen unabhängig von der Leistungszeit erfaßt. Weniger streng ist die Regelung, insofern sie die Weitergabe bestimmter Kostenänderungen zuläßt.

687 Die Regelung, die offensichtlich den Reisenden („Verbraucher" im untechnischen Sinne) schützen soll, begrenzt nicht nur Erhöhungs-, sondern auch Preisherabsetzungs-

10 *Schmidt-Kessel* NJW 2001, 97, 101.

11 Ausgenommen sind Leistungen im Rahmen von Dauerschuldverhältnissen.

klauseln, die sich zugunsten des Verbrauchers auswirken würden: Auch diese dürfen nur zu den vier genannten Bedingungen vereinbart werden. Was das soll, ist unklar. Jedenfalls aber gibt die Vorschrift nur die Grenzen für vertragliche Gestaltung vor und ist keine zwingende Inhaltsvorschrift. Ohne Anhalt in Wortlaut oder den gesetzgeberischen Äußerungen zum Schutzzweck ist die Ansicht, Veranstalter und/oder Vermittler seien dazu *verpflichtet*, den vereinbarten Preis bei nachträglicher Kostensenkung entsprechend herabzusetzen (Rn. 533).

§ 24
Vereinbarkeit mit dem Gesetz, den guten Sitten und der öffentlichen Ordnung

Literatur:

Storme, Matthias E., Harmonisation of the law on (substantive) validity of contracts (illegality and immorality), in: Jürgen Basedow/Klaus J. Hopt/Hein Kötz, Festschrift für Ulrich Drobnig zum siebzigsten Geburtstag, Tübingen 1998, S. 195–207

In jeder Rechtsordnung gibt es Vorschriften, nach welchen ein Vertrag nicht durchsetzbar ist, wenn seine Abrede oder Durchführung gegen das Gesetz oder die guten Sitten verstößt.[1] Dasselbe muß im Grundsatz auch für das Europäische Vertragsrecht gelten.[2] Eine allgemeine Regelung, wie sie die European Principles in Teil III vorschlagen,[3] enthält das Europäische Vertragsrecht indes nicht. Hier finden nur vereinzelte Vorschriften zur Gesetzes- oder Sittenwidrigkeit. Sie zu erörtern ist besonders deswegen von Interesse, weil sich aus den Tatbeständen der Verbotsgesetze Grundwertungen des Gemeinschaftsrechts ergeben.[4] 688

Da das Europäische Recht für die Vielzahl der mitgliedstaatlichen Rechtsordnungen gilt, ist es funktional ausgerichtet mit der Folge, daß die Trennung zwischen gesetzlichem Verbot und guten Sitten nicht ebenso scharf zu ziehen ist, wie im nationalen Recht. Sie wird nachfolgend, geprägt von einer deutschen Sichtweise, gleichwohl beibehalten, um die Übersicht zu erleichtern. Auch die Unterscheidung von Primär- und Sekundärrecht ist hier nicht tragend und wird nur zu Zwecken der äußeren Ordnung verwandt. 689

---

1 *Kötz* Europäisches Vertragsrecht, § 9 I (S. 235); *Zweigert/Kötz* Rechtsvergleichung, § 28 I (S. 374–376).

2 Im Ansatz schon *Müller-Graff* in: The common law of Europe and the future of legal education, S. 243f.

3 Kapitel 15: *illegality;* anders noch Art. 4:101 PECL. Ferner Art. 3.10 PICC, Art. 30 AE-EuVGB; *Kötz* Europäisches Vertragsrecht, § 8 III 2 (S. 201, Fn. 32).

4 Für das deutsche Recht *Larenz/Wolf* Allgemeiner Teil, § 41 Rn. 1–20, bes. Rn. 18; *Medicus* Allgemeiner Teil, Rn. 680.

I. Übersicht

1. Die guten Sitten

a) Primärrecht

690 Eine Bindung an die guten Sitten, wie sie in §§ 138, 826 BGB enthalten ist, sieht das Europäische Recht nicht vor. Der EuGH hat allerdings in einer Entscheidung über die Rückforderung von Beihilfen aus dem Allgemeinen Rechtsgrundsatz des Rechtsmißbrauchsverbots die Nichtigkeit kollusiver Abreden abgeleitet, die den Zweck haben, den Gläubiger zu schädigen.[5] Für das Privatrecht hat das nicht unmittelbar Bedeutung, doch hat der EuGH gelegentlich angedeutet, daß er Einschränkungen gemeinschaftsrechtlich begründeter Rechte durch allgemeine Regelungen des nationalen Rechts umso eher für berechtigt halte, wenn die nationale Regelung Ausdruck eines Rechtssatzes ist, der zugleich einen Allgemeinen Grundsatz des Primärrechts darstellt.[6]

691 Auch einen speziellen Maßstab der Sittenwidrigkeit von Wettbewerbsverhalten (§ 1 UWG), definiert das Primärecht nicht.[7] Es ist gegenüber dem Maßstab der guten Sitten aber keineswegs neutral, wie die Einwirkung der Grundfreiheiten auf das nationale Wettbewerbsrecht zeigt. Bekanntlich hat der EuGH für die Beurteilung von Wettbewerbshandlungen den schwächeren Maßstab des „mündigen Verbrauchers" angelegt und dadurch die Rechtsprechung des BGH korrigiert, der sich am Leitbild des „flüchtigen Verbrauchers" orientiert hatte (Rn. 211–216). Ergänzt wird diese Rechtsprechung durch das Lauterkeitsrecht (Rn. 273–275, 277a–277 und sogleich, Rn. 693a).

b) Sekundärrecht

692 Auch im Sekundärrecht ist ein Verbot sittenwidriger Rechtsgeschäfte nicht vorgesehen. Gibt das Europäische Vertragsrecht eine Bindung an die guten Sitten nicht ausdrücklich vor, so kann das bedeuten, daß es diese Frage den nationalen Rechten überlassen hat, oder daß insoweit der Sittenmaßstab als immanente Schranke aus dem Europäischen Recht zu entwickeln ist.[8] Regelmäßig wird man davon ausgehen dürfen, daß der Gesetzgeber es bei den als gleichwertig erachteten Vorschriften über die Sittenwidrigkeit belassen wollte.

693 Anders muß man dann urteilen, wenn die Berufung auf nationale Unwirksamkeitsgründe die intendierte Einheitlichkeit der Regelung stören würde (Rn. 573–576). Daran kann man etwa im Fall der Handelsvertreterrichtlinie denken. Hier hat der EuGH entschieden, daß die Mitgliedstaaten „[a]ußer der schriftlichen Abfassung des Vertrags … keine weiteren Bedingungen aufstellen" können, deshalb sei das Wirksamkeitserfordernis einer Registereintragung unzulässig.[9] Dann muß man aber annehmen, daß auch sonstige

---

5 EuGH v. 1.3.1983 – Rs. 250/78 *DEKA ./. EWG* Slg. 1983, 421 Rn. 15–18. Dazu *Storme* FS Drobnig, S. 197.

6 EuGH v.12.5.1998 – Rs. C-367/96 *Kefalas* Slg. 1998, I-2843 Rn. 20f.; s. schon oben, Rn. 573–576.

7 Mit dem (ebenfalls autonom europarechtlich zu bestimmenden) Begriff der „Unlauterkeit" in Art. 4 Abs. 4 V1-FFRL war nicht die Unlauterkeit i.S. des Wettbewerbsrechts gemeint, sondern ein „unfaires" Verhalten im Verhältnis zum Verbraucher.

8 Vgl. *Grundmann* Schuldvertragsrecht, 1. Teil Rn. 191.

9 EuGH v. 30.4.1998 – Rs. C-215/97 *Bellone* Slg. 1998, I-2191 Rn. 14; EuGH v. 13.7.2000 – Rs. C-456/98 *Centrosteel* Slg. 2000, I-6007 Rn. 14.

Wirksamkeitsvoraussetzungen europarechtlich bestimmt werden müssen, da es auf die unterschiedliche technische Ausgestaltung als Eintragungs- oder Formerfordernis oder als Verbotsgesetz- oder Sittenwidrigkeitsschranke nicht ankommen kann. Hier und in entsprechenden Fällen ist der Maßstab der guten Sitten europarechtlich bestimmt. Das führt freilich nur dazu, daß die nationalen Vorschriften europarechtlich überprüft werden, ob die Grenze der guten Sitten nicht zu weit gezogen ist. Das europäische Privatrecht gibt maW nicht die untere, sondern die obere Grenze der Sittenwidrigkeit vor. Ähnlich verhält es sich bei Art. 33 LVersRL. Danach darf das mitgliedstaatliche Recht den Versicherer nicht daran hindern, mit einem zugelassenen Versicherer einen Vertrag zu schließen, „solange der Vertrag nicht im Widerspruch zu den in dem Mitgliedstaat der Verpflichtung geltenden Rechtsvorschriften des Allgemeininteresses steht".

Ein Verbot sittenwidrigen Verhaltens enthielt traditionell auch das deutsche Recht **693a** gegen unlauteren Wettbewerb. In § 3 UWG 2004 hat der Gesetzgeber jetzt den Begriff der „unlauteren" Wettbewerbshandlung vorgezogen. Ungeachtet dessen bleibt es bei einer Nähe von Lauterkeitsrecht und Vertragsrecht; nicht von ungefähr dient das UWG ausdrücklich auch dem Verbraucherschutz, § 1 UWG 2004. Vor diesem Hintergrund ist verständlich, daß auch in diesem Zusammenhang noch einmal die Richtlinie gegen unlautere Geschäftspraktiken zu erwähnen ist (s. schon Rn. 277a–277e). Sie will zwar das Vertragsrecht, insbesondere Wirksamkeit, Zustandkommen und Wirkungen des Vertrags, unberührt lassen, hat zu diesem indes auf prinzipieller Ebene enge Verbindungen, die spätestens bei einer systemgerechten Umsetzung ins nationale Recht zum Tragen kommen müssen. Schon ganz allgemein liegt es nahe, das Verbot unlauterer Geschäftspraktiken in Art. 5 UGPRL in ähnlicher Weise zu konkretisieren wie das Verbot sittenwidriger Rechtsgeschäfte. Besonders bei den wegen „unzulässiger Beeinflussung" (*undue influence*)[10] aggressiven Geschäftspraktiken (Art. 8 und 9 iVm Art. 2 lit. j UGPRL), die gem. Art. 5 Abs. 4 lit. b iVm Abs. 1 UGPRL als unlauter verboten sind, liegt zudem eine gewisse Nähe zum Wuchertatbestand des § 138 Abs. 2 BGB vor.

2. Verbotsgesetze

a) Grundfreiheiten und primärrechtliche Diskriminierungsverbote

694 Während allgemein anerkannt ist, daß die Grundfreiheiten unmittelbar auf nationale Verbotsgesetze einwirken können, ist umstritten, ob die Grundfreiheiten schon selbst privatrechtliche Verbotsgesetze darstellen. Die Lehre von der unmittelbaren Wirkung der Grundfreiheiten sieht die primärrechtlichen Grundfreiheiten nicht nur als an die Mitgliedstaaten gerichtete Beschränkungsverbote und Schutzgebote an, sondern auch als unmittelbar an Private gerichtete Vorschriften. Grundfreiheiten wären folgerichtig als Verbotsgesetze (auch) für privatrechtliche Vereinbarungen anzusehen.[11] Diese Lehre überzeugt aus verschiedenen Gründen nicht (Rn. 97–128). Nach hier vertretener Auffassung sind ausschließlich die Mitgliedstaaten Adressaten der Grundfreiheiten, doch trifft sie die Pflicht, die Grundfreiheiten auch im Privatrechtsverkehr zu schützen. Vermittelt über diese Schutzpflichten wirken die Grundfreiheiten auch auf das Privatrecht ein. Im Ergebnis kann sich das wie eine unmittelbare Drittwirkung *auswirken*, im Regelfall kommt eine

10 *Zimmermann* JURA 2005, 441, 444.

11 In diese Richtung EuGH v. 23.3.1982 – Rs. 102/81 *Nordsee ./. Reederei Mond* Slg. 1982, 1095 Tz. 14. Dazu bereits oben, Rn. 97–128.

solche unmittelbare Drittwirkung indes nicht in Betracht, da entweder schon eine Schutzpflicht der Mitgliedstaaten zu verneinen ist oder diesen bei der Erfüllung der Schutzpflichten ein Ermessensspielraum zukommt (Rn. 71, 97–119).

695 Im Grundsatz gilt daher, daß die Grundfreiheiten keine an Private gerichteten Verbote darstellen. Erst wenn die effektive Gewährleistung der Grundfreiheiten dies erfordert, kann die Schutzpflicht dazu führen, daß auch private Vereinbarungen, die ihnen zuwiderlaufen, nach nationalem Recht als nichtig anzusehen sind. Das hat der EuGH im Ergebnis zu Recht z.B. dann angenommen, wenn die internen Regeln monopolistischer Sportverbände die Grundfreiheiten praktisch entleert haben (Rn. 115).

696 Daraus darf man freilich nicht umgekehrt folgern, daß die Grundfreiheiten nicht Ausdruck zentraler Prinzipien des Europäischen Privatrechts wären. Das Gegenteil wurde bereits oben (§ 4) begründet. Die Lehre von der über die mitgliedstaatlichen Schutzpflichten vermittelten Wirkung der Grundfreiheiten bestätigt die fundamentale Bedeutung der Grundfreiheiten im Privatrecht. Denn sie rührt präzise daher, daß die Rechtsordnung der Gemeinschaft auf den Prinzipien der Privatautonomie und der offenen, wettbewerblichen Marktwirtschaft beruht. Die Grundfreiheiten gegen Private zu wenden hieße aber, sie „gegen sich selbst" zu richten, da so die Privatautonomie der einzelnen, die die Grundfreiheiten für den grenzüberschreitenden Verkehr gewährleisten will, beschränkt würde (Rn.101).

697 Für die primärrechtlichen Diskriminierungsverbote gilt Entsprechendes. Auch diese sind nicht an Privatrechtssubjekte gerichtet, sondern an die Mitgliedstaaten, die für deren effektive Durchsetzung zu sorgen haben (Schutzpflicht). Für das spezielle Verbot der Geschlechtsdiskriminierung in Bezug auf das Arbeitsentgelt (Art. 141 EG) hat sich aber erwiesen, daß die Vermittlung über die Schutzwirkung *im Ergebnis* doch zu einer Privatrechtswirkung führt (Rn. 105–108). Das allgemeine Diskriminierungsverbot des Art. 12 EG stellt hingegen nicht schon generell ein Verbotsgesetz dar (Rn. 109–112).

b) Kartellverbot

698 Prominente Verbotsgesetze sind die Vorschriften des europäischen Kartellrechts. Hier findet sich in Art. 81 Abs. 1, 2 EG – ausnahmsweise – auch einmal ein vollständiges Verbotsgesetz *(lex perfecta)*: Artikel 81 verbietet vorbehaltlich einer Freistellung nach Absatz 3 nicht nur Kartellvereinbarungen, sondern ordnet zugleich in Absatz 2 die – „absolute", anfängliche und *ipso iure* gegebene –[12] Nichtigkeit von verbotenen Vereinbarungen und Beschlüssen an.[13] Allerdings regelt Art. 81 EG nicht alle Rechtsfolgen der Nichtigkeit abschließend, sondern überläßt den Mitgliedstaaten Einzelfragen und Einzelheiten der Regelung.[14] Schon Artikel 82 EG enthält kein vollständiges Verbotsgesetz, sondern verbietet nur den Mißbrauch einer marktbeherrschenden Stellung, ohne selbst – auf europäischer Ebene – die Rechtsfolgen dieses Verbots anzuordnen.[15] Für das deutsche Recht

---

12 Schwarze-*Brinker* Art. 81 Rn. 62; Immenga/Mestmäcker-K. *Schmidt* Art. 85 Abs. 2 EGV Rn. 38–43.

13 Des Rückgriffs auf § 134 BGB bedarf es daher zur Begründung der Nichtigkeit nicht; eingehend Immenga/Mestmäcker-K. *Schmidt* Art. 85 Abs. 2 EGV Rn. 19–23; s.a. MünchKomm-*Mayer-Maly* § 134 Rn. 36. Zum Zusammenspiel von Art. 81 Abs. 3 EG mit nationalem Recht *Roth* FS BGH, S. 857 und 858; EuGH v. 18.12.1986 – Rs. 10/86 *VAG France* Slg. 1986, 4071 Rn.14f.

14 S. nur Immenga/Mestmäcker-K. *Schmidt* Art. 85 Abs. 2 EGV Rn. 2.

15 Näher Immenga/Mestmäcker-*Möschel* Art. 86 EGV Rn. 26–35; zu den hier nicht erörterten öffentlich-rechtlichen Folgen Rn. 20–25.

folgt die Nichtigkeit einer Vereinbarung, die gegen das Verbot des Art. 82 EG verstößt, aus § 134 BGB.[16]

c) Sekundärrecht

Sekundärrecht kann zunächst selbst Vorschriften enthalten, die Verbotsgesetze darstellen (Verordnung) oder als solche umzusetzen sind. Nationale Verbotsvorschriften haben die Mitgliedstaaten z.B. nach den Gleichbehandlungsrichtlinien (Entgelt, Arbeitsbedingungen, betriebliche Altersversorgung) vorzusehen. Auch diese Vorschriften sind freilich als Richtlinien noch *leges imperfectae:* Die Richtlinien erklären verbotswidrige Geschäfte – Kollektiv- und Individualverträge – nicht selbst für nichtig, sie geben den Mitgliedstaaten auf zu bestimmen, daß solche Vereinbarungen nichtig sind oder für nichtig erklärt werden können.[17] **699**

Nationale Verbotsgesetze können ebenso wie nationale „Sittengesetze" der europaprivatrechtlichen Kontrolle unterliegen. Das hat der EuGH in der bereits oben (Rn. 693) erörterten *Bellone*-Entscheidung[18] zur Handelsvertreterrichtlinie ausgedrückt. Er hat eine gewerberechtliche Norm, die zur Prüfung der Eignung des Handelsvertreters eine Registereintragung bei Aufnahme der Vertretertätigkeit zur Gültigkeitsvoraussetzung der Handelsvertreterverträge machte,[19] als mit Art. 13 Abs. 2 der Richtlinie unvereinbar angesehen. Das ist zwar deswegen kritisiert worden, weil der Anknüpfungspunkt für die Entscheidung am Grundsatz der Formfreiheit sachlich falsch gewesen sei, denn in der Sache habe nicht eine Formvorschrift, sondern ein gesetzliches Verbot zur Erörterung gestanden.[20] Der EuGH hat indes nur „formal" an einen falschen Obersatz angeknüpft, dabei aber doch deutlich gemacht, daß Art. 13 Abs. 2 HVertrRL über seine wörtliche Aussage hinaus bedeute, daß die Mitgliedstaaten neben dem Schriftformerfordernis „keine weiteren Bedingungen aufstellen" dürfen, die dem Provisionsanspruch des Handelsvertreters entgegenstehen könnten. So verstanden stellt Art. 13 Abs. 2 HVertrRL auch eine Beschränkung nationaler Verbotsgesetze dar. **700**

Tatsächlich kann man der Entscheidung nach dem Schutzzweck der Handelsvertreterrichtlinie beipflichten. Denn mit diesem Schutz ist es unvereinbar, den Provisionsanspruch des Handelsvertreters deshalb scheitern zu lassen, weil er eine Vorschrift zum Schutz von Allgemeininteressen verletzt hat, weil (und soweit) sich diese Verbotswidrigkeit nicht auf den Wert seiner Tätigkeit für den Unternehmer auswirkt. Zweifelhaft ist indes, ob sie sich in der vom EuGH formulierten Allgemeinheit halten läßt, denn die Folgen einer Verbotsverletzung für Rechtsgeschäfte sollte man besser mit Rücksicht auf den Schutzzweck des Verbotsgesetz und das Rechtsgeschäft bestimmen. **701**

Ein anderes Beispiel für die Beschränkung nationaler Verbotsvorschriften durch Sekundärrecht ist die Reduzierung der Rechtsfolgen des Nachtarbeitsverbots in § 8 Abs. 1 MuSchG. Im Fall *Habermann-Beltermann* war die bei Vertragsschluß unerkannt schwangere Klägerin mit unbefristetem Vertrag als Nachtwache in dem Altenheim der Beklagten **702**

---

16 Dauses-*Emmerich* H. I Rn. 252f.; *Geiger* Art. 82 EGV Rn. 13; a.M. Grabitz/Hilf-*Koch* Art. 86 EWGV Rn. 87; Schwarze-*Brinker* Art. 82 EGV Rn. 2 (wie Art. 81 Abs. 1 und 2 unmittelbar und direkt anzuwenden).

17 Art. 4 GbEgRL Art. 3 Abs. 2 lit. b GbAbRL.

18 EuGH v. 30.4.1998 – Rs. C-215/97 *Bellone* Slg. 1998, I-2191 Rn. 14.

19 Zu diesem Hintergrund *Fock* ZEuP 2000, 110f.

20 *Fock* ZEuP 2000, 106, 110f., 114.

eingestellt worden. Das vorlegende Arbeitsgericht Regensburg erwog, daß der Arbeitsvertrag unter diesen Umständen nach § 134 BGB wegen Verstoßes gegen das Verbotsgesetz des § 8 Abs. 1 MuSchG nichtig oder doch nach § 119 Abs. 2 BGB wegen Irrtums über eine verkehrswesentliche Eigenschaft anfechtbar (oder schon durch Anfechtung des Arbeitgebers gem. § 142 Abs. 1 BGB nichtig) sein könnte.[21] Der EuGH stellte fest, daß eine solche Nichtigkeitsfolge mit dem Gleichbehandlungsgrundsatz des Art. 2 GbAbRL unvereinbar und auch nicht zum Schutz schwangerer Frauen (Art. 2 Abs. 3 GbAbRL) gerechtfertigt ist.[22]

II. Grundgedanken

703 Die Übersicht zeigt, wie fundamentale Grundsätze des Europäischen Privatrechts als Verbotsgründe wiederkehren, auf denen die Verbotsgesetze beruhen. Vor allem sind das Kartellverbot und das Verbot der Geschlechtsdiskriminierung zu nennen, beides Grundsätze, die sich (für das Diskriminierungsverbot: zumindest teilweise)[23] schon aus dem EG-Vertrag ergeben.

704 Die Grundfreiheiten setzen sich in umgekehrter Richtung gegen zu strenge nationale Verbotsgesetze durch. Entsprechendes kann sich, wie das Beispiel der Handelsvertreterrichtlinie zeigt, aus Vorschriften des Sekundärrechts ergeben. Eine „unmittelbare Drittwirkung" kommt den Grundfreiheiten nur in besonderen Fällen zu. Das ist zum einen dann der Fall, wenn die Vertragsfreiheit dazu mißbraucht wird, die Grundfreiheiten nicht nur im Einzelfall, sondern in ihrem Kern einzuschränken, zum anderen wenn überragende Prinzipien des Primärrechts, bislang vor allem das Verbot der Entgeltdiskriminierung des Art. 141 EG, sich gegenüber der Privatautonomie durchsetzen.

705 Die rechtstechnische Ausgestaltung ist indes bislang wenig ausgeprägt. Das Kartellverbot bestimmt zwar die anfängliche Nichtigkeit *ipso iure,* überläßt aber die Ausgestaltung von Einzelfragen dem nationalen Recht (Rn. 698). In ähnlicher Weise überlassen auch die Gleichbehandlungsrichtlinien Entgelt/Arbeitsbedingungen die Bestimmung der Rechtsfolgen im einzelnen den Mitgliedstaaten (Rn. 699–702).

21 AG Regensburg, EuZW 1993, 552 (nur LS); s.a. BAG, NJW 1989, 929–931.
22 EuGH v. 5.5.1994 – Rs. C-421/92 *Habermann-Beltermann* Slg. 1994, I-1657 Rn. 18, 21–25.
23 Sehr weitgehend jetzt EuGH v. 22.11.2005 – Rs. C-144/04 *Mangold* noch nicht in Slg. Rn. 74f.

Abschnitt 8
Leistungsstörungen

Das Leistungsstörungsrecht ist, wie eine Durchsicht der Regelungen zeigt, für Einzelbereiche schon sehr eingehend geregelt. Da die Leistungsstörungsregime störungs- bzw. vertragsspezifisch ausgestaltet sind, werden sie nachfolgend zunächst für sich erörtert (§§ 25–29). Anschließend ist zu erwägen, ob sich den Regelungen einige Grundgedanken des Leistungsstörungsrechts entnehmen lassen (§ 30). 706

§ 25
Zahlungsverzug im Handelsverkehr

Literatur:

Bucher, Eugen, MORA früher und heute – oder auch: die Verdienste der Römer um ein menschengemäßes, und der Redaktoren des Obligationenrechts um ein neuzeitliches Vertragsrecht, in: Alfred Dufour/Ivo Rens/Rudolf Meyer-Pritzl/Bénédict Winiger (Hrsg.), Pacta, Convention, Contrat – Mélanges en l'honneur du Professeur Bruno Schmidlin, Basel/Frankfurt a.M. 1998, S. 407–432 (zitiert: Bucher FS Schmidlin)

Colombi Ciacchi, Aurelia, Die EG-Richtlinie über den Zahlungsverzug und ihre Umsetzung durch das Schuldrechtsmodernisierungsgesetz, EWS 2002, 306–320

Gsell, Beate, EG-Verzugs-Richtlinie und Reform der Reform des Verzugsrechts in Deutschland, ZIP 2000, 1861–1876

Hänlein, Andreas, Die Richtlinie 2000/35/EG zur Bekämpfung von Zahlungsverzug im Geschäftsverkehr und ihre Umsetzung in Deutschland, EuZW 2000, 680–685

Heinrichs, Helmut, Die EG-Richtlinie zur Bekämpfung von Zahlungsverzug im Geschäftsverkehr und die Reform des Verzugsrechts, in: Reiner Schulze/Hans Schulte-Nölke (Hrsg.), Die Schuldrechtsreform vor dem Hintergrund des Gemeinschaftsrechts, Tübingen 2001, S. 81–100

Kieninger, Eva-Maria, Der Richtlinienvorschlag der Europäischen Kommission zur Bekämpfung des Zahlungsverzugs im Handelsverkehr, WM 1998, 2213–2221

Knapp, Andreas, Das Problem der bewußten Zahlungsverzögerung im inländischen und EU-weiten Handelsverkehr, RabelsZ 63 (1999), 295–329

Leible, Stefan, Die Regelung des Leistungsverzugs im gemeinschaftlichen Sekundärrecht, in: Hans Schulte-Nölke/Reiner Schulze/Ludovic Bernardeau (Hrsg.), Europäisches Vertragsrecht im Gemeinschaftsrecht, Bonn 2002, S. 151–167

Schmidt-Kessel, Martin, Die Zahlungsverzugsrichtlinie und ihre Umsetzung, NJW 2001, 97–103

Schulte-Braucks, Reinhard, Zahlungsverzug in der Europäischen Union, NJW 2001, 103–108

Für den Geschäftsverkehr sieht Art. 3 ZVerzRL Mindeststandards zum Schutz des Zahlungsgläubigers vor. Der Zahlungsschuldner hat grundsätzlich ab Ablauf der Zahlungsfrist Zinsen zu zahlen. Die Zahlungsfrist bestimmt sich nach Vereinbarung, hilfsweise nach den Bestimmungen der Richtlinie. Der gesetzliche Zinssatz ist zusammengesetzt aus einem Bezugszinssatz der EZB und einer dazugerechneten Spanne von sieben Prozentpunkten. Der Gläubiger hat ferner Anspruch auf angemessenen Ausgleich seiner Beitreibungskosten wegen verspäteter Zahlung. 707

I. Anwendungsbereich

708 Die Richtlinie regelt den Zahlungsverzug nur für den Geschäftsverkehr zwischen Unternehmen oder Unternehmen und öffentlichen Stellen (s.a. Rn. 667–684).[1] Das entspricht dem Zweck der Richtlinie, Unternehmen vor dem hohen Aufwand der Schuldbeitreibung und dessen schädigenden Folgen (bis hin zur Insolvenz, BE 7) zu schützen.[2] Verbraucher sind nicht in wirtschaftlich (geschweige denn Binnenmarkt-) relevantem Maße in der Rolle des Zahlungsgläubigers, wenn sie mit Unternehmen Verträge schließen, und zweiseitige Verbraucherverträge sind wohl überwiegend Bargeschäfte. Die schlechte Zahlungsmoral von Verbrauchern im Geschäftsverkehr mit Unternehmen ist freilich nicht minder beklagenswert, doch dürfte sie praktisch massenhafte Auswirkungen v.a. im Mietrecht und beim Automobilkauf haben und führen auch mehrere Verzögerungsfälle regelmäßig nicht zur wirtschaftlichen Bedrängnis des Gläubigers. Wie auch in anderen Fällen der Regelungen der Rechtsbeziehungen zwischen „Unternehmern" sind auch hier öffentliche Stellen miteinbezogen. Die Richtlinie erfaßt daher alle „professionell" Tätigen, im Gegensatz zu den privat Handelnden.

II. Verzugstatbestand

709 Die Richtlinie enthält zwar einen einheitlichen Verzugs*begriff*.[3] Anstelle eines einheitlichen Verzugs*tatbestands*, der Rechtsfolgen auslöst, enthält die Richtlinie indes zwei äußerlich selbständige Ansprüche auf Verzugszinsen[4] und auf Ersatz von Beitreibungskosten[5]. Beide Ansprüche haben aber dieselben drei Voraussetzungen:
(1) der Zahlungstermin ist fruchtlos verstrichen,
(2) der Gläubiger hat seine Pflichten erfüllt und
(3) der Schuldner ist für die Verzögerung verantwortlich.
(4) Eine Mahnung ist nicht erforderlich.

1. Fruchtloses Verstreichen des vereinbarten oder gesetzlichen Zahlungstermins („Zahlungsverzug")

710 „Zahlungsverzug" ist die Nichteinhaltung des Zahlungstermins.[6] Den Zahlungstermin bestimmen nach dem Grundsatz der Vertragsfreiheit die Parteien.[7] Sie können dabei auch eine sogenannte „Nullfrist" vereinbaren, wonach Zahlung bei Lieferung zu leisten ist.[8] Eine wichtige Einschränkung der Vertragsfreiheit stellt allerdings die besondere Mißbrauchskontrolle von Verzugsvereinbarungen dar (Art. 3 Abs. 3–5 ZVerzRL; Rn. 667–684).

---

1 Art. 1 iVm Art. 2 Ziff. 1 ZVerzRL.
2 Zur Zwecksetzung schon oben, Rn. 668–672. Ferner *Schulte-Braucks* NJW 2001, 103f. Zur tatsächlichen Problematik aus der Rechtsprechung z.B. BGH, DB 1956, 110 (vereitelte Investition); BGH, NJW 1983, 758 (entgangener Gewinn aus Aktienspekulation).
3 Art. 2 Nr. 2 ZVerzRL.
4 Art. 3 Abs. 1 lit. c ZVerzRL.
5 Art. 3 Abs. 1 lit. e ZVerzRL.
6 Art. 2 Ziff. 2 ZVerzRL. Begrifflich ist die Regelung uneinheitlich, da Art. 2 Nr. 2 von der Nichteinhaltung der Zahlungsfrist spricht, Art.3 Abs.1 lit. a und b hingegen von Zahlungsfrist und Zahlungstermin sprechen.
7 Art. 3 Abs. 1 lit. a ZVerzRL.
8 Gebauer/Wiedmann-*Schmidt-Kessel* Kap. 4 Rn. 20.

Davon abgesehen macht die Richtlinie nur dispositive Vorgaben über den Fälligkeitszeitpunkt.[9] Der Gläubiger soll den Fälligkeitszeitpunkt auch dann ohne Kenntnis des anwendbaren nationalen Rechts ermitteln können, wenn die Parteien ihn nicht vertraglich festgelegt haben.[10] Von diesem formalen Harmonisierungsgrund abgesehen, ist die inhaltliche Gestaltung des Fälligkeitszeitpunkts von dem Bestreben geprägt, den Zahlungsgläubiger zu schützen (BE 8 ZVerzRL).

Die dispositive Fälligkeitsregelung nennt zunächst einen Grundsatz (Nr. i), der von einer Normalfall-Chronologie ausgeht. Anschließend folgen Sonderregelungen für den Fall, daß diese Chronologie nicht eingehalten wird (Nr. ii und iii). Schließlich bestimmt Nr. iv eine den Grundsatz ergänzende Regelung für den Fall, daß eine Abnahme vorausgesetzt ist. **711**

Für den Normalfall geht die Richtlinie davon aus, daß nach Vertragsschluß zuerst die Lieferung oder Dienstleistung erfolgt und dann die Rechnung gestellt wird. Die Fälligkeit tritt dann grundsätzlich 30 Tage nach Eingang der Rechnung oder einer gleichwertigen Zahlungsaufforderung ein.[11] Da die Rechnung hier ein Verhalten des Schuldners auslösen soll, ist der „Eingang" der richtige Zeitpunkt. Ebenso wie bei den Regeln über den Zugang von Willenserklärungen muß auch hier der maßgebliche Zeitpunkt durch Abgrenzung der jeweiligen Verantwortungsbereiche ermittelt werden. Demnach würde der Zahlungsgläubiger das Transportrisiko und das Risiko tragen, den Zugang nicht beweisen zu können. Um sicher zu gehen, müßte er die Rechnung regelmäßig per Einschreiben versenden. Um dem Gläubiger diese Lasten und dem Zahlungsschuldner den Anreiz zu nehmen, den Zugang einfach zu leugnen, bestimmt die Richtlinie zweitens, daß die 30-tägige Frist mit Empfang der Güter oder Dienstleistungen beginnt, wenn der Eingang der Zahlungsaufforderung nicht bewiesen werden kann (er unsicher ist).[12] Geht – drittens – die Zahlungsaufforderung (abweichend von der Normalfall-Chronologie) ein, bevor der Schuldner die vereinbarte Leistung „empfangen" hat, so beginnt die 30-tägige Frist gleichwohl erst mit Empfang der Leistung. In zahlungsschuldnerfreundlicher Weise macht die Regelung damit den Leistungserfolg zur Voraussetzung für den Beginn der gesetzlichen Zahlungsfrist (und damit letztlich des Verzugstatbestands).[13] Dahinter steht wohl der Gedanke, daß der Empfang der Leistung in diesem Fall ein letzter Zahlungsappell ist bzw. umgekehrt die Rechnung noch keine Appellfunktion hat, wenn der Zahlungsschuldner die Leistung noch nicht erhalten hat (s. noch Rn. 714). **712**

Eine konsequente Fortsetzung des Grundsatzes ist die Sonderregelung für den Fall, daß ein „Abnahme- oder Überprüfungsverfahren" (nachfolgend auch „Abnahme") gesetzlich oder vertraglich vorgesehen ist. Ein Abnahme- oder Überprüfungsverfahren ist **713**

---

9 Art. 3 Abs. 1 lit. b ZVerzRL. Regeln zur Fälligkeit enthalten Art. 10 HVertrRL, Art. 7 FARL, Art. 6 ÜwRL.

10 Vgl. BE 10 ZVerzRL; deutlicher noch BE 8 ZVerzEmpf.

11 Art. 3 Abs. 1 lit. b Nr. i ZVerzRL. Für „bestimmte, in den nationalen Rechtsvorschriften zu definierende Vertragsarten" können die Mitgliedstaaten die Frist auf 60 Tage heraufsetzen, vorausgesetzt, daß sie (1) den Parteien eine Fristüberschreitung untersagen oder (2) bestimmen, daß ab diesem Zeitpunkt erheblich über dem gesetzlichen Zinssatz liegende Zinsen zu zahlen sind; dazu *Schulte-Braucks* NJW 2001, 103, 106; kritisch *Gsell* ZIP 2000, 1861, 1866.

12 Art. 3 Abs. 1 lit. b Nr. ii ZVerzRL. Kritisch *Zaccaria* EuLF (UK) 2000, 386, 391.

13 Zum Verhältnis von Art. 3 Abs. 1 lit. b Nr. iii und lit. c Nr. i sogleich im Text, unter Rn. 716 (Cellistin-Beispiel): Die Einrede des nichterfüllten Vertrags kann auch im Fall von lit. b Nr. iii eine Rolle spielen, soweit es um ausstehende Nebenleistungen geht.

eine (formalisierte oder formlose) Prüfung, ob die Güter oder Dienstleistungen der Vereinbarung entsprechen. Entsprechend dem Grundsatz von Art. 3 Abs. 1 lit. b Nr. i beginnt die Zahlungsfrist mit Eingang der Rechnung oder gleichwertigen Zahlungsaufforderung; – das Erfordernis, daß der Schuldner die Zahlungsaufforderung „erhält" kann, da eine andere Wertung hier nicht gerechtfertigt ist, nicht anders als der „Eingang" nach Nr. i ausgelegt werden und bedeutet also den Zugang. Auch hier geht die Richtlinie davon aus, daß der Zahlungsaufforderung die Appellfunktion fehlt, solange die Abnahme noch nicht erfolgt ist. Der Fristlauf beginnt daher frühestens mit der Abnahme.[14] Durch das Abnahmeerfordernis hängt der Fristlauf von der Mitwirkung des Schuldners ab, soweit er (und nicht ein Dritter) die Leistung als vertragsgemäß zu prüfen hat. Entsprechend dem Schutzzweck der Regelung wird man eine Abnahmeverweigerung schon von Gemeinschaftsrechts wegen der Abnahme gleichstellen müssen.[15]

2. Keine Einrede des nichterfüllten Vertrags

714 Die Richtlinie betrifft nur gegenseitige Verträge, und bei diesen sind Leistung und Gegenleistung von vornherein mit einander verbunden. Das entspricht der regelmäßigen Intention der Parteien, da wer gibt, um etwas dafür zu erhalten, eine Verbindung der wechselseitigen Pflichten will.[16] Von diesem Grundsatz der Verbindung von Leistung und Gegenleistung geht die Richtlinie aus, wenn ein Element des Verzugstatbestandes ist, daß der Zahlungsgläubiger seine vertraglichen und gesetzlichen Verpflichtungen erfüllt haben muß.[17] Die Regelung entspricht im Grundsatz der Rechtslage in Deutschland: Ist auch die Verzugsrelevanz von Einreden im einzelnen umstritten, so wirkt doch die Einrede des nichterfüllten Vertrags als anfängliche Verbindung der wechselseitigen Pflichten nach ständiger Rechtsprechung verzugshindernd.[18]

715 Die Richtlinie nennt die Voraussetzung, daß der Zahlungsgläubiger seine eigenen Verpflichtungen erfüllt haben muß, nur für den Anspruch auf Zinsen ausdrücklich, nicht hingegen für den Anspruch auf Ersatz der Beitreibungskosten. Indes wird man diese Voraussetzung als bare Selbstverständlichkeit und unter dem Gesichtspunkt der Wertungseinheit auch für jenen Tatbestand hinzuzulesen haben, da nicht einzusehen ist, warum der Gläubiger zwar Beitreibungskosten, nicht aber Zinsen verlangen können soll, obwohl beiden gleichermaßen (auch) ein Element des Schadensersatzes innewohnt.[19]

716 Bereits dem Regelungszusammenhang nach ist nur die Erfüllung von Vertragspflichten Verzugsvoraussetzung. Gegenforderungen aus anderen Schuldverhältnissen, auch wenn sie „nach Treu und Glauben" bei der Geltendmachung des Zahlungsanspruchs zu berücksichtigen sind[20] (z.B. aus einem selbständigen früheren Vertrag oder ungerechtfertigter

14 Art. 3 Abs. 1 lit. b Nr. iv ZVerzRL.

15 Ebenso *Schmidt-Kessel* NJW 2001, 97, 98.

16 *Larenz* Schuldrecht I, § 23 Ic (S. 349f.).

17 Art. 3 Abs. 1 lit. c Nr. i ZVerzRL. Die systematische Stellung in lit. c – nach dem vereinbarten Zahlungstermin in lit. a und dem gesetzlichen Zahlungstermin in lit. b – macht deutlich, daß dieses negative Tatbestandsmerkmal auch für den Fall des vereinbarten Zahlungstermins gilt.

18 S. nur *Larenz* Schuldrecht I, § 23 Ic (S. 349–352).

19 I.E. ebenso *Gsell* ZIP 2000, 1861, 1867; a.M. *Schmidt-Kessel* NJW 2001, 97, 99; Gebauer/Wiedmann-*Schmidt-Kessel,* Kap. 4 Rn. 16.

20 Zu dieser Definition der Konnexität bei § 273 BGB RGZ 134, 144, 146; RGZ 158, 6, 14; BGHZ 47, 157, 167; BGHZ 115, 99, 103f.

Bereicherung), hindern den Verzugseintritt hingegen nicht.[21] Das ist mit dem Regelungszweck vereinbar, der von den Parteien gewollten anfänglichen Verbindung der wechselseitigen Ansprüche Rechnung zu tragen. Andererseits verhindert aber nicht nur die Nichterfüllung der synallagmatischen Hauptpflichten den Zahlungsverzug, sondern die Nichterfüllung irgendeiner vertraglich oder gesetzlich begründeten Vertragspflicht.[22] Liefert beispielsweise der Geigenbauer der (freiberuflich tätigen) Cellistin vertragswidrig die Dokumente nicht, die die Herkunft des verkauften Instruments bestätigen, so kommt die Cellistin nicht in Zahlungsverzug. Insofern kommt die Richtlinienregelung dem Zahlungsschuldner weiter entgegen als die des BGB.[23] Bezeichnet man die Voraussetzung, daß der Schuldner seine Verpflichtungen erfüllt hat, als Einrede des nichterfüllten Vertrags, so muß man sich daher bewußt sein, daß diese mit jener des deutschen Rechts nicht identisch ist.[24]

3. Verantwortlichkeit des Schuldners

Näherer Bestimmung bedarf das Erfordernis der „Verantwortlichkeit".[25] Wie bei anderen unbestimmten Rechtsbegriffen ist auch hier zuerst zu klären, ob es sich um einen gemeinschaftsautonom auszulegenden Begriff handelt. Dafür spricht schon, daß das Erfordernis jetzt in den Text aufgenommen wurde, während es im ersten Entwurf noch nicht enthalten war. Hinzu kommt, daß nicht von der „Verantwortlichkeit nach dem anwendbaren Recht" die Rede ist. Das würde – drittens – aber auch nicht dem Zweck der Richtlinie entsprechen, denn die – durch die Abgrenzung der Verantwortungsbereiche mitbestimmten – Zahlungsfristen sollten vereinheitlicht werden, so daß die Risiken der grenzüberschreitenden Geschäfte jenen der Inlandsgeschäfte entsprechen (BE 8, 9, 10, ZVerzRL). Dieser Zweck würde aber vereitelt, wenn es je nach Rechtsordnung auf eine unterschiedlich definierte Verantwortlichkeit ankäme. Das Tatbestandsmerkmal der „Verantwortlichkeit" ist daher gemeinschaftsautonom auszulegen. 717

Für die nähere Bestimmung der Zahlungsrisiken macht die Richtlinie indes keine Vorgaben. Schon der Wortlaut der Regelung („verantwortlich") spricht indes gegen die Annahme, es solle hier auf ein Verschulden i.S. einer subjektiven Vorwerfbarkeit ankommen.[26] Hinzukommt, daß beispielsweise das deutsche Recht, das im Grundsatz dem Verschuldensprinzip folgt, eine subjektive Vorwerfbarkeit des Geldmangels zumeist annimmt („Geld muß man haben").[27] Die möglichen Ausnahmen vom grundsätzlichen Vertreten- 718

---

21 Ebenso für die Einrede des Zurückbehaltungsrechts nach deutschem Recht (§ 273 BGB) *Larenz* Schuldrecht I, § 23 Ic (S. 351).

22 Ebenso mangels abweichender Abrede nach Art. 9:201 iVm Art. 7:102 Abs. 3, 7:104 [„gleichzeitige" Leistung] EP; Art. 7.1.3. Abs. 1 i.V.m. Art. 6.1.1., 6.1.4 Abs. 1 UP.

23 Nach h.M. wirkt nur die Einrede des nichterfüllten Vertrags des § 320 BGB verzugshindernd, nicht auch die Einrede des Zurückbehaltungsrechts; näher *Larenz* Schuldrecht I, § 23 Ic (S. 351); Palandt-*Heinrichs* § 286 Rn. 12f.; Staudinger-*Löwisch* (2004) § 286 Rn. 24–26. Auch nach Art. 58 Abs. 1 S. 1 CISG hat der Käufer nur Zug um Zug gegen Ware bzw. Dokumente zu zahlen; das Zurückbehaltungsrecht des Verkäufers nach Art. 58 Abs. 1 S. 2 CISG soll aber weitergehen, Staudinger-*Magnus* (1999) Art. 58 CISG Rn. 23.

24 Verkürzend daher U. *Huber* JZ 2000, 957, 958.

25 Art. 3 Abs. 1 lit. c Nr. ii und lit. e ZVerzRL.

26 Ähnlich *Schulte-Braucks* NJW 2001, 103, 105f.; grundsätzlich auch Gebauer/Wiedmann-*Schmidt-Kessel,* Kap. 4 Rn. 25; zweifelnd *Leible* in: Europäisches Vertragsrecht im Gemeinschaftsrecht, S. 160f.

27 *Medicus* AcP 188 (1988) 489–510; *ders.* in: Vertragsrechtsvereinheitlichung, S. 185.

müssen finanziellen Unvermögens, die ein auf dem Verschuldensprinzip beruhendes Vertragsrecht anerkennen mag,[28] dürften im Geschäftsverkehr praktisch keine Rolle spielen. Schließlich wird das Verschuldenserfordernis jedenfalls im Hinblick auf den Zinsanspruch für unangemessen gehalten, da es dabei nicht nur um einen Schadensausgleich geht, sondern auch um die Abschöpfung von Vorteilen, die dem Gläubiger gebühren.[29]

719 Inwieweit sich aus den anderen Leistungsstörungsregelungen weitere Hinweise für die Auslegung des Begriffs der Verantwortlichkeit ergeben, ist im Rahmen der abschließenden Untersuchung der Grundgedanken zu erörtern (Rn. 867f.).

4. Kein Mahnungserfordernis

720 Anders als nach früherem deutschen bürgerlichen Recht[30] setzt der Zahlungsverzug keine Mahnung voraus. Das entspricht dem Standard des UN-Kaufrechts und, soweit es um den Zinsanspruch geht, des deutschen Handelsrechts.[31] Anders als noch im Entwurf ist das in der Richtlinie nur noch für den gesetzlichen Zahlungstermin ausdrücklich bestimmt.[32] Es gilt aber, wie sich aus der abschließenden Regelung der Verzugsvoraussetzungen *e silencio* ergibt, auch für den Fall des vereinbarten Zahlungstermins.[33] Selbstverständlich können die Parteien in den Grenzen der Inhaltskontrolle des Absatz 3 (Rn. 667–684) über die Verzugsvoraussetzungen disponieren und also auch ein Mahnungserfordernis einführen.

721 Ginge es bei der Regelung um den Verzug schlechthin, so wäre zu fragen, ob ein Europäisches Privatrecht ernstlich auf das „humane Element“[34] der *interpellatio* verzichten möchte.[35] Der Verzicht auf das Mahnungserfordernis ist indes im Zusammenhang mit dem begrenzten Anwendungsbereich zu sehen.[36] Im kaufmännischen Verkehr wird ja auch im deutschen Recht der Zinsanspruch nicht an eine Mahnung geknüpft, sondern als Fälligkeitszins zugegeben. Weil Kaufleute ihr Geld üblicherweise gewinnbringend verwenden, ist diese Regelung angemessen.

III. Rechtsfolgen

722 Ist der Verzugstatbestand erfüllt, hat der Zahlungsgläubiger Anspruch auf Zahlung von Verzugszinsen und auf Ersatz seiner Beitreibungskosten.

---

28 Dazu *Medicus* AcP 188 (1988), 489, 501–510.

29 *Bucher* FS Schmidlin, S. 422: „Im Sonderfall des Verzugs in Geldzahlungen, bei Verzugszinsen, macht das Verschuldenserfordernis aber keinen Sinn: Von der Vorstellung des Schadens und einer diesbezüglichen Ersatzleistung muß man sich trennen, da nicht bloß der Gläubiger einen Nachteil hat, sondern der Schuldner aus der Verfügbarkeit der geschuldeten Geldmittel einen Vorteil zieht.“

30 Jetzt § 286 BGB. Zum Mahnungserfordernis in anderen Mitgliedstaaten *Schmidt-Kessel* JZ 1998, 1135, 1139.

31 Art. 78 CISG; § 353 S. 1 HGB. Ebenso auch das englische Recht, *Hau* ZVglRWiss 98 (1999), 260, 270.

32 Art. 3 Abs. 1 lit. b ZVerzRL.

33 A.M. *Hänlein* EuZW 2000, 680, 682.

34 *Bucher* FS Schmidlin, S. 412–414.

35 Kritisch gegenüber den Einheitsregeln der EP und UP insoweit *Medicus* in: Vertragsrechtsvereinheitlichung, S. 183–185.

36 A.M. *Leible* in: Europäisches Vertragsrecht im Gemeinschaftsrecht, S. 158f. (allgemeiner Grundsatz).

1. Verzugszinsen

Die Höhe der Verzugszinsen bestimmt sich in den Grenzen der Inhaltskontrolle des Art. 3 Abs. 3 ZVerzRL (Rn. 667–684) nach der Vereinbarung der Parteien. Fehlt eine (wirksame) Vereinbarung, so gibt die Richtlinie einen Zinssatz vor.[37] Er ist definiert als die Summe von Bezugszinssatz und Spanne. Der Bezugszinssatz ist der Hauptrefinanzierungszinssatz der EZB (Art. 3 Abs. 1 lit. d). Dieser Zinssatz gilt ab dem ersten Kalendertag des betreffenden Halbjahres für die folgenden sechs Monate (Art. 3 Abs. 1 lit. d S. 3). Die Spanne beträgt sieben Prozentpunkte (Art. 3 Abs. 1 lit. d S. 1). 723

Der Bezugszinssatz soll gewährleisten, daß die Verzugszinsen der Zinsbewegung auf den europäischen Märkten entsprechen. Die aufgeschlagene Spanne von sieben Prozentpunkten dient einerseits der Abschreckung,[38] ist aber andererseits so berechnet, „daß die gesetzlich festgelegten Verzugszinsen der Mitgliedstaaten ein durchschnittliches mittelständisches Unternehmen für die Finanzkosten entschädigt, die den Zinsen für unvorhergesehene Überziehungskredite entsprechen".[39] Der Präventionszweck soll daher im Rahmen des Zinsanspruchs dadurch verwirklicht werden, daß der Gläubiger vollen Ersatz seiner Finanzierungskosten erhält. Der Zinsanspruch ist als ein pauschalierter Mindestschaden, nicht eine davon unabhängige Sanktion konzipiert. Freilich steht dem Schuldner der Nachweis eines geringeren Schadens nicht offen. Die Begründung weist zudem auf ein bereicherungsrechtliches Element hin, insofern die Zahlungsverzögerung dem Schuldner bei den bisher in den Mitgliedstaaten üblichen niedrigen Verzugszinsen einen Vorteil brachte (BE 16 S. 1). Dieser Vorteil gebührt dem Gläubiger, auch wenn er an seinem Vermögensbestand keinen Nachteil erlitten hat. 724

2. Ersatz von Beitreibungskosten

Der Gläubiger kann außerdem einen „angemessenen Ersatz aller Beitreibungskosten" verlangen (Art. 3 Abs. 1 lit. e ZVerzRL). Sprachlich ist die deutsche Fassung schwer verständlich, da einerseits der Ersatz auf das Angemessene beschränkt ist, andererseits der Ersatz „aller Kosten" vorgegeben scheint, also scheinbar doch voller, nicht durch die Angemessenheit beschränkter Schadensersatz gemeint ist *(make whole relief)*. Die französische und die englische Textfassung[40] weisen indes unmißverständlich aus, daß es nur um einen „angemessenen Ersatz" geht, der im Deutschen besser mit „angemessene Entschädigung" beschrieben wäre, nicht um einen vollen Schadensersatz. Nur soll eben eine Angemessenheit für *alle Posten* der Beitreibungskosten gewährt werden. 725

Zu den Beitreibungskosten dürften jedenfalls die Kosten der Mahnung – auch der ersten Mahnung –, die Kosten eines Drittinkasso durch Einschaltung einer Inkassofirma oder eines Rechtsanwalts[41] sowie die Gerichtskosten zu rechnen sein.[42] Da die Richtlinie 726

37 Die Höhe der Verzugszinsen ist freilich ganz unglücklich unabhängig von ihrer gesetzlichen oder vertraglichen Bestimmung als „gesetzlicher Zinssatz" legaldefiniert; Art. 3 Abs. 1 lit. d S. 1 ZVerzRL.

38 BE 16 S. 2 ZVerzRL nennt den Präventionsgedanken vornehmlich („auch") im Hinblick auf die Beitreibungskosten.

39 Begründung zu Art. 3 V-ZVerzRL, abgedr. in ZIP 1998, 1614, 1618. Dieselben Erwägungen spiegelt auch die Vorschrift über die Anpassung des gesetzlichen Verzugszinssatzes wieder, Art. 3 Abs. 2.

40 Reasonable compensation from the debtor for all relevant recovery costs incurred; un dédommagement raisonnable pour tous les frais de recouvrement encourus.

41 Offengelassen von EuGH v. 10.3.2005 – Rs. C-235/03 *QDQ Media* noch nicht in Slg.

42 *Hänlein* EuZW 2000, 680, 684.

alle Kosten erfassen möchte, sind dazu aber – anders als im bisherigen deutschen Schadensersatzrecht –[43] auch die Kosten für die aufgewendete Arbeitskraft („Verwaltungskosten") zu rechnen; das entspricht auch dem Präventionszweck der Regelung.[44]

727 Die Angemessenheit des Ersatzes bestimmt sich nach den Grundsätzen der Transparenz und der Verhältnismäßigkeit zum Schuldbetrag.[45] Das *Transparenzerfordernis* ist in diesem Zusammenhang freilich nicht leicht verständlich. Zu denken ist zunächst an die Transparenz der Entschädigungsberechnung. Wäre man beim Schadensersatz geblieben, so hätte der Schuldner seinen Schaden nachweisen müssen und Transparenz wäre auf diese Weise gewährleistet gewesen.[46] Für eine Entschädigung sollte nichts anderes gelten, da auch sie auf den Ausgleich eines erlittenen Nachteils abstellt. Indes muß man die Regelung wohl dahin verstehen, daß der Gläubiger auch dann eine Entschädigung erhalten können soll, wenn er einen Schaden nicht genau beziffern kann.[47] Das kann etwa bei Ersatz für den „bloßen" Aufwand eigener Arbeitskraft und Zeit eine Rolle spielen. Dann läuft die Bestimmung der Höhe auf eine Schätzung hinaus, für die man in der Tat zum Schutz des Schuldners eine gewisse Transparenz der Ermittlung verlangen kann.

728 Das Erfordernis der *Verhältnismäßigkeit* dürfte eine weitere Beschränkung zum Schutze des Schuldners darstellen und nicht umgekehrt eine Erhöhung des Entschädigungsbetrags über die entstandenen Beitreibungskosten hinaus rechtfertigen. Anderes gebietet auch der Präventionszweck nicht, da die Höhe der Hauptforderung bereits Auswirkungen auf die Zinsen hat. Auch Art. 3 Abs. 1 lit. e S. 3 ZVerzRL läßt den Mitgliedstaaten nur die Möglichkeit, *Höchst*beträge für die Beitreibungskosten vorzusehen, nicht auch Mindestbeträge. Dem Verhältnismäßigkeitsgrundsatz dürfte daher keine eigenständige Rolle bei der Bemessung der *angemessenen* Entschädigung zukommen, da die Angemessenheit die Verhältnismäßigkeit bereits umfaßt. Für eine weitere Beschränkung des ohnehin schon nur angemessenen und nicht vollen Ausgleichs der Beitreibungskosten besteht kein Anlaß.

---

43 BGHZ 66, 112, 114; Palandt-*Heinrichs* § 286 Rn. 48.

44 Wohl in dieselbe Richtung Gebauer/Wiedmann-*Schmidt-Kessel* Kap. 4 Rn. 27.

45 Art. 3 Abs. 1 lit. 3 S. 2 ZVerzRL.

46 Siehe nur für den Ersatz von Aufwendungen wegen Verzugs Staudinger-*Löwisch* (2001) § 286 Rn. 14–19.

47 Wohl a.M. *Zaccaria* EuLF (UK) 2000, 386, 393, der die Bestimmung dem *Schuldner*schutz zuordnet.

§ 26
Gewährleistung bei Verbraucherkaufverträgen

Literatur:

Beale, Hugh/Howells, Geraint, EC Harmonisation of Consumer Sales Law – A Missed Opportunity?, J.Contract L. 12 (1997), 21–46

Büdenbender, Ulrich, Die Bedeutung der Verbrauchsgüterkaufrichtlinie für das deutsche Kaufrecht nach der Schuldrechtsreform, ZEuP 2004, 36–58

Grundmann, Stefan/Bianca, Massimo C., EU-Kaufrechts-Richtlinie – Kommentar, Köln 2002

Grundmann, Stefan/Medicus, Dieter/Rolland, Walter (Hrsg.), Europäisches Kaufgewährleistungsrecht – Reform und Internationalisierung des deutschen Schuldrechts, Köln/Berlin/Bonn/München 2000

Grundmann, Stefan, Verbraucherrecht, Unternehmensrecht, Privatrecht – warum sind sich UN-Kaufrecht und EU-Kaufrechts-Richtlinie so ähnlich?, AcP 202 (2002), 40–71

Hondius, Ewoud, Kaufen ohne Risiko: Der europäische Richtlinienentwurf zum Verbraucherkauf und zur Verbrauchergarantie, ZEuP 1997, 130–140

Huber, Ulrich, Einheitliches Kaufrecht und europäische Privatrechtsvereinheitlichung, in: Ole Due/Marcus Lutter/Jürgen Schwarze (Hrsg.) Festschrift für Ulrich Everling, Band I, Baden-Baden 1995, S. 493–509

Jud, Brigitta, Regreßrecht des Letztverkäufers – Art. 4 der RL 99/44/EG über den Verbrauchsgüterkauf und die Reform in Österreich und in Deutschland, ZfRV 2001, 201–219

Magnus, Ulrich, Der Regreßanspruch des Letztverkäufers nach der Richtlinie über den Verbrauchsgüterkauf, in: Jürgen Basedow/Isaak Meier/Anton K. Schnyder/Talia Einhorn/Daniel Girsberger (Hrsg.), Private Law in the International Arena – From National Conflict Rules Towards Harmonisation and Unification – Liber Amicorum Kurt Siehr, Den Hag 2000, S. 429–443 (zitiert: Magnus FS Siehr)

Mansel, Heinz-Peter, Kaufrechtsreform in Europa und die Dogmatik des deutschen Leistungsstörungsrechts: Kaufrecht in Europa nach der Umsetzung der Verbrauchsgüterkauf-Richtlinie, AcP 204 (2004), 396–456

Ranieri, Filippo, Europäisches Obligationenrecht, 2. Aufl. Wien/New York 2003, Kapitel 6

Repgen, Tilman, Kein Abschied von der Privatautonomie – Die Funktion des zwingenden Rechts in der Verbrauchsgüterkaufrichtlinie, Paderborn/München/Wien/Zürich 2001

Riesenhuber, Karl, Freedom of Contract and Information in the Sales Directive, in: Stefan Grundmann/Wolfgang Kerber/Stephen Weatherill (Hrsg.), Party Autonomy and the Role of Information in the Internal Market, Berlin/New York 2001, S. 348–370

Schäfer, Peter/Pfeiffer, Karen, Die EG-Richtlinie über den Verbrauchsgüterkauf – Gesetzgeberische Alternativen und wirtschaftliche Folgen ihrer Umsetzung in deutsches Recht, ZIP 1999, 1829–1837

Schermaier, Martin Josef (Hrsg.), Verbraucherkauf in Europa – Altes Gewährleistungsrecht und die Umsetzung der Richtlinie 1999/44/EG, München 2003

Schlechtriem, Peter, Verbraucherkaufverträge – ein neuer Richtlinienentwurf, JZ 1997, 441–446

Schlechtriem, Peter, Das geplante Gewährleistungsrecht im Lichte der europäischen Richtlinie zum Verbrauchsgüterkauf, in: Reinhard Zimmermann/Wolfgang Ernst (Hrsg.), Zivilrechtswissenschaft und Schuldrechtsreform, Tübingen 2001, S. 205–224

Schlechtriem, Peter, Internationales UN-Kaufrecht, 3. Aufl. Tübingen 2005

Schnyder, Anton K./Straub, Ralf Michael, Das EG-Grünbuch über Verbrauchsgütergarantien und Kundendienst – Erster Schritt zu einem einheitlichen EG-Kaufrecht?, ZEuP 1996, 8–74

Schurr, Francesco A., Die neue Richtlinie 99/44/EG über den Verbrauchsgüterkauf und ihre Umsetzung – Chancen und Gefahren für das deutsche Kaufrecht, ZfRV 1999, 222–229

I. Vorbemerkung: Zur Genese und Auslegung der Kaufgewährrichtlinie

729 Einen Ausschnitt des Kaufgewährleistungsrechts regelt die Kaufgewährrichtlinie. Die Regelung ist von dem Vorbild des Wiener UN-Kaufrechtsübereinkommen – *Convention on the International Sale of Goods* (CISG) – inspiriert,[1] weicht von diesem indes in verschiedener Hinsicht ab. Für die Auslegung der Richtlinie ist es verlockend, die vorliegende Literatur und Rechtsprechung zum Wiener UN-Kaufrecht heranzuziehen. Das wird teils unter Berufung auf die Entstehungsgeschichte, teils unter Hinweis auf die Identität der Regeln und teils unter mehr oder minder offenem Hinweis auf einen weitgehenden Vereinheitlichungswunsch befürwortet. Mit dem Hinweis auf die Modellfunktion des CISG läßt sich die „angleichende Auslegung“ indes nicht schon begründen, denn angesichts erkennbarer Regelungsdivergenzen kann man nicht davon ausgehen, daß der Gesetzgeber eine (statische oder dynamische) Verweisung auf das Übereinkommen wollte.[2] Für eine solche Verweisung hätte es eines ausdrücklichen Hinweises bedurft. Selbst soweit der Wortlaut der Regelungen übereinstimmt, rechtfertigt dies keine unbesehene Übernahme von Ergebnissen der Auslegung des CISG, denn damit würde die Richtlinie zu Unrecht aus der Gesamtheit der Regeln des Europäischen Privatrechts herausgelöst. Die Richtlinie ist aus sich selbst heraus und als Teil des Ganzen zu verstehen. Daß die Richtlinie trotz einiger Parallelen anderen Prinzipien folgen muß als das UN-Übereinkommen, wird vollends deutlich, wenn man sich die unterschiedlichen Regelungsbereiche vor Augen führt: Internationaler Handelskauf einerseits und Verbraucherkauf (im Binnenmarkt) andererseits.[3] Das schließt freilich nicht aus, der Vorbildregelung *Anregungen* für das Verständnis der Richtlinie zu entnehmen.[4]

II. Anwendungsbereich

730 Die KGRL regelt für Kauf- und Werkverträge[5] über bewegliche Sachen („Verbrauchsgüter“)[6] zwischen beruflich oder gewerblich handelnden Verkäufern (Art. 1 Abs. 2 lit. b KGRL) und Verbrauchern (Rn. 183–185) das Gewährleistungsrecht – ohne den Anspruch auf Schadensersatz – sowie den Rückgriff des Verkäufers.

---

1 Kritisch gegenüber der Angleichung des *Verbraucher*kaufrechts an das Recht der internationalen Handelskäufe *Junker* DZWiR 1997, 271, 278; befürwortend *Grundmann* AcP 202 (2002), 40–71.

2 *Grundmann/Riesenhuber* JuS 2001, 529, 530f.

3 Auch aus diesem Grund kommt eine „angleichende Auslegung“ von Unidroit Principles und European Principles nicht in Betracht; andeutungsweise auch *Ernst* in: Vertragsrechtsvereinheitlichung, S. 130–132. Auf große Ähnlichkeiten von KGRL und CISG weist indes hin *Grundmann* AcP 202 (2002), 40–71.

4 Ähnlich Langenbucher-*Herresthal* § 2 Rn. 153; Gebauer/Wiedmann-*Leible* Kap. 9 Rn. 24.

5 Verträge über die Lieferung herzustellender oder zu erzeugender Verbrauchsgüter, Art. 1 Abs. 4.

6 Ausgenommen sind (1) bestimmte Gegenstände (Leistungen der Versorgungsunternehmen: Wasser, Gas und Strom, Art. 1 Abs. 2 lit. b Sps. 2 und 3 KGRL) sowie (2) Verträge, die unter besonderen Umständen geschlossen wurden ([a] auf Grund von Zwangsvollstreckungs- und anderen gerichtlichen Maßnahmen Art. 1 Abs. 2 lit. b Sps. 1 KGRL sowie [b], nach Option der Mitgliedstaaten, gebrauchte Sachen, „die in einer öffentlichen Versteigerungen verkauft werden, bei der Verbraucher die Möglichkeit haben, dem Verkauf persönlich beizuwohnen“, Art. 1 Abs. 3 KGRL).

III. Gewährleistungstatbestand

1. Fehlende Vertragsgemäßheit[7]

a) Bestimmung der Vertragsgemäßheit nach der aktuellen oder hypothetischen Vereinbarung

Zuerst trifft die KGRL – dem Vorbild des CISG[8] folgend –[9] eine Bestimmung der Vertragsgemäßheit, also der Beschaffenheit, die bei Lieferung vorliegen muß.[10] Für das Verständnis der Vorschrift und ihr Zusammenspiel mit den zwingenden Gewährleistungsrechten ist der Grundsatz der Vertragsfreiheit zentral. Ausgangspunkt für die Bestimmung der Vertragsgemäßheit ist naturgemäß die Vertragsabrede (Art. 2 Abs. 1). Nur soweit eine Abrede fehlt, ist die Vertragsgemäßheit nach den Bestimmungen des Art. 2 Abs. 2 zu ermitteln (BE 8 S. 2 KGRL).[11] Daran mag man „nichts Aufregendes oder Verbraucherschützendes" finden,[12] doch verdient hervorgehoben zu werden, daß die Richtlinie damit im Grundsatz von einem subjektiven, von den Parteien bestimmten „Fehlerbegriff" ausgeht, und nicht einem objektiven, etwa nach den berechtigten Verbrauchererwartungen[13] definierten Maßstab folgt.[14] Das Gewährleistungsrecht schützt die Vertragsvereinbarung, und Verbraucherschutz ist demnach auch insoweit ein Schutz der Selbstbestimmung. Von diesem Grundgedanken ausgehend sind die in Absatz 2 nachfolgenden Kriterien, die mangels ausdrücklicher oder konkludenter Abrede der Parteien angewandt werden, als (ergänzende) Auslegung des Parteiverhaltens mit dem Ziel einer Annäherung an den mutmaßlichen Parteiwillen zu verstehen.[15] Daß der Gesetzgeber selbst den mutmaßlichen *Parteiwillen* bestimmen und nicht sich oder das Gericht als Vertragskommissar installieren wollte, bestätigt die Versicherung in der Präambel, die Kriterien des Absatz 2 bedeuteten „keine Einschränkung der Vertragsfreiheit", BE 8 S. 1 KGRL. 731

---

7 Nachfolgend werden auch die Begriffe der Mangelfreiheit bzw. der Mangelhaftigkeit verwandt, ohne daß damit sachlich Abweichendes bezeichnet wird.

8 Art. 35 CISG; dazu statt aller *Schlechtriem* UN-Kaufrecht, Rn. 132ff.

9 KOM (95) 520 endg., Begründung zu Art. 2 (abgedruckt in ZIP 1996, 1845, 1850): „*Absatz 1:* Der Grundsatz der Vertragsmäßigkeit kann als gemeinsame Basis der unterschiedlichen einzelstaatlichen Rechtstraditionen betrachtet werden. Auch im Wiener Übereinkommen von 1980 über (zwischen Gewerbetreibenden geschlossene) Verträge über den internationale Warenkauf ist die Vertragsmäßigkeit als Kriterium verankert." *Staudenmayer* ERPL 2000, 547, 551.

10 Für Vertragswidrigkeiten, die binnen sechs Monaten nach Lieferung offenbar werden, trifft den Lieferer die Beweislast dafür, daß sie erst nach Lieferung eingetreten sind, also nicht schon anfänglich bestanden; Art. 5 Abs. 3; s. sogleich, Rn. 736–738.

11 Str. Wie hier *Grundmann* in: Europäisches Kaufgewährleistungsrecht, S. 297, 299–301; Gebauer/Wiedmann-*Leible* Kap. 9 Rn. 34; i.E. wohl auch *Lehmann* JZ 2000, 280, 283.

12 *Medicus* ZIP 1996, 1225, 1226.

13 Tendenziell anders noch Grünbuch, KOM(93) 509, S. 30–39; dazu *Schnyder/Straub* ZEuP 1996, 8, 16 und (zust. Stellungnahme) 45–48. Zu Art. 2 Abs. 2 lit. d KGRL sogleich im Text.

14 Ebenso *Grundmann* AcP 202 (2002), 40, 45f.; *Jorden/Lehmann* JZ 2001, 952, 953; *Repgen* Kein Abschied von der Privatautonomie (2001), S. 64–67; *Schurr* ZfRV 1999, 222, 225.

15 Ebenso *Grundmann* in: Europäisches Kaufgewährleistungsrecht, S. 298f.; *Schlechtriem* in: Zivilrechtswissenschaft und Schuldrechtsreform, S. 214f.; impliziter *Staudenmayer* NJW 1999, 2393, 2394. BE 8 KGRL spricht von „Vermutungen ..., die die meisten normalen Situationen abdecken". Siehe bereits oben, Rn. 427.

732 Ohne weitere Vereinbarung bestimmt sich die Vertragsmäßigkeit nach der Verkäuferbeschreibung oder den Eigenschaften einer von ihm begebenen Probe bzw. eines Musters (Art. 2 Abs. 2 lit. a). Hat der Käufer offengelegt, daß er mit der Ware einen bestimmten Zweck verfolgt, und hat der Verkäufer dem „zugestimmt", so bestimmt sich die Vertragsgemäßheit nach diesem Zweck (lit. b). Gegenüber dem Gemeinsamen Standpunkt hat sich diese Regelung in zwei Hinsichten geändert. Erstens hat die verabschiedete Fassung in bedenklicher und auch für das Europäische Vertragsrecht untypischer Weise die Selbstverantwortung des Verbrauchers zurückgeschraubt, der sich auch dann auf den konsentierten Verwendungszweck berufen kann, wenn er Anlaß hatte, an der Kompetenz des Verkäufers zu zweifeln. Im Ergebnis bedeutet das eine scharfe Disziplinierung des Verkäufers. Zweitens kommt es jetzt positiv auf die „Zustimmung" des Verkäufers an und nicht mehr negativ darauf, daß der Käufer sich nach den Umständen auf die Erklärungen des Verkäufers nicht verlassen hat.[16] Indes dürfte die neue Regelung nicht nur besser zu handhaben sein, weil nicht mehr ein Rückschluß von den Umständen auf die innere Haltung des Käufers erforderlich ist, sie hebt auch die Nähe zur Grundregelung hervor, nach der es entscheidend auf die Vereinbarung der Parteien ankommt.

733 Objektiv formuliert sind hingegen die Bestimmungen in lit. c und d, wonach es auf die Eignung für die für diese Art Güter gewöhnlichen Zwecke oder die übliche und vom Verbraucher berechtigterweise zu erwartende Qualität und Leistung ankommt. Für die Ermittlung der berechtigten Erwartungen sind die Beschaffenheit des Gutes und die öffentlichen Äußerungen des Verkäufers, des Herstellers oder seines Vertreters[17] – einschließlich Werbeaussagen oder Angaben auf dem Etikett der Ware – in Betracht zu ziehen.[18] Auch diese Kriterien entsprechen aber der Vertragsauslegung „nach Treu und Glauben und mit Rücksicht auf die Verkehrssitte"[19] und bedürfen daher keiner „objektiven" Begründung,[20] denn wenn man nichts Besonderes vereinbart, dann erwartet man normalerweise das Übliche. Die Auslegungskriterien des Absatz 2 sind ggf. kumulativ anwendbar (BE 8 S. 4 und 5).[21] Daher kann z.B. neben einer konsentierten vorausgesetzten Beschaffenheit iSv lit. b auch die gewöhnliche Beschaffenheit gem. lit. c und d vereinbart sein.[22] Umgekehrt können die Parteien aber in Ausübung der von der Richtlinie vorausgesetzten Vertragsfreiheit (Rn. 731) auch eine Beschaffenheit vereinbaren, die hinter dem gewöhnlichen iSv lit. c und d zurückbleibt.[23]

---

16 Die Entwurfsregelung war – allerdings auch nicht ohne Abweichungen – Art. 35 Abs. 2 lit. b CISG nachgebildet.

17 Zum Vertreterbegriff *Jorden/Lehmann* JZ 2001, 952, 954.

18 Für Äußerungen des Herstellers oder seines Vertreters muß der Verkäufer dann nicht einstehen, wenn er nachweist, daß er die betreffende Äußerung nicht kannte und vernünftigerweise auch nicht kennen mußte, daß er die Äußerung spätestens bei Vertragsschluß richtiggestellt hat oder nachweist, daß die Äußerung für die Kaufentscheidung nicht ausschlaggebend war; Art. 2 Abs. 4. Das entspricht der Begründung als ergänzende Vertragsauslegung; s.o. Rn. 469–471.

19 Zur Auslegung allgemein oben, Rn. 426–435 und – zur Bindung an vorvertragliche Angaben einschließlich öffentliche Äußerungen – Rn. 436–480.

20 So aber offenbar *Reich* NJW 1999, 2397, 2400; *Micklitz* ZEuP 1998, 253, 264.

21 A.M., für Subsidiarität von lit. d des Art. 2 Abs. 2 KGRL, *Grundmann* Schuldvertragsrecht, 2.12 Rn. 20 a.E. („nur in atypischen Ausnahmefällen" anwendbar); Grundmann/Bianca-*Grundmann* Art. 2 Rn. 28f. (Auffangtatbestand).

22 *Pfeiffer* ZGS 2002, 94, 95. Gebauer/Wiedmann-*Leible* Kap. 4 Rn. 34–37.

23 Zutr. MünchKomm-*Lorenz* Vorbemerkung § 474 Rn. 9.

b) Quantitätsabweichung, aliud und Rechtsmangel

Eine Unterscheidung zwischen der einfachen Beschaffenheitsvereinbarung und der zugesicherten Eigenschaft sowie zwischen der Lieferpflicht und der Garantiehaftung für verdeckte Mängel sieht die Kaufgewährleistungsrichtlinie nicht vor; das entspricht dem Vorbild der „fortschrittlichsten Rechtsordnungen"[24]. Unklar ist, ob auch die *Quantitätsabweichung* und das *aliud* Vertragswidrigkeiten i.S. der Richtlinie darstellen.[25] Dagegen spricht, daß Art. 2 KGRL vor allem auf die „Eigenschaften" und die Zweckeignung abstellt. Und auch in Art. 7: 17 Abs. 1, 3 NBW und Art. 35 Abs. 1 CISG, auf die sich die Begründung bezieht,[26] wird die Anwendung des Gewährleistungsrechts auf Fälle der Lieferung anderer Gegenstände und Mehr- oder Minderlieferung nicht schon ohne weiteres der Grundbestimmung über die Vertragsmäßigkeit entnommen, sondern eigens festgelegt.[27] Für die Einbeziehung zumindest der Quantitätsabweichung und auch der nicht schon evidenten Fehllieferung spricht indes der Zweck, den der Gesetzgeber mit dem „neuen, gemeinsamen Konzept der Vertragsmäßigkeit der Güter" verfolgt, nämlich eine Vereinfachung und die Vermeidung einer Abgrenzung, die sachlich nicht begründet erscheint, aber in der Gerichtspraxis zu erheblicher Rechtsunsicherheit führt.[28] Dieser Zweck spricht nicht nur gegen die Unterscheidung von einfachen Beschaffenheitsvereinbarungen und zugesicherten Eigenschaften, sondern auch gegen die von Fehler, Quantitätsabweichung und – nicht gerade evidentem[29] – aliud.[30] 734

Ob auch *Rechtsmängel* eine Vertragswidrigkeit iSv Art. 2 Abs. 1 KGRL darstellen, ist umstritten.[31] Dagegen spricht, daß sich die Vermutungsregeln des Absatz 2 durchgehend auf Sacheigenschaften beziehen. Und auch der Vergleich mit der Regelung des UN-Kaufrechts spricht gegen diese Annahme, da das Übereinkommen Rechtsmängel in Art. 41–43 CISG eingehend geregelt hat.[32] Ungeachtet des weiten Begriffs der Vertragswidrigkeit, der auch Rechtsmängel umfassen könnte, und ungeachtet des Regelungsziels, Abgrenzungsschwierigkeiten zu vermeiden, sprechen daher die besseren Gründe gegen die Annahme, die Regelung solle sich auch auf Rechtsmängel erstrecken. Da der Gesetzgeber, dem die mitgliedstaatlichen Regelungen und das Modell des CISG vor Augen standen, wußte, daß Rechtsmängel oft besonders geregelt sind, und daher auch gesehen hat, daß die Rechts- 735

---

24 KOM(95) 520 endg. III, Begründung zu Art. 2 Abs. 1 = ZIP 1996, 1845, 1850. Z.B. Art. 7:17 NBW, Art. 35 CISG, § 435 BGB-KE (dazu Abschlußbericht, S. 199f., 201f.).

25 Ohne Erörterung bejahend *Staudenmayer* in: Europäisches Kaufgewährleistungsrecht, S. 34; verneinend *Schlechtriem* in: Zivilrechtswissenschaft und Schuldrechtsreform, S. 213.

26 Soeben, Fn. 25.

27 Gegen die „angleichende Auslegung" der Richtlinie anhand des CISG bereits oben, Rn. 729. Im vorliegenden Fall steht dieser schon der abweichende Wortlaut entgegen, das Vorbild des CISG *begründet* also Auslegungszweifel geradezu erst.

28 KOM(95) 520 endg. III, Begründung zu Art. 2 Abs. 1 = ZIP 1996, 1845, 1850.

29 Auch evidente Fehllieferungen sollen unter Art. 35 CISG fallen; Staudinger-*Magnus* (1999) Art. 35 Rn. 9 mwN.

30 Ebenso *Grundmann* Europäisches Kaufgewährleistungsrecht, S. 300f.; *Ehmann/Rust* JZ 1999, 853, 856; *Jorden/Lehmann* JZ 2001, 952 und 957; Gebauer/Wiedmann-*Leible,* Kap. 9 Rn. 60–67; MünchKomm-*Lorenz* Vorbemerkung § 474 Rn. 12.

31 Bejahend *Grundmann* Europäisches Kaufgewährleistungsrecht, S. 301; verneinend etwa *Brüggemeier* JZ 2000, 529, 530; Gebauer/Wiedmann-*Leible* Kap. 9 Rn. 70; MünchKomm-*Lorenz* Vorbemerkung § 474 Rn. 10.

32 S. nur Schlechtriem-*Schwenzer* Art. 35 CISG Rn. 5.

mängelhaftung nach der Auffassung der nationalen Gesetzgeber und des Konventionsgebers besondere Regelungen erfordern, kann man ohne konkreten Anhaltspunkt nicht davon ausgehen, daß er insoweit eine undifferenzierte Gesamtregelung schaffen wollte.

c) Maßgeblicher Zeitpunkt und Beweislast

736 Die Waren müssen zum Zeitpunkt der Lieferung vertragsgemäß sein.[33] Tritt eine Vertragswidrigkeit innerhalb von sechs Monaten nach Lieferung zutage, so wird vermutet, daß sie schon bei Lieferung bestand, der Verkäufer kann das Gegenteil beweisen. Wenn die Vermutung nach der „Art des Gutes oder der Art der Vertragswidrigkeit" nicht paßt, ist sie unanwendbar.[34]

737 Vom zuständigen Referent der Kommission als „zweifellos einer der großen Fortschritte der Richtlinie" gerühmt,[35] wird die Vermutungsregelung von anderen als „Billigkeitsentscheidung" gegeißelt, die dem Motto folge „die arme alte Frau hat immer recht".[36] Tatsächlich liegt ihre Begründung nicht auf der Hand. Daß sie empirisch gerechtfertigt sei,[37] läßt sich sinnvollerweise nicht ohne empirische Untersuchungen sagen. Allerdings hätte diese Grundlage den Vorteil, daß sie zugleich einen (wenn auch nur vagen) Anhaltspunkt für die Unanwendbarkeit der Beweislast wegen Art des Gutes oder Art der Vertragswidrigkeit bieten würde: Die Beweislastregel könnte teleologisch reduziert werden, wenn sie *empirisch* nicht paßt. Indes ist das offenbar nicht gemeint, denn auch wenn die Ware erfahrungsgemäß nicht innerhalb von sechs Monaten kaputt geht, wie etwa eine Computertastatur,[38] findet die Vermutung Anwendung. Und auch der Gesichtspunkt der Verantwortungssphären hilft nicht weiter, denn die Tastatur mag wegen eines Produktionsfehlers vor Ablauf von sechs Monaten nicht mehr funktionieren (Sphäre des Herstellers, die man dem Verkäufer zurechnen kann) oder wegen unsachgemäßer Handhabung des Verbrauchers (Sphäre des Verbrauchers). Ihre Rechtfertigung findet die Vermutungsregelung daher in einer Abgrenzung der Sphären im Hinblick auf die *Aufklärbarkeit,* da der Verkäufer aufgrund eigener Sachkenntnis oder aufgrund seiner Verbindung zum Hersteller näher daran ist, den Mangel aufzuklären.[39]

738 Damit handelt es sich zwar nicht um eine vom Verbraucherschutzgedanken genährte Billigkeitsentscheidung, sondern durchaus um eine sachlich begründete Sphärenabgrenzung, doch eröffnet die Vermutungsregelung so in gewissem Maße dem Mißbrauch die Tür (Fälle nicht offensichtlich unsachgemäßer Handhabung). Im Ergebnis hat das zur Folge, daß in den – wohl zahlreichen – Fällen, in denen sich die Aufklärung für den Verkäufer nicht lohnt, letztlich die Gesamtheit der Verbraucher die Kosten der Gewährleistung tragen, da der Verkäufer diese Kosten in den Kaufpreis einberechnen wird.[40] Nur

---

33 Art. 3 Abs. 1 KGRL. Umstritten ist, ob der Begriff der Lieferung gemeinschaftautonom auszulegen ist; Übersicht bei Gebauer/Wiedmann-*Leible,* Kap. 9 Rn. 68f.

34 Art. 5 Abs. 2 KGRL.

35 *Staudenmayer* NJW 1999, 2393, 2396.

36 *Ehmann/Rust* JZ 1999, 853, 857. Krit. auch *Gsell* ERPL 1999, 151, 167f. („wenig salomonisch").

37 *Gsell* ERPL 1999, 151, 168.

38 Die Art der Vertragswidrigkeit schließt hier wie wohl allgemein bei Elektrogeräten die Vermutung nicht aus.

39 KOM(95) 520 endg. III, Begründung zu Art. 3 Abs. 3 = ZIP 1996, 1845, 1851; *Grundmann* in: Europäisches Kaufgewährleistungsrecht, S. 302; *Staudenmayer* NJW 1999, 2393, 2396. Kritisch *Gsell* ERPL 1999, 151, 168; S. *Wolf* RIW 1997, 899, 902.

40 Ähnlich kritisch *Repgen* Kein Abschied von der Privatautonomie (2001), S. 61–63.

mit dieser Einschränkung ist das Lob eines „großen Fortschritts“ für den Verbraucherschutz begründet.

2. Ausschluß der Gewährleistung durch Kenntnis/Kennenmüssen oder Ursächlichkeit von vom Käufer gelieferten Stoffen

Der Käufer kann sich nicht auf eine Vertragswidrigkeit berufen, die er bei Vertragsschluß kannte oder kennen mußte oder die auf einem von ihm gelieferten Stoff beruht.[41] Die Vorschrift ist am besten mit dem Verbot des widersprüchlichen Verhaltens[42] sowie – für Ursächlichkeit des vom Käufer gelieferten Stoffs – dem Sphärengedanken zu erklären. 739

Für das Verständnis der Vorschrift sind zunächst die Fälle abzuschichten, in denen der Verkäufer den Käufer auf einen Nachteil hinweist, den dieser hinnimmt, oder in denen zumindest beide Parteien den Nachteil erkennbar erkennen. Diese Fälle bedürfen keiner Regelung, da hier schon die Auslegung der Vereinbarung die Vertragswidrigkeit ausschließt.[43] Sodann ist es hilfreich von *dem* Unterfall der Kenntnis auszugehen, der nicht nur zuerst genannt ist, sondern auch die tragenden Erwägungen am besten verdeutlicht. Das ist der Fall, in dem ausschließlich der Käufer den Nachteil erkennt, denn darauf allein stellt die Vorschrift ab.[44] Hier läßt sich die Schranke der Rechtsausübung nicht schon als Vereinbarung oder äquivalentes Verhalten erklären, da der Verkäufer insofern keinen vertraglich relevanten Willen bildet und solcher auch seinem Verhalten nicht schon nach der Verkehrssitte entnommen werden kann. Und auch der Schutz eines (ausgeübten) Verkäufervertrauens kann den Gewährleistungsausschluß nicht erklären. Tragend ist vielmehr die Mißbilligung des Käuferverhaltens, das zu seinem Vorverhalten in Widerspruch steht. Zwar trifft es zu, daß der Käufer aus vielen Gründen trotz Kenntnis des Nachteils nicht gesprochen haben mag, sogar deshalb, weil er auf den Ausgleich durch Gewährleistungsrechte vertraut hat. Indes erwartet die Rechtsordnung von ihm, daß er bereits an dieser Stelle spricht. Mit dieser Begründung steht nicht im Widerspruch, daß die Regel zugleich der Prozeßökonomie dienen kann. 740

Geht man von diesem Grundfall aus, so ergeben sich für den Fall des Kennenmüssens zwei Erwägungen. Zum einen hat auch hier das Verbot widersprüchlichen Verhaltens eigenes Gewicht.[45] Wertungsmäßig steht das Kennenmüssen der positiven Kenntnis gleich, da es sich auf Fälle beschränkt, in denen der Käufer „vernünftigerweise“ nicht in 741

41 Art. 2 Abs. 3 KGRL. Der redaktionell verunglückte Wortlaut – die Vertragswidrigkeit, die keine ist – beruht auf einem äußerst weiten Verständnis von der Vertragsvereinbarung. In der Entwurfsbegründung heißt es, dazu, „streng genommen [liegt] keine Vertragswidrigkeit vor, weil der Verbraucher die Sache in dem Zustand, in dem sie sich befindet, angenommen hat und die Sache damit sehr wohl, vertragsgemäß‘ ist“; KOM(95) 520 endg. Begründung zu Art. 3 Abs. 1 = ZIP 1996, 1845, 1850f.; das paßt höchstens für den Fall der Mangelkenntnis und den Fall der Mangelursächlichkeit des vom Käufer gelieferten Stoffs; s. sogleich im Text.

42 Zu § 460 BGB a.F. (§ 442 Abs. 1 BGB) etwa Staudinger-*Honsell* (1995) § 460 Rn. 1; eine Vielzahl von Regelungzwecken zieht BGH, NJW 1989, 2050 heran. Kritisch *Köhler* JZ 1989, 761, 762 (dazu auch nachfolgend im Text).

43 Vgl. Soergel-*Huber* § 460 Rn. 3; *Köhler* JZ 1989, 761, 762 (Vorrang der Vertragsauslegung) zu § 460 BGB a.F. (heute § 442 Abs. 1 BGB).

44 Das ist keineswegs ganz ausgeschlossen, zu denken ist an Fälle, in denen der Käufer den Nachteil erkennt, ohne daß er ihn vernünftigerweise erkennen müßte.

45 Der teilweise angeführte Gedanke des *caveat emptor* – „Augen auf, Kauf ist Kauf“ usf. – bezeichnet dasselbe vom Standpunkt der Obliegenheit aus.

Unkenntnis sein konnte, somit auf einen relativ eng begrenzten Bereich (Evidenz, keine Untersuchungsobliegenheit); – auch unter der Richtlinienregelung ist es nicht Sache des Selbstbedienungskäufers, das Haltbarkeitsdatum des Joghurts zu überprüfen. Steht das Kennenmüssen der Kenntnis gleich, so ist das Käuferverhalten auch hier als widersprüchlich zu bewerten. Daß dieser Widerspruch dem Käufer nicht bewußt geworden ist, ändert nichts, weil ja diese Unwissenheit *ex praemissione* vorwerfbar ist. Zum zweiten aber handelt es sich um eine Beweiserleichterung, die erforderlich ist, wenn man den Grundsatz („Gewährleistungsausschluß bei Kenntnis") effektiv durchsetzen will, da der Ausschluß sonst nur eingriffe, wenn sich der Verbraucher verplappert.

742 Schließlich greift der Gewährleistungsausschluß auch dann ein, wenn der Mangel auf vom Käufer gelieferten Stoffen beruht, ohne daß dieser deren Fehlerhaftigkeit oder mangelnde Eignung erkennen mußte. Auch in diesem Fall kann das Verbot widersprüchlichen Verhaltens einen tragenden Grundpfeiler für die Regelung darstellen, selbst wenn wiederum ein Vorwurf an den Käufer auch insoweit nicht zu machen sein mag, als er den Fehler oder die mangelnde Eignung des Stoffs nicht kennen mußte. Hinzu kommt hier der Sphärengedanke, denn wenn sich nicht schon aus dem Vertrag eine andere Risikoverteilung ergibt, so ist doch der Verbraucher, der den Stoff zur Verfügung stellt, näher daran, die Verantwortung für deren Fehlerhaftigkeit oder mangelnde Eignung zu tragen. Allerdings kann dieser Ausschlußtatbestand wegen mangelnder Eignung des Stoffs dann nicht eingreifen, wenn sich aus der von den Parteien vereinbarten Risikoverteilung etwas anderes ergibt, also beispielsweise der Werkunternehmer dem Verbraucher gesagt hat, er solle gerade diesen Stoff besorgen. In der Regelung ist das zwar nicht ausdrücklich vorgesehen, doch ergibt es sich aus dem Grundsatz der Vertragsfreiheit.

743 Beruhen die Ausschlußtatbestände demnach vor allem auf dem Verbot widersprüchlichen Verhaltens, so schließen Kenntnis und Kennenmüssen dann die Berufung auf die Vertragswidrigkeit nicht aus, wenn der Käufer bei Vertragsschluß (auch nur einseitig) Mangelbeseitigung verlangt hat, und erst recht dann nicht, wenn die Parteien die Fehlerfreiheit im Hinblick auf die fragliche Qualität spezifisch vereinbart haben.[46] Anders als § 442 Abs. 1 S. 2 BGB schließt aber Art. 2 Abs. 3 seinem Wortlaut nach die Gewährleistung auch dann aus, wenn der Käufer einen Nachteil vorwerfbar verkennt, den der Verkäufer arglistig verschwiegen hat. Dieses Ergebnis wird bei Art. 35 Abs. 3 CISG dadurch vermieden, daß gemäß Art. 7 CISG der Grundsatz von Treu und Glauben als Grenze der Rechtsausübung herangezogen wird.[47] Im Gemeinschaftsprivatrecht gibt es indes einen allgemeinen Grundsatz von Treu und Glauben nicht,[48] es überläßt diese Fragen den nationalen Rechtsordnungen.[49] Da die Kaufgewährrichtlinie die Mindeststandards zum Schutz von Verbrauchern vorschreiben wollte, ist davon auszugehen, daß das Schweigen in Art. 2 Abs. 3 insoweit beredt ist und die Frage dem mitgliedstaatlichen Recht überlassen bleiben sollte.[50]

---

46 A.M. *Ehmann/Rust* JZ 1999, 853, 857. Für Art. 35 CISG wie hier Schlechtriem-*Schwenzer* Art. 35 CISG Rn. 36.

47 Schlechtriem-*Schwenzer* Art. 35 CISG Rn. 37.

48 Oben, Rn. 571f.

49 Näher Rn. 573–576.

50 *Ehmann/Rust* JZ 1999, 853, 857.

3. Fristen

Voraussetzung für die Verkäuferhaftung ist, daß sich der Mangel innerhalb einer materiellen Ausschlußfrist[51] von zwei Jahren zeigt (auch sog. Mängelauftretensfrist).[52] Eine Verjährungsfrist können die Mitgliedstaaten darüber hinaus vorsehen, doch darf diese die Mängelauftretensfrist nicht unterschreiten.[53] Unter dem Gesichtspunkt des Mindeststandards bedeutet das freilich, daß die Mitgliedstaaten im Ergebnis nur eine Verjährung von zwei Jahren vorzusehen brauchen, da dann die Mängelauftretensfrist neben der gleich langen Verjährungsfrist keine eigene Bedeutung erlangen kann.[54] 744

Darüber hinaus kann das mitgliedstaatliche Recht die Gewährleistungsrechte von einer rechtzeitigen Rüge innerhalb von zwei Monaten nach Feststellung der Vertragswidrigkeit abhängig machen.[55] Die Rügefrist beginnt mit der Feststellung der Vertragswidrigkeit durch den Verbraucher. Die Beweislast für den Zeitpunkt der Feststellung trifft sowohl nach dem Wortlaut der Regelung als auch nach Sphärengesichtspunkten den Verbraucher, denn zu dieser Frage kann der Verkäufer schlechterdings nichts vortragen. In der Praxis dürfte die Rügefrist daher (jedenfalls für den leitbildlichen durchschnittlich gewieften Verbraucher) keine ernstliche Beschränkung der Gewährleistungsrechte bedeuten, kann er sich doch auch wegen offensichtlicher nachträglicher[56] Mängel schlicht darauf berufen, er habe sie bislang nicht entdeckt, da er die Sache eingelagert habe. Die Rügefrist von zwei Monaten dürfte nicht zu kurz bemessen sein. Daß Verbraucher vielerorts an das Rügeerfordernis nicht gewöhnt sein werden, hat der Gesetzgeber bedacht, insofern er eine Pflicht der Mitgliedstaaten zur Verbraucheraufklärung vorgeschrieben hat.[57] Geht man davon aus, daß sich diese Kenntnis von der Rügeobliegenheit durchsetzt, so dürfte die Regelung insgesamt einen gut vertretbaren Ausgleich der betroffenen Interessen enthalten. 745

IV. Rechtsfolgen: Gewährleistungsrechte

1. Die vier Rechtsbehelfe und ihre Stufenfolge

Der Verkäufer haftet dem Verbraucher für jede Vertragswidrigkeit, die bei der Lieferung des Gutes besteht (Art. 3 Abs. 1). Der Verbraucher kann nach seiner Wahl[58] die (Wieder-) Herstellung des vertragsgemäßen Zustands durch Nachbesserung oder Ersatzlieferung verlangen oder, wenn diese Ansprüche nicht gegeben sind oder nicht befriedigt werden, Minderung oder Vertragsauflösung. Die vier Rechtsbehelfe stehen allerdings nicht im Belieben des Käufers, sondern in einer zweifachen Stufenfolge: Zuerst ist der Käufer da- 746

51 *Beale/Howells* J.Contract L. 12 (1997), 21, 32.
52 Art. 5 Abs. 1 S. 1 KGRL.
53 Art. 5 Abs. 1 S. 2 KGRL. Die praktisch wichtige Frage der Unterbrechung bzw. Hemmung der Verjährung ist nicht geregelt; das kann besonders für den Fall der Verhandlung mit dem Verkäufer mißlich sein, doch nimmt die zweijährige Verjährungsfrist der Problematik die Schärfe.
54 *Gsell* ERPL 1999, 151, 157–160.
55 Art. 5 Abs. 2 KGRL.
56 Sonst greift Art. 2 Abs. 3 KGRL ein.
57 Art. 9 KGRL; s.o. Rn. 503. Im äußersten Fall, daß ein Mitgliedstaat weder selbst Aufklärungsschritte unternommen noch private Organisationen aufgerufen hat, kommt hier durchaus auch eine Staatshaftung in Betracht.
58 Gegen das Käuferwahlrecht *Medicus* ZIP 1996, 1925, 1927.

rauf beschränkt, eine Form der „Wiederherstellung des vertragsgemäßen Zustands" zu verlangen,[59] und auch in der Auswahl zwischen Nachbesserung und Ersatzlieferung ist er nicht völlig frei: Selbstverständlich kann er nur das verlangen, was möglich ist;[60] darüber hinaus darf aber die „Wiederherstellung" nicht unverhältnismäßig sein, und zwar sowohl hinsichtlich des jeweiligen Rechtsbehelfs an sich als auch hinsichtlich des gewählten Rechtsbehelfs im Verhältnis zu dem alternativen Rechtsbehelf;[61] hier zeigt sich eine Ausprägung des Grundsatzes von Treu und Glauben (Rn. 561, 649). Ist die Nachbesserung vergleichsweise aufwendig und dem Verbraucher auch eine Ersatzlieferung zuzumuten, dann ist er auf diesen Rechtsbehelf beschränkt.[62] Die „Wiederherstellung" muß in angemessener Zeit und ohne erhebliche Unannehmlichkeiten erfolgen.[63]

747 Nur wenn sowohl Nachbesserung als auch Ersatzlieferung unmöglich oder unverhältnismäßig sind oder wenn sie nicht in angemessener Zeit[64] oder Art und Weise durchgeführt wurden (Art. 3 Abs. 5 KGRL), kann der Verbraucher Minderung oder Vertragsauflösung wählen. Anders als namentlich das CISG[65] hat die KGRL die Vertragsauflösung aber nicht als höchst nachrangig ausgestaltet: Die Wahl zwischen Minderung und Vertragsauflösung steht dem Verbraucher grundsätzlich frei[66] mit der Einschränkung nur, daß die Vertragsauflösung bei geringfügigen Vertragswidrigkeiten ausgeschlossen ist, Art. 3 Abs. 6 KGRL. Anders als das CISG geht die KGRL von regelmäßig kleineren Geschäften von Verbrauchern aus,[67] denen es nicht zuzumuten wäre, die Auflösung noch weitergehend nachrangig zu gestalten.[68]

2. Variation und Kumulation von Rechtsbehelfen

748 Die Rechtsbehelfe sind grundsätzlich als Alternativen ausgestaltet. Nachbesserung und Ersatzlieferung stellen die Vertragsmäßigkeit wieder her und lassen grundsätzlich keinen Raum für andere Rechtsbehelfe, wenn sie erfolgreich sind. Ersatzlieferung und Nachbesserung sind der Natur nach alternativ. Die Vertragsaufhebung schließt Nachbesserung und Ersatzlieferung selbstverständlich aus. Denkbar ist aber, daß die Nachbesserung fehlschlägt und der Käufer dann eine Ersatzlieferung möchte; das sieht die Richtlinie zwar nicht ausdrücklich vor, ein solcher Wechsel zu einem anderen Rechtsbehelf ist aber nach dem Zweck der Regelung anzuerkennen. Die Möglichkeit, nach Fehlschlagen von Nachbesserung oder Ersatzlieferung auf Vertragsaufhebung umzusteigen, ist schon dem Wort-

---

59 Art. 3 Abs. 3 KGRL.

60 Dazu Gebauer/Wiedmann-*Leible* Kap. 9 Rn. 78.

61 Näher bestimmt in Art. 3 Abs. 3 UAbs. 2 KGRL.

62 Wie sich aus BE 16 über gebrauchte Güter ergibt, ist die Ersatzlieferung auch beim Stückkauf nicht generell ausgeschlossen; Gebauer/Wiedmann-*Leible* Kap. 9 Rn. 77.

63 Art. 3 Abs. 3 UAbs. 3 KGRL.

64 Das setzt ein Nacherfüllungsbegehren des Verbrauchers voraus, nicht aber eine Fristsetzung (wie sie § 441 Abs. 1 S. 1 BGB verlangt); MünchKomm-*Lorenz* Vorbemerkung § 474 Rn. 20.

65 Art. 49 CISG; Staudinger-*Magnus* (1999) Art. 49 CISG Rn. 4; *Schlechtriem* UN-Kaufrecht, Rn. 188.

66 Kritisch *Ehmann*/*Rust* JZ 1999, 853, 859.

67 Das CISG schließt zwar Private (Verbraucher) von seinem Anwendungsbereich nicht aus, es geht aber, wie Art. 2 lit. a zeigt, von „gewerblich" handelnden Partnern aus; ebenso *Schlechtriem* UN-Kaufrecht, Rn. 12 mit Fn. 6, 29b.

68 Kritisch *Beale*/*Howells* J.Contract L. 12 (1997), 21, 35.

laut der Richtlinie hinreichend deutlich zu entnehmen, denn in diesen Fällen hat der Verkäufer „nicht innerhalb angemessener Frist Abhilfe geschaffen".[69]

Problematischer ist die Kumulation von Minderung und anderen Rechtsbehelfen. Vertragsaufhebung und Minderung schließen einander wiederum aus, denn der Verbraucher kann nicht gleichzeitig vom Vertrag Abstand nehmen und sein Äquivalenzverhältnis erhalten. Als konsistent könnte man die Kumulation von Vertragsaufhebung und Schadensersatz ansehen,[70] doch regelt die Richtlinie den Schadensersatzanspruch gerade nicht. Nicht ganz klar ist, ob der Verbraucher neben Ersatzlieferung und Nachbesserung noch Minderung verlangen kann. Die Richtlinie läßt die Minderung neben der Abhilfe (als Nachbesserung oder Ersatzlieferung) zu, wenn der Verkäufer diese Abhilfe „nicht ohne erhebliche Unannehmlichkeiten für den Verbraucher" geschaffen hat. Da aber die (nicht voll erfolgreiche) Abhilfe dazu führt, daß die Ware (weiterhin) vertragswidrig ist (Bsp.: Reparatur des schadhaften Autos behebt zwar die Verkehrsunsicherheit, läßt aber einen Minderwert zurück), kommt auch in diesem Fall eine zusätzliche Minderung in Betracht. 749

3. Minderung insbesondere

Die Minderung ist die Herabsetzung des Kaufpreises entsprechend der Vertragswidrigkeit, so daß das Äquivalenzverhältnis erhalten bleibt. Das entspricht dem aus dem nationalen Recht bekannten Minderungsanspruch. Die Richtlinie faßt den Minderungsanspruch indes in einer Hinsicht weiter, denn eine Minderung kommt auch dann in Betracht, wenn die Abhilfe – Ersatzlieferung oder Nachbesserung – die Vertragswidrigkeit zwar vollständig beseitigt hat, indes für den Käufer „nicht ohne erhebliche Unannehmlichkeiten" erfolgt ist.[71] Damit wird in die Beurteilung des Äquivalenzverhältnisses nicht nur das Käuferinteresse an der (vertragsgemäßen) Ware einbezogen,[72] sondern auch sein Interesse daran, diese „ohne erhebliche Unannehmlichkeiten" zu erhalten. Demzufolge schützt der Minderungsanspruch Käuferinteressen, die auch von einem Ersatzanspruch – jedenfalls nach deutschem Recht – herkömmlich nicht (effektiv) geschützt werden, denn Unannehmlichkeiten werden oft nur immaterielle Schäden darstellen (z.B. Reparaturlärm, Lösungsmittelgeruch, vertane Freizeit) und im übrigen meist nicht zu beziffern sein werden. 750

Der Minderungsanspruch entpuppt sich so als ein verdeckter Schadensersatzanspruch, der zudem auch immaterielle Schäden erfaßt und im übrigen eine Schadensschätzung durch das Gericht eröffnet.[73] 751

V. Unabdingbarkeit

Ein Thema, das in der Diskussion der Richtlinie eine zentrale Rolle eingenommen hat, ist die Unabdingbarkeit der Gewährleistungsrechte und Fristen.[74] Dieses Thema verdient auch hier eine gesonderte Erörterung. 752

69 Art. 3 Abs. 5 Sps. 2 KGRL.
70 Vgl. Art. 8:102 EP, Art. 7.3.5., 7.4.1 UP.
71 In Art. 50 CISG findet sich dafür kein Vorbild.
72 So nach § 441 Abs. 3 BGB.
73 Im Rahmen von § 441 Abs. 3 S. 2 BGB läßt sich dem durch die dort eröffnete Schätzungsmöglichkeit Rechnung tragen; zweifelnd MünchKomm-*Lorenz* Vorbemerkung § 474 Rn. 21 (richtlinienkonforme Lösung versperrt).
74 S. z.B. *Canaris* AcP 200 (2000), 273, 362–364; *Drexl* FS Sonnenberger (2004), S. 771–790; *Marti-*

1. Unabdingbarkeit der Gewährleistungsrechte

753 Die Parteien können die *Gewährleistungsrechte* weder im Kaufvertrag noch durch gesonderte Abrede einschränken oder abbedingen. Lediglich nachdem eine Vertragswidrigkeit aufgetreten ist und der Käufer den Verkäufer davon unterrichtet hat,[75] können die Parteien sich über die Gewährleistungsrechte einigen. Hier liegt eine scharfe und vielfach kritisierte Abweichung von dem formalen Prinzip der Vertragsfreiheit und kommt der Zweck des Verbraucherschutzes zum Tragen. Zum Verständnis dieser Regelung ist wichtig, sie in dem Rahmen der beiden Dispositionsmöglichkeiten zu sehen, zwischen denen sie steht. Die erste Dispositionsmöglichkeit ist die Bestimmung der Vertragsmäßigkeit, die ohne Einschränkung den Parteien anheimgestellt ist. Bei der Bestimmung der Vertragsgemäßheit im Wege der Auslegung oder nach den ergänzenden Auslegungskriterien des Art. 2 Abs. 2 ist etwa auch Raum dafür, zu berücksichtigen, daß es sich um Gebrauchtwaren handelt. Hier fällt manches düstere Szenario einer Rückkehr in die vorbürgerliche Gesellschaft, in der die Stellung des einzelnen vom Stand *(status)* bestimmt ist, in sich zusammen, denn die zwingend ausgestalteten *Gewährleistungsrechte* kommen ja nur zum Tragen, wenn der Verkäufer überhaupt haftet, und das hängt in erster Linie von der (dispositiven) Vereinbarung über die Ware ab. Schon diese erste Dispositionsmöglichkeit dient auch dem Schutz der materialen Selbstbestimmung, wenn man die durch die Unabdingbarkeit bewirkte Verlagerung des Gewichts auf die Warenbeschreibung als Informationsregelung versteht. Darauf läuft die Unabdingbarkeit in der Tat hinaus, denn angesichts zwingender Gewährleistung wird der Verkäufer bemüht sein, alle potentiell nachteiligen Eigenschaften anfänglich offenzulegen, so daß sie entweder in die Vereinbarung eingehen oder der Käufer jedenfalls infolge anfänglicher Kenntnis von der Geltendmachung der Gewährleistungsrechte ausgeschlossen ist.[76]

754 Die zweite Dispositionsmöglichkeit liegt darin, daß die Parteien nach Auftreten der Vertragswidrigkeit und Unterrichtung des Verkäufers davon durchaus über die Art und Weise der Gewährleistung disponieren können.[77] Auch diese Regelung läßt sich als Schutz der materialen Selbstbestimmung verstehen, denn unterm Strich bedeutet Art. 7 Abs. 1 KGRL, daß der Käufer in besonderer Weise *informiert* über seine zunächst gesetzlich festgelegten Gewährleistungsrechte verfügen soll, nämlich in Kenntnis der Vertragswidrigkeit.[78] In der Tat ist es ja für den Verbraucher – der eben nicht professionell handelt und die Dinge, bei denen die Gewährleistungsrechte des Art. 3 praktisch eine große Rolle spielen (Couchgarnitur, Auto), vielleicht nur selten oder gar nur einmal im Leben kauft –

---

nek in: Systembildung, S. 537–541; *Repgen* Kein Abschied von der Privatautonomie (2001); *Schäfer* in: Systembildung, S. 564–566; R. *Van den Bergh* in: Academic Green Paper S. 263.

75 Die unglückliche substantivische Formulierung („vor dessen [des Verkäufers] Unterrichtung") läßt nicht erkennen, daß der Käufer den Verkäufer unterrichten muß, doch entspricht das nicht nur dem vom Gesetzgeber vermutlich für selbstverständlich gehaltenen Normalfall, sondern auch dem Schutzzweck, da es sonst allein auf die Unterrichtung des zur Gewährleistung verpflichteten Verkäufers ankäme und der Käufer nicht mit der offenbar gewollten Informiertheit über seine Rechte disponiert.

76 Näher *Riesenhuber* in: Party Autonomy, S. 350–357; *Repgen* Kein Abschied von der Privatautonomie, S. 88–93; *v. Vogel* Verbrauchervertragsrecht und allgemeines Vertragsrecht (2006), S. 110f.

77 Art. 7 Abs. 1 KGRL.

78 Dazu schon *Riesenhuber* in: Party Autonomy, S. 357f. Derselbe Gedanke liegt etwa auch Art. 21 Ziff. 1 EuGVVO zugrunde.

regelmäßig im vorhinein nur schwer absehbar, was es praktisch bedeutet, die Gewährleistung etwa auf ein Nachbesserungsrecht zu beschränken. Die Tragweite solcher Disposition kann er in vielen Fällen erst erkennen, wenn die Vertragswidrigkeit aufgetreten ist.[79] Unter diesem Gesichtspunkt schwer zu verstehen ist allerdings, warum die Richtlinie auf die Unterrichtung *des Verkäufers* und nicht die Mangelkenntnis des geschützten Käufers abstellt, doch kann man darin eine Regelung sehen, die einen angemessenen Ausgleich der Interessen beider Seiten bezweckt. Praktisch dürfte eine vertragliche Disposition über die Gewährleistungsrechte ohnehin meist erst nach Unterrichtung des Verkäufers in Betracht kommen.

Die Bestimmung der Unabdingbarkeit erweist sich so als weniger spektakulär. Die **755** Betonung liegt nicht auf diesem Zwang, sondern zuerst auf der Freiheit von Verkäufer und Verbraucher, sich über die Leistung zu einigen. Hier hat der Gesetzgeber zu Recht der Versuchung widerstanden, dem Verbraucher vorzuschreiben, was er will, und statt dessen dem Prinzip der Vertragsfreiheit den Vorzug gegeben. Daß er umgekehrt die Disposition über Gewährleistungsrechte zum Schutz des Verbrauchers einschränkt, hat, wie gezeigt, gute Gründe und sollte im übrigen schon deshalb nicht dazu veranlassen, der Vertragsfreiheit das Sterbeglöckchen zu läuten, weil ein Blick auf das englische Recht zeigt, daß die Vertragsfreiheit mit zwingenden Gewährleistungsrechten durchaus vereinbar ist. In das System des Europäischen Vertragsrechts fügt sich der mit der Unabdingbarkeit verfolgte Schutz der materialen Selbstbestimmung zwanglos ein.

2. Unabdingbarkeit der Fristen

Neben den Gewährleistungsrechten sind auch die Gewährleistungsfristen zwingend ausgestaltet, nur für Gebrauchtwaren kann das mitgliedstaatliche Recht eine vertragliche Abkürzung auf höchstens ein Jahr zulassen. Die zwingende Vorschrift einer Mindestfrist ist die notwendige Konsequenz aus der Vorschrift zwingender Gewährleistungsrechte. Allerdings stellt sich im Hinblick auf die mit einem Jahr verhältnismäßig lange Mindestfrist für Gebrauchtwaren mit besonderer Schärfe die Frage, ob in diesem Bereich die zwingende Gewährleistung angemessen ist. Wer gebraucht kauft, will weniger Geld ausgeben und ist dafür bereit, Risiken in Kauf zu nehmen, sei es, weil er sie selbst tragen kann (Eigenreparatur, bessere Risikoeinschätzung als der Verkäufer) oder schlicht nicht mehr ausgeben kann. Die Vorstellung von zwingender Gewährleistung beim Trödler ist fremd, sie scheint geradezu das Grundkonzept der Branche in Frage zu stellen. Für den Gebrauchtwarenkauf müssen sich daher die Schranken der Gewährleistungsrechte besonders bewähren, die sich aus der vertragsmäßigen Bestimmung und der Mangelkenntnis bzw. unvernünftigen Unkenntnis ergeben. **756**

79 Daher ließe sich sogar sagen, die Vorschrift des Art. 7 Abs. 1 UAbs. 1 KGRL gehe im Lichte sonstiger Vorschriften zum Schutz der materialen Selbstbestimmung des Verbrauchers und auch im Vergleich mit Art. 6 Abs. 2 Sps. 1 KGRL nicht weit genug, denn für eine informierte Entscheidung müßte der Verbraucher auch Kenntnis von den bestehenden Rechte haben. Diesen Schutz hat der Europäische Gesetzgeber indes zu Recht den nationalen Vertragsrechten einerseits und anderen „geeigneten Maßnahmen" der Mitgliedstaaten (Art. 9 KGRL), also etwa Rechtskundeunterricht in Schulen, andererseits überlassen; s. schon oben, Rn. 503.

3. Würdigung

757 Die Unabdingbarkeit der Gewährleistungsrechte und der verhältnismäßig langen Fristen ist im Lichte der Dispositionsmöglichkeiten der Parteien zu sehen. Sie erweist sich so als ein Mittel zum Schutz der materialen Selbstbestimmung des Verbrauchers, der informiert über den Kaufvertrag entscheiden soll. Dazu trägt die Unabdingbarkeit deswegen bei, weil sie den Verkäufer veranlaßt, zur Reduzierung des Gewährleistungsrisikos vor Vertragsschluß über Nachteile der Ware zu informieren, um so entweder die Vertragsmäßigkeit „zu drücken“ oder zumindest den Käufer bösgläubig zu machen (Art. 2 Abs. 3).

758 Finden sich damit gute Gründe für die Unabdingbarkeit, so sind doch deren Nachteile nicht zu übersehen. Kommt es maßgeblich auf die durch Auslegung der Vereinbarung zu ermittelnde Vertragswidrigkeit an, so steigt damit das Prozeßrisiko, da Auslegungsfragen stets zu Unsicherheit führen. „Dem Verbraucher“, der das Prozeßrisiko schlechter abschätzen kann und das Kostenrisiko mehr scheut als der professionell handelnde Verkäufer, kommt das nicht zugute. Bei den so verursachten Kosten handelt es sich auch nicht nur um vorübergehende Kosten der Rechtsangleichung infolge der „Abwertung des öffentlichen Guts Rechtsprechung“,[80] sondern, da die Abrede im einzelnen Fall entscheidend ist, um dauernd entstehende Kosten.

759 Schließlich bedeutet die zwingende Ausgestaltung – einmal mehr – eine Zwangsversicherung des Verbrauchers,[81] der auch nicht gegen Preisnachlaß auf die Gewährleistungsrechte oder die lange Frist verzichten kann. Ist ein solcher Handel mit Gewährleistungsrechten auch nicht in allen Branchen denkbar, so hätte man dem Markt diese Möglichkeit doch belassen können. Eine solche Lösung wäre freilich der Schwierigkeit begegnet, daß die Angemessenheit des Preisnachlasses als Hauptleistung nicht gut kontrollierbar ist, doch hätte insofern ein Transparenzgebot ausgereicht,[82] verbunden mit einer effektiven Umgehungskontrolle zum Ausschluß von „Scheinnachlässen“. Dem Schutz der materialen Selbstbestimmung hätte auch für die Beschränkung von Gewährleistungsrechten eine Klauselkontrolle effektiv Rechnung tragen können, bei der geprüft wird, ob der Verkäufer ein sachlich begründetes Interesse z.B. an der Beschränkung auf Nachbesserung hat.[83]

VI. Vertragliche Garantie

760 Neben der Gewährleistung regelt die Richtlinie die „Garantie“. Garantie ist eine vom Verkäufer oder Hersteller gegenüber dem Verbraucher übernommene Verpflichtung, Abhilfe zu schaffen, wenn die Ware nicht die Eigenschaften hat, die in dem Garantieschein oder in der Werbung angegeben werden.[84] Garantiebedingungen, die in der Werbung und der Garantieerklärung enthalten sind, binden den Verpflichteten. Diese Bindung erstreckt

---

80 Vgl. die Nw. bei *Riesenhuber* System und Prinzipien, S. 181.

81 Im Bereich des Gebrauchtwagenkaufs wurde eine Gewährleistungsversicherung früher optional angeboten; vgl. *Ehmann/Rust* JZ 1999, 853, 860 mit Fn. 62; *Martinek* in: Systembildung, S. 537; *Schäfer* in: Systembildung, S. 565.

82 Diesem Modell folgt auch Art. 4 Abs. 5 S. 1 Sps. 2 PRRL für den Fall der nachträglichen Änderung der Reisebedingungen.

83 Ähnlich *Canaris* AcP 200 (2000) 273, 362. S. noch sogleich, Rn. 767f., zur der anfänglich geplanten Verbindung von Kaufrecht und Klauselkontrolle. Art. 8:109 EP, Art. 7.1.6 UP sehen eine Einzelfallprüfung am Maßstab von Treu und Glauben vor.

84 Art. 1 Abs. 2 lit. e KGRL.

sich sowohl auf die garantierten Eigenschaften als auch auf die zugesicherten Rechte („Abhilfen"). Die vertragliche Garantie kommt durch ausdrückliche Vereinbarung („Garantie kraft Vereinbarung") oder auch durch bloße Garantiewerbung („Garantie kraft Werbung") zustande.[85] Weitergehende Regelungen, die für das Leistungsstörungsrecht von Bedeutung wären, enthält die Richtlinie nicht.

VII. Rückgriff des Letztverkäufers

Reichlich unklar ist der Regreß geregelt.[86] Art. 4 läßt vier Tatbestandsmerkmale erkennen, 761
die die Richtlinie teilweise regelt und teilweise nur als Hinweis für die Regelungsbefugnis der Mitgliedstaaten erwähnt. Regreßvoraussetzungen sind,

(1) daß der Letztverkäufer wegen einer Vertragswidrigkeit in Anspruch genommen wurde[87] und
(2) die haftungsauslösende Vertragswidrigkeit auf einem Handeln oder Unterlassen des Herstellers oder einer Zwischenperson beruht.
(3) Die Passivlegitimation und
(4) „das entsprechende Vorgehen und die Modalitäten"

sind Sache der Mitgliedstaaten.

Die erste Voraussetzung, Inanspruchnahme des Letztverkäufers, ist eine „sachlogische" 762
Voraussetzung für einen Rückgriff, schwieriger ist die zweite. Von Richtlinien wegen ist hier nur die Veranlassung durch Hersteller oder Vorleute vorgeschrieben. Schon nach dem Wortlaut der Regelung ist aber eine Veranlassung durch den Haftenden nicht erforderlich.[88] Auch wenn der Zwischenhändler, den das nationale Recht als Haftenden bestimmt, mit der Vertragswidrigkeit nichts zu tun hat, z.B., weil der Hersteller die Sachen auf sein Geheiß „durchgeliefert" hat und der Zwischenhändler auch keine für die Vertragswidrigkeit relevanten „öffentlichen Äußerungen" gemacht hat (Art. 2 Abs. 2 lit. d), soll der Regreß gegeben sein, wenn nur Hersteller oder eine andere Vorperson die Vertragswidrigkeit verursacht hat. Daß die Bestimmung der Passivlegitimation den Mitgliedstaaten überlassen wird, trägt dem französischen Recht Rechnung, wonach eine *action directe* gegen den Hersteller in Betracht kommt.[89]

Umstritten ist, ob sich aus der Richtlinie noch weitere Tatbestandsmerkmale für den 763
Regreß ergeben oder alles weitere den Mitgliedstaaten überlassen ist. Im Wege der teleologischen Auslegung ist Art. 4 KGRL beispielsweise entnommen worden, daß das nationale Recht verpflichtet sei, bestimmte Inkongruenzen zwischen der Haftung des Letztverkäufers gegenüber dem Endabnehmer einerseits und der Haftung der Vorleute gegenüber dem Letztverkäufer andererseits zu vermeiden. So sei zwar mit den Richtlinienvorgaben vereinbar, daß der Letztverkäufer dem Verbraucher haftet, obwohl er keinen Rückgriff gegen Vorleute nehmen kann, weil er erkennbare Mängel nicht rechtzeitig gerügt hat. Bei unerkennbaren Mängeln gebiete die Richtlinie hingegen einen Gleichlauf der Verjährungsfristen. Und ebenso gebiete der Zweck der Regreßregelung, daß der Regreßschuldner

---

85 Art. 6 Abs. 1 KGRL. Zur vertragsrechtlichen Begründung der Garantien bereits oben, Rn. 467.
86 Kritisch wegen der geringen Regelungsdichte R. *Van den Bergh* in: Academic Green Paper, S. 259.
87 Zutreffend *Magnus* FS Siehr, S. 438: bloße Möglichkeit der Inanspruchnahme reicht nicht.
88 A.M. *Jud* ZfRV 2001, 201, 207; *Magnus* FS Siehr, S. 438.
89 Dazu nur *Zweigert/Kötz* Rechtsvergleichung, § 42 V (S. 682). S.a. oben, Rn. 593–601 zu Vertragswirkungen für Dritte.

gegenüber dem Letztverkäufer die Beweislast in derselben Weise trägt wie der Letztverkäufer gegenüber dem Verbraucher (Art. 2 Abs. 4, 5 Abs. 3 KGRL).[90]

764 Richtig ist, daß BE 9 S. 3 KGRL in starken Worten den Grundsatz formuliert: Der Verkäufer „muß" eine der Vorpersonen in Regreß nehmen können. Indes hat der Gesetzgeber den Grundsatz noch im selben Satz doppelt eingeschränkt. Der Regreß steht nur „nach Maßgabe des innerstaatlichen Rechts" und nur dann offen, wenn der Verkäufer auf dieses Recht nicht verzichtet hat.[91] Tatsächlich spricht ja auch Art. 4 KGRL nur davon, daß der Letztverkäufer einen der Vorleute in Anspruch nehmen „kann". Wichtiger als die Regreßmöglichkeit ist daher der Grundsatz der Vertragsfreiheit, der im Europäischen Vertragsrecht zumal bei zweiseitigen Unternehmensgeschäften unumstritten regiert und von derselben Begründungserwägung 9 in Satz 4 eigens hervorgehoben wird. Haftungsinkongruenzen zwischen den einzelnen Vertragsbeziehungen hat der Gesetzgeber daher bewußt in Kauf genommen. Der Vertragsfreiheit ist insoweit das Prinzip der Relativität immanent. Dieses bedeutet gerade, daß auch Verträge, die in einer „wirtschaftlichen Kette" stehen, nicht abgestimmt zu sein brauchen.

765 Das kann auch wirtschaftlich einen guten Sinn haben, zum Beispiel wenn ein (Zwischen- oder Letzt-) Verkäufer eine Charge „Billigcomputer" kauft und beim Weiterverkauf einkalkuliert, daß jeder zweite reklamiert wird.[92] Die Bedeutung des Relativitätsgrundsatzes zeigt sich aber auch bei der Minderung als verhältnismäßiger Herabsetzung des Kaufpreises: Da die Kaufpreise regelmäßig divergieren, kommt hier eine formale Kongruenz nicht in Betracht. Endlich muß man bedenken, daß die Vorstellung einer Haftungskongruenz ohnehin spätestens bei der Verjährung schwerlich durchzusetzen ist. Selbst wenn der Letztverkäufer und seine Vorleute alle derselben Verjährungsfrist unterliegen, so beginnen die Fristen doch zu unterschiedlichen Zeitpunkten zu laufen (besonders wenn der Letztverkäufer die Ware vorrätig hält) und ist deshalb eine Inkongruenz fast unvermeidlich. Daß der Richtliniengeber einen formalen Gleichlauf der Verjährungsfristen für alle Verkäufer wollte, läßt sich deshalb nicht annehmen.

766 Das mitgliedstaatliche Recht muß daher einen Regreßanspruch für den Fall vorsehen, daß der Letztverkäufer für eine Vertragswidrigkeit einzustehen hat, die vom Hersteller oder einem der Vorleute veranlaßt ist. Die Mitgliedstaaten regeln, wer haftet und nach welchen Modalitäten. Der Grundsatz der effektiven Umsetzung gebietet, daß dieser Anspruch nicht nur der Form nach bestehen darf, sondern auch im Regelfall eine gewisse Durchsetzungswahrscheinlichkeit haben muß. Er steht aber dem vertraglichen Ausschluß des Rückgriffs nicht entgegen, denn die Richtlinie will den Grundsatz der Vertragsfreiheit ausdrücklich nicht antasten. Daher sind auch Inkongruenzen zwischen den Haftungsregimen der verschiedenen Vertragspartner von Europarechts wegen nicht zu beanstanden, da die Richtlinie mit der Vertragsfreiheit auch die Relativität des Vertragsverhältnisses

---

90 *Magnus* FS Siehr, S. 434–437.

91 Daß in der verabschiedeten Fassung – anders als noch im Gemeinsamen Standpunkt (Art. 3a S. 1 a.E.) – der Vorrang der Vertragsfreiheit nicht mehr im Richtlinientext erwähnt ist, sondern nur in der Begründungserwägung, bedeutet keine Abschwächung, sondern im Gegenteil, daß der Gesetzgeber den Grundsatz als *selbstverständlich* nicht eigens erwähnt hat.

92 Da die Richtlinie den Ausschluß des Rückgriffs ausdrücklich nicht verbietet (BE 9 S. 3) und der Ausschluß wie im Beispiel auch sachlich begründet sein kann, läßt sich auch gegen die formularmäßige Abrede kein pauschales Unwerturteil fällen; so aber (für das deutsche Recht) *von Westphalen* DB 1999, 2553, 2554f.; rechtspolitisch argumentierend auch *Ehmann/Rust* JZ 1999, 853, 863; wie hier im Grundsatz *Magnus* FS Siehr, S. 432f.

respektiert. Das bedeutet nicht, daß Mitgliedstaaten gehindert wären, eine weitgehende Haftungskongruenz einzuführen, ggf. auch dadurch, daß Hersteller und Vorleute *strenger* haften als der Letztverkäufer. Nur vorgeschrieben ist das nach der Richtlinie eben nicht.

VIII. Verhältnis der Kaufgewährrichtlinie zur AGB-Richtlinie und zur Produkthaftungsrichtlinie

Die zwingenden Gewährleistungsrechte des Art. 3 haben eine lange und verschlungene Geschichte. Zuerst begegnen sie in lit. c Ziff. 1 des Anhangs zum ersten Vorschlag der AGBRL.[93] Im zweiten, geänderten Vorschlag sind sie in Art. 6 enthalten.[94] Danach sollte eine Klausel in einem Kaufvertrag mißbräuchlich sein, wenn sie die Kaufgewährleistungsrechte des Verbrauchers auf Wandelung, Ersatzlieferung, Nachbesserung oder Minderung (in dieser Reihenfolge und ohne Hierarchie) beschränkt. Das war freilich schon gesetzgebungstechnisch ganz mißlich, denn dieses Klauselverbot setzte ja voraus, daß der Verbraucher die genannten Gewährleistungsrechte hat, und das war nicht in allen Mitgliedstaaten der Fall. Der Vorschlag lief also darauf hinaus, das Kaufgewährleistungsrecht der Mitgliedstaaten gleichsam mittelbar anzugleichen – und das durch eine Regelung im Richtlinienanhang.[95] Inhaltlich war dieser Vorschlag noch stärker als die spätere Richtlinie an das englische Vorbild des Unfair Contract Terms Act 1977 angelehnt, der vor allem Haftungsausschlußklauseln für unwirksam erklärt. Bekanntlich sah dieser Vorschlag auch noch die später aufgegebene Kontrolle auch von Individualvereinbarungen vor.[96] Im Ergebnis bedeutete daher auch schon der erste Vorschlag die Unabdingbarkeit von Kaufgewährleistungsrechten des Verbrauchers, da der Verkäufer davon auch nicht durch Individualvereinbarung hätte abweichen können. Nach dem Wortlaut des ersten Vorschlags wäre auch eine nachträgliche Einigung über die Gewährleistungsrechte nicht möglich gewesen. Der zweite Vorschlag, der die Gewährleistungsrechte ebenfalls vereinheitlichte,[97] ist insofern nicht klar, da er den Gewährleistungsausschluß in nicht-ausgehandelten Klauseln stets für unwirksam erklärte,[98] für im einzelnen ausgehandelte Klauseln aber darauf abstellte, ob sie die Vertragsdurchführung für den Verbraucher übermäßig erschwerten.[99] 767

Die Verbindung zwischen Kaufgewährleistungsrechten und Klauselkontrolle ist in der verabschiedeten Fassung der AGBRL von 1993 aufgehoben, das Gewährleistungsrecht kam erst mit der KGRL von 1999. Die in den ersten Vorschlägen der AGBRL für notwendig erachtete Harmonisierung der Vertragsrechte wurde in der verabschiedeten Fassung schließlich aufgegeben, und die KGRL hat die Verbindung nicht wieder hergestellt, sondern Einschränkungen der Gewährleistungsrechte zu Lasten des Verbrauchers (vor 768

93 Vorschlag für eine Richtlinie des Rates über mißbräuchliche Klauseln in Verbraucherverträgen, ABl. 1990 C 243/2.
94 Geänderter Vorschlag für eine Richtlinie des Rates über mißbräuchliche Klauseln in Verbraucherverträgen, ABl. 1992 C 73/7.
95 Zu Recht kritisch auch BR-Drs. Beschluß v. 1.3.1991, S. 2.
96 Art. 2 Ziff. 1 V1-AGBRL.
97 Art. 6 V2-AGBRL.
98 Art. 3 Abs. 3 iVm Ziff. 1 b Anh V2-AGBRL.
99 Art. 4 Abs. 1 Sps. 1 V2-AGBRL.

„Unterrichtung" des Verkäufers über die Vertragswidrigkeit) ganz ausgeschlossen. Den Grund dafür kann man, wie gezeigt (Rn. 753–755), in einem Schutz der materialen Selbstbestimmung des Verbrauchers sehen. Die in dem zweiten Vorschlag ABGRL vorgesehene Lösung wäre differenzierter ausgefallen,[100] dadurch aber auch weniger vorhersehbar. Die zwingende Vorschrift der Kaufgewährleistungsrechte schützt den Verbraucher sehr weitgehend, freilich mit entsprechenden Lasten für den Verkäufer. Angesichts der sehr differenzierten Bedürfnisse in der Praxis wäre es vorzugswürdig gewesen, den Gewährleistungsausschluß auch in nicht-ausgehandelten Klauseln anfänglich zuzulassen, sofern er berechtigten Interessen des Verkäufers dient (z.B. Beschränkung auf Ersatzlieferung bei technischen Geräten), und die nachträgliche Änderung von Gewährleistungsrechten durch Vereinbarung stets zuzulassen.[101]

769 Einen Bereich hat die KGRL völlig ausgespart, den Schadensersatz wegen Vertragsverletzung. In einem zentralen Ausschnitt wird der Ersatzanspruch (auch) des Käufers allerdings schon durch die Produkthaftungsrichtlinie geregelt, nach der der Hersteller (Art. 3, 5 ProdHRL) einer beweglichen Sache (Produkt, Art. 2) für den Personen- und Sachschaden (Art. 9) haftet, der durch einen Fehler (Art. 6) des Produkts verursacht wird. Daß die Produkthaftungsrichtlinie bei Schäden am sonstigen Vermögen des Verbrauchers nicht schützt, dürfte praktisch weniger erheblich sein, da solche Schäden primär bei beruflich oder gewerblich Tätigen vorkommen und für den Verbrauchsgüterkauf keine zentrale Rolle spielen dürften. Soweit nach der Richtlinie nur ein Produktfehler, nicht aber jede Vertragswidrigkeit die Haftung auslöst, dürften damit die wichtigsten Ursachen für Integritätsverletzungen erfaßt sein. Durch die objektive Bestimmung des Fehlers ist aber ein Ersatz für Eigentumsverletzungen etwa für den Fall ausgeschlossen, daß die (als Produkt fehlerfreie) Ware entgegen der „Zustimmung" des Verkäufers (Art. 2 Abs. 2 lit. b KGRL) für die bezweckte Verwendung[102] so ungeeignet ist, daß Eigentum des Käufers beschädigt wird (z.B. Zubehörteil beschädigt Karosserie). Auch für den Verbraucherkauf kann der Schadensersatzanspruch wichtige Funktionen haben, für die weder die KGRL noch die ProdHRL eine Harmonisierung vorsehen, z.B. wenn der Verbraucher Ersatz für entgangene Gebrauchsvorteile (etwa bis zur Nachbesserung) oder für die Ersatzvornahme der Nachbesserung verlangt.

770 Eine (äußere) tatbestandliche Nähe zwischen den Regelungen der Kaufgewährleistungsrichtlinie und der Produkthaftungsrichtlinie besteht bei der „objektiven" Fehlerbestimmung (Rn. 733), für die Art. 2 Abs. 2 lit. d KGRL u.a. auf die nach den öffentlichen Äußerungen berechtigten Erwartungen des Verbrauchers abstellt, Art. 6 Abs. 1 lit. a ProdHRL auf die Darbietung des Produkts.[103] Beide Vorschriften betreffen insbesondere auch

100 Nicht-ausgehandelter Gewährleistungsausschluß ist stets, ausgehandelter je nach Gewicht der Belastung für den Verbraucher unzulässig, die vertragliche Einigung nach Feststellung der Vertragswidrigkeit wohl zulässig.

101 Diese Prüfung der sachlichen Begründung würde sich mit den Maßstäben der AGBRL durchaus vertragen; s.o. Rn. 649f. (Prüfung am Maßstab der Verhältnismäßigkeit und der „Waffengleichheit").

102 Die bezweckte Verwendung weiche von dem Gebrauch des Produkts ab, mit dem billigerweise gerechnet werden muß (sonst Art. 6 Abs. 1 lit. b ProdHRL).

103 Dazu *Taschner/Frietsch* ProdHG/ProdHRL (2. Aufl. 1999), Art. 6 Rn. 13f.; Staudinger-*Oechsler* (1998) § 3 ProdHG Rn. 42–55.

Werbungsaussagen.[104] Und dadurch, daß Art. 2 Abs. 2 lit. d KGRL für die Ermittlung der Vertragsmäßigkeit hilfsweise auf objektive Faktoren als Indiz für den Parteiwillen abstellt, unterscheidet sich die Vorschrift auch insofern nicht von dem Deliktsmaßstab. Indes ist bei der teleologischen Auslegung zu beachten, daß es um jeweils unterschiedliche Interessen des „Geschädigten" geht. Während bei Art. 6 ProdHRL die Darbietung im Hinblick auf sein Integritätsinteresse zu untersuchen ist, geht es bei Art. 2 KGRL um das Leistungsinteresse des Verbrauchers. Daß ein Produkt keine Sicherheitsmängel habe, ist eine berechtigte Grunderwartung, so daß seine „Darbietung" (u.a.) in der Werbung auch ohne zu hohe Anforderungen Sicherheitserwartungen begründen kann. Berechtigte Erwartungen an die Qualität oder Leistung einer Ware bedürfen dagegen vergleichsweise spezifischerer Werbungsangaben. Daß ein „Spoiler" bei darbietungsgemäßer Verwendung die Sicherheit des Autos nicht gefährdet, kann der Käufer ohne weiteres erwarten, daß sein Auto dadurch schneller oder besser fährt indes nur bei konkreten Angaben. Die Schwelle für haftungsbegründende Angaben ist daher dem Zweck der Vorschriften entsprechend unterschiedlich bestimmt.

§ 27
Störungen des Pauschalreisevertrags

Literatur:

Abeltshauser, Thomas Europäisierung des Reisevertragsrechts, EWS 1991, 97–102

Eckert, Hans-Werner, Verbraucherschutz im Reiserecht – Auswirkungen der EG-Richtlinie über Pauschalreisen auf das deutsche Recht, ZRP 1991, 454–458

Fuchs, Angelika, Insolvenzsicherung für Reisebüro durch Kreditinstitut oder Versicherung mit Sitz in einem anderen EU-Mitgliedstaat, WuB IV A. 651k BGB 1.99

Führich, Ernst, Zur Umsetzung des EG-Pauschalreise-Richtlinie in deutsches Reisevertragsrecht, EuZW 1993, 347-352

Führich, Ernst, Das neue Reiserecht nach der Umsetzung der EG-Pauschalreise-Richtlinie, NJW 1994, 2446–2451

Führich, Ernst, Reisevertragsrecht nach modernisiertem Schuldrecht, NJW 2002, 1082–1084

Karollus, Margit Maria, Entgangene Urlaubsfreude und Reisen „à la carte" – Zwei EuGH-Entscheidungen zur Pauschalreise-Richtlinie, JBl. 2002, 566–578

Lindner, Beatrix, Verbraucherschutz in der Transformation – Die Umsetzung der Pauschalreiserichtlinie in Polen, Ungarn und der Tschechischen Republik im Vergleich, Baden-Baden 2004

Meyer, Justus/Kubis, Sebastian, Pauschalreiserecht in Europa, ZVglRWiss 92 (1993), 179–214

Tempel, Otto, Informationspflichten bei Pauschalreisen – Eine Bestandsaufnahme: Arten, Rechtsnatur, Sanktionen – unter Einbeziehung der Reisebüros –, NJW 1996, 1625–1636

Tonner, Klaus, 10 Jahre EG-Pauschalreise-Richtlinie – eine Bilanz, EWS 2000, 473–478

Tonner, Klaus, Die EG-Richtlinie über Pauschalreisen, EuZW 1990, 409–413

Tonner, Klaus, Harmonisierung oder Disharmonisierung des Reiserechts: Zur Umsetzung der EG-Pauschalreise-Richtlinie in den Mitgliedstaaten, EWS 1993, 197–202

Tonner, Klaus, Theorie und Praxis des Insolvenzschutzes bei Pauschalreisen, EuZW 1999, 395–401

Tonner, Klaus/Lindner, Beatrix, Immaterieller Schadensersatz und der EuGH, NJW 2002, 1475–1476

---

104 Für die KGRL oben, Rn. 733 und 439f.; für die ProdHRL *Taschner/Frietsch* ProdHG/ProdHRL (2. Aufl. 1999), Art. 6 Rn. 14; Staudinger-*Oechsler* (1998) § 3 ProdHG Rn. 44f.

I. Übersicht und Gang der Darstellung

771 Die Pauschalreiserichtlinie enthält eine eingehende Regelung der Leistungsstörungen bei Pauschalreisen (Definition Rn. 9). Diese ist indes, will man sich nicht mit einer isolierten Betrachtung aller Einzelvorschriften begnügen, schier undurchdringlich. Das beruht auf zwei Gründen. Erstens hat der Gesetzgeber das Verhältnis von Veranstalter und Vermittler nicht bestimmt, sondern weithin den Mitgliedstaaten zur Regelung überlassen.[1] Zweitens hat der Gesetzgeber verschiedene Anspruchsziele mehrfach geregelt. Infolgedessen ist schon die Übersicht schwer, sie wird daher nachfolgend zunächst in groben Zügen tabellarisch gegeben:

Vorschrift	**Anspruchsgegner**	**Tatbestand**[2]	**Rechtsfolge**
Art. 4 Abs. 5	Veranstalter oder Vermittler	erhebliche Änderung eines wesentlichen Bestandteils	Rücktritt
Art. 4 Abs. 6 UAbs. 1 lit. a	Veranstalter und/oder Vermittler	(I) Rücktritt des Verbrauchers oder (II) (1) Stornierung des Veranstalters (2) nicht vom Verbraucher verschuldet	Leistung einer gleich- oder höherwertigen Pauschalreise
Art. 4 Abs. 6 UAbs. 1 lit. b	N.N.	(I) Rücktritt des Verbrauchers oder (II) (1) Stornierung des Veranstalters (2) nicht vom Verbraucher verschuldet	Erstattung aller gezahlten Beträge
Art. 4 Abs. 6 UAbs. 2	Veranstalter oder Vermittler	(I) Rücktritt des Verbrauchers oder (II) (1) Stornierung des Veranstalters (2) kein Ausschluß	Entschädigung (Schadensersatz)
Art. 4 Abs. 7 UAbs. 1	Veranstalter	(absehbare) Nichterfüllung eines erheblichen Teils der vereinbarten Leitungen nach Abreise	angemessene andere Vorkehrungen und Entschädigung (Minderung)

1 Eingehend Grabitz/Hilf II-*Tonner* A 12 (PRRL) Art. 2 Rn. 9–24. Auch Art. 5 Abs. 1 PRRL läßt nur den Rückgriff *gegen andere Dienstleistungsträger* unberührt. Eine Darstellung der Richtlinie muß wegen der Unbestimmtheit des Verpflichteten (Veranstalter und/oder Vermittler) immer wieder den unpersönlichen Passiv verwenden. Dazu auch *Reich/Micklitz* Verbraucherrecht, Tz. 18.6.

2 Römische Ziffern in Klammern bezeichnen alternative Tatbestände, arabische Ziffern in Klammern bezeichnen Tatbestandsvoraussetzungen, die kumulativ vorliegen müssen.

Vorschrift	Anspruchsgegner	Tatbestand[2]	Rechtsfolge
Art. 4 Abs. 7 UAbs. 2	Veranstalter	(1) (absehbare) Nichterfüllung eines erheblichen Teils der vereinbarten Leistungen nach Abreise (2) Vorkehrungen nicht möglich oder inakzeptabel	gleichwertige Beförderungsmöglichkeit zum Ausgangs- oder einem anderen Ort und Entschädigung (Schadensersatz)
Art. 5 Abs. 1	Vertragspartner	nicht-ordnungsgemäße Erfüllung der vertraglichen Verpflichtung	Haftung für ordnungsgemäße Erfüllung auch dritter Leistungsträger
Art. 5 Abs. 2 UAbs. 1, 3, 4	Veranstalter und/ oder Vermittler	(1) Nicht-/Schlechterfüllung (2) Schaden (3) kein Ausschluß	Entschädigung (Schadensersatz)
Art. 5 Abs. 2 UAbs. 2	Vertragspartner	(I) unvorhersehbare oder nicht abwendbare Versäumnisse, die einem Dritten zuzurechnen sind (II) höhere Gewalt	Bemühung, Hilfe zu leisten
Art. 6	Veranstalter und/ oder Vermittler	Beanstandungen	Bemühung um geeignete Lösungen

Nicht die Vertragsbeziehung oder die Vertragsrechte standen im Zentrum der Erwägungen des Gesetzgebers, sondern die Rechte des Verbrauchers. Die Richtlinie bestimmt daher einen Mindestschutz (Art. 8 PRRL) für Verbraucher, der zumeist nicht über die Pflichtenstellung des Vertragspartners, sondern über die Rechte und Ansprüche des Verbrauchers bestimmt ist, wobei der Anspruchsgegner zumeist der Vertragspartner oder ein „Dritter" sein kann, die Mitgliedstaaten aber frei sind, jedenfalls auch die Passivlegitimation des Vertragspartners vorzuschreiben. 772

Diese Besonderheit der Regelungstechnik macht es erforderlich, für die Darstellung von dem bisherigen Muster abzuweichen. Entsprechend dieser Gesetzgebungstechnik werden zunächst (sogleich II) die Verbraucherrechte wegen „Störungen" ohne Rücksicht darauf dargestellt, ob sie sich gegen den Vertragspartner oder einen Dritten richten. Keineswegs alle Rechte des Verbrauchers sind schon von Europarechts wegen Rechte des Verbrauchers gegen seinen Vertragspartner. Und da die Richtlinie nicht vorgibt, daß die Rechte gegen den Dritten, der nicht Vertragspartner ist, vertraglich begründet sein müssen, sind auch in diesem Sinne nicht alle Rechte des Verbrauchers Vertragsrechte.[3] Auf die Problematik der Relativität ist daher anschließend (nachfolgend III) zurückzukommen. Die Durchsicht macht die vertragsrechtlichen Muster der Richtlinie, aber auch ihre Besonderheiten deutlich (IV). Auf das Rückgriffsrecht (V) und die Sonderregeln für Störungen bei Flugreisen (VI) ist am Schluß hinzuweisen. 773

3 A.M. impliziter *Tonner* EuZW 1990, 409 („2. Vertragsrecht").

II. Rechte des Verbrauchers wegen Leistungsstörungen

1. Erfüllungsanspruch und Verwandtes

774 Zu beginnen ist mit dem Erfüllungsanspruch, da dieser andere Rechtsbehelfe ausschließen kann. Der Erfüllungsanspruch begegnet in unterschiedlicher Form in vier Einzelvorschriften. Seine Ausgestaltung und Prominenz läßt erkennen, daß der Gesetzgeber bei der Regelung vor allem den Erholungsurlaub von Privatpersonen vor Augen hatte und diesen möglichst sichern wollte. Daß der Gesetzgeber den Erfüllungsanspruch ausschließen wollte, soweit er andere Rechtsbehelfe zuspricht,[4] ist schon deswegen nicht anzunehmen, weil der Erfüllungsanspruch dem Verbraucher wohl schon an sich, jedenfalls aber als zusätzlicher Rechtsbehelf eine bessere Rechtsstellung verschafft (Art. 8 PRRL).

775 Im Zusammenhang mit dem Erfüllungsanspruch steht zunächst – *erstens* – der Anspruch auf eine Ersatzreise für den Fall der Vertragsbeendigung vor Abreise durch Rücktritt des Verbrauchers oder Stornierung des *Veranstalters* (Art. 4 Abs. 6 PRRL). Der Rücktritt des Verbrauchers kommt in Betracht, wenn der Veranstalter – aufgrund Änderungsvorbehalts oder in Verletzung des Vertrags – nachträglich wesentliche Vertragsbedingungen erheblich ändert. Stornierung des Vertrags durch den Veranstalter ist sowohl die vorbehaltene als auch vertragswidrige Kündigung vor Abreise, ausgenommen nur die Stornierung wegen Alleinverschuldens des Verbrauchers. In diesen Fällen hat der Verbraucher Anspruch auf Teilnahme an einer gleich- oder höherwertigen Reise, wenn der *Veranstalter und/oder Vermittler* in der Lage ist, ihm eine solche anzubieten. Problematisch ist freilich die Unbestimmtheit des Tatbestands („in der Lage"). Warum die Regelung nur die *Veranstalter*stornierung erfaßt, ist nicht klar, da eine „Stornierung" auch dann in Betracht kommt, wenn der Vermittler nach nationalem Recht alleiniger Vertragspartner ist und z.B. infolge Überbuchung einige Verträge nicht erfüllen kann. Dieser Fall rechtfertigt keine andere Beurteilung. Daß der Vertragspartner auch dann dem Ersatzreiseanspruch ausgesetzt ist, wenn er vom stornierenden Veranstalter verschieden ist, entspricht hingegen der Regelung des Art. 5 Abs. 1 PRRL, wonach der Vertragspartner auch dann für die ordnungsgemäße Erfüllung haftet, wenn er die Leistungen nicht selbst, sondern durch Dritte erbringt.

776 In allgemeiner Form ist der Erfüllungsanspruch – *zweitens* – in Art. 6 der Richtlinie enthalten, wonach sich *Veranstalter und/oder Vermittler* oder deren etwa vorhandener örtlicher Vertreter bei Beanstandungen „nach Kräften um geeignete Lösungen (bemühen)". Beanstandung ist die Geltendmachung des Erfüllungsanspruchs aufgrund einer vorliegenden oder zu besorgenden Nicht- oder Schlechterfüllung. Daß der Verpflichtete sich nur „nach Kräften bemühen" muß, scheint die Einschränkung der Leistungspflicht nach dem Grundsatz *ultra posse nemo obligatur* zu bedeuten. Indes wäre es ganz unverständlich, daß der Gesetzgeber ausgerechnet in diesem Einzelfall die Grenze der Bindung statuieren würde, die er sonst den mitgliedstaatlichen Gesetzgebern überläßt. Im Gegenteil ist der Vorschrift zu entnehmen, daß der Schuldner sich auch dann nach Kräften „um geeignete Lösungen" bemühen muß, wenn er die vereinbarte Leistung absehbar nicht erbringen kann. Die Formulierung bedeutet, daß der Schuldner das Mögliche Unternehmen muß,

---

4 Eine Einschränkung des Erfüllungsanspruchs entnimmt *Grundmann* Schuldvertragsrecht, 4.01 Rn. 23, Art. 4 Abs. 5 und 6 PRRL.

selbst wenn das Vereinbarte unmöglich ist, sie stellt keine Einschränkung seiner Pflichten dar, sondern eine Erweiterung.

Eine Fortsetzung des Erfüllungsanspruchs (Nachbesserung, Ersatzleistung) ist *drittens* die Verpflichtung des *Veranstalters*, im Falle einer Störung der vereinbarten Leistung „angemessene andere Vorkehrungen" zu treffen, damit die Reise weiter durchgeführt werden kann, Art. 4 Abs. 7 UAbs. 1 PRRL. Auch hier zeigt sich der Vorrang der (Ersatz-) Erfüllung vor anderen Rechtsbehelfen. Der Hinweis auf „angemessene" andere Vorkehrungen ist schon sprachlich dahin zu verstehen, daß die Vorkehrungen im Hinblick auf das vereinbarte Leistungsprogramm angemessen sind: Der klimatisierte Luxusreisebus kann nicht durch eine Beförderung im Abteil dritter Klasse ersetzt werden. Einen Zumutbarkeitseinwand des Veranstalters begründet die Vorschrift nicht.[5] Auch der nachfolgende UAbs. 2 stellt allein darauf ab, ob die Ersatzlösung für den Verbraucher akzeptabel ist, nicht auch, ob sie dem Veranstalter zumutbar ist.[6] 777

In Zusammenhang mit dem Erfüllungsanspruch steht *viertens* der Hilfeleistungsanspruch des Art. 5 Abs. 2 UAbs. 2 PRRL, den der Verbraucher gegen seinen *Vertragspartner* hat, wenn die Erfüllung durch unvorhersehbare oder unabwendbare Versäumnisse Dritter oder höhere Gewalt gestört ist. In diesen Fällen ist eine Erfüllung der vereinbarten Leistung ausgeschlossen und hat der Reisende keinen Anspruch auf Schadensersatz. Dementsprechend ist freilich auch die Hilfeleistungspflicht begrenzt: Da der Vertragspartner in den genannten Fällen keinen Schadensersatz schuldet, kann er auch nicht verpflichtet sein, erhebliche Aufwendungen auf sich zu nehmen, um dem Reisenden zu helfen.[7] Hilfeleistung bedeutet daher primär die Erteilung von Ratschlägen, im übrigen nur die Pflicht, im Rahmen des Zumutbaren gegen Aufwendungsersatz tätig zu werden. 778

Daß der Erfüllungsanspruch gleichsam in veränderter Form eines Hilfeleistungsanspruchs erhalten bleibt, kann man gleichwohl als Ausdruck für eine besondere Pflichtenbindung ansehen, die der Reisevertrag dem Vertragspartner auferlegt. Man kann darin Elemente einer Fürsorgepflicht des Vertragspartners erkennen. Beim Pauschalreisevertrag erwirbt der Verbraucher eine Mehrzahl von Reiseleistungen aus einer Hand und verläßt sich darauf, daß der Vertragspartner (im Rahmen des Vertragsprogramms) um alles Erforderliche gekümmert hat. Besonders im Ausland ist der Reisende oft auf Hilfe angewiesen, da er Sprache, Recht und Gepflogenheiten des Gastlandes nicht kennt. Dem trägt die Fortsetzung der Erfüllungspflicht in der Hilfeleistungspflicht Rechnung (Art. 5 Abs. 2 UAbs. 2). Gemeint ist damit die akute Hilfe bei Schwierigkeiten und Not, wie z.B. die Vermittlung ärztlicher, polizeilicher oder behördlicher Hilfe; nicht hingegen schuldet der Vertragspartner die Unterstützung bei der prozessualen Durchsetzung von Ansprüchen gegen Dritte. Die Fürsorgepflicht ist dabei von den vereinbarten Reiseleistungen einerseits und dem Ausmaß ihrer Störung andererseits abhängig, so daß sie für einen Verbraucher, der „Rundumbetreuung" gebucht hat, anders ausfallen kann als für einen anderen, der nur Reise und Unterkunft gebucht hat. Daß der Anspruch auf Hilfeleistung nur für Fälle vorgesehen ist, in denen der Veranstalter und/oder Vermittler die Störung nicht zu vertreten hat, obwohl man einen entsprechenden Anspruch erst recht dann erwarten würde, wenn 779

---

5 A.M. *Grundmann* Schuldvertragsrecht, 4.01 Rn. 28 a.E.

6 Die allgemeinen Zumutbarkeitsschranken des mitgliedstaatlichen Zivilrechts bleiben in den von der Umsetzungspflicht gesetzten Grenzen (oben, § 8) anwendbar; vgl. oben, Rn. 573–576.

7 Grabitz/Hilf II-*Tonner* A 12 (PRRL) Art. 5 Rn. 7.

er die Störung zu vertreten hat, kann man damit erklären, daß der Veranstalter/Vermittler in letzterem Fall schon zum Zweck der Schadensminderung Hilfe leisten wird. Daß die Hilfeleistungspflicht nicht eingreift, wenn die Störung dem Verbraucher zuzurechnen ist (Gefängnisaufenthalt wegen Rauschgiftschmuggels) leuchtet ein.

780 Ist der Hilfeleistungsanspruch gegen den Vertragspartner als eine Fortsetzung des Erfüllungsanspruchs anzusehen, so kann auch seine Verletzung eine Leistungsstörung darstellen, für die der Veranstalter und/oder Vermittler einstehen muß.

781 In allen vier Fällen kann es sein, daß der (fortgesetzte) Erfüllungsanspruch die Störung nicht vollständig behebt. Soweit der Schuldner nur „Bemühen" schuldet, geht die Richtlinie davon aus, daß ein Restschaden regelmäßig zurückbleiben kann. Dann stellt sich die Frage, ob der Verbraucher neben den genannten Ansprüchen auch Schadensersatz verlangen kann.[8] Ausdrücklich ist das nur für den Fall angeordnet, daß der Verbraucher die Ersatzreise in Anspruch nimmt (Art. 4 Abs. 6 UAbs. 1 lit. a, UAbs. 2 PRRL). Aber auch in den übrigen Fällen ist die Kumulation von Rechtsbehelfen nicht ausdrücklich oder sachlogisch ausgeschlossen.

2. Minderung

782 Einen Minderungsanspruch sieht Art. 4 Abs. 7 UAbs. 1 PRRL für den Fall der Störung *nach Abreise* vor. Wird ein erheblicher Teil der Leistungen nicht erbracht, die Reise aber auf andere als die vereinbarte Weise durchgeführt, so hat der Verbraucher gegen den *Veranstalter* (unabhängig von seiner Stellung zum Vertrag) einen Anspruch auf eine „Entschädigung, deren Höhe dem Unterschied zwischen dem Preis der vorgesehenen und der erbrachten Dienstleistungen entspricht", also auf Minderung. Daß der Minderungsanspruch in jedem Fall gegen den Veranstalter gerichtet ist, führt, wenn dieser nicht Vertragspartner des Verbrauchers ist und der Anspruch daher die Relativität des Schuldverhältnisses übersteigt, freilich zu der Schwierigkeit, den Minderungsbetrag zu bestimmen, denn der Preis der Dienstleistung kann ja für den Veranstalter ein anderer sein als für den Vermittler, der Vertragspartner des Verbrauchers ist. Nach dem Schutzzweck der Vorschrift ist indes davon auszugehen, daß es auf den Preis ankommt, den der Verbraucher mit seinem Vertragspartner vereinbart hat. Leistet der Veranstalter (der nicht Vertragspartner ist) mehr als er müßte (weil der Vermittler die betreffende Leistung billig eingekauft und viel teurer verkauft hat), so kann er sich nach nationalem Recht gegebenenfalls beim Vermittler (Vertragspartner des Verbrauchers) erholen.

783 Die Minderung wegen Störungen *vor Abreise* ist nicht geregelt, für diesen Fall sieht Art. 4 Abs. 5 lediglich vor, daß der *Veranstalter* den Verbraucher von erheblichen Änderungen eines wesentlichen Vertragsbestandteils zu unterrichten und ihm „insbesondere" die Möglichkeit zu geben hat, Rücktritt oder Vertragsänderung zu wählen. Der Grund dafür ist nicht schon darin zu sehen, daß der Reisende bei Durchführung trotz Störung auf die soeben beschriebene Regelung wegen Störung nach Abreise zurückgreifen könnte: Das muß ihm folgerichtig versperrt sein, wenn er einer Vertragsänderung zugestimmt hat. Man könnte annehmen, daß der Gesetzgeber sicherstellen wollte, daß die Parteien vor Abreise absehbare Störungen einvernehmlich regeln und sich auch über eine etwaige Minderung einigen: Der Reisende solle nicht sehenden Auges die Minderleistung in Anspruch

8 Da hier nur die Verbraucherrechte untersucht werden und der Anspruchsgegner nicht notwendig der Vertragspartner ist, können sich Abhilfeanspruch und Ersatzanspruch gegen verschiedene Verpflichtete richten.

nehmen und nachher liquidieren können. Dann müßte man die Regelung aber wohl folgerichtig für abschließend halten und annehmen, daß das mitgliedstaatliche Recht für diesen Fall keinen Minderungsanspruch vorsehen dürfte. Das aber wäre doch ganz unangemessen, denn dann würde der Reisende nur durch das Wettbewerbsrecht (Werberichtlinie, UGP-Richtlinie) davor geschützt, daß ihn der Veranstalter/Vermittler den Reisenden mit blumigen Anpreisungen in einen Vertrag lockt und davon dann nachher schrittweise abrückt. Die besseren Gründe sprechen daher für die Annahme, der Gesetzgeber habe die Rechtsfolgen für den Fall der Änderung wesentlicher Vertragsbedingungen durch den Veranstalter vor Abreise nicht abschließend geregelt. Die Mitgliedstaaten können zugunsten des Verbrauchers strengere Regeln vorsehen, insbesondere auch ein Minderungsrecht bei Festhalten am Vertrag. Auch wenn sich der Veranstalter vor Abreise „gezwungen sieht", erhebliche Änderungen wesentlicher Vertragsbestandteile „vorzunehmen", müssen die Mitgliedstaaten dem Reisenden die Möglichkeit geben können, die Reise durchzuführen und das vereinbarte Austauschverhältnis im Wege der Minderung zu erhalten.

3. Schadensersatz

Wird der Vertrag nicht oder schlecht erfüllt,[9] so hat der Verbraucher nach Art. 5 Abs. 2 **784**
PRRL Anspruch auf Schadensersatz („Haftung für Schäden") gegen den *Veranstalter und/oder Vermittler*. Der Anspruch ist ausgeschlossen, wenn

(1) die Nichterfüllung allein[10] dem Verbraucher oder
(2) allein[11] einem Dritten[12] zuzurechnen ist oder
(3) auf höherer Gewalt beruht.

Ungeachtet der irreführenden Formulierung handelt es sich dabei nicht um eine Verschuldenshaftung,[13] denn auf eine subjektive Zurechenbarkeit, die mit dem Verschuldensbegriff (herkömmlich) verbunden wird (Vorsatz oder Fahrlässigkeit), kommt es nicht an,[14] und das von der Richtlinie sogenannte Verschulden ist nur in den drei genannten Fällen ausgeschlossen. Weil aber das sogenannte Verschulden nur durch drei Gründe ausgeschlossen ist, diese drei Gründe jedoch nicht alle Fälle erfassen, in denen die subjektive Zurechnung zum Verpflichteten fehlt, handelt es sich nicht um eine Verschuldenshaftung. Ausgeschlossen ist der Ersatzanspruch nur, wenn die Nichterfüllung („Versäumnisse") (1) dem Verbraucher zuzurechnen ist, (2) sie auf unvorhersehbarem und unabwendbarem Drittverhalten oder (3) höherer Gewalt beruht. Der Ersatzanspruch nach Art. 5 Abs. 2 PRRL um-

9 Nachfolgend wird der Begriff der Nichterfüllung als Oberbegriff verwandt, der auch die Schlechterfüllung umfaßt.

10 Ein bloßes Mitverschulden des Verbrauchers reicht nicht aus; *Grundmann* Schuldvertragsrecht, 4.01 Rn. 30. S.a. EuGH v. 27.3.1990 – Rs. 308/87 *Grifoni*, Slg. 1990, I-1221 Rn. 15–18.

11 Die Nichterfüllung ist nicht *allein* dem Dritten zuzurechnen, wenn sie für den Veranstalter und/oder Vermittler vorhersehbar oder abwendbar war; Art. 5 Abs. 2 Sps. 2 PRRL.

12 Dritter ist ein an der Bewirkung der vereinbarten Leistung nicht Beteiligter; Art. 5 Abs. 2 Sps. 2 PRRL.

13 Zutr. *Tonner* EWS 2000, 473, 474; Grabitz/Hilf II-*Tonner* A 12 (PRRL) Art. 5 Rn. 7f. (anders Gebauer/Wiedmann-*Tonner*, Kap. 13 Rn. 20, 80). A.M. *Grundmann* Schuldvertragsrecht, 4.01 Rn. 28. Die Umsetzung in § 651f Abs. 1 iVm § 276 BGB ist daher unzureichend und durch richtlinienkonforme Auslegung zu korrigieren; ebenso MünchKomm-*Tonner* § 651f Rn. 23a.

14 Freilich hat auch die „höheren Gewalt" einen Bezug zur Vorwerfbarkeit, *Larenz* Schuldrecht I, §23 Ib (S. 347). Indes schließt höhere Gewalt die Ersatzhaftung nur negativ aus, subjektive Vorwerfbarkeit ist nicht umgekehrt positive Voraussetzung für die Haftung.

faßt, wie der EuGH dem Angleichungszweck sowie systematischen Erwägungen (Art. 5 Abs. 2 UAbs. 4!) entnommen hat, auch den Ersatz immaterieller Schäden.[15] Er kann von den Mitgliedstaaten in bestimmten Grenzen eingeschränkt werden,[16] er ist aber für die Parteien unabdingbar.[17]

785 Einen Schadensersatzanspruch gegen den *Veranstalter oder Vermittler* hat der Verbraucher, wenn er wegen erheblicher Änderung wesentlicher Bedingungen vor der Abreise vom Vertrag zurücktritt oder der Veranstalter den Vertrag („gleich aus welchem Grund, ausgenommen Verschulden des Verbrauchers")[18] vor Abreise storniert.[19] Im Falle der Stornierung ist der Ersatzanspruch ausgeschlossen, wenn (1) eine vertraglich vereinbarte Mindestteilnehmerzahl nicht erreicht ist oder (2) ein Fall höherer Gewalt vorliegt; auch dies ist also ein Fall der Garantiehaftung. Das Verhältnis zu der allgemeinen Ersatzpflicht des Art. 5 Abs. 2 ist nicht klar.[20] Nicht überzeugend ist die Annahme, der Gesetzgeber habe in Art. 4 Abs. 6 einen Spezialtatbestand schaffen wollen, der durch die engere Definition der höheren Gewalt qualifiziert ist.[21] Ebensowenig plausibel ist die Annahme, es handele sich um eine Klarstellung, daß die vertragswidrige Stornierung oder der durch vertragswidrige Änderung der Bedingungen veranlaßte Rücktritt Fälle der Nichterfüllung darstellen. Und schließlich leuchtet auch nicht ein, daß der Gesetzgeber für diese Fälle die mitgliedstaatliche Wahl des Anspruchsgegners (Veranstalter und/oder Vermittler) auf die Alternative von Veranstalter *oder* Vermittler beschränken wollte. Die wesentliche Bestimmung der Vorschrift dürfte darin zu sehen sein, daß der Veranstalter sich im Vertrag nur dann eine Stornierung – mit den Schadensersatzanspruch ausschließender Wirkung – vorbehalten kann, wenn für die Reise eine Mindestteilnehmerzahl erforderlich ist. Ansonsten löst jede Stornierung den Ersatzanspruch aus, „gleich aus welchem Grund" sie erfolgt, ausgenommen nur „Verschulden des Verbrauchers" und höhere Gewalt. Der Sache nach bedeutet die Vorschrift daher eine ergänzende Regelung über Mindestteilnehmerzahl-Klauseln in Pauschalreiseverträgen (näher Rn. 803f.).

786 Die tatbestandliche Reichweite des Ersatzanspruchs des Art. 4 Abs. 6 UAbs. 2 PRRL ist umstritten. Nach einer Auffassung soll sie neben den Fällen der Stornierung und des veranlaßten Rücktritts alle Fälle der nachträglichen erheblichen Änderung wesentlicher

---

15 EuGH v. 12.3. 2002 – Rs. C-168/00 *Leitner* Slg. 2002, I-2631; Anm.v. *Tonner* ZEuP 2003, 623–634.

16 Art. 5 Abs. 2 UAbs. 3 und 4 PRRL; i.e. Grabitz/Hilf II-*Tonner* A 12 (PRRL) Art. 5 Rn. 22–39.

17 Art. 5 Abs. 3 PRRL.

18 Auch im Fall des veranlaßten Rücktritts (Art. 4 Abs. 5) kommt ein Schadensersatzanspruch des Verbrauchers nicht in Betracht, wenn ein Verschulden des Verbrauchers Grund für die Änderung der Vertragsbedingungen nach Abs. 5 war, *Grundmann* Schuldvertragsrecht, 4.01 Rn. 25; das ergibt sich hier aber schon aus dem Tatbestand des Art. 4 Abs. 5 PRRL, der nur die eigeninitiative Änderung durch den Veranstalter betrifft, nicht die vom Verbraucher veranlaßte.

19 Art. 4 Abs. 6 UAbs. 2 PRRL

20 *Grundmann* Schuldvertragsrecht, 4.01 Rn. 30 (Art. 5 Abs. 2 als Grundtatbestand, Art. 4 Abs. 6 UAbs. 2 als Spezialregel); *Meyer/Kubis* TranspR 1991, 411, 414 (Art. 4 Abs. 6 UAbs. 2 als Spezialtatbestand für veranlaßten Rücktritt und Stornierung).

21 Weitergehend als in Art. 4 Abs. 6 UAbs. 2 Ziff. i ist die Haftung nach Art. 5 Abs. 2 UAbs. 1 Sps. 3 auch ausgeschlossen, wenn die Nichterfüllung „auf ein Ereignis zurückzuführen ist, das der Veranstalter und/oder der Vermittler bzw. der Leistungsträger trotz aller gebotenen Sorgfalt nicht vorhersehen oder abwenden konnte".

Vertragsbedingungen (Absatz 5) erfassen.[22] Der Ersatzanspruch wäre demnach auch gegeben, wenn der Reisende sich auf eine vom Veranstalter „vorgenommene" Änderung eingelassen hat („eine Zusatzklausel zum Vertrag akzeptiert hat"). Dagegen spricht indes schon die unzweideutige systematische Stellung des Ersatzanspruchs in Absatz 6, der gerade nicht alle Fälle des Absatz 5 betrifft. Aber auch in der Sache besteht kein Anlaß, dem Verbraucher auch im Fall der konsentierten Änderung einen Ersatzanspruch zuzugeben. Allerdings kann es sein, daß er infolge dieser Änderung für das anfänglich vereinbarte Entgelt weniger Leistung erhält oder er für die anfänglich vereinbarte Leistung mehr zahlen muß oder er aufgrund der Änderung sonstige Nachteile hat (längere Anfahrt zum Flughafen, schlechtere Verbindung). Indes ergäbe der Ersatzanspruch gerade hier keinen Sinn, denn entweder der Verbraucher akzeptiert die Bedingungen nicht und wählt Ersatzreise oder Rücktritt und Schadensersatz; oder er akzeptiert die Bedingungen (sei es zähneknirschend oder mit entsprechender Preisanpassung) und hat deswegen keinen Schaden. Schadensersatz zu verlangen ist ja gerade das Gegenteil von einer Akzeptanz der Änderung (s.a. Rn. 783 zur Minderung). Unbefriedigend ist daher nicht die Beschränkung der Ersatzregelung in Art. 4 Abs. 6 UAbs. 2 PRRL auf die Fälle des UAbs. 1, sondern allenfalls die Beschränkung der Rechtsbehelfe des Verbrauchers im Fall nachträglicher Änderung der Vertragsbedingungen; – insoweit können indes die Mitgliedstaaten strengere Regeln vorsehen.[23]

Eine dritte Vorschrift, die einen Bezug zum Anspruch auf Schadensersatz hat, enthält Art. 5 Abs. 1 PRRL. Sie ist unten gesondert zu erörtern.[24] 787

4. Vertragsaufhebung

Als vierter Rechtsbehelf kommt die Vertragsaufhebung in Betracht. Die Richtlinie sieht sie in zwei Fällen vor. Vor der Abreise hat der Verbraucher ein Recht zum „Rücktritt" vom Vertrag, wenn der Veranstalter wesentliche Reisebedingungen nachträglich erheblich ändert.[25] Dann ist der Vertrag rückabzuwickeln, erbrachte Zahlungen sind dem Verbraucher „schnellstmöglich" (unverzüglich) zu erstatten (Art. 4 Abs. 6 UAbs. 1 lit. a PRRL). Anspruch auf Schadensersatz hat der Verbraucher neben dem Rücktrittsrecht. 788

Nach der Abreise kann der Verbraucher Vertragsaufhebung wählen, wenn ein erheblicher Teil der Leistung (absehbar) nicht erbracht (werden) wird und entweder (1) der *Veranstalter* keine angemessenen anderen Vorkehrungen trifft oder (2) der Verbraucher die angebotenen Vorkehrungen aus triftigen Gründen nicht akzeptieren kann (Art. 4 Abs. 7 PRRL).[26] In diesem Fall hat die Vertragsaufhebung („Vertragsbeendigung") naturgemäß weitere Folgen für den Veranstalter. Er hat den Verbraucher zumindest auf eine der verabredeten Beförderung gleichwertige Weise an den Ausgangsort oder einen anderen mit dem Verbraucher vereinbarten Ort zurückzubringen. Auch hier kann der Verbraucher daneben Schadensersatz verlangen. Ungeachtet der Mindeststandardklausel (Art. 8 PRRL) können die Mitgliedstaaten die Vertragsaufhebung aber nicht zugunsten des Verbrauchers 789

22 *Meyer/Kubis* TranspR 1991, 411, 414; *Abeltshauser* EWS 1991, 97, 99.

23 Ebenso *Grundmann* Schuldvertragsrecht, 4.01 Rn. 25.

24 Nachfolgend Rn. 796–799.

25 Die vom Verbraucher „verschuldete" Vertragsänderung regelt die Vorschrift nicht; s. schon oben, Fn. 23.

26 A.A. *Tonner* EuZW 1990, 409, 410.

unter erleichterten Voraussetzungen zulassen. Denn die Abhilfemöglichkeit dient nicht einseitig dem Erfüllungsinteresse des Verbrauchers, sondern auch dem Erfüllungsinteresse des Veranstalters. Würde man etwa von dem Erfordernis eines „triftigen Grundes" absehen, so würde der von der Richtlinie erzielte Interessenausgleich gestört.

790 Für den Fall der Vertragsaufhebung wegen Störung nach Abreise ist nicht klar, ob der Verbraucher daneben auch einen Schadensersatzanspruch nach Art. 5 Abs. 2 PRRL hat. Das ist indes zu bejahen. Dafür spricht schon, daß die Kumulation nicht ausdrücklich ausgeschlossen ist. Und auch daß der Verbraucher in diesem Fall gegen den *Veranstalter* einen Anspruch auf Minderung hat (Art. 4 Abs. 7 UAbs. 2 PRRL), bedeutet nicht, daß er nicht nach Art. 5 Abs. 2 der Richtlinie einen weitergehenden Schaden von *Veranstalter und/oder Vermittler* verlangen können soll.

791 Ein „allgemeines" Rücktrittsrecht des Verbrauchers[27], das auch ohne Grund (Leistungsstörung) ausgeübt werden könnte, sieht die Richtlinie nicht vor; zu Recht! Warum sollte man den Reisenden („Verbraucher") aus seiner Vertragsbindung entlassen? Zumal angesichts der grundsätzlichen Berechtigung des Verbrauchers, eine Ersatzperson zu stellen, wenn er verhindert ist (Art. 4 Abs. 3 PRRL; Rn. 591), besteht dafür kein Anlaß. Das Folgeproblem, daß der andere Teil sich wegen Vertragsaufsage des Verbrauchers eine möglicherweise unangemessen hohe sog. Stornogebühr versprechen läßt, ist, wie manche kritisieren,[28] in der Tat von der Richtlinie nicht behandelt. Die gemeinschaftsprivatrechtliche Regelung ist deswegen indes jedenfalls seit Erlaß der AGB-Richtlinie nicht mehr lückenhaft. Denn Ziff. 1 lit. e Anhang AGBRL verpönt nicht-ausgehandelte Klauseln (und allein darum geht es praktisch), die den Verbraucher im Fall der Vertragsverletzung zur Zahlung einer unangemessen hohen Entschädigung verpflichten.

5. Anzeigeobliegenheit des Verbrauchers

792 Den Verbraucher trifft in allen Fällen der Leistungsstörungen nach Reisebeginn die Obliegenheit, dem betreffenden *Leistungsträger* und dem *Veranstalter und/oder Vermittler* einen Mangel des Vertrages so bald wie möglich schriftlich oder in anderer geeigneter Form mitzuteilen.[29] Auf diese Anzeigeobliegenheit ist der Verbraucher im Vertrag klar und deutlich hinzuweisen (Art. 5 Abs. 4 PRRL; Rn. 493, 501).

---

27 Wir erörtern hier nur das Recht zur Vertragsaufhebung (Rücktrittsrecht) des *Verbrauchers* wegen Leistungsstörung und lassen das Aufhebungsrecht des Veranstalters/Vermittlers/Vertragspartners unberücksichtigt. Dazu nur: Zu sagen, daß „der Reiseveranstalter grundsätzlich stets zurücktreten (kann)" (Grabitz/Hilf II-*Tonner* A 12 (PRRL) Art. 4 Rn. 45) ist wohl doch irreführend: Der grundlose Rücktritt des Veranstalters (Vermittlers, Vertragspartners) ist ein Vertragsbruch; das bestätigt die Regelung des Art. 4 Abs. 6 UAbs. 2 PRRL, die nur zwei Rücktrittsgründe anerkennt.

28 Grabitz/Hilf II-*Tonner* A 12 (PRRL) Art. 4 Rn. 56f.

29 Art. 5 Abs. 4 PRRL. Kritisch gegenüber der Obliegenheit, den Mangel auch dem *Leistungsträger* anzuzeigen Grabitz/Hilf II-*Tonner* A 12 (PRRL) Art. 5 Rn. 40. Eine Obliegenheit, einen Mangel auch noch nach Abschluß der Reise anzuzeigen, sieht die Richtlinie nicht vor. Eine entsprechende Vorschrift, wie sie z.B. § 651g Abs. 1 S. 1 BGB enthält, ist mit der Richtlinie unvereinbar; entgegen *Tonner* aaO Rn. 44, kann man der Richtlinie nicht entnehmen, daß sie „den Verbraucher nicht vom doppelten Anzeigeerfordernis befreien wollte".

Der Anzeigeobliegenheit liegt die Erwägung zugrunde, daß der andere Teil von einem Mangel Kenntnis haben muß, wenn er Abhilfe schaffen soll.[30] Abhilfe ist aber – als Teil oder Fortsetzung der Erfüllungspflicht (Rn. 776–778) – nach dem System der Richtlinie der primäre Rechtsbehelf des Verbrauchers. Dieser Zweck der Anzeigeobliegenheit begründet zwei Folgerungen. Erstens greift die Anzeigeobliegenheit dann nicht ein, wenn der Verpflichtete schon Kenntnis hat, denn dann wäre die Anzeige sinnlos. Entsprechendes muß auch gelten, wenn der Verpflichtete von dem Mangel schlechterdings nicht in Unkenntnis sein kann (Evidenz, keine Überwachungspflicht). Zweitens folgt aus dem Rechtsbehelfssystem der Richtlinie, daß die Verletzung der Anzeigeobliegenheit schon von Richtlinien wegen nicht sanktionslos sein kann. Da die Richtlinie die Abhilfe als vorrangigen Rechtsbehelf ausgestaltet, der naturgemäß andere Rechtsbehelfe ausschließt, soweit die Abhilfe erfolgt, müssen andere Rechtsbehelfe ausgeschlossen sein, soweit der Verbraucher sich damit wegen Mängeln erholen will, die auch im Wege der Abhilfe hätten beseitigt werden können, und er die Abhilfe durch Unterlassen der Anzeige vereitelt hat. 793

Die Verletzung der Anzeigeobliegenheit kann somit einschneidende Folgen für den Verbraucher haben. Daher kann weiterhin auch die Pflicht des Vertragspartners, auf die Anzeigeobliegenheit hinzuweisen, ihrerseits nicht sanktionslos sein. Jedenfalls soweit die Anzeigeobliegenheit nicht schon ohne Hinweis erwartet werden kann, hat die Verletzung der vertraglichen Belehrungspflicht daher zur Folge, daß sich der Verpflichtete nicht auf die unterlassene Anzeige berufen kann (s.o. Rn. 499). Problematisch ist freilich, daß die Verletzung der vertraglichen Belehrungspflicht damit nicht nur für den säumigen Vertragspartner (z.B. Vermittler), sondern u.U. auch für einen davon verschiedenen verpflichteten Dritten (im Bsp.: Veranstalter) Sanktionswirkung haben kann. Das ist auch nicht mit dem Zurechnungsgrundsatz des Art. 5 Abs. 1 zu erklären, da dieser die „Gegenrichtung" betrifft, nämlich die Zurechnung der Säumnis eines Leistungsträgers zum Vertragspartner. 794

Umstritten ist, ob das nationale Recht unter Berufung auf die Zulassung strengerer Vorschriften zum Schutz des Verbrauchers (Art. 8) auf die Anzeigeobliegenheit verzichten oder sie – z.B. durch Verzicht auf die Schriftform – abmildern kann. Dafür spricht, daß die Herabsetzung von Pflichten des Verbrauchers seine Rechtsposition zu Lasten des anderen Teils verbessert, also im konkreten Fall dessen Haftung „strenger macht".[31] Dagegen ist indes einzuwenden, daß der Verzicht auf die Rügeobliegenheit schon sprachlich keine „strengere Vorschrift zum Schutz des Verbrauchers" darstellt. Außerdem wäre es perplex, den Mitgliedstaaten einerseits aufzugeben, die Rügeobliegenheit effektiv umzusetzen, sie aber zugleich dazu zu ermächtigen, darauf zu verzichten. Entscheidend ist, daß die Rügeobliegenheit ein wesentliches Element des Leistungsstörungsregimes der Richtlinie ist. Das zentrale Anliegen der Richtlinie ist, die Durchführung des Urlaubs möglichst weitgehend zu ermöglichen. Daher – und somit im wohlverstandenen Interesse des Reisenden – ist die Mängelanzeige unabdingbar.[32] Die Anzeigeobliegenheit entfallen zu lassen, würde das Leistungsstörungssystem der Richtlinie empfindlich stören. Die Mitgliedstaaten können daher unter Art. 8 PRRL zwar weitere Pflichten und Obliegenheiten 795

30 Vgl. für § 651f iVm § 651d Abs. 2 BGB BGHZ 92, 177, 179–183; kritisch MünchKomm-*Tonner* § 651f Rn. 16f. mwN.

31 So i.E. *Reich/Micklitz* Verbraucherrecht, Tz. 18.23.

32 Zur Interessenlage zutreffend BGHZ 92, 177, 181f.

von Veranstalter, Vermittler und Dienstleistungsträgern vorsehen, sie können indes die (wenigen) Pflichten und Obliegenheiten des Verbrauchers nicht einschränken.

6. Verhältnis zu anderen Vorschriften

a) Zurechnung der Verantwortlichkeit von eingeschalteten Leistungsträgern, Art. 5 Abs. 1 PRRL

796 Der Veranstalter und/oder Vermittler, der *Vertragspartner* ist, übernimmt gegenüber dem Verbraucher die „Haftung für die ordnungsgemäße Erfüllung der vertraglichen Verpflichtungen unabhängig davon ..., ob er selbst oder andere Dienstleistungsträger diese Verpflichtungen zu erfüllen haben" (Art. 5 Abs. 1 PRRL). Welche Bedeutung diese Vorschrift der auch sogenannten Erfüllungshaftung hat, ist umstritten. Der Hauptgrund für die Unsicherheit dürfte in der Verwendung des vagen Begriffs der Haftung *(liable, responsable)* liegen, der in der deutschen Rechtssprache am besten als Unterworfensein unter die Zwangsvollstreckung bestimmt (und so von dem der Schuld abgegrenzt) wird, daneben aber auch in zahlreichen anderen Bedeutungen vorkommt. Versteht man die „Haftung für die Erfüllung" als das Einstehenmüssen für den Fall der Nichterfüllung, so könnte diese Haftung doch nur Ansprüche auf Erfüllung (iwS wie oben Rn. 774–781), Schadensersatz oder Minderung und/oder das Recht zur Vertragsaufhebung begründen; diese Ansprüche hat die Richtlinie indes speziell geregelt und besonderen Voraussetzungen unterworfen.

797 Unzweifelhaft ist der Vorschrift zweierlei zu entnehmen. Erstens haftet der Vertragspartner für die ordnungsgemäße Erfüllung. *Wie* der Vertragspartner haftet und welche einzelnen *Rechtsbehelfe* der Verbraucher gegenüber dem Vertragspartner zustehen, ist freilich insoweit offen, als die näheren Bestimmungen nur die Bindung von Veranstalter und/oder Vermittler (die nicht notwendig Vertragspartner sind!) bestimmen. Und zweitens erstreckt sich seine Verantwortungssphäre auch auf die Leistungen anderer Dienstleistungsträger, die in die Erfüllung eingeschaltet sind. Darüber hinaus kann man in Art. 5 Abs. 1 bereits einen Hinweis auf die Garantiehaftung sehen, die Art. 5 Abs. 2 und Art. 4 Abs. 6 UAbs. 2 der Richtlinie begründen und – insbesondere hinsichtlich der Grenzen – näher ausgestalten.

798 Mehr wird man der Vorschrift indes nicht entnehmen können. Auch der Grundsatz der verschuldensunabhängigen Garantiehaftung ist darin nicht enthalten, da sonst die differenziertere Regelung der Art. 5 Abs. 2 und 4 Abs. 6 UAbs. 2 der Richtlinie ausgehebelt würde, die ihrerseits eine verschuldensunabhängige Haftung begründet (vgl. BE 18 PRRL). Art. 5 Abs. 1 PRRL ist daher auf die beiden genannten Aussagen – Haftung des Vertragspartners und Bestimmung seiner Verantwortungssphäre – beschränkt.

799 Wenn man bedenkt, daß sich die Einstandspflicht des Veranstalters und/oder Vermittlers für die von Leistungsträgern verursachte Nichterfüllung auch aus Art. 5 Abs. 2 UAbs. 1 Sps. 2 PRRL ergibt (s. noch Rn. 806f.), so stellt sich die Frage, welche Funktion der Regelung in Absatz 1 zukommt. Sie liegt darin, die Bestimmung der Verantwortungssphäre des Vertragspartners zwingend festzuschreiben (Art. 5 Abs. 3 PRRL). Die Alternative zu dieser zwingenden Regelung hätte in einer Inhaltskontrolle gelegen. Zum Schutz der informierten Entscheidung hätte eine Informationspflicht ausgereicht, die ähnlich wie bei der Kaufgewährleistung dadurch hätte begründet werden können, daß die Haftung des Vertragspartners nur im Falle abweichender Vereinbarung ausgeschlossen wäre (Primat der Vertragsvereinbarung).[33] Daß der Gesetzgeber hier gleichwohl einen Schutz des

33 Zum Schutzmechanismus der Kaufgewährleistungsrichtlinie oben, Rn. 731–735 und 753–759.

Verbrauchers vor sich selbst im Wege einer „Zwangsversicherung“ vorgesehen hat, dürfte seinen Grund darin habe, daß Verbraucher (iSd PRRL, also einschließlich professionell Handelnde, Rn. 185) geneigt sein könnten, die mit der Vermittlungsvereinbarung verbundenen Risiken zu unterschätzen.

b) Die Preisänderung nach Art. 4 Abs. 4 PRRL

Mit den Leistungsstörungsregeln hängt die Vorschrift des Art. 4 Abs. 4 PRRL über die nachträgliche Änderung des vereinbarten Preises zusammen. Preisänderungen sind danach nur zulässig, wenn 800

(1) das im Vertrag ausdrücklich vorbehalten wurde,
(2) der Vertrag genaue Angaben zur Berechnung des neuen Preises enthält und
(3) die Änderung infolge einer nachträglichen Änderung bestimmter Kosten erforderlich wird.
(4) Ab dem zwanzigsten Tag vor Abreise ist eine Änderung ausgeschlossen (s.o. Rn. 533).

Diese Regelung ist kein Fall der Geschäftsgrundlage, da die Änderung gerade nur dann in Betracht kommt, wenn sie vorhergesehen (und deswegen im Vertrag vereinbart) und das Risiko dem Verbraucher zugewiesen wurde. Und da nach der Vorschrift die Preisänderung eine Vertragsabrede voraussetzt, handelt es sich auch nicht um ein gesetzliches Preisänderungsrecht. Vielmehr ist Art. 4 Abs. 4 als eine Vorschrift über die Inhaltskontrolle von Pauschalreiseverträgen zu verstehen, spezifischer als eine Einschränkung von vertraglichen Leistungsbestimmungsrechten. Sie enthält zuerst ein spezielles Transparenzgebot für Preisänderungsklauseln („ausdrücklich“). Zweitens beschränkt die Regelung Preisänderungsklauseln inhaltlich. 801

Die nachträgliche Preisänderung ist ein Anwendungsfall der nachträglichen Vertragsänderung, die allgemein Art. 4 Abs. 5 der Richtlinie regelt. Absatz 5 stellt klar, daß der Preis stets ein wesentlicher Bestandteil des Vertrags ist und seine erhebliche Änderung daher das Rücktrittsrecht begründen kann. Das gilt nicht nur für den – vom Wortlaut des Absatz 5 ebenfalls erfaßten – Fall der vertragswidrigen nachträglichen Preisänderung, sondern auch für den Fall der vorbehaltenen Preisänderung des Absatz 4. 802

c) Die Mindestteilnehmerzahlregelung

In ähnlicher Weise ist auch die Vorschrift des Art. 4 Abs. 6 UAbs. 2 Ziff. i PRRL über die Mindestteilnehmerzahl ein Fremdkörper im Leistungsstörungsrecht. Die eigentliche Funktion dieser Vorschrift kann man *nicht* darin sehen, einen Rechtfertigungs- oder Entschuldigungstatbestand zu begründen, denn wenn der Vertrag ein Stornierungsrecht bei Nichterreichen einer Mindestteilnehmerzahl vorsieht und diese Vereinbarung nicht verboten ist, sondern einem von der Richtlinie anerkannten Interesse des Veranstalters oder Vermittlers Rechnung trägt,[34] dann kann die Ausübung des Stornierungsrechts selbstverständlich keinen Fall der Leistungsstörungen darstellen und also selbstverständlich keine Ersatzansprüche auslösen. 803

34 Vgl. Art. 3 Abs. 2 lit. g, Art. 4 Abs. 2 iVm Anh. lit. d PRRL.

804 Der eigentliche Zweck der Regelung liegt daher nicht darin, die Haftungsbefreiung für diesen Fall vorzuschreiben. Im Gegenteil dient sie dazu, eine gemeinschaftsrechtliche Sanktionsvorgabe für die Verletzung der vereinbarten *Stornierungsfrist* zu bestimmen. Unternimmt die Richtlinie auch nicht den (wohl vergeblichen) Versuch, diesem Fall der Vertragsverletzung mit einem Erfüllungsanspruch beizukommen, so gibt sie dafür doch das scharfe Schwert des Schadensersatzanspruchs vor.

III. Vertragsrechte und Relativität

805 Von den Rechten des Verbrauchers her betrachtet ist die Regelung relativ klar, ihre Beurteilung unter vertragsrechtlichen Gesichtspunkten ist indes schwierig, da der Gesetzgeber den Vertragspartner nicht festlegt und in seiner Regelung nur vereinzelt den Vertragspartner bindet, sonst aber nur den Veranstalter und/oder Vermittler: „Vertrag" ist definiert als „die Vereinbarung, die den Verbraucher an den Veranstalter und/oder Vermittler bindet", Art. 2 Nr. 5 PRRL. Deshalb ist für eine Untersuchung zum Vertragsrecht eine erneute Durchsicht der Regelung im Hinblick auf die Frage der Vertragsbindung und der Relativität des Schuldverhältnisses erforderlich.

1. Schadensersatzanspruch gegen den Vertragspartner

806 Zu beginnen ist mit der Zentralnorm des Art. 5 PRRL, die in Abs. 1 (Zurechnung von Leistungsträgern) und Abs. 2 UAbs. 2 (Abhilfe) die Vertragsrechte des Verbrauchers betrifft, in Abs. 2 UAbs. 1 (Schadensersatz) hingegen nur „den Veranstalter und/oder Vermittler" zu binden scheint. Da für die Zurechnung und den Abhilfeanspruch der Vertragspartner eigens als Anspruchsgegner genannt ist, deutet der Wortlaut der Schadensersatzvorschrift darauf hin, daß den Mitgliedstaaten die Bestimmung des Schuldners insoweit (Abs. 2 UAbs. 1) freigestellt ist (s.a. BE 18 S. 2 PRRL). Das hätte indes die ganz unbefriedigende Folge, daß die Zurechnungsvorschrift ins Leere laufen könnte, da sie nur für den Vertragspartner gilt. Wenn aber der Abhilfeanspruch des Abs. 2 UAbs. 1 der einzige Rechtsbehelf ist, den die Mitgliedstaaten als Anspruch gegen den Vertragspartner ausgestalten müssen, kommt der Zurechnungsvorschrift bei einer so beschränkten Umsetzung keine Bedeutung zu: Denn weil der Abhilfeanspruch gerade nur bei einer Leistungsstörung eingreift, die der Veranstalter und/oder Vermittler nicht „verschuldet" hat, käme es für ihn auf die Zurechnung tatbestandlich nie an.

807 Eine schlüssige Konzeption der Vorschrift ergibt sich, wenn man den Schadensersatzanspruch des Art. 5 Abs. 2 UAbs. 1 als gegen den Vertragspartner gerichtet versteht. Der Wortlaut steht dieser Auslegung nicht schon entgegen, da er zwar Veranstalter und/oder Vermittler nennt, aber den Vertragspartner nicht ausschließt. Dafür, daß der Gesetzgeber den Vertragspartner bezeichnen wollte, spricht die „äußere" Stellung des Abs. 2 UAbs. 2 zwischen zwei Vorschriften über die Bindung des Vertragspartners. In dieselbe Richtung weist auch die Tatsache, daß der Ersatz für „Nichterfüllung des Vertrags" geschuldet ist. Die Rechte und Pflichten des Art. 4 haben zwar ebenfalls mit der Erfüllung des Vertrags zu tun, beziehen sich aber überwiegend nicht ausdrücklich darauf, sondern unabhängig von der Parteienstellung auf näher bezeichnete Sachverhalte wie die Änderung der Bedingungen, die Stornierung oder die Nichterbringung von Leistungen. Sieht man die Vorschrift des Art. 5 Abs. 2 PRRL als Regelung über den vertraglichen Schadensersatz an, so hat auch der äußere Zusammenhang mit der Zurechnungsregel des Art. 5 Abs. 1 und dem Abhilfeanspruch des Art. 5 Abs. 2 UAbs. 2, die das Pflichtenprogramm des Vertragspart-

ners betreffen, einen erkennbaren inneren Grund. Jene Vorschriften ergänzen den objektiven Tatbestand des Ersatzanspruchs. Folgt man dieser Interpretation, so ist schließlich auch eine gewisse äußere Systematik der Richtlinie erkennbar: Art. 4 Abs. 4 bis 7 betrifft Verbraucherrechte ohne Rücksicht auf den Vertrag, Art. 5 hingegen die Vertragsrechte des Verbrauchers.

2. Verbraucherrechte des Art. 4 Abs. 4 bis 7 PRRL und Vertragsrechte

Unter dem Gesichtspunkt der Relativität des Schuldverhältnisses sind daher nur die Vorschriften des Art. 4 der Richtlinie näher zu untersuchen, da die dort vorgesehenen Rechte nach Wahl der Mitgliedstaaten als Vertragsrechte oder Rechte gegen Dritte umgesetzt werden können. **808**

Unproblematisch ist zunächst die Regelung über die nachträgliche Änderung von Bedingungen (Art. 4 Abs. 5), die nur die Änderung durch den Veranstalter betrifft. Änderungen der Bedingungen wird praktisch nur der Veranstalter veranlassen, nicht der Vermittler. Ist der Veranstalter nicht Vertragspartner des Verbrauchers, so wirkt sich die Bedingungsänderung nur aus, wenn der Vermittler sie als Vertragspartner an den Verbraucher weitergibt. Davon geht die Richtlinie als Regelfall aus und erlegt die Anzeigepflicht unmittelbar dem Veranstalter auf. **809**

Problematischer ist die Beschränkung der Regelung des Art. 4 Abs. 6 UAbs. 1 – Ersatzreise oder Rückzahlung bei Stornierung – auf die Veranstalterstornierung, denn hier ist durchaus der Fall lebensnah, daß der Vermittler (der nach Wahl des Mitgliedstaats selbst Vertragspartner sei) aus Versehen mehr Buchungen akzeptiert, als er erfüllen kann, und deshalb storniert. Da allerdings dieser Fall nicht vom Ersatzanspruch des UAbs. 2 erfaßt ist, jedoch unter den Ersatzanspruch des Art. 5 Abs. 2 PRRL subsumiert werden kann, wirkt sich die Beschränkung auf die Veranstalterstornierung nur dahin aus, daß der Verbraucher im Falle der Vermittlerstornierung keinen Ersatzreiseanspruch hat. Art. 4 Abs. 6 UAbs. 2 sieht für den Fall der Veranstalterstornierung vor, daß der Ersatzanspruch gegen den Veranstalter oder Vermittler gegeben sein muß. Der etwa erforderliche Innenausgleich zwischen Veranstalter und Vermittler ist Sache des nationalen Rechts. **810**

Auch nach Art. 4 Abs. 7 steht der Veranstalter ohne Rücksicht auf seine Stellung zum Vertrag für Nichtleistung ein (er trifft angemessene andere Vorkehrungen und zahlt ggf. Entschädigung oder sorgt für Rückreise). Das scheint deswegen nahezuliegen, weil der Veranstalter „näher daran" ist, auch wenn der Vermittler Vertragspartner ist. Für Abhilfe und ggf. anderen Rücktransport kann der Veranstalter daher regelmäßig besser sorgen. Doch ist in diesem Fall, wie bereits gezeigt (Rn. 782), der Anspruch auf Minderung problematisch, da die Minderung eine verhältnismäßige Herabsetzung des notwendig relativen Vertragspreises bedeutet. **811**

3. Adressat von Erklärungen des Verbrauchers

Der Verbraucher kann seine Erklärung (Unterrichtung), von welcher „Möglichkeit" er im Fall nachträglicher erheblicher Änderung wesentlicher Vertragsbestandteile Gebrauch macht – Rücktritt oder Vertragsänderung oder weitere nach nationalem Recht offene Alternativen –, nach seiner Wahl an den Veranstalter oder den Vermittler richten (Art. 4 Abs. 5 PRRL; s.o. Rn. 775). Ebenso kann er auch einen Reisemangel wahlweise dem Veranstalter und/oder dem Vermittler anzeigen (Art. 5 Abs. 4 UAbs. 1 PRRL). Die in diesen Vorschriften eröffnete Wahl des Erklärungsadressaten ist – anders als in den übrigen Vor- **812** schriften – allerdings nicht als Wahlmöglichkeit der Mitgliedstaaten bei der Umsetzung zu verstehen, sondern als eine Wahlmöglichkeit des Verbrauchers. Der Verbraucher kann oftmals seinen Vertragspartner nicht von Dritten unterscheiden, die die vereinbarten Leistungen erbringen. Die beiden betroffenen Regelungssituationen verdeutlichen das. Art. 4 Abs. 5 behandelt nur die nachträgliche Änderung von Bedingungen durch den Veranstalter, und zwar auch für den Fall, daß nach nationalem Recht der Vermittler Vertragspartner ist. Dann erhält der Verbraucher vielleicht vom Veranstalter Post, obwohl der Vermittler sein Vertragspartner ist. Ebenso kann der Verbraucher „an Ort und Stelle" von einem Repräsentanten des Veranstalters begrüßt werden, obwohl sein Vertragspartner (nach nationalem Recht) der Vermittler ist. Da der Verbraucher den Pauschalreisevertrag und „den anderen Teil" als Einheit wahrnimmt, kann ihm die Aufgabenteilung von Veranstalter und Vermittler als „künstlich" erscheinen und er mag sie auch nicht leicht durchschauen. Deswegen soll es ihm nicht zum Nachteil gereichen, wenn er den einen für den anderen anspricht. Die Last der internen Kommunikation trifft Veranstalter und Vermittler im übrigen aus dem sachlichen Grund, daß sie aus der Aufgabenteilung Nutzen ziehen und daher auch die damit verbundenen Lasten tragen können. Das gilt erst recht in den hier erörterten Regelungssituationen (Erklärung über die Rechtsbehelfswahl, Anzeigepflicht), denn in beiden Fällen handelt es sich nur um Obliegenheiten des Verbrauchers, die ihn im Fall einer nachträglichen Störung des Vertrags treffen.

IV. Fürsorgepflicht und Nachrang der Vertragsauflösung als Grundgedanken der Regelung

813 Verschiedene Regelungen gehen davon aus, daß einzelne Leistungsstörungen geradezu Normalfälle darstellen. Art. 5 behandelt in Absatz 5 den Fall, daß sich der Veranstalter „gezwungen" sieht, den Vertrag in wesentlicher Hinsicht erheblich zu ändern, Absatz 6 spricht nicht von der – vertragsrechtlich doch gegebenen – vertragswidrigen Erfüllungsverweigerung, sondern beschönigend von der Stornierung, Absatz 7 spricht nicht von der Nichterfüllung, sondern neutral davon, daß ein Teil der Leistungen nicht erbracht wird oder der Veranstalter feststelle, er werde dazu nicht in der Lage sein. Und auch die Rechtsfolgenseite ist z.T. „weich" geregelt. Bei erheblicher Änderung wesentlicher Bestandteile ist eine der „Möglichkeiten" des Verbrauchers, die Änderung zu akzeptieren;[35] die Parteien sind verpflichtet, sich darüber zu verständigen. Die Stornierung und der veranlaßte Rücktritt geben dem Verbraucher einen Anspruch auf Teilnahme an einer anderen Reise.[36] Bei Störungen nach Abreise trifft der Veranstalter vor allem Vorkehrungen, daß die Reise im übrigen durchgeführt werden kann (Rn. 777). Auch bei Störungen durch Dritte oder durch höhere Gewalt muß sich der Veranstalter/Vermittler darum bemühen, dem Verbraucher bei Schwierigkeiten Hilfe zu leisten (Rn. 778). Schließlich soll sich der Veranstalter und/oder Vermittler „nach Kräften um geeignete Lösungen (bemühen)" (Rn. 776).

814 Mit diesen Regelungen trägt die Richtlinie zum einen praktisch häufigen Störungssachverhalten Rechnung. Ziel der Vorschriften ist, den Vertrag so weit wie möglich durchzuführen bzw. eine fehlgeschlagene Leistung durch ein Äquivalent zu ersetzen. Dem liegen zwei Erwägungen zugrunde. Zum einen zeigt sich in dem Element der „Fürsorge" (s.o.

---

35 Art. 4 Abs. 5 Sps. 2 PRRL.
36 Art. 4 Abs. 6 UAbs. 1 lit. a PRRL.

Rn. 779) die weitgehende Pflichtenstellung des Vertragspartners. Die Richtlinie trägt insofern dem Umstand Rechnung, daß Verbraucher beim Pauschalreisevertrag besonders weitgehend darauf vertrauen, daß der Vertragspartner alles für eine erfolgreiche Reise Erforderliche tun und etwaige Hindernisse ausräumen wird.[37] Zum anderen bezweckt die Regelung den Schutz des Erholungsurlaubs von Privatleuten. Deswegen ergänzt sie die herkömmlichen Gewährleistungsrechte. Der Anspruch auf Erfüllung wäre in den betroffenen Situationen praktisch sinnlos, der Anspruch auf Schadensersatz nützt dem Verbraucher nur begrenzt und kann den Urlaub, der unwiederholbar ist, nicht voll ersetzen. Entsprechend diesen Schutzerwägungen ist die Vertragsauflösung insofern nachrangig ausgestaltet, als zunächst Abhilfeansprüche gegeben sind.

Die Regelung bedeutet indes nicht, daß eine Vertragswidrigkeit hinzunehmen wäre 815
oder die Verantwortlichkeit des Vertragspartners eingeschränkt werden sollte.[38] Im Gegenteil zeigt die Garantiehaftung (Rn. 784), daß die Richtlinie die besonderen Rechtsbehelfe, die der Gesetzgeber zum Schutz des Verbrauchers vorgesehen hat, die hergebrachten Leistungsstörungsrechte ergänzen und nicht ersetzen. Mit der Fürsorgepflicht korrespondiert demnach keine Aufweichung der Pflichten des Vertragspartners. Gleichwohl ist die Regelung (in ihrer Form als Mindestregelung) auch von Elementen der Rücksichtnahme auf die Belange des Vertragspartners geprägt. Dazu kann man schon die Anzeigeobliegenheit des Art. 5 Abs. 4 rechnen, die Teil des auf ein Zusammenwirken der Beteiligten angelegten Rechtsbehelfssystems der Richtlinie ist (Rn. 792–795). Ausdruck einer Rücksichtspflicht des Verbrauchers sind ferner die Einschränkungen der Verbraucherrechte nach dem Verhältnismäßigkeitsgrundsatz.[39]

Dem Reisevertrag kommt in diesem Sinne – in ähnlicher Weise wie den sogenannten 816
Relationalverträgen –[40] ein Platz „zwischen Austauschvertrag und Organisation" zu, wenn er auch nicht auf eine dauerhafte Verbindung angelegt ist. Die Regelung setzt voraus, daß nicht selten Änderungen des Vertragsprogramms erforderlich und die versprochenen Leistungen gestört werden können. In solchen Fällen werden die Parteien nicht sogleich getrennt und auf den Markt verwiesen, um sich einen neuen Partner zu suchen. Vielmehr ist in der Regelung angelegt, daß die Parteien auf einander zugehen und miteinander verhandeln: Dann können sie z.B. den Vertrag nachträglich erforderlich werdenden Änderungen anpassen (Art. 4 Abs. 5); sie können sich, wenn Vorkehrungen zur Abhilfe von Störungen nach Abreise nicht getroffen oder akzeptiert werden können, darauf verständigen, daß der Rücktransport zu einem anderen Ort als dem Ausgangspunkt erfolgen soll (Art. 4 Abs. 2 UAbs. 2); auch bei Schuldlosigkeit ist der Vertragspartner verpflichtet, dem Verbraucher Hilfe zu leisten (Art. 5 Abs. 2 UAbs. 2).

V. Rückgriff des Vertragspartners

Den Vertragspartner trifft nach Art. 5 PRRL eine verschuldensunabhängige Haftung 817
gegenüber dem Verbraucher für sämtliche Pflichten, die aus dem Reisevertrag entstehen. Diese Haftung greift insbesondere auch dann ein, wenn nicht der Vertragspartner, son-

37 Vgl. die Beschreibung der Interessenlage bei BGH, NJW 1985, 1165.

38 Das ergibt sich auch daraus, daß hier der Haftungsausschluß wegen höherer Gewalt gerade nicht vorgesehen ist, es also grundsätzlich bei der vertraglichen Risikoverteilung bleibt.

39 Art. 4 Abs. 5 UAbs. 1, Abs. 7 PRRL.

40 Dazu die schöne Darstellung und abgewogene Würdigung von Staudinger (1995)-*Martinek* § 675 Rn. A 155–175.

dern ein anderer Dienstleistungsträger die Pflicht zu erfüllen hat. Zweck der Haftungskanalisierung auf den Vertragspartner ist es, dem Verbraucher die Rechtsverfolgung dadurch zu erleichtern, daß ihm *ein* Verpflichteter gegeben wird. Damit soll aber die vertragliche Risikoverteilung zwischen dem Vertragspartner des Verbrauchers und den anderen Dienstleistungsträgern nicht verändert werden. Daher läßt Art. 5 Abs. 1 PRRL den Rückgriff gegen die anderen Dienstleistungsträger unberührt. Da der Rückgriff nur „unberührt" bleibt, richten sich Tatbestand und Rechtsfolgen – anders als nach Art. 4 KGRL (Rn. 761–766) – ausschließlich nach nationalem Recht. Die Regelung enthält nur einen Hinweis auf die vom nationalen Recht herzustellende Einheit der vertragsrechtlichen Verbindungen und Risikozuteilungen.

VI. Störungen bei Flugreisen

817a Die Pauschalreiserichtlinie wird jetzt ergänzt durch die Fluggannulierungsverordnung (FlugAnnVO), deren Regelung hier nur skizziert werden soll.[41] Sie zeichnet sich zuerst – entsprechend den Gepflogenheiten der Branche – durch eine Vielzahl von Fachtermini aus, die auch im folgenden Text verwendet werden und die man nachlesen muß, Art. 2 FlugAnnVO. Die Verordnung begründet zwingende (Art. 15) Mindestrechte (Art. 1) für Fluggäste (nicht nur Verbraucher) bei Flügen mit einem Mitgliedstaatenbezug (Art. 3 Abs. 1) in praktisch bedeutsamen Störungsfällen: der Nichtbeförderung (Art. 4; Überbuchung!), der Fluggannullierung (Art. 5) und der Verspätung des Flugs (Art. 6). Voraussetzung ist allerdings, daß der Fluggast seine Obliegenheit erfüllt, rechtzeitig zu erscheinen (Art. 3 Abs. 2). Die – verschuldensunabhängig gegebenen – Rechtsbehelfe umfassen den Ausgleichsanspruch (Art. 7), den Anspruch auf Erstattung oder anderweitige Beförderung (Art. 8) und den Anspruch auf Betreuungsleistungen (Art. 9). Die drei Störungstatbestände (Art. 4–6) lösen dabei in differenzierter Weise die drei Rechtsfolgen (Art. 7–9) aus:

<table>
<tr><th colspan="2"></th><th>**Ausgleichs-anspruch**, Art. 7</th><th>**Erstattung/ anderweitige Beförderung**, Art. 8</th><th>**Betreuung**, Art. 9</th></tr>
<tr><td rowspan="2">**Nichtbeförderung**, Art. 4</td><td>freiwilliger Verzicht (gegen Gegenleistung), Abs. 1</td><td>—</td><td>Unterstützungsleistung gem. Art. 8</td><td>—</td></tr>
<tr><td>unfreiwillig, Abs. 2, 3</td><td>Ausgleichsleistung, Art. 7</td><td>Unterstützung, Art. 8</td><td>Unterstützung, Art. 9</td></tr>
<tr><td colspan="2">**Annullierung**, Art. 5</td><td>Ausgleichsleistung, wenn nicht rechtzeitig (Art. 9 Abs. 1 lit. c) annulliert</td><td>Unterstützung, Art. 8</td><td>Unterstützung, Art. 9 Abs. 1 lit. a (Mahlzeiten), Abs. 2 (Telefon), ggf. Abs. 1 lit. b (Unterbringung) und c (Beförderung)</td></tr>
</table>

41 Eingehend Gebauer/Wiedmann-*Tonner* Kap. 13a; *Staudinger/Schmidt-Bendun* NJW 2004, 1897–1901.

		Ausgleichsanspruch, Art. 7	**Erstattung/ anderweitige Beförderung**, Art. 8	**Betreuung**, Art. 9
Verspätung, Art. 6 (Verzögerung, relevantes Ausmaß im Verhältnis zur Flugentfernung bestimmt: ≤ 1.500 km: 2 Std. >1.500–3.500 km: 3 Std. > 3.500 km: 4 Std.)	Grundfall	—	—	Unterstützung, Art. 9 Abs. 1 lit. a (Mahlzeiten), Abs. 2 (Telefon etc.)
	absehbare Verschiebung auf den nächsten Tag	—	—	zusätzlich: lit. b (Unterbringung), c (Beförderung)
	Verspätung von mindestens fünf Stunden	—	ggf. zusätzlich: Art. 8 Abs. 1 lit. a: wahlweise Erstattung o. Rückflug	ggf. lit. a–c

Nach Störungstatbeständen unterschieden besagt die Richtlinie maW folgendes. Erster Störungstatbestand ist die *Nichtbeförderung,* also die Weigerung, rechtzeitig erschienene Fluggäste zu befördern, ohne daß ein vertretbarer Grund (Gesundheit, Sicherheit)[42] vorläge (Art. 2 lit. j). Nichtbeförderung ist regelmäßig auf (bewußte oder versehentliche) Überbuchung zurückzuführen.[43] Ist absehbar, daß ein Flugunternehmen nicht alle Fluggäste befördern kann, so soll es zunächst sehen, ob einzelne – gegen eine entsprechende Gegenleistung –[44] auf die Beförderung verzichten. Diese Freiwilligen sind ggf. nach Art. 8 zu unterstützen, ihnen ist also nach ihrer Wahl Erstattung oder Rückflug, eine anderweitige oder spätere Beförderung zu ermöglichen. Finden sich nicht genug Freiwillige, so haben diejenigen, die gegen ihren Willen nicht befördert werden, weitergehend Anspruch auf Ausgleichzahlungen gem. Art. 7 und Betreuung gem. Art. 9. Der Ausgleichsanspruch nach Art. 7 FlugAnnVO ist in Pauschalen in Abhängigkeit von der Flugentfernung festgelegt (Abs. 1), die um die Hälfte gekürzt werden, wenn der Fluggast mit einem Alternativflug nur unwesentlich verzögert ankommt (Abs. 2). Die Betreuung nach Art. 9 umfaßt Mahlzeiten, ggf. Hotelunterkunft und Beförderung sowie die kostenlose Kommunikation (Telefon, Telex, Telefax, E-Mail). **817b**

Die *Annullierung* (Art. 2 lit. l) löst ebenfalls die Unterstützungsansprüche des Art. 8 aus: Erstattung, Rückflug, anderweitige oder spätere Beförderung. Auch hier besteht Anspruch auf Betreuung nach Art. 9: Mahlzeiten, ggf. Hotel und Unterkunft sowie Kommunikation. Ein Anspruch auf Ausgleichszahlung nach Art. 7 besteht indes nur bei kurzfristiger (s. Art. 7 Abs. 1 lit. c Nr. i–iii) Annullierung. Ansprüche wegen Annullierung bestehen verschuldensunabhängig, doch entfallen sie, wenn das Flugunternehmen nachweisen kann, daß die Annullierung auf außergewöhnliche, auch mit zumutbaren Maßnahmen nicht vermeidbare Umstände zurückgeht, Art. 5 Abs. 3 (s.a. BE 14 FlugAnnVO); das entspricht einem Haftungsausschluß wegen höherer Gewalt.[45] **817c**

42 *Staudinger/Schmidt-Bendun* NJW 2004, 1897, 1898.
43 Gebauer/Wiedmann-*Tonner* Kap. 13a Rn. 39–42.
44 Gebauer/Wiedmann-*Tonner* Kap. 13a Rn. 44.
45 Gebauer/Wiedmann-*Tonner* Kap. 13a Rn. 56.

817d Die *Verspätung* schließlich löst, wenn sie die in Abhängigkeit von der Flugstrecke definierten Schwellwerte (2, 3, 4 Stunden, Art. 6 Abs. 1 lit. a–c) übersteigt, grundsätzlich die Unterstützungsleistungen nach Art. 9 Abs. 1 lit. a und Abs. 2 aus: Anspruch auf Mahlzeiten und Kommunikation, bei mehr als fünfstündiger Verzögerung auch Anspruch auf Unterbringung und Beförderung nach Art. 9 Abs. 1 lit. b und c. Auch diese Ansprüche sind verschuldensunabhängig. Insoweit kann sich die Fluggesellschaft auch nicht unter Berufung auf außergewöhnliche Umstände entlasten.[46] Den Grund für die weitergehende Haftung als im Fall der Annullierung (Rn. 817c) kann man darin sehen, daß es hier nur um Unterstützungsleistungen geht, nicht um den Ausgleichsanspruch, der eine Art Schadensersatz darstellt.

817e Die Leistungsstörungsregeln werden durch eine Reihe von Vorschriften ergänzt. (1) Ganz generell ist das ausführende Luftfahrtunternehmen gebunden, im Fall von Störungen auf Personen mit *eingeschränkter Mobilität* und besonderen Bedürfnissen Rücksicht zu nehmen (Art. 11 FlugAnnVO), das gilt besonders im Rahmen von Betreuungsleistungen (Art. 9 Abs. 3). (2) Die Rechtsbehelfsregelungen sind *nicht abschließend,* insbesondere bleibt ein weitergehender Schadensersatz nach nationalem Recht möglich, auf den dann die Ausgleichsleistungen nach Art. 7 Abs. 1 FlugAnnVO angerechnet werden können. Anders ist das nach Absatz 2 der Vorschrift nur für den Fall des freiwilligen Verzichts auf die Beförderung nach Art. 4 Abs. 1; insoweit ist die Verordnungsregelung abschließend. Das leuchtet ein: Wer einen Änderungsvertrag schließt, kann keinen Vertragsbruch beklagen; da der freiwillige Verzicht zudem „gegen eine entsprechende (!) Gegenleistung" erfolgt, hat der Fluggast keinen Schaden. Die informierte, einen gerechten Ausgleich verbürgende Entscheidung wird durch die Pflicht gewährleistet, die Fluggäste über ihre Rechte zu belehren (Art. 14 FlugAnnVO; Rn. 493a). (3) Den *Regreß* regelt die Verordnung nicht. Ihr Art. 13 bestimmt lediglich, daß die Verordnung den Rückgriff nicht einschränken möchte.

817f Die Fluggannullierungsverordnung regelt somit das Leistungsstörungsrecht für Flugbeförderungsverträge in einem Mindestbereich zwingend. Mit der Pauschalreiserichtlinie verbindet die Regelung nicht nur eine sachliche Nähe, sondern auch ein ähnliche inhaltliche Ausgestaltung. Mit einer an Störungsphänomenen ausgerichteten Haftung wird auf die Besonderheiten der Branche und die Bedürfnisse der Fluggäste Rücksicht genommen. Wie bei der Pauschalreiserichtlinie geht es nicht allein darum, vertragsrechtliche Positionen durchzusetzen, sondern, wie die Betreuungspflichten des Art. 9 FlugAnnVO besonders deutlich machen, darum, die Unternehmung zu einem guten Ende zu führen. Mit der Regelung über den „freiwilligen Verzicht" (Art. 4 Abs. 1) wird eine Praxis gütlichen Zusammenwirkens gesetzlich anerkannt. Die relative Schärfe der Einstandspflicht der Fluggesellschaften, die verschuldensunabhängig haften, ist durch ihre überlegene Kenntnis und ihre Organisationshoheit begründet. Sie findet einen Ausgleich darin, daß der Fluggast (immerhin) rechtzeitig erscheinen muß (Art. 3 Abs. 2).

46 *Staudinger/Schmidt-Bendun* NJW 2004, 1897, 1899; Gebauer/Wiedmann-*Tonner* Kap. 13a Rn. 63.

§ 28
Störungen bei der grenzüberschreitenden Überweisung

Literatur:

Grundmann, Stefan, Grundsatz- und Praxisprobleme des neuen deutschen Überweisungsrechts, WM 2000, 2269–2284

Hadding, Walther, Die EG-Richtlinie über grenzüberschreitende Überweisungen, in: Norbert Horn/ Herbert Schimansky (Hrsg.), Bankrecht 1998, Köln 1998, S. 125–137 (zitiert: Hadding in: Bankrecht 1998)

Klamt, Angelika/Koch, Christian, Das neue Überweisungsrecht – Regierungsentwurf eines Überweisungsgesetzes zur Umsetzung der Richtlinie 97/5/EG vom 27. 1. 1997 über grenzüberschreitende Überweisungen, DB 1999, 943–948

Schmidt-Räntsch, Jürgen, Zur Umsetzung der Überweisungsrichtlinie, in: Norbert Horn/Herbert Schimansky (Hrsg.), Bankrecht 1998, Köln 1998, S. 139–148

Schneider, Uwe H., Die Angleichung des Rechts der grenzüberschreitenden Überweisungen, EuZW 1997, 589–593

Scheider, Uwe H., Pflichten und Haftung der erstbeauftragten Kreditinstitute bei grenzüberschreitenden Überweisungen – Auf dem Weg zu einem Sonderrecht für Kettenverträge, WM 1999, 2189–2198

Stauder, Bernd, Kritische Analyse der Richtlinie vom 27. Januar 1997 über grenzüberschreitende Überweisungen, in: Ludwig Krämer/Hans-W. Micklitz/Klaus Tonner (Hrsg.), Recht und diffuse Interessen – Liber amicorum Norbert Reich, Baden-Baden 1997, S. 585–601

I. Einführung

Auch an der (grenzüberschreitenden) Überweisung sind in aller Regel mehrere Personen beteiligt. Das sind zunächst die Partner des Überweisungsvertrags, der Auftraggeber und sein Institut.[1] Das Institut des Auftraggebers führt die „grenzüberschreitende Überweisung" (Art. 2 lit. f ÜwRL) indes praktisch oftmals nicht selbst, sondern meist durch „zwischengeschaltete Institute" (Art. 2 lit. e) aus, die das Geld weiterleiten bis zum Institut des Begünstigten.[2] Zu diesen beiden Rechtsverhältnissen – Vertrag des Auftraggebers mit der Bank und Auftrag zwischen Bank und anderen Instituten – kommt das Vertragsverhältnis des Begünstigten zu seiner Bank hinzu. Und schließlich besteht viertens zwischen dem Auftraggeber und dem Begünstigten ein Rechtsverhältnis (Valutaverhältnis), das ein nur „abstraktes" Ausführungsverhältnis sein kann (Drittleistung oder Leistung an einen Dritten), zumeist aber ein Schuldverhältnis sein wird. Die Überweisungsrichtlinie behandelt nur die ersten drei Beziehungen, die den Geldtransfer betreffen, und regelt für diese auch das Leistungsstörungsrecht. 818

Mit der eingehenden Regelung von Ansprüchen von Auftraggeber und Begünstigtem und der Institute untereinander verfolgt der Gesetzgeber zwei zentrale Anliegen. Zunächst soll der Auftraggeber nur mit seinem Institut zu tun haben. Deswegen ist die Überweisung als eine Erfolgspflicht ausgestaltet, bei der das Institut nicht schon mit der sorgfältigen Auswahl der zwischengeschalteten Institute alles Erforderliche getan hat. Im Grundsatz 819

1 Zu den Definitionen der Institute Art. 2 lit. a–d ÜwRL. Nachfolgend wird vereinfachend auch von „Bank" gesprochen.

2 Zu den Vertragsbeziehungen in der Überweisungskette vgl. Art. 8 Abs. 1 UAbs. 4 ÜwRL, der von einer Kette von „Anweisungen" ausgeht; *Schneider* FS Everling, S. 1299f.; *Grundmann* WM 2000, 2269–2284.

muß sein Institut dem Auftraggeber für jede Nichterfüllung einstehen. Des weiteren sollen die Ansprüche folgerichtig bis zum letztlich Verantwortlichen durchgeführt werden. Daher regelt die Richtlinie nicht nur die Ansprüche von Auftraggeber und Begünstigten gegen die Institute, sondern eingehend auch die Rückgriffsansprüche. Diese sind daher als spiegelbildliche Fortsetzung der „Hauptansprüche" ausgestaltet. Mehr als andere Regelungen erscheint diejenige der Überweisungsrichtlinie daher als kohärentes Ganzes – ein weitgehend vollständiges Subsystem des Leistungsstörungsrechts für diesen Vertrag.

II. Leistungsstörungsansprüche der Beteiligten

1. Ansprüche des Auftraggebers

820 Für den Fall der Nichterfüllung hat der Auftraggeber alternativ Anspruch auf Entschädigung wegen Verzögerung (b) oder das Recht zur Kündigung, verbunden mit einem Erstattungsanspruch (c). Ziehen das Auftraggeberinstitut oder die zwischengeschalteten Institute unberechtigt Kosten ab, hat der Auftraggeber einen Nacherfüllungsanspruch.

a) Erfüllungsanspruch

821 Am Kopf der Leistungsstörungsbestimmungen der Überweisungsrichtlinie steht die Pflicht des Instituts, die Überweisung innerhalb der mit seinem Auftraggeber vereinbarten Frist auszuführen (Art. 6 Abs. 1 UAbs. 1 ÜwRL). Ein allgemeiner (Nach-) Erfüllungsanspruch wird damit indes (auf gemeinschaftsrechtlicher Ebene) nicht geregelt, ihn vorzusehen bleibt den Mitgliedstaaten überlassen. Die Bestimmung dient nur der Klarstellung, welche Regelungssituation in diesem Absatz angesprochen ist und daß die Frist das Leistungsprogramm des Instituts des Auftraggebers mitbestimmt.[3]

822 Lediglich für einen Teilbereich gibt die Richtlinie einen (Nach-) Erfüllungsanspruch zu, und zwar für den Fall, daß ein Institut auftragswidrig einen Abzug vom Überweisungsbetrag vorgenommen hat (Art. 7 Abs. 2 UAbs. 1 ÜwRL; Verletzung des Grundsatzes der betragsgenauen Gutschrift).[4] Dieser Anspruch steht nach dem klaren Wortlaut der Vorschrift („auf Ersuchen des Auftraggebers") dem Auftraggeber zu, der alternativ Erstattung auf sein eigenes Konto verlangen kann. Das Wahlrecht hat deswegen einen guten Sinn, weil der Auftraggeber zwischenzeitlich das Interesse an der Erfüllung verloren haben mag, z.B. weil der Begünstigte vom Vertrag zurückgetreten ist oder wegen des Restbetrags die Aufrechnung mit einer Gegenforderung erklärt hat. Der Erfüllungsanspruch ist unabhängig davon gegeben, ob das Institut des Auftraggebers selbst oder ein zwischengeschaltetes Institut einen Abzug vorgenommen hat. Das Institut des Auftraggebers übernimmt demnach die Garantie für den Überweisungserfolg. Daß der Begünstigte Abzüge, die sein Institut vornimmt, mit diesem ausmachen soll, liegt wegen des zwischen diesen Parteien bestehenden Vertrags nahe, ist indes problematisch, weil der Begünstigte anders als der Auftraggeber die Überweisungs*kostenvereinbarung* nicht selbst getroffen hat und *insoweit* keine Vertragsbindung mit dem Institut hat (s.a. Rn. 841f.). Ohne Mitwirkung des Auftraggebers kann er daher den Nachzahlungsanspruch gegen sein Institut nicht geltend machen.

---

3 So wird die Vorschrift abgegrenzt von der des Art. 6 Abs. 2 ÜwRL, die weitgehend parallel formuliert ist.

4 U.H. *Schneider* EuZW 1997, 589, 592.

Der Nacherfüllungsanspruch nach Art. 7 Abs. 2 UAbs. 1 ÜwRL wegen auftragswidrigen Abzugs ist seinem Wortlaut und dem Regelungszweck[5] nach nur wegen unberechtigten Abzugs von Kosten gerechtfertigt, nicht auch wegen sonstiger Abzüge, z.B. der versehentlichen Weiterleitung von nur einem Zehntel des Überweisungsbetrags. Ein allgemeiner Erfüllungsanspruch läßt sich auch aus Art. 7 Abs. 2 ÜwRL nicht begründen. 823

b) Entschädigung wegen Verzögerung

Führen die Institute die Überweisung nicht innerhalb der vereinbarten oder – mangels Vereinbarung – gesetzlichen Frist (fünf Bankgeschäftstage, Art. 6 Abs. 1 ÜwRL) aus, hat der Auftraggeber gegen seine Bank einen verschuldensunabhängigen Entschädigungsanspruch, es sei denn,[6] es läge ein Ausschlußtatbestand vor (Art. 6 Abs. 1 UAbs. 2, 3). Ausgeschlossen ist der Entschädigungsanspruch *erstens,* wenn die Verzögerung allein vom Auftraggeber zu verantworten ist (Art. 6 Abs. 3 ÜwRL). Ein Fall der Verantwortung des Auftraggebers ist die fehlerhafte oder unvollständige Anweisung, denn wenn diese sogar den Erstattungsanspruch ausschließt (Art. 8 Abs. 3 UAbs. 1, Rn. 831), muß sie den Entschädigungsanspruch erst recht ausschließen. Freilich ist damit der Verantwortungsbereich des Auftraggebers sehr weit gezogen, da sich die Bank auch auf die – für sie regelmäßig erkennbare – Unvollständigkeit berufen kann. *Zweitens* ist der Entschädigungsanspruch wegen höherer Gewalt ausgeschlossen, die hier ebenso definiert ist wie in der Pauschalreiserichtlinie (Art. 9 ÜwRL).[7] 824

Die nach der Richtlinie geschuldete Entschädigung besteht ausschließlich in der Zahlung von Zinsen für die Zeit zwischen Ablauf der Ausführungsfrist und dem Gutschriftdatum. Die Zinsen sind „unter Anwendung des Referenzzinssatzes" zu berechnen und der Referenzzinssatz ist als ein Zinssatz definiert, der einer Entschädigung entspricht. Seine nähere Bestimmung obliegt dem Mitgliedstaat, in dem sich das Schuldnerinstitut befindet.[8] Unter Wertungsgesichtspunkten ist eine andere Berechnung als beim Zinsanspruch nach der Zahlungsverzugsrichtlinie (Rn. 723) nicht gerechtfertigt. Gründe, die hier anders als dort gegen eine gemeinschaftsrechtliche Vorgabe der Berechnungsweise sprechen, sind nicht zu erkennen. Dogmatisch hat der Zinsanspruch zwei Seiten, je nachdem, welcher der Parteien des Valutaverhältnisses (Auftraggeber oder Begünstigtem/Drittem; vgl. Rn. 818) der Überweisungsbetrag gebührt. Stand seine Nutzung im Verhältnis zum Auftraggeber dem Begünstigten zu, so handelt es sich bei dem Entschädigungsanspruch des Auftraggebers um eine Form der Drittschadensliquidation,[9] die erst durch die – vom Grundverhältnis abhängige und von der Richtlinie nicht geregelte – Auskehrung an den Begünstigten vervollständigt wird. Gebühren die Zinsen im Valutaverhältnis dem Auftraggeber, so ist die Zahlung der Entschädigung nur billig, es handelt sich um einen Bereicherungsausgleich, der zugleich sicherstellt, daß das – letztlich verantwortliche, Art. 6 Abs. 1 UAbs. 4 ÜwRL fehlerhaft handelnde Institut nicht noch aus dem Fehler Vorteile zieht. Weitere Rechte des Kunden, z.B. die Erstattung von Folgeschäden (z.B. Verlust eines Skontovorteils), bleiben unberührt, Art. 6 Abs. 4. 825

5 Vgl. BE 2; *Hadding* Bankrecht 1998, S. 125–127.
6 Die Beweislast trifft in allen Fällen die Institute, Art. 6 Abs. 3, 9 ÜwRL (Sphärengedanken).
7 Dazu Gebauer/Wiedmann-*Schinkels* Kap. 14 Rn. 31f.; *Reich/Micklitz* Verbraucherrecht, Tz. 21.16.
8 Art. 2 lit. k ÜwRL.
9 *Schneider* EuZW 1997, 589, 591.

826 Wie beim Erfüllungsanspruch ist auch hier nicht klar, ob der Entschädigungsanspruch eingreift, wenn ein Teil des Überweisungsbetrags – z.B. neun Zehntel („Kommafehler") – dem Begünstigten nicht fristgerecht gutgeschrieben wurde. Das ist hier zu bejahen, denn den Entschädigungsanspruch gibt die Richtlinie ganz grundsätzlich zu, und es gibt keinen sachlichen Grund, warum die Institute bei einer Teilverzögerung besser stehen sollten als bei der Verzögerung der gesamten Überweisung.

c) Vertragsaufhebung wegen Nichterfüllung („Nichtabwicklung") und Erstattungsanspruch

827 Wenn das Auftraggeberinstitut den Überweisungsauftrag angenommen hat und die überwiesenen Beträge dem Konto des Begünstigteninstituts nicht gutgeschrieben werden, hat der Auftraggeber – unbeschadet sonstiger Ansprüche – einen Anspruch auf Erstattung des Überweisungsbetrags bis zur Höhe von 12500 Euro zuzüglich Zinsen und Entgelte, Art. 8 ÜwRL.[10] Der Tatbestand ist relativ einfach, aber unglücklich gefaßt. Sein Verhältnis zum Anspruch auf Entschädigung wegen Verzögerung ist zu klären. Der Anspruch ist verschuldensunabhängig und die Ausschlußgründe sind hier ähnlich wie in den anderen Fällen geregelt; das bedeutet, daß auch dieser Anspruch als Garantiehaftung ausgestaltet ist. Bei den Rechtsfolgen verdienen Anspruchsinhalt und betragsmäßige Begrenzung nähere Betrachtung. Wie eine Erörterung dieser Einzelheiten bestätigt, geht es bei dem Tatbestand des Art. 8 um die Rückabwicklung des Vertrags nach Vertragsaufhebung wegen Nichterfüllung. Die nähere Einordnung ist indes wegen der Beschränkung des Erstattungsanspruchs auf 12500 Euro schwierig. Darauf kommen wir am Ende zurück.

828 Der Tatbestand ist ganz unglücklich gefaßt. Der Auftraggeber hat gegen sein Institut Anspruch auf Erstattung, wenn dieses die Überweisung angenommen hat, der Überweisungsbetrag aber dem Konto des Begünstigteninstituts nicht gutgeschrieben wurde (Art. 8 Abs. 1 UAbs. 1 ÜwRL). Damit wird das ganz Unsinnige angeordnet, daß der Erstattungsanspruch unabhängig von der vereinbarten oder gesetzlichen Ausführungsfrist entsteht. Tatsächlich bestimmt erst eine spätere Regelung, daß der Anspruch nicht vor Ablauf der vereinbarten oder gesetzlichen Ausführungsfrist „geltend gemacht werden (darf)", Abs. 1 UAbs. 3.

829 Da die Verzögerung ein notwendiges Zwischenstadium zur Nichtabwicklung ist, muß das Verhältnis der beiden Tatbestände zu einander bestimmt werden. Entschädigung und Erstattung sind alternative Rechtsbehelfe, die einander gegenseitig ausschließen, denn der Erstattungsanspruch bedeutet die Rückabwicklung des Vertrags und gibt dem Auftraggeber einen über den Entschädigungsanspruch hinausgehenden Anspruch auf Zinsen.[11] Da nach dem Zweck der Ansprüche – oder sogar einmal nach ihrem „Wesen" – eine Bereicherung des Auftraggebers nicht gewollt ist, hat eine Kumulation von Erstattungs- und Entschädigungsanspruch keinen Sinn. Das bedeutet freilich nicht, daß die Richtlinie Rücktritt und Schadensersatz als alternative Rechtsbehelfe konzipieren würde, denn der Entschädigungsanspruch ist auf Zinszahlung als Mindestschaden beschränkt und schließt weitere Ansprüche nicht aus, Art. 6 Abs. 4 ÜwRL. Die Regelung soll dem Auftraggeber die Kumulation des Erstattungsanspruchs mit einem Anspruch auf Schadensersatz nach

---

10 Begründung: Solvabilitätsanforderungen; BE 11. Kritisch *Stauder* FS Reich, S. 595f.; *Reich/Micklitz* Verbraucherrecht, Tz. 21.16.

11 Vgl. auch *Lando/Beale* European Principles, Art. 8:102 Comment B.

nationalem Recht nicht versperren, wenn z.B. dem Auftraggeber ein Hauptvertrag durch die Lappen gegangen ist, der die fristgerechte Zahlung zur Bedingung hatte.[12]

Der Gesetzgeber hat die Grenze zwischen Entschädigung wegen Verzögerung und Erstattung wegen Nichtausführung in erster Linie nicht durch eine Nachfrist bestimmt, sondern durch die *Wahl des Auftraggebers*, der bei verzögerter Ausführung zwischen Entschädigung und Erstattung wählen kann.[13] Damit wird der Vertrag nicht leichtfertig zur Disposition des Auftraggebers gestellt; der Grund, ihm das Wahlrecht zu geben, liegt darin, daß die Richtlinie ihrem Regelungsanlaß entsprechend davon ausgeht, daß es dem Auftraggeber stets auf die Einhaltung der Frist ankommt, Zeit ist hier definitionsgemäß *of the essence*. Allerdings ist der Erstattungsanspruch erst vierzehn Bankgeschäftstage nach Geltendmachung fällig (wenn auch vorher erfüllbar).[14] Weist das Institut des Auftraggebers nach, daß der Überweisungsbetrag innerhalb dieser Frist noch (vollständig) eingegangen ist, so entfällt der Erstattungsanspruch.[15] Der Auftraggeber hat dann wieder den Entschädigungsanspruch wegen Verzögerung. Man kann den Grund für die auflösende Bedingung des Anspruchs verstehen, stimmig ist die Regelung indes nicht. Dem Gesetzgeber erschien es einfacher, es bei der Überweisung zu belassen, wenn sie innerhalb der Rekonvaleszenzfrist noch erfolgt ist; dem Auftraggeber bleibt dann schließlich die Möglichkeit, seinen Verzögerungsschaden zu liquidieren. Den Interessen des Auftraggebers wird das aber schon dann nicht gerecht, wenn der Grund für die Überweisung gescheitert ist, z.B. der Begünstigte (= Verkäufer) wegen Zahlungsverzugs vom Kaufvertrag zurückgetreten ist. Die Rekonvaleszenzfrist erschwert ihm zudem die Disposition, z.B. über die Frage, ob er nochmals überweisen soll. Unstimmig ist die Regelung, wenn dem Auftraggeber mit der einen Hand die Entscheidungsbefugnis über die Vertragsaufhebung gegeben wird, die ihm die andere Hand mit der Rekonvaleszenzfrist wieder nimmt. Unstimmig ist außerdem, einerseits ein sofortiges Vertragsaufhebungsrecht zuzugeben, andererseits aber eine vierzehntägige Rekonvaleszenzfrist vorzusehen – die noch dazu erst mit Geltendmachung des Erstattungsanspruchs beginnt. Dem Richtlinienzweck hätte es wohl besser entsprochen, ein Wahlrecht des Auftraggebers vorzusehen und den Interessen der Institute durch eine kurz bemessene (5-tägige) Nachfrist Rechnung zu tragen. 830

Der Erstattungsanspruch setzt kein Verschulden voraus, ausgeschlossen ist er wegen 831
(1) höherer Gewalt (Art. 8 ÜwRL; s.o. Rn. 824) und sonst nur, wenn
(2) (a) ein vom Begünstigten (Art. 8 Abs. 2 ÜwRL) oder vom Auftraggeber (Art. 8 Abs. 3 UAbs. 1 Fall 2 ÜwRL) bestimmtes zwischengeschaltetes Institut, die Überweisung nicht ausgeführt oder (b) der Auftraggeber eine fehlerhafte oder unvollständige Anweisung erteilt hat (Art. 8 Abs. 3 UAbs. 1 Fall 1 ÜwRL) – also in Fällen, die dem Verantwortungsbereich des Auftraggebers zuzurechnen sind.

Die Auswahlsorgfalt des Auftraggeberinstituts befreit nicht und auch nicht die Ausführungssorgfalt der zwischengeschalteten Institute. Das Auftraggeberinstitut trifft maW eine Garantiehaftung.

Der Auftraggeber hat Anspruch auf Erstattung des Überweisungsbetrags bis zur Höhe 832
von 12500 Euro – das ist ein Viertel des höchsten Überweisungsbetrags, den die Richtlinie

12 A.M. *Grundmann* Schuldvertragsrecht, 4.13 Rn. 13f.

13 Der Fristablauf ist Tatbestandsmerkmal des Entschädigungsanspruchs (Art. 6 Abs. 1 UAbs. 2) und, negativ gefaßt („nicht vor Ablauf der Frist"), des Erstattungsanspruchs.

14 Kritisch *Schneider* FS Everling, S. 1313.

15 Art. 8 Abs. 1 UAbs. 2 Hs. 2 ÜwRL.

betrifft, Art. 1 ÜwRL – sowie Zinsen und Entgelte („Gebühren"). Der Zinsanspruch ist hier – wie im Fall der Verzögerung – zum Zwecke der Entschädigung zu berechnen (Art. 2 lit. k). Anders als im Fall der Entschädigung wegen Verzögerung hat der Auftraggeber aber Anspruch auf Zinsen für die Zeit von der Auftragserteilung bis zur Erstattung. Der Grund für die betragsmäßige Begrenzung des Erstattungsanspruchs ist, daß er auf eine Ausfallhaftung hinauslaufen kann (BE 11), denn die Erstattungspflicht trifft das Auftraggeberinstitut auch dann, wenn der Überweisungsbetrag verloren gegangen ist (v.a. Insolvenz) und es sich deshalb vielleicht nicht erholen kann[16]. Bemerkenswert ist, daß der tragende Grund für die Anspruchsbegrenzung, nämlich die Begrenzung des Risikos einer Ausfallhaftung, sich auf den Tatbestand nicht ausgewirkt hat, denn das Auftraggeberinstitut hat nicht nur eine Einrede der Ausfallhaftung, der Erstattungsanspruch ist in jedem Fall der Höhe nach begrenzt. In ihrer Ausgestaltung ist die Haftungsbegrenzung fragwürdig, da sie nicht auf einen Anteil (ein Viertel) des Überweisungsbetrags lautet, sondern auf einen absoluten Betrag; wer sicher gehen will, der macht mehrere Überweisungen zu je höchstens 12500 Euro.

833 Gerade diese Überlegung lenkt das Augenmerk auf die Frage der dogmatischen Einordnung. Enthält die Überweisungsvergütung eine Versicherungsprämie und handelt es sich damit bei dem Erstattungsanspruch um einen Anspruch aus einer Art (Zwangs-) Versicherung? Der Sache nach geht es bei dem „Erstattungsanspruch" um die Vertragsaufhebung wegen Nichterfüllung und den daraus resultierenden Restitutionsanspruch des Auftraggebers. Wenn das Auftraggeberinstitut die Überweisung angenommen hat, der Überweisungsbetrag dann aber dem Begünstigten nicht vereinbarungsgemäß gutgeschrieben wird, so ist das eine Nichterfüllung. Diese Nichterfüllung ist auch vom Auftraggeberinstitut zu verantworten, und zwar auch dann, wenn die Nichtausführung auf der Insolvenz eines zwischengeschalteten Instituts beruht; nach dem Konzept der Garantiehaftung, das in der Richtlinie angelegt ist, haftet das Auftraggeberinstitut dem Auftraggeber für die von ihm ausgesuchten zwischengeschalteten Institute, wenn die Nichtausführung nicht schon vom Auftraggeber zu verantworten ist oder auf höherer Gewalt beruht (Rn. 831). Auch der Anspruchsinhalt entspricht der Einordnung als Fall der Restitution, denn der Auftraggeber soll – von der betragsmäßigen Begrenzung abgesehen – so gestellt werden, als hätte er den Auftrag nicht erteilt; das zeigt sich insbesondere bei der Berechnung der Zinsen und darin, daß er auch die geleistete Vergütung erstattet bekommt.

834 Indes wollte der Richtliniengeber weder die Vertragsaufhebung wegen Nichterfüllung noch die Rückabwicklung nach Vertragsaufhebung insgesamt regeln, sondern nur als deren Kernbestand die Garantiehaftung iHv 12500 Euro vorschreiben. Diese Garantiehaftung besteht nur „unbeschadet sonstiger Forderungen". Daß es aber „sonstige Forderungen" geben kann, ja in den meisten Fällen schlechterdings geben muß, ergibt sich schon daraus, daß die Begrenzung auch dann eingreift, wenn das Auftraggeberinstitut den Betrag nach der Kündigung zurückerlangt hat. Eine Bereicherung des Auftraggeberinstituts ist sicher nicht gewollt. Davon, daß es im Fall der Vertragsaufhebung wegen Nichterfüllung einen vollständigen Erstattungsanspruch des Auftraggebers grundsätzlich geben muß, geht die Richtlinie selbst aus, wenn sie dem Auftraggeber auch für den Fall einen unbeschränkten Erstattungsanspruch zugibt, daß die Überweisung aufgrund eines seinem

16 Zum Rückgriff des Auftraggeberinstituts unten, Rn. 851–853; das Auftraggeberinstitut trägt nur dann eine Ausfallhaftung, wenn das *nächste* Institut notleidend geworden ist.

Verantwortungsbereich zuzurechnenden Fehlers nicht ausgeführt wird (Art. 8 Abs. 3 UAbs. 2 ÜwRL; s. sogleich Rn. 836–839).

Der Erstattungsanspruch regelt damit nur *einen Fall* der Rückabwicklung nach Vertragsaufhebung. Das nationale Recht kann weitere Aufhebungsgründe vorsehen und kann den allgemeinen Erstattungsanspruch nach Vertragsaufhebung strengeren Voraussetzungen – z.B. einem Verschuldenserfordernis oder einem Entreicherungseinwand – unterwerfen oder sie gegen andere Schuldner (ein zwischengeschaltetes Institut) richten.[17] **835**

d) Bemühens- und Erstattungsanspruch bei vom Auftraggeber oder Begünstigten veranlaßtem Scheitern der Überweisung

Scheitert die Überweisung, weil der Auftraggeber fehlerhafte Anweisungen gegeben hat oder weil ein vom Auftraggeber bestimmtes zwischengeschaltetes Institut sie nicht ausführt,[18] so sind Kündigungsrecht und Erstattungsanspruch des Art. 8 Abs. 1 nicht gegeben. Für diesen Fall trifft aber das Institut des Auftraggebers und die zwischengeschalteten Institute die Pflicht, sich „im Rahmen des Möglichen um die Erstattung des Überweisungsbetrags zu *bemühen*", Art. 8 Abs. 3 UAbs. 1 ÜwRL. Sowohl der Pflichtinhalt („bemühen") als auch die Tatsache, daß der Auftraggeber weder als Anspruchsinhaber noch als Begünstigter dieser Bemühungen ausdrücklich genannt ist, könnten dafür sprechen, in der Vorschrift nicht schon einen *Anspruch* des Auftraggebers zu sehen. Indes ist das Bemühen etwa auch nach Art. 6 der Pauschalreiserichtlinie geschuldet (Rn. 777f., 813–816) und die Bemühenspflicht durchaus justiziabel, da sich schon die in Frage kommenden Bemühungen spezifizieren, jedenfalls aber die unternommenen Bemühungen als ausreichend oder nicht qualifizieren lassen. Das Bemühen ist eine vertraglich geschuldete Pflicht, die nicht unter Rückgriff auf den Treuegedanken begründet zu werden braucht, sondern sich aus der überragenden Einsicht der Institute in und ihrer Kontrolle über die Überweisungsabwicklung erklärt. Man kann darin hier – wie auch bei der Pauschalreiserichtlinie – eine Fortsetzung des Erfüllungsanspruchs sehen. **836**

Der Anspruchsgegner ist von der Richtlinie nicht ausdrücklich bestimmt, sie verpflichtet das Auftraggeberinstitut ebenso wie die zwischengeschalteten Institute, sich zu bemühen. Indes ist davon auszugehen, daß die Richtlinie den Relativitätsgrundsatz nicht ohne ausdrückliche Anordnung durchbrechen wollte. Der Bemühensanspruch des Auftraggebers besteht daher nur gegen sein Institut, mit dem er vertraglich verbunden ist. Ein Anspruch gegen die zwischengeschalteten Ansprüche wäre auch deswegen unpraktisch, weil der Auftraggeber ihn nur nach Ermittlung dieser Institute durch sein Institut geltend machen könnte. Das formale Prinzip der Relativität dient so zugleich dem Schutz des Auftraggebers, der sich insofern eben auch nur an seinen Vertragspartner zu wenden braucht. **837**

Einen *Erstattungsanspruch* gegen sein Institut hat der Auftraggeber, wenn dieses den Betrag wieder eingezogen *hat,* Art. 8 Abs. 3 UAbs. 2 ÜwRL. Auch diesen Anspruch kann man als vertragsrechtlich qualifizieren, da er mit dem Überweisungsauftrag in engem Zusammenhang steht und eine Konsequenz der vertraglichen Bemühenspflicht ist. In seiner **838**

17 Für das deutsche Recht nur Ebenroth/Boujong/Joost-*Grundmann* HGB-Kommentar (2001), BankR Rn. II 69.

18 Hat ein vom Begünstigten bestimmtes zwischengeschaltetes Institut die Überweisung nicht ausgeführt, so steht ausschließlich diesem der Erstattungsanspruch zu, Art. 8 Abs. 2 ÜwRL; dazu unten, Rn. 844.

Ausgestaltung ist er indes von dem Erstattungsanspruch wegen Nichtabwicklung wesentlich verschieden. Der Anspruch umfaßt lediglich den Überweisungsbetrag, soweit das Institut ihn wieder eingezogen hat, nicht auch die geleistete Vergütung oder Zinsen, und das Institut kann die angefallenen Gebühren von dem Betrag abziehen. Von seinem Inhalt her könnte man den Anspruch daher als Bereicherungsanspruch qualifizieren, da die übliche Vergütung typischerweise dem Aufwand entspricht und so das Institut entreichert. Indes handelt es sich sowohl bei der Bemühenspflicht als auch bei dem Erstattungsanspruch nach der Konzeption um Ansprüche, die aus dem Vertragsverhältnis fließen und gerade nur innerhalb der Vertragsbeziehung zugegeben werden: vertragliche Nebenleistungspflichten.

839 Bemühen mag aufwendig sein. Kann das Institut seine Aufwendungen ersetzt verlangen? Dagegen spricht nicht, daß die Richtlinie das Institut verpflichtet „im Rahmen des Möglichen“ tätig zu werden, denn erstens betrifft diese Qualifizierung nur den Umfang der Bemühenspflicht und nicht die Kostentragung, und zweitens ist damit sprachlich eine Beschränkung der Bemühenspflicht gemeint, keine Erweiterung. In ähnlicher Weise wie auch bei der Pauschalreiserichtlinie (Rn. 778) ist davon auszugehen, daß der Gläubiger zwar Bemühung verlangen kann, die Kosten dafür aber zu tragen hat. Das bestätigt auch die Regelung über den Erstattungsanspruch, die das Institut nur verpflichtet, den erstatteten Betrag abzüglich angefallener „Gebühren“ auszukehren.

2. Ansprüche des Begünstigten

840 Die Ansprüche des Begünstigten sind komplementär und weithin parallel zu jenen des Auftraggebers ausgestaltet. Komplementär sind die Ansprüche in dem Sinne, daß sie dort anfangen, wo die Ansprüche des Auftraggebers aufhören. Bei Verzögerung der Überweisung oder unberechtigten Kostenabzug durch das Begünstigteninstitut hat nicht der Auftraggeber gegen das Auftraggeberinstitut, sondern der Begünstigte gegen sein Institut einen Entschädigungs- oder Nacherfüllungsanspruch. Die Erstattung wegen Nichtabwicklung kommt ohnehin nur in Betracht, wenn das Geld bei einem *zwischengeschalteten Institut* hängengeblieben ist. Einen Erstattungsanspruch wegen Nichtabwicklung hat der Begünstigte nur dann, wenn gerade das von ihm bestimmte zwischengeschaltete Institut die Überweisung nicht ausgeführt hat.

a) Erfüllungsanspruch

841 Einen allgemeinen Erfüllungsanspruch gibt es auch hier nicht. Die Bestimmung, daß sein Institut dem Begünstigten den Überweisungsbetrag innerhalb der mit ihm vereinbarten Frist zu Verfügung stellen muß, Art. 5 Abs. 1 UAbs. 1 ÜwRL, ist auch hier nur als Einleitung und Grundlage für den Entschädigungsanspruch anzusehen.

842 Ein Korrelat zu dem Nacherfüllungsanspruch des Auftraggebers wegen auftragswidrigen Kostenabzugs (Rn. 821) stellt der Anspruch des Begünstigten gegen sein Institut auf Gutschrift der von diesem unberechtigt abgezogene Kosten dar. Das Institut des Begünstigten verletzt mit dem unberechtigten Abzug zugleich seine Pflicht gegenüber seinem Vorinstitut und seine Vertragspflicht gegenüber dem Begünstigten. Für den Fall auftragswidriger Kostenabzüge vom Institut des Begünstigten gibt die Richtlinie ausschließlich dem Begünstigten, also nicht dem Auftraggeber, einen Anspruch gegen sein Institut. Das ist insofern sinnvoll, als hier die „engere“ Verbindung besteht und ein Rücklauf der Kosten im Regelfall keine effiziente Lösung darstellt. Da der Anspruch indes von der vom Auftraggeber gewählten Kostenregelung abhängt (Art. 7 Abs. 1 UAbs. 1 ÜwRL), kann der

Begünstigte seinen Anspruch nicht ohne Mitwirkung des Auftraggebers geltend machen. Keine Schwierigkeit entsteht freilich durch die möglicherweise lange Kette zwischengeschalteter Institute, da das Auftraggeberinstitut die Kostenregelung für alle Institute vorgibt und daher Abweichungen, die dem Begünstigten entgegengehalten werden könnten, unterwegs nicht vorkommen können.

b) Entschädigung wegen Verzögerung

Einen Anspruch auf Entschädigung wegen Verzögerung hat der Begünstigte gegen sein Institut, wenn *dieses* den Überweisungsbetrag nicht innerhalb der vereinbarten oder gesetzlichen Gutschriftfrist gutgeschrieben hat, Art. 6 Abs. 2 UAbs. 2 ÜwRL. Die gesetzliche Gutschriftfrist ist das Ende des Bankgeschäftstags, der der Gutschrift auf dem Institutskonto folgt. Die gesetzlichen Bestimmungen der Ausführungsfrist und der Gutschriftfrist sind daher taggenau lückenlos: Der Auftraggeber kann eine Entschädigung für eine verzögerte Gutschrift auf dem Konto des Begünstigteninstituts und der Begünstigte eine Entschädigung für eine verzögerte Gutschrift auf seinem Konto verlangen. Die Entschädigung besteht auch hier in einem Zinsanspruch, dessen Höhe sich nach dem Referenzzinssatz berechnet. Dementsprechend unterliegt auch der Entschädigungsanspruch des Begünstigten denselben Ausschlüssen – Verantwortung des Auftraggebers, des Begünstigten oder höhere Gewalt. Art. 6 Abs. 3, Art. 9 ÜwRL. Sonstige Rechte des Begünstigten bleiben unberührt, Art. 6 Abs. 4 ÜwRL, auch er kann z.B. nach nationalem Recht einen weitergehenden Schadensersatzanspruch haben. **843**

c) Erstattung wegen Nichtausführung durch ein vom Begünstigten bestimmtes Institut

Einen Anspruch auf Erstattung wegen Nichtabwicklung hat ausnahmsweise nicht der Auftraggeber, sondern der Begünstigte, wenn ein von *ihm* bestimmtes zwischengeschaltetes Institut die Überweisung nicht ausführt, Art. 8 Abs. 2 ÜwRL. Daß auch dieser Anspruch auf den Höchstbetrag von 12500 Euro begrenzt ist, leuchtet freilich nicht ein, kommt doch der Anspruch nur dann in Betracht, wenn (allein) das bestimmte Institut (das Geld zwar erhalten, aber) die Überweisung nicht ausgeführt hat. Dann aber stellt der Erstattungsanspruch nur die Herausgabe einer ungerechtfertigten Bereicherung dar, aber keine Ausfallhaftung,[19] so daß es eines Schutzes des Instituts nicht bedarf. Indes kann man über den eindeutigen Wortlaut insoweit nicht hinweggehen; die Regelung kann jedoch durch eine günstigere nationale Vorschrift korrigiert werden. Daß der Begünstigte – anders als der Auftraggeber bei seinem Erstattungsanspruch wegen Nichtabwicklung – die vom Auftraggeber geleistete Vergütung nicht herausverlangen kann, überzeugt, da dieser Anspruch allenfalls dem Auftraggeber zustehen könnten und die Auskehrung des Überweisungsbetrags an den Begünstigten einer Ausführung der Überweisung immerhin im Ergebnis nahekommt (sieht man von dem Pferdefuß der summenmäßigen Begrenzung ab). Nicht überzeugend ist aber, daß weder der Auftraggeber noch der Begünstigte für die – in diesem Fall *ex praemissione* entstandene – Verzögerung einen Anspruch auf Entschädigung hat. Die Entschädigungsansprüche wegen Verzögerung sind ausgeschlossen, weil die Verzögerung in den Verantwortungsbereich (des Auftraggebers und) des Begünstigten fällt, Art. 7 Abs. 3. Der Zinsanspruch des Auftraggebers wegen Nichtabwicklung ist nicht gegeben, da der Anspruch des Begünstigten gegen das von ihm bestimmte **844**

19 Zum Schutzzweck der Höchstgrenze BE 11 ÜwRL.

Institut jenen Anspruch ersetzt („abweichend von Absatz 1"), dieser Anspruch aber auch der Sache nach nicht paßt, da er auf Rückabwicklung gerichtet ist und daher mit dem Anspruch des Begünstigten gegen das Institut nicht harmoniert, der eine Fortsetzung der Ausführung der Überweisung darstellt.

3. Ansprüche der Institute

a) Ansprüche des Instituts des Auftraggebers gegen zwischengeschaltete Institute

845 Das Institut des Auftraggebers trägt gegenüber dem Auftraggeber die Last einer Garantiehaftung, die nur wegen Verantwortlichkeit des Auftraggebers oder höherer Gewalt ausgeschlossen ist. Bei Verzögerung, Nichtausführung oder unberechtigtem Kostenabzug haftet grundsätzlich das Auftraggeberinstitut dem Auftraggeber. Anders ist es nur, wenn das *Begünstigteninstitut* den Fehler zu vertreten hat, dann erfolgt der Ausgleich zwischen diesem und dem Begünstigten. Die Regelung dient dem Schutz des Auftraggebers, soweit er – wie regelmäßig – den Weg der Überweisung nicht kennt oder bestimmt und auch nicht einsehen kann und nur sein Institut als Ansprechpartner und Vertragspartner hat. Dieser Schutzzweck wird besonders darin deutlich, daß der Auftraggeber keinen Anspruch auf Entschädigung wegen Verzögerung hat, soweit die Verzögerung oder Nichtabwicklung von ihm zu vertreten ist. Der Schutzzweck gebietet indes nicht, daß das Institut des Auftraggebers auch auf dem „Schaden" (Entschädigung, Kostenersatz, Erstattung) sitzenbleibt, soweit es den Auftraggeber befriedigt hat. Im Gegenteil bezweckt die Richtlinie eine Internalisierung der Kosten bei dem Verantwortlichen.[20] Deswegen hat das Auftraggeberinstitut seinerseits Ansprüche gegen die zwischengeschalteten Institute.

846 Bei den Ansprüchen des Auftraggeberinstituts gegen die zwischengeschalteten Institute wird es sich praktisch meist um einen *Regreß,* also den Rückgriff wegen eigener Inanspruchnahme handeln. Indes handelt es sich nicht *nur* um Rückgriffsansprüche, denn erstens sind die Ansprüche des Auftraggeberinstituts davon unabhängig, ob es selbst vom Auftraggeber in Anspruch genommen wurde und daraufhin geleistet hat; und zweitens sind seine Ansprüche von der Richtlinie nicht durchgehend auf einen vollen Ausgleich seiner Haftung gegenüber dem Auftraggeber gerichtet[21].

847 Die (mit den vorgenannten Qualifikationen hier sogenannten) Rückgriffsansprüche des Auftraggeberinstituts entsprechen weithin seinen Pflichten gegenüber dem Auftraggeber. Der Gesetzgeber hat maW die „Innenhaftung" zwischen den Instituten entsprechend der „Außenhaftung" des Auftraggeberinstituts gegenüber dem Auftraggeber ausgestaltet. Dabei hat er aus Gründen einer effizienten Abwicklung in zwei der drei Fälle den Relativitätsgrundsatz durchbrochen: Seine Aufwendungen wegen Verzögerung und wegen unberechtigten Kostenabzugs kann das Auftraggeberinstitut unmittelbar von dem (den) verantwortlichen Institut(en) ersetzt verlangen („Sprungregreß" statt „Kettenregreß"). Da aber der Regelung die Annahme zugrunde liegt, daß nur zwischen den einzelnen Instituten in der Kette Anweisungsverhältnisse bestehen,[22] können sich die Ansprüche gegen Institute richten, mit denen das Auftraggeberinstitut nicht vertraglich verbunden ist. Das

---

20 *Grundmann* WM 2000, 2269, 2272.

21 So besonders beim „Rückgriff" wegen Nacherfüllung infolge unberechtigten Kostenabzugs, der nur auf Erstattung der abgezogenen Kosten geht, nicht aber auch auf Ersatz der Nacherfüllungskosten; Art. 7 Abs. 2 UAbs. 2 ÜwRL; sogleich Rn. 849.

22 Vgl. Art. 8 Abs. 1 UAbs. 4 ÜwRL.

ist vertragsrechtlich schwer zu begründen, indes wohl sinnvoll, weil die Pflichten der Institute insoweit von Richtlinien wegen identisch sind und daher eine *cascade de recours* keinen Sinn ergeben würde. Daß der Durchgriff auf das „verantwortliche" Institut nicht in Betracht kommt, wenn der Überweisungsbetrag „verloren gegangen" ist, liegt in der Natur der Sache; hier erfolgt die Abwicklung entlang der Kette bis zum ausgefallenen Institut.

Jetzt erörtern wir die einzelnen Ansprüche in derselben Reihenfolge wie zuvor die Ansprüche des Auftraggebers gegen sein Institut. **848**

aa) Erstattung oder Nachleistung unberechtigter Abzüge

Hat ein zwischengeschaltetes Institut unberechtigt[23] Kosten von dem Überweisungsbetrag abgezogen, so kann das Auftraggeberinstitut, das dem Auftraggeber dafür nach außen haftet,[24] von dem betreffende Institut verlangen, daß dieses den Abzugsbetrag erstattet oder an den Begünstigten nachleistet, Art. 7 Abs. 2 UAbs. 2 ÜwRL. Das Auftraggeberinstitut hat damit in der Sache einen Aufwendungsersatzanspruch wegen Ersatzvornahme oder einen Erfüllungsanspruch, freilich ohne notwendig selbst Vertragspartner des zwischengeschalteten Instituts zu sein. **849**

bb) Entschädigung wegen Verzögerung

Ist ein zwischengeschaltetes Institut für die Verzögerung der Überweisung verantwortlich, so kann das Auftraggeberinstitut von diesem unter denselben Voraussetzungen und in demselben Umfang eine Entschädigung beanspruchen, wie der Auftraggeber von ihm. Der Anspruch ist daher ausgeschlossen, wenn einer der Kunden (Auftraggeber oder Begünstigter, Art. 2 lit. j) die Verzögerung zu verantworten hat oder höhere Gewalt vorliegt, Art. 9 ÜwRL. Und von Richtlinien wegen entspricht der Umfang des Regresses auch (nur) dem Umfang der Primärhaftung, weitere Ansprüche des Auftraggeberinstituts, z.B. zusätzliche Kosten, die durch den Regreß entstehen, können nach dem anwendbaren nationalem Recht ersatzfähig sein (Art. 6 Abs. 4 ÜwRL). **850**

cc) Erstattung wegen Nichtabwicklung

Im Ansatz ähnlich wie die vorgenannten Ansprüche ist auch jener auf Erstattung wegen Nichtabwicklung ausgestaltet. Auch hier wird die Außenhaftung schlicht nach innen weitergeführt. Der Anspruch richtet sich indes nur gegen das nächste Institut. Ist die Überweisung nicht vereinbarungsgemäß abgewickelt worden, so hat das Auftraggeberinstitut Anspruch gegen das nächste zwischengeschaltete Institut auf Erstattung des Überweisungsbetrags nebst Vergütung und Zinsen, Art. 8 Abs. 1 UAbs. 4 S. 1 ÜwRL. Die Anspruchsbegrenzung auf 12500 Euro ist hier nicht eigens genannt, folgt aber daraus, daß das zwischengeschaltete Institut nur „ebenso" verpflichtet ist wie das Auftraggeberinstitut. **851**

Ebenso wie das Auftraggeberinstitut hat auch jedes nachfolgende Institut gegen das ihm nachfolgende Institut einen Erstattungsanspruch. Anders als bei den Ansprüchen **852**

23 Entgegen Art. 7 Abs. 1 UAbs. 1 ÜwRL.
24 Art. 7 Abs. 2 UAbs. 1 ÜwRL; oben, Rn. 821–823.

wegen unberechtigten Kostenabzugs und wegen Verzögerung erfolgt hier also die „Kaskade der Rückgriffe", und zwar aus zwei Gründen. Erstens hat der Erstattungsanspruch besonders in dem Fall Bedeutung, daß ein Institut ausgefallen ist; auf dieses unmittelbar zuzugreifen, hat naturgemäß keinen Sinn. Zweitens liegt eine Rechtfertigung für das gliedweise Vorgehen entlang der Kette darin, daß jedes Institut das nachfolgende ausgesucht hat und dieses Vorgehen also bis zu dem für die Auswahl verantwortlichen (vorletzten) Institut führt.

853 Der Erstattungsanspruch des Auftraggeberinstituts besteht ebensowenig wie jener des Auftraggebers, wenn ein vom Auftraggeber oder Begünstigten bestimmtes Institut die Überweisung nicht ausgeführt hat oder wenn der Auftraggeber eine fehlerhafte oder unvollständige Anweisung erteilt hat, Art. 8 Abs. 2, 3 (Rn. 831). Der Erstattungsanspruch des Auftraggeberinstituts (und ebenso der zwischengeschalteten Institute) gegen das nachfolgende zwischengeschaltete Institut entfällt außerdem dann, wenn dieses selbst eine fehlerhafte oder unvollständige Anweisung gegeben hat. Dann setzt sich der Erstattungsanspruch nur noch in einer Bemühenspflicht fort: das zwischengeschaltete Institut hat sich um die Erstattung zu bemühen, Art. 8 Abs. 1 UAbs. 4 S. 2 ÜwRL.

dd) Bemühenspflicht

854 Schließlich findet auch die Bemühenspflicht des Auftraggeberinstituts ihre – zu ihrer Durchsetzung notwendige – Fortsetzung in einer Bemühenspflicht der zwischengeschalteten Institute, Art. 8 Abs. 3 UAbs. 1 ÜwRL. Hier ist die Richtlinie in mißlicher Weise offen, da sie nur die Pflicht bestimmt, nicht aber einen Anspruch und seinen Inhaber. Da die Richtlinienregelung auf der Annahme beruht, daß die grenzüberschreitende Überweisung sich aus einer Kette einzelner „Anweisungen" zusammensetzt und da sie weiterhin die Relativität der Vertragsbeziehungen im Grundsatz nicht in Frage stellt, wird man davon ausgehen dürfen, daß jedes Institut gegen sein nachfolgendes Institut einen Bemühensanspruch hat (Rn. 836–839). Das Auftraggeberinstitut hat daher gegen das von ihm ausgewählte nächste Institut Anspruch auf Bemühung um die Erstattung des Überweisungsbetrags.

b) Ansprüche der zwischengeschalteten Institute

855 Der Erstattungsanspruch (soeben Rn. 851–853) und der Bemühensanspruch (soeben Rn. 854) stehen auch den zwischengeschalteten Instituten gegen die ihnen nachgeschalteten Institute zu. Das ist ein notwendiger Bestandteil der als vollständig gedachten Regelung. Nicht geregelt ist allein der Innenausgleich zwischen mehreren zwischengeschalteten Instituten, der eine Rolle spielen kann, wenn zwei oder mehrere Institute die Ausführung verzögert haben. Die Regelung ist dem nationalen Recht überlassen, wohl in dem begründeten Vertrauen, daß die mitgliedstaatlichen Regelungen über den Gesamtschuldnerausgleich als gleichwertig angesehen werden können, so daß insofern eine Annexregelung entbehrlich ist.

§ 29
Nichterfüllung beim Fernabsatz

Nur am Rande berührt die Fernabsatzrichtlinie das Leistungsstörungsrecht mit einer Regelung über das Unvermögen des Lieferers oder die Unmöglichkeit der Lieferung. Kann der Lieferer nicht erfüllen, so hat der Verbraucher grundsätzlich Anspruch auf zügige Erstattung geleisteter Zahlungen, Art. 7 Abs. 2 FARL. Ähnlich wie für den Fall des veranlaßten Rücktritts oder der Stornierung des Pauschalreisevertrags (Rn. 788f.) möchte der Gesetzgeber mit der Regelung sicherstellen, daß der Verbraucher im Fall der Nichterfüllung zumindest angezahltes Geld kurzfristig zurückerhält. **856**

Erfüllt der Lieferer den Vertrag nicht, „weil die bestellte Ware oder Dienstleistung nicht verfügbar ist", so hat er den Verbraucher davon zu unterrichten. Nach dem Schutzzweck der Regelung muß man annehmen, daß die Informationspflicht entsteht, sobald der Lieferer weiß, daß er den Lieferungsanspruch nicht innerhalb der vereinbarten oder gesetzlichen Frist erfüllen kann.[1] Der Verbraucher hat dann grundsätzlich ein Recht auf Vertragsaufhebung und daraus folgend einen Anspruch auf Erstattung der geleisteten Zahlungen. Von diesem Grundsatz abweichend können die Mitgliedstaaten die Vereinbarung einer Ersetzungsbefugnis des Lieferers zulassen, Art. 7 Abs. 3 FARL (Rn. 530). Vertragsaufhebung und Rückabwicklung kann der Verbraucher grundsätzlich *wählen,* die Folgen müssen von Gemeinschaftsrechts wegen grundsätzlich nicht von selbst *(ipso iure)* eintreten.[2] Denn die Richtlinie schreibt nur vor, daß der Verbraucher die *Möglichkeit* haben muß, Erstattung zu verlangen. Man schützt den Verbraucher nicht wohl dadurch, daß man ihm eine Möglichkeit zur Selbstbestimmung – und vielleicht zur Auswahl zwischen mehreren nach nationalem Recht zur Verfügung stehenden Rechten – nimmt. Umgekehrt verlangt die Geltendmachung des Erstattungsanspruchs dem Verbraucher nichts Unzumutbares ab. Endlich wäre es ja ganz sinnlos, den Anspruch von Gesetzes wegen entstehen zu lassen, wenn der Verbraucher nach nationalem Recht alternativ eine Ersatzlieferung oder Schadensersatz wegen Nichterfüllung wählen und so den Erstattungsanspruch wieder zu Fall bringen kann. Nur wenn der Verbraucher nach nationalem Recht keine andere Wahl hat, als Erstattung zu verlangen, wird man annehmen müssen, daß diese Rechtsfolge schon eintritt, wenn der Lieferer sein Unvermögen absieht. **857**

Der Erstattungsanspruch ist „möglichst bald, in jedem Fall jedoch binnen 30 Tagen" zu erfüllen.[3] Diese Frist für die Erstattung beginnt zu laufen, wenn der Erstattungsanspruch entsteht, also grundsätzlich mit der Geltendmachung durch den Verbraucher, ggf. – wenn der Anspruch *ipso iure* entsteht – schon früher. Damit hat der Lieferer reichlich Zeit für die Erstattung, wenn man bedenkt, daß die grenzüberschreitende Überweisung in Europa nur fünf Bankgeschäftstage dauern soll (ÜwRL, Rn. 824). Da es um eine Störung aus der Sphäre des Lieferers geht, sollte man diesen ruhig härter anfassen. Eine Verzinsungspflicht wird bei den verhältnismäßig kurzen Laufzeiten (aber immerhin: bis zu 60 Tage) meist nicht ins Gewicht fallen, doch wäre ein Anspruch auf Erstattung der Über- **858**

---

1 Dieses subjektive Element bringt freilich Beweisschwierigkeiten mit sich; praktisch wird die Informationspflicht erst mit Ablauf der Lieferfrist entstehen.

2 A.M. *Reich* EuZW 1997, 581, 585f.

3 Art. 7 Abs. 2 FARL; ebenso für die Rückabwicklung nach Widerruf Art. 6 Abs. 2 FARL, Art. 7 Abs. 4 FFRL. Art. 4 Abs. 6 lit. b PRRL schreibt nur die „schnellstmögliche Erstattung" vor.

weisungskosten angemessen gewesen; ihn können die Mitgliedstaaten für interne Sachverhalte[4] vorsehen.[5] Da die Fernabsatzrichtlinie eine Frist für die Erstattung fest bestimmt, erfordert eine effektive Umsetzung, daß der Fristablauf die Verzugsfolgen des nationalen Rechts auslöst.[6]

§ 30
Entscheidungen zu Grundfragen des Leistungsstörungsrechts

Literatur:

Flessner, Axel, Befreiung vom Vertrag wegen Nichterfüllung, ZEuP 1997, 255–320

Medicus, Dieter, Voraussetzungen einer Haftung für Vertragsverletzung, in: Jürgen Basedow (Hrsg.), Europäische Vertragsrechtsvereinheitlichung und deutsches Recht, Tübingen 2000, S. 179–193

Schlechtriem, Peter, Abstandnahme vom Vertrag, in: Jürgen Basedow (Hrsg.), Europäische Vertragsrechtsvereinheitlichung und deutsches Recht, Tübingen 2000, S.159–177

Schlechtriem, Peter, Aufhebung des Vertrags als Rechtsbehelf bei Leistungsstörungen, in: Albrecht Dieckmann/Rainer Frank/Hans Hanisch/Spiros Simitis (Hrsg.), Festschrift für Wolfram Müller-Freienfels, Baden-Baden 1986, S. 525–545

I. Erfüllungsanspruch

859 Im deutschen Recht ist auch der Erfüllungsanspruch ein zentraler Rechtsbehelf wegen Leistungsstörung: Leistet der Schuldner nicht, kann der Gläubiger die Erfüllung klageweise durchsetzen. Erst in der Zwangsvollstreckung findet die Durchsetzung ihre Grenzen, nämlich vor allem darin, daß höchstpersönliche Leistungen nicht erzwungen werden können.[1] Das entspricht der kontinentaleuropäischen Tradition, von der die des *Common law* abweicht, wenn auch die Ergebnisse in vielen Fällen ähnlich sein können.[2] In den Einheitsregeln des Vertragsrechts ist der Anspruch auf Erfüllung von anderen als Geldleistungsansprüchen (*non-monetary obligations*) hingegen begrenzt,[3] und das UN-Kaufrecht folgt bekanntlich in Art. 28 einem schon von Ernst *Rabel* vorgeschlagenen Kompromiß.[4] Das Europäische Vertragsrecht sieht den Erfüllungsanspruch nur rudimentär vor. Als Erfüllung kann man die kaufrechtlichen Ansprüche auf Nachbesserung und Ersatzlieferung ansehen (Rn. 746f.).[5] Mit dem Erfüllungsanspruch sind ferner einzelne Ansprüche ver-

4 *Riesenhuber* System und Prinzipien, S. 147–161.

5 Art. 14 FARL.

6 *Grundmann* Schuldvertragsrecht, 2.02 Rn. 22 mit Rn. 20.

1 §§ 887f. ZPO.

2 Vergleichende Übersicht bei *Stathopoulos* AcP 194 (1994) 545, 554–562. Auch das englische Recht anerkennt einen Erfüllungsanspruch bei Geldschulden sowie sonst nach *equity.*

3 Art. 9: 101f. PECL, 7.2.1–7.2.4 PICC. Kritisch *Medicus* in: Vertragsrechtsvereinheitlichung, S. 190f.

4 *Rabel* RabelsZ 9 (1935) 1, 69; auch insoweit kritisch *Medicus* in: Vertragsrechtsvereinheitlichung, S. 190. Praktisch hat die Vorschrift offenbar geringe Bedeutung.

5 Vgl. Art. 9:102 PECL („Erfüllung ..., einschließlich der Abhilfe für mangelhafte Leistung"); Art. 7.2.3 PICC („Erfüllung umfaßt ... Nachbesserung, Ersatzleistung oder andere Abhilfe bei mangelhafter Erfüllung").

wandt, die der Pauschalreisende wegen Leistungsstörung hat (Rn. 774–781.). Und auch den Nachleistungsanspruch des Auftraggebers bei der gekürzten Überweisung (Rn. 822f.) kann man als Erfüllungsanspruch ansehen. Einen allgemeinen Grundsatz, daß das Europäische Vertragsrecht dem kontinentalen Modell folgend einen Erfüllungsanspruch zuerkennen würde, kann man darin nicht sehen. Das Europäische Vertragsrecht bleibt insoweit unentschieden und für eine Einpassung in die nationalen Rechte offen.

II. Einheitstatbestand der Vertragsverletzung?

Eine weitere Grundfrage des Leistungsstörungsrechts ist, ob das Gesetz einheitliche Voraussetzungen für alle Arten von Leistungsstörungen vorsieht oder zwischen verschiedenen Ursachen und Formen der Leistungsstörungen unterscheidet.[6] Gegenüber dem tatbestandlich differenzierenden Modell des BGB von 1900 hat sich im UN-Kaufrecht und den Einheitsregeln des Vertragsrechts eine Einheitslösung angelsächsischer Prägung durchgesetzt.[7] 860

Dem Europäischen Vertragsrecht kann man keine klare Aussage entnehmen, soweit seine Vorschriften von vornherein nur eine bestimmte Form der Leistungsstörung in den Blick nehmen, wie vor allem beim Zahlungsverzug. Soweit die Regelungen weiter gehen, bleibt das Europäische Vertragsrecht weithin unentschieden und damit offen für verschiedene Umsetzungen. Teilweise zeigt sich die Neigung, dem Einheitsmodell zu folgen. Ausdrücklich hat der Europäische Gesetzgeber bei der Kaufgewährrichtlinie an den Einheitstatbestand des Wiener UN-Kaufrechts angeknüpft und eine Gewährleistung wegen Vertragswidrigkeit geschaffen, freilich ohne den Schadensersatzanspruch zu regeln (Rn. 729 und 731–735 mit Fn. 1). In ähnlicher Weise findet sich in der Pauschalreiserichtlinie ein Grundtatbestand der „Nichterfüllung oder mangelhaften Erfüllung“ (Rn. 784; nur Ersatzanspruch). Doch sieht gerade die Pauschalreiserichtlinie eine Vielzahl von Verbraucherrechten für im einzelnen bestimmte Störungssituationen vor (Rn. 771). Die Verzögerungstatbestände der Zahlungsverzugsrichtlinie (Rn. 709) und der Überweisungsrichtlinie (Rn. 824f.) sind mit einem Einheitstatbestand insofern vereinbar, als sie kein Mahnungserfordernis kennen und damit auf das zentrale Charakteristikum des Verzugs im deutschen Recht verzichten.[8] Umgekehrt kann man darin indes keinen schlüssigen Anhaltspunkt dafür sehen, daß das Europäische Privatrecht sich für ein Einheitsmodell entschieden hätte, wird doch (zumindest) der Zinsanspruch wegen Zahlungsverzugs im Handelsverkehr nicht notwendig erst nach Mahnung zugegeben. 861

III. Grundsatz der verschuldensunabhängigen Schadensersatzhaftung?

Von der Grundentscheidung über Einheitstatbestand oder tatbestandliche Differenzierung ist die weitere Frage zu unterscheiden, ob insbesondere die Ersatzhaftung für Leistungsstörungen an ein Verschuldenserfordernis geknüpft wird oder nicht. Allerdings ist das Verschulden oder Vertretenmüssen besonders dazu geeignet, tatbestandliche Diffe- 862

---

6 S. nur *Medicus* in: Vertragsrechtsvereinheitlichung, S. 180–185. Rechtsvergleichender Überblick bei *Zweigert/Kötz* Rechtsvergleichung, § 36 (S. 484–515).

7 Befürwortend *Zweigert/Kötz* Rechtsvergleichung, § 36 VI (S. 511f.). Kritisch *Bucher* FS Schmidlin, S. 430f.

8 Vgl. *Medicus* in: Vertragsrechtsvereinheitlichung, S. 183f.

renzierungen vorzunehmen und hat insofern eine gewisse Affinität zu dieser Lösungsvariante.

863 In den hier erörterten Leistungsstörungsregelungen ist eine Tendenz erkennbar, dem Gläubiger einen verschuldensunabhängigen Anspruch auf Schadensersatz wegen Nichterfüllung/Vertragsverletzung zuzuerkennen,[9] doch ist dieser Anspruch kaum je mit letzter Konsequenz durchgeführt. Zum einen gewähren die Richtlinien in den meisten Fällen keinen Anspruch auf vollen Schadensersatz. Zum anderen sind die Tatbestandsvoraussetzungen unterschiedlich ausgestaltet.

1. Rechtsfolgen: Schadensersatz und Entschädigung

864 Anspruch auf vollen Schadensersatz gewährt nur die Pauschalreiserichtlinie (Rn. 784–787, 806). Die übrigen Ersatzansprüche – zumeist nur als „Entschädigungsansprüche“ bezeichnet – betreffen nur einzelne Schadensposten. Der Zahlungsgläubiger bzw. Überweisungsempfänger kann zwar die Zinsen (ersterer auch die Beitreibungskosten) ersetzt verlangen. Entgeht ihm wegen der Zahlungsverzögerung hingegen ein lukratives Geschäft (für das er keinen Kredit hat), so hat er von Europarechts wegen keinen Anspruch auf Schadensersatz. Die Kaufgewährrichtlinie hat den Ersatzanspruch von vornherein ausgespart und auch die sie in gewisser Hinsicht flankierende Produkthaftungsrichtlinie schützt nicht alle Käuferinteressen (Rn. 769f.).

865 Schon von der Rechtsfolgenseite her ist also eine Garantiehaftung für Nichterfüllung nur mit der Einschränkung gegeben, daß der volle Schadensausgleich zumeist nicht gewährt wird.

2. Tatbestandsvoraussetzungen

866 Auf der Tatbestandsseite setzen die Ersatzansprüche eine Nichterfüllung voraus, statuieren daneben aber noch weitere Voraussetzungen.

a) „Verantwortlichkeit“ vs. Verschulden des Schuldners

867 Auf ein Verschulden des Schuldners kommt es nach keinem der Ersatz- bzw. Entschädigungstatbestände an.[10] Das Europäische Vertragsrecht folgt insoweit ebenso wie die Einheitsregeln dem *Prinzip der strikten Haftung* für Vertragsverletzung.[11] Lediglich nach der Zahlungsverzugsrichtlinie setzen die Ansprüche auf Verzugszinsen und Beitreibungskostenersatz die „Verantwortlichkeit“ des Schuldners voraus (Art. 3 Abs. 1 lit. c Nr. ii ZVerzRL, Rn. 717–719). Doch weist schon der Wortlaut der Regelung darauf hin, daß hier keine subjektive Vorwerfbarkeit iSv Verschulden gemeint ist. Und die übrigen Schadensersatztatbestände, die ebenfalls verschuldensunabhängig sind, bekräftigen diese Wort-

---

9 Wenn hier von einer verschuldensunabhängigen Haftung die Rede ist, so bedeutet das, daß die Haftung nicht positiv an das Verschulden des Schuldners geknüpft ist. Das heißt aber nicht, daß die Haftung in Einzelfällen, in denen den Schuldner kein Verschulden trifft (wie insbesondere bei höherer Gewalt) die Haftung ausgeschlossen ist.

10 Vgl. auch *Basedow* Leg.Stud. 18 (1998) 121, 137, 142f.

11 Art. 8:101 Abs. 1, 8:108 PECL, Art. 7.4.1, 7.1.7 PICC; ferner auch das CISG. Zu den Einheitsregeln kritisch *Medicus* in: Vertragsrechtsvereinheitlichung, S. 187f.; für eine vertragliche Garantiehaftung *Zweigert/Kötz* Rechtsvergleichung, § 36 VI (S. 512f.). S. noch *Larenz* Richtiges Recht, S. 103–106.

auslegung. Da es sich bei allen Regelungen um Mindestschutzvorschriften zugunsten des Gläubigers handelt, können die Mitgliedstaaten auch für interne Sachverhalte ein Verschuldenserfordernis nicht vorsehen.

Erkennt man in der strikten Haftung für Vertragsverletzungen einen Grundsatz des Europäischen Privatrechts, so ergibt sich daraus ein weiterer Grund, das Erfordernis der „Verantwortlichkeit" des Zahlungsschuldners für die Zahlungsverzögerung (Art. 3 Abs. 1 lit. c Nr. ii ZVerzRL) als Voraussetzung für den Zins- und Beitreibungskostenersatzanspruch des Gläubigers nicht i.S. einer subjektiven Vorwerfbarkeit zu verstehen (oben, Rn. 717–719). Dieses systematische Argument ist hier deswegen von besonderem Gewicht, weil auch die Überweisungsrichtlinie, die einen wertungsmäßig ganz ähnlich gelagerten Sachverhalt betrifft,[12] ebenfalls unabhängig vom Verschulden des Schuldners (Institut) einen Zinsanspruch zugibt. **868**

b) Verantwortlichkeit und Mitverantwortlichkeit des Gläubigers

Ausgeschlossen ist die Ersatzhaftung, wenn der Gläubiger die Nichterfüllung zu verantworten hat: Beim Pauschalreisevertrag greift der Ausschluß ein, wenn die „Versäumnisse bei der Erfüllung des Vertrags dem Verbraucher zuzurechnen sind" (Art. 5 Abs. 2 Sps. 1 PRRL, Rn. 784), bei der grenzüberschreitenden Überweisung, wenn die Verantwortung für die eingetretene Verzögerung beim Auftraggeber liegt (Art. 6 Abs. 3 ÜwRL, Rn. 824).[13] Ein verwandter Regelungsgedanke kommt darin zum Ausdruck, daß die Kaufgewährleistung (die freilich keinen Ersatzanspruch gibt) ausgeschlossen ist, wenn die Vertragswidrigkeit auf einem vom Käufer zur Verfügung gestellten Stoff beruht (Art. 3 Abs. 3 Alt. 2 KGRL, Rn. 739–743). Daß die Zahlungsverzugsrichtlinie insoweit keine Regelung enthält, dürfte seinen Grund eher darin finden, daß hier eine Verantwortlichkeit des Gläubigers selten sein mag. Da der Ausschluß wegen Verantwortlichkeit des Gläubigers eine starke rechtsethische Begründung hat und in den übrigen Richtlinien durchgehend vorkommt, muß man davon ausgehen, daß die Mitgliedstaaten auch den Entschädigungsanspruch wegen Zahlungsverzugs so begrenzen dürfen (z.B. Verzögerung, weil der Gläubiger eine falsche Kontonummer angegeben hat). Auch Art. 8:101 Abs. 3 PECL und Art. 7.1.2 PICC anerkennen den Haftungsausschluß wegen Verursachung durch den Gläubiger.[14] **869**

Die Voraussetzungen des Ausschlußtatbestands sind freilich unterschiedlich formuliert. In allen Fällen muß das Gläubigerverhalten zumindest ursächlich gewesen sein. Daneben spielen aber auch Zurechnungserwägungen eine Rolle („Verantwortung", „zuzurechnen").[15] Die damit von Rechtsprechung und Lehre zu konkretisierende Zurechnung sollte einheitlichen Grundsätzen folgen, wenn auch der jeweilige Vertragstyp einerseits und die Risikozuweisung in der jeweiligen Vertragsabrede andererseits eine starre Handhabung **870**

12 Dem stehen die unterschiedlichen Anwendungsbereiche der Richtlinien insoweit nicht entgegen, im Gegenteil muß das, was auch Verbrauchern gewährt wird (ÜwRL), hier einmal erst recht Unternehmen gegeben werden (ZVerzRL), die ihr Geld üblicherweise gewinnbringend einsetzen.

13 Art. 6 Abs. 3 ÜwRL; dazu oben, Rn. 824.

14 Ebenso Art. 80 CISG. Rechtsvergleichender Abriß bei *Lando/Beale* European Principles, Art. 8:101 Note 3 (S. 362).

15 Unklar ist der Wortlaut von Art. 9:504 PECL und Art. 7.1.2 PICC (kritisch deshalb *Koziol* in: Vertragsrechtsvereinheitlichung, S. 203f.), doch machen die Erläuterungen deutlich, daß es auch hier auf eine Zurechnung ankommt, nicht nur auf Verursachung; vgl. *Lando/Beale* European Principles, Art. 8:101 Illustration 4, S. 360f.; Unidroit, Principles, Art. 7.1.2 Anm. 2 (S. 158).

ausschließen. Der Haftungsausschluß kann indes nicht davon abhängig gemacht werden, daß den Gläubiger ein Verschulden trifft. Denn erstens würde das nicht mit der verschuldensunabhängigen Haftung des Schuldners zusammenpassen, und zweitens muß man insoweit dem Wortlaut der Regelungen Rechnung tragen, der auf die individuelle Vorwerfbarkeit gerade nicht abstellt.

871 Die Ausschlußtatbestände stellen nicht klar, ob sie sich nur auf Fälle der Alleinverantwortlichkeit des Gläubigers beziehen oder auch solche bloßer Mitverantwortlichkeit erfassen. Indes ist in allen Fällen davon auszugehen, daß die bloße Mitverantwortlichkeit nicht schon zu einem Haftungsausschluß, sondern lediglich zu einer Haftungsminderung führen kann. Denn ein Ausschluß des Ersatzanspruchs wegen bloßen Mitverschuldens wäre ein Rückschritt zu dem kruden System der Culpakompensation,[16] das in den meisten Mitgliedstaaten überwunden ist.[17] Auch die einheitlichen Regeln des Vertragsrechts folgen einer Abwägungslösung und haben die Abwägung sowohl in den Ausschlußtatbestand als auch in die Vorschriften über die Erstattungsfähigkeit von Schäden hereingenommen.[18]

c) Höhere Gewalt

872 Soweit ein Rechtsregime die Ersatzhaftung für Vertragsverletzung als Garantiehaftung ausgestaltet und es also auf ein Verschulden des Schuldners nicht ankommt, stellt regelmäßig immerhin höhere Gewalt einen Ausschlußgrund dar.[19] So hat nach Art. 79 CISG der Schuldner für die Nichterfüllung seiner Pflichten nicht einzustehen, wenn er beweist, daß sie „[1] auf einem außerhalb [seines] Einflußbereichs liegenden Hinderungsgrund beruht und [2] daß von [ihm] vernünftigerweise nicht erwartet werden konnte, [a] den Hinderungsgrund bei Vertragsabschluß in Betracht zu ziehen oder [b] den Hinderungsgrund oder seine Folgen zu vermeiden oder zu überwinden".[20] Diesem Modell folgen die European Principles und die Unidroit Principles.[21]

873 Höhere Gewalt anerkennen die Pauschalreiserichtlinie und die Überweisungsrichtlinie als Haftungsausschlußgrund. Die Richtlinien definieren höhere Gewalt einheitlich als „[1] ungewöhnliche und unvorhersehbare Ereignisse, [2] auf die derjenige, der sich auf höhere Gewalt beruft, keinen Einfluß hat und [3] deren Folgen trotz Anwendung der gebotenen Sorgfalt nicht hätten vermieden werden können".[22] Keine Regelung enthält die Zahlungsverzugsrichtlinie, doch kann man annehmen, daß der Schuldner im Fall höherer Gewalt für die Verzögerung nicht „verantwortlich" ist. Denn wertungsmäßig ist dieser Fall nicht anders zu behandeln als jener der Überweisungsverzögerung, wenn man nicht sogar annehmen muß, daß der Geldschuldner im Handelsverkehr, für den der Geldtransfer ja nicht zum Kerngeschäft gehört, weniger streng gebunden sein soll als die Institute bei der

---

16 Zum deutschen Recht vor dem BGB *Wendt* JherJb 31 (1892), 137ff.

17 *Lando/Beale* European Principles, Notes zu Art. 9:504 und 9:505 (S. 447f.). Zum englischen Recht *Treitel* Law of Contract, S. 910–919; zum römischen (Delikts-) Recht *Zimmermann* Law of Obligations, S. 1010–1013.

18 Art. 8:101 Abs. 3 PECL; die Mitverursachungsregel des Art. 9:504 PECL ist nach *Lando/Beale* European Principles, Art. 9:504 Comment B, S. 444 ein Anwendungsfall der Grundregel des Art. 8:101 Abs. 3, Art. 9:505 PECL eine ergänzende Regel für die Schadensminderung. Ebenso Art. 7.1.2, 7.4.7, 7.4.8 PICC. Ebenso *Koziol* in: Vertragsrechtsvereinheitlichung, S. 203f.

19 Rechtsvergleichender Überblick bei *Lando/Beale* European Principles, Art. 8:108 Note 1 (S. 383).

20 Art. 79 Abs. 1 CISG; Gliederung hinzugefügt.

21 Art. 8:108 PECL; vgl. *Lando/Beale* European Principles, Art. 8:108 Note 1, S. 383; Art. 7.1.7 PICC.

22 Art. 4 Abs. 6 UAbs. 2 Nr. ii, Art. 5 Abs. 2 Sps. 3 PRRL, Art. 9 ÜwRL; Gliederung hinzugefügt.

grenzüberschreitenden Überweisung. Der Zahlungsgläubiger umgekehrt bedarf hier keines stärkeren Schutzes als etwa der Pauschalreisende. Unterschiede können sich freilich bei der Anwendung ergeben, da für die verschiedenen Schuldner Unterschiedliches vorhersehbar oder vermeidbar ist.

d) Verantwortlichkeit für Dritte und Verantwortlichkeit Dritter

Haftet der Schuldner ohne Rücksicht auf sein Verschulden für eine Nichterfüllung, so bedarf es der Begründung einer Einstandspflicht für Gehilfen nach Art der Haftung für Erfüllungsgehilfe in § 278 BGB nicht. Eine Bestimmung über die Gehilfenhaftung kann lediglich für Abgrenzung des Verantwortungsbereichs des Schuldners von Bedeutung sein: Entweder dadurch, daß auch die von Dritten zu erbringenden Leistungen zum Leistungsprogramm des Schuldners gerechnet werden; oder dadurch, daß ihm Kenntnis sowie Abhilfe- und Vermeidungsmöglichkeit von Gehilfen im Rahmen der Entlastung wegen höherer Gewalt zugerechnet werden. **874**

Deswegen überrascht es nicht, daß die Richtlinien keine Gehilfenhaftung vorsehen. Lediglich die Pauschalreiserichtlinie stellt klar, daß die Haftung des Vertragspartners für die Erfüllung seiner vertraglichen Pflichten unabhängig davon eintritt, ob er selbst oder andere Dienstleistungsträger diese zu erfüllen haben (Art. 5 Abs. 2 Sps. 2 PRRL, Rn. 796–799). Nur Kehrseite dieser Regelung ist der Haftungsausschluß für den Fall, daß die Versäumnisse einem Dritten zuzurechnen sind, „der an der Bewirkung der vertraglich vereinbarten Leistungen nicht beteiligt ist“ (Baulärm, Streik). Beide Regelungen haben daher eher klarstellenden Charakter – sie bedeuten die Abgrenzung der Verantwortungsbereiche –, da schon aus der Garantiehaftung des Vertragspartners dasselbe folgen würde (Rn. 796–799). Aus diesen Gründen ist eine Regelung über die Gehilfenhaftung auch in der Überweisungsrichtlinie entbehrlich, denn auch hier trifft den Schuldner die Garantie für einen Erfolg, so daß er grundsätzlich auch dann einzustehen hat, wenn weder ihn noch eines der zwischengeschalteten Institute ein Verschulden trifft. **875**

Allerdings treffen beide Richtlinien (PRRL, ÜwRL) keine ausdrückliche Regelung darüber, ob sich die Vorhersehbarkeit und Vermeidbarkeit ausschließlich nach den Möglichkeiten des Schuldners oder auch nach jenen Dritter beurteilt, die der Schuldner eingeschaltet hat.[23] Da der Schuldner den Erfolg schuldet, ist er so zu stellen, als hätte er alle zu seinem Pflichtenprogramm gehörenden Leistungshandlungen selbst vorgenommen. Vorhersehbarkeit und Vermeidbarkeit für eingeschaltete Personen fällt daher auch ihm zur Last. Sachlich ist das deshalb gerechtfertigt, weil der Schuldner mit den Vorteilen aus der Zuziehung Dritter auch die entsprechenden Nachteile zu tragen hat. **876**

IV. Recht zur Vertragsaufhebung

1. Beschränkung des Aufhebungsrechts auf Fälle wesentlicher Störung?

Eine gewisse Nähe zu den Regelungen des UN-Kaufrechts und den einheitlichen Vertragsregeln findet sich auch in den Vorschriften über das Recht zur Vertragsaufhebung.[24] Charakteristisch sowohl für das CISG als auch für die European Principles und Unidroit **877**

23 Letzteres sieht Art. 79 Abs. 2 CISG vor.

24 Zu PECL und PICC *Schlechtriem* in: Vertragsrechtsvereinheitlichung, S. 159–177.

Principles ist die Einschränkung des Rechts zur Vertragsaufhebung, insbesondere auf Fälle wesentlicher Vertragsverletzung.[25] Diese Tatbestandsvoraussetzung findet sich im Europäischen Privatrecht nicht, doch ist das jedenfalls auch damit zu erklären, daß die vorliegenden Regelungen entweder hinsichtlich des Anwendungsbereichs oder hinsichtlich des Vertragsgegenstands Sonderfälle betreffen.[26]

878 Eine gewisse Subsidiarität der Vertragsaufhebung findet sich in der Kaufgewährrichtlinie. Indes ist hier die Wesentlichkeit der Vertragsverletzung nicht Voraussetzung für die Vertragsaufhebung, nur die Geringfügigkeit schließt – negativ – die Vertragsaufhebung aus (Art. 3 Abs. 6 KGRL, Rn. 747). Insofern trägt die Richtlinie dem Umstand Rechnung, daß die Regelung Verbraucherkaufverträge betrifft und die Beschränkung des Aufhebungsrechts wegen Vertragswidrigkeit daher eine unzumutbare Belastung des Verbrauchers darstellen kann. Zweitens ist die Nachrangigkeit der Vertragsaufhebung im Vergleich mit der Regelungssituation des CISG, das internationale Handelskäufe betrifft, auch nicht aus Gründen des Verkäuferschutzes gerechtfertigt.

879 Die Pauschalreiserichtlinie unterscheidet danach, ob es sich um eine Vertragsverletzung vor oder nach Abreise handelt. Vor Abreise gibt die *erhebliche* Änderung *wesentlicher* Bedingungen dem Verbraucher ein Kündigungsrecht (Art. 4 Abs. 5 PRRL, Rn. 788). Diese Regelung kommt insbesondere in ihrer beschränkenden Wirkung dem Wesentlichkeitserfordernis nahe. Bei Störungen nach Abreise ist das Aufhebungsrecht stärker eingeschränkt (Art. 4 Abs. 7 PRRL, Rn. 789), allerdings im Einklang mit den mutmaßlichen („wohlverstandenen") Interessen des Verbrauchers. Denn dessen Interesse geht dann dahin, den Reiseerfolg möglichst zu erhalten. Hier liegt daher das Gewicht auf der Abhilfe. Das Äquivalenzinteresse des Verbrauchers ist durch den Minderungsanspruch (Art. 4 Abs. 7 PRRL, Rn. 782f.) und ggf. einen Ersatzanspruch (Art. 5 Abs. 2 PRRL, Rn. 784–787) gesichert.

880 Keine Beschränkung des Kündigungsrechts enthält formal betrachtet die Überweisungsrichtlinie. Nach ihrer Regelung hat der Auftraggeber ein Kündigungsrecht, wenn die Überweisung nicht vertragsgemäß ausgeführt wird (Art. 8 Abs. 1 UAbs. 1–3 ÜwRL, Rn. 827–835). Indes wird die Kündigung unwirksam, wenn die Überweisung binnen vierzehn Tagen nach ihrer Geltendmachung doch noch erfolgt. In der Sache bedeutet das eine Nachfristregelung, die auch das deutsche BGB (§ 323) und das UN-Kaufrecht zur (Art. 49) Feststellung der Wesentlichkeit verwenden. Die (formale) Grundregelung, wonach der Auftraggeber wegen Nichterfüllung sogleich kündigen kann, erklärt sich aus der Annahme der Richtlinie, daß die Ausführungszeit bei der grenzüberschreitenden Überweisung stets eine wesentliche Vereinbarung ist; die Richtlinie bezweckt ja gerade die Herabsetzung der Ausführungszeiten (Rn. 830).

2. Verschuldensunabhängigkeit?

881 In den Einheitsregeln und im UN-Kaufrecht ist die Vertragsaufhebung wegen Leistungsstörung unabhängig vom Verschulden des Aufhebungsgegners zulässig.[27] Anders war das

---

25 Art. 49 CISG, Art. 9:301 Abs. 1 PECL, Art. 7.3.1 Abs. 2 PICC.

26 Zu den Interessen der Parteien im Fall der Aufhebung wegen Nichterfüllung *Flessner* ZEuP 1997, 255, 264–266.

27 Art. 9:301 PECL, Art. 7.3.1 PICC, Art. 49, 64 CISG. Dazu *Schlechtriem* in: Vertragsrechtsvereinheitlichung, S. 166f.; s.a. *ders.* UN-Kaufrecht, Rn. 188–200; rechtsvergleichend *Flessner* ZEuP 1997, 255, 296–302; *Stathopoulos* AcP 194 (1994), 543, 562–569.

traditionell im deutschen Recht des BGB von 1900 nach den allgemeinen Regeln über den Verzug und – in gewisser Weise – auch über die Unmöglichkeit, wenn auch die Wandelung wegen Sachmangels stets verschuldensunabhängig war. Auch in den untersuchten Fällen ist das Aufhebungsrecht nicht von einem Verschulden abhängig. Anderes gilt auch nicht, soweit die Überweisungsrichtlinie die Institute im Fall von höherer Gewalt von ihren sich aus der Richtlinie ergebenden Verpflichtungen befreit (Art. 9 PRRL), denn diese Befreiung betrifft nicht das Auflösungsrecht, sondern nur die Erstattungspflicht. Das entspricht der Lösung der Einheitsregeln, die die Vertragsaufhebung auch im Fall der entschuldigten Nichterfüllung zulassen.[28]

V. Kumulation von Rechtsbehelfen

Verschiedene Rechtsbehelfe wegen Leistungsstörungen können alternativ oder kumulativ **882**
zur Verfügung stehen. Die Frage stellt sich vor allem für das Verhältnis von Schadensersatz und Rücktritt. Die Einheitsregeln lassen hier eine Kumulation ausdrücklich zu.[29] In den hier untersuchten Leistungsstörungsregimen stellt sich die Frage zumeist nicht, da ein Schadensersatzanspruch nicht oder nur rudimentär vorgesehen ist. Anders ist das nur bei der Pauschalreiserichtlinie. Sie läßt im Fall der Kündigung durch den Verbraucher wegen erheblicher Änderung wesentlicher Vertragsbestandteile vor Reiseantritt einen Ersatzanspruch ausdrücklich zu Art. 4 Abs. 6 UAbs. 1 lit. b, UAbs. 2 PRRL, Rn. 790). Im übrigen spricht sie die Frage nicht ausdrücklich an, doch ist insoweit dem Schweigen zu entnehmen, daß der Verbraucher auch bei Vertragsaufhebung wegen Störung nach Abreise einen Ersatzanspruch gegen seinen Vertragspartner haben kann (Rn. 790).

Ebenfalls nur nach der Pauschalreiserichtlinie kommt die Kumulation von Abhilfe **883**
oder Minderung und Ersatz eines weitergehenden Schadens in Betracht. Die Kaufgewährrichtlinie hat den Anspruch auf Schadensersatz nicht geregelt; die Kumulation von Abhilfe (Nachbesserung, Ersatzlieferung) und *Minderung* sieht sie aber vor (Rn. 748f.).

Allgemeine Folgerungen lassen sich aus diesen Einzelvorschriften nicht ziehen. Allen- **884**
falls kann man sagen, daß sich hier vorsichtig eine Tendenz andeutet, die Kumulation zuzulassen.

VI. Rückgriff des Haftenden und Relativität des Vertrags

Für eine vollständige Regelung des Leistungsstörungsrechts spielt dann, wenn die Ur- **885**
sache für die Leistungsstörung bei einem der Vorleute liegen kann, der Rückgriff eine zentrale Rolle. Das ist bei Kaufverträgen, Pauschalreiseverträgen und Überweisungsverträgen typischerweise häufig der Fall, deshalb enthalten die entsprechenden Richtlinien durchgehend Vorschriften über den Regreß.[30] Die Intensität der Regelung ist indes ganz unterschiedlich. Nur die Überweisungsrichtlinie hat den Rückgriff näher ausgestaltet (Rn. 845–855), die Kaufgewährrichtlinie regelt ihn ansatzweise (Art. 4 KGRL, Rn. 761–766), die Pauschalreiserichtlinie (Art. 5 Abs. 1 PRRL, Rn. 817) und die Flugan-

---

28 Art. 8:101 Abs. 2 PECL, Art. 7.1.7 Abs. 4 PICC; dazu *Schlechtriem* in: Vertragsrechtsvereinheitlichung, S. 172.

29 Art. 8:102 PECL, Art. 7.3.5, 7.4.1 PICC.

30 S. ferner Art. 5 ProdHRL, wonach der Gesamtschuldnerausgleich nach nationalem Recht unberührt bleibt.

nullierungsverordnung (Art. 13, Rn. 817e) erwähnen das Rückgriffsrecht nur und überlassen seine Ausgestaltung den Mitgliedstaaten. Einheitliche Grundsätze sind den Vorschriften nicht zu entnehmen. Ob und inwieweit ein Rückgriff zuzugeben ist, hängt freilich auch wesentlich von den Vertragsbeziehungen zwischen dem primär Haftenden und seinen Vorleuten ab, so daß auch aus diesem Grund einheitliche Regelungen problematisch sind und potentiell weitreichende Eingriffe in die nationalen Rechtssysteme bedeuten.

3. Teil
System und Prinzipien

§ 31
Prinzipien des Europäischen Vertragsrechts

Literatur:

Baldus, Christian, Verbraucherschutz zwischen Vertrag und Nicht-Vertrag? – Culpa in contrahendo, Störung der Geschäftsgrundlage und prinzipielle Gleichheit der Privatrechtssubjekte, in: Christian Katzenmeier/Bernd-Rüdiger Kern/Klaus-Peter Schroeder/Elmar Wadle (Hrsg.), Humanoria – Medizin-Recht-Geschichte – Festschrift für Adolf Laufs, Heidelberg 2005, S. 555–568

Böhm, Franz, Privatrechtsgesellschaft und Marktwirtschaft, ORDO 17 (1966), 75–151

Canaris, Claus-Wilhelm, Verfassungs- und europarechtliche Aspekte der Vertragsfreiheit in der Privatrechtsgesellschaft, in: Peter Badura/Rupert Scholz (Hrsg.), Festschrift für Peter Lerche zum 65. Geburtstag, München 1993, S. 873–891

Canaris, Claus-Wilhelm, Wandlungen des Schuldvertragsrechts – Tendenzen zu seiner „Materialisierung“, AcP 200 (2000), 273–364

Drexl, Josef, Zwingendes Recht als Strukturprinzip des Europäischen Verbrauchervertragsrechts?, in: Michael Coester/Dieter Martiny/Karl August Prinz von Sachsen Gessaphe (Hrsg.), Privatrecht in Europa – Vielfalt, Kollision, Kooperation – Festschrift für Hans Jürgen Sonnenberger zum 70. Geburtstag, München 2004, S. 771–790

Grundmann, Stefan, Das Thema der Systembildung im Europäischen Privatrecht – Gesellschafts-, Arbeits- und Schuldvertragsrecht, in: Stefan Grundmann (Hrsg.), Systembildung und Systemlücken in Kerngebieten des Europäischen Privatrechts – Gesellschafts-, Arbeits- und Schuldvertragsrecht, Tübingen 2000, S. 1–49 (zitiert: Grundmann in: Systembildung)

Grundmann, Stefan, Europäisches Handelsrecht – vom Handelsrecht des laissez faire im Kodex des 19. Jahrhunderts zum Handelsrecht der sozialen Verantwortung, ZHR 163 (1999), 635–678

Grundmann, Stefan, Europäisches Schuldvertragsrecht: Standort, Gestalt und Bezüge, JuS 2001, 946–951

Grundmann, Stefan, Privatautonomie im Binnenmarkt – Informationsregeln als Instrument, JZ 2000, 1133–1143

Grundmann, Stefan, Verbraucherrecht, Unternehmensrecht, Privatrecht – warum sind sich UN-Kaufrecht und EU-Kaufrechts-Richtlinie so ähnlich?, AcP 202 (2002), 40–71

Lurger, Brigitta, Grundfragen der Vereinheitlichung des Vertragsrechts in der Europäischen Union, Wien/New York 2002 (zitiert Lurger, Grundfragen)

Lurger, Brigitta, Vertragliche Solidarität – Entwicklungschancen für das allgemeine Vertragsrecht in Österreich und in der Europäischen Union, Baden-Baden 1998

Mayer, Klaus/Scheinpflug, Jörg, Privatrechtsgesellschaft und die Europäische Union, Tübingen 1996 (zitiert: Privatrechtsgesellschaft)

Micklitz, Hans-W., Legitime Erwartungen als Gerechtigkeitsprinzip des Europäischen Privatrechts, in: Ludwig Krämer/Hans-W. Micklitz/Klaus Tonner (Hrsg.), Law and diffuse interests in the European legal order/Recht und diffuse Interessen in der Europäischen Rechtsordnung – Liber amicorum Norbert Reich, Baden-Baden 1997, S. 245–277 (zitiert: Micklitz FS Reich)

Micklitz, Hans-W., Perspektiven eines Europäischen Privatrechts – Ius Commune praeter legem?, ZEuP 1998, 253–276

Neuner, Jörg, Privatrecht und Sozialstaat, München 1999

Neuner, Jörg, Diskriminierungsschutz durch Privatrecht, JZ 2003, 57–66

Neuner, Jörg, Protection Against Discrimination in European Contract Law, ERCL 2 (2006), 35–50

Neuner, Jörg, Vertragsfreiheit und Gleichbehandlungsgrundsatz, in: Stefan Leible/Monika Schlachter (Hrsg.), Diskriminierungsschutz durch Privatrecht, München 2006, S. 73–91

Picker, Eduard, Antidiskriminierungsprogramme im freiheitlichen Privatrecht, in: Egon Lorenz (Hrsg.) Karlsruher Forum 2004: Haftung wegen Diskriminierung, Karlsruhe 2005, S. 7–115
Repgen, Tilman, Kein Abschied von der Privatautonomie – Die Funktion des zwingenden Rechts in der Verbrauchsgüterkaufrichtlinie, Paderborn/München/Wien/Zürich 2001
Riesenhuber, Karl, Kein Zweifel für den Verbraucher, JZ 2005, 829–835
Riesenhuber, Karl/Franck, Jens-Uwe, Verbot der Geschlechtsdiskriminierung im Europäischen Vertragsrecht, JZ 2004, 529–538
Rohe, Mathias, Privatautonomie im Verbraucherkreditrecht wohin? – Zum Richtlinienvorschlag zur Harmonisierung der Rechts- und Verwaltungsvorschriften der Mitgliedstaaten über den Verbraucherkredit, BKR 2003, 267–273
Roth, Wulf-Henning, Berechtigte Verbrauchererwartungen im Europäischen Gemeinschaftsrecht, in: Hans Schulte-Nölke/Reiner Schulze (Hrsg.), Europäische Rechtsangleichung und nationale Privatrechte, Baden-Baden 1999, S. 45–62 (zitiert: Roth in: Rechtsangleichung und nationale Privatrechte)
Zöllner, Wolfgang, Die Privatrechtsgesellschaft im Gesetzes- und Richterstaat, Köln 1996

I. Vorbemerkungen

886 Mit der Erörterung in §§ 7 bis 30 ist die Durchsicht des Europäischen Vertragsrechts abgeschlossen. Es haben sich darin manche Unstimmigkeiten in Einzelpunkten gezeigt, die zumeist von der „punktuellen" Rechtsetzungstechnik herrühren, welche sich an einzelnen wirtschaftlichen oder sozialen Fragen orientiert und nicht an Sachfragen des Vertragsrechts. Es haben sich aber auch einige Grundgedanken und Prinzipien gezeigt, die die Vielzahl der Einzelregelungen zusammenhalten. Nunmehr ist abschließend der Versuch zu unternehmen, diese Grundgedanken noch einmal hervorzuheben. Bevor wir damit beginnen, ist auf eine Eingrenzung der Aufgabe hinzuweisen und eine Vorbemerkung zu machen.

887 Einschränkend ist zunächst zu sagen, daß es im folgenden nicht darum gehen kann, eine vollständige Liste aller Prinzipien des Primärrechts zu geben. Eine solche Prinzipienliste wäre ebenso schwer zu erstellen wie sinnlos[1]. Isoliert betrachtet sind Prinzipien wenig aussagekräftig, wirken sie doch erst durch ihre wechselseitige Verstärkung und Begrenzung. Statt dessen soll exemplarisch für einige zentrale Fragen gezeigt werden, welche Prinzipien regieren und welches Gewicht einzelnen Prinzipien im Europäischen Vertragsrecht zukommt. Dementsprechend kann es nach den vorigen Erörterungen zum materiellen Vertragsrecht nicht darum gehen, alle Einzelheiten noch einmal aus anderer Perspektive zu beleuchten. Vielmehr können wir uns zum Beleg für die nachfolgenden Ausführungen immer wieder auf die Darstellung des materiellen Rechts in §§ 7 bis 30 der Arbeit beziehen.

888 Die folgende Darstellung erfolgt vor dem Hintergrund der eingangs (§ 4) dargestellten Prinzipien des Primärrechts. Das Primärrecht macht, wie wir gesehen haben, einige sehr allgemeine Vorgaben für das Vertragsrecht, es ist aber – insofern der nationalen Verfassung nicht unähnlich – ausfüllungsfähig und ausfüllungsbedürftig.

889 In der nachfolgenden Durchsicht wird sich – nach der Darstellung des materiellen Rechts in §§ 12 bis 17 der Arbeit nicht überraschend – zeigen, daß das Europäische Vertragsrecht eine „Materialisierung" der hergebrachten Prinzipien des liberalen Vertragsrechts bedeutet[2] – eine Entwicklung freilich, die ihren Ausgangspunkt zumeist in den mit-

1 *Alexy* Recht, Vernunft, Diskurs (1995), S. 206f.
2 Zum Begriff der Materialisierung nur *Canaris* AcP 200 (2000) 273, 276–292.

gliedstaatlichen Vertragsrechten hatte. Mit dem Begriff der Materialisierung wird im Privatrecht ein Prozeß bezeichnet, in dem ehedem als gegeben vorausgesetzte und daher nur „formal“ betrachtete Umstände nunmehr auf ihr tatsächliches Vorliegen hin überprüft und insoweit „material“ betrachtet werden. Daß beispielsweise einzelne frei sind, einen Vertrag zu schließen, daß der so „frei“ vereinbarte Vertrag eine „Richtigkeitsgewähr“ für sich hat, wird nicht mehr vorausgesetzt, sondern im Hinblick auf (vor allem) wirtschaftliche und soziale Gegebenheiten in Frage gestellt. Und soweit sich die frühere Voraussetzung als „tatsächlich“ oder „faktisch“ nicht zutreffend erweist, wird das nun im Vertragsrecht berücksichtigt. Erweist sich, daß der Kunde, der vom Verkäufer an der Haustür überrumpelt wird, typischerweise zwar frei von Irrtum, Täuschung und Drohung entscheidet, daß man seine Vertragsentscheidung indes doch nicht als „tatsächliche“ Betätigung seiner Selbstbestimmung ansehen kann, so trägt das Recht dem durch die Einräumung eines Widerrufsrechts Rechnung.

Die so beschriebene „Materialisierungstendenz“ ist nun nicht neu. Die eigentlich interes- **890**
sante Frage ist, wie weit eine solche Materialisierung reicht: Geht sie so weit, daß das hergebrachte liberale Vertragsmodell als überholt anzusehen ist und an seine Stelle ein neues Vertragsmodell tritt? Oder handelt es sich nur um einzelne, sachlich begründete und begrenzte Modifikationen und Ergänzungen des hergebrachten Modells? Während man im ersten Fall von einer „Umwälzung“ des Vertragsrechts sprechen kann, kann man den zweiten als bloße „Wandlung“ kennzeichnen. Die Grenzlinie zwischen Umwälzung und Wandlung ist freilich nicht ganz scharf zu ziehen. Drei Kriterien lassen sich indes benennen. Erstens spricht für eine bloße Wandlung, wenn das herkömmliche System nur in einzelnen Hinsichten aus sachlichen Gründen verändert wird. Zweitens spricht für eine bloße Wandlung, wenn diese sachlich begründeten Änderungen nach dem Grundsatz der Verhältnismäßigkeit nur so weit gehen, wie das aus dem sachlichen Grund veranlaßt ist. Und drittens – und mit dem zweiten Kriterium zusammenhängend – spricht für eine bloße Wandlung, wenn der Gesetzgeber dabei Mittel wählt, die mit dem liberalen Vertragsrechtsmodell kompatibel sind und sich in dieses harmonisch einfügen. Umgekehrt spricht für die Annahme einer Umwälzung des Vertragsrechtssystems, wenn der Gesetzgeber die hergebrachten Prinzipien des Vertragsrechts nicht aus Sachgründen und nur verhältnismäßig einschränkt oder modifiziert, sondern sie in ihrem Kern mißachtet und bei seiner Gestaltung keine Rücksicht darauf nimmt, ob sich die Änderung nach Form und Inhalt mit dem liberalen Vertragsrechtssystem verträgt.

Ist damit der Themenbereich für die nachfolgenden Erörterungen abgegrenzt, so ist **891**
nun zweitens eine Vorbemerkung in der Sache selbst zu machen, die einen Aspekt der Problematik betrifft, der im folgenden wiederholt von Bedeutung ist. Die Gemeinschaft hat es bislang nicht unternommen, ein auch nur annähernd vollständiges Vertragsrecht zu schaffen, sondern wirkt statt dessen in Einzelpunkten auf die mitgliedstaatlichen Vertragsrechte ein und modifiziert sie.[3] Das muß man auch bei einer Erörterung der Prinzipien des Vertragsrechts berücksichtigen. So ist das Europäische Vertragsrecht ganz überwiegend zwingendes Recht, das schon durch diese Ausgestaltung als zwingend den Grundsatz der Vertragsfreiheit einschränkt. Vorvertragliche Informationspflichten schränken die Vertragsfreiheit ebenso ein wie Widerrufsrechte beim Vertragsschluß, zwingende Vorschriften über den Vertragsinhalt, die Inhaltskontrolle oder das Leistungsstörungsrecht usf. Ferner ist das Europäische Vertragsrecht überwiegend „Schutzrecht“ für einen Vertragspartner,

---

3 *Riesenhuber* System und Prinzipien, S. 55–58, 211–235.

meist Verbraucherschutzrecht, und als solches nimmt es schon der Form nach den Grundsatz der Selbstverantwortung für die geschützte Gruppe zurück und schränkt den Grundsatz der formalen Rechtsgleichheit ein. Da der Gesetzgeber aber von vornherein kein vollständiges Vertragsrecht schaffen wollte, muß man bei einer Erörterung der Grundsätze auch bedenken, was der Europäische Gesetzgeber als bestehendes Vertragsrecht der Mitgliedstaaten vorausgesetzt hat. Wer nicht mitbedenkt, was der Europäische Gesetzgeber als bestehend vorausgesetzt hat, kommt zwangsläufig zu einer Verschiebung der Gewichte, die den einzelnen Prinzipien zukommt, und läuft so Gefahr, ein verzerrtes Bild zu zeichnen.

II. Prinzipien des Europäischen Vertragsrechts

1. Formale Rechtsgleichheit

892 Ein grundlegendes Prinzip des Vertragsrechts – wie des Privatrechts allgemein – ist das der formalen Rechtsgleichheit aller Privatrechtssubjekte.[4] Formale Rechtsgleichheit bedeutet, daß für alle Verkehrsteilnehmer dasselbe Recht gilt. Grundsätzlich genießen einzelne oder Personengruppen keine besonderen Vorrechte. Das Prinzip ist ethisch darin begründet, daß jeder die Anerkennung als selbstbestimmte Person ohne Rücksicht auf seinen Status beanspruchen kann. Formale Rechtsgleichheit ist aber auch ein notwendiges Korrelat zu den Prinzipien der Rechtssicherheit und der Handlungsfreiheit.[5]

893 Durch Sonderregeln für einzelne Gruppen wird der Grundsatz der formalen Rechtsgleichheit eingeschränkt. Im Europäischen Privatrecht gibt es eine Vielzahl solcher Sonderregeln, die nur Verbraucher oder Unternehmer berechtigten oder verpflichten. Nicht selten ist deshalb gerügt worden, das Europäische Verbraucherrecht stelle eine Rückentwicklung vom Vertragsmodell – und insoweit vom Modell der Privatrechtsgesellschaft –[6] dar, da danach nicht der Vertrag das wesentliche sei, sondern der „Stand" des einzelnen. In erkennbarer Anlehnung an ein Ständemodell hat man beispielsweise in Bezug auf die Kaufgewährrichtlinie von dem „zum Verbraucher geadelten Käufer" gesprochen.[7]

894 Dazu muß man zuerst bemerken, daß der Grundsatz der formalen Rechtsgleichheit für den Binnenmarkt in vielen Fällen erst durch das Gemeinschaftsrecht *hergestellt* wird, nämlich soweit die Grundfreiheiten staatliche Behinderungen abbauen, die die mitgliedstaatlichen Rechtsordnungen Anbietern oder Nachfragern aus anderen Mitgliedstaaten entgegenstellen. So sind z.B. nationale Vorschriften unwirksam, wonach Touristenführungen nur von Ortsansässigen angeboten werden dürfen (Rn. 417). In *dieser Form* sind Diskriminierungsverbote auch unter dem Gesichtspunkt der Vertragsfreiheit unbedenklich, da sie nicht die Partnerwahl des einzelnen einschränken, sondern seine Wahlmöglichkeit *erweitern,* indem sie Angebot und Nachfrage ermöglichen: Dem Gesetzgeber, nicht dem Privatrechtssubjekt wird die sachlich nicht begründete Differenzierung verboten.

895 Will man die prinzipielle Bedeutung von Einschränkungen des Grundsatzes der formalen Rechtsgleichheit im Sekundärrecht ermessen, so muß man untersuchen, in welchen Be-

4 *Bydlinski* System, S. 139f.; *Rittner* JZ 1990, 838, 840.

5 *Neuner* Privatrecht und Sozialstaat, S. 277.

6 Zur Rechtsentwicklung „from status to contract" *Sir Henry Maine* Ancient Law (London 1930), S. 182; s.a. *Böhm* ORDO 17 (1966), 75–151.

7 *Medicus* ZIP 1996, 1925.

reichen und aus welchen Anlässen bestimmten Gruppen besondere Rechte zuerkannt oder Pflichten aufgebürdet werden. Eine Negierung des Grundsatzes der formalen Rechtsgleichheit kann man in solchen Regeln nur dann finden, wenn sie ihn im Kern mißachten. Das ist aber nicht der Fall, soweit ein Eingriff zur Behebung „konkret-entscheidungsbezogener Defizite" vorgenommen wird,[8] also sachlich begründet und begrenzt ist. Insoweit hat die Gesamtschau des Europäischen Vertragsrechts aber ergeben, daß die Verbraucherschutzbestimmungen des Europäischen Vertragsrechts durchgehend der Behebung bestimmter einzelner Defizite dient.[9] Sie begründen kein „allgemeines Verbraucherschutzrecht", sondern schützen den Verbraucher in einzelnen Situationen (Rn. 186f.).[10] Hier liegt geradezu eine Stärke der sonst oft zu kritisierenden punktuellen Rechtsetzungstätigkeit: daß sie sich an regelmäßig empirisch erwiesenen Einzelproblemen orientiert. In manchen Fällen erscheint allerdings die Abgrenzung der Regelungsbereiche durchaus als kritikwürdig, so etwa bei den zentralen Regelungen der AGB-Richtlinie und der Kaufgewährrichtlinie (wenn auch nicht in allen Einzelheiten). Die Grundgedanken dieser Regelungen gelten für zweiseitige Unternehmensverträge weithin in gleichem Maße wie für Verträge zwischen Unternehmen und Verbrauchern. Die Beschränkung der persönlichen Anwendungsbereiche dieser Richtlinien bedeutet aber keine Entscheidung gegen die formale Gleichheit aller Verkehrsteilnehmer, sondern ist zumindest wesentlich auch auf die beschränkten Rechtsetzungskompetenzen der Gemeinschaft zurückzuführen. Während der Gesetzgeber eine Kompetenz zur Angleichung des Verbrauchervertragsrechts in diesen Fällen hatte, wäre eine Angleichung des allgemeinen Vertragsrechts (Inhaltskontrolle, Kaufrecht) im Hinblick auf die begrenzten Einzelermächtigungen der Gemeinschaft zumindest zweifelhaft gewesen.

Für die nachfolgende Erörterung ist in diesem Zusammenhang eine Frage wieder aufzugreifen, nämlich, inwieweit die Darstellung – jetzt: von Prinzipien – eines Europäischen Vertragsrechts möglich ist, wenn dieses doch weithin aus Sonderregeln für Verbraucher oder Unternehmer besteht. In der vorangegangenen Untersuchung haben wir diese Beschränkung des persönlichen Anwendungsbereichs zwar nicht mißachtet, wir haben sie aber nur zweitrangig berücksichtigt und die Erörterung von Sachfragen des Vertragsrechts statt dessen in den Vordergrund gerückt. Das beruht auf der Annahme, daß auch Sonderregeln für bestimmte Gruppen einen allgemeinen Kern enthalten oder zumindest darauf hinweisen können. Diese Annahme wird auch für die folgende Erörterung der Prinzipien des Europäischen Vertragsrechts zugrundegelegt. 896

2. Diskriminierungsverbote

Das Prinzip der formalen Rechtsgleichheit bedeutet nur, daß allen von Rechts wegen gleiche Rechte zustehen, es begründet aber keine Bindung der Privatrechtssubjekte, einander gleich zu behandeln. Im Gegenteil bedeutet das zentrale Grundprinzip des Vertragsrechts, die Privatautonomie, die Freiheit, ohne Angabe von Gründen zu differenzieren, weiter noch: im Grundsatz braucht keiner seine Motivation offenzulegen. Insoweit kann man sagen, die Entscheidung des einzelnen braucht keine Gründe, sie mag gute, schlechte oder keine Gründe haben. Diskriminierungsverbote schränken diese Grundsätze ganz erheb- 896a

8 *Neuner* Privatrecht und Sozialstaat, S. 274f., 276f.; *Baldus* FS Laufs, S. 565f.
9 Oben, Rn. 200, 203–210, sowie die Untersuchung von Einzelfragen in den §§ 7–30.
10 Deswegen kommt auch eine Auslegungsregel „Im Zweifel für den Verbraucher" nicht in Betracht; i.e. *Riesenhuber* JZ 2005, 829–835; auch *Baldus* FS Laufs, S. 555.

lich ein: Sie binden die Freiheit des einzelnen und zwingen ihn, (jedenfalls im Streitfall) seine Motivation offenzulegen. Wie wir gesehen haben, haben Diskriminierungsverbote jetzt ihren festen Platz im Europäischen Vertragsrecht (§ 16). Gab es anfänglich für den Bereich des Vertragsrechts nur das punktuelle Verbot der Diskriminierung aufgrund von Rasse oder ethnischer Herkunft, so ist mit dem Verbot der Geschlechtsdiskriminierung ein täglich massenhaft praktisches Diskriminierungsverbot eingeführt worden.

896b Diskriminierungsverbote stehen als Freiheits*beschränkung* im Gegensatz zur Privatautonomie und Vertragsfreiheit. Allerdings können sie sich auch als Freiheits*begründung* darstellen, nämlich für die potentiellen Diskriminierungsopfer. Auch hier geht es um einen Prozeß der Materialisierung: Mit einem Diskriminierungsverbot kann die Rechtsordnung darauf reagieren, daß die geschützte Gruppe ohne diesen Eingriff keine (angemessene) Chance hätte, am Wirtschaftsleben teilzunehmen. Angesichts der Schärfe des Eingriffs bedarf das freilich der Rechtfertigung, die (innersystematisch) nur in einem erheblichen Mißstand zu finden ist: das Vertragsrechtssystem und der Marktmechanismus führen nicht schon für sich dazu, daß jedermann einen befriedigenden Zugang zum Markt (zu Gütern und Dienstleistungen) hat. Im Vertragsrecht, wo der Marktmechanismus mit seiner gleich-machenden Funktion sehr weitgehend funktioniert und notfalls für Ausweichangebote sorgt, ist das nicht häufig zu beobachten. Insbesondere die Begründung für das Verbot der Geschlechtsdiskriminierung bleibt fragwürdig. Den innersystematischen Zusammenhang des Vertragsrechts verläßt man, wenn man Diskriminierungsverbote zu anderen Zwecken installiert, z.B. um die Gesellschaft und ihre Moral zu beeinflussen.

3. Vertragsfreiheit und Materialisierung: Der Schutz der informierten Vertragsentscheidung

897 Der zentrale Grundsatz des Vertragsrechts ist der Grundsatz der Vertragsfreiheit. Allerdings beschränkt das Europäische Vertragsrecht die Vertragsfreiheit bzw. ihre Unterprinzipien; es handelt sich ja ganz überwiegend um zwingendes Recht, das definitionsgemäß eine Einschränkung der Vertragsfreiheit ist. Wir haben bereites oben (Rn. 891) erörtert, daß man aus der zwingenden Ausgestaltung des Europäischen Vertragsrechts nicht schon ohne weiteres schließen darf, daß der Grundsatz der Vertragsfreiheit vom Europäischen Gesetzgeber geringgeschätzt würde. Daß das nicht der Fall ist, ergibt sich zunächst aus dem Harmonisierungskonzept, das gerade darin besteht, primär das (auch international) zwingende Recht anzugleichen, um dadurch den grenzüberschreitenden Verkehr für Unternehmen und für Verbraucher zu erleichtern.[11] Die Tatsache, daß das Europäische Vertragsrecht aus zwingenden Regeln besteht, ist der *Inhalt* des Harmonisierungskonzepts, sie kann daher als solche nichts über die Bedeutung der Vertragsfreiheit im Europäischen Vertragsrecht sagen.[12] Die zentrale Bedeutung des Grundsatzes der Vertragsfreiheit ergibt sich umgekehrt daraus, daß dieser Grundsatz schon dem Primärrecht zugrunde liegt, vor allem den Grundfreiheiten (Rn. 131–133). Daher ist es auch nicht verwunderlich, daß der Gesetzgeber ganz selbstverständlich von Vertragsfreiheit als Grundsatz ausgeht.[13]

---

11 *Riesenhuber* System und Prinzipien, S. 215–232.
12 Ähnlich schon *Grundmann* Schuldvertragsrecht, 1. Teil Rn. 43; s.a. *ders.* JZ 2000, 1133–1143.
13 BE 14 GbGesRL; BE 11, 14 EuGVVO; BE 8, 9 KGRL; BE 18, 19 ZVerzRL; BE 8 ZVerzEmpf.

Vertragsfreiheit ist die Freiheit, rechtsgeschäftlich durch Einigung mit anderen selbst zu bestimmen, was man möchte. Nach formalem Verständnis zeigt sich die Selbstbestimmung in der Zustimmung der Parteien zum Vertrag, vorausgesetzt nur, daß die Zustimmung nicht auf gravierenden Mängeln beruht, weil der Erklärende einem Defekt (Geschäftsunfähigkeit) oder einem Willensmangel (Irrtum, Täuschung, Drohung) unterliegt. Nach einem materialen Verständnis setzt die Ausübung der Selbstbestimmung mehr voraus. Um von Selbstbestimmung und Vertragsfreiheit sinnvoll Gebrauch zu machen, muß danach der einzelne die Möglichkeit haben, „wirklich“ selbst zu bestimmen.[14] Hier ist allerdings die Grenze zwischen einer Wandlung und einer Umwälzung des Systems leicht überschritten. Denn Selbstbestimmung und Vertragsfreiheit würde es im Kern widersprechen, ja aufheben, wenn die Rechtsordnung dem einzelnen nun sagen wollte, was er „wirklich“ will. Eine Wandlung des Grundsatzes der Vertragsfreiheit ist es nur, wenn man die Möglichkeiten des einzelnen verbessert, *selbst* überlegt zu entscheiden. Gerade das ist das Ziel der überwiegenden Zahl der Vorschriften des Europäischen Vertragsrechts im Bereich der vorvertraglichen Pflichten und der Regelungen über den Vertragsabschluß.[15] 898

Im Bereich der vorvertraglichen Pflichten haben wir zunächst die Vorschriften über die Werbung erörtert. Hier hat sich gezeigt, daß der Europäische Gesetzgeber Werbung möglichst weitgehend nutzen will, um die Adressaten zu informieren. Besser als nationale Gesetzgeber hat der Europäische – und hat auch der EuGH – erkannt, daß die spontane Information durch die Anbieter im Wege der Werbung im Grundsatz durchaus positiv beurteilt werden kann, vorausgesetzt nur, daß sie wahr ist und frei von Irreführung. Insbesondere kann auch die vergleichende Werbung dazu dienen, eine informierte Entscheidung des Adressaten zu ermöglichen (Rn. 276f.). Für einzelne Regelungsbereiche hat der Gesetzgeber diese Regulierung der spontanen Information durch Werbung dadurch ergänzt, daß er den Anbietern Informationspflichten auferlegt. Auch hier hat sich gezeigt, daß es vor allem darum geht, eine informierte Vertragsentscheidung des Informationsgläubigers zu ermöglichen. Wie sich die Informationsgläubiger dann entscheiden, ist ihre Sache. Das Europäische Vertragsrecht will ihnen lediglich die Möglichkeit eröffnen, bei der Vertragsentscheidung auf wahre, nicht-irreführende Information durch Werbung und bestimmte vorgeschriebene Information zurückzugreifen (§§ 11, 12). Die inhaltliche Einmischung des Gesetzgebers betrifft daher nicht die Vertragsentscheidung selbst, sondern lediglich die Auswahl der Information, die dem Geschützten von Rechts wegen mindestens zugänglich sein soll. 899

Bereits an dieser Stelle ist auf einen zweiten wesentlichen Grundsatz des Europäischen Vertragsrechts hinzuweisen, der in der Untersuchung der Einzelregelungen geradezu andauernd begegnet ist, den Grundsatz der Selbstverantwortung, der ein notwendiges Pendant zur Selbstbestimmung darstellt.[16] Auch insoweit ist freilich nicht zu verkennen, daß dieser Grundsatz im Europäischen Vertragsrecht zurückgedrängt wird. Schon darin, daß der Gesetzgeber fürsorglich bestimmte Informationen bereitstellt, zeigt sich eine Zurücknahme der Selbstverantwortung. Indes erfolgt diese Zurücknahme nur in engen Grenzen. Schon der Schutz durch *bloße Information* bedeutet, daß dem einzelnen grundsätzlich die 900

14 Vgl. beispielhaft die Formulierung von BVerfGE 89, 214, 232.

15 Eingehend *Grundmann/Kerber/Weatherill* in: Party Autonomy, S. 19–36 *et passim*; *Repgen* Kein Abschied von der Privatautonomie, S. 98–102 *et passim*.

16 S. schon oben, Rn. 134–136; ferner *Zöllner* Privatrechtsgesellschaft, S. 25, sowie sogleich, Rn. 902–904.

Verantwortung für seine Vertragsentscheidung verbleibt. Ja, nicht nur für die Vertragsentscheidung, sondern schon für die Entscheidung, wie er mit der Information umgeht, fällt in den Verantwortungsbereich des Informationsgläubigers, denn er kann die Information nach Belieben nutzen oder mißachten.[17] Besonders deutlich wird das bei den vorvertraglichen Informationen, die nach der Verbraucherkreditrichtlinie geschuldet sind, denn hier kann der Anbieter auf die Angabe des effektiven Jahreszinses verzichten, wenn er keine Preiswerbung macht: Es ist Sache des Verbrauchers zu entscheiden, ob er bei der Wahl des Vertragspartners auf die nach der Richtlinie als wesentlich hervorgehobenen Kriterien (Kosten, aggregiert im effektiven Jahreszins) achtet oder sich nach anderen Kriterien (z.B. Image) entscheidet (Rn. 278–316).[18] Nach der Regelung der Finanzmarktrichtlinie kann der Verbraucher schon den Umfang der Information steuern, nämlich indem er seine Professionalität darstellt (Rn. 298).

901 Dieselben Grundgedanken – Materialisierung der Vertragsfreiheit einerseits und Selbstverantwortung andererseits – setzen sich in den Regelungen über den Vertragsschluß fort, freilich mit anderen Mitteln. Die Abschlußfreiheit wird im Sekundärrecht praktisch nicht eingeschränkt; es gibt (sieht man von den Wirkungen der Diskriminierungsverbote ab) grundsätzlich keinen Kontrahierungszwang (§ 14). Nur selten bedient sich der Gesetzgeber der Formvorschrift, auch im Verbraucherrecht bleibt es grundsätzlich bei der Formfreiheit (Rn. 337–356). Statt dessen steht der Vertragsabschluß in verschiedenen Fällen unter dem Vorbehalt eines Widerrufs. Beim Timesharingvertrag ist das Widerrufsrecht ein äquivalent zur Formvorschrift; gute Gründe sprechen für die Annahme, daß der Gesetzgeber das Widerrufsrecht gewählt hat, weil es auf Gemeinschaftsebene wesentlich leichter durchzusetzen ist als insbesondere die Vorschrift notarieller Beurkundung (Rn. 366f.). Sonst wird das Widerrufsrecht vor allem zugegeben, wenn der Begünstigte durch die Umstände des Vertragsschlusses auf besondere Weise zum Abschluß verlockt sein kann und deswegen die besondere Gefahr einer uninformierten Vertragsentscheidung besteht (Rn. 358–370, 396–404). Auch Widerrufsrechte erleichtern den Begünstigten in gewissem Maße um die Verantwortung für seine Vertragsentscheidung. Indes ist auch hier zu beachten, daß die Rücknahme der Selbstverantwortung verhältnismäßig eng begrenzt ist, denn an die Stelle der Verantwortung für die erste Entscheidung tritt die Verantwortung für die zweite. Und um den Vertrag noch abzuwenden, reicht die bloße Untätigkeit nicht aus, sondern ist ein Tätigwerden erforderlich. Soweit Widerrufsrechte ein Funktionsäquivalent zu Formvorschriften darstellen, zeigt sich hier sogar ein Vorzug des Europäischen Vertragsrechts gegenüber nationalen Vertragsrechten, die sich zu demselben Schutzzweck der Formvorschrift bedienen. In beiden Fällen ist es den kundigen Parteien möglich, einen wirksamen Vertrag zustandezubringen, unter Geltung von Widerrufsrechten freilich nur mit der Einschränkung, daß sie eine Schwebezeit hinnehmen müssen. Während aber der Formverstoß automatisch zur Nichtigkeit oder Undurchsetzbarkeit des Vertrags führt, ohne daß der Geschützte darauf noch Einfluß nehmen könnte, überträgt ihm das Widerrufsrecht die Möglichkeit und die Last einer „zweiten Entscheidung“ und damit einer Nach-Betätigung der Selbstbestimmung.

---

17 *Staudenmayer* in: Rechtsangleichung und nationale Privatrechte, S. 75; *ders.* RIW 1999, 733, 737.
18 Vgl. auch *Canaris* AcP 200 (2000), 273, 300–304.

4. Selbstverantwortung

Auf das Prinzip der Selbstverantwortung haben wir soeben (Rn. 900) schon hingewiesen. In einer Rechtsordnung, die auf dem Prinzip der Selbstbestimmung beruht, muß auch das Prinzip der Selbstverantwortung gelten.[19] Der Grundsatz der Selbstverantwortung, der bereits im Primärrecht (Rn. 134–136, § 3) und auch im Internationalen Vertragsrecht (Rn. 169–172; geringerer Schutz des „aktiven" Verbrauchers) von wesentlichem Gewicht ist, hat diese Bedeutung auch im Europäischen Vertragsrecht des Sekundärrechts. **902**

Die Bedeutung der Selbstverantwortung zeigt sich, wie bereits angesprochen (Rn. 878–900), zunächst überall dort, wo der Gesetzgeber den einzelnen durch verläßliche – d.h. wahre, nicht irreführende und unter den Umständen des Geschäfts oder seines Abschlusses „vollständige" – Information schützt. Denn Information eröffnet immer nur eine *Möglichkeit,* die der Begünstigte *wahrnehmen kann.*[20] Entsprechendes gilt auch, wenn dem Geschützten ein Widerrufsrecht gegeben wird. Von wesentlicher Bedeutung ist der Grundsatz auch für die Regeln über die Sprache des Vertrags (§ 10).[21] Ein gutes Beispiel für das Zusammenwirken der Prinzipien der (materialen) wirtschaftlichen Selbstbestimmung und der Selbstverantwortung, das hier noch einmal aufgegriffen werden soll, sind die Belehrungspflichten. **903**

Daß ein Vertragspartner verpflichtet ist, den anderen über seine Rechte zu belehren, ist für ein liberales Vertragsrecht ganz ungewöhnlich. Die eigenen Rechte zu kennen und zu wahren, ist grundsätzlich eigene Angelegenheit. So kommt etwa – trotz verbreiteter Unkenntnis darüber – niemand auf den Gedanken, es müsse der Verkäufer den Käufer über die Gewährleistung informieren oder darüber, daß auch mündliche Abreden verbindlich sind. Grundkenntnisse über die eigenen Rechte zu vermitteln mag man als Sache des Betroffenen, des Staates (Rechtskundeunterricht) oder der Gesellschaft (Unternehmens- oder Verbraucherverbände) ansehen. Auf diesem Standpunkt steht auch der Europäische Gesetzgeber. So hat er in mehreren Rechtsakten die Mitgliedstaaten aufgefordert, die Verbraucher über das (neue) Recht zu informieren.[22] Sich kundig zu machen bleibt aber im Verhältnis der Vertragspartner stets Sache des einzelnen. Nur aus besonderen Gründen der jeweiligen (angebahnten) Vertragsbeziehung durchbricht das Europäische Vertragsrecht diese Abgrenzung der Verantwortungsbereiche. So dienen die Pflichten zur Belehrung über das Widerrufsrecht dazu, dieses Recht effektiv auszugestalten. Sonst begegnen Belehrungspflichten nur ganz punktuell (Rn. 492–504). **904**

5. Vertragsbindung *(pacta sunt servanda)* und Widerrufsrechte

Ganz selbstverständlich geht auch das Europäische Vertragsrecht von dem Grundsatz der Vertragsbindung aus, dem Prinzip also, daß sich kein Partner grundlos einseitig vom Vertrag lossagen kann.[23] Vertragsfreiheit, ja Vertrag gibt es nicht ohne die Bindung,[24] Vertragsfreiheit ist die Freiheit, sich rechtsgeschäftlich zu binden, Vertrag ist konsentierte **905**

---

19 S. nur *Bork* Allgemeiner Teil des Bürgerlichen Gesetzbuchs (2001), Rn. 99, 106.

20 *Hopt* AcP 183 (1983), 608, 651f.

21 Oben, § 10.

22 Art. 16 FARL mit BE 19; Art. 9 KGRL. S.a. Art. 2 Abs. 2 ZVerzEmpf v. 12.5.1995 (ABl. 1995 L 127/19).

23 *Flume* Rechtsgeschäft, § 33, 4 (S. 605). Eingehend *Lorenz* Der Schutz vor dem unerwünschten Vertrag (1997), §§ 1 und 2 (S. 15–43). S.a. Art. 1.3 PICC.

24 EuGH v. 16.6.1998 – Rs. C-162/96 *Racke* Slg. 1998, I-3655 Rn. 49.

Bindung.[25] Gerade der Bindungsgrundsatz begründet ganz wesentlich den rechtsethischen Gehalt der Vertragsfreiheit, denn es ist die *Bindungs*möglichkeit, also die Fähigkeit „für sich selbst über den gegebenen Augenblick hinaus zu bürgen“,[26] die die Anerkennung des Handelnden als ethische Person ausmacht.[27] Einfach veranschaulicht (und in den Termini einer anderen Zeit): Ein Mann ein Wort! Endlich hat der Bindungsgrundsatz eine zentrale Funktion in der marktwirtschaftlichen Ordnung, denn erst die Bindung begründet die Verläßlichkeit (Verkehrssicherheit), die die Disposition auf dem Markt ermöglicht.[28] Und da der Markt wesentlich davon lebt, daß die Akteure Informationsvorteile nutzen,[29] kann man die Vertragsbindung grundsätzlich auch nicht ohne weiteres deshalb in Frage stellen, weil der eine Teil nachträglich erfährt, daß das Geschäft weniger günstig war als zuerst angenommen.

906 Der Grundsatz *pacta sunt servanda* galt indessen zu keiner Zeit ohne Ausnahme.[30] Schon das römische Recht gab den Vertragspartnern Rücktritts- und Kündigungsrechte zu.[31] Das Recht zur Kündigung von Dauerschuldverhältnissen aus wichtigem Grund wird im deutschen Zivilrecht in seinem Kern als unverzichtbar angesehen.[32] Und gerade im deutschen Zivilrecht hat die Vertragsbindung durch die Lehre von der Geschäftsgrundlage infolge der Wirtschaftskrise nach dem ersten Weltkrieg eine Einschränkung erfahren,[33] die vom Standpunkt anderer Rechtsordnungen aus geradezu unverständlich erscheinen kann.[34]

907 Wer also das Vertragsrecht nicht demontieren will, der muß den Bindungsgrundsatz *als Grundsatz* anerkennen. Auch der Verbraucherschutz fordert nichts anderes – im Gegenteil: Der Schutz der Vertragsbindung ist ein wesentlicher Bestandteil des Verbraucherschutzes, denn gerade Verbraucher müssen sich auf die Verbindlichkeit ihrer Absprachen – z.B. über die Bedingungen des Pauschalreisevertrags oder des Fernabsatzvertrags – verlassen können.[35]

908 Allerdings zeigt sich auch hier eine Materialisierungstendenz, da gerade das Europäische Vertragsrecht eine Lockerung des Bindungsgrundsatzes durch Widerrufsrechte vorsieht, und zwar für Haustür- und Fernabsatzgeschäfte sowie für Timesharing- und Versicherungsverträge. Diese Lockerung des Bindungsgrundsatzes kann man auch nicht

---

25 Siehe nur *Lorenz* Schutz vor dem unerwünschten Vertrag, S. 32–37; H. *Roth* JZ 1999, 529, 534; aus der Rechtsprechung deutlich BVerfGE 89, 214, 232 (Bürgschaftsbeschluß); BVerfGE 81, 242, 254 (Handelsvertreterbeschluß).

26 N. *Hartmann* Ethik (4. Aufl. 1962), S. 464–466.

27 *Larenz* Allgemeiner Teil (7. Aufl. 1989), § 2 II (S. 41); *ders.* Richtiges Recht, S. 57f.

28 Aus rechtsökonomischer Sicht *Grundmann* ZHR 163 (1999), 635, 549f.

29 *Atiyah* Law of Contract, S. 246f.

30 *Zimmermann* Law of Obligations, S. 576–582. Zur historischen Entwicklung *Lorenz* Der Schutz vor dem unerwünschten Vertrag (1997), S. 29–32. Vergleichend *Stathopoulos* AcP 194 (1994), 543–571.

31 *Zimmermann* Law of Obligations, S. 578.

32 Palandt-*Heinrichs* § 314 Rn. 3. S.a. *Neuner* Privatrecht und Sozialstaat, S. 264f. zum Schutz vor überlanger Bindung.

33 S. nur *Wieacker* Zur rechtstheoretischen Präzisierung des § 242 BGB (1956), S. 36–44; *Zimmermann* Law of Obligations, S. 579–582.

34 *Zweigert/Kötz* Rechtsvergleichung, § 37 (S. 516–537); *Zimmermann* JURA 2005, 289, 296.

35 S. z.B. Art. 4 Abs. 4 PRRL und dazu Grabitz/Hilf II-*Tonner* A 12 (PRRL) Rn. 22; sowie Art. 7 Abs. 3 FARL. S.o. Rn. 540, auch Rn. 731. Vgl. auch *Reich/Micklitz* Verbraucherrecht, Tz. 21.13f.

schönreden, im Gegenteil, sie ist ernst zu nehmen, sind doch die Widerrufsrechte wegen ihrer „Tatbestandslosigkeit" als Reurechte ausgestaltet, die der Begünstigte aus gutem oder schlechtem oder ohne Grund ausüben kann. Jedenfalls das Widerrufsrecht nach der Fernabsatzrichtlinie dient gerade dazu, dem Begünstigten ein nochmaliges Überdenken des Vertrags und die Einholung von konkurrierenden Angeboten zu ermöglichen. Hinzu kommt, daß das Widerrufsrecht bei Fernabsatzgeschäften einen erheblichen Teil der grenzüberschreitenden Geschäfte betrifft und daher auch in der Sache keine bloße Randerscheinung ist; da sowohl „an der Haustüre" als auch im Fernabsatz geschlossene Verträge widerruflich sind, hat man nicht ganz zu Unrecht gesagt, in Europa könnten Verbraucher nur noch im Ladenlokal verbindlich Verträge schließen.

Ungeachtet dieser Erwägungen erweist sich, daß der Gesetzgeber durch die Einräu- 909
mung von Widerrufsrechten nicht den Grundsatz der Vertragsbindung preisgeben wollte (Rn. 396–404).[36] Zunächst ist auch hier zu wiederholen, daß die Widerrufsrechte zwar innerhalb des isoliert betrachteten Europäischen Vertragsrechts erheblichen Raum einnehmen, daß sich aber dieser Befund sogleich ändert, wenn man das Europäische Vertragsrecht als Ergänzung der mitgliedstaatlichen Vertragsrechte sieht. Dann erweist sich die Lockerung der Vertragsbindung durch Widerrufsrechte schon nach der Zahl der betroffenen Verträge im Verhältnis zu der Gesamtzahl aller (auch nur: Verbraucher-) Verträge als Ausnahmeerscheinung. Wichtiger ist, daß die Widerrufsrechte auch nach ihrem sachlichen Anwendungsbereich den Bindungsgrundsatz nicht als solchen in Frage stellen oder im Kern negieren. Denn es hat sich gezeigt, daß das Europäische Vertragsrecht Widerrufsrechte nur in sachlich begründeten und begrenzten Ausnahmefällen zugibt und nicht ein allgemeines Reurecht begründet (Rn. 357–570, 396–404). Endlich ist das Widerrufsrecht auch nicht als solches oder als Schutzmechanismus mit dem liberalen Vertragsrechtsmodell unvereinbar, im Gegenteil. Zunächst bedeutet das Widerrufsrecht als prozedurale Lösung einen „milderen" Eingriff in die Vertragsfreiheit als eine inhaltliche Beschränkung.[37] Hinzu kommt, daß das Widerrufsrecht dazu dient, Selbstbestimmung des Begünstigten zu verstärken, ihm die Bestimmung aber nicht abnimmt, und ihn auch nicht völlig um die Verantwortung dafür entläßt, sondern im Gegenteil die „Zweitentscheidungslast" bei dem Begünstigten liegt, der etwas tun muß, um den Vertrag noch zu vermeiden (Rn. 901, 903). So verändert das Widerrufsrecht zwar die Gewichte der regierenden Prinzipien, es revidiert sie aber nicht grundlegend.

6. Inhaltsfreiheit, Vertragsgerechtigkeit und Inhaltskontrolle

Ein Aspekt der Vertragsfreiheit ist die Freiheit, den Inhalt eines Vertrags selbst zu bestim- 910
men, die Inhaltsfreiheit. Im deutschen BGB zeigt sie sich darin, daß der Vertragsinhalt vorbehaltlich der Gesetzes- und Sittenwidrigkeit grundsätzlich frei vereinbart werden kann und das Gesetz – vor allem in seiner ursprünglichen Konzeption – überwiegend subsidiäre Regelungen in Form dispositiver Vorschriften trifft.[38] Die dispositiven Vorschriften greifen nur ein, wenn die Parteien nichts anderes vereinbart haben; die darin enthaltenen Regeln sollen den Interessen redlicher Parteien, die die aktuellen Parteien vermutlich ver-

36 Ebenso *v. Vogel* Verbrauchervertragsrecht und allgemeines Vertragsrecht, S. 273–275 (für das Europäische Verbrauchervertragsrecht); zweifelnd *Roth* JZ 1999, 529, 533f.

37 *Canaris* AcP 200 (2000), 273, 345; *Grundmann* JZ 2000, 1133, 1339–1142 und *passim; Grundmann/Kerber/Weatherill* in: Party Autonomy, S. 30. S. noch sogleich, Rn. 910–918.

38 *Larenz/Wolf* Allgemeiner Teil, § 3 Rn. 109–120; Art. 1:102 EP.

folgen, Rechnung tragen, und bedeuten auch wegen dieser Ausrichtung am mutmaßlichen Parteiwillen den geringstmöglichen Eingriff in die Vertragsfreiheit.[39] Allerdings hat schon der deutsche Gesetzgeber, ebenso wie Gesetzgeber anderer Mitgliedstaaten, für Verträge, bei denen die Funktionsvoraussetzungen des Vertrags nicht gewährleistet sind oder die der Befriedigung existentieller Bedürfnisse eines Vertragspartners dienen (Mietvertrag und Arbeitsvertrag) und bei Verträgen, die besonders „gefährlich" erschienen (Abzahlungsgeschäfte, Reiseverträge), zu einem erheblichen Teil zwingende Inhaltsvorschriften für Verträge erlassen.

911 Mit der Inhaltsfreiheit ist eine Präferenz für die Bestimmung der Vertragsgerechtigkeit nach dem Grundsatz der formellen bzw. subjektiven Äquivalenz im Gegensatz zur materialen bzw. objektiven Äquivalenz[40] verbunden.[41] In seiner strengen Form bedeutet dieser Grundsatz, daß der von den Parteien bestimmte Austausch deswegen „gerecht" oder „richtig" ist, weil die Parteien ihn gewollt haben.[42] Diese *Selbstbestimmung* ist ein Kern der Privatautonomie bzw. der Vertragsfreiheit. Hinzu kommt, daß es dem Staat an Maßstäben für die Beurteilung des Austauschverhältnisses weithin fehlt. Allerdings gilt dieser Grundsatz nicht voraussetzungslos und nicht uneingeschränkt. Seit alters setzt er voraus, daß die Parteien die erforderliche Reife für die Selbstbestimmung haben (Geschäftsfähigkeit) und ihre Willensbildung nicht gestört ist (Irrtum, Täuschung, Drohung). Darüber hinaus sieht man aber Bestehen und Funktionsfähigkeit des Marktes als eine weitere Funktionsvoraussetzung dafür an, der vertraglichen Selbstbestimmung zu vertrauen; deswegen sind inhaltliche Vorgaben vorgesehen, soweit der Markt versagt, insbesondere bei Monopolanbietern.[43] Und endlich enthält das Recht in Form von zwingenden Bestimmungen – besonders den Maßstäben der Inhaltskontrolle[44] und, im deutschen Recht, der Geschäftsgrundlage[45] – sowie von dispositiven Bestimmungen Vorgaben über einen gerechten Austausch und damit objektive Maßstäbe. Unter diesen Voraussetzungen und mit diesen Einschränkungen geht man davon aus, daß ein Vertragsmechanismus eine – freilich nur begrenzte – Richtigkeitsgewähr biete oder doch eine Richtigkeitschance eröffne, weil die Parteien den mit dem Vertrag für sie verbundenen Nachteilen zugestimmt haben.[46]

912 Wie ist das im Europäischen Vertragsrecht? Auch insoweit muß man zunächst wiederholen, daß schon das Primärrecht von der Vertragsfreiheit ausgeht und zwingende Inhaltsvorschriften, die den grenzüberschreitenden Verkehr unverhältnismäßig beeinträchti-

---

39 Zum Eingriff in die Vertragsfreiheit durch dispositives Recht *Canaris* AcP 184 (1984), 201, 213–215.

40 *Kötz* Europäisches Vertragsrecht, § 8 III (S. 198–209); *Zimmermann* Law of Obligations, S. 268–270, 577 (und S. 255–268 zur Entwicklung); *Larenz/Wolf* Allgemeiner Teil, § 2 Rn. 22–24.

41 Zur grundsätzlichen Entscheidung des BGB gegen ein materiales Äquivalenzprinzip nur *Wieacker* Zur rechtstheoretischen Präzisierung des § 242 BGB (1956), S. 38.

42 *Flume* Rechtsgeschäft, § 1, 6a (S. 8).

43 *Bydlinski* System, S. 159. Kritisch *Zöllner* AcP 196 (1996), 1, 29f.

44 *Larenz* Schuldrecht I, § 15 I (S. 203).

45 Zur Wiederbelebung des materialen/objektiven Äquivalenzprinzips durch Rechtsprechung und Lehre von der Geschäftsgrundlage *Wieacker* Zur rechtstheoretischen Präzisierung des § 242 BGB (1956), S. 36–44; *Bydlinski* System, S. 156f. mit Fn. 165.

46 Grundlegend für die Lehre von der Richtigkeitsgewähr *Schmidt-Rimpler* AcP 147 (1941), 130–197, besonders S. 149–159; zum Meinungsstand, insbesondere zu der Beschränkung auf eine Richtigkeits*chance* *Canaris* FS Lerche, S. 883f.; *ders.* Iustitia distributiva, S. 48–51; *Singer* Selbstbestimmung und Verkehrsschutz im Recht der Willenserklärungen (1995), S. 8–44.

gen, für unwirksam erklärt. Was das Vertragsrecht im Sekundärrecht angeht, so finden sich dort allerdings eine ganze Reihe zwingender Vorschriften – auch über den Vertragsinhalt; das hängt mit dem Harmonisierungskonzept zusammen (Rn. 891). Auch das Sekundärrecht geht aber vom Grundsatz der Inhaltsfreiheit aus, nicht zuletzt auch zum Schutz des Verbrauchers. Wie vor allem das Beispiel der Kaufgewährleistung zeigt dient die Vertragsfreiheit (Inhaltsfreiheit) auch dem Verbraucherschutz. Zu Recht hat daher der Gesetzgeber der Kaufgewährrichtlinie den Grundsatz der Inhaltsfreiheit an die Spitze des Gewährleistungsrechts gestellt: Der Verkäufer ist verpflichtet, dem Verbraucher dem Kaufvertrag gemäße Güter zu liefern (Rn. 731).

Der grundsätzliche Respekt des Europäischen Gesetzgebers vor der Inhaltsfreiheit 913
wird deutlich, wenn man sich vor Augen führt, daß das Europäische Vertragsrecht zwar zwingendes Recht ist, ganz überwiegend indes keine Inhaltsvorschriften, sondern vor allem Informationsvorschriften und komplementäre Bestimmungen zur Stärkung der (materialen) wirtschaftlichen Selbstbestimmung enthält.[47]

Ein erheblicher Teil der Vorschriften betrifft von vornherein nicht so sehr den Vertrags- 914
inhalt, sondern die Vertragsverhandlungen: Hier werden vorvertragliche Pflichten, überwiegend Informationspflichten statuiert (§ 12). Um Information, nicht inhaltliche Gestaltung, geht es aber auch bei den Vertragsschlußregeln ganz zentral (§§ 13–16). Neben Einzelheiten bestimmt das Europäische Vertragsrecht hier vor allem Widerrufsrechte, die eine „informierte Zweitentscheidung" in Fällen einer – nach pauschaler Betrachtung – defizitären Erstentscheidung für den Vertrag ermöglichen sollen. Nach Vertragsschlußvorschriften kommt man zu Regelungen über die Vertragsauslegung und über die Bindung an vorvertragliche Angaben (§ 17). Auch die Vertragsauslegung enthält freilich normative Maßstäbe, vor allem die *contra stipulatorem*-Regel. Indes geht es dabei primär darum zu bestimmen, was die Parteien gewollt haben. Die Bindung an vorvertragliche Angaben bestimmt den Inhalt des Vertrags mit, sie ist aber nicht im strengen Sinne heteronome Inhaltsbestimmung, da die Parteien (der Verpflichtete) die Bindung und damit die Inhaltsbestimmung vermeiden können. Und auch diese Regeln lassen sich überwiegend als Bestimmungen über die Auslegung mit Rücksicht auf den Parteiwillen erklären (Rn. 469–481). Schließlich geht es aber auch hier um Informationsvorschriften, bedeuten diese Regelungen doch nichts anderes als eine Sanktion der vorvertraglichen Informationspflichten zu dem Zweck, das Vertrauen des Informationsadressaten auf die gegebenen Angaben zu schützen. Sieht man schließlich von den vertraglichen Informationspflichten ab (§ 18), so beschränken sich die Inhaltsbestimmungen auf eine Handvoll Leistungsbestimmungen (§ 19), die vereinzelte Vorschrift von Treu und Glauben (§ 20), einzelne Vorschriften über Vertragswirkungen für Dritte (§ 21) und – als großen Bereich – das Leistungsstörungsrecht (§§ 25–30). Die Leistungsstörungsvorschriften regeln aber ganz überwiegend nicht den Vertragsinhalt, sondern die Erhaltung des vereinbarten Austauschverhältnisses oder Abstandnahme vom Vertrag im Fall der Nichterfüllung.

Seine Schutzzwecke versucht der Gesetzgeber in erster Linie mit Hilfe von Informa- 915
tionsvorschriften durchzusetzen, die den Geschützten in Stand setzen, selbst eine Entscheidung über den Vertragsinhalt zu treffen.[48] Besonders deutlich ist das etwa bei der Fernabsatzrichtlinie oder der Timesharingrichtlinie, die sicherstellen, daß der Geschützte alle für die Entscheidung über den Vertragsinhalt nötigen Informationen erhält und –

47 *Grundmann* ZHR 163 (1999), 635, 675f.; *ders.* NJW 2002, 393–396.
48 *Martinek* in: Systembildung, S. 518–521; *Reich* Verbraucherrecht, Tz. 143a.

durch ein Widerrufsrecht – Zeit, diese zu bedenken. Entscheidet er sich dann für den Vertrag, so braucht man grundsätzlich den Inhalt nicht mehr zu kontrollieren. Überzeugend ist auch, daß die Leistungsstörungsregeln einen, wenn nicht sogar den wesentlichen Teil der zwingenden Inhaltsvorschriften ausmachen. Den dahinterstehenden Gedanken verdeutlicht besonders klar die Regelung der Kaufgewährleistungsrichtlinie. Danach können die Parteien zwar – bis zur Unterrichtung des Verkäufers über einen Mangel – nicht über die Gewährleistungsrechte disponieren, sie können aber die Vertragsmäßigkeit durch ihre Abrede bestimmen und so den Gewährleistungsfall vermeiden. Damit bewirkt die Regelung aber erstens, daß der Verbraucher im Hinblick auf die Ware und ihre Beschaffenheit informiert über den Kaufvertrag entscheiden kann, da er sich entweder auf die normale Beschaffenheit verlassen oder auf eine Minderbeschaffenheit (bewußt) einlassen kann. Und sie bewirkt zweitens, daß der Verbraucher im Gewährleistungsfall informiert – mit der Möglichkeit, die Bedeutung abzuschätzen – über die ihm zustehenden Rechte disponiert (Rn. 753–759). Damit ist aber ein grundsätzliches Problem angesprochen: Daß vor allem der nicht-professionell Handelnde regelmäßig zwar absehen kann, was eine Vereinbarung über die Beschaffenheit der Ware oder Dienstleistung bedeutet, daß er aber nicht zuverlässig abschätzen kann, was für praktische Konsequenzen eine Disposition über das Leistungsstörungsrecht hat. Daher hat es einen guten Sinn, gerade für die Leistungsstörungen zwingende (oder, wie im Falle der Kaufgewährleistung, zeitweise zwingende) Vorschriften vorzusehen.

916 Endlich ist darauf hinzuweisen, daß der Gesetzgeber in jüngeren Richtlinien auch dispositives Recht gesetzt hat. Das haben wir bereits für den Bereich der Kaufgewährleistung gesehen; die Bestimmung der „Vertragsmäßigkeit" ist Sache der Parteien (Rn. 731). Ein weiteres Beispiel ist die Überweisungsrichtlinie. Mit ihr hat die Gemeinschaft auf die Säumnis der Institute reagiert, eine Höchstdauer für grenzüberschreitende Überweisungen von vier Tagen zu erreichen. Die Richtlinie schreibt diese Höchstdauer indessen keineswegs vor, sie überläßt ihre Erreichung dem Spiel des Marktes, den sie zu diesen Zwecken lediglich mittels Informationspflichten transparenter gestaltet (Rn. 288f.). Für die Überweisungskosten enthält allerdings die Euro-Überweisungsverordnung durch den Gleichbehandlungsgrundsatz eine mittelbare Kostenregelung (Rn. 538).

917 Bei den vorangegangenen Überlegungen haben wir eine wesentlichen Einschränkung der Inhaltsfreiheit noch ausgespart, nämlich die Inhaltskontrolle (§§ 22–24). Sie stellt einen gegenüber der zwingenden Regelung milderen Eingriff in die Vertragsfreiheit dar, soweit sie den Parteien einen Spielraum für die privatautonome Regelung beläßt.[49] Auch die Inhaltskontrolle bedarf aber, soll sie nicht ein auf dem Grundsatz der Vertragsfreiheit beruhendes Vertragsrecht umstürzen, der sachlichen Begründung und Begrenzung. Diesen hat der Europäische Gesetzgeber in zwei Merkmalen gefunden, dem Mangel der Aushandelung oder der Störung des Marktmechanismus. Das erste ist schon aus dem Aufgreifkriterium für die Klauselkontrolle ersichtlich. Dafür, daß damit dem Kriterium der „Aushandelung" Gewicht beigemessen wird, kann man vor allem zwei Gründe finden. Erstens kann man darin einen Bezug auf die Lehre von der Richtigkeitsgewähr des Vertragsmechanismus sehen, denn diese setzte für die Annahme einer Richtigkeitsgewähr nicht nur die formale Einigung, sondern auch eine Zustimmung zu dem übernommen

---

49 Auch in der Erhaltung eines Vertrags zu gesetzlich oder richterlich modifizierten Bedingungen liegt freilich ein Eingriff in die Vertragsfreiheit; *Zöllner* Privatrechtsgesellschaft, S. 41 („Vertragsoktroi").

Nachteil voraus;[50] daran fehlt es bei nicht-ausgehandelten Klauseln typischerweise. Für einen zentralen Bereich der Klauselkontrolle, die Kontrolle von AGB, wird der Gesetzgeber die fehlende Aushandelung auch als Anzeichen für ein Versagen des Marktmechanismus angesehen haben. Denn AGB werden nicht nur regelmäßig unverhandelbar gestellt, sie sind eben auch praktisch schon nicht vergleichbar und werden daher nicht vom Markt kontrolliert. Die zweite Begründung – Marktversagen – kommt deutlich zum Ausdruck, wenn der Gesetzgeber die Hauptleistung und das Äquivalenzverhältnis nur unter der Voraussetzung von der Kontrolle ausnimmt, daß sie nicht intransparent sind. Darin zeigt sich die grundsätzliche Anerkennung der Inhaltsfreiheit ebenso wie das Marktprinzip als ihr notwendiges Korrelat. Im Grundsatz besteht gar kein Anlaß, Hauptleistung und Äquivalenz des Vertrags zu überprüfen: Den Preis kann auch ein Verbraucher normalerweise ebenso erkennen wie die Leistung, die er erhält. Wenn das der Fall ist und er zudem auf einem funktionierenden Markt zwischen mehreren Angeboten wählen kann, wieso sollte man dann seiner Entscheidung mißtrauen?! Dazu besteht – davon geht die AGB-Richtlinie aus – auch dann kein Anlaß, wenn der Verbraucher Preis oder Leistung (bzw. ihr Verhältnis zu einander) nicht ausgehandelt hat; Vertragsfreiheit ist auch die Freiheit, sich mit nicht-verhandelbaren Bedingungen einverstanden zu erklären.[51] Anders ist das aber, wenn der Vertragspartner den Marktmechanismus selbst dadurch stört, daß er Preis oder Äquivalenzverhältnis intransparent gestaltet. Denn nur bei Transparenz von Preis und Leistung ist die Vergleichbarkeit gegeben, die Markt und Wettbewerb voraussetzen.[52]

Damit ist auch dargestellt, wie sich das Europäische Vertragsrecht zur Vertragsgerechtigkeit verhält: Auch hier bleibt es *grundsätzlich* bei einem formellen oder subjektiven Äquivalenzverhältnis, freilich unter der Prämisse, daß der Markt als notwendiges Korrelat funktioniert.[53] Das subjektive Äquivalenzprinzip zeigt sich etwa im subjektiven Fehlerbegriff der Kaufgewährrichtlinie (Rn. 731) und, wie soeben erörtert, darin, daß nach der Klauselrichtlinie Preis und Äquivalenzverhältnis grundsätzlich nicht kontrolliert werden. Die Prämisse eines funktionierenden Marktes hat sich schon darin gezeigt, daß Preis und Äquivalenz dann kontrolliert werden können, wenn sie (nicht ausgehandelt und) intransparent ausgestaltet sind. Die grundsätzliche Bedeutung des Marktes (auch) als Flankierung der Vertragsfreiheit klingt, wie wir eingangs gesehen haben, bereits an, wenn das Primärrecht dem Gemeinsamen Markt eine Funktion des Sozialschutzes beimißt (Rn. 130, 137f.). Diesen Gedanken hat der Gesetzgeber verschiedentlich aufgegriffen und konkretisiert, beispielsweise in den Begründungserwägungen zur AGB-Richtlinie. Die Angleichung des Rechts gegen mißbräuchliche Klauseln in Verbraucherverträgen soll auch dazu dienen, den Verkäufern von Waren und Dienstleistungen ihre Verkaufstätigkeit sowohl im eigenen Land als auch im gesamten Binnenmarkt zu erleichtern. „*Damit* wird der Wettbewerb gefördert und den Bürgern der Gemeinschaft in ihrer Eigenschaft eine größere Auswahl zur Verfügung gestellt."[54] 918

---

50 *Schmidt-Rimpler* AcP 147 (1941), 130, 149–159; *Kötz* FS Mestmäcker, S. 1041; *Canaris* FS Zöllner, S. 1056.

51 Oben, Rn. 330 und Rn. 614–618. Für das deutsche Recht nachdrücklich *Canaris* FS Steindorff, S. 548 und FS Zöllner, S. 1056 (gegen das „Basarmodell"); *Flume* Rechtsgeschäft, § 33, 6a (S. 609); *Medicus* JuS 1996, 761, 764; *Zöllner* AcP 96 (1996), 1, 26.

52 Ebenso *Collins* Oxf.J.Leg.Stud. 14 (1994), 229, 238f.

53 Ähnlich *Collins* Oxf.J.Leg.Stud. 14 (1994), 229, 236–238. S.a. oben, Rn. 540 und Rn. 652.

54 BE 7 S. 2 AGBRL; Hervorhebung nur hier.

7. Das Relativitätsprinzip und die negative Vertragsfreiheit

919 Verträge entfalten grundsätzlich nur zwischen den Parteien Wirkung, das ist das Relativitätsprinzip. Der Grund für die Relativität des Schuldverhältnisses liegt in der negativen Seite des Grundsatzes der Vertragsfreiheit, die bedeutet, daß man durch Versprechen Dritter nicht verpflichtet wird. Freilich sieht man es auf dem Kontinent seit dem 19. Jahrhundert weithin als möglich an, *zugunsten* Dritter zu kontrahieren – und auch England ist jetzt einen Schritt in diese Richtung gegangen.

920 Das Europäische Vertragsrecht beachtet den Relativitätsgrundsatz durchgehend, es schränkt ihn nur in sachlich begründeten Fällen ein. So ist die Mithaftung des Kreditgebers beim verbundenen Geschäft vorgesehen, wenn zwischen ihm und dem Verkäufer eine enge Verbindung (Vereinbarung bzw. Vereinbarung mit Ausschließlichkeitsklausel) vorliegt (Rn. 579–584). Eine Vertragsübertragung auf Dritte ist in der Pauschalreiserichtlinie und der Betriebsübergangsrichtlinie vorgesehen. Jeweils ist die Einschränkung der negativen Vertragsfreiheit sachlich begründet und dem Verpflichteten zuzumuten, weil er aufgrund seiner Vereinbarung mit dem „Hauptvertragspartner" ebenso steht wie jener (Mithaftung beim Widerruf) oder weil er kein Interesse an der Person des Vertragspartners hat und sein Solvenzinteresse gewahrt ist (Rn. 586–591). Wichtig ist, daß der Gesetzgeber Bestrebungen, den Relativitätsgrundsatz im Leistungsstörungsrecht zu durchbrechen, deutlich zurückgewiesen hat. So hat er insbesondere die in den Vorarbeiten zur Kaufgewährrichtlinie erörterte „Netzwerkhaftung" nicht eingeführt, die eine Vertragshaftung des Herstellers gegenüber dem Verbraucher-Letztkäufer (oder sogar Zweitkäufern) begründen sollte (Rn. 593–601). Das kam auch deswegen nicht in Betracht, weil die für die Haftung entscheidende Vertragsmäßigkeit subjektiv bestimmt wird und nicht objektiv nach den „berechtigten Erwartungen" des Verbrauchers. Auf das Prinzip der berechtigten Erwartungen ist noch näher einzugehen.

8. Vertragsfreiheit, Treu und Glauben und berechtigte Erwartungen – ein gemeinschaftsrechtliches Vertrauensprinzip?

921 Gerade im deutschen Recht ist die Komplementierung der Vertragsfreiheit durch einen objektiven Maßstab, nämlich das Prinzip von Treu und Glauben, bekannt. Das Prinzip von Treu und Glauben kann vor allem dazu dienen, die Rechte und Pflichten der Vertragsparteien zu begründen, anzupassen oder zu begrenzen. Entsprechendes gibt es – in unterschiedlichem Maße – auch in anderen Rechtsordnungen.[55] Auch im Europäischen Vertragsrecht haben wir Ansätze für eine Ergänzung der Vertragsfreiheit durch einen objektiven Maßstab gefunden. So wird v.a. das Pflichtenprogramm der Parteien des Handelsvertretervertrags nach Treu und Glauben bestimmt, die Mißbräuchlichkeitsprüfung nach der AGB-Richtlinie wird am Maßstab von Treu und Glauben vorgenommen, und Rücksichtsgebote in weiteren Einzelvorschriften lassen sich als Ausprägungen von Treu und Glauben verstehen (Rn. 548–561). Mit einer Auslegung nach Treu und Glauben und damit verwandten Erwägungen des Vertrauensschutzes kann man darüber hinaus die Vorschriften über die Bindung an vorvertragliche Angaben erklären (Rn. 436–480, bes. 469–471). Allerdings hat sich nach unserer Durchsicht ein allgemeines Prinzip von Treu und Glauben im Europäischen Vertragsrecht nicht nachweisen lassen (Rn. 571f.).

---

55 Siehe nur *Kötz* Europäisches Vertragsrecht, § 1 III (S. 10–15).

In der Literatur ist weitergehend ein „Prinzip der legitimen Erwartungen“ als „Leitprinzip“ des Europäischen Privatrechts – nicht beschränkt auf das Vertragsrecht – postuliert worden, das dem Prinzip von Treu und Glauben zumindest verwandt ist: 922

„Europäisches oder europäisiertes Privatrecht benötigt ein Leitprinzip, das die spezifische Perspektive der Integration durch den Binnenmarkt einfängt und nationales Privatrecht nicht auf eine allokative Gerechtigkeitslogik verkürzt. Dieses Rechtsprinzip findet sich in der Formel von den legitimen Erwartungen. ... Legitime Erwartungen formulieren den Anspruch an einen Interessenausgleich zwischen Parteien eines Vertrages bzw. den Parteien eines gesetzlichen Schuldverhältnisses. ... Das Rechtsprinzip der legitimen Erwartungen ist damit über den Interessenausgleich zwischen den Parteien hinaus offen für die Einbeziehung von sozialstaatlichen Werten. Insoweit handelt es sich nicht um ein bloß bilaterales Konzept, sondern um ein multilaterales, das die Mitgliedstaaten und die Gemeinschaft integriert. Legitime Erwartungen könnten mittelfristig als Leitprinzip eines Gerechtigkeitspostulats im Zivilrecht besser geeignet sein als der nationalstaatlich besetzte Begriff von ‚Treu und Glauben‘.“[56]

Was das „Prinzip der legitimen Erwartungen“ bedeuten soll, ist damit freilich noch 923
ganz unklar.[57] Zum einen mögen seine Verfechter den Schutz des begründeten und ausgeübten Vertrauens des einzelnen vor Augen haben; damit würde es sich aus deutscher Sicht um ein Unterprinzip von Treu und Glauben handeln. Zum anderen mag aber auch gemeint sein, daß Verträge nach dem Maßstab der berechtigten Erwartungen inhaltlich gestaltet werden sollen, wohl i.S. einer materiellen Äquivalenz. Letzteres ist wohl angesprochen, wenn von einem „Gerechtigkeitspostulat des Zivilrechts“ die Rede ist, das von dem Prinzip von Treu und Glauben als ein das liberale Vertragsrecht ergänzendes Prinzip abgegrenzt wird. Hier ist man wiederum am Scheideweg zwischen Wandlungen und Umwälzungen des liberalen Vertragsrechts. Aufschluß über die Anerkennung und den möglichen Inhalt eines „Prinzips der legitimen Erwartungen“ kann man nur den einzelnen Vorschriften des Europäischen Vertragsrechts entnehmen.

Tatsächlich finden sich im Gemeinschaftsprivatrecht verschiedene Vorschriften, die auf 924
die berechtigten Erwartungen bezug nehmen.[58] Diese betreffen indes ganz überwiegend nicht das Vertragsrecht.[59] Im Gegenteil hat der Gesetzgeber im Vertragsrecht Ansätze für eine Berücksichtigung von „berechtigten Erwartungen“ aus guten Gründen verworfen. Auf den Maßstab der berechtigten Erwartungen hatte sich der Gesetzgeber in den Vorarbeiten zur AGB-Richtlinie und zur Kaufgewährrichtlinie bezogen. In beiden Fällen hat er von dem Konzept im Gesetzgebungsverfahren Abstand genommen. In den Vorschlägen für die AGB-Richtlinie hatte der Gesetzgeber Klauseln als mißbräuchlich definiert, die dazu führten, daß die Vertragserfüllung erheblich von dem abweicht, was der Verbraucher zu erwarten berechtigt war.[60] In der verabschiedeten Fassung ist dieser Ansatz nicht mehr

56 *Micklitz* ZEuP 1998, 253, 263f.; *ders.* FS Reich, S. 245–277; dem mit Erweiterungen folgend *Heiderhoff* Grundstrukturen des nationalen und europäischen Verbrauchervertragsrechts (2004), S. 331–357; *dies.* Gemeinschaftsprivatrecht, S. 111–118.

57 Wegen der Unbestimmtheit kritisch H. *Roth* JZ 1999, 529, 534.

58 Übersicht bei *Roth* in: Rechtsangleichung und nationale Privatrechte, S. 46–52. Zum Prinzip der berechtigten Erwartungen als Allgemeinem Rechtsgrundsatz des Primärrechts oben, Rn. 35.

59 Auch der Bezug auf „berechtigte Erwartungen“ in Art. 1 Abs. 3 DHRL hat nicht speziell mit dem Vertragsrecht zu tun, es geht um die Verschuldensdefinition.

60 Art. 2 Ziff. 1 Sps. 3 V1-AGBRL; Art. 3 Abs. 1 Sps. 2 V2-AGBRL; vgl. *Tenreiro* ERPL 1995, 273, 274.

enthalten. Hier wird auf das treuwidrige (Treu und Glauben) Mißverhältnis von Rechten und Pflichten der Vertragspartner abgestellt. Auch für das Kaufgewährleistungsrecht war in dem der Richtlinie vorausgehenden Grünbuch ein Bezug auf die berechtigten Erwartungen enthalten. Die Nichtübereinstimmung der Ware mit den berechtigten Erwartungen sollte einen Mangel darstellen.[61] Auch dazu ist es nicht gekommen, verblieben ist allein der Bezug auf die von den öffentlichen Äußerungen (v.a. Werbung und Etikettierung) geweckten vernünftigen Erwartungen, also ein subjektiv-individueller Maßstab, der sich, wie die übrigen „Vermutungen" für die Vertragsmäßigkeit, am besten als eine (standardisierte) Auslegung der Parteierklärungen erklären läßt und so ebenfalls als Ausdruck des subjektiven Fehlerbegriffs erscheint (Rn. 731).

925 In gewissem Sinn werden allerdings bei der Bindung an vorvertragliche Angaben (Rn. 436–474) die „berechtigten Erwartungen" des Begünstigten berücksichtigt. Kurz gesagt werden in bestimmten Fällen vorvertragliche Angaben des professionellen Anbieters Vertragsbestandteil, es sei denn, der andere Teil hat oder durfte sich darauf aus besonderen Gründen nicht verlassen. Es geht daher nicht darum, den Vertragsinhalt, insbesondere die vereinbarten Leistungen, nach einem objektiven Maßstab der berechtigten Erwartungen einer Marktseite zu definieren, sondern darum, die Vertragserklärungen der Parteien und den Vertrag selbst mit Rücksicht auf die Umstände auszulegen, die die Parteien redlicherweise berücksichtigen durften bzw. mußten (Rn. 469–471). Definiert wird nicht der Vertragsinhalt, sondern welche vorvertraglichen Umstände – Informationen des professionellen Anbieters – für die Vertragsauslegung zu berücksichtigen sind. Die Vorschriften über die Bindung an vorvertragliche Angaben sind damit ein Bestandteil der Informationsordnung des Europäischen Vertragsrechts,[62] es geht also einmal mehr um den Schutz der wirtschaftlichen Selbstbestimmung. Übrigens dienen die entsprechenden Vorschriften keineswegs einseitig dem Verbraucherschutz im technischen Sinne (Pauschalreiserichtlinie!, Rn. 185).

926 Insgesamt erweist sich, daß der Gesetzgeber zwar durchaus das beim Vertragspartner geweckte Vertrauen berücksichtigt (wie sollte er nicht!). Ein Leitprinzip der berechtigten Erwartungen in dem vorgestellten Sinne wird man aber den ganz vereinzelten Regelungen nicht entnehmen können. Unter diesen Umständen erscheint es auch terminologisch nicht geboten, von dem „nationalstaatlichen besetzten" Begriff Treu und Glauben Abstand zu nehmen, wählt ihn doch der Europäische Vertragsrechtsgesetzgeber selbst.

9. Ein Transparenzprinzip?

927 Die Bedeutung von Information, zumal Verbraucherinformation im Europäischen Vertragsrecht ist unübersehbar. Die Kommission hat sie schon in ihren Verbraucherschutzprogrammen hervorgehoben: „Information ist die entscheidende Voraussetzung dafür, daß der Verbraucher sich die Vorteile des Binnenmarkts zunutze macht."[63] Läßt sich aber für das Europäische Vertragsrecht sinnvoll von einem Transparenzprinzip sprechen?

928 Ein „Transparenzmodell" findet sich in der Grundfreiheitendogmatik, wenn Informationsvorschriften im Vergleich zu Produktregelungen als die weniger einschneidende Be-

---

61 *Kommission* Grünbuch über Verbrauchsgütergarantien und Kundendienst, KOM(93) 509 endg. v. 15.11.1993, S. 30–39.

62 Zutreffend *Roth* in: Rechtsangleichung und nationale Privatrechte, S. 51f.

63 Kommission, Verbraucherpolitik – Zweiter dreijähriger Aktionsplan – 1993–1995 – der Binnenmarkt im Dienst der europäischen Verbraucher, KOM(93) 378 endg. S. 19.

schränkung der Grundfreiheiten für vorzugswürdig erachtet werden.[64] Von Transparenz ist die Rede, wenn nationale Beschränkungen der Informationsbeschaffung – vergleichende Werbung –, für mit den Grundfreiheiten unvereinbar erklärt werden.[65] Um Transparenz geht es bei den Regelungen des Rechts der irreführenden und der vergleichenden Werbung, bei den Regeln über die vorvertraglichen und vertraglichen Informationspflichten. Auch die Vorschriften über die Inhaltskontrolle (Rn. 619f.) und die Leistungsstörungen (z.B. Rn. 753–755) haben öfter mit Transparenz zu tun. So nimmt es nicht wunder, daß gesagt wird, es gelte „das Transparenzprinzip als ein Fundamentalprinzip des gesamten europäischen Verbraucherschutzrechts, das seinen Niederschlag in einer Vielzahl von Richtlinien gefunden hat."[66]

Wir haben die Rolle von Information und Transparenz auch in der vorstehenden Erörterung des materiellen Vertragsrechts öfter angesprochen. Der Gesetzgeber nutzt Information als Mittel zur Stärkung der wirtschaftlichen Selbstbestimmung (auch, aber nicht nur) des Verbrauchers.[67] Das Mittel des Schutzes durch Information hat sich als mit dem liberalen Vertragsmodell besonders gut vereinbar erwiesen, weil dadurch die Selbstbestimmung nicht durch Fremdbestimmung ersetzt wird und der einzelne selbst für sein Handeln – und die Nutzung der Information – verantwortlich bleibt. Transparenz ist darüber hinaus als eine Voraussetzung des Marktes begegnet. Der Markt kann seine Aufgabe als Korrelat der Vertragsfreiheit nur dann erfüllen, wenn er in dem Sinne transparent ist, daß beispielsweise Preis und Äquivalenzverhältnis nicht verschleiert werden oder die Nachfrager nicht durch irreführende Werbung fehlgeleitet werden. 929

Unzweifelhaft erfüllen deshalb Information und Transparenz im Europäischen Vertragsrecht wichtige Funktionen. Indes erscheint es unzweckmäßig, von einem Transparenzprinzip zu sprechen. Dagegen würde freilich nicht schon die Tatsache sprechen, daß „Transparenz" als Regelungsgedanke in ganz verschiedenen Zusammenhängen begegnet,[68] denn es ist das Kennzeichen eines allgemeinen Prinzips, das es an verschiedenen Stellen des Rechtssystems zum Tragen kommt. Problematisch ist aber, daß Transparenz in den verschiedenen Zusammenhängen ganz Verschiedenes bedeutet.[69] In der Grundfreiheitenrechtsprechung z.B. geht es gar nicht um die Transparenz selbst, sondern um den Grundsatz der Verhältnismäßigkeit beschränkender Mittel zu dem angestrebten Ziel. Information etwa über den Alkoholgehalt ausländischer Likörprodukte ist nur ein milderes Mittel als z.B. ein Importverbot. Bei den – freilich ohnehin nur vereinzelt bestehenden – Belehrungspflichten, die nach einer Auffassung das Transparenzgebot ausmachen,[70] geht es vor allem darum, besondere Schutzrechte effektiv auszugestalten (Rn. 500–504). Bei den Vorschriften über die vorvertragliche Information geht es vor allem um den Schutz 930

64 EuGH v. 20.2.1979 – Rs. 120/78 *Rewe ./. Bundesmonopolverwaltung* Slg. 1979, 649 (Cassis); EuGH v. 22.6.1982 – Rs. 220/81 *Robertson* Slg. 1982, 2349; EuGH v. 11.7.1984 – Rs. 51/83 *Kommission ./. Italien* Slg. 1984, 2793; EuGH v. 16.5.1989 – Rs. 382/87 *Buet* Slg. 1989, 1235.

65 EuGH v. 7.3.1990 – Rs. C-362/88 *GB-Inno-BM* Slg. 1990, I-667. Näher oben, § 13 A (S. 288–292).

66 *Staudinger* ZIP 1999, 1546, 1550. S.a. *Heiderhoff* Gemeinschaftsprivatrecht, S. 102 (krit. dazu *Riesenhuber* GPR 2005, 121, 122).

67 *Weatherill* in: Party Autonomy, S. 176–182.

68 Vgl. z.B. noch Art. 1 Abs. 2 EU, Art. 207 Abs. 3, 253f., 255 EG.

69 S. schon oben, Rn. 655. Vgl. zu den unterschiedlichen Verwendungen des Begriffs z.B. noch *Larenz/Wolf* Allgemeiner Teil, § 42 Rn. 47 („Informationsmodell des Verbraucherschutzes"); *Reich* Verbraucherrecht, Tz. 143a („Informationsparadigma").

70 *Nassall* JZ 1995, 689, 692.

der wirtschaftlichen Selbstbestimmung, zum Teil aber auch um die Aufklärung vor besonderen Gefahren (Rn. 299–304). Bei den Nachweisvorschriften geht es um den Schutz der Vertragsrechte und die Vermeidung von Konflikten durch Information (Rn. 518–521). Endlich betrifft auch das „Transparenzgebot", das die Informationspflichten als Pflichten zu „klarer und verständlicher" Information ausgestaltet, nicht das „Ob" der Information, sondern die Art und Weise ihrer Gewährung. Was die Rede vom Transparenzprinzip als sehr homogenes Prinzip auszuweisen scheint, erweist sich bei näherer Durchsicht als bunte Mischung.

931 Ein weiterer Einwand liegt darin, daß Transparenz nicht unbegrenzt hergestellt werden soll, sondern nur in einzelnen, konkret umrissenen Hinsichten. Ein allgemeines Prinzip, daß z.B. möglichst viel Information zu geben oder möglichst viel Transparenz herzustellen sei, läßt sich daher den Einzelregelungen auch nicht entnehmen,[71] und zwar nicht von ungefähr. In einer marktwirtschaftlichen Ordnung gilt für eine Vielzahl von Vertragstypen gerade im Gegenteil, daß Marktteilnehmer ihre Informationen grundsätzlich für sich behalten dürfen, da der Markt gerade auch von Informationsgefällen lebt und die Beschaffung von Information eine vom Markt honorierte Leistung ist.[72] Daher gibt es aus gutem Grunde nur begrenzte Informationspflichten[73] und ist der Vorschlag einer „allgemeinen Informationspflicht seitens des Vertragspartners des Verbrauchers, die über die *essentialia negotii* und allgemeinen Grundsätze zu Treu und Glauben hinausgeht,"[74] strikt abzulehnen. Die zentrale Regelungsaufgabe liegt gerade darin, die Trennlinie zwischen marktverträglichen und marktunverträglichen Informationspflichten zu ziehen.[75] Daß das Europäische Vertragsrecht mit diesem Grundsatz brechen wollte, ist nicht zu erkennen. Zum Beispiel schuldet ja der Haustürverkäufer keine Information darüber, was vergleichbare Produkte im Ladenlokal kosten; der Fernabsatzverkäufer muß zwar offenlegen, welche Eigenschaften das von ihm angebotene Produkt kennzeichnen, der Vergleich mit anderen Produkten ist hingegen in die Selbstverantwortung des Verbrauchers gestellt.

931a Allerdings zeichnet sich auch an dieser Stelle eine Änderung ab, wenn auch nicht schon unmittelbar im Vertragsrecht. Die Richtlinie über unlautere Geschäftspraktiken läßt zwar das Vertragsrecht formal unberührt, betrifft dieses aber doch der Sache nach, und zwar insbesondere durch die Statuierung einer Pflicht, dem Verbraucher im Hinblick auf eine geschäftliche Entscheidung alle wesentlichen Informationen zu geben (Rn. 277a–277e, 304a). Das Gießkannenprinzip ist nicht auf Schutzbedürfnisse abgestimmt und mißachtet die Bedürfnisse des Geschäftsverkehrs. Es liegt nahe, daß dadurch erhöhte Kosten entstehen, und es liegt nahe, daß diese auf die Gesamtheit der Verbraucher abgewälzt werden.

932 Transparenz dient daher unterschiedlichen Zwecken und ist – einstweilen – auch nicht umfassend herzustellen. Die Zusammenfassung der unterschiedlichen Regelungen unter der Überschrift „Transparenzprinzip" ist schließlich auch deswegen abzulehnen, weil diese Fokussierung auf Transparenz und Information den Blick auf die zentralen Wertungsgrundlagen zu verstellen droht, zu deren Umsetzung diese Mittel dienen. Denn Transparenz und Information werden ja nicht um ihrer selbst willen gewährleistet, sondern zu be-

---

71 *Fleischer* ZEuP 2000, 772, 797f.
72 S. nur *Canaris* Iustitia distributiva, S. 47.
73 *Atiyah* Law of Contract, S. 246–256.
74 *Staudenmayer* RIW 1999, 733, 737. Zu wenig konturiert auch *Lurger* Grundfragen, S. 472–481.
75 Vgl. auch *Grundmann* JZ 2000, 1133, 1136–1138.

stimmten Zwecken hergestellt bzw. gegeben. Transparenz und Information dienen im Europäischen Vertragsrecht vor allem dazu, die Selbstbestimmung des einzelnen zu sichern. Soweit der Gesetzgeber sich diese Mittel stärkeren Eingriffen in die Vertragsfreiheit vorzieht, anerkennt er damit den Grundsatz der Vertragsfreiheit.

10. Verbraucherschutz als Rechtsprinzip?

Auch Verbraucherschutz bezeichnet man zweckmäßiger Weise nicht als Rechtsprinzip. 933
Allerdings enthält das Europäische Vertragsrecht – nach dem Harmonisierungskonzept verständlich – weithin Vorschriften zum Schutz von Verbrauchern (auch wenn man „Verbraucher" im untechnischen Sinne ausnimmt). Und Art. 153 EG hat Verbraucherschutz als ein Ziel der Gemeinschaft definiert.[76]

Indessen werden Verbraucher nicht als solche geschützt, sondern nur vor spezifischen 934
Gefahren.[77] Ein Prinzip, daß Verbraucher zu schützen sind, läßt sich den Vorschriften daher schon nicht entnehmen. Ein solches Prinzip wäre nicht nur ganz unbestimmt. Es wäre auch mit fundamentalen Prinzipien – formale Rechtsgleichheit, Vertragsfreiheit, Selbstverantwortung, Rechtssicherheit – des Sekundär- wie des Primärrechts unvereinbar, die gerade auch im Interesse und zum Schutz von Verbrauchern bestehen.

III. Formale Prinzipien der Rechtsetzung auf dem Gebiet des Privatrechts

1. Das Prinzip der zweiseitigen Begründung

Ein fundamentales Prinzip des gesamten Privatrechts ist der Grundsatz der zweiseitigen 935
Begründung.[78] Die Begründung für die Auferlegung von Pflichten oder die Zuerkennung von Rechten im Verhältnis zwischen Privatrechtssubjekten muß danach zwar nicht vollständig, aber immerhin noch „zureichend" aus dem Verhältnis der unmittelbaren Normadressaten begründet sein. Die Frage, ob dieser Grundsatz beachtet wurde, stellt sich im Europäischen Vertragsrecht, das ganz überwiegend Schutzrecht für eine Gruppe ist, andauernd.

Die Durchsicht des Europäischen Vertragsrechts hat gezeigt, daß sich eine zweiseitige 936
Begründung in den meisten Fällen finden läßt. Insbesondere ist zu wiederholen, daß sich der Gesetzgeber nicht auf einen „sozialen Verbraucherschutz" eingelassen hat, sondern mit seinen Regelungen durchgehend versucht, situationsspezifische Defizite auszugleichen (s. bereits Rn. 895). Beispielhaft seien noch einmal die Widerrufsrechte und die Belehrungspflichten angeführt. Die Widerrufsrechte gibt der Gesetzgeber wegen der mit der gewählten Absatzform verbundenen spezifischen Gefährdung der wirtschaftlichen Selbstbestimmung des anderen Teils bzw. wegen der Bedeutung des Geschäfts zu. Sie sind so aus dem Verhältnis der Parteien begründet, da dem Verpflichteten zwar kein Fehlverhalten vorzuwerfen ist, er aber auf „gefährliche Weise" oder mit „gefährlichen Gegenständen" handelt. Bei den Belehrungspflichten zeigt sich die Berücksichtigung des Grundsatzes der zweiseitigen Begründung gerade in der Zurückhaltung des Gesetzgebers. Beleh-

---

76 Dazu *Staudenmayer* RIW 1999, 733, 734f.

77 S.o., Rn. 895. Vgl. auch *Schricker* GRUR 1992, 242, 245 und 246.

78 *Bydlinski* System, S. 92–106; *Denck* Rechtstheorie 12 (1981), 331–361, bes. 345–347; *Riesenhuber* System und Prinzipien, S. 246f.

rungspflichten gibt er den Vertragspartnern nur ausnahmsweise auf, vor allem als Ergänzung von Widerrufsrechten. Weitergehenden Vorschlägen – z.B. dem Vorschlag, weitgehende Belehrungspflichten des Verkäufers vorzusehen –[79] ist der Gesetzgeber zu Recht nicht gefolgt. Im Gegenteil hat er die Pflicht, Verbraucher über neues Recht zu unterrichten, gerade in jüngeren Richtlinien den mitgliedstaatlichen Gesetzgebern auferlegt und sie so aus der Vertragsbeziehung herausgehalten.[80]

937 Allerdings gibt es auch gegenläufige Tendenzen, z.B. wenn der Gesetzgeber in den Begründungserwägungen zum Vorschlag der Dienstleistungshaftungsrichtlinie sagt: „Der Schutz des Geschädigten beinhaltet, daß der Dienstleistende seine Haftung diesem gegenüber weder begrenzen noch ausschließen kann."[81] Das ist wohl nur als Inhaltsangabe („beinhaltet") gemeint und nicht als Begründung für die Zuerkennung eines Ersatzanspruchs gegen den Dienstleistenden. Als Begründung für die Haftung jedenfalls wäre die Aussage ganz untauglich, da sie nur bedeutet, daß der Gläubiger Ersatz verdient, nicht aber, warum der Schuldner ihn leisten sollte. Den Mangel dieser Begründung verdeutlicht das Beispiel von *Bydlinski,* daß ein kleines hilfloses Kind Schutz und Fürsorge braucht: Das ist sicher richtig, doch bedarf die Zuerkennung eines Schutzanspruchs gegen eine Privatperson eben einer zweiseitigen Begründung.[82]

2. Subsidiaritätsprinzip und Verhältnismäßigkeitsprinzip

938 Nach dem Subsidiaritätsprinzip müssen dem einzelnen und der staatsfern gesellschaftlichen Ebene ein hinreichender Bestand an Aufgaben und das Vermögen verbleiben, sie selbst zu erfüllen.[83] Nach dem Verhältnismäßigkeitsgrundsatz ist – vereinfacht gesagt – bei Eingriffen in die Vertragsfreiheit das mildeste Mittel zu bevorzugen.[84] Beide Grundsätze hängen zusammen, da ein Eingriff in die Vertragsfreiheit stets bedeutet, daß dem einzelnen – dem Geschützten wie dem Verpflichteten – eine zuvor bestehende Kompetenz zur Regelung teilweise entzogen wird.

939 Das Europäische Vertragsrecht berücksichtigt diese Regelungsprinzipien weitgehend. In der Grundfreiheitenrechtsprechung hat der EuGH den Mitgliedstaaten – und grundsätzlich auch der Gemeinschaft –[85] den Verhältnismäßigkeitsgrundsatz im Rahmen des Verbraucherschutzrechts bereits vorgegeben. Danach ist z.B. ein Widerrufsrecht dem vollständigen Verbot des betreffenden Vertrags vorzuziehen, weil und soweit dadurch der erforderliche Schutz schon gewährleistet ist.[86] Subsidiarität und Verhältnismäßigkeit beherzigt aber auch der Gesetzgeber. Das zeigt sich vor allem in der Bevorzugung proze-

---

79 *Schnyder/Straub* ZEuP 1996, 8, 64f.

80 Art. 9 KGRL, Art. 16 FARL; s.o., Rn. 500–504 sowie in diesem Kapitel Rn. 904.

81 BE 15 DHRL.

82 *Bydlinski* System, S. 94.

83 *Bydlinski* System, S. 92–106; *ders.* FS Raisch (1995), S. 19–23; *Riesenhuber* System und Prinzipien, S. 246f.

84 S. zum deutschen Recht *Neuner* Privatrecht und Sozialstaat, S. 230–236; *Zöllner* Privatrechtsgesellschaft, S. 45–48.

85 Zur Bindung der Gemeinschaft an die Grundfreiheiten oben, Rn. 69.

86 EuGH v. 16.5.1989 – Rs. 382/87 *Buet* Slg. 1989, 1235 Rn. 12 („Insoweit ist darauf hinzuweisen, daß die Werbung an der Haustür den potentiellen Käufer der Gefahr eines unüberlegten Kaufs aussetzt. Um dieser Gefahr zu begegnen, genügt es in der Regel, den Käufern ein Recht zum Rücktritt von einem im Bereich ihrer Wohnung geschlossenen Vertrag zu garantieren.").

duraler Vorschriften gegenüber inhaltlichen Regelungen, z.B. bei der Wahl von Informations- und Widerrufsrechten anstelle von Inhaltsregelungen.[87] *Insoweit* kann man treffend von einem Informationsmodell als Ausdruck von Subsidiarität und Verhältnismäßigkeit sprechen. Beispielhaft zeigt sich das, wenn der Gesetzgeber in der Pauschalreiserichtlinie eine Zwangsversicherung nur gegen das Insolvenzrisiko begründet, sich aber sonst mit Informationspflichten begnügt. Es zeigt sich ferner, wenn der Gesetzgeber den Verbraucherkredit- und Pauschalreiseanbietern keine Prospektbegebungs- bzw. Informationspflicht auferlegt, sondern nur für den Fall der Prospektbegebung bzw. Kostenwerbung eine Pflicht zur wahren bzw. vollständigen Information begründet. Allgemein bedeutet der Schutz durch Informationspflichten nur eine Stärkung der wirtschaftlichen Selbstbestimmung und Selbstverantwortung, also keine paternalistische Fürsorge, sondern eine „Hilfe zur Selbsthilfe“.

Ein weiteres Beispiel für die Zurückhaltung des Gesetzgebers und sein Bemühen, die einzelnen oder den relativ staatsfernen Bereich zu stärken, sind die bereits öfter genannten Belehrungsvorschriften. So ist in der Fernabsatzrichtlinie und in der Kaufgewährrichtlinie vorgesehen, daß die Mitgliedstaaten falls angebracht auch die Berufsorganisationen auffordern sollen, die Verbraucher über ihre Rechte zu informieren. Durch die dritte Richtliniengeneration im Versicherungsrecht hat der Gesetzgeber die behördliche Kontrolle von Versicherungsbedingungen zurückgenommen und den Verbrauchern überantwortet. Und in diesem Zusammenhang ist schließlich zu erwähnen, daß vor allem die AGB-Richtlinie den Schutz von Verbrauchern auch durch private Verbände vorsieht, denen ein Verbandsklagerecht zuzugeben ist.[88] 940

Nur in Einzelpunkten hat sich die Frage gestellt, ob die Pauschalierung bei der Gesetzgebung nicht zu Fehlallokationen führt, z.B. wenn der Gesetzgeber das Widerrufsrecht nach der Fernabsatzrichtlinie als unabdingbar und daher auch für den Fall der Nachbestellung eines bekannten Produkts vorschreibt (Rn. 399). Auch im Bereich der Kaufgewährleistung kann man bezweifeln, ob der unabdingbaren Regelung nicht eine Regelung im Wege der Klauselkontrolle vorzuziehen gewesen wäre (Rn. 759). Indes ist die vom Gesetzgeber vorgenommene Pauschalierung zumindest im Ganzen nicht als fehlerhaft anzusehen, sondern – wie in den Beispielen – aus Gründen des effizienten Schutzes, aber auch der Rechtssicherheit durchaus gut begründet. 941

IV. Ein „neues Vertragsmodell“?

Verschiedene Autoren nehmen an, dem Europäischen Vertragsrecht liege ein „neues Vertragsmodell“ zugrunde. Auf der Grundlage unserer Vorüberlegungen läßt sich zu dieser Frage nun näher Stellung nehmen. Das vermeinte Vertragsmodell wird einmal als „kompetitives Vertragsrecht“ bezeichnet, zum anderen wird es gekennzeichnet durch den Begriff der vertraglichen Solidarität. 942

1. „Kompetitives Vertragsrecht“

Ein Autor möchte dem Europäischen Vertragsrecht ein Vertragsmodell entnehmen, daß er als „kompetitives Vertragsrecht“ bezeichnet. Kompetitives Vertragsrecht ist allerdings kei- 943

87 *Grundmann* ZHR 163 (1999), 635, 675f.; *ders.* ERPL 2000, 505, 524–527.
88 Art. 7 Abs. 2, 3 AGBRL. Ferner etwa Art. 11 Abs. 2 FARL.

neswegs – was sprachlich vielleicht naheläge – ein Vertragsrecht, das Markt und Wettbewerb im herkömmlichen Sinne besonders verpflichtet wäre:[89]

> „Kompetitives Vertragsrecht steht in einem Gegensatz zur Leitidee der klassischen Rechtsgeschäftslehre, zu ‚pacta sunt servanda'. Kompetitives Vertragsrecht ist nicht geleitet von Bindung, sondern von Flexibilität. Es verlängert den Wettbewerb über den Zeitpunkt des Vertragsschlusses hinaus. Kompetitives Vertragsrecht ersetzt nicht den Grundsatz von ‚pacta sunt servanda', zeigt aber, daß ‚pacta sunt servanda' in einem europäisierten Vertragsrecht nicht mehr den Stellenwert hat wie in der nationalen Privatrechtsordnung."[90]
>
> „Ziel eines europäischen Vertragsrechtsmodells scheint es nicht mehr zu sein, daß ein einmal geschlossener Vertrag auch wirklich Bestand hat. Hat eine Vertragspartei erkannt, daß sich kurzfristig die Möglichkeit ergibt, das Produkt andernorts billiger einzukaufen oder die Dienstleistung günstiger nachzufragen, soll die Möglichkeit bestehen, sich aus dem Vertrag herauszulösen."[91]

Dieses Vertragsmodell wird auch rechtsethisch begründet.

> „Kompetitives Vertragsrecht fördert die Ausbildung einer genuinen Gerechtigkeitslogik. Diese wird durch den Ausstieg aus einem Vertrag und den Umstieg auf einen neuen Vertrag gewährleistet. Eine solche Gerechtigkeitslogik ist nicht mehr nur allokativ, sie ist aber auch nicht notwendigerweise sozial."[92]

944 Eine ähnliche, aber in ihrer Reichweite begrenztere Annahme, stützt ein anderer Autor auf die Vorschriften des Art. 8 VerbrKrRL (vorzeitige Darlehensrückzahlung, Rn. 536) und des Art. 4 Abs. 3 PRRL (Vertragsübertragung bei Verhinderung, Rn. 591), die dem Verbraucher in gewisser Weise eine Lösung vom Vertrag ermöglichen.

> „Diese Regelungen deuten darauf hin, daß Vertragsklauseln, welche einen Verbraucher an feste Vertragslaufzeiten binden, gemeinschaftsrechtlich möglicherweise für bestimmte Vertragstypen, insbesondere aus dem Dienstleistungsbereich, unzulässig sind; solche Klauseln halten den Verbraucher ja nicht nur an Verträgen fest, für deren Leistungen er vielleicht im Laufe der Zeit keine Verwendung mehr hat, sondern sie blockieren darüber hinaus den freien Wechsel des Verbrauchers von einem Leistungsanbieter zu einem anderen und tangieren damit auch den freien Waren- und Dienstleistungsverkehr."[93]

945 Das Fundament, auf dem das „Modell des kompetitiven Vertragsrechts" beruht, ist die Annahme, im Europäischen Vertragsrecht gelte der Grundsatz der Vertragsbindung nicht mehr oder doch nur *wesentlich* eingeschränkt. Diese Annahme trägt indes nicht. Vielmehr hat sich in der obigen Erörterung gezeigt, daß die Vertragsbindung zwar in einzelnen, sachlich begründeten und begrenzten Bereichen eingeschränkt wird, daß der Gesetzgeber sie aber nicht im Kern negiert (Rn. 905–909).[94] Wie sollte er auch: Gerade der von den Verfechtern des kompetitiven Vertragsrechts wohl bezweckte Verbraucherschutz läßt sich ohne Vertragsbindung nicht erzielen. Verbraucher selbst wollen die Vertragsbindung, weil

---

89 So hatte – wohl treffender – *Köndgen* Selbstbindung ohne Vertrag (1981), S. 121–125 (Hauptmerkmale S. 122) sowie S. 316–318, den Begriff verwandt.

90 *Micklitz* ZEuP 1998, 253, 265–267.

91 *Micklitz* ZEuP 1998, 253, 265.

92 *Micklitz* ZEuP 1998, 253, 267.

93 *Nassall* JZ 1995, 689, 694. Der Bezug auf Vertragsklauseln rührt daher, daß *Nassall* es aaO unternimmt, dem Grundsatz von Treu und Glauben einen autonomen, von Prinzipien des europäischen Vertragsrechts geprägten Gehalt zu geben; dazu oben, Rn. 648–656.

94 Ebenso (und auch die Lehre vom „kompetitiven Vertragsrecht" ablehnend) *Baldus* FS Laufs, S. 555–568.

sie sich auf die Vereinbarung verlassen können wollen und weil sie die Einschränkungen der Bindung (und Verläßlichkeit für den anderen Teil) letztlich kollektiv bezahlen müssen. So ist denn auch die „genuine Gerechtigkeitslogik" nicht erkennbar, die ein kompetitives Vertragsrecht fördern soll.[95] Auch daß die Vertragsbindung den grenzüberschreitenden Waren- und Dienstleistungsverkehr behindern würde, ist bislang nicht zu erkennen.[96] Eher muß man im Gegenteil annehmen, eine Einschränkung des Bindungsgrundsatzes, wie sie den Verfechtern eines „kompetitiven Vertragsrechts" vorschwebt, würde eine unverhältnismäßige, nicht aus Gründen des Verbraucherschutzes gerechtfertigte Behinderung darstellen, wenn nicht geradezu die Grundfreiheiten im Kern angreifen, da auch sie die Freiheit bezeichnen, sich zu binden. „Kompetitives Vertragsrecht" ist daher weder eine zutreffende Beschreibung des Europäischen Vertragsrechts – oder auch des gemeineuropäischen Vertragsrechts –[97] noch ein taugliches Modell für seine zukünftige Gestaltung. Auch wenn die Schlagwörter von der „Flexibilität" und der „Verlängerung des Wettbewerbs" ebenso wie die Bezeichnung als „*kompetitives* Vertragsrecht" anderes suggerieren sollen, muß man doch erkennen, daß dieses Modell für eine durch den Wettbewerb geordnete Marktwirtschaft ganz unabsehbare Konsequenzen haben würde und damit wohl prinzipiell unvereinbar wäre (Rn. 905–907).

2. „Vertragliche Solidarität"

Weniger grundstürzend, sondern als Weiterentwicklung der „klassischen liberalen Vertragsgrundsätze" versteht sich die Lehre von der „vertraglichen Solidarität", die auf drei tragenden Prinzipien beruht, dem „Grundsatz der vertraglichen Gleichheit", dem „Grundsatz des vertraglichen Gleichgewichts" und dem (gleichsam speziellen) „Grundsatz der vertraglichen Solidarität".[98] Die Lehre beansprucht freilich (noch) nicht, im einzelnen ausgefeilt zu sein; sie behält sich im Gegenteil ausdrücklich die Abstimmung der von ihr formulierten „‚neuen' sozialen Werte einerseits und dem klassischen Wert der Vertragsfreiheit und dem Funktionieren des Wettbewerbs am Markt andererseits"[99] vor.[100] Wenn man indes die „Grundsätze der vertraglichen Solidarität" in ihrer vorläufigen Formulierung beim Wort nimmt, so bestätigt die vorliegende Untersuchung die Annahme nicht, daß diese Prinzipien schon dem Europäischen Vertragsrecht zugrunde liegen würden. 946

Das gilt zunächst für den Grundsatz der vertraglichen Gleichheit. „Der ‚Grundsatz der vertraglichen Gleichheit' ... bezieht sich auf die ungleiche Ausgangsposition der beiden vertragschließenden Parteien, die aus der Verbrauchereigenschaft, einer spezifischen ungleichen Macht- und/oder Informationslage zwischen Kaufleuten oder zwischen Privatleuten, aber auch aus der AGB-Stellung resultieren kann."[101] Er soll wohl bedeuten, daß der Vertrag nach Europäischem Vertragsrecht zu seiner Wirksamkeit oder Kontrollfreiheit 947

95 Kritisch auch H. *Roth* JZ 1999, 529, 534.

96 Dabei darf man nicht übersehen, daß schon nach nationalem Recht „überlange" rechtsgeschäftliche Bindungen der Kontrolle unterliegen; s. nur Jauernig-*Jauernig* § 138 BGB Rn. 12.

97 Zutreffend *Canaris* AcP 200 (2000), 273, 344f.

98 *Lurger* Vertragliche Solidarität, S. 128–139. *Lurger* Grundfragen, S. 373–385 rückt von dieser *Terminologie* ab und bevorzugt jetzt den Begriff „Prinzip der Rücksichtnahme und Fairneß".

99 *Lurger* Vertragliche Solidarität, S. 137.

100 Eine Fortsetzung der Untersuchung in Einzelpunkten enthält *Lurger* Grundfragen der Vereinheitlichung des Vertragsrechts in der Europäischen Union (2002).

101 *Lurger* Vertragliche Solidarität, S. 130f.; s.a. *dies.* Grundfragen, S. 479f.

voraussetzt, daß die Parteien wesentlich gleiche Ausgangspositionen hatten.[102] Mit anderen Worten würde das Prinzip bedeuten: Wenn die Parteien ungleiche Positionen haben, weil
(1) der eine ein Verbraucher ist oder weil sie
(2) als Kaufmann einerseits und Verbraucher andererseits
 (a) ungleiche Macht oder
 (b) unterschiedliche Informationsstände haben oder weil
(3) ein Partner dem anderen die Vertragsbedingungen in Form von AGB stellt,
dann schützt das Recht den Benachteiligten.

948 In dieser Allgemeinheit ist an dem Grundsatz etwas Wahres dran, läßt er sich aber ganz überwiegend nicht halten. Keinen Rückhalt findet im Europäische Vertragsrecht der erste Fall, denn dieses schützt Verbraucher nicht als solche, sondern nur bei spezifischen Defiziten (Rn. 186f., 201). Bei der zweiten Variante geht es in der Sache um die Verbraucherdefinition, sie läuft daher auf eine Rechtfertigung von spezifischen Schutzregeln für Verbraucher hinaus. Verbraucher („Privatleute“) sollen danach besonders geschützt werden, weil sie weniger mächtig oder weniger informiert sind als Unternehmer („Kaufleute“). Jedenfalls für die Begründung aus der „ungleichen Machtlage“ findet sich im Europäischen Vertragsrecht wohl kein Anhaltspunkt. Diese Begründung wäre auch schon deswegen höchst problematisch, weil nicht ansatzweise erkennbar ist, wie man Macht mißt.[103] Der Lebensmittelkonzern, dem der Laden an der Ecke angehört, dürfte „mächtiger“ sein als ich, der Fahrradhändler, der mir am Samstag ein Sonderangebot macht, weil er bis 13.00 noch keinen Umsatz gemacht hat, ist es (nach meinem Selbstverständnis) wohl nicht. Eben wegen dieser Unbestimmtheit droht die Maßgabe der „Machtlage“ aber auch, zu einem Verbraucherschutz nach dem Gießkannenprinzip zu führen, den die Gemeinschaft bislang im Vertragsrecht nicht verfolgt.

949 Endlich kann man zweifeln, ob die ungleiche Macht notwendig zur Fehlerhaftigkeit des Vertrags führt.[104] Es sind aber auch nicht die ungleichen Informationslagen, die im Europäischen Vertragsrecht die Schutzbedürftigkeit des Verbrauchers ausmachen. Allerdings gibt es im Europäischen Vertragsrecht eine Vielzahl von Informationsvorschriften und allerdings können diese ja nur den Sinn haben, einen Informationsbedarf des Berechtigten auszugleichen. Verbraucherschutz und Informationspflichten werden indes aus besonderen Gründen zugegeben und nicht einfach deshalb, weil der eine mehr und der andere weniger weiß. Weil der unterschiedliche Informationsstand aber praktisch bei jedem Vertrag vorkommt, egal, ob Verbraucher beteiligt sind oder nicht, kann er auch nicht dazu dienen, relevante von irrelevanten Ungleichheiten zu scheiden. Allein für den dritten Aspekt des „Prinzips der vertraglichen Gleichheit“ kann man eine Verankerung im positiven Gemeinschaftsrecht finden; AGB werden als nicht-ausgehandelte (und in diesem Sinne „gestellte“) Vertragsklauseln kontrolliert. Indes ist der Grund für die Inhaltskontrolle nicht die mangelnde Gleichheit der Vertragspartner, sondern das Fehlen der Aushandelung und das Versagen des Wettbewerbsmechanismus (Rn. 917f.).

---

102 Da eine Rechtsfolge nicht einmal der Richtung nach angegeben ist („bezieht sich auf“), ist der Grundsatz freilich wenig klar.

103 Pointiert *Zöllner* AcP 196 (1996), 1, 35 („Ungleichgewichtigkeit ist, ungeachtet dessen, daß viele Rechtstheoretiker sie – unmittelbar zu Gott – fühlen oder konstatierten zu können glauben, ein weder in seinen Voraussetzungen beschreibbarer noch meßbarer Sachverhalt.“).

104 Vgl. *Zöllner* AcP 196 (1996), 1, 15–33.

Mit der Vertragsgerechtigkeit hat der „Grundsatz des vertraglichen Gleichgewichts" zu tun. Dieser „bezieht sich auf die Ausgewogenheit des Vertragsinhalts; er ist auch unabhängig von der Ungleichgewichtslage [nach dem Grundsatz der vertraglichen Gleichheit] zu beachten und erstreckt sich auf anfängliche im Vertragsabschluß angelegte ebenso wie auf nach Vertragsabschluß etwa durch unvorhersehbare Umstände entstandene Ungleichgewichte".[105] Das ist wohl nichts anderes als das Äquivalenzprinzip unter neuem Namen. Auch hier kann man aufgrund der allgemein gehaltenen Formulierung des Grundsatzes nicht sagen, der Grundsatz finde im Europäischen Vertragsrecht keine Stütze. Indes läßt die Formulierung die wesentliche Frage gerade offen, nämlich, ob das Gleichgewicht formal bzw. objektiv oder material bzw. subjektiv bestimmt sein soll. Nach unserer Durchsicht (Rn. 910–918) gilt auch im Europäischen Vertragsrecht der Grundsatz der Inhaltsfreiheit. Was zwischen den Parteien „gerecht" ist, bestimmen diese, ggf. in ihrer wirtschaftlichen Selbstbestimmung durch Information gestärkt, grundsätzlich selbst. Nur aus besonderen Gründen ist eine Inhaltskontrolle angeordnet. Und wie die bei Transparenz grundsätzlich anerkannte Kontrollfreiheit von Preis und Äquivalenzverhältnis verdeutlicht, folgt der Gesetzgeber auch hier prinzipiell einem prozeduralen Vorgehen zum Schutz der Vertragsgerechtigkeit. Für ein materiales Verständnis des „Grundsatzes des vertraglichen Gleichgewichts" (als *Grundsatz*) findet sich im Europäischen Vertragsrecht kein Anhalt. 950

Der (spezielle) Grundsatz der vertraglichen Solidarität bedeutet die Pflicht, loyal nach Treu und Glauben zu handeln, er „beinhaltet ... kurz alle Tätigkeiten, die sich aus der Rücksichtnahme auf und der (solidarischen oder altruistischen) Förderung der Interessen der anderen Partei *(emphatie juridique)* – teilweise auch unter Hintanstellung der eigenen Interessen – ergeben können".[106] Man könnte wohl auch von einem Fürsorgeprinzip sprechen. Freilich soll wohl nur der „stärkere" (mächtigere, informiertere) Partner gebunden sein, für den anderen zu sorgen; obwohl das freilich keineswegs selbstverständlich ist, denn auch der „Schwache", etwa der Verbraucher, kann ja Anlaß haben, an die Interessen des anderen zu denken.[107] Das Prinzip der vertraglichen Solidarität ist am ehesten mit dem Grundsatz von Treu und Glauben vergleichbar. Über diesen geht es indes deutlich hinaus. Im deutschen Recht ist ganz unumstritten, daß Treu und Glauben im „normalen" Schuldverhältnis nicht dazu verpflichtet, gleichrangige Interessen des anderen Teils unter Hintanstellung der eigenen Interessen zu fördern.[108] Nur aufgrund der besonderen Stellung der Beteiligten kann für einzelne Vertragstypen anderes gelten, z.B. für den Arbeitsvertrag – hier spricht man deshalb auch von der Fürsorgepflicht des Arbeitgebers –[109], für den Gesellschaftsvertrag[110] und natürlich für den Treuhandvertrag[111]. Soweit das Europäische Vertragsrecht den Grundsatz von Treu und Glauben anerkennt, statuiert es aber ebensowenig eine so weitgehende Solidaritätspflicht, auch hier ist zu erkennen, daß der Schuldner eigene Interessen nicht hintanzustellen braucht (Rn. 568). Nur ausnahmsweise 951

105 *Lurger* Vertragliche Solidarität, S. 131.
106 *Lurger* Vertragliche Solidarität, S. 131.
107 Beispiele dafür liefern die Nebenpflichten des Arbeitnehmers; dazu nur *Zöllner/Loritz* Arbeitsrecht (5. Aufl. 1998), § 13 II, III (S. 171–175, 175f.).
108 MünchKomm-*Roth* § 242 Rn. 204.
109 MünchKomm-*Roth* § 242 Rn. 204, 151; Staudinger-*Richardi* (1999) § 611 Rn. 381.
110 MünchKomm-*Roth* § 242 Rn. 204 und – zur systematischen Einordnung bei § 242 BGB – Rn. 152.
111 MünchKomm-*Roth* § 242 Rn. 204.

haben wir Elemente der Fürsorge im Leistungsstörungsrecht der Pauschalreiserichtlinie gefunden (Rn. 813–816).

V. Privatrechtsgesellschaft und Sozialstaat

952 Das Ergebnis der voranstehenden Überlegungen mag man als enttäuschend ansehen, vor allem, wenn man sich von der Europäischen Rechtsangleichung sozialreformerische Impulse erhofft hat. Nach dieser Durchsicht beruht das Europäische Vertragsrecht weitgehend auf dem liberalen Vertragsrechtsmodell, es ergänzt dieses allerdings in Einzelpunkten, vor allem mit dem Ziel, faktisch nicht gewährleistete Bedingungen dieses Modells zu erfüllen („Materialisierung"). Dabei geht der Gesetzgeber nicht nur von dem hergebrachten Vertragsrecht liberalen Zuschnitts aus, es ist auch erkennbar, daß er darin nur verhältnismäßig eingreift und dazu Mittel anwendet, die, wie Informationspflichten und Widerrufsrechte, strukturell mit dem hergebrachten Vertragsrecht gut vereinbar sind. Eine Umwälzung des Vertragsrechts läßt sich nicht bestätigen.

953 Dadurch fällt es auch schwer, einen besonderen Begriff für das „Vertragsrechtsmodell" zu finden. Da der Gesetzgeber nicht neue Prinzipien einführt, sondern die vorbestehenden Prinzipien nur in Einzelpunkten verstärkt oder abschwächt, sind Begriffe wie „kompetitives Vertragsrecht" oder „Solidarität" eher irreführend. Will man die Entwicklung begrifflich kennzeichnen, so bieten sich dafür am ehesten die Termini an, die in zwei grundlegenden Untersuchungen hervorgehoben wurden: Privatrechtsgesellschaft[112] und Sozialstaat[113].[114] Mit dem Begriff der Privatrechtsgesellschaft wird die fundamentale Bedeutung beschrieben, die dem Privatrecht nach der Überwindung der Ständeordnung in der Rechts- und Gesellschaftsordnung zukommt. Die Stellung des einzelnen ist danach nicht durch seinen „Stand" bestimmt, sondern durch die grundsätzliche Freiheit und Gleichheit aller. Dem einzelnen, nicht dem Staat, kommt die Freiheit und die Verantwortung zu, seine Ziele und auch die zu ihrer Verfolgung geeigneten Mittel selbst zu wählen. Diese Grundsatzentscheidung für die Privatautonomie bedeutet für das Vertragsrecht die Herrschaft von Vertragsfreiheit und Selbstverantwortung. Diese Prinzipien werden ergänzt durch einen wettbewerblich verfaßten und durch das Kartellrecht institutionell geschützten Markt. Dieses Grundmodell liegt auch dem Europäischen Vertragsrecht im Primär- und im Sekundärrecht zugrunde. Die Materialisierungstendenzen, die wir beobachtet haben, bedeuten nach der obigen Durchsicht keine Umwälzung, die es rechtfertigen würde, von einem nur „ideologischen Festhalten" an dem Modell der Privatrechtsgesellschaft zu sprechen. Sie lassen sich treffender damit erklären, daß die Prinzipien der Privatrechtsgesellschaft durch das tendenziell gegenläufige Sozialstaatsprinzip verhältnismäßig eingeschränkt, aber nicht im Kern mißachtet werden.

---

112 *Böhm* ORDO 17 (1966), 75–151.

113 *Neuner* Privatrecht und Sozialstaat (1999).

114 *Grundmann* ZHR 163 (1999), 635, 675 spricht von einem „Handelsrecht der sozialen Verantwortung".

Stichwortregister

Die Zahlen verweisen auf die Randnummern des Buches.

www.ingramcontent.com/pod-product-compliance
Lightning Source LLC
LaVergne TN
LVHW010653300926
849161LV00005B/1115

* 9 7 8 3 8 9 9 4 9 3 3 0 6 *